(总第32期) 中英文对照 Chinese/English (No.32)

天津统计年鉴 2016

TIANJIN STATISTICAL YEARBOOK

天津市统计局 国家统计局天津调查总队 编

Compiled by Tianjin Municipal Bureau of Statistics &
Survey Office of the National Bureau of Statistics in Tianjin

中国统计出版社
China Statistics Press

第四篇 就业和劳动工资

Chapter 4 Employment and Remuneration

第三篇　人　口

Chapter 3 Population

第二篇 国民经济核算

Chapter 2 National Accounts

目　录
CONTENTS

SUBJECT INDEX

篇目索引

Preface

I. *Tianjin Statistical Yearbook* is a large-sized statistics publication to reflect various aspects of Tianjin's economic and social development, which was started in 1984 and published year after year, having formed a series of yearbooks. *Tianjin Statistical Yearbook 2016* takes Tianjin economic and social statistics of 2015 systematically, and other statistics of main years. The book is written in Chinese & English, and is equipped with electric CD.

II. Written materials in the book include *Statistical Communique on the 2015 National Economic and Social Development of Tianjin, Analysis of Tianjin National Economic Situation 2015, Tianjin Social Development Report 2015,* and series analyses of Tianjin development achievements of various industries in the twelfth five-year period, such as *New Normal New Development New Leap—Analysis of Tianjin Economic and Social Development in the Twelfth Five-Year Period.* In order to help readers using these statistical materials better, Subject Index is used to describe the framework of the book, and Explanatory Notes on Main Statistical Indicators are attached after each chapter.

III. The major data sources of this book are obtained from annual professional statistical report, a few from sample surveys and departments' statistics.

IV. The units of measurement used in this book are internationally stander measurement units; sector listed in this table is classified by the standard of GB/T 4754-2011. When calculating per capital indicators, we use permanent population.

V. Statistical discrepancies due to rounding are not adjusted in this book.

VI. Notations used in this book: "blank" indicates the data not available or the figure is not large enough to be measured with the smallest unit in the table. "#' indicates the major items of the total.

VII. As a result of keeping consistent with data of census, surveys and checks, the change of national statistics system and adjustment of figures provided by departments some data in this yearbook is different from former yearbook. When using historical data, users should take the data of this book as standard.

VIII. Since *Tianjin Statistical Yearbook* had been published openly, we have been concerned and supported by the readers at home and abroad. They advance much valuable suggestion on content and edition of the yearbook, we deeply thanks for this all. Based on our limited level, perhaps there are some mistakes in this book, we welcome all of the readers give us your criticism in order to help us further improving our edition level, and providing services for the readers better.

编者说明

一、《天津统计年鉴》是一部全面反映天津市国民经济和社会发展情况的大型资料性年刊，创刊于 1984 年，逐年出版，形成系列。2016 版《天津统计年鉴》系统收录了天津市 2015 年经济、社会各方面的统计数据，以及其他重要历史年份的全市主要统计数据。全书中英文对照，配有光盘。

二、本年鉴文字资料主要登载有《2015 年天津市国民经济和社会发展统计公报》、《2015 年天津经济形势分析》、《2015 年天津社会发展报告》、《新常态 新发展 新跨越—“十二五”时期天津市经济社会发展综述》等一系列反映“十二五”时期天津市各行业发展成就的分析文章。为方便读者使用，书的篇目索引标明了全书结构。在书中每篇后附有主要统计指标解释。

三、本年鉴的统计数据主要取自各专业统计年报，少部分取自抽样调查数据和专业部门统计数据。

四、本年鉴所使用的度量衡单位均采用国际统一标准计量单位；行业分类标准采用《国民经济行业分类》（GB/T 4754-2011）；人均指标采用常住人口计算。

五、本年鉴中部分数据的合计数和相对数由于四舍五入取舍不同而产生的计算误差，均未做机械调整。

六、本年鉴表中的符号使用说明：“空格”表示该项统计指标无数据、数据不足本表最小单位数或数据不详；“#”表示其中的主要项。

七、由于与不同年份有关专业的普查、调查、清查结果相衔接，以及国家统计制度变化和有关主管部门提供的统计数据有调整等原因，年鉴中部分指标的历史年度数据会有变动。读者在使用历史资料时，凡以前年度的年鉴与本年鉴数据有出入的，均以本年鉴为准。

八、《天津统计年鉴》自公开出版以来，得到了国内外广大读者的关心和支持，对本年鉴的内容和编辑工作提出了许多宝贵意见，对此我们深表谢意。限于我们的水平，书中难免有不足之处，敬请广大读者继续给予批评指正，帮助我们进一步改进年鉴编辑工作、提高年鉴编辑水平，更好地为广大读者服务。

《天津统计年鉴 2016》编辑委员会　*Tianjin Statistical Yearbook 2016* Editorial Board and Staff

第五篇　固定资产投资和房地产

Chapter 5 Investment in Fixed Assets and Real Estate

第六篇 对外经济贸易和旅游

Chapter 6 Foreign Trade, Economic Cooperation and Tourism

第七篇 能源生产和消费

Chapter 7 Energy Production and Consumption

第八篇　财　政

Chapter 8 Government Finance

第九篇　价格指数

Chapter 9 Price Indices

第十篇　人民生活

Chapter 10 People's Living Conditions

第十一篇　资源环境和公共设施

Chapter 11 Resources Environment and Public Facilities

第十二篇　农　业

Chapter 12 Agriculture

第十三篇　工　业

Chapter 13 Industry

第十四篇 建筑业

Chapter 14 Construction

第十五篇 批发和零售业与住宿和餐饮业

Chapter 15 Wholesale and Retail Trade, Accommodation and Catering Services

第十七篇 金融业

Chapter 17 Financial Intermediation

第十八篇　教育和科技

Chapter 18 Education, Science and Technology

第十九篇　卫生和社会服务

Chapter 19 Public Health and Social Services

第二十篇 文化和体育

Chapter 20 Culture and Sports

第二十一篇 公共管理及其他

Chapter 21 Public Management and Others

第二十二篇 区县基本情况

Chapter 22 Basic Statistics on Districts and Counties

2015 年天津市国民经济和社会发展统计公报

天津市统计局
国家统计局天津调查总队
2016 年 3 月 1 日

2015 年是“十二五”规划的收官之年，也是全面深化改革、加快建设美丽天津的关键之年。面对错综复杂的国内外环境，全市上下认真落实市委、市政府决策部署，坚持稳中求进、改革创新，主动适应经济发展新常态，抢抓五大战略机遇，积极应对各种挑战，经济社会平稳较快发展，实现“十二五”规划圆满收官。

一、综合

初步核算，全年全市生产总值（GDP）16538.19 亿元，按可比价格计算，比上年增长 9.3%。分三次产业看，第一产业增加值 210.51 亿元，增长 2.5%；第二产业增加值 7723.60 亿元，增长 9.2%；第三产业增加值 8604.08 亿元，增长 9.6%。三次产业结构为 1.3:46.7:52.0，服务业增加值比重首次超过 50%。

图 1　2011-2015 年全市生产总值和服务业比重

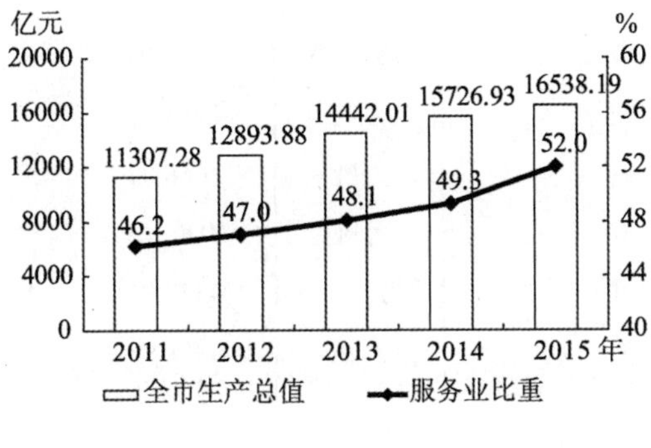

财政收入稳定增长。全年一般公共预算收入 2666.99 亿元，增长 11.6%。其中，税收收入 1577.94 亿元，增长 6.1%，占一般公共预算收入的 59.2%。从税源看，服务业税收 1039.28 亿元，占全市税收的 65.9%。从税种看，增值税 252.02 亿元，下降 0.3%；营业税 501.41 亿元，增长 4.8%；企业所得税 259.89 亿元，增长 10.7%。

图 2　2011-2015 年一般公共预算收入

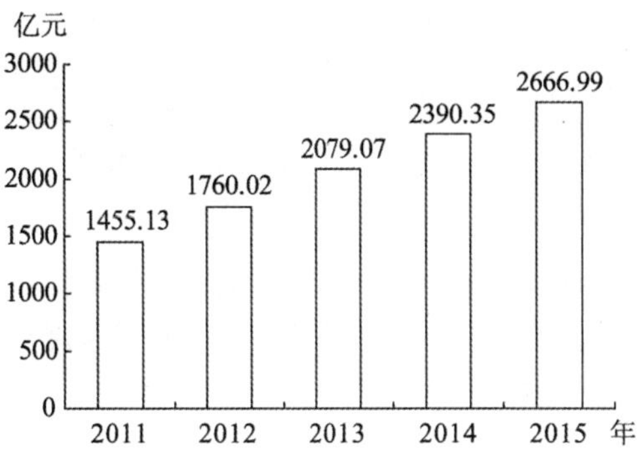

民生支出增长较快。全年一般公共预算支出 3231.35 亿元，增长 12.0%。其中，城乡社区支出 927.79 亿元，增长 12.6%；教育支出 507.51 亿元，增长 12.5%；社会保障和就业支出 314.79 亿元，增长 21.3%；医疗卫生支出 195.04 亿元，增长 20.9%；住房保障支出 46.82 亿元，增长 2 倍。

民营经济活力增强。全年新登记各类市场主体 14.32 万户，其中民营市场主体 14.02 万户，占 97.9%；新登记企业 7.59 万家，其中民营企业 7.06 万家，占 93.1%。民营经济增加值 7781.42 亿元，增长 13.5%，占全市生产总值的 47.1%；民营工业增加值增长 21.7%，快于规模以上工业 12.4 个百分点，比重达到 45.0%；民营商品销售额增长 20.7%，快于限额以上销售额 13 个百分点，比重达到 42.8%；民间投资增长 12.5%，快于全社会投资 0.4 个百分点，比重达到 58.1%。

实体投资稳健支撑。全年全社会固定资产投资 13065.86 亿元，增长 12.1%。其中，城镇投资 12352.23 亿元，增长 12.4%；农村投资 713.64 亿元，增长 6.9%。在城镇投资中，第一产业投资 94.91 亿元，增长 25.7%；第二产业投资 5093.47 亿元，增长 5.1%；第三产业投资 7163.85 亿元，增长 18.1%，比重达到 58.0%。实体投资 7846.45 亿元，增长 10.6%，占城镇投资的 63.5%；其中，战略性新兴产业投资 365.25 亿元，增长 15.3%，主要投向新能源、新材料、新一代信息技术、高端装备制造等领域，分别增长 25.5%、48.1%、1.1 倍和 1.6 倍。

图 3　2011-2015 年全社会固定资产投资

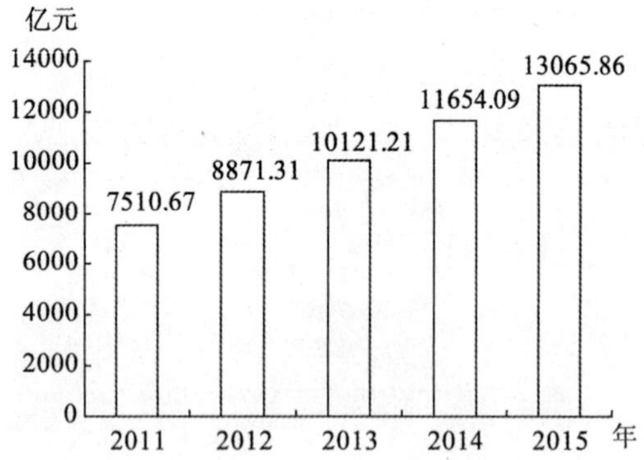

消费价格涨幅回落。全年居民消费价格上涨 1.7%，涨幅比上年回落 0.2 个百分点。其中，服务项目价格上涨 3.4%，拉动消费价格总水平上涨 1.1 个百分点，贡献率达到 67.3%。八大类商品和服务价格“六升二降”（见表 1）。工业生产者出厂价格下降 9.7%，工业生产者购进价格下降 7.6%。

表 1　居民消费价格涨幅

指　　标	比上年上涨（%）
居民消费价格	1.7
其中：食　品	1.7
烟酒及用品	1.9
衣　着	3.0
家庭设备用品及维修服务	1.0
医疗保健和个人用品	-0.2
交通和通信	-2.6
娱乐教育文化用品及服务	4.2
居　住	2.6

二、农业

现代都市型农业平稳发展。全年农业总产值 467.44 亿元，增长 2.6%。其中，种植业产值 240.74 亿元，增长 4.2%；林业产值 7.74 亿元，增长 8.7%；畜牧业产值 130.23 亿元，增长 0.5%；渔业产值 77.65 亿元，增长 1.6%；农林牧渔服务业产值 11.08 亿元，增长 2.3%。新增农民专业合作社 2182 家，总数达到 8876 家。

主要农副产品产量保持稳定。全年粮食总产量 181.75 万吨，增长 3.3%；禽蛋产量 20.20 万吨，增长 4.0%；牛奶产量 68 万吨，下降 1.3%；蔬菜产量 441.54 万吨，放心菜基地面积 42.6 万亩。

三、工业和建筑业

工业实现平稳增长。全年工业增加值 6981.27 亿元，增长 9.2%；其中，规模以上工业增加值增长 9.3%。规模以上工业总产值 28016.75 亿元，增长 0.3%。

工业结构调整优化。全年高技术产业（制造业）增加值占规模以上工业的 13.8%，比上年提高 1.5 个百分点。装备制造业增加值占规模以上工业的 36.2%，比上年提高 3.2 个百分点；其中，航空航天、汽车制造、电气机械等行业分别增长 25.2%、13.2%和 11.1%。消费品制造业增加值占规模以上工业的 19.2%，比上年提高 2.6 个百分点；其中，文娱用品、家具制造等行业分别增长 18.3%和 15.0%。主要产品产量有升有降，天然原油、新能源汽车、平板显示器、光电子器件等产量分别增长 13.7%、5.8 倍、27.6%和 13.4%，水泥、平板玻璃、生铁、粗钢等产量分别下降 23.7%、4.4%、10.5%和 9.5%（见表 2）。

表 2　主要工业产品产量

产品名称	单位	产量	比上年增长（%）
天然原油	万吨	3496.77	13.7
精制食用植物油	万吨	761.93	18.6
服　装	亿件	2.11	16.7
汽　油	万吨	245.84	23.2
水　泥	万吨	777.59	-23.7
平板玻璃	万重量箱	3139.94	-4.4
生　铁	万吨	1953.21	-10.5
粗　钢	万吨	2068.91	-9.5
钢　材	万吨	8186.16	14.2
发动机	万千瓦	4352.94	10.9
汽　车	万辆	53.08	3.5
#运动型多用途乘用车（SUV）	万辆	2.97	7.6 倍
#新能源汽车	辆	5261	5.8 倍
两轮脚踏自行车	万辆	2637.31	0.6
平板显示器	万台	645.75	27.6
移动通信手持机（手机）	万部	7315.62	-21.2
#智能手机	万部	6884.33	-4.6
集成电路	亿块	14.90	11.2
光电子器件	亿只	110.82	13.4

企业效益总体平稳。全年规模以上工业企业利税总额3251.95亿元，增长2.5%。其中，利润总额2002.85亿元，下降2.2%；税金总额1249.10亿元，增长11.0%。在39个工业行业大类中，有37个行业盈利，其中28个行业利润增长。

建筑业发展稳中向好。全年建筑业增加值742.33亿元，增长8.5%。建筑业总产值4488.90亿元，增长8.9%；其中，在外省完成产值 1650.40 亿元，增长12.8%，比重达到36.8%，比上年提高1.3个百分点。房屋建筑施工面积15644.62万平方米，增长10.5%；竣工面积3547.24万平方米，增长9.8%。截至年末，全市总承包和专业承包建筑业中具有特级、一级和二级资质企业689家，比上年末增加21家。

四、批发零售和住宿餐饮

全年批发和零售业增加值 2075.14 亿元，增长6.1%；住宿和餐饮业增加值245.19亿元，增长5.3%。

市场销售增势平稳。全年批发和零售业商品销售额 42624.66 亿元，增长 8.7%；其中，金属材料、石油及制品、煤炭及制品、化工材料及制品四大类生产资料商品销售额合计 21724.67 亿元，增长 6.0%，占限额以上销售额的70.0%。全市亿元以上批发市场62家，交易额2154亿元。社会消费品零售总额5245.69亿元，增长 10.7%；其中，批发和零售业网上零售额244.03 亿元，增长 95.2%，占限额以上社会消费品零售总额的8.9%。

大众餐饮消费活跃。全年住宿和餐饮业营业额748.78 亿元，增长 12.1%。其中，限额以下住宿和餐饮业营业额603.15亿元，增长15.4%，高于全市平均增幅 3.3 个百分点，比重达到 80.6%；限额以上住宿和餐饮业营业额145.63亿元，与上年持平。

五、交通、邮电和旅游

全年交通运输、仓储和邮政业增加值764.68亿元，增长7.7%。

交通运输稳步发展。全年货运量53179.15万吨，其中，公路33724万吨，增长8.3%；铁路8376.92万吨，下降5.6%；水运9910.19万吨。货物周转量2319.77亿吨公里，其中，公路379.82亿吨公里，增长8.8%；铁路225.79亿吨公里，下降15.0%；水运1707.70亿吨公里。客运量1.98亿人次，增长0.9%；旅客周转量445.62亿人公里，增长8.6%。港口货物吞吐量5.41亿吨，增长0.1%；集装箱吞吐量1411.10万标准箱，增长0.4%。天津国际邮轮母港首次实现全年运营，接待到港邮轮97艘次。机场旅客吞吐量1431.43万人次，增长18.6%；货邮吞吐量21.73万吨，下降6.9%。

城市客运量平稳增长。全年城市客运量（不包括出租）18.56亿人次，增长2.6%。其中，公交客运量15.70亿人次，增长4.0%；地铁客运量2.56亿人次，增长2.2%。新辟公交线路50条，优化调整30条，运营线路总计 707 条；新增、更新公交运营车辆 2435辆，总数达到11619辆；运营出租车31940辆。

汽车拥有量总体稳定。截至年末，全市民用汽车拥有量283.05万辆，其中私人汽车234.75万辆；民用轿车拥有量183.56万辆，其中私人轿车165.51万辆，分别增长 1.0%和 1.1%。当年新注册民用汽车 23.14万辆，其中私人汽车17.99万辆；新注册民用轿车12.24万辆，其中私人轿车10.50万辆。

邮电业务快速增长。全年邮电业务总量321.58亿元，增长32.0%。其中，电信业务总量261.53亿元，增长26.0%；邮政业务总量60.05亿元，增长66.4%。全年快递业务量2.56亿件，增长1.1倍。年末移动电话用户1405.82万户，增长4.0%；短信业务总量47.43亿条，下降22.5%。年末互联网宽带接入用户288.69万户，光纤接入用户211.65万户。

旅游市场持续升温。全年接待入境旅游人数326.01万人次，增长10.1%；其中，外国人300.54万人次，增长10.3%。入境旅游外汇收入32.98亿美元，增长 10.2%。接待外省市游客人数增长 11.2%，国内旅游收入增长 12.3%。全市 36.05 万人次出国出境旅游，增长12.0%；出国出境旅游人均支出19223元，增长2.7%。年末全市共有星级宾馆97家；旅行社427家，其中有出境资质的 44 家；A 级及以上景区 112个。

六、金融

全年金融业增加值1588.12亿元，增长11.7%。

存贷款余额两位数增长。截至年末，全市金融机构（含外资）本外币各项存款余额28149.37亿元，增长11.9%；全年新增存款 2969.13 亿元，其中，新增非金融企业存款 1349.92 亿元，新增住户存款 404.02亿元。各项贷款余额25994.68亿元，增长11.8%；全年新增贷款 2664.92 亿元，其中，新增非金融企业及机关团体贷款2108.35亿元，新增住户贷款512.19亿元。

金融改革创新继续深化。出台金融改革创新三年行动计划，融资租赁、商业保理等新型业态集聚发展，融资业务规模继续位居全国前列，新增上市和新三板挂牌企业52家，金城银行、渤海人寿保险等金融机构投入运营。天津股权交易所成交量28065.59万股，成交金额7.31亿元；天津铁合金交易所成交量115.68万吨，成交金额61.90亿元；天津渤海商品交易所成交量27696.80万吨，成交金额15296.53亿元。

证券市场交易活跃。截至年末，全市境内上市股票42只；证券帐户开户378.44万户，增长25.9%。全年各类证券交易额67040.06亿元，增长1.6倍。其中，股票交易额51148.59亿元，增长2.3倍；债券交易额13098.11亿元，增长42.8倍；基金交易额2764.93亿元，增长3.1倍。期货市场成交量10843.17万手，增长37.1%；成交额13.56万亿元，增长63.5%。

保险市场增势良好。全年原保险保费收入398.34亿元，增长25.4%。其中，人身险收入278.06亿元，增长33.1%；财产险收入120.28亿元，增长10.5%。赔付支出139.53亿元，增长33.7%。其中，人身险赔付73.07亿元，增长64.3%；财产险赔付66.46亿元，增长10.9%。

七、对外经济

外贸出口同比下降。全年外贸进出口总额1143.47亿美元，下降14.6%。其中，进口631.64亿美元，下降22.3%；出口511.83亿美元，下降2.7%。按贸易方式分，一般贸易出口220.52亿美元，下降3.8%；加工贸易出口246.66亿美元，下降4.9%。按产品类别分，机电产品出口360.36亿美元，占全市出口的70.4%；高新技术产品出口197.09亿美元，占全市出口的38.5%。按出口市场分，对欧盟出口74.20亿美元，增长4.3%；对美国出口71.90亿美元，下降18.6%；对韩国出口38.53亿美元，下降19.8%；对日本出口33.71亿美元，下降10.0%；对“一带一路”沿线国家出口保持快速增长，其中，对东盟出口101.32亿美元，增长28.0%。

招商引资成效明显。全年新批外商投资企业1035家，合同外资额313.57亿美元，增长37.4%；实际直接利用外资211.34亿美元，增长12.0%。其中，制造业实际直接利用外资110.19亿美元，增长32.3%；服务业实际直接利用外资99.64亿美元，下降3.2%。截至年末，在津投资的国家和地区达到134个，在津投资的世界500强企业达到163家。全年实际利用内资4049.28亿元，增长12.5%。

“走出去”步伐加快。全年新设境外企业机构197家，中方投资额74.61亿美元，增长1.6倍。对外承包工程新签合同额31.08亿美元，完成营业额47.63亿美元，增长18.1%。截至年末，对外承包工程和劳务合作在外人员达到1.42万人。

对口支援扎实推进。全年投入财政资金7.8亿元，重点实施富民安居工程、就业增收、教育卫生、产业扶持等项目191个，用于对口支援新疆和田地区、西藏昌都地区、青海黄南藏族自治州、重庆万州区，对口援助丹江口库区上游地区，津甘东西扶贫协作。

八、中国（天津）自由贸易试验区建设

中国（天津）自由贸易试验区挂牌运营，123项制度创新举措落地实施，推出跨境电商试点、贸易单一窗口、平行汽车进口、保税展示交易等创新举措，政策效应初步释放。率先实施“一照一码”登记制度改革，全年区内新增市场主体1.41万户，注册资本(金)3890.57亿元。

投资贸易便利化水平提高。全年区内新设外商投资企业627家，实际直接利用外资47.20亿美元，占全市的22.3%；新设境外企业机构61家，中方投资额56.33亿美元，占全市的75.5%。推出服务京津冀协同发展八项举措，实施京津冀海关区域通关一体化改革，大幅提高口岸通关、通检效率。

九、京津冀协同发展

交通一体化先行一步。津保铁路投入运营，与京广、京沪、津秦和京津城际四条高铁无缝对接，天津成为全国高铁枢纽。京津城际延伸线建成通车，实现北京南站到滨海新区于家堡站一小时内通达。在京冀地区设立的无水港达到10个，天津口岸进出口总额中，京冀货物比重达到32.6%。京秦高速公路天津段建成，京津冀公交“一卡通”投入试运营。

产业协作取得新进展。积极承接北京非首都功能，主动向河北延伸产业链条，签订生物医药、先进装备制造、新能源汽车等重点合作项目，未来科技城京津合作示范区、冀津循环经济产业示范区等建设加快。全年引进京冀项目857个，到位资金1739.29亿元，占全市实际利用内资的43.0%，比上年提高1.5个百分点。

生态环境联防联控稳步推进。正式签署《京津冀区域环保率先突破合作框架协议》，明确以大气、水、

土壤污染防治为重点，联防联控，共同改善区域生态环境治理。深化京津冀及周边地区大气污染防治协作，与河北合作加大引滦水源保护力度，积极参与京津风沙源治理、三北防护林建设等生态保护工程。

十、城市建设和房地产

基础设施建设提速推进。全年基础设施投资2634.23亿元，增长20.0%。天津港10万吨级大沽沙航道完工，南疆中部散货堆场等加紧施工，内陆无水港达到25个。天津机场航空物流园区启动建设，新增、恢复和加密航班航线102条，异地候机厅达到20座。轨道交通建设加快，5条地铁线同步建设，6号线部分路段实现试运行。京津塘高速公路北部新区高架工程、京台高速天津段正式通车，全市高速公路ETC覆盖率达到94%。截至年末，全市公路里程16549公里，比上年末增加439公里，其中高速公路1130公里。

公用事业服务功能提升。全年全社会用电量800.60亿千瓦时，增长0.8%；其中，城乡居民生活用电量87.29亿千瓦时，增长11.8%。新增供热面积985.25万平方米。自来水供水总量8.14亿立方米。新建标准化菜市场20个，总数达到325个。

房地产市场平稳运行。全年房地产业增加值605.42亿元，增长6.1%。房地产开发投资1871.55亿元，增长10.1%。商品房销售面积1771.07万平方米，增长9.8%；销售额1790.01亿元，增长20.4%。存量房交易升温，全年交易面积1289.6万平方米，增长61.7%；交易额1290.4亿元，增长78.6%。

十一、教育和科学技术

教育事业全面发展。截至年末，全市共有普通高校55所，中等职业教育学校108所，普通中学509所，小学849所。全年招收研究生1.80万人，在学研究生5.30万人，毕业生1.63万人。普通高校本专科招生14.50万人，在校生51.29万人，毕业生13.21万人。中等职业教育招生4.72万人，在校生11.91万人，毕业生3.75万人。普通中学招生13.21万人，在校生42.70万人，毕业生14.23万人。小学招生11.09万人，在校生60.21万人，毕业生8.03万人。成人高校招生3.13万人，在校生6.89万人，毕业生3.32万人。特殊教育学校20所，在校生3279人。幼儿园在园幼儿25.25万人。

科技创新成果丰硕。全市15项科技成果获得国家科学技术奖，其中，技术发明奖3项，科技进步奖12项，涉及装备制造、生物医药、环境保护等多个领域。全年完成市级科技成果2610项，其中，基础理论成果191项，应用技术成果2387项，软科学成果32项；属于国际领先水平77项，达到国际先进水平385项。全年签订技术合同12590项，合同成交额539.18亿元，增长29.0%；技术交易额418.35亿元，增长49.9%。

自主创新能力提升。天津国家自主创新示范区发展规划纲要出台，“一区二十一园”建设稳步推进，在滨海新区设立“双创特区”，全市众创空间达到106个。全社会研发经费支出占生产总值比重达到3%。全年新增科技型中小企业1.38万家，累计达到7.33万家；其中，新增小巨人企业510家，累计达到3453家。截至年末，全市共有国家级高新技术企业2309家，市级高新技术企业860家。全年受理专利申请8万件，其中发明专利2.85万件，分别增长26.1%和21.9%；专利授权3.73万件，其中发明专利4624件，分别增长41.7%和41.0%；年末有效专利10.38万件，其中发明专利1.85万件，分别增长24.1%和25.5%。年末全市共有国家重点实验室12个，国家部委级重点实验室49个，国家级工程（技术）研究中心36个，国家级企业技术中心45个。

科技人才加速集聚。截至年末，引进国家“千人计划”人才113人，国家优秀创新群体和团队达到42个，在津两院院士37名，国家“973计划”项目首席科学家37名。

十二、文化、卫生和体育

文化惠民取得成效。截至年末，全市共有艺术表演团体66个，文化馆19个，博物馆22个，公共图书馆31个，街乡镇综合文化站241个。全年发行6万张“天津文化惠民卡”，更多市民走进剧场，享受高水平、低票价的惠民演出。全年摄制电影故事片18部，64家院线影院放映电影73.43万场次，观影人数2108万人次，票房收入6.8亿元，增长48%。全市共有广播节目10套，市级电视节目16套。全年出版图书5257.71万册，期刊3163.98万册，报纸6.57亿份。

卫生资源不断增加。截至年末，全市共有各类卫生机构5222个，比上年末增加232个；其中，医院、卫生院546个，社区卫生服务中心115个，卫生防疫防治机构24个，妇幼保健机构21个，村卫生室2437个。卫生机构床位6.37万张，比上年末增加0.27万张；

其中，医院、卫生院5.97万张，社区卫生服务中心2806张。卫生技术人员9.07万人，比上年末增加0.59万人；其中，执业（助理）医师3.59万人，注册护士3.38万人。全年无偿献血17.4万人次。

体育事业蓬勃发展。全年天津体育健儿在国内外比赛中共获得59枚金牌，其中，国际比赛21枚，国内比赛38枚。成功举办2015年亚洲女排锦标赛等10余项国内外赛事。新建、更新体育健身园500多个，创建“绿色健身站”300个。

十三、人口和就业

外来人口拉动全市人口规模扩大。截至年末，全市常住人口1546.95万人，比上年末增加30.14万人；其中，外来人口500.35万人，增加24.17万人，占常住人口增量的80.2%。常住人口中，城镇人口1278.40万人，城镇化率为82.64%；65岁及以上人口148.66万人，占9.6%。常住人口出生率5.84‰，死亡率5.61‰，自然增长率0.23‰。年末全市户籍人口1026.91万人，其中，城镇人口766.21万人，乡村人口260.70万人。

就业形势保持稳定。全年新增就业48.85万人，城镇登记失业率为3.5%。截至年末，全市就业人口总量896.80万人，三次产业就业结构为7.4:35.6:57.0，第三产业就业比重比上年末提高3.6个百分点。

十四、人民生活和社会保障

居民收支稳步增长。全年城镇常住居民人均可支配收入34101元，增长8.2%；农村常住居民人均可支配收入18482元，增长8.6%。城镇常住居民人均消费性支出26230元，增长8.0%；农村常住居民人均消费性支出14739元，增长7.3%。全市月最低工资标准由上年的1680元调整至1850元，城市居民最低生活保障标准由每人每月640元调整至705元，农村居民最低生活保障标准由每人每月440元调整至540元。

民心工程全面完成。全年提升改造散片旧楼区846个，30万居民直接受益；开工建设保障性住房3万套，建成7.5万套，新增发放租房补贴1万户；示范小城镇开工农民安置住宅503万平方米，竣工502万平方米；加快养老机构建设，新增养老床位8369张。

社会保险参保人数增加。截至年末，全市参加医疗保险人数1054.11万人，比上年末增加30.49万人；其中，城镇职工基本医疗保险参保人数522万人，城乡居民医疗保险参保人数532.11万人。全市参加基本养老保险人数686.28万人，比上年末增加29万人；其中，城镇职工基本养老保险参保人数565.18万人，城乡居民养老保险参保人数121.10万人。全市参加城镇职工工伤保险人数385.61万人，比上年末增加40.43万人。全市参加城镇职工失业保险人数295.32万人，比上年末增加7.75万人。

十五、环境保护

生态环境继续改善。严格落实控煤、控尘、控车、控工业污染、控新建项目“五控”治理措施，关停陈塘庄热电厂，基本完成主力电厂燃煤机组清洁化改造，634台锅炉完成煤改燃。全年环境空气达标天数220天，比上年增加45天；PM2.5浓度均值70微克/立方米，下降15.7%。饮用水源地水质达标率保持100%。道路交通噪声平均声级54.2分贝，中心城区区域环境噪声平均声级67.7分贝。年末全市共有环境监测站17个，国家生态区1个，自然保护区8个，自然保护区面积9.06万公顷。城市人均公园面积9.83平方米。成功举办第三届中国绿化博览会。

注：1. 本公报中数据均为初步统计数。
2. 全市生产总值、各产业增加值绝对数按现价计算，增长速度按不变价计算。
3. 邮电业务总量按2010年不变价计算。
4. 中等职业教育包括中等专业学校、成人中等教育、职业中学和技工学校。

2015 年天津经济形势分析

2015 年，面对错综复杂的经济环境和持续的下行压力，全市上下认真落实市委、市政府决策部署，坚持稳中求进、改革创新，主动适应经济发展新常态，抢抓五大战略机遇，积极应对各种挑战，全市经济运行总体平稳，质量效益稳步提升，经济结构持续优化，发展活力不断增强，在转型调整中实现新的发展。

一、经济运行主要特点

（一）“稳”的态势没有改变

一是经济保持平稳增长。2015 年，全市生产总值 16538.19 亿元，增长 9.3%。其中，第一产业增加值 208.82 亿元，增长 2.5%；第二产业增加值 7704.22 亿元，增长 9.2%，工业增加值 6982.66 亿元，增长 9.2%；第三产业增加值 8625.15 亿元，增长 9.6%。二是就业形势总体稳定。实施更加积极的就业创业政策，多渠道开发就业岗位，鼓励和支持大众创业。城镇新增就业 48.85 万人，超过年初预期目标，城镇登记失业率控制在 3.5%。就业结构进一步优化，年末全社会就业人口总量 896.80 万人，其中第三产业就业比重达到 56.9%，比上年提高 3.6 个百分点。三是消费价格涨势平稳。居民消费价格上涨 1.7%，涨幅比上年回落 0.2 个百分点，为 2010 年以来最低涨幅，低于 3%左右的年初预期目标。其中，服务项目价格上涨 3.4%，拉动消费价格总水平上涨 1.1 个百分点，贡献率达 67.3%。

图 1　全市生产总值和第三产业增加值累计增速

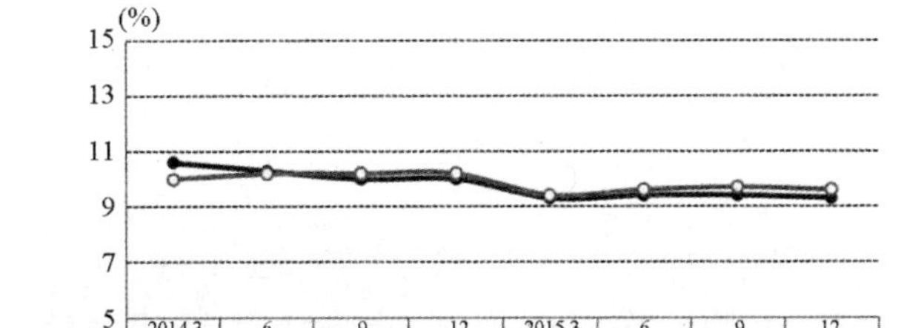

	2014.3	6	9	12	2015.3	6	9	12
全市生产总值	10.6	10.3	10.0	10.0	9.3	9.4	9.4	9.3
第三产业增加值	10.0	10.2	10.2	10.2	9.4	9.6	9.7	9.6

图 2　居民消费价格涨幅

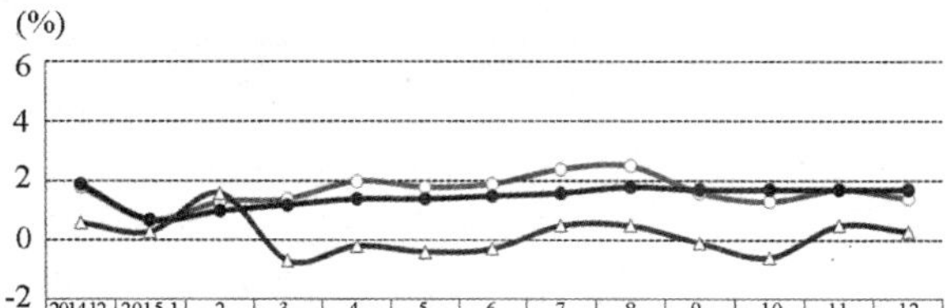

	2014.12	2015.1	2	3	4	5	6	7	8	9	10	11	12
当月价格	1.8	0.7	1.3	1.4	2.0	1.8	1.9	2.4	2.5	1.6	1.3	1.7	1.4
累计价格	1.9	0.7	1.0	1.2	1.4	1.4	1.5	1.6	1.8	1.7	1.7	1.7	1.7
环比价格	0.6	0.3	1.6	-0.7	-0.2	-0.4	-0.3	0.5	0.5	-0.1	-0.6	0.5	0.3

（二）“进”的动力有所增强

服务经济占比过半。2015 年，服务业增加值占全市生产总值的比重首次超过 50%，达到 52.2%，形成“三二一”产业格局。商贸流通规模扩大，批发和零售业增加值 2070.04 亿元，增长 6.2%；批发和零售业商品销售额突破 4 万亿元，达到 42624.66 亿元，增长 8.7%。金融运行保持稳定，金融业增加值 1603.23 亿元，增长 11.8%；年末金融机构本外币存贷款余额分别增长 11.9%和 11.8%，分别比上年末加快 5.5 个和 0.5 个百分点。现代物流稳步发展，交通运输、仓储和邮政业增加值 729.09 亿元，增长 7.3%；公路货物周转量和沿海水运周转量分别增长 8.8%和 16.7%，港口货物和集装箱吞吐量分别达到 5.41 亿吨、1411.10 万标准箱。政策助力楼市回暖，房地产业增加值 618.25 亿元，增长 6.8%，比上年加快 5.6 个百分点；商品房销售面积 1771.07 万平方米，销售额 1790.01 亿元，分别增长 9.8%和 20.4%。新兴服务业较快增长，规模以上营利性服务业营业收入 1268.09 亿元，增长 25.0%，其中租赁和商务、互联网、软件和信息技术等行业分别增长 27.1%、25.9%和 32.9%。

工业升级趋势明显。2015 年，规模以上工业增加值增长 9.3%，39 个行业大类中，35 个行业保持增长，其中 16 个行业增速超过全市平均水平。装备制造业支撑有力，增加值占全市工业的 36.2%，比上年提高 3.2 个百分点；其中，航空航天、汽车制造、电气机械等行业分别增长 25.2%、13.2%和 11.1%。消费品制造业发展向好，增加值占全市工业的 19.2%，比上年提高 2.6 个百分点；其中，文娱用品、家具制造等行业分别增长 18.3%和 15.0%。转型升级产品增长较快，运动型多用途乘用车（SUV）、新能源汽车、平板显示器、光电子器件等产品产量分别增长 7.6 倍、5.8 倍、27.6% 和 13.4%，智能手机比重由上年的 78%升至 94%。产能过剩产品持续减产，平板玻璃、粗钢、生铁、水泥等产品产量分别下降 4.4%、9.5%、10.5%和 23.7%。

图 3　规模以上工业增加值和出口交货值累计增速

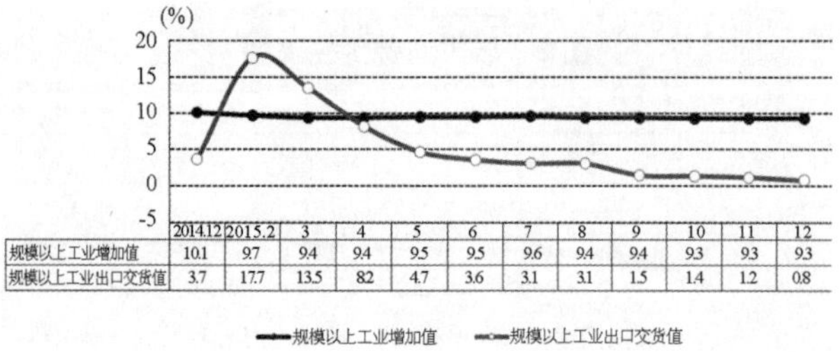

	2014.12	2015.2	3	4	5	6	7	8	9	10	11	12
规模以上工业增加值	10.1	9.7	9.4	9.4	9.5	9.5	9.6	9.4	9.4	9.3	9.3	9.3
规模以上工业出口交货值	3.7	17.7	13.5	82	4.7	3.6	3.1	3.1	1.5	1.4	1.2	0.8

投资结构不断优化。2015 年，全社会固定资产投资 13065.18 亿元，增长 12.1%。在城镇投资中，第一产业投资 94.91 亿元，增长 25.7%；第二产业投资 5093.47 亿元，增长 5.2%；第三产业投资 7170.63 亿元，增长 18.1%，比重达到 58.0%，比上年提高 2.8 个百分点。实体经济成为全市投资的主要领域，实体投资 7846.45 亿元，增长 10.6%，占城镇投资的 63.5%；其中，战略性新兴产业投资增势良好，增长 15.3%，主要投向新能源、新材料、新一代信息技术、高端装备制造等领域。公共产品和服务投入力度加大，基础设施投资增长 19.7%，占城镇投资的 21.4%，比上年提高 1.3 个百分点；卫生和社会工作、水利环境和公共设施管理业等行业投资分别增长 60.8%和 27.6%，高于城镇投资平均增幅。

图 4　全社会固定资产投资和房地产开发投资累计增速

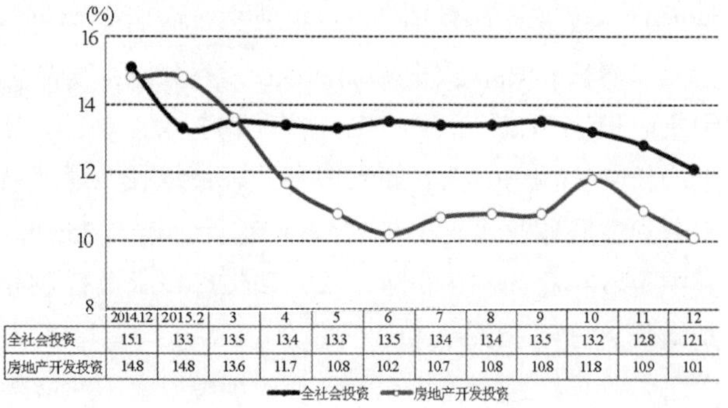

	2014.12	2015.2	3	4	5	6	7	8	9	10	11	12
全社会投资	15.1	13.3	13.5	13.4	13.3	13.5	13.4	13.4	13.5	13.2	12.8	12.1
房地产开发投资	14.8	14.8	13.6	11.7	10.8	10.2	10.7	10.8	10.8	11.8	10.9	10.1

大众消费持续升温。2015 年，社会消费品零售总额 5257.28 亿元，增长 10.9%，比上年加快 4.9 个百分点。宽带和移动互联网提速降费刺激信息消费，限额以上通讯器材零售额增长 16.4%，电信业务总量增长 26.1%。房地产销售趋好和家居家装更新换代带动相关消费走旺，建材、家具、家电零售额分别增长 81.4%、73.4%和 26.0%。文化娱乐、休闲旅游成为新的消费热点，体育娱乐用品、化妆品零售额分别增长 81.6%和 92.4%，到港邮轮 97 艘次，机场旅客吞吐量 1431.43 万人次，增长 18.6%。大众餐饮消费稳中有升，住宿和餐饮业增加值 248.01 亿元，增长 5.3%，比上年加快 0.5 个百分点；住宿和餐饮业营业额 748.78 亿元，增长 12.1%，加快 0.7 个百分点，其中，限额以下营业额增长 15.4%，比重达到 80.6%。

（三）“转”的进程逐步加快

创新驱动引领转型发展。一是新产业新业态加速集聚。天津国家自主创新示范区发展规划纲要正式出台，“一区二十一园”建设稳步推进，在滨海新区设立“双创特区”，全市众创空间达到 106 个。2015 年，战略性新兴产业、高技术产业产值分别占规模以上工业的 20.8%和 13.8%，分别比上年提高 1 个和 1.5 个百分点；批发零售业网上零售额增长 95.2%，占限额以上社零额的 8.9%，比上年提高 3.9 个百分点，快递业务量增长 1.1 倍；全市新增上市及新三板挂牌企业 52 家，融资租赁、商业保理等新型业态集聚发展。二是科技小巨人释放大能量。全市新增科技型中小企业 13778 家，其中“小巨人”企业 510 家，主要集中在新能源、生物医药、节能环保、高端装备制造等新兴产业领域；工业“小巨人”企业利润总额增长 19.7%，税金总额增长 19.3%，分别快于规模以上工业 21.9 个和 8.0 个百分点。

改革扶持激发市场活力。一是新市场主体大量涌现。2015 年，全市新登记各类市场主体 14.32 万户，其中民营市场主体 14.02 万户，比重达到 97.9%；新登记企业 7.59 万家，其中民营企业 7.06 万家，比重达到 93.1%，主要集中在批发和零售、科技服务、租赁和商务等服务业领域。民营经济主要指标领跑全市，民营工业增加值增长 21.7%，快于规模以上工业 12.4 个百分点，比重达到 45.0%；民营商品销售额增长 20.7%，快于限额以上销售额 13 个百分点，比重达到 42.8%；民间投资增长 12.5%，快于全社会投资 0.4 个百分点，比重达到 58.1%。二是中小微企业保持活跃。“一助两促”活动收效良好，实施中小微企业贷款风险补偿机制，有效缓解企业融资难问题。中小微企业工业增加值增长 18.6%，快于规模以上工业 9.3 个百分点，比重达到 47.6%；中小微企业商品销售额增长 15.5%，快于限额以上销售额 7.8 个百分点，比重达到 83.5%。

对外开放拓展发展空间。自贸试验区政策效应初步释放，截至 2015 年末，新增市场主体 1.41 万户。双向投资稳步增长，全市新批外商投资企业 1035 家，实际直接利用外资211.34亿美元，增长12.0%，其中自贸试验区利用外资占22.3%；新设境外企业机构197家，中方投资额74.61亿美元，增长1.6倍。京津冀协同发展提速推进，津保铁路投入运营，与京广、京沪、津秦和京津城际四条高铁无缝对接，天津成为全国高铁枢纽；北京、河北企业在津投资1739.29亿元，增长16.5%，占全市实际利用内资的43.0%，比上年提高1.5个百分点；天津口岸进出口总额中，来自北京与河北的货物比重为32.6%，内陆无水港达到25个。主动融入“一带一路”建设，对沿线国家出口保持快速增长，其中对东盟出口增长28.0%，占全市出口的19.8%，比上年提高4.7个百分点。

（四）“好”的因素不断累积

一是财政收入稳定增长。2015年，一般公共预算收入2667.11亿元，增长11.6%；其中，税收收入1577.94亿元，增长6.1%，占一般公共预算收入的59.2%。从纳税主体看，服务业税收1039.28亿元，比重达到65.9%；民营经济税收1255.15亿元，比重达到79.5%。从主体税种看，增值税252.02亿元，下降0.3%；营业税501.41亿元，增长4.8%；企业所得税259.89亿元，增长10.7%。二是企业效益趋稳。规模以上工业利税总额增长2.5%，同比加快1.5个百分点。39个行业大类中，37个行业盈利。三是居民收入稳步增长。20项增收措施全面落实，企业养老金实现十一连增，最低工资标准进一步提高。2015年，城镇常住居民人均可支配收入34101元，增长8.2%；农村常住居民人均可支配收入18482元，增长8.6%。农村居民收入增长快于城镇居民，城乡居民收入差距进一步缩小。四是绿色发展取得进展。规模以上工业综合能耗下降5.2%，万元工业增加值能耗下降13.2%，降幅分别比上年扩大3.3个和2.3个百分点。能源消费结构进一步改善，关停陈塘庄热电厂，规模以上工业煤炭消费量比上年减少520万吨，天然气占一次能源消费量的9.5%，比上年提高3.6个百分点。“四清一绿”行动加快推进，妥善应对重污染天气，据市环保局监测数据显示，PM2.5平均浓度下降15.7%，成功举办第三届中国绿化博览会。

二、需要重点关注的几个问题

当前，国内外经济环境错综复杂，天津经济转型调整阵痛持续显现，经济下行压力依然较大，一些问题值得重点关注。

（一）工业生产下行压力不减

2015年，工业增加值增长9.2%，其中规模以上工业增加值增长9.3%，均比上年回落0.8个百分点，部分相关指标走势放缓。制造业PMI呈波动下滑趋势，四季度回落至荣枯线以下；工业生产者出厂价格连续49个月处于下降通道，全年下降9.7%，降幅比上年扩大6个百分点；工业用电量自8月份开始由增转降，全年下降1.2%。一是动力转换有待加快。传统行业支撑作用依然突出，但部分行业增长乏力。石油开采、黑色冶金两个行业增加值分别增长13.6%和10.0%，合计拉动全市工业增长2.9个百分点；受部分企业限产限排等因素影响，石油加工、化学制品两个行业分别增长4.5%和7.8%，低于全市工业平均增幅；受三星系生产转移影响，电子信息行业下降2.7%。新兴产业虽然加快成长，但短期内难以弥补部分传统行业回落带来的影响。航空航天、汽车、生物医药、新能源、新材料、环保六个产业增加值合计占全市工业的20.4%，比上年提高3.3个百分点，但整体规模依然偏小，拉动作用有限。二是新增项目贡献减弱。在部分产能过剩、市场需求不足以及生产经营成本偏高的形势下，一些实体项目回报率不高，致使企业投资意愿不强，投资增长后劲不足。工业投资仅增长5.0%，比上年回落10.2个百分点；新增规模以上工业企业487家，比上年减少63家，且户均企业规模有所减小。三是企业面临多重困难。四季度工业景气调查结果显示，38.7%的企业认为产品需求不足、订单减少是影响正常生产经营的首要因素；其次是用工成本上升，占被调查企业的32.2%；第三位影响因素是资金紧张，占被调查企业的24.9%。

图5　工业生产者出厂价格和购进价格累计涨幅

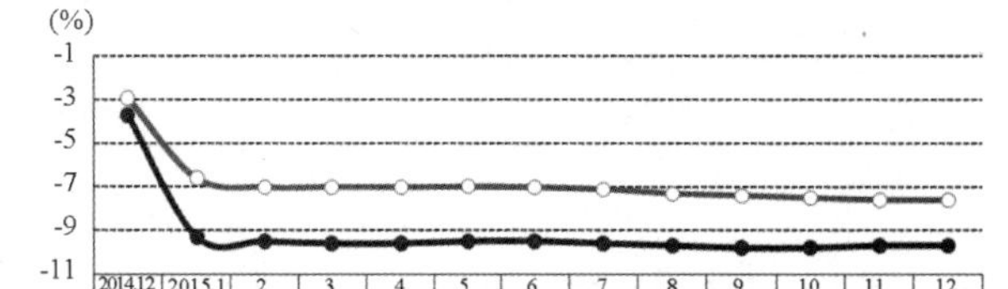

	2014.12	2015.1	2	3	4	5	6	7	8	9	10	11	12
出厂价格	-3.7	-9.3	-9.5	-9.6	-9.6	-9.5	-9.5	-9.6	-9.7	-9.8	-9.8	-9.7	-9.7
购进价格	-2.9	-6.6	-7.0	-7.0	-7.0	-7.0	-7.0	-7.1	-7.3	-7.4	-7.5	-7.6	-7.6

出厂价格　购进价格

（二）传统服务行业增速放缓

从批发零售业看：2015年，批发和零售业增加值增长6.2%，比上年回落2.4个百分点；批发和零售业商品销售额增长8.7%，回落6.4个百分点，主要是受市场需求不足等因素影响，大宗商品价格持续下降，主要生产资料销售放缓。国家统计局对流通领域50种重要生产资料市场价格监测显示，12月下旬，46

种商品价格同比下降；其中，10 种化工、7 种煤炭、6 种石油天然气商品价格普遍下降，8 种金属材料价格降幅超过 20%。反映到销售额上，金属材料、石油及制品、煤炭及制品、化工材料及制品四类商品占限额以上销售额的 70.0%，合计增长 6.0%，比上年回落 6.6 个百分点；拉动限额以上销售额增长 4.2 个百分点，回落 4.7 个百分点。其中，金属材料销售额增长 16.7%，回落 0.3 个百分点；化工材料及制品增长 12.1%，回落 39.6 个百分点；煤炭及制品增长 3.5%，回落 8.1 个百分点；石油及制品下降 15.6%，降幅扩大 13.7 个百分点。

从交通运输业看：2015 年，交通运输、仓储和邮政业增加值增长 7.3%，比上年回落 1.4 个百分点。反映航运干散货景气程度的波罗的海指数（BDI）持续低位运行，年末不足 500 点，远低于海运业盈亏临界点（2000 点），全年全市远洋货运量下降 72.5%，货物周转量下降 83.3%。受“8•12”事故影响，港口货物吞吐量和集装箱吞吐量分别仅增长 0.1%和 0.4%，分别比上年回落 7.8 个和 7.7 个百分点。

（三）外贸出口形势不容乐观

世界经济复苏不及预期，受发达国家“再工业化”和发展中国家竞争的双重挤压，加上劳动力成本上升、出口结构转型等多种因素影响，外贸出口增幅逐月回落，自 9 月份开始由增转降，全年下降 2.7%，上年为增长 7.3%。一是外资企业出口支撑乏力。外商及港澳台商投资企业出口占全市的 62.8%，出口下降 4.6%；民营企业出口下降 3.1%，上年为增长 22.9%。二是主要贸易方式出口下降。一般贸易和加工贸易出口分别占全市的 43.1%和 48.2%，出口分别下降 3.8%和 4.9%，而上年分别为增长 11.2%和 3.6%。三是主要出口市场持续低迷。传统市场中，对美国、韩国、日本出口分别下降 18.6%、19.8%和 10.0%；新兴市场中，对巴西、俄罗斯出口分别下降 34.0%和 38.8%。

图 6　外贸出口与进口累计增速

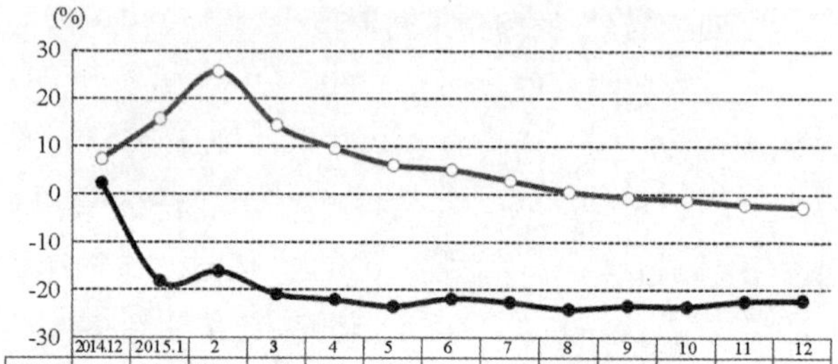

	2014.12	2015.1	2	3	4	5	6	7	8	9	10	11	12
外贸出口	7.3	15.7	25.8	14.4	9.6	6.1	5.1	2.8	0.5	-0.6	-1.2	-2.2	-2.7
外贸进口	2.3	-18.2	-16.1	-20.9	-22.1	-23.1	-21.9	-22.7	-24.1	-23.4	-23.5	-22.4	-22.3

外贸出口　外贸进口

（郑礼　陈钊　李娜　刘永明）

2015 年天津社会发展报告

2015 年，全市人民在市委、市政府的正确领导下，主动适应经济发展新常态，积极应对各种挑战，在保持经济平稳较快增长的同时，全面推动科教文卫事业发展，不断提高社会管理和公共服务水平，继续大力实施 20 项民心工程，人民群众生活得到明显改善,社会事业取得新的发展。

一、人口规模适度扩张，聚集效应进一步显现

（一）外来人口拉动全市人口规模扩张

居住证制度全面实施，经济社会建设全面推进，人居环境明显改善，人口集聚效应不断释放。2015 年末，全市常住人口 1546.95 万人，比上年末增加 30.14 万人；其中，外来人口 500.35 万人，占常住人口的 32.3%，比上年末提高 0.9 个百分点；外来人口增加 24.17 万人，占常住人口增量的 80.2%，继续成为全市人口规模扩张的主要动力。

图 1　2011-2015 年天津市常住人口和外来人口变化情况

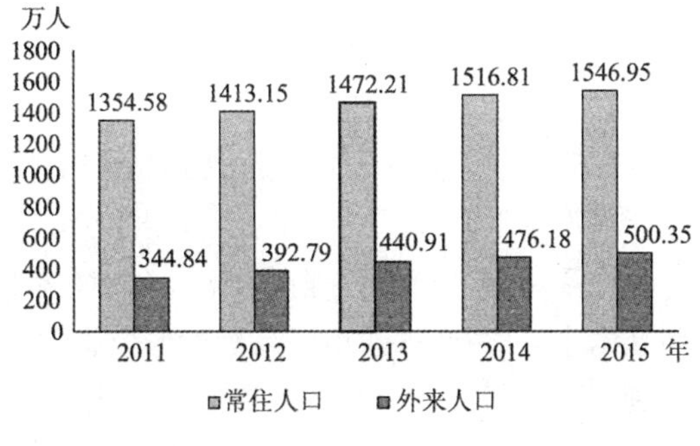

（二）人口结构持续改善

2015 年末，全市少年人口（0-14 岁）151.76 万人，占常住人口的 9.8%，与上年持平；劳动年龄人口（15-64 岁）1246.53 万人，占常住人口的 80.6%，比上年提高 1.5 个百分点；老年人口（65 岁及以上）148.66 万人，占常住人口的 9.6%，回落 1.6 个百分点。2015 年天津市常住人口中 60 岁及以上老年人口比重为 15.3%。人口总负担系数为 24.1%，比上年末回落 2.4 个百分点。

（三）低生育水平保持稳定

单独二孩政策顺利实施，人口出生规模在可控范围之内。单独两孩审批 12079 件，出生 6489 人。2015 年，全市人口出生率 5.84‰，比上年回落 2.35 个千分点；死亡率 5.61‰，回落 0.44 个千分点；人口自然增长率 0.23‰，回落 1.91 个千分点。

二、就业形势总体稳定，第三产业比重上升

（一）稳定和扩大就业政策取得积极成效

实施积极的就业政策，围绕结构调整和转型升级，培育新的就业增长点。鼓励大众创业激发社会活力，让大学生在自主创业中发挥生力军作用。积极开展创业培训，以“职业培训包”模式开发新的创业培训内容，满足不同创业群体和不同阶段特点的创业培训需求，为创业者提供补贴和担保贷款。通过实施政府培训补贴，鼓励和引导职业院校、企业、社会培训机构，重点面向 45 岁以下企业中青年职工、院校学生、失业人员和农村劳动力，开展职业技能培训。2015 年，全市新增就业 48.85 万人，城镇登记失业率为 3.5%，“零就业”家庭动态为零，应届高校毕业生就业率保持 90%以上。

（二）就业结构进一步优化

2015 年末，全市就业人口总量 896.80 万人，比上年末增加 19.59 万人；其中，城镇就业 710.67 万人，增加 19.22 万人。分三次产业看，第一产业就业 66.17 万人，减少 1.81 万人；第二产业 320.16 万人，减少 21.35 万人；第三产业 510.47 万人，增加 42.75 万人。

图 2　2011-2015 年天津市三次产业就业结构

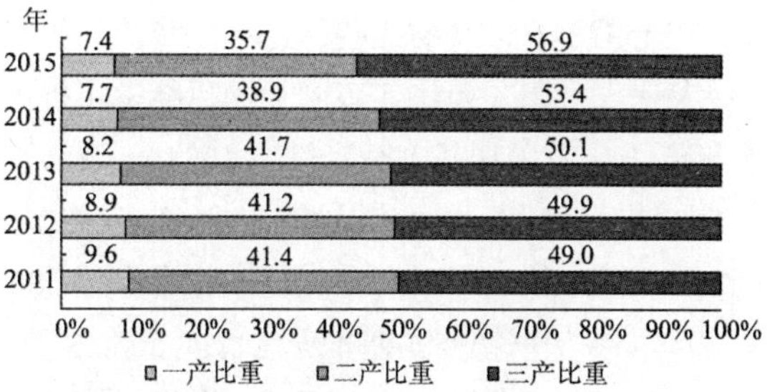

第三产业就业占全社会就业总量比重为 56.9%，比上年提高 3.6 个百分点。

三、城乡居民收入持续增长，消费水平进一步提高

（一）居民收入稳步增长

20 项增收措施全面落实，企业养老金实现十一连增，最低工资标准进一步提高。全市月最低工资标准由上年的 1680 元调整至 1850 元，城市居民最低生活保障标准由每人每月 640 元调整至 705 元，农村居民最低生活保障标准由每人每月 440 元调整至 540 元。2015 年，城镇常住居民人均可支配收入 34101 元，增长 8.2%。其中，工资性收入 21060 元，增长 12.0%；转移净收入 7183 元，增长 2.1%；财产净收入 3400 元，增长 5.3%。农村常住居民人均可支配收入 18482 元，增长 8.6%。其中，工资性收入 11032 元，增长 11.0%；经营净收入 4949 元，增长 3.3%；转移净收入 1726 元，增长 16.4%。

（二）消费结构持续优化

2015 年，城镇常住居民人均消费性支出 26230 元，增长 8.0%。其中，服务性消费增长较快，住房维修及管理、交通工具、文化娱乐、教育等服务支出分别增长 26.0%、25.0%、22.1%和 15.5%；农村常住居民人均消费性支出 14739 元，增长 7.3%；其中，生活用品及服务、教育文化娱乐、医疗保健、交通通信等支出增长较快，增速分别为 29.5%、19.5%、18.4%和 11.0%。城乡居民恩格尔系数分别为 32.2%和 29.5%，分别比上年回落 1.0 个和 1.9 个百分点。

四、社会保障体系进一步完善，民生保障能力持续加强

（一）社会保险制度不断完善

实施多项居民社会保障新的政策措施，社保制度更加惠民。建立了“2+4+3”的医保制度体系，通过职工和居民医保两项基本制度，与职工大额医疗费救助制度、城乡居民大病保险制度等补充保险制度有机衔接，在全国率先实现省级统筹、城乡统筹。扩大居民医保参保人员覆盖范围，政府补助标准逐年提高。2015 年末，全市参加基本医疗保险 1054.11 万人，其中，参加城镇职工基本医疗保险 522 万人，参加城乡居民医疗保险 532.11 万人。参加基本养老保险 686.28 万人，其中，参加城镇职工基本养老保险 565.18 万人，参加城乡居民养老保险 121.10 万人。参加城镇职工失业保险 295.32 万人，比上年末增加 7.75 万人。参加城镇职工工伤保险 385.61 万人，比上年末增加 40.43 万人。

表 1　2011-2015 年天津市社会保险参保人数

指　　标	参保人数（万人）				
	2011 年	2012 年	2013 年	2014 年	2015 年
城镇职工基本医疗保险	474.52	479.07	493.08	509.59	522.00
城乡居民医疗保险	498.27	502.23	508.44	514.03	532.11
城镇职工基本养老保险	458.71	490.26	520.67	545.44	565.18
城乡居民养老保险	98.00	102.60	106.41	111.84	121.10
城镇职工失业保险	258.75	268.69	278.69	287.57	295.32

（二）打造特色养老服务

建立居家为基础、社区为依托、机构为支撑的养老服务体系。出台《天津市养老服务促进条例》，强化养老服务设施的规划和建设，创新推出建设社区老年服务中心，建立养老机构的准入、退出和运营监管制度，规范养老服务人员的培训、社会保险、补贴等政策。加快养老机构建设，新建养老机构 13 家、托老所 3 家，新增养老床位 8369 张，全市养老机构达到 428 家。新建日间照料中心 91 家，全市老年日间照料服务中心（站）数量达到 1047 个，服务覆盖全市 240 个街道和乡镇。

五、科技创新实力持续增强，教育事业发展迈上新台阶

（一）自主创新能力持续提升

天津国家自主创新示范区发展规划纲要出台，“一区二十一园”建设稳步推进，全社会研发经费支出占生产总值比重达到 3.08%。截至年末，全市共有国家级高新技术企业 2309 家，市级高新技术企业 860 家。有效专利不断累积。全年受理专利申请 8 万件，其中发明专利 2.85 万件；专利授权 3.73 万件，其中发明专利 4624 件；年末有效专利 10.38 万件，其中发明专利 1.85 万件。创新主体稳步增长。年末全市共有国家重点实验室 12 个，国家部委级重点实验室 49 个，国家级工程（技术）研究中心 36 个，国家级企业技术中心 45 个。在滨海新区设立“双创特区”，全市众创空间达到 106 个。科技创新成果丰硕。全市 15 项科技成果获得国家科学技术奖，其中，技术发明奖 3 项，科技进步奖 12 项，涉及装备制造、生物医药、环境保护等多个领域。全年完成市级科技成果 2610 项，属于国际

领先水平 77 项，达到国际先进水平 385 项。全年签订技术合同 12590 项，合同成交额 539.18 亿元，增长 29.0%；技术交易额 418.35 亿元，增长 49.9%。

图 3　2011-2015 年天津市专利拥有量

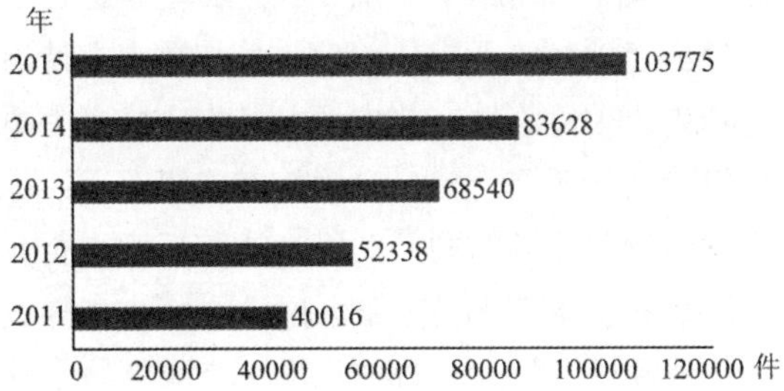

（二）教育事业全面发展

基础教育优质均衡发展取得新成绩。推进学前教育提升计划，新建和提升改造 140 所幼儿园。完成第二轮义务教育学校现代化标准建设，全市 16 个区县全部通过义务教育县域均衡发展国家评估认定。截至年末，全市共有普通中学 509 所，小学 849 所；普通中学招生 13.21 万人，在校生 42.70 万人，毕业生 14.23 万人；小学招生 11.09 万人，在校生 60.21 万人，毕业生 8.03 万人；幼儿园在园幼儿 25.25 万人。职业教育改革创新迈上新台阶。完成国家职业教育改革创新示范区建设任务，与教育部签署共建国家现代职业教育改革创新示范区协议，成功举办 2015 年全国职业院校技能大赛，完成第二批 8 所国家中职示范校国家级验收。全市共有中等职业教育学校 108 所，全年招生 4.72 万人，在校生 11.91 万人，毕业生 3.75 万人。推进卓越人才系列培养计划，新增 3 个国家级实验教学示范中心和 1 个国家级虚拟仿真实验教学中心。增设 26 个本科专业，南开大学、天津大学入驻新校区，中医药大学、医科大学、体育学院新校区建设步伐加快。全市有普通高校 55 所；全年招收研究生 1.80 万人，在学研究生 5.30 万人，毕业生 1.63 万人；普通高校本专科招生 14.50 万人，在校生 51.29 万人，毕业生 13.21 万人。

六、医疗资源调整深入推进，公共卫生服务体系加快建设

（一）卫生资源不断增加

第二儿童医院正式开诊，天津医院改扩建、医大空港医院新建、环湖医院改扩建等项目进展顺利，优质医疗资源总量不断增加。截至 2015 年末，全市共有各类卫生机构 5222 个，比上年末增加 232 个；卫生机构床位 6.37 万张，比上年末增加 0.27 万张；卫生技术人员 9.07 万人，比上年末增加 0.59 万人。依托社区卫生服务中心，建立了一批医养护一体化服务病房试点机构。积极推进住院患者无陪护和营养包餐工作，创建了 10 家无陪伴医院和 40 个无陪伴示范病区。二、三级医院优质护理服务病房覆盖率分别达 89%和 100%。

表 2　2011-2015 年天津市卫生事业基本情况

年份	卫生事业机构(个)	# 医院、卫生院	卫生机构床位数(张)	# 医院、卫生院	卫生技术人员数(人)	#执业（助理）医师	#注册护士
2011	4431	461	49423	44661	73321	29833	25815
2012	4551	465	53509	48896	76922	30710	27637
2013	4696	482	57743	53062	80983	32059	29715
2014	4990	522	60984	56484	84783	33340	31577
2015	5222	546	63693	59689	90703	35871	33804

（二）公共卫生安全服务扎实推进

全市人口平均预期寿命达到 81.08 岁，孕产妇和婴儿死亡率连续第十年分别控制在 10/10 万和 6‰以下，居民电子健康档案建档率达 75%，为 114 万老年人提供了健康体检。进一步完善预约诊疗服务体系，专家门诊号源预约开放率达 50%以上，门诊预约比例达 43.52%。推行以电子病历为核心的信息化建设，依托“i-Tianjin”建设项目，以医科大学总医院为试点，建设“Q 医”平台，改善患者就医体验。公共卫生安全得到有效保障，全市免疫规划疫苗接种率达 98%，甲、乙类传染病发病率保持连续下降趋势。

（三）持续加强卫生人才队伍和学科建设

全市卫生计生人员 11.2 万人，全市每千常住人口拥有卫生技术人员 5.59 人。全行业拥有中国工程院院士 5 人，科学院院士 1 人，享受国务院特贴专家 458 人，国家级突贡专家 25 人。建设 27 个国家临床重点专科，形成血液病、临床肿瘤、器官移植、中西医结合、心脑血管、骨科、眼科、口腔、肾病等优势学科。

七、公共文化服务水平提升，体育综合实力不断增强

（一）文化惠民服务丰富多彩

公共文化设施网络更加完善。文化中心发挥引领示范作用，各场馆全年组织各类公益文化普及活动 700 余场，天津图书馆全年 365 日向读者免费开放，总流通人次 216 万，文献外借 265 万册次。截至年末，

全市共有艺术表演团体66个，文化馆19个，博物馆22个，公共图书馆31个，街乡镇综合文化站241个。惠民服务内容更多丰富。数字群艺馆、数字非遗微信平台、公共文化民心桥平台、天津图书馆“百姓选书我买单”微信平台等“公共文化数字为民服务平台”正式开通；发行6万张“天津文化惠民卡”，更多市民走进剧场，享受高水平、低票价的惠民演出；举办特色展览200余个，观众数达900余万人次。群众文化活动蓬勃开展。第三届读书节、第十七届“群星奖”等活动成功举办，丰富了全市百姓文化生活。文化产品丰富多彩。全年出版图书5257.71万册，期刊3163.98万册，报纸6.57亿份；摄制电影故事片18部，64家院线影院放映电影73.43万场次，观影人数2108万人次，票房收入6.8亿元，增长48%；全市共有广播节目10套，市级电视节目16套。

（二）体育事业蓬勃发展

竞技体育整体实力进一步增强。举办了2015年亚洲女排锦标赛、2015年ITF国际女子网球巡回赛（天津站）等10余项国内外赛事，在国内外比赛中共获得59枚金牌，其中，国际比赛21枚，国内比赛38枚。全民健身运动广泛开展。举行了第十五届“健身大拜年”系列活动、“我爱足球”中国民间足球争霸赛、海河龙舟节等活动，丰富了市民的体育文化生活。加快建设公共体育基础设施。新建、更新体育健身园500多个，为南翠屏公园、南开区绿水园等5个公园配建体育设施；建设武清郊野公园、北辰郊野公园户外健身休闲区。

图4　2011-2015年天津市电影票房收入

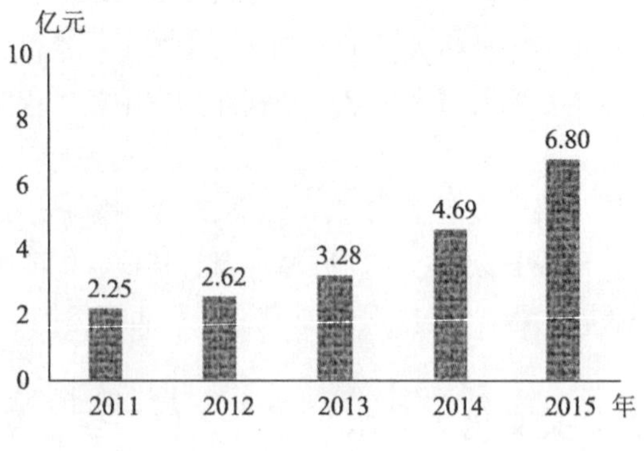

八、深入推进美丽天津建设，城乡环境进一步改观

（一）生态环境持续改善

大力推进“美丽天津•一号工程”，深入开展清新空气、清水河道、清洁村庄、清洁社区、绿化美化行动，强化“五控”治理，全面提升载体功能，生态宜居城市建设取得重大进展。2015年，全市氮氧化物、二氧化硫、化学需氧量、氨氮四种主要污染物排放量分别下降12.6%、11.2%、2.5%和2.6%。深入推进清新空气行动。严格落实控煤、控尘、控车、控工业污染、控新建项目“五控”治理措施，重点在治污减排上下功夫。关停陈塘庄热电厂，基本完成主力电厂燃煤机组清洁化改造，634台锅炉完成煤改燃；优化调整产业结构和能源结构，关停淘汰落后污染企业222家；全市29万辆黄标车全部淘汰，全面实施国五机动车汽柴油和国五机动车排放标准。全年环境空气达标天数220天，比上年增加45天；PM2.5浓度均值70微克/立方米，下降15.7%。深入推进清水河道水环境治理，饮用水源地水质达标率保持100%。扎实推进清洁村庄建设。完成村庄植树绿化39.3万株，全年建设清洁村庄1360个、美丽村庄150个。扎实推进清洁社区行动，建设第三批181个美丽社区。建成了一批郊野公园，林木绿化率提高到23.7%，完成绿化面积2408万平方米，城市人均公园面积9.83平方米。

（二）市容市貌全面提升

持续推进市容环境综合整治，高标准、立体化提升主干道路沿线环境。精心实施城市夜景建设，建设中心城区主干道路25公里夜景灯光线，重点打造三岔河口、古文化街、奥式风情区等“六大特色灯光组团”，友谊路至天津站后广场4条主要线路夜景灯光线，城市道路路灯开启率达到100%，路灯设施完好率达到98%。全面实施“净化”工程，垃圾清扫、收运、处理实现全过程精细化管理，中心城区主干道路首次实现机扫水洗全覆盖，积极推进餐厨垃圾“就近就地”无害化处理和资源化利用试点，全市生活垃圾无害化处理率达96.8%。

九、基础设施建设提速推进，公用事业服务功能提升

（一）大交通体系逐步完善

津保铁路投入运营，与京广、京沪、津秦和京津城际四条高铁无缝对接，天津成为全国高铁枢纽。京津城际延长线、京蓟和津蓟市郊铁路通车，西南环线、京津城际机场延长线等抓紧施工，京滨城际铁路前期工作加快推进，成立京津冀城际铁路投资公司。京津塘高速公路北部新区高架工程、京台高速天津段正式通车，全市高速公路ETC覆盖率达到94%。2015年，港口货物和集装箱吞吐量分别达到5.41亿吨、1411.10

万标准箱，到港邮轮97艘次。天津机场航空物流园区启动建设，新增、恢复和加密航班航线102条，异地候机厅达到20座，旅客吞吐量1431.4万人次。轨道交通建设加快，5条地铁线同步建设，6号线部分路段实现试运行。截至年末，全市公路里程16549公里，比上年末增加439公里，其中高速公路1130公里。

（二）城市客运服务能力不断提升

公共交通承载能力持续提升。2015年，全市新开公交线路50条，优化调整30条，年末公交线路达到707条；新增、更新公交车辆2435部，运营车辆总数达到11619部。通过建立以城际线、城乡线为主体，城区线、村村通线为补充的线网格局，构筑城乡一体化公交服务体系。城市客运量平稳增长。全年城市客运量（不包括出租）18.56亿人次，增长2.6%。其中，公共汽电车客运量15.70亿人次，增长4.0%；地铁客运量2.56亿人次，增长2.2%。

图5　2011-2015年天津市地铁客运量

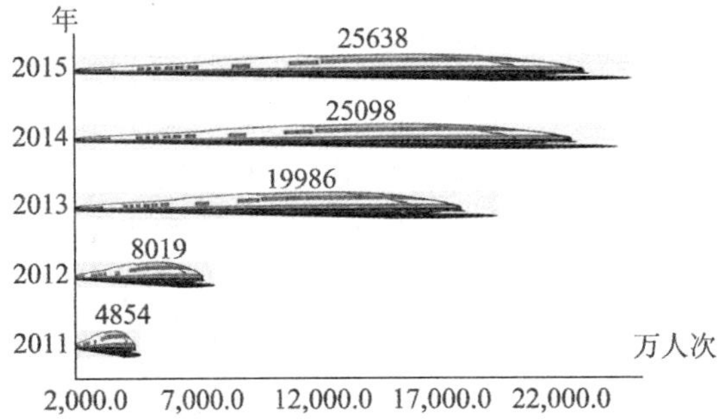

（三）民生事业不断完善

连续实施20项民心工程，财政支出的75%以上用于民生领域。加快旧楼区改造，全年提升改造散片旧楼区846个，30万居民直接受益；开工建设保障性住房3万套，建成7.7万套，新增发放租房补贴1.1万户；示范小城镇开工农民安置住宅503万平方米，竣工502万平方米。新增供热面积985.25万平方米，自来水供水总量8.14亿立方米。新建标准化菜市场20个，总数达到325个。

十、创新社会治理，和谐稳定发展再上新水平

（一）大力推进依法治市

深入推进“法治天津”建设，着力促进依法治市，切实提高为民服务工作能力。拓展诉讼服务大厅、网站及12368热线功能，完善多元化纠纷解决机制，建立诉调对接中心、诉讼辅导室、司法确认服务工作站。加强涉民生案件审理。制定物业服务、交通事故纠纷案件审理标准，审结婚姻家庭、邻里纠纷、民间借贷、投资理财以及住房、就业、医疗等涉民生案件73191件，维护群众合法权益。加大法治宣传力度，与我市主流媒体合办法治栏目4个，持续开展送法进校园、社区、乡村等活动，赠送法律书籍，提供咨询服务。

（二）创新社区治理

推动社区建设体制机制创新，实施社会组织服务管理改革，切实提高便民惠民水平。健全完善人民调解、行政调解、司法调解和专业调解多方联动的“大调解”工作机制，妥善化解民生纠纷。深入开展“平安天津”建设，加强社会治安防控，维护群众合法权益，社会和谐稳定局面进一步巩固，人民群众的安全感、满意度保持较高水平，我市成为广泛认可的全国最安全地区之一。大力推进社区办公服务设施达标建设，提升改造287个社区办公服务设施。

（三）社会组织和志愿服务工作取得成效

开展首届社会组织公益创投，投入500万元福彩公益金专项资助35个社会组织开展公益服务项目。组织开展国际社工日主题宣传活动，举办“学习雷锋、奉献社会、服务社会”等系列志愿服务活动。

（陈钊）

新常态　新发展　新跨越

——“十二五”时期天津市经济社会发展综述

“十二五”时期是加快实现天津城市定位和建设美丽天津的关键时期。五年来，全市认真落实中央各项决策部署，主动适应经济发展新常态，坚持稳中求进、改革创新，全力打造经济和城市两个升级版，经济运行总体平稳，发展质量不断提高，民计民生持续改善，社会事业全面进步，城市知名度和影响力进一步扩大，在转型调整中实现新的发展。

一、全力稳定经济增长，综合实力显著提升

五年来，面对复杂的国内外经济环境和持续的下行压力，全市上下认真落实国家和全市各项稳增长政策措施，保持经济运行在合理区间，质量效益同步提高，实现调速不减势、量增质更优。

经济总量较快增长。全市生产总值由 2010 年的 9224.46 亿元，增加到 2015 年的 16538.19 亿元，年均增量 1462.75 亿元，接近 1999 年全年规模，2011 年开始挺进“万亿俱乐部”。“十二五”时期，全市经济年均增长 12.4%，快于同期全国年均增速 4.6 个百分点，超过规划目标 0.4 个百分点，成为全国经济发展最具活力的地区之一。全市人均生产总值由 2010 年的 72994 元，增加到 2015 年的 107960 元（折合 17337 美元），年均增长 8.2%，快于同期全国年均增速 0.9 个百分点，继续保持全国前列。

图 1　2011-2015 年天津市生产总值

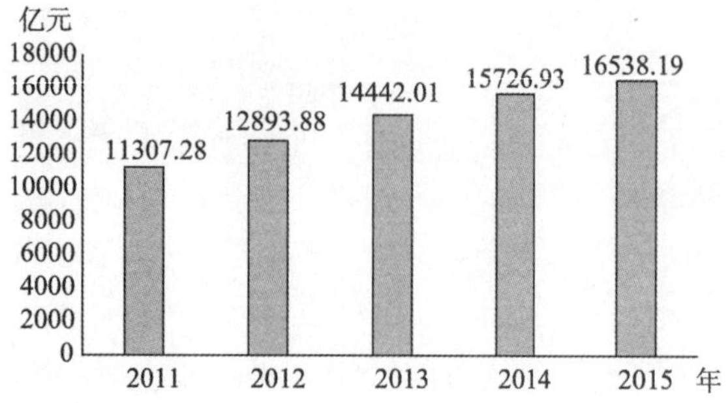

质量效益稳步提高。从财政收入看，在大力实施结构性减税政策的前提下，财政收入实现快速增长。一般公共预算收入由 2010 年的 1068.81 亿元，增加到 2015 年的 2667.11 亿元，年均增长 20.1%。财政收入的快速增长，为加强经济和社会发展中的薄弱环节、切实保障和改善民生、有效应对各种风险和自然灾害的冲击，提供了有力的资金支持。从企业效益看，在加快转型升级、提质增效的背景下，企业盈利能力进一步增强。2015 年末，全市规模以上工业企业 5525 个；资产总计 25242.98 亿元，主营业务收入 27969.58 亿元，分别为 2010 年末的 1.7 倍和 1.6 倍；利税总额 3515.09 亿元，其中利润总额 2221.82 亿元，分别为 2010 年末的 1.5 倍和 1.4 倍。从投入产出看，劳动生产效率逐步提高，全社会劳动生产率由 2010 年的 13.12 万元/人，上升到 2015 年的 18.64 万元/人；土地节约集约利用成效明显，单位 GDP 建设用地占用面积由 573.16 亩/亿元下降到 327.45 亩/亿元。从节能降耗看，结构调整和技术创新促进能源利用效率不断提高，以较少的能源消耗支撑了经济的较快增长。2011-2015 年，全市万元生产总值能耗累计下降 24.3%，超额完成“十二五”节能降耗考核任务。

二、积极推进结构调整，产业动力加快转换

五年来，全市坚持把结构调整作为转型发展的关键环节，加快推进先进制造业重大项目建设，着力构建与现代化大都市地位相适应的服务经济体系，积极培育科技小巨人企业和“杀手锏”产品，推动产业结构不断优化，自主创新能力进一步提升。

二三产业双轮驱动。“十一五”时期，工业对全市经济较快增长贡献突出。2006-2010 年，工业增加值年均增长 18.2%，快于服务业 3.6 个百分点。2010 年，工业占全市生产总值的比重为 47.8%，高于服务业 1.8 个百分点；对全市经济增长的贡献率为 63.3%，远高于服务业（33.4%）。进入“十二五”时期以来，在工业面临需求不足、增速减缓的情况下，服务业成为稳增长的重要力量。2011-2015 年，服务业增加值年均增长 12.0%，虽略慢于工业增长，但差距缩小到 1.4 个百分点。2015 年，服务业占全市生产总值的比重首

次超过50%，达到52.2%，反超第二产业5.7个百分点，形成"三二一"产业格局；对全市经济增长的贡献率达到46.7%，与工业（49.5%）共同形成经济增长的有力支撑。

图2 2010年和2015年天津市三次产业结构

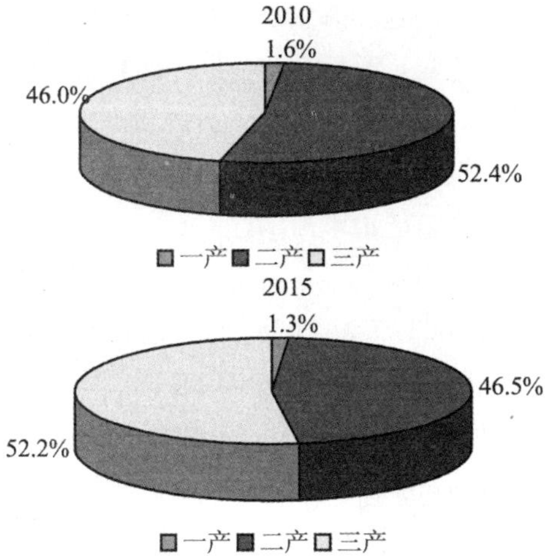

产业升级趋势明显。从工业看，培育壮大了航空航天、装备制造等优势支柱产业，2015年实现产值2.51万亿元，占规模以上工业的89.5%。其中，装备制造业产值突破万亿，达到10265.21亿元，是2010年的1.5倍；航空航天、生物医药、电子信息、新能源新材料等产业年均分别增长34.4%、25.7%、14.7%和13.5%，高于规模以上工业平均增幅（12.6%）。高技术产业和战略性新兴产业不断发展壮大，分别占规模以上工业总产值的13.8%和20.8%，建成航空、汽车、资源综合利用等8个国家新型工业化产业示范基地，产业集聚效应进一步显现。传统重化工业增势放缓，六大高耗能行业产值比重不断下降，由2010年的41.1%回落到2015年的30.5%。从服务业看，明确了高端发展、融合发展、集聚发展、借势发展、创新发展方向，现代服务业发展步伐加快。其中，生产性服务业快速发展，商务、金融、科技等高端服务业年均分别增长21.0%、17.1%和15.0%，高于服务业平均增幅。新兴金融、文化创意、楼宇经济等新兴服务业蓬勃发展，融资租赁业务规模位居全国前列，动漫产业公共技术服务平台达到世界领先水平，税收超亿元的楼宇达到170座。

创新引领转型发展。天津国家自主创新示范区正式挂牌，"一区二十一园"建设稳步推进，在滨海新区设立"双创特区"，全市众创空间达到106个。自主创新能力不断增强，2015年全社会研发经费支出占生产总值比重为3.08%，比2010年提高0.59个百分点；每万人口发明专利拥有量12.2件，增加7.1件。创新主体加快成长，科技型中小企业达到7.33万家，其中"小巨人"企业3453家，分别是2010年的5.9倍和4.7倍，其中70%的企业集中在新能源、生物医药、节能环保、高端装备制造等战略性新兴产业，涌现出红日药业、瑞普生物等一批创新型领军企业，开发出生物降解冠脉支架、锂离子电池隔膜等多项行业尖端的"杀手锏"产品。创新服务体系进一步完善，建成全国首家863产业化促进中心、国家锂离子动力电池研究中心等创新平台，国家和国家部委级重点实验室达到61个，国家级企业技术中心45个，均比2010年增加17个；国家级工程技术中心36个，增加5个。

三、着力增强内生动力，需求结构不断优化

五年来，在世界经济复苏乏力、外部需求较为疲弱的形势下，全市积极发挥投资关键性作用和消费基础性作用，着力提高投资质量，推进消费结构升级，有效弥补了外需的不足，对稳增长发挥了重要作用。

投资消费协同拉动。"十一五"时期，投资对全市经济较快增长拉动有力。2006-2010年，全社会固定资产投资、社会消费品零售总额、外贸出口年均分别增长32.7%、18.6%和6.5%，内需增幅明显高于外需，投资增幅明显高于消费。进入"十二五"时期以来，投资继续保持较快增长，消费与投资增长趋于同步。2011-2015年，投资、消费、出口年均分别增长15.5%、12.9%和6.4%，消费与投资增长的协调性有所提高。

内需结构继续改善。从投资看，服务业投资主导地位不断巩固，民间投资成为投资增长的主体。2015年，服务业投资占城镇投资的比重为58.0%，比2010年提高3个百分点，其中，科技、信息、商务等生产性服务业投资年均分别增长41.2%、27.1%和19.5%；民间投资占全社会投资的比重为58.1%，比2010年提高22.8个百分点，年均增速达到29.4%，对全社会投资增长的贡献率超过八成。从消费看，个性化、多样化消费渐成主流，体现发展与享受需要的旅游休闲、医疗保健等消费日趋活跃，互联网相关消费成为新的增长点。2011-2015年，接待入境旅游人数和旅游外汇收入年均分别增长14.5%和18.4%，五大道、海河风光游等精品线路成为旅游业新亮点；城镇常住居民人均医疗保健支出年均增长10.1%，高于人均消费性支出增幅0.9个百分点；全国知名电商纷纷落户天津，2013-2015年批发和零售业网上零售额年均增长78.5%。

图 3　2011-2015 年天津市全社会固定资产投资和民间投资

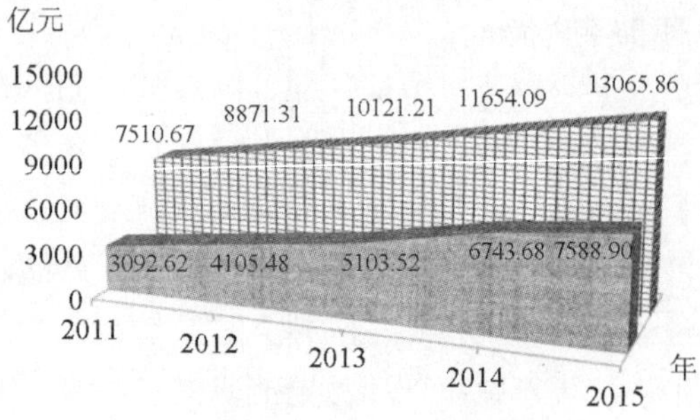

四、深化改革扩大开放，发展潜力加速释放

五年来，全市以转变政府职能为重点，不断深化重要领域改革，积极推进投资贸易便利化，以开放促改革促调整促发展，形成全方位对外开放新格局。

简政放权力度加大。深入推进政府职能转变，行政体制“十个一”改革全面实施。压减市级行政审批事项，向社会公开行政许可权力清单，实现“一份清单管边界”。区县行政审批局全部挂牌，企业设立“一照一码一章一票”一天办结，实现“一颗印章管审批”。整合工商、食药、质监职能，成立市场监管委，实现“一个部门管市场”。完成综合执法管理体制改革，集中行使行政处罚权，实现“一支队伍管执法”。加强事中事后监管，市场主体信用信息平台开放运行，实现“一个平台管信用”。推进大通关体系建设，完成京津冀通关和检验检疫一体化改革，实现“一份单卡管通关”。构建便捷高效的为民服务平台，53 个政府服务热线号码并入 8890 专线，实现“一个号码管服务”。随机抽取检查人员和被检查对象，实行一表共享、联合检查，实现“一份表格管检查”。建立人才引进绿色通道，简化居留、出入境、医疗、子女入学等方面审批流程和手续，实现“一张绿卡管引才”。运用“制度加科技”办法，建立行政执法和审计监督体系，实现“一套体系管廉政”。

民营经济保持活跃。实施工商登记制度改革，率先推行“三证合一”企业登记制度，进一步激发大众创业热情，民营经济活力增强。2015 年，民营经济增加值 7781.42 亿元，增长 13.5%，快于全市经济 4.2 个百分点；占全市经济的比重达到 47.1%，比 2010 年提高 7.9 个百分点。全年新登记各类市场主体 14.32 万户，其中民营市场主体 14.02 万户，比重达到 97.9%；新登记企业 7.59 万家，其中民营企业 7.06 万家，比重达到 93.1%；民营工业增加值增长 21.7%，快于规模以上工业 12.4 个百分点，比重达到 45.0%；民营商品销售额增长 20.7%，快于限额以上销售额 13 个百分点，比重达到 42.8%。

开发开放步伐加快。从对外贸易看，货物贸易进出口总额由 2010 年的 822.01 亿美元，增加到 2015 年的 1143.47 亿美元，年均增长 6.9%；其中，出口总额由 375.17 亿美元增加到 511.83 亿美元，年均增长 6.4%。外贸转型趋势明显，一般贸易占全市出口的比重由 2010 年的 37.6%，上升到 2015 年的 43.1%，反映全市自主出口能力不断增强；高技术含量、高附加值的产品成为出口主导，机电产品、高新技术产品分别占全市出口的 70.4%和 38.5%。服务贸易较快发展，“十二五”时期服务贸易进出口总额年均增长 10%，其中服务出口年均增长 13%。从招商引资看，中国（天津）自由贸易试验区挂牌运营，123 项制度创新举措落地实施，政策效应初步释放，2015 年区内新增市场主体 1.41 万户，注册资本（金）3890.57 亿元。全市实际直接利用外资由 2010 年的 108.49 亿美元，增加到 2015 年的 211.34 亿美元，年均增长 14.3%；实际利用内资由 1633.82 亿元增加到 4049.28 亿元，年均增长 19.9%。从对外投资看，“走出去”步伐加快，对外经济合作加速拓展。“十二五”时期，全市新设境外企业机构 625 家，新增中方投资额 162.20 亿美元，是“十一五”时期的 14.8 倍。

图 4　2011-2015 年天津市外贸进出口总额

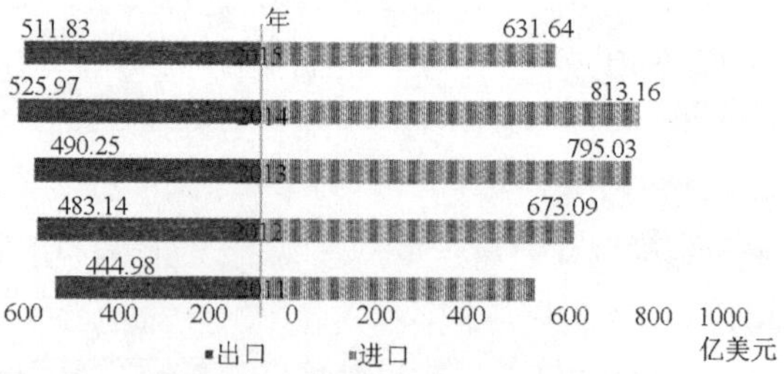

五、深入落实国家战略，区域经济亮点突出

五年来，全市高水平推进滨海新区开发开放，实施京津冀协同发展重大国家战略，区域经济形成多点支撑格局，全市发展空间进一步拓展。

区县经济多元发展。“十一五”初期，滨海新区开发开放纳入国家发展战略，对全市经济增长发挥了龙头带动作用。2006-2010 年，滨海新区生产总值年均增长 22.5%。进入“十二五”以来，滨海新区继续保持较快增长，各区县立足自身定位加快发展。2011-2015 年，滨海新区生产总值年均增长 17.9%。中心城区实现高端化发展，服务功能不断增强，服务业比重超过90%。郊区县用好国家级开发区、示范工业园区等载体，主导产业不断壮大，武清区和西青区经济总量超过千亿元。

图 5　2011-2015 年滨海新区生产总值

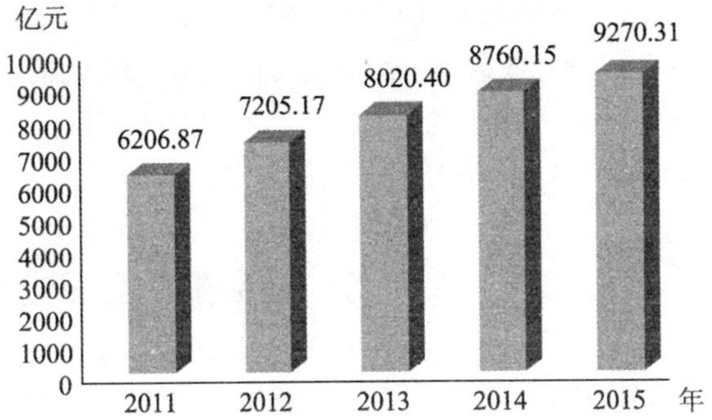

区域合作不断深化。京津冀协同发展上升为国家战略，促使三地合作进入提速推进的新阶段，为天津发展带来难得的历史机遇。从发展布局看，区县经济空间更加广阔。京津冀要形成以都市圈为主要特征的城市群联动发展格局，有利于各区县发挥优势、做大做强，其中西青、武清、北辰、东丽等区发展基础较好，在就业容量、配套设施、服务功能、资源禀赋等方面具有比较优势。从合作成效看，产业对接、口岸合作、交通互联等取得积极进展。未来科技城京津合作示范区、冀津循环经济产业示范区等建设加快，高端项目引进与产业链延伸拓展稳步推进，2015 年京冀企业在津投资占全市实际利用内资的 43%。京津冀通关一体化全面启动，企业通关效率大幅提升，京冀“无水港”增至 10 个，天津口岸进出口总额中京冀货物占到 32.6%。津保铁路投入运营，与京广、京沪、津秦和京津城际四条高铁无缝对接，天津成为全国高铁枢纽。京津城际延伸线建成通车，地铁 2 号线延伸到机场，异地候机厅达到 20 座，实现京津空铁联运一小时通达。

六、加快建设美丽天津，宜居城市活力尽显

五年来，全市紧紧围绕美丽天津建设，全力打造城市升级版，加快推进重大基础设施建设，加大环境保护和污染防治力度，大交通体系逐步完善，生态环境进一步改善。

城市脉络有效畅通。加快建设“两港四路”，构建服务区域、紧密衔接、高效便捷的现代综合交通体系，不断提升城市承载能力。“十二五”时期，城市基础设施投资累计完成 10424.22 亿元，相当于“十一五”时期的 1.9 倍。天津港 30 万吨级铁矿石码头投入使用，内陆无水港达到 25 个。2015 年港口货物吞吐量 5.41 亿吨，是 2010 年的 1.3 倍，位列世界第四；集装箱吞吐量 1411 万标准箱，是 2010 年的 1.4 倍，跻身全球前十；国际邮轮母港首次实现全年运营，接待到港邮轮 97 艘次。天津机场二号航站楼启用，机场旅客吞吐量 1431.43 万人次，是 2010 年的 2 倍，跨入国内大型机场行列。天津站和天津西站综合交通枢纽投入运营，京沪高铁天津段、津秦客运专线建成通车。津宁、滨保等 7 条高速公路建成通车，高速公路通车里程 1130 公里，是 2010 年的 1.2 倍，高速公路 ETC 覆盖率达到 94%。地铁 2、3、9 号线开通运营，6 号线部分路段实现试运行，地铁客运量 2.56 亿人次，是 2010 年的 6.1 倍。

图 6　2011-2015 年天津市地铁客运量

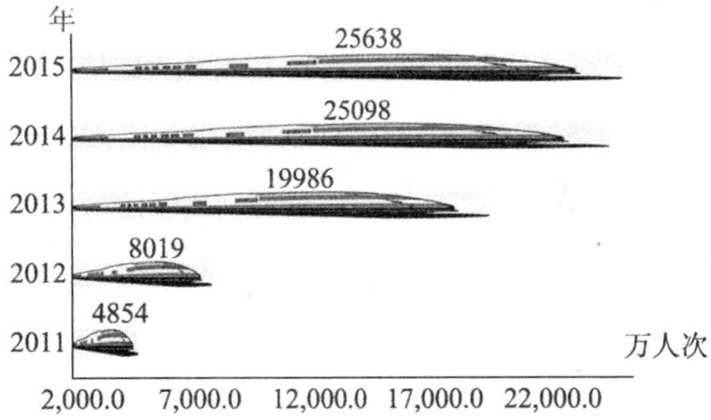

绿色发展取得进展。启动实施“美丽天津•一号工程”，深入开展“四清一绿”行动，率先以地方立法形式划定生态保护红线，大幅度提高排污收费标准，推动环境质量进一步提升。全力推进清新空气行动，严格落实控煤、控尘、控车、控工业污染、控新建项目“五控”治理措施，2015 年 PM2.5 平均浓度比上年下降 15.7%。大力推进清水河道行动，新建一批污水处理厂，全市污水处理率 91.6%，比 2010 年提高 6.3 个百分点。加快推进清洁村庄、清洁社区行动，累计创建美丽村庄 461 个、美丽社区 480 个。积极推进绿化美化行动，新建提升改造一批公园并免费开放，建成区绿地率 31.0%，比 2010 年提高 3 个百分点；城市人均公园面积 9.8 平方米，增加 1.2 平方米。

七、努力增进人民福祉，民计民生持续改善

五年来，全市坚持把保障和改善民生作为重中之重，每年精心实施 20 项民心工程，加大民生投入力度，提升群众生活质量，使改革发展成果更多惠及全市人民。

人口规模不断扩大。启动实施居住证制度，流动人口服务管理逐步完善，对外来人口的吸纳效应持续显现，城市发展活力进一步增强。2015年末，全市常住人口1546.95万人，比2010年末增加247.66万人；其中，外来人口500.35万人，占常住人口的32.3%，比2010年末提高9.2个百分点。“十二五”时期外来人口增加199.91万人，占常住人口增量的80.7%。在人口规模继续扩大的同时，新型城镇化进程明显加快，示范小城镇建设扎实推进，“三改一化”试点进展顺利，更多农民实现安居乐业有保障，全市城镇化率达到82.64%，比2010年提高3.09个百分点。

民生之本日益巩固。围绕重大项目建设、民营经济发展和新型城镇化，多渠道开发就业岗位，营造大众创业良好环境，带动就业规模进一步扩大。“十二五”时期，城镇新增就业240.55万人，超额完成225万人的规划目标。随着产业结构的不断升级，劳动力资源逐步向第三产业转移，促进就业结构进一步调整。2015年末，全市就业人口总量896.80万人，比2010年末增加168.10万人。其中，第一产业66.17万人，减少7.68万人；第二产业320.16万人，增加17.83万人；第三产业510.47万人，增加157.95万人。第三产业就业比重继2013年首次超过50%后，2015年进一步提升到56.9%，比2010年提高8.5个百分点。

居民收入稳步增长。大力实施富民强市战略，出台一系列增收措施，最低工资标准逐年上调，城乡居民收入稳定增加。城镇常住居民人均可支配收入由2010年的24293元，增加到2015年的34101元，年均增长9.6%。农村常住居民人均可支配收入由2010年的11801元，增加到2015年的18482元，年均增长12.5%。农村居民收入增长快于城市，促进城乡居民收入差距进一步缩小，城乡居民收入比由2010年的2.06：1缩小到2015年的1.85：1。

社会保障不断完善。强化制度公平和兜底保障，企业退休人员养老金、城乡低保等社会保障标准逐年上调，加快推进社会保险体系由制度全覆盖向人员全覆盖延伸，促进各类群体享有基本社会保障。2015年末，全市参加基本医疗保险1054.11万人，比2010年末增加98.13万人；参加基本养老保险686.28万人，增加162.60万人；参加失业保险295.32万人，增加49.23万人；参加工伤保险385.61万人，增加81.16万人。住房保障制度进一步健全，建立“三种住房、三种补贴”政策体系，为中低收入住房困难家庭提供住房保障，“十二五”时期累计建设保障性住房50.5万套，新增租房补贴家庭5万户。

生活品质逐步提升。随着收入水平的提高和社会保障的完善，居民消费支出平稳增长，消费升级趋势凸显。城镇常住居民人均消费性支出由2010年的16562元，增加到2015年的26230元，年均增长9.2%；农村常住居民人均生活消费支出由5606元增加到14739元，年均增长16.4%。2015年末，全市民用汽车拥有量283.05万辆，其中民用轿车183.56万辆，是2010年末的1.8倍；民用私人汽车234.75万辆，其中私人轿车165.51万辆，是2010年末的1.9倍。

八、切实完善公共服务，社会事业全面进步

五年来，全市坚持统筹经济社会发展，不断加大政策支持力度，加快发展各项社会事业，创新完善社会治理体系，经济社会发展的协调性进一步增强。

教育事业优先发展。大力发展学前教育，“十二五”时期新建提升幼儿园1300所，有效缓解“入园难”问题。完成两轮义务教育学校现代化标准建设，促进基础教育均衡发展，2015年末全市有小学849所，在校学生60.21万人；普通中学509所，在校学生42.70万人。实施普通高校本科教学质量提升工程，不断增强高等教育综合实力，全市有普通高校55所，本专科在校学生51.29万人。以海河教育园区为载体，完成国家职业教育改革创新示范区建设任务，推动职业教育形成新优势，全市有中等职业教育学校108所，在校学生11.91万人。随着各类教育协调发展以及外来人口结构优化，全市人力资源文化素质进一步提高，新增劳动力平均受教育年限15.43年，比2010年末增加0.75年。

医疗服务水平提升。加快卫生资源布局调整优化，胸科医院、天津医院、第二儿童医院等新建改扩建工程顺利完成，一批基层医疗机构和社会办医项目建成。2015年末，全市有各类卫生机构5222个，卫生机构床位6.37万张，比2010年末增加1.49万张；卫生技术人员9.07万人，增加2.06万人。深化医药卫生体制改革，基本医疗服务“15分钟步行圈”初步形成，群众看病难、看病贵问题得到有效缓解。全市人均预期寿命81.08岁，比2010年末提高0.81岁；孕产妇死亡率9.28/10万，婴儿死亡率4.40‰，连续第十年分别控制在10/10万和6‰以下，保持全国领先，达到发达国家标准。

文化惠民成效明显。天津文化中心建成并投入使用，国家海洋博物馆开工建设，全市各级公共博物馆、纪念馆、图书馆等免费开放。2015年发行6万张“天

津文化惠民卡”，更多市民走进剧场，享受高水平、低票价的惠民演出。文化服务品质不断提升，精神文明建设“五个一工程”屡创佳绩，推出电视剧《辛亥革命》、纪录片《五大道》等一批精品力作，成功举办第七届中国京剧艺术节。文化产业加快发展，国家3D影视创意园、天津出版产业园投入运营，动漫、电影产业蓬勃发展。2015年，文化产业增加值784.42亿元，占全市生产总值的比重达到4.7%，比2010年提高1.4个百分点。

图7 2011-2015年文化产业增加值

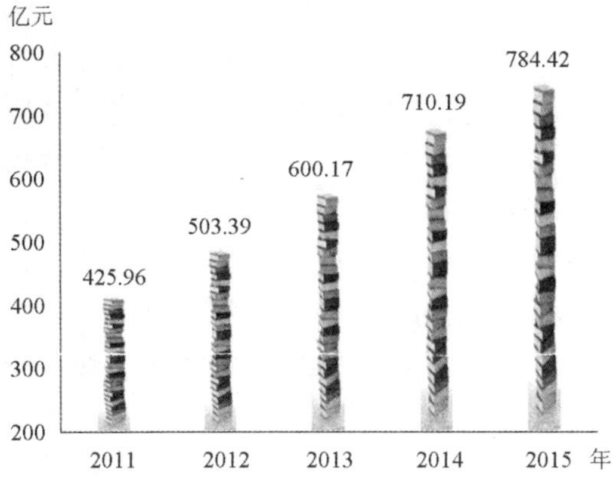

体育事业蓬勃发展。竞技体育成绩斐然，“十二五”时期，全市运动员在国内外比赛中共获得208枚金牌，包括国际比赛90枚、国内比赛118枚，其中在伦敦奥运会、仁川亚运会分别获得3枚和5枚金牌。群众性体育广泛开展，全民健身热潮逐步形成，建设更新一批体育公园和健身园。体育产业发展卓有成效，成功举办第九届全国大学生运动会、第六届东亚运动会等重要赛事，第十三届全运会筹备工作全面启动。

总的看，“十二五”时期全市经济社会发展取得巨大成就，推动美丽天津建设取得重大进展，在全面建成小康社会征途上迈出了坚实步伐。“十三五”时期是加快实现中央对天津定位、全面建成高质量小康社会的关键时期，我们要牢牢把握天津面临的历史机遇，牢固树立创新、协调、绿色、开放、共享的新发展理念，适应经济发展新常态，以提高发展质量和效益为中心，加快改革创新，厚植发展优势，谱写天津发展更加辉煌的新篇章。

（郑礼　戴颖）

汇聚发展能量　天津工业谱写新篇章

“十二五”时期的五年，是天津工业锐意改革，勇于创新，攻坚克难，具有鲜明里程碑意义的五年。这五年，特别是十八大以来，天津工业积极适应并引领新常态，认真贯彻落实党中央、国务院，以及市委、市政府的各项决策部署，紧紧抓住五大战略机遇，充分发挥天津制造业完备的发展优势，扎实推动“大众创业、万众创新”，坚持实施创新驱动发展战略，大力推进结构调整和转型升级，着力开拓发展新空间、激发新动力，实现了“规模总量平稳增长、结构调整加速升级、新增长点初步形成、质量效益稳步提升、研发实力显著增强”等一系列瞩目成就，实现了“十二五”天津工业发展的各项目标任务。

一、工业经济稳步前行，五年呈现新面貌

（一）上台阶：工业经济总量平稳增长

1.工业总产值连跨两个万亿台阶

天津工业发展稳中求进，工业总产值突破三万亿元。五年中，全市工业总产值由2010年的17107.19亿元，越过两个万亿台阶，到2015年达到30014.89亿元，年均增量超过2500亿元，相当于1998年全年的工业总产值水平；其中，规模以上工业总产值由16751.82亿元，增加到28016.75亿元。

2.工业增加值实现稳步提升

2010年天津工业增加值突破4000亿元后，2011年、2012年、2014年接连突破千亿元大关，一度超过7000亿元；受原油、冶金等工业品价格大幅回落影响，2015年全市工业增加值有所回落，完成6981.27亿元。五年间，工业增加值占全市地区生产总值（GDP）的比重始终位居各行业之首，保持在42%-48%，在全市经济发展中始终发挥着当仁不让的主力军作用。

3.工业经济增速完成温和换档

新常态下，“十二五”期间天津工业增加值增速经历了从高速到中高速的转变，由2011年的19.3%，到2015年增长9.2%。发展的脚步虽然放缓，但前进的步伐并未停止，工业增加值五年平均增长13.4%，高于全市GDP年平均增速1个百分点；其中，规模以上工业年平均增速更是高达13.9%。工业对地区生产总

值（GDP）增长的贡献率在五成上下，是助推全市经济增长的重要力量。（见表 1）

表 1　“十二五”期间工业增加值增长速度

单位：%

指　标	2011年	2012年	2013年	2014年	2015年	年均增速
全部工业增加值	19.3	15.8	12.8	10.0	9.2	13.4
其中：规模以上	21.3	16.1	13.0	10.1	9.3	13.9

（二）增实效：企业提质增效步伐加快

截至 2015 年末，全市规模以上工业企业超过 5300 户，拥有资产 24349.01 亿元，比 2010 年增加 67%。2015 年实现主营业务收入 27958.91 亿元，比 2010 年增长 61.4%；实现利税总额 3251.95 亿元，比 2010 年增长 34.3%，其中实现利润总额 2002.85 亿元，比 2010 年增长 29%。（见图 1）

图 1　“十二五”期间规模以上工业重点经济指标完成情况

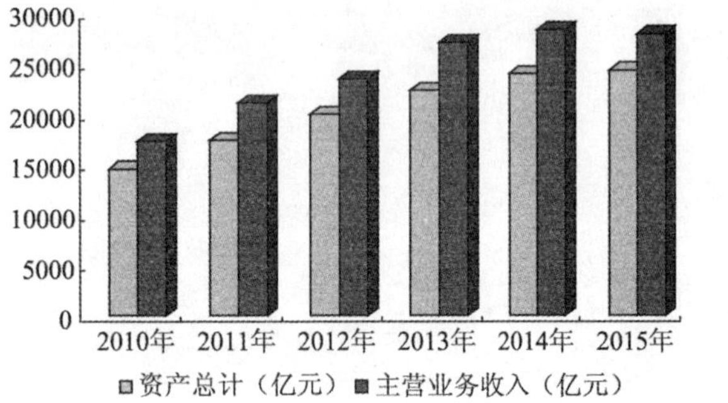

从工业经济效益看，全市工业经济效益明显优于全国，2015 年全市规模以上工业企业百元资产实现主收 114.8 元，高于全国平均水平 4.5 元；百元主营业务收入实现利润 7.2 元，高于全国平均水平 1.4 元；人均主营业务收入 182.5 元，高于全国平均水平 65.1 元。

（三）促拉动：扩内需与稳外需共同发力

“十二五”时期，世界经济处在危机后的深度调整期，总体需求相对不足。在此背景下，国家出台了一系列扩内需、保增长的相关政策措施，全市的工业增长模式向内、外需共同拉动转变。2015 年，全市规模以上工业销售产值达到 27374.63 亿元，比 2010 年增长 65.2%。其中，完成出口交货值 2929.74 亿元，比 2010 年增长 40.7%，低于销售产值增速 24.5 个百分点；内销产值 24444.89 亿元，比 2010 年增长 70.9%。“十二五”期间，工业外需与内需的结构呈现此消彼长的态势，从 2010 年的 87.3：12.7 转变为 2015 年的 89.3：10.7。与此同时，规模以上工业产销衔接水平保持良好状态，2015 年全市工业产销率为 97.7%。（见图 2）

图 2　“十二五”期间规模以上工业内外需变化情况

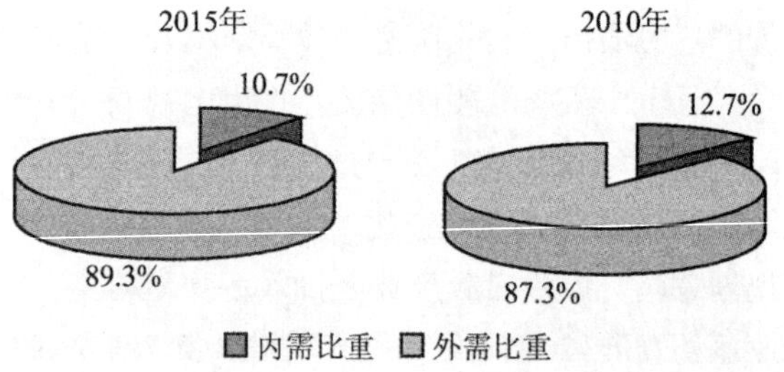

二、新常态引领新成就，精准发力实现新突破

“十二五”期间，经济发展进入了新常态，增长速度由高速转为中高速，发展方式从规模速度型的粗放增长转向质量效率型的集约增长，经济结构从增量扩能为主转向调整存量、做优增量并存的深度调整，发展动力从要素驱动、投资规模驱动发展为主向以创新驱动发展为主的转变。

（一）优结构：工业结构持续优化升级

1.多种经济类型释放活力

民营工业企业作为内源型经济的重要组成部分呈现出高速增长态势，促进全市工业增长的内在活力持续增强。经过“十二五”时期的快速发展，全市民营工业拥有了天士力、长城汽车等年产值超过百亿元的民营大企业集团，培育出天地伟业数码科技、瑞普（天津）生物药业等一批高精尖民营企业，拥有红日药业、九安医疗等一批蒸蒸日上的新兴民营上市企业，同时一批批数量大、分布广，从业人员多的中小民营企业也不断涌现。截至“十二五”末，规模以上民营工业企业数占全市比重已达到三分之二（66.4%）；从业人员达到 64.79 万人，占全市的 42.3%；完成工业总产值 12604.53 亿元，占全市比重 45%，比 2010 年提升 18.2 个百分点。

国有及国有控股企业进一步做强，国有资产得到保值增值。2015 年，国有及国有控股企业完成工业总产值 6910.65 亿元，占全市规模以上工业的 24.7%；拥有资产 11286.71 亿元，占全市规模以上工业的 46.4%，比 2010 年增长 51.3%。

外商及港澳台商投资企业贡献突出。一汽丰田、空中客车等世界 500 强企业继续深耕中国市场，飞思卡尔、大陆汽车、鸿富锦精密电子等行业知名企业陆续花落天津，彰显出天津工业作为制造业高端产业基地的底蕴。2015 年天津外商及港澳台商投资企业实现工业总产值 8501.57 亿元，比 2010 年增长 55.7%，占全市规模以上工业比重 30.3%；实现利税总额 918.76

亿元，比2010年增长42.9%，其中实现税金总额353.23亿元，比2010年增长63.8%。

2.产品结构进一步调整优化

经过多年的发展，天津工业产品结构持续优化、种类不断丰富，生产能力取得长足进步。"十二五"期间，电子信息、汽车制造、石油和海洋化工、高档金属制品、现代医药、绿色能源和环保等优势产业基地加快建设，航空航天、风力发电设备、绿色食品等新兴产业竞相发展，促进产业链向高端扩展，同时有效化解初级产品的产能过剩，天津工业产品结构呈现由低端向高端、低附加值向高附加值、低科技含量向高科技含量的发展态势。

分产品领域看，交通设备制造类产品不断开拓市场。2015年汽车生产53.08万辆，其中运动型多用途乘用车（SUV）生产2.97万辆，呈现爆发式增长，进一步满足市场高端需求；随着政府的大力推广支持，新能源汽车作为新增长点，开始崭露头角，2015年生产5261辆，比2014年增长5.8倍。

电子产品具备高科技含量。"十二五"期间，天津打造优质投资发展环境，引进了一批行业领军企业，培育壮大了新一代信息技术产业。2015年生产微型计算机1029.72万台，实现了从无到有的巨变；液晶电视机245.84万台，比2010年增长43.3%；作为全国重要的手机生产基地，2013年天津手机产量突破1亿部，并畅销全世界。

机械装备产业占据重要地位。2015年生产发动机4352.93万千瓦，比2010年增长30%；减速机30.24万台，比2010年增长13.8%；受益于国家购置补贴政策的推动，机械化农业及园艺机具生产4.12万台，实现了从无到有的突破。

冶金产品化解产能过剩任务取得进展。2015年生产生铁1953.21万吨，比2013年的峰值减产了260.99万吨；粗钢2068.91万吨，比2011年的峰值减产了226.84万吨。

石化产业链做大做强。继2010年原油实现增产1000万吨后，2015年又实现了一次近500万吨能力的提升，全年生产天然原油3496.77万吨，达到历史峰值；原油产量占全国的比重16.3%，居全国各省市第三位。2015年生产汽油245.84万吨，比2010年增长49.3%。伴随"十一五"期间百万吨乙烯千万吨炼油项目的顺利达产，"十二五"时期石化加工产品种类更加丰富，2015年乙烯产量129.89万吨，比2010年增长18.9%；初级形态的塑料381.49万吨，比2010年增长38.9%；化学农药原药9187.04顿，比2010年增长15.2%；橡胶轮胎外胎7781.40万条，比2010年增长1.3倍；塑料制品211.21万吨，比2010年增长22.8%。

3.区域经济联动协调发展

滨海新区发挥龙头带动作用，成为促进区域经济发展的重要力量。"十二五"期间，滨海新区围绕"一城双港、九区支撑、龙头带动"的空间布局和战略，坚持拓展空间与提升功能并重，大力发展海洋经济、绿色经济、循环经济，提高产业聚集度，打造强力发展引擎。2015年滨海新区规模以上工业总产值（注册口径）15538.95亿元，比2010年增长51.9%，占全市工业总产值的比重达到55.5%。

区县工业强化载体功能优势。各区县立足自身优势，确定产业发展方向，各具特色的发展格局逐步形成，围绕"一区二十一园"的建设，区县经济实力进一步壮大，潜力不断释放，为天津工业的平稳增长提供了重要的支撑。一方面，中心城区重工业逐步退出，都市特色工业成为发展新亮点；另一方面，涉农九区县因地制宜，多元发展，承接滨海新区和中心城区产业链的延伸和配套项目，形成了具有各自发展特色的产业集群。2015年，涉农九区县（经营在地口径）完成工业总产值13548.14亿元，西青区、北辰区、武清区三个区工业总产值总量突破2000亿元，静海区、东丽区、津南区三个区工业总产值总量超过1000亿元。

（二）新动力："加减乘除"引领新常态

1.多做加法，瞄准突破口聚焦新兴产业

大力发展新兴产业是当前转变经济增长方式和实现结构优化升级的重要途径。随着天津新型工业化进程的持续深入，新兴产业引领发展方向、汇聚发展动能的态势日趋明显，工业整体结构不断优化。

（1）装备制造产业 为天津工业发展提供强劲动力

装备制造业为国民经济和国防建设提供生产技术装备，是制造业的核心组成部分，是国民经济发展特别是工业发展的基础。2015年天津装备制造业完成工业总产值10263.34亿元，占全市工业的比重为36.7%，实现利润总额712.44亿元，占全市工业的比重为35.6%。

"十二五"期间，国家就通用设备制造业与专用设备制造业为代表的机械工业发展做出了系统的规划部署，为机械工业发展注入了新动力。在产业政策和相关规划指导下，机械工业加大了"攻高端、夯基础"的力度，通过智能制造、柔性制造等生产模式的转变，适应市场变化的能力继续提升、内生发展动力不断增强。"津一"牌数控齿轮机床系列产品被授予"中国名牌产品”，数控齿轮机床在国内齿轮机床行业处于领先地位；YK2275六轴数控铣齿机承担国家“863”计划重点项目，达到国际领先水平。2015年全市以通用设备制造业与专用设备制造业为代表的机械工业完成工业总产值 1985.65 亿元，占装备制造产业的比重为19.3%，实现利润总额 137.54 亿元，占装备制造产业的比重为 19.2%。

新能源汽车依靠政府的大力扶持，借助多项优惠政策迅速崛起，成为装备制造产业向高端化发展的典型代表。天津积极打造新能源汽车生产基地，整车、电池、电机、电控等领域核心技术项目加速落地，形成了从关键零部件到整车制造的全产业链布局，形成较完备的产业配套体系，初步构建起新能源汽车产业集群。凭借新能源汽车的强势增长，2015年全市汽车制造业完成工业总产值 2337.72 亿元，占装备制造产业的比重为 22.8%，实现利润总额 189.17 亿元，占装备制造产业的比重为 26.6%。

（2）高技术产业（制造业） 积极引领工业增长方式转变

“十二五”期间，以医药制造业和航空、航天器及设备制造业等为代表的高技术产业（制造业），随着企业自主创新能力的不断增强得到了较快发展，总体规模逐步扩大。2015年全市高技术产业（制造业）产值达 3859.70 亿元，比 2010 年增长 72.1%。高技术产业（制造业）产值占全部规模以上工业企业的比重达到 13.8%，比 2010 年提高 0.4 个百分点。

分领域看，医药制造业迎来创新发展机遇期，一方面是打造生物医药关键技术的领航区，积极研发抗肿瘤抗体、抗肿瘤蛋白、基因工程胰岛素、新型疫苗等生物制品，并加快药物研发的产业化速度。另一方面继承发扬中医药特色，主要产品包括速效救心丸、寿比山、血府逐瘀胶囊、复方丹参滴丸、诺和灵胰岛素等畅销全国的药品，拥有寿比山、达仁堂等驰名商标，宏仁堂、隆顺榕等中华老字号。2015年全市医药制造业完成工业总产值 447.63 亿元，比 2010 年增长52.5%，占高技术产业（制造业）的比重 11.6%。

航空、航天器及设备制造业从小到大，发展以大飞机、直升机、无人机、通用飞机、新一代运载火箭和空间站等航空航天高端装备，打造具有国际影响力的超大型航天器研制基地，构建延伸航空航天制造业的产业链，确立全市航空产业在国内的领先地位。2015年全市航空、航天器及设备制造业完成工业总产值447 亿元，比 2010 年增长 3.4 倍，增幅居高技术产业（制造业）前列。

（3）优势产业 稳定壮大继续夯实工业发展基础

“十二五”期间，全市的优势产业不断稳定壮大，形成了对全市工业贡献卓著的产业集群，夯实工业发展基础。2015 年航空航天、石油化工、装备制造、电子信息、生物医药、新能源新材料、轻纺和国防等优势产业完成工业总产值 25064.11 亿元，年均增长12.5%。

在优势产业中，新兴产业主要涉及信息技术、航空航天、高端装备制造、新能源汽车、新材料、生物医药、新能源、节能环保等领域，2015 年合计完成工业总产值 11413.30 亿元，占优势产业的比重 45.5%，比 2010 年提高 3.8 个百分点。传统产业是全市工业经济总量不断夯实壮大的基础，包括石油化工、冶金、轻纺工业等，2015 年合计完成工业总产值 13650.82亿元，占比呈现回落态势。

2.善做减法，控制生产经营成本显成效

企业是经济发展的微观基础，而成本是决定其经营状况的关键因素。近年来，随着劳动力、土地、资金等要素成本的不断上升，企业的经营成本和费用逐步攀升。为了缓解企业的成本压力，国家通过鼓励“大众创业、万众创新”激发企业活力，并出台了一系列减税降费政策，在此作用下，“十二五”期间，全市规模以上工业企业的百元主营业务成本、百元主营业务费用两个指标均呈微增走势，从 2010 年的 85.31 元和5.94 元，微增至 2015 年的 85.62 元和 5.99 元。

从行业门类看，全市制造业成本高于工业整体平均水平，但成本控制成效显著，百元主营业务成本、百元主营业务费用两个指标呈明显下降趋势，从 2010年的 87.15 元和 6.47 元，下降至 2015 年的 85.98 元和6.30 元。

3.巧做乘法，科技创新助推工业再启程

从研发活动投入要素看，2014 年全市规上工业企业投入研发经费（即研究与试验发展，R&D）322.81亿元，比 2010 年增长 1 倍，占全社会研发经费的比重为 69.5%，工业企业研发经费投入强度达到 1.1%。

从创新驱动的主体和成果看，“十二五”期间，随着全市经济发展动力向以创新驱动发展为主进行转变，创新的主体加快成长，创新的成绩硕果累累。2014年全市规上工业企业的 R&D 项目数突破 1.5 万项，拥有科技机构 839 个，专利申请数达到 1.68 万件，建成全国首家 863 产业化促进中心、国家锂离子动力电池研究中心等创新平台，国家级和国家部委级重点实验室、国家级企业技术中心、国家级工程技术中心分别增加到 57 个、41 个和 36 个。

从科技小巨人企业成长看，随着全市启动实施科技小巨人成长计划，打造科技小巨人升级版，2015 年末全市科技型中小企业已由当初的 1.25 万家增长到 7.2 万家，其中规上工业企业中，小巨人企业已达 2292 家，占全部小巨人企业的 66.4%。“十二五”期间，工业领域的科技小巨人企业占规模以上工业的比重，从 10%提高到 50%以上；占规模以上工业企业总产值的比重，从 16%提高到 48.4%。

4.力做除法，去产能任务一步一个脚印

“去产能”列为“十三五”开局之年经济工作五大任务之首，是供给侧结构性改革的突破口，备受社会各界广泛关注。

从高耗能行业发展变化看，“十二五”期间通过加大工业结构调整力度，压缩高耗能、高耗水行业的产能，为高端产业发展置换空间，高耗能行业工业总产值规模比重持续回落。2015 年全市高耗能行业工业总产值占全市规模以上工业的比重为 31.4%，比 2010 年回落 3.8 个百分点。

三、展望“十三五”从头越，打造工业升级版

经过“十二五”时期的不懈努力，天津工业取得了一系列瞩目的成就，为“十三五”工业继续破浪前行奠定了坚实的基础。展望“十三五”，天津工业已经把调结构、转方式放在更加突出的位置，做出了“大力调整产业结构”的战略部署，天津工业发展必将要引领转型升级关键阶段中的新常态大势，融入新一轮科技革命和产业浪潮中，奋力打造以创新驱动为动力的战略新引擎。

（一）加快创新驱动战略，激发工业内生活力

创新是引领发展的第一动力，是工业发展的核心竞争力。一是要加快创新驱动战略全面实施，全力打造“科技小巨人”升级版，大力扶持创新创业，激发全社会创新活力，建立适应市场经济体制和符合科技自身发展规律的自主创新体系，及时将科技成果转化为生产力，同时在促进科技成果产业化、实现产学研深度融合等方面先行先试。二是要不断激发工业内生活力，加快国家自主创新示范区建设，放大“双创特区”的示范效应，通过探索天津特色的双创模式，建设面向全市的创新平台，广泛聚集国内外科技资源与创新要素，激发改革动力、释放创新力量，为工业经济注入不竭动力。

（二）打造新兴产业集群，培育汇聚发展动能

伴随创新创业活力不断释放、新技术层出不穷，新兴产业将逐渐改变工业发展格局，引领工业经济实现新突破。一是做强装备制造产业，打造高技术产业（制造业）集群，抢占经济科技战略制高点，围绕全国先进制造研发基地的核心定位，重点培育航空航天、机械工业、新能源汽车等高科技含量的新兴产业，遴选一批新兴产品，推动核心技术和“杀手锏”产品开发。二是拓宽延伸产业链，通过吸引聚合特色产业、龙头项目和品牌企业，系统构建航空航天产业集群、生物医药产业集群、新能源汽车产业集群等，充分释放产业集群效应，形成工业经济强劲的增长点。

（三）重点突破发展瓶颈，加速传统产业改造

重点突破发展瓶颈，落实供给侧结构性改革要求。尤其是冶金行业，一方面要按照“去产能”任务的工作部署，坚决淘汰退出高能耗、高污染、低效益的生产设备和生产工艺，禁止低层次的重复建设，摆脱分工体系中的低端位置，淘汰清理僵尸企业，为新兴产业腾出土地、腾出能耗、腾出环境容量；另一方面要从供给端发力，加快传统技术改进，推动核心技术研发，不断提升特种钢等特殊领域高端钢制品的比重，扶持高端钢制品做强做优，实现高端产品供给，满足新需求，用新的增长点为传统产业补短板，推动传统产业转型升级。

（四）深化政府职能转变，营造良好市场环境

深化政府职能转变是新时期全面深化改革的重要内容，对于工业经济发展具有重大而深远的意义。一是继续全面深化“十个一”改革，优化发展环境，协同推进简政放权、放管结合、完善服务，实现政府服务效能双提升。二是将各项减税降费政策措施落到实处，密切跟踪各项政策实施效果，研究降低制造业增值税税率的政策方案，降低实体经济用工、物流、用能、用地、融资、制度性交易等方面的成本费用，切实帮助企业松绑减负，营造良好的市场环境。

（葛宁）

新常态中投资实现转型升级新发展

“十二五”时期是天津经济加快转型发展的关键时期。五年来，全市建设领域在市委、市政府的正确领导下，解放思想、实事求是、与时俱进，坚持五大发展理念，把握五大战略机遇，积极适应、把握、引领新常态，充分发挥投资引领作用，扩大有效投资，推进供给侧结构性改革，实现了投资结构转型升级，投资项目提质增效，推动全市经济综合实力实现新跨越，城市承载能力显著提高，美丽天津建设取得新成效，为提高经济发展质量、创新发展动能做出了突出贡献。

一、适应新常态，因势而谋跨越新台阶

（一）规模跨越新台阶

“十二五”时期，面对国内外经济环境错综复杂的新态势，京津冀区域协同发展的新格局，全市建设领域各部门主动适应经济发展新常态，把握大势，因势而谋，坚持高起点规划、高标准建设、高效能管理，推动全市固定资产投资进入了持续健康稳定增长的新阶段。五年累计完成全社会固定资产投资 5.1 万亿元，投资总量是“十一五”时期的 2.7 倍。年度投资规模每年迈上一个千亿台阶，并于 2013 年突破万亿元大关，2015 年全社会投资总量达到 13065.18 亿元，比 2010 年翻了一番，充分发挥了拉动经济增长和促进社会经济协调发展的基础性作用。

图 1：“十二五”时期固定资产投资完成情况

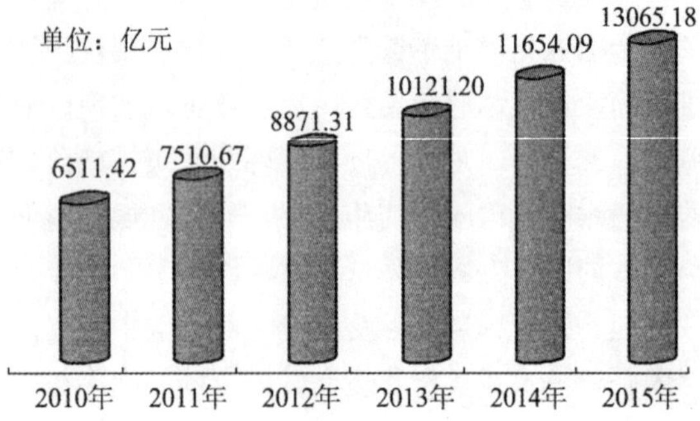

（二）增速换挡中高速

新常态下，我国经济发展的主要特点之一就是增长速度从高速增长转向中高速。“十二五”期间，全市投资增速也经历了从高速到中高速的转变，由 2011 年的 31.1%，2012 年的 18.1%，到 2015 年的 12.1%。面临发展速度换挡节点，全市坚持以提高发展质量和效益为中心，注重突出“转方式、调结构”，着力优化投资结构，坚持实施项目带动战略，通过大项目、好项目的高水平投入，积极推进消费主导的投资转型，引导投资增速温和换挡，五年的年均增速为 15.5%，仍然保持了两位数的稳步增长。

图 2：“十二五”时期固定资产投资增长走势

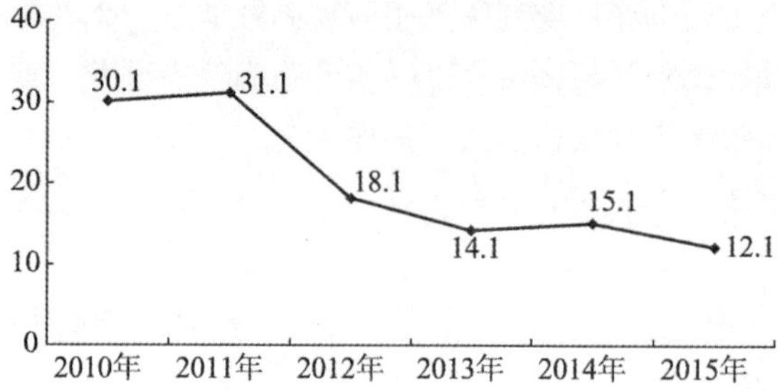

（三）效益达到新水平

在投资增速温和换挡的同时，全市更加注重提高投资的质量和效益，优化投资结构，深化投资项目行政审批体制改革，加速项目建设进度，推动投资发展方式从规模速度型逐步转型质量效率型，投资效益达到历史新水平。2015 年，全市的投资强度为 3.19 亿元每平方公里，与 2010 年相比，每平方公里的投资强度提高了 1.51 亿元。五年间全市的项目投产率逐年上升，2015 年达到 71.3%，与 2010 年相比，提高了 4.2 个百分点，项目投产率的稳步提高直接有助于投资项目尽快实现经济效益。“十二五”期间新增固定资产 28726.13 亿元，是“十一五”时期的 2.7 倍，全市固定资本形成总额超过 5 万亿，达到 51410.24 亿元，是“十一五”时期的 2.6 倍，年均增长 12.4%。

二、把握新常态，因势而动发展新格局

“十二五”时期，面临经济发展结构调整节点，全市积极把握经济新常态特点，因势而动，在保持投资规模适度稳步增长的同时，着力在优结构、提效益、促发展上下功夫，注重优化投资结构，加快推进重大项目建设，推动产业结构升级，彰显出转型发展新格局。

（一）投资结构转型升级

第一产业加大投入，现代都市型农业全面发展。以新农村建设为契机，不断加大对现代设施农业和农村地区基础设施的投资力度，五年累计完成投资797.31亿元，年均增长17.7%，是“十一五”时期投入的3.3倍。

第二产业做大做强，产业结构优化升级。围绕重点行业和重大项目加大了投入力度，不断构筑高端产业高地。“十二五”时期全市第二产业累计完成投资超过2万亿，达到21426.78亿元，是“十一五”时期的2.5倍，年均增长12.8%。百万亿次超级计算机、3G移动通信、高性能服务器、数字视频监控芯片、薄膜光伏电池等一大批具有国际领先水平的重大项目投达产。

第三产业加快发展，服务经济体系日臻完善。加快服务业发展是全市“十二五”时期经济社会发展的重要任务。全市各部门坚持把投资作为“转方式、调结构”的先导，着力加快第三产业投资建设。五年累计完成投资28998.37亿元，是“十一五”时期的2.8倍，年均增长17.6%，高于同期第二产业投资年均增速4.8个百分点。

“十二五”末三次产业投资结构为1.8∶39.3∶58.9，与“十一五”末的1.5∶45.2∶53.3相比，第三产业投资比重显著提高了5.6个百分点。“十二五”时期第三产业投资对全社会投资增长的贡献率为64.5%，高于第二产业31.1个百分点，显著呈现三产拉动为主的特点。第三产业投资的快速发展加速了全市现代服务经济体系建设，形成了都市型农业与先进制造业、现代服务业良性互动持续协调发展的现代产业体系，有效推动了全市经济的转型发展。

表1：三次产业固定资产投资情况

项　目	第一产业	第二产业	第三产业
“十一五”投资额（亿元）	241.61	8485.61	10433.05
“十二五”投资额（亿元）	797.31	21426.78	28998.37
“十二五”年均增速（%）	17.7	12.8	17.6
“十二五”贡献率（%）	2.1	33.4	64.5

（二）区域联动一体发展

“十二五”以来，按照“统筹兼顾，推动滨海新区、中心城区、其他九区三个层面联动发展”的区域发展战略布局，以滨海新区为龙头，各区合理规划准确定位，充分发挥自身优势确定产业发展方向，投资建设了一批大项目好项目，形成了三个层面优势互补、协调联动、城乡一体发展的良好局面。

滨海新区龙头带动。“十二五”以来，全市坚定不移地把加快滨海新区开发开放作为全市工作的重中之重，举全市之力加快推进。以“十大战役”为标志的九大功能区投资建设全力推进，坚持项目集中园区、产业集群发展、资源集约利用、功能集成建设，一批产业链条长、带动作用大的产业集群在滨海新区集聚崛起，形成了功能区开发与优势产业集聚、产业布局优化同步提升的良好态势，不但为滨海新区带来了高效率的集聚效益，也促进了全市产业结构升级优化。在中海油有限公司油气田勘探开发、临港工业区装备制造业基地、天津港扩建、高新区软件服务外包基地、大众汽车系列变速器项目、华泰汽车总部及汽车生产基地、于家堡站等大项目的支撑带动下，滨海新区投资强劲增长。“十二五”期间，滨海新区累计完成投资19691.98亿元，占全市投资比重达到38.8%。滨海新区不仅为天津又好又快发展发挥了重要的引擎作用，而且正在成为环渤海区域发展的增长极。

中心城区全面提升。按照“一主两副、沿河拓展、功能提升”的发展布局，中心城区通过加大投资力度，城市综合服务功能全面提升。“金融和平”、“商务河西”、“科技南开”、“金贸河东”、“创意河北”、“商贸红桥”的功能及产业特点日益凸显，现代金融、科技研发、创意产业、文化旅游、商贸流通等高端服务业和都市型现代工业迅速发展。“十二五”期间，中心城区累计完成投资3759.18亿元，占全市投资比重7.4%。小白楼、解放路、天津南站、文化中心等城市主中心和天津西站地区、天钢柳林地区两个综合性城市副中心加快建设，交通、居住、公共服务等各类设施日益完善，城市环境净化美化，载体功能显著提升。

其他九区加快发展。按照三个层面协调联动、城乡一体发展的战略布局，其他九区准确定位产业发展方向，以示范小城镇建设为龙头，以重大项目建设为抓手，加快推进农村居住社区、示范工业园区、农业产业园区统筹联动发展，加大特色产业投入。“十二五”期间，其他九区累计完成固定资产投资27283.72亿元，占全市固定资产投资比重达到53.8%。

（三）民间投资有力支撑

2010年，《国务院关于鼓励和引导民间投资健康发展的若干意见》出台，2011年，全市颁布了《关于鼓励和促进全市民间投资健康发展的实施意见》，全方位的政策支持提供了难得的发展机遇，使全市的民间投资进入健康快速发展的黄金时期。“十二五”期间民间投资累计完成26849.70亿元，是“十一五”时期的

4.2 倍，年均增速达到 29.7%，比“十一五”时期提高 5.9 个百分点，高于同期全社会投资年均增速 14.2 个百分点。“十二五”末民间投资占全社会固定资产投资比重超过半数，达到 58.1%，比“十一五”末提高 22.8 个百分点。华侨城、中玻北方光伏玻璃深加工项目、万达中心、天祥数码电子产业园、天安数码城、忠旺铝业基地、九园比克新能源产业基地等项目的建设，对全市新一代信息技术、新能源新材料、节能环保等战略性新兴产业的发展做出积极贡献。“十二五”期间，民间投资对全社会固定资产投资增长的贡献率达到 80.7%，成为支撑全社会投资保持稳步增长的重要因素。

图 3：“十二五”时期民间投资发展情况

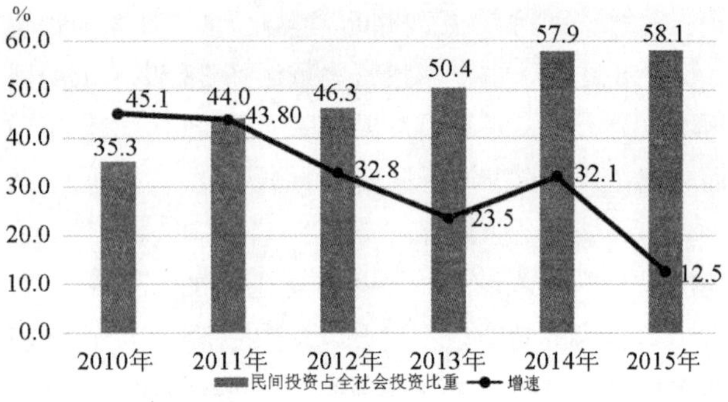

（四）重点项目带动引领

“十二五”以来，全市围绕《十二五规划》总体目标坚持不懈抓大项目好项目，在优势产业、高新技术产业、自主创新、基础设施、商贸旅游、高端服务业等转型发展的重点领域加大投入。全市共确定实施了重点建设项目 363 个，累计完成投资 8175 亿元，占到同期全社会投资的 16%。其中，工业项目投资 1126 亿元，所占比重为 13.8%；能源交通项目投资 1480 亿元，所占比重为 18.1%；基础设施和环保项目投资 1618 亿元，所占比重为 19.8%；农林水利和小城镇建设项目投资 2063 亿元，所占比重为 25.2%；社会事业项目投资 648 亿元，所占比重为 7.9%；商贸旅游及其它项目投资 1184 亿元，所占比重为 14.5%。新型运载火箭产业基地、渤海化工园、100 万吨乙烯炼化一体化、忠旺铝材、大西洋高端焊材生产基地、天津大学、南开大学新校区建设、西外环高速公路、京津城际延伸线、地铁 5、6 号线等一大批高端高质高新的重点项目为提高全市整体经济实力、构建现代产业体系、培育新的发展动能发挥了重要的带动引领作用。

三、引领新常态，因势而进实现新突破

“十二五”期间，面临经济发展动力转换节点，全市牢牢掌握主动权，引领经济新常态，因势而进，投资建设聚焦发展新要素，培育增长新动力，把战略机遇期转化为调结构转方式的突破期，推动全市综合实力实现新突破、城市载体功能达到新水平、美丽天津建设呈现新面貌。

（一）经济综合实力实现新突破

“十二五”期间，全市固定资产投资坚持实施项目带动战略，通过投资高端高质高新项目、大力发展实体经济，推动天津经济走上创新驱动、内生增长的科学发展之路。五年来，高质高效投资推动全市生产总值实现年均增长 12.4%，“十二五”末经济总量达到 16538.19 亿元。现代产业体系建设加快，高端产业高地已初具规模。五年间，航空航天、石油化工、装备制造、电子信息、生物制药、新能源新材料、轻工纺织等优势支柱产业投资 18553.79 亿元，年均增长 14.9%，占到全社会投资比重 36.2%。其中，航空航天产业五年投资 274.79 亿元，年均增长 16.1%，实现加速产业聚集，完善产业配套，提升产业规模，围绕“大飞机、直升机、无人机、火箭、卫星”等龙头项目，形成了“三机一箭一星”产业布局，目前航空产业基地已经聚集了西飞机翼、PPG、FTG、泰雷兹、西提斯、英德拉、索纳卡、中航直升机、海特、航新、中航产业基金等 50 多家航空项目。石油化工产业投资 2168.39 亿元，构建起从原油、炼油、乙烯到下游产品的完整产业链，建成国家级石油化工产业基地。2015 年，生产天然原油 3496.77 万吨，达到历史峰值，乙烯产量 129.89 万吨，比 2010 年增长 18.9%。装备制造业投资 7226.53 亿元，年均增长 21.6%，以智能化、绿色化的发展方向，围绕“高、精、尖”目标，投资建设了百利机电装备制造基地、中国钢研集团武清研发制造基地、鑫正临港重型装备建造基地等 5 个超千亿元级装备制造业基地和 17 个特色产业集群，形成“五基地、多集群”的装备制造业发展格局。电子信息产业投资 3175.86 亿元抢占高端，年均增长 21.8%，以物联网、云计算、数字产业等新领域为主攻方向，提升创新能力、完善产业链条、打造特色集群。新能源新材料产业投资 1169.35 亿元，年均增长 28.6%，也是优势产业投资中年均增速最快的行业，高于同期全社会投资增速 13.1 个百分点，正在将全市打造成为我国重要的绿色能源生产基地和国内最大的风力发电

设备生产基地。轻纺工业投资4168.36亿元优化升级，使海鸥手表、自行车、纺织等老产品焕发出新活力。2015年，全市优势产业产值占全市规模以上工业比重达到89.5%，"十二五"期间优势产业产值年均增长12.5%，显著提升了全市产业结构层级和经济发展动能。

表2:"十二五"时期工业优势产业投资情况

项 目	投资额（亿元）	年均增速（%）
工业优势产业投资	18553.79	14.9
1. 航空航天产业	274.79	16.1
2. 石油化工产业	2168.39	-13.8
3. 装备制造产业	7226.53	21.6
4. 电子信息产业	3175.86	21.8
5. 生物医药产业	370.52	16.1
6. 新能源新材料	1169.35	28.6
7. 轻纺工业	4168.36	22.0

（二）城市载体功能达到新水平

"十二五"期间，全市以强化对外辐射、促进双城对接、畅通城市交通为重点，加快建设现代综合交通体系，不断完善城市基础设施，使城市的载体功能、服务功能和辐射功能显著提升。五年共完成城市基础设施投资10424.22亿元，是"十一五"时期的1.9倍，占到同期全社会投资的20.4%。现代综合交通体系建设取得突破性进展，西站综合交通枢纽、地铁2、3、9号线实现联网运营，5、6号线加快建设，建成了城市轨道交通骨架线网，实现了多种交通方式"零换乘"。滨海国际机场二期、京沪高铁、津秦高铁、津保铁路、京津城际延伸线、铁路南站等相继投入运营，形成了通达"三北"腹地和兄弟省区市的快速交通网络。城市辐射服务功能显著提升，为实现天津在环渤海地区的战略定位、发挥排头兵作用奠定了坚实基础。

（三）美丽天津建设呈现新面貌

"十二五"以来，全市积极推进资源节约型、环境友好型社会建设，推动低碳发展、绿色发展、循环发展，围绕清新空气、清水河道、清洁村庄、清洁社区和绿化美化"四清一绿"行动全面展开，美丽天津建设加快推进。城市供热管网改造、燃煤锅炉房改燃并网、陈塘庄热电厂搬迁改造、贯庄垃圾焚烧综合处理、城市电网建设等重点项目加快推进，城市面貌更加清新靓丽。

（四）民生事业发展取得新成效

"十二五"以来，市委、市政府始终将改善民生作为党和政府工作的重中之重，着力提高公共服务水平，着重围绕教育事业、改善医疗卫生条件、发展文化体育娱乐等加强民生领域投资。五年间，教育事业投资615.19亿元，是"十一五"时期的2.9倍。天津大学、南开大学、天津医科大学、天津中医药大学、天津体育大学、海河教育园区等一批高校新校区加快建设。五年来，卫生和社会工作投资277.99亿元，是"十一五"时期的3.4倍。天津医院、人民医院、三中心医院等进行了改扩建提升；中心妇产科医院、医大总医院二期、人民医院二期、第二儿童医院、胸科医院、环湖医院等一大批公共卫生资源建成投入使用。教育卫生资源得到显著优化，实现经济发展、社会进步与民生改善的良性互动。

展望"十三五"，我国经济发展正处于"三期叠加"的新常态，全市也正处于转型发展的关键时期，经济增长正处在投资驱动向创新驱动的转换期。面临五大历史机遇，发展的有利条件和优势前所未有，必将为天津投资的增长提供较强动力。全市建设领域应围绕全国先进制造研发基地、北方国际航运核心区、金融创新运营示范区、改革开放先行区的定位，主动适应经济发展新常态，将投资工作的着力点放在提质增效、转型升级上，充分发挥投资在增加总量、优化结构、调整布局、促进发展、提升实力等方面的强大引擎作用，通过投资平稳、健康、持续增长，为实现中央对天津城市定位，全力打造经济和城市两个升级版，率先全面建成小康社会，不断开创美丽天津建设新局面打下坚实基础。

（杨霞）

流通规模持续扩大　消费结构不断优化

"十二五"时期，全市商业主动适应经济发展新常态，积极应对经济下行压力加大、内需放缓不利影响，认真落实国家和市委市政府稳增长、促消费的各项政策举措，消费品市场呈现出平稳较快增长态势。

消费规模持续扩大，消费结构明显升级，市场活力不断释放，对经济增长的拉动作用进一步增强。

一、流通规模稳步扩大，经济实力不断增强

“十二五”时期，全市商业积极克服种种不利因素，大力开拓市场，商贸经济保持了较快增长势头。“十二五”期间，社会消费品零售总额呈阶梯状增长，先后突破3000亿元、4000亿元和5000亿元大关，2015年达到5257.28亿元，比2010年增长81.1%，年均增长12.9%，显示出全市消费品市场具有较强的需求成长潜力和实际增长能力。“十二五”期间，商品销售额连续跨越三个万亿元台阶。2011年、2013年和2014年分别跨越了2万亿元、3万亿元和4万亿元台阶，2015年在国内外经济环境更加复杂，经济下行压力不断加大的情况下，全市商品销售额依然保持较快增长，并再创历史新高，达到42624.66亿元。全市商品销售额从2010年的15933.04亿元增加到2015年的42624.66亿元，增长1.7倍，年均增长21.8%。2015年，全市商业增加值完成2320.33亿元，其中批发和零售业增加值2075.14亿元，住宿餐饮业增加值245.19亿元，分别比2010年增长90.3%和55.5%，分别年均增长11.1%和6.5%。2015年，商业增加值占全市GDP比重为14.0%，占全市服务业比重达27.0%，居服务业各行业之首。

“十二五”以来社零额、销售额和商业增加值情况

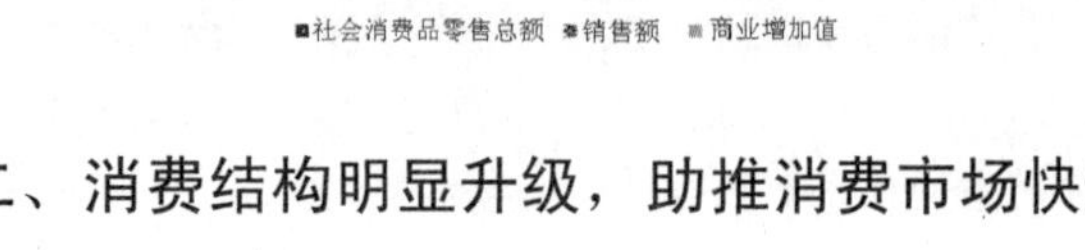

二、消费结构明显升级，助推消费市场快速发展

随着全市经济综合实力日益增强，居民消费能力快速提升，消费结构升级明显加快，居民消费更趋个性化、时尚化，消费热点和亮点不断涌现。一是金银珠宝和化妆品类商品持续热销。2015年，金银珠宝类零售额58.96亿元，比2010年增长1.52倍，年均增长20.3%，金银珠宝类商品已成为居民综合避险、保值增值的重要商品。化妆品类零售额55.88亿元，比2010年增长2.5倍，年均增长28.2%。二是汽车成为推动市场消费的主打商品。随着百姓收入水平和对生活质量追求的不断提高，汽车特别是私家车消费发展速度空前高涨，成为消费市场新的支撑点和增长极。2015年，汽车类零售额670.69亿元，比2010年增长1.1倍，年均增长16.4%。三是房地产市场的快速增长，带动了建筑及装潢类、家具类、家用电器的更新换代。2015年，建筑及装潢类零售额67.37亿元，比2010年增长5.8倍，年均增长46.8%。家具类零售额35.01亿元，比2010年增长11.2倍，年均增长66.8%。家用电器和音像器材类零售额132.59亿元，比2010年增75.3%，年均增长11.9%。四是新型时尚文化消费逐渐引领市场潮流，成为消费市场的新亮点。文化娱乐体育类零售额36.91亿元，比2010年增长1.53倍，年均增长20.5%。电子出版物及音像制品类零售额0.93亿元，比2010年增长22.4%，年均增长4.1%。五是通讯器材类升级换代较快，已成为时尚。近几年随着智能手机的不断更新，手机的功能得到极大的扩展，特别是苹果等新型国外手机进入国内市场，通讯器材类商品销售稳步增长。2015年通讯器材类零售额37.19亿元，比2010年增长1.4倍，年均增长18.9%。

三、餐饮市场增长平稳，结构优化成效初显

“十二五”时期，面对经济发展新常态，全市餐饮市场努力适应消费者消费偏好、消费习惯、消费方式的新变化，主动转型，创新发展，餐饮服务逐渐向大众化、个性化、多元化转变，餐饮市场呈现平稳增长、结构优化、质量提升的新态势。2015年，全市住宿和餐饮业营业额748.78亿元，比2010年增长94.6%，年均增长14.2%；限额以上住宿和餐饮企业达到906家，比2010年增长25.8%。大众餐饮消费需求强劲，美食广场、快餐店、连锁店等生意红火。2015年，全市限下住宿和餐饮业营业额603.15亿元，增长15.4%，占到全市营业额的80.6%，拉动全市营业额增长12.1个百分点，显示了居民较为旺盛的大众就餐需求。

四、民营经济总量继续扩大，引领带动作用日益突出

全市高度重视民营经济发展，出台了一系列促进民营经济发展的政策措施，商业民营经济的发展活力、竞争能力、综合实力不断增强，已经成为全市商贸经

济发展的重要支撑力量。2015年，全市限额以上批零业民营企业实现销售额13294.60亿元，比2010年增长2.1倍，年均增长25.6%，占全市销售额的42.8%；实现零售额1758.10亿元，比2010年增长1.3倍，年均增长17.8%，占全市零售额的63.8%，比2010年提高3.5个百分点。全市限额以上住餐业民营企业实现营业额85.27亿元，比2010年增长60.2%，年均增长9.9%。

五、电子商务异军突起，影响力进一步扩大

随着电子商务网络基础设施进一步完善以及腾讯数据中心、惠普数据中心等一批互联网及信息业龙头企业落户天津，全市电子商务发展具备了良好的科技环境和硬件支撑，促进了全市电子商务迅猛发展。截至2015年末，全市培育3个国家级和4个市级电子商务示范基地，中国大宗商城、天津粮油商品交易所、渤海商品交易所、铁合金交易所、天津港散货交易市场、滨海化工网等一批大宗商品电子商务交易平台已投入运营，初步形成了滨海高新区、武清区、空港经济区等电子商务产业集聚区。2015年，网络消费大幅增长，全年实现零售额460.4亿元，比上年增长34.7%。其中，限上单位实现零售额244.03亿元，比上年增长95.2%，成为消费领域的一道亮丽风景，网购在改变人们消费模式和消费习惯的同时，已经成为拉动消费增长的重要渠道。

六、商业体系建设加快，便民网络日益完善

“十二五”时期，全市积极打造具有不同辐射服务能级的四级商业中心体系，商业设施以每年增加100万平方米的速度建成开业。截至2015年底，全市建成投入使用的大型商业设施面积达2350万平方米，其中商业综合体35个，超市97个，百货店72个，1000平米以上餐饮店300个，批发市场116个，特色商业街区51条。各级商业中心定位更加清晰，各个商业街区特色更加鲜明，商业繁荣繁华得到有力促进。着眼于打造15分钟便民消费圈，即居民步行5分钟有便利店，10分钟有菜市场，15分钟有综合性超市或社区商业中心，进一步完善了城乡生活服务体系。目前，全市标准化菜市场325个，连锁化社区菜店200个，主食配送中心18个，早餐网点6000余个，农村便利店4200余个。各种业态的社区商业网点近1.7万个、200万平方米。商业经营连锁化程度继续提高，全市商业连锁门店2626家，营业面积275万平米。

七、商品交易市场持续发展，龙头作用明显

“十二五”时期，全市遵循市场发展规律，进一步加强了对各类商品交易市场的建设、管理，充分发挥积聚效应，培育出了一批规模大、档次高、设施好的商品交易大市场，形成了以综合市场、专业市场、生活消费品市场和生产资料市场协调发展的商品交易市场体系。2015年，全市超亿元商品交易市场（即年成交额超过亿元的商品交易市场）有56个，其中，消费品交易市场42个，生产资料市场14个，共实现成交额1598.36亿元。其中超10亿元的市场有25个，共实现成交额1472.02亿元，占全市各类亿元商品交易市场总成交额的92.1%。这些大型市场，对全市商品交易市场的发展和消费品流通起到了十分重要的作用。

八、转型升级步伐加快，民生商贸扎实推进

随着经济社会发展和人们生活水平的提高，近年来，大型购物中心作为一种集购物、餐饮、休闲娱乐等多行业、多业态于一体的商业综合体应运而生并快速发展，以节约用地、缩短交通距离、提高工作效率、发挥投资效益等优势特征成为现代商贸流通业快速发展的新兴模式，并成为商业新理念、新模式、新品牌的孕育地和集聚地，有力推进跨界式消费，提升商业消费能级。2015年，全市调查的32家大型商业综合体共实现营业收入117.50亿元，比上年增长46.8%；营业面积达147.86万平方米，吸纳从业人员3.33万人。在扩大流通、促进消费、便民利民、扩大就业、改善城市形象、促进经济发展等方面发挥了重要作用。同时，商业综合体也为周边乃至整个商圈带来了客流。2015年，全市积极优化零售商业布局，引导大悦城、水游城、欧亚达商业广场等大型商业综合体调整业态结构，增加餐饮及休闲体验业态商户面积。人人乐启动了“电子货架”模式，津工超市推出了K店模式和建立了“微店”并上线运营，满足了消费者多元需求。

九、“假日经济”特征明显，成为拉动消费重要动力

“十二五”时期，全市商贸和旅游企业抓住节假日有利时机，积极营造浓厚的节日气氛，不断完善优

美的购物环境，通过形式多样的优惠让利促销活动，吸引了大量顾客进行消费，“假日经济”已成为消费品市场发展突出亮点。节假日期间，多数商家销售的商品比平时要多出20～30%。特别是黄金周期间，各大商场、超市的商品销售多是平常的1至2倍。2015年借助春节、“五一”、“端午”假期，组织推动区县举办重点商贸节庆活动18场，天津年货购物节日均客流量2万人次，欢乐谷嘉年华系列活动规模日均3万人，有力拉动了假日消费；举办意风区西餐文化节、大运河餐饮文化节等主题活动，扩大天津美食之城影响，初步形成了品牌效应。

“十二五”时期，全市商贸经济保持了平稳较快增长，总量规模和运行质量均跃上了新台阶。展望“十三五”时期，全市消费品市场发展仍将压力与动力同在，挑战与机遇并行。而随着各项促进消费政策措施的深入贯彻实施，全市消费品市场的发展潜力将不断释放，商贸经济发展水平将进一步提升，对全市实现“十三五”时期经济健康持续较快增长发挥更加突出的作用。

（赵忆群　刘振兴）

开放型经济发展结硕果　规模质量迈上新台阶

“十二五”时期，面对复杂多变的国际经济环境，全市在市委、市政府的正确领导下，紧紧把握滨海新区开发开放、“一路一带”和天津自贸区建设等国家发展战略实施的有利时机，以“稳增长、调结构、上水平”为主线，认真贯彻落实各项促进对外开放的政策措施，积极参与经济全球化进程，开放型经济规模不断扩大，质量稳步提升，结构持续优化，发展迈上新台阶，成为推动全市经济持续增长、转型升级的重要动力。

一、对外贸易总量攀升新台阶，结构调整稳步推进

“十二五”期间，全市充分发挥区位优势，努力开拓国际市场，出台了促进外贸稳定增长的十项措施，对外贸易稳定增长，总量规模持续扩大。

“十二五”时期，全市外贸规模实现新突破，2011年外贸进出口额首次突破千亿美元大关，2015年达到1143.47亿美元，5年累计5958.01亿美元，是“十一五”时期的1.6倍，5年年均增长6.9%。其中，出口2456.17亿美元，是“十一五”时期的1.4倍，5年年均增长6.4%；进口3501.85亿美元，是“十一五”时期的1.9倍，5年年均增长7.2%。全市外贸依存度由2010年的59.4%下降到2015年的42.9%。

图1：我市外贸进出口总额

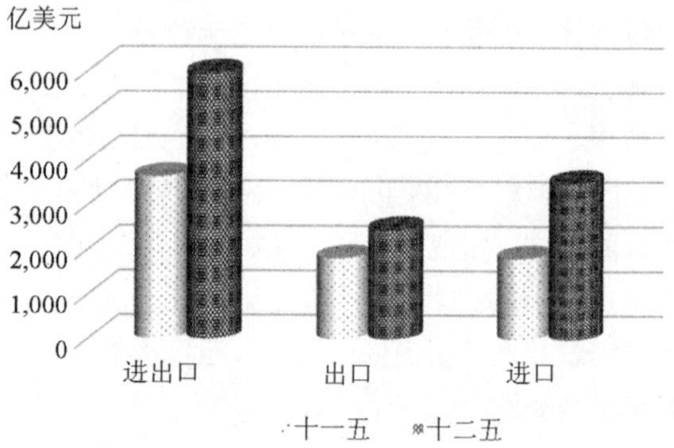

（一）贸易方式更加均衡，一般贸易比重继续提升

“十二五”时期，全市积极引导多种贸易方式平衡发展，单纯依靠加工贸易“大进大出”支撑外贸增长的局面得到改善，产业链更长、品牌附加值和技术含量更高的一般贸易出口比重明显提升。

一般贸易增长较快。全市一般贸易进出口由2010年的386.47亿美元增加到2015年的526.30亿美元，年均增长6.4%，快于加工贸易进出口1.4个百分点。其中，出口由141.20亿美元增加到220.52亿美元，年均增长9.3%，占全市出口总额的比重由37.6%提高到43.1%；进口由245.27亿美元增加到305.78亿美元，年均增长4.5%。加工贸易稳步增长。“十二五”期间，全市加工贸易进出口总额由2010年的321.53亿美元增加到2015年的410.95亿美元，年均增长5.0%。其中，出口由207.91亿美元增加到246.66亿美元，年均增长3.5%，占全市出口总额的比重由55.4%下降到

48.2%；进口由113.62亿美元增加到164.29亿美元，年均增长7.7%。对外承包工程带动出口大幅提升，2015年出口22.97亿美元，比2010年增长2.4倍，成为拉动全市出口增长的重要力量。

（二）贸易主体活力不断增强，民营经济迅速壮大

“十二五”时期，全市主动适应国际市场多样化要求，不断提升贸易便利化水平，一批大型跨国公司、中央大企业来津发展对外贸易。开展了重点企业帮扶活动和国际市场开拓活动，成立了中小外贸企业融资担保中心，本地企业出口持续扩大，民营企业开拓国际市场步伐进一步加快。各类贸易主体活力不断增强，主体结构更加合理，外资企业仍占主体，内资企业，特别是民营企业迅速壮大。

2015年，全市出口超亿美元企业65家，比2010年增加8家。内资企业出口加快发展，2015年出口190.53亿美元，比2010年增长72.4%，年均增长11.5%，快于全市平均水平5.1个百分点，内资企业出口占到全市的37.2%，比2010年提高7.7个百分点。其中民营企业（集体企业、私营企业之和）迅速壮大，2015年出口111.10亿美元，比2010年翻了一番，年均增长15.5%，快于全市平均水平9.1个百分点，占全市出口比重由2010年的14.4%提高到21.7%，对全市外贸的拉动作用进一步增强。泰达医药、武清地毯、宝坻乐器、静海五金制品等成为国家级外贸转型升级示范基地。外商投资企业稳定发展，2015年出口321.30亿美元，比2010年增长21.4%，年均增长4.0%，外商企业出口占到全市的62.8%。其中，合资合作企业发展较快，与独资企业之间的规模差距不断缩小。2015年，独资企业出口162.28亿美元，5年年均增长2.8%，占全市出口的比重为31.7%；合资和合作企业出口159.02亿美元，年均增长5.2%，快于独资企业2.4个百分点，占全市出口的比重为31.1%。5年间，合资和合作企业占全市出口的比重与独资企业之间的差距由4.8个百分点缩小到0.6个百分点。

（三）贸易伙伴更趋多元化，新兴市场蓬勃发展

“十二五”期间，全市在巩固深挖欧美日韩等传统市场的同时，积极引导企业调整方向，紧扣“一带一路”战略，大力开拓东盟、非洲、拉美等新兴市场，广泛参与各种区域经济合作，新兴市场蓬勃发展，贸易伙伴更加多元化。

2015年，全市贸易伙伴达到221个国家和地区。对新兴市场出口实现快速增长，市场比重不断提升。2015年对东盟、非洲、拉美市场出口166.32亿美元，比2010年增长1.3倍，5年年均增长17.9%，快于全市出口平均水平11.5个百分点，占全市出口的比重由2010年的19.5%提高到32.5%。其中，作为“一路一带”沿线重要地区的东盟市场成长迅速，2015年出口101.32亿美元，比2010年增长2.2倍，年均增长26.3%，占全市出口的比重为19.8%，比2010年提高11.4个百分点，已经成为全市第一大出口市场。对欧盟、美国、日本、韩国和香港等传统市场出口保持稳定，比重有所下降。2015年对五大传统市场出口247.15亿美元，5年年均增长1.1%，占全市出口的比重由2010年的62.2%下降到48.3%。

（四）贸易产品结构持续优化，“优进优出”转型效果明显

“十二五”期间，全市积极调整外贸进出口商品结构向“优进优出”转型，先进技术设备、关键零部件以及节能环保、清洁能源商品成为全市进口的重点领域。同时，深入实施品牌战略和以质取胜战略，继续加强出口产品的技术改造和新产品、新技术研发，不断提升产品竞争力和知名度，“三自三高”（自主知识产权、自主品牌、自主营销，高技术含量、高附加值、高效益）产品出口快速增长。

2015年，重点进口商品中，飞机、汽车及零部件、航空器零件、液晶显示板等进口额153.97亿美元，占全市进口额的24.4%，铁矿砂进口51.83亿美元，占全市进口额的8.2%。出口商品中，机电产品出口360.36亿美元，比2010年增长37.5%，占到全市出口的70.4%；高新技术产品出口197.09亿美元，比2010年增长31.6%，占全市出口38.5%。附加值较高的机电和高新技术产品成为主要出口支撑点。

二、引资规模连创新高，利用质量显著提升

“十二五”期间，全市借助夏季达沃斯论坛、津洽会、中国国际矿业大会、中国旅游产业博览会等大型会展活动的举办，积极扩大产业链招商规模和水平，利用外资增长较快，利用外资质量显著提升，外资结构不断优化，开放载体建设扎实推进，津门已成吸引世界各国投资的重要汇聚地，利用外资增幅始终保持全国前列。

“十二五”时期，合同外资额和实际到位额规模再创新高。直接利用外资合同金额连跨两个百亿美元台阶，从2010年的152.96亿美元增加到2015年的313.57亿美元，5年累计1103.33亿美元，是“十一五”时期的1.8倍，年均增长15.4%。实际到位外资连续5

年保持在100亿美元以上，2015年更是突破200亿美元，达到211.34亿美元，5年累计849.03亿美元，是"十一五"时期的2.3倍，年均增长14.3%。"十二五"时期合同外资额和实际到位额分别占历年累计的47.8%和55.9%。

图2："十二五"时期我市实际直接利用外资额

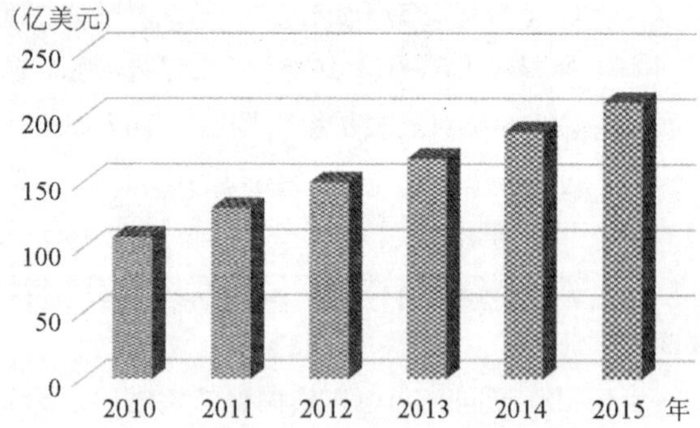

（一）引资规模继续扩大，利用质量明显提升

"十二五"时期，全市紧盯大项目、好项目和龙头企业积极开展招商引资，继续实施《面向世界500强企业招商引资三年行动计划》，吸引外资规模继续扩大，利用外资质量得到明显提升。

"十二五"期间，全市累计新批外商直接投资企业3539家，合同外资平均规模达到3118万美元，比"十一五"期间的1617万美元增加了1501万美元。新签大项目明显增多。2015年，全市新批投资总额1亿美元以上外资项目由2010年的8个增加到81个，引进世界500强企业由2010末的143家增加到163家，投资项目由396个增加到480个，投资总额由223亿美元增加到310亿美元。

（二）产业结构不断调整优化，服务业保持利用外资主体地位

"十二五"时期，全市进一步改善投资环境，积极引导鼓励外商投资高新技术产业、绿色环保产业、现代服务业，利用外资的产业格局不断调整优化，制造业利用外资大项目、好项目不断集聚，服务业利用外资亮点纷呈。

服务业利用外资结构持续改善。"十二五"时期，服务业合同利用外资842.15亿美元，比"十一五"时期翻了一番，5年年均增长18.7%，实际到位外资441.68亿美元，是"十一五"时期的2.3倍，5年年均增长11.7%，占"十二五"时期全市实际到位外资的比重为52.0%。服务业利用外资项目平均规模不断提高，由"十一五"时期的1922万美元增加到2757万美元，增长43.4%。融资租赁、商业保理等成为"十二五"时期服务业引资的新亮点，融资租赁业实际使用外资65亿美元，商业保理业吸引外资实现零的突破。大项目、好项目对制造业利用外资拉动作用明显。"十二五"时期，制造业合同利用外资249.51亿美元，是"十一五"时期的1.3倍，5年年均增长0.8%，实际到位外资398.77亿美元，是"十一五"时期的2.4倍，5年年均增长17.3%。一批制造业利用外资的大项目、好项目不断集聚。先后引进了大众汽车自动变速器、爱达汽车零部件、艾地盟生物科技等一批优质项目，促成了西门子电气传动、伟创力电子等一批增资项目，拉动作用明显。

（三）区域分布格局更加明显，滨海新区仍为外资的主要流入地

"十二五"时期，全市充分调动各区县、各功能区的积极性，借助各自区位优势，深入挖掘招商潜力，各区域招商引资工作水平不断提升，以滨海新区为龙头，中心城区和其他区县协调较快发展的格局更加明显，国家级开发区对全市利用外资的贡献率不断提升。

从区县看，滨海新区仍为利用外资的主体。"十二五"期间，滨海新区抓住各项重大国家战略实施的有利时机，充分利用天津自贸区的虹吸效应和溢出效应，不断扩大对外开放力度，着力引进高水平的大项目、好项目，优质高端制造产业和现代服务业项目利用外资的"双轮驱动"作用更加突出。合同外资额由2010年的117.01亿美元，增加到2015年的278.42亿美元，年均增长18.9%，增幅高于同期全市平均水平3.5个百分点，实际直接利用外资由2010年的70.42亿美元，增加到2015年的138.23亿美元，年均增长14.4%。中心城区在金融业和批发零售业等服务业快速发展的带动下，实际直接利用外资增长较快，由2010年的9.62亿美元，增加到2015年的17.53亿美元，年均增长12.7%。其他区县结合自身优势，积极发力，引进了一系列制造业大项目，带动利用外资增长，实际直接利用外资由2010年的28.45亿美元，增加到2015年的55.58亿美元，年均增长14.3%。

从功能区引资看，国家级开发区集中了全市70%以上的外资大项目好项目，对全市利用外资增长的贡献率不断提升。其中，天津经济技术开发区吸引了90个世界500强企业投资项目200多个，连续16年位列全国国家级开发区综合评价第一名。

（四）外资来源地更趋集中，香港稳居外资来源地首位

"十二五"期间，全市利用外资来源地比较稳定的同时，呈现更为集中趋势，来自香港的外资占据了半壁江山，且比重进一步提高。

“十二五”期间，按照累计新批外商投资企业合同外资额统计，位居前五位的国家和地区依次是：中国香港（合同外资额691.22亿美元，占全市合同外资额的62.6%，比“十一五”时期提高18.3个百分点）、日本（59.01亿美元，占5.3%）、韩国（56.04亿美元，占5.1%）、美国（54.39亿美元，占4.9%）、新加坡（48.60亿美元，占4.4%）。以上国家和地区合计合同外资额达到909.26亿美元，占全市同期合同外资额的82.4%，实际直接利用外资681.63亿美元，占全市同期实际直接利用外资的80.3%。其中，香港合同外资额由2010年的76.59亿美元增加到2015年的246.76亿美元，增长2.2倍，年均增长26.4%，占全市合同外资额的比重由2010年的50.1%提升到2015年的78.7%，实际到位外资由2010年的45.13亿美元增加到2015年的93.47亿美元，总量翻了一番，年均增长15.7%。

三、天津自贸区发展势头强劲，成为开放型经济发展新引擎

2015年4月21日，中国（天津）自由贸易试验区挂牌运营，成为我国北方第一个自由贸易试验区。天津自贸区在推广复制上海自贸区经验与吸收借鉴高水平国际通行规则的同时，积极开展制度创新，努力形成了一批可复制、可推广的新经验，成为全市开放型经济发展的新动力和转型升级的新引擎。截至2015年末，区内已推出两批共175项制度创新清单，其中123项举措落地实施，其余52项也取得了实质性进展，推出跨境电商试点、贸易单一窗口、平行汽车进口、保税展示交易等创新举措，政策效应初步释放。率先实施“一照一码”登记制度改革，全年区内新增市场主体1.41万户，注册资本（金）3890.57亿元。

投资贸易便利化水平提高。区内对外商投资实行准入前国民待遇加负面清单管理模式。2015年，区内新设外商投资企业627家，实际直接利用外资47.20亿美元，占全市的22.3%；新设境外企业机构61家，中方投资额56.33亿美元，占全市的75.5%。

金融创新成效显著。2015年《中国人民银行关于金融支持中国(天津)自由贸易试验区建设的意见》正式发布，外汇管理制度改革实施细则出台，启动了投融资便利化、利率市场化和人民币跨境使用改革试点。积极推动金融服务业对符合条件的民营资本开放，全国首批筹建的三家民营银行之一天津金城银行运营良好。截至2015年末，区内各类金融机构超过110家，开展了跨国公司外汇资金集中运营管理改革，跨国公司归集境内外汇资金48.8亿美元，实现境外放款2.8亿美元。租赁业创新继续保持全国领先地位，中国天津租赁平台、中国金融租赁登记流转平台开始筹建，实施了融资租赁企业进出口飞机等大型设备海关异地委托监管、融资租赁企业设立登记备案限时办结、允许融资租赁企业开展主营业务相关的保理业务和福费廷业务、允许收取外币租金等制度改革，建立完善租赁企业服务体系。截至2015年末，区内各类租赁公司达到1500多家，集聚效应十分明显。

四、对外投资增长较快，“走出去”战略稳步推进

“十二五”期间，全市对外经济合作势头良好，加快实施“走出去”三年行动计划，对外投资规模持续扩大，对外劳务合作稳步发展。

对外投资增长较快。“十二五”时期，累计新设境外企业机构625家，投资额304.35亿美元，其中中方投资额162.20亿美元，企业机构数、投资额、中方投资额分别占历年累计的39.3%、95.0%和91.6%，“十二五”时期成为全市对外投资的增长最快时期。天津自贸试验区成为对外投资新主体，开始发挥领跑作用。海航集团、华谊兄弟影业、万达集团、乐视集团和雷沃重工等多家国内实力企业选择天津分公司作为总部对外投资窗口，对外投资平台作用凸显。“一带一路”投资快速增长，主要涉及能源矿产、农业合作和加工制造等领域。苏伊士经贸合作区扩展区一期两平方公里正式移交埃及泰达特区开发区公司，印尼农业产业园区通过市级境外产业园区考核和确认，成为棕榈油全产业链农业产业园区。

对外承包工程和对外劳务合作规模扩大。“十二五”时期，全市对外承包工程和对外劳务合作合同金额131.23亿美元，是“十一五”的1.7倍，年均增长11.5%，实际营业额180.16亿美元，是“十一五”的2.5倍，年均增长13.9%。截至“十二五”末，对外承包工程和劳务合作在外人员达到1.42万人。

图3：“十二五”时期对外投资占历年投资比重

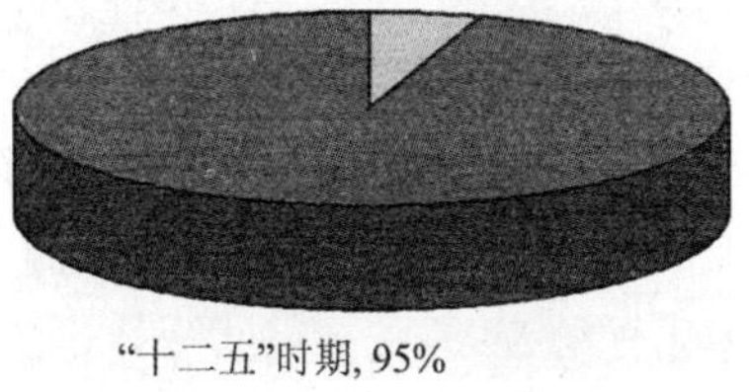

五、服务外包实现新发展，涉外税收较快增长

“十二五”时期，全市服务外包产业围绕创新驱动、结构调整和转型升级，加大与传统产业、重点行业、教育科研、人力资源、投融资机构等方面联动，积极推进产业对接，不断加大市场开拓，服务外包实现新发展。“十二五”时期，全市服务外包接包执行额82.3亿美元，其中离岸接包执行额44.7亿美元。

涉外税收实现较快增长。“十二五”时期，全市实现涉外税收4537.67亿元，是“十一五”的1.7倍，年均增长5.3%。

“十二五”时期，全市克服了国际环境的复杂多变，开放型经济规模不断扩大，整体质量迈上了新台阶，为保持全市国民经济健康较快发展发挥了重要作用。“十三五”时期，是加快实现中央对全市定位、全面建成高质量小康社会的关键时期，全市将牢牢把握五大国家战略叠加的历史机遇，继续着力开放发展，努力推动全市开放型经济发展达到更高的新水平。

（卢跃明　王雪飞　刘颖）

节能减排与环境防治并驾齐驱　生态文明建设成就斐然

“十二五”时期，市委、市政府把中央精神与天津实际紧密结合，以科学发展为主题，以加快转变经济发展方式为主线，以调整产业结构、防治污染、保护生态为主要内容，加快建设资源节约型、环境友好型社会。

一、生态环境容量不断扩展

严守生态保护红线，构筑生态空间安全屏障。“十二五”期间，市委、市政府以人口资源环境相均衡、经济社会生态效益相统一为原则，在全国率先以法律形式划定生态保护红线，将市域内的山地、河流、水库和湖泊、湿地和盐田、郊野公园和城市公园、林带等六类、约占全市总面积四分之一的区域纳入永久性保护范围，生态保护的顶层设计进一步完善。

全力开展生态修复，提高资源环境承载能力。“十二五”期间，实施重点生态环境治理工程，加强大黄堡、七里海、团泊洼、北大港等湿地及沿海滩涂、入海河口的生态保护和修复，湿地面积从“十一五”末的171.8千公顷扩大至2014年的295.6千公顷，湿地占市域国土面积比重为23.9%，比全国平均水平高18.4个百分点，在31个省、自治区、直辖市中仅低于上海（73.3%）和江苏（27.5%）。

大规模实施林业生态建设，厚植可持续发展根基。“十二五”期间，按照生态大绿的理念，制定并落实《绿化美化行动方案》，五年间，林业投资累计完成62.19亿元，新增造林面积55.18万亩。到2015年末，全市实有树木9155.35万株，比“十一五”末增长1.3倍；林木绿化率达到23.7%，比“十一五”末提高2.4个百分点；林业增加值达到4.61亿元，比“十一五”末增加2.3倍。

二、大气环境质量显著提高

积极应对气候变化，共同守护蓝天白云。“十二五”期间，以防治PM2.5污染为重点，深入推进“清新空气”行动，经过精准治霾、科学治污，空气质量逐年提高。2015年，全市环境空气质量优良率为60.3%，较2013年提高20.3个百分点，其中一级优天数比2013年增加38天，重度以上污染天数较2013年减少23天。环保部通报的《全国74个重点城市环境空气质量状况》表明，天津顺利退出全国大气污染最严重城市前十位。

图1　2013-2015年环境空气质量级别天数

单位：天

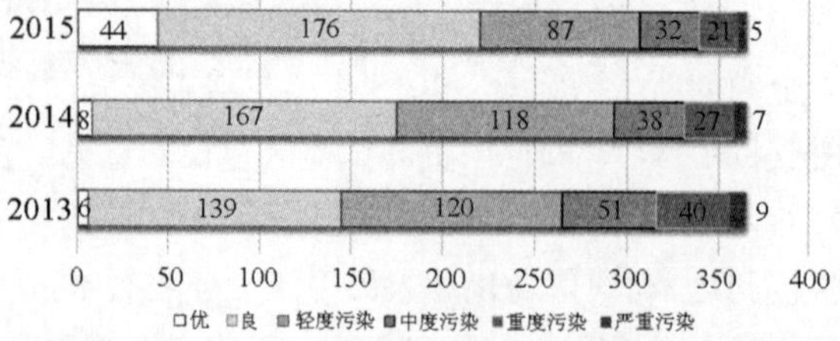

重点实施“控煤”治理工程，公众“心肺之患”明显缓解。燃煤是影响空气质量和形成PM2.5污染的

主要来源之一，“最大力度、最快速度压减燃煤”是促进京津冀空气质量改善的攻坚重点。因此， 2012 年，天津继北京后在全国第二个提出煤炭消费总量控制，2015 年全市煤炭消费量降至 4538.83 万吨，三年时间完成《清新空气行动方案》中“2017 年比 2012 年煤炭消费减少 1000 万吨”任务目标的 69.5%；大气中主要污染物 S02、N02、PM10、PM2.5、CO 和 03 的年均浓度较 2013 年分别下降 50.8%、22.2%、22.7%、27.1%、16.2%和 6.0%。

图 2 “十二五”期间全市煤炭消费情况

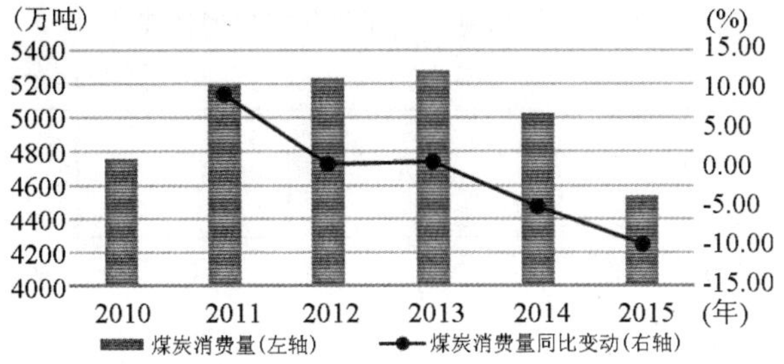

推进污染源重点整治工作，环境污染物增量负担逐步减轻。“十二五”期间，从污染源头入手，狠抓“五控”治理，如图 3 所示，工业中高耗能行业对主要大气污染物排放的“贡献”偏高，因此淘汰落后产能、实施重点工业企业的脱硫脱硝改造等是控工业污染的重要内容。截至 2014 年底，全市累计完成淘汰炼铁产能 50 万吨、炼钢产能 40 万吨、焦炭产能 86 万吨、水泥产能 250 万吨、印染产能 2000 万米、烧结产能 140 万吨，其中水泥、焦炭等行业超额完成淘汰任务，提前一年完成国家下达全市的“十二五”淘汰落后产能任务。“十二五”末，全市二氧化硫和氮氧化物排放量与“十一五”末相比，分别净削减 21.9%和 27.5%。

图 3 2015 年全市主要工业行业污染物排放占比情况

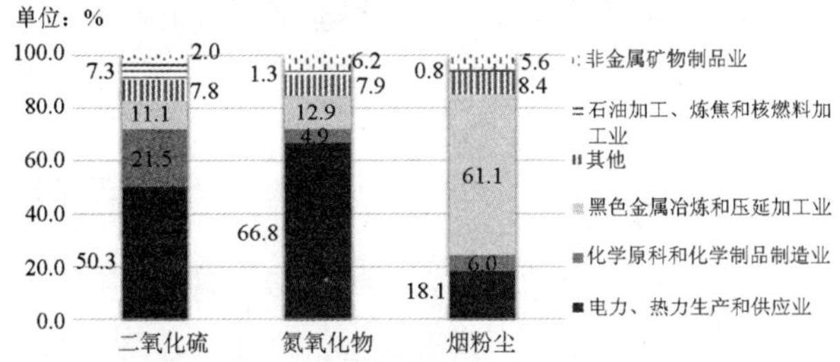

三、水环境质量不断改善

强化源头控制，饮用水安全得到切实保障。“十二五”期间，天津成为继北京后全国首批实行最严格水资源管理制度的试点地区，确定并严格执行水资源开发利用、用水效率和水功能区限制纳污的“三条红线”，持续加强水资源保护力度，引滦工程集中式饮用水源地水质达标率连续 14 年保持 100%，南水北调中线正式通水以来水质稳定达到地表水Ⅱ类水质标准。

完善水污染防治机制，水清岸绿前景可期。近年来，深入推进水污染源监管，自 2013 年实施“清水河道”行动以来，累计关闭或治理废水直排企业 1112 项、停产整治 296 家、工业渗坑治理 92 家。至 2015 年底，全市共有污水处理厂 49 座，比“十一五”末新增 19 座；污水处理能力达 283.3 万吨/日，累计提高 38.3%；污水处理率达到 91.6%，提高 6.3 个百分点；废水中化学需氧量和氨氮的排放量与“十一五”末相比，分别净削减 12.3%和 14.4%，超额完成节能减排约束性目标。

坚持全民参与，节水型城市建设稳居国内领先地位。“十二五”期间，不断巩固完善节水管理体系、节水法规体系、水费价格调控体系、计划用水管理体系、节水型创建体系及节水社会宣传体系“六大体系”建设，节水管理水平实现稳步提高。全市万元 GDP 用水量从2010年的25立方米降至2015年的16.19立方米，万元工业增加值取水量从 2010 年的 10.8 立方米降至 2015 年的 7.65 立方米；2014 年，全市人均日生活用水量为 124.3 升，比全国平均水平低 28.4%，重复利用率 91.8%，高于全国平均水平 12.5 个百分点，主要节水指标在全国领先。

四、经济发展空间趋于低碳、高效、清洁

能耗总量增速逐步回落，经济发展向低碳化转型。“十二五”期间，市委、市政府以环境质量改善倒逼转方式调结构，积极推进科技创新和产业转型升级，挖掘环境经济共赢“内驱力”。2015 年，全市服务业增加值占全市生产总值的比重达到 52.2%，优势产业产值占工业比重达到 91.4%，行业和产业结构不断向轻能耗方向发展。随着低单耗产业对高单耗产业的“替代”，五年来全市能源消费总量年均增长 6.3%，增速比“十一五”回落 4.1 个百分点；新旧动能接替转换，2015 年全市能费总量同比仅增长 1.4%，以较低的能源消费增长支撑了中高速经济增长，经济发展对能源的依赖程度不断弱化。

能耗强度大幅下降，经济发展质量不断改善。近年来，全市加快淘汰落后产能和化解过剩产能，鼓励高耗能企业节能改造，不断改进重点领域和重点用能单位能源利用方式，能效水平全面提升。“十二五”末，

全市单位生产总值能耗降至 0.50 吨标煤/万元（按2010年可比价计算），五年间累计下降 24.3%，年均下降 5.4%，提前一年实现“十二五”期间累计下降 18%的目标。工业行业节能效果尤其突出，石化、冶金、轻纺等传统产业实现了改造升级，2015 年末，单位工业增加值能耗从“十一五”末的 0.97 吨标准煤/万元降至 0.69 吨标准煤/万元，累计下降 28.9%，加工转换效率达到 75.1%，比“十一五”末提高 1.0 个百分点。

能源消费品种多元，经济发展方式清洁化。“十二五”时期，全市积极推动传统能源安全绿色开发和清洁低碳利用，发展清洁能源、可再生能源，不断优化能源消费结构。“煤改燃”工程迅猛发展，2015 年，天然气消费量从“十一五”末的 22.93 亿立方米增至 63.62 亿立方米，年均增长 32.3%，天然气在一次能源中所占比重为 12.6%，提高了 7.5 个百分点；积极发展风能、太阳能、地热能等非化石能源，五年间风电厂和垃圾发电厂共新增 10 个，发电设备容量与“十一五”末相比分别增长 10 倍和 1.3 倍，非化石能源比重有所提高。

五、生活环境愈加绿色宜居

发展成果惠及民生，环保基础设施更加完善。“十二五”期间，抢抓国家加强重点流域、重点区域环境污染治理的机遇，以环保项目建设为重点，进一步完善城市基础设施建设。五年间，全市基础设施固定资产投资累计完成10436.4亿元,年均完成投资 2087.28 亿元，是“十一五”年均投资的 1.9 倍；前四年环境污染治理投资总额累计达 802.6 亿元，年均投入 200.65 亿元，是“十一五”年均投入的 2.6 倍。在强有力的资金支持下，如表 1 所示，“十二五”末全市的道路、自来水供水、排污、集中供热、燃气供应和公共交通等能力较“十一五”末均有明显提高。

城市绿化美化提速提效，市容市貌全面提升。“十二五”期间，强化城市精细化管理，努力营造秩序井然、舒适宜人的城市人居环境。2015 年，全市中心城区主干道路实现机扫水洗全覆盖，扫洗率达到 90%；垃圾无害化、减量化、资源化处理水平不断提高，连续多年工业固体废物综合利用率保持在 98%以上，污水处理厂出水达标率提高到 94%；提前半年淘汰全市 29 万辆黄标车，提前实施国五机动车用汽柴油标准和国五机动车排放标准；加强环境噪声管理，全市已建安静居住小区 333 个；累计新增公园 22 个，建成区绿化覆盖率和绿地率达到 36.4%和 32.1%，比 2010 年分别提高 4.3 个和 4.1 个百分点，园林绿化建设在美丽天津社情民意调查中满意度达 94.8%，排名第一。

表 1 天津市主要基础设施存量对比表

单位：公里

项目指标	2010 年	2015 年	累计增长率（%）
铺装道路长度	5439	7636	40.4
排污管道长度	15140	19543	29.1
自来水供水管道	10744	16620	54.7
集中供热管道长度	14071	21045	49.6
天然气管道长度	10791	19356	79.4
公交线路长度	12322	15866	28.8
轨道交通运营线路长度	72.3	139	92.3

美丽村庄建设有序推进，绿色积蓄日趋丰盈。“十二五”期间，按照“六化”和“六个一”的标准，先后开展了文明生态村建设、美丽村庄建设和清洁村庄建设，农村居民尽享绿色发展福利。五年间，天津创建美丽村庄 461 个、美丽社区 480 个，蓟县郭家沟、蓟县常州、北辰双街、静海西双塘、武清南辛庄 5 个村已被农业部认定为中国最美休闲乡村，蓟县团山子梨园、蓟县白庄子湿地、宝坻八门城水稻景观、宝坻黄庄洼水稻景观等 4 处景观被农业部评为中国美丽田园。

（王燕）

人口总量适度增加　发展水平持续提升

“十二五”期间，天津市在经济发展取得瞩目成就的同时，坚定不移地走人口与经济社会统筹发展道路，紧密结合经济社会发展，努力使人口数量、素质、结构和分布适应经济社会发展需求，促进人口发展与经济、社会、资源、环境和可持续发展相协调。

一、常住人口适度增加，外来人口增势明显

“十二五”期间，全市经济快速发展，GDP 年均增长 12.4%，居于全国前列，2015 年总量达到 16538.19 亿元，同时社会建设全面推进，人居环境明显改善，这些都形成了对外来人口的巨大吸引力，使外来人口快速增加，成为全市常住人口增长的主要因素。

“十二五”期间，天津市常住人口总量从 2010 年末的 1299.29 万人，增加至 2015 年末的 1546.95 万人，共增加 247.66 万人，年均增加 49.53 万人，年均增长率为 3.55%。其中，外来常住人口总量从 300.44 万人增加至 500.35 万人，共增加 199.91 万人，年均增加 39.98 万人，占同期常住人口增量的比重达到 80.72%。外来常住人口年均增长率达到 10.74%，高于同期常住人口增速 7.19 个百分点。同时，53.27%的外来人口来津时间超过两年，24.29%的来津时间超过 5 年，反映出更多的外来人口愿意在津安居乐业。户籍人口总量从 984.85 万人增加至 1026.90 万人，共增加 42.05 万人，年均增加 8.41 万人，年均增长率 0.84%。

表 1 “十二五”期间天津市各口径人口变化情况

单位：万人、%

指　标	2010 年	2015 年	五年增量	年均增量	年均增速
常住人口	1299.29	1546.95	247.66	49.53	3.55
外来常住人口	300.44	500.35	199.91	39.98	10.74
户籍人口	984.85	1026.90	42.05	8.41	0.84

二、城镇化水平持续提升，人口聚集效应明显

“十二五”期间，天津市继续积极探索新型城镇化发展道路，坚持城镇化、工业化双轮驱动，城镇化水平持续提升，城镇化质量稳步提高。

五年来，天津市城镇化水平从 79.55%提高至 82.64%，共提高 3.09 个百分点，年均提高 0.62 个百分点。城镇常住人口总量从 2010 年末的 1033.59 万人，增加至 2015 年末的 1278.40 万人，共增加 244.81 万人，年均增加 48.96 万人，年均增长率 4.34%。环城四区和滨海新区是城镇化发展最快的地区，城镇常住人口总量分别增加 93.59 万人和 54.74 万人，占全市增量的比重分别达到 38.23%和 22.36%。此外，上述两个区域城乡分类中主城区的个数五年间分别增加 216 个和 39 个，占全市增量的比重分别为 66.46%和 12.00%，城镇主城区成为这两个地区新增城镇人口的主要流入地。

在城镇化水平持续提升的同时，城镇综合承载能力以及城乡一体化建设也得到了明显的发展。城市交通、供水、排水、供电、供气、电信、环卫及防灾等基础设施不断完善，中心城区快速路网基本形成，城市生活垃圾无害化处理率达到 96.8%，污水处理率达到 90%。在丰富了以宅基地换房建设示范小城镇的内涵之后，又探索农村“三区”联动建设、“三改一化”试点改革、农村金融创新等“四步走”，形成了具有天津特点的大城市周边农村城镇化的新路子，实现了农民安居乐业有保障，城乡一体化效果明显。

三、人口分布进一步优化，适应空间发展战略的格局基本形成

“十二五”期间，天津市按照京津冀发展规划、“一轴两带三区”的城市总体规划，以及城镇化、工业化发展战略，加快调整产业布局，人口向各功能区域聚集，适应空间发展战略的人口分布格局基本形成。

天津滨海新区处于京津发展轴、全市城市发展主轴和全市东部滨海发展带，“十二五”期间加快推进开发开放，常住人口共增加 48.76 万人，占全市增量的比重达到 19.69%，占全市常住人口比重提高 0.09 个百分点。

中心城区处于京津发展轴、全市城市发展主轴和全市西部城镇发展带，“十二五”期间大力提升城市综合服务水平，严格控制城市规模，五年来中心城区共增加 41.85 万人，占全市常住人口比重下降了 1.90 个百分点。

各郊区县按照城镇化工业化发展战略、城镇体系规划，找准自身产业发展定位，大力发展自身优势产业，人口聚集程度呈现出差异化发展态势，环城四区和处于京津发展轴、全市城市发展主轴上的武清区，以及处于全市西部发展带上的静海区人口增长较快，常住人口年均增速均超过全市平均水平，五年来共增加 118.28 万人，占全市常住人口比重提高 2.57 个百分点（津南区中包括海河教育园区）。

四、受高等教育人口显著增加

“十二五”期间，天津市继续坚持教育优先发展战略，不断深化教育综合改革，全市教育现代化建设水平显著提升。

数据显示，受高等教育人口比重显著提高。五年来，全市每万人中大学专科及以上学历人口从1748人增加至2216人，增加了468人。其中，研究生受教育程度人口比重提高0.32个百分点，大学本科受教育程度人口比重提高3.71个百分点，大学专科受教育程度人口比重提高1.01个百分点。

五年来，还完成国家职业教育改革创新示范区建设任务，培育特色高中学校50所，完成两轮义务教育学校现代化标准建设，新建提升幼儿园1300所。

五、居住环境进一步提升

“十二五”期间，天津市持之以恒保障和改善民生，努力提升人民群众居住水平，不断增加住房有效供给，改善住房供应结构，逐步形成梯度消费的住房模式，宜居城市建设取得重大进展。

2015年，全市家庭户人均住房面积达到28.14平方米，比五年前增加1.42平方米。从住房建成时间上看，天津市家庭户居住在2000年以后建成的住宅比例为41.53%，五年来提高13.41个百分点；其中城镇地区为44.76%，提高13.66个百分点；乡村地区为26.85%，提高9.14个百分点。从住房内生活基础设施上看，天津市90.02%的家庭户独立使用厨房，比五年前提高2.78个百分点；74.55%的家庭户独立使用抽水式马桶，比五年前提高12.69个百分点，其中乡村地区独立使用抽水式马桶的家庭户比例从11.05%提高至28.05%。

天津市在改善城乡居民居住条件的同时，注重推进保障性安居工程建设，加大保障性住房供给力度，完善和创新住房保障方式。五年来，全市共建设保障性住房50.5万套，新增租房补贴家庭5万户，全面完成中心城区旧楼区综合提升和农村危房改造工程，340万居民受益。2015年1%人口抽样调查数据显示，天津市家庭户购买经济适用房、租赁廉租房等保障性住房的比重从4.06%提升至4.30%。

六、户籍人口老龄化程度加深，健康状况提高

“十二五”期间，天津市城市宜居程度提升，医疗水平提高，老年人口的生活环境得到了明显改善，人口死亡率始终保持在较低的水平，2015年仅为5.61‰。在一孩化政策以及生育旺盛期妇女（25岁-29岁）人口比重下降影响下，全市低年龄组人口比重下降。两方面原因共同作用，形成了天津市人口老龄化程度，特别是户籍人口老龄化程度的进一步加深。

数据显示，2015年天津市常住人口中60岁及以上老年人口比重为15.25%，而户籍人口中60岁及以上老年人口比重则达到22.43%，比五年前提高4.52个百分点，年均提高0.90个百分点。2015年全市常住人口平均年龄40.55岁，与2010年相比提高2.55岁，户籍人口的平均年龄在2014年就达到41.80岁，明显超过常住人口。

虽然人口老龄化程度逐渐加深，但天津市经济社会发展和人民生活都达到了新水平，经济发展、社会进步与民生改善实现了良性互动，老年人口健康状况逐渐提高。数据显示，2015年60岁及以上老人健康或基本健康的比重达到87.78%，与五年前相比提高2.01个百分点，生活不能自理的比重为2.59%，下降1.04个百分点。

“十三五”时期是天津市全面建成高质量小康社会的关键五年，面对五大战略机遇和经济社会建设目标任务，需要提前部署人口发展战略，根据空间发展规划进一步引导人口有序流动，优化人口分布；针对老龄化加深趋势，完善外来人口落户和服务政策、二孩政策、老年人保障政策；针对经济稳步发展和转型升级，进一步提升教育水平，推进劳动力资源开发，为实现“十三五”发展目标，提供更加坚实的人口基础。

（刘杨）

就业规模不断扩大　结构持续优化

“十二五”期间，天津市坚持发展第一要务，加快经济结构转型升级，着力保障和改善民生。在经济发展带动以及多渠道扩大就业、“大众创业、万众创新”、百万技能人才培训福利计划等一系列政策作用下，天津市就业状况实现持续稳定发展。

一、就业总量不断扩大，外来就业人口显著增加

就业总量不断扩大。伴随经济总量的持续增加，2015年末天津市全社会就业人口总量达到896.80万人，比五年前增加168.10万人，年均增加33.62万人，年均增长4.24%。全社会就业人口占常住人口比重达到57.97%，比5年前提升1.89个百分点。其中，城镇就业人口总量为710.67万人，比五年前增加164.97万人，年均增加32.99万人，占同期全社会就业人口增量的比重达到98.14%，年均增长5.42%，高于同期全社会就业人口增速1.19个百分点。

外来就业人口显著增加。经济发展、民生改善吸引了大量外来人口，2015年末天津市外来就业人口总量达到359.72万人，比五年前增加157.70万人，年均增加31.54万人。外来就业人口占全社会就业人口比重达到40.11%，比五年前提升12.39个百分点。外来就业人口增量占同期全社会就业人口增量的比重达到93.81%，年均增长12.23%，是就业人口增加的主要力量。

二、第三产业就业成为主力，第二产业发展效率提升

第三产业就业成为主力。“十二五”期间，天津市着力推进产业结构调整，三次产业就业人口比重从2010年的10.13:41.49:48.38发展至2015年的7.38:35.70:56.92。第三产业就业人口比重在2013年首次超过50%，2015年末进一步提高至56.92%。2015年末，天津市第三产业就业人口达510.47万人，比五年前增加了157.95万人，年均增加31.59万人，年均增长7.69%，高于同期全社会就业人口增速3.45个百分点，对全社会就业人口增长贡献率达到93.96%，拉动增长3.98个百分点。从增量看，批发和零售业五年来增加40.92万人，占全社会从业比重增长1.92个百分点；交通运输、仓储及邮政业就业人口增加23.80万人，增长1.98个百分点；租赁和商务服务业增加18.43万人，增长1.41个百分点。从增速看，信息传输、计算机服务和软件业五年来平均增速为23.83%；交通运输、仓储及邮政业为13.79%；科学研究和技术服务业为12.81%。

图1.　“十二五”期间天津市三次产业就业结构变化情况

单位：%

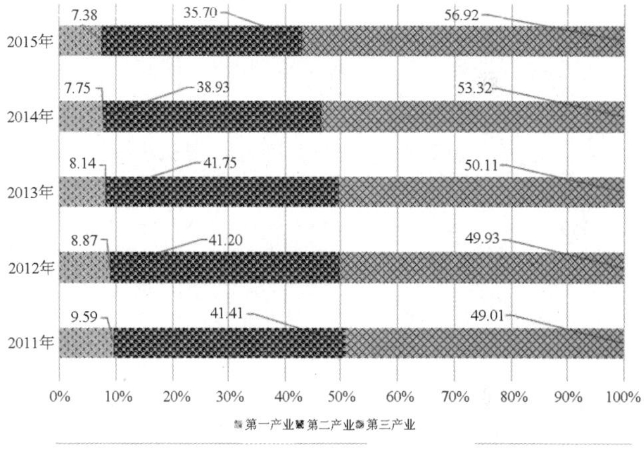

第二产业发展效率提升。“十二五”期间，天津市航空航天、生物医药、电子信息、新能源新材料等高技术产业和战略性新兴产业不断发展壮大，发展效率进一步提升。五年来天津市第二产业结构偏离度（结构偏离度指某一产业的就业比重与增加值比重之差。一般来说，结构偏离度与劳动生产率成反比。结构偏离度大于零，意味着该产业的就业比重大于增加值比重，劳动生产率较低。反之，意味着劳动生产率较高。）始终保持在-0.20左右，其中2015年末为-0.24，反映出第二产业劳动生产率始终保持在较高的水平。

三、各区域就业继续增加，滨海新区龙头作用明显

滨海新区龙头作用明显。“十二五”以来，滨海新区持续发挥龙头作用，经济总量保持较快增长，生产

总值年均增长 17.9%，区域经济的发展带动了区域就业总量增加，到 2015 年末就业人口总量达到 161.98 万人，五年间增加了 38.33 万人，年均增加 7.67 万人，年均增长 5.55%，高于全市 1.31 个百分点；占全市就业人口的比重为 18.06%，比五年前提高了 1.09 个百分点。

中心城区、环城四区、郊区县加快发展。中心城区着力提升城市综合服务水平，五年来就业人口增加 44.90 万人，年均增加 8.98 万人，年均增长 4.13%。环城四区依托城镇化建设，加快产业聚集，五年来就业人口增加 42.26 万人，年均增加 8.45 万人，年均增长 5.17%。郊区县按照发展目标，加快特色产业发展，就业人口均有不同程度的增加，五年来增加 42.61 万人，年均增加 8.52 万人，年均增长 3.11%。其中，武清区增势明显，增加 14.44 万人，年均增加 2.89 万人，年均增长 3.86%。

表 1. “十二五”期间天津市分区域就业人口情况

单位：万人

地　区	2010 年	2015 年	五年增量	年均增量
全　市	728.7	896.80	168.10	33.62
滨海新区	123.65	161.98	38.33	7.67
市内六区	200.12	245.02	44.90	8.98
环城四区	147.51	189.77	42.26	8.45
其他区县	257.42	300.03	42.61	8.52

四、人才红利逐步显现，就业人口平均年龄小幅上升

人才红利逐步显现。“十二五”期间，天津市强化教育投入，加大引智力度，完善终身职业培训政策体系，实施普惠性职业培训，推进人口红利向人才红利转变。2015 年末，大专及以上受教育程度的就业人口比重为 23.71%，比五年前提高了 2.01 个百分点。其中，16-24 岁就业人口平均受教育年限为 10.83 年，25-29 岁为 11.89 年，30-34 岁为 12.17 年。全市人才总量达到 255 万人，比五年前增加 64 万人，其中专业技术人才 139 万人，比五年前增加 40 万人。五年来，高技能人才由 26.9 万人增加到 48.4 万人，引进海内外人才 2.7 万人，180 万人取得职业资格证书，劳动者整体素质进一步提高，有力促进了生产力的发展。

表 2. “十二五”期间天津市就业人口受教育状况

单位：%

指　标	2010 年	2015 年
合　计	100.00	100.00
小　学	12.25	10.51
初　中	45.22	46.07
高　中	20.84	19.71
大　专	10.35	10.61
大　本	10.27	11.74
研究生	1.07	1.36

就业人口平均年龄小幅上升。2015 年末，全市就业人口平均年龄为 38.82 岁，比五年前小幅上升了 0.88 岁。其中，45 岁及以上就业人口比重为 32.54%，比五年前提高了 1.2 个百分点；20 岁-29 岁比重为 23.47%，比五年前下降了 3.47 个百分点。外来就业人口平均年龄为 34.89 岁，比五年前增加了 0.33 岁。

“十三五”时期是天津市全面建成高质量小康社会冲刺的五年，面对重大历史发展机遇和肩负的经济社会建设目标任务，建议：一是积极部署就业发展战略。根据创新、协调、绿色、开放、共享五大发展理念及其具体任务，提前部署就业发展战略，推进劳动力资源开发，调整劳动力资源配置，保障经济社会发展需要。二是预防结构性失业。针对转型升级、创新驱动、供给侧结构性改革、去产能任务，提前进行职业培训规划，加大职业培训力度，积极预防结构性失业。三是加大人才开发、引进力度。进一步加大高层次人才和高技能人才培养、引进力度，提升人力资源开发效率，带动经济高效发展。

（刘杨）

农业加快向都市型现代农业迈进

“十二五”时期，面对错综复杂的国内外经济形势和自然灾害多发频发的不利影响，市委、市政府认真贯彻党中央对“三农”工作的决策部署，主动适应新常态，积极调整农业生产结构，加快转变农业发展

方式，在一系列扎实有效措施的保障下，全市农业经济保持了稳定增长，都市型现代农业加快推进。

一、农业生产能力显著提升

“十二五”期间，全市农业经济保持了稳定增长。2015年，全市农林牧渔业总产值达到467.44亿元，是2010年的1.5倍；农林牧渔业增加值达到210.51亿元，是2010年的1.4倍。2015年农业劳动生产率达到30853元/人，是2010年的1.6倍。全市农业生产能力显著提升。

（一）粮食产量稳步增长

“十二五”期间，全市继续实施种粮补贴政策，在政策鼓励下，粮食播种面积及产量稳步增长。2015年，全市粮食播种面积达到525.06万亩，比2010年增长12.3%，年均增长2.3%。粮食产量达到181.75万吨，比2010年增长13.8%，年均增长2.6%。除2012年受暴雨及病虫害影响粮食产量小幅减产外，均保持增产的良好态势。全市粮食生产能力明显提升。

2010-2015年全市粮食总产量

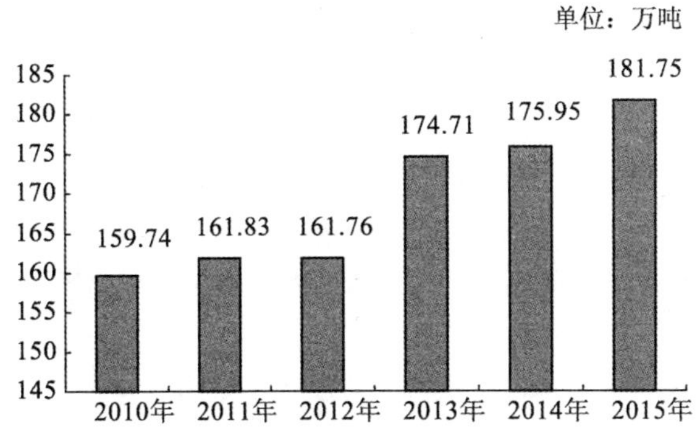

全市粮食生产主要以小麦、玉米、稻谷为主。2015年，全市小麦产量为59.83万吨，比2010年增长12.5%，年均增长2.4%。玉米产量为107.34万吨，比2010年增长15.7%，年均增长3.0%。稻谷产量为11.35万吨，比2010年增长1.3%，年均增长0.3%。小麦、玉米、水稻在粮食中的比重分别为32.9%、59.1%和6.2%。其中：玉米比重比2010年提高1.1个百分点，小麦和水稻比重分别比2010年下降0.1和0.8个百分点。

（二）经济作物结构调整加快

“十二五”期间，受供求关系变动和结构调整等因素影响，全市主要经济作物产量增减不一，但总体产量仍保持较高水平。在“增菜、增林果”的政策鼓励下，2015年，全市蔬菜产量达到441.54万吨，比2010年增长5.3%；水果产量32.71万吨，比2010年增长4.6%；瓜果产量29.98万吨，比2010年增长4.2%。而棉花和油料作物全市不是主产区，受地域特征等因素影响种植效益相对较低，种植面积减少、产量有所下降。2015年，全市棉花产量仅2.56万吨，比2010年减少59.2%；油料产量0.42万吨，比2010年减少34.4%。

（三）林产品效益显著提升

“十二五”期间，全市实施“美丽天津•一号工程”，着力构筑都市型林业生态新格局，林业建设连年“升级”。相继建成武清、西青、北辰郊野公园，启动铁路两侧、高速公路两侧、水库及湿地等造林绿化工程。五年来，全市累计新增造林面积55.18万亩，年均新增造林面积超过10万亩。到2015年末，实有林地面积达到343.80万亩，比2010年增长9.6%。林木绿化率为23.7%，比2010年提高2.4个百分点。2015年，全市林业增加值达到4.61亿元，是2010年的3.3倍，林产品效益显著提升。

（四）畜牧、渔业产品产量平稳增长

“十二五”期间，全市积极落实国家和本市一系列扶持政策，通过着力实施畜牧业重大项目、推进现代畜牧业园区建设取得新的发展，设施化、规模化水平明显提升，各品种产量均有不同程度增长。

渔业生产方面，五年来，全市认真贯彻落实中央和地方有关渔业发展的各项方针政策，在转变渔业发展方式、产业优化升级上取得新进展，在渔业增效上取得新的突破，全市渔业产量保持平稳增长态势（见下表）。

2015年主要畜禽、水产品产量和增幅

项　目	单位	2015年	2015年比2010年增长（%）
肉类总产量	万吨	47.75	7.4
猪出栏	万头	378.00	5.5
牛出栏	万头	19.62	8.4
羊出栏	万只	68.58	2.7
家禽出栏	万只	8019.32	15.4
禽蛋产量	万吨	20.20	1.4
水产品产量	万吨	40.12	16.3

2015年，全市畜牧业和渔业增加值分别达到49.96亿元和38.15亿元，分别是2010年的1.3倍和1.6倍。

二、农业物质技术装备水平明显提高

（一）农业机械化水平明显提高

“十二五”期间，全市充分发挥中央财政和市财政两级补贴资金的引导作用，农业机械化发展环境显著优化、发展质量和水平明显提升、发展速度明显加快。五年来，中央和市财政累计安排资金5.92亿元用于农机购置补贴，补贴资金是“十一五”的两倍多，带动农民投资超过8亿元。2015年，全市农业机械总动力达到546.92 万千瓦。大中型拖拉机发展到1.50万台，比2010年增长14.5%；大中型拖拉机占拖拉机总量的比重达到84.2%，比2010年提高54.6个百分点。拖拉机配套比达到2.36，比2010年提高1.04。大中型拖拉机及其配套机具加快增长，动力机械结构显著优化。

农机化作业水平方面，2015年全市农机化综合作业率达到88.7%，比2010年提高12.6个百分点。其中，机播作业率达到87.0%，比2010年提高5.1个百分点；机耕作业率达到96.3%，比2010年提高1.4个百分点；机收作业率达到80.4%，比2010年提高34.5个百分点。小麦已经实现了全程机械化。农业机械化作业水平的显著提高，为都市型现代农业加快发展提供了必要条件。

（二）农田水利设施加快完善

“十二五”期间，全市加大农田水利设施建设，加快推进节水灌溉工程建设，五年来累计投入资金126.71亿元用于农田水利建设。到2015年，全市共有大型水库3座、中型水库11座、小型水库14座，排沥河渠394条，建成泵站3160个，机电井2.58万眼。全市灌溉面积达到489.92万亩，农田有效灌溉面积达到463.31万亩，节水灌溉面积达到301.49万亩，节水灌溉率达到65.1%。建成万亩以上灌区80处，有效灌溉面积281.39万亩，其中30万亩以上大型灌区1处，有效灌溉面积41.78万亩，中型灌区79处，有效灌溉面积239.61万亩。农田水利设施的日趋完善，为全市农业经济提质增效提供了必要保障。

（三）农业设施化水平显著提升

十一五期间至十二五初期，全市历经4年时间完成了 “4412”工程，“十二五”期间，全市继续加大力度开展农业设施化建设，实施了设施农业提升改造工程。建成60万亩高标准设施农业、22个现代农业园区、155个畜牧、水产养殖园区；提升改造15.4万亩种植业设施、89个养殖园区，建成工厂化水产品养殖车间4.2万平方米，改造池塘3.1万亩。目前，设施蔬菜播种面积占全市蔬菜播种面积近70%，渔业工厂化水产养殖面积在全国占比超过15%。全市农业设施化水平在全国居于前列，为农业经济持续稳定增长打下了坚实的基础。

三、都市型现代农业步伐不断加快

（一）农业适度规模化经营稳步发展

“十二五”期间，全市加快推进农业规模化经营，深入推进农村土地承包制度改革，土地流转速度不断加快。2015年，全市土地流转面积达到189万亩，流转率达到40%，高于全国近10个百分点。全市经营耕地面积在100亩以上的农户超过了1000户，面积达到34.01万亩，占总耕地面积近6.0%。畜禽养殖大户超过1万户，生猪、奶牛的规模化养殖比重都已经接近50%。蔬菜、花卉、林木、畜禽、水产等产品生产正逐步向规模化、专业化农户聚集，生产规模化程度不断提升。

（二）农产品质量安全水平不断提升

“十二五”期间，全市扎实推进农产品质量安全、动物重大疫情监测等工作，农产品质量安全水平不断提高。截至2015年末，全市建成“放心菜”生产基地42.6万亩，提升改造“放心肉鸡”生产基地204个，无公害蔬菜、畜禽和水产品比例分别达到90%、78%和65%以上，农产品总体合格率达到99.4%，农药、肥料、兽药等重要农资产品合格率为97.7%，保持全国领先水平。同时，市相关部门加大市场监测和执法监督力度，实现了重点农产品生产基地、农业企业、专业合作社、种养大户全覆盖，对源头实现常态化监管，确保农产品质量安全。

（三）新型农业经营主体快速涌现。

“十二五”期间，全市以发展都市型现代农业为契机，大力发展农业新型经营主体，农民专业合作社、产业化龙头企业相继涌现。截至2015年底，全市农民专业合作社累计达到8876家，服务带动45万农户，其中市级合作社446家、示范社116家，新发展大型农产品销售联合社3家，农业产业化经营市级重点龙头企业达到226家，其中19家为国家级企业。

（四）休闲农业得以快速发展

“十二五”期间，全市加快“美丽天津”建设，因地制宜，大力发展休闲农业和乡村旅游，培育了一批产业影响力大、品牌知名度高的休闲农业品牌，使全市休闲农业实现快速发展。蓟县郭家沟、蓟县常州、北辰双街、静海西双塘、武清南辛庄等5个村已被农业部认定为中国最美休闲乡村。蓟县团山子梨园、蓟县白庄子湿地、宝坻八门城水稻景观、宝坻黄庄洼水稻景观等4处景观被农业部评为中国美丽田园。滨海新区大港崔庄子枣园被农业部评为中国重要农业文化遗产。滨海新区大港四季田园生态园和蓟县穿芳峪镇小穿芳峪村等20个村点被农业部认定为全国休闲农业与乡村旅游示范点。全市休闲农业与乡村旅游经营户近3000家，带动农民就业超过28万人。2015年接待游客收入增幅连续五年保持在25%以上。

（翟倩）

城镇居民收入平稳增长　生活质量持续提高

“十二五”以来特别是党的十八大以来，市委、市政府坚定不移地加快经济发展方式转变，主动适应新常态，积极应对下行压力，经济社会实现持续健康发展。同时把增加居民收入作为重中之重，持续保障和改善民生，城镇居民收入保持稳定增长，生活质量持续提高。

一、“十二五”时期城镇居民收入平稳增长

2015年全市城镇常住居民人均可支配收入为34101元，比2010年增长58.1%，年均增速为9.6%，城镇居民收入增长呈现以下主要特点：

（一）工资性收入仍为主体

“十二五”期间人均工资性收入年均增长11.5%，到2015年人均工资达到21060元；占可支配收入的61.8%，比2010年提高3.7个百分点。

（二）财产净收入增速最快

“十二五”期间人均财产净收入年均增长16.2%，到2015年人均财产净收入达到3400元；占可支配收入的10.0%，比2010年提高2.4个百分点。

（三）家庭经营净收入和转移净收入增长平稳

“十二五”期间人均家庭经营净收入和转移净收入年均分别增长8.1%和5.3%，到2015年人均分别达到2458元和7183元。

（四）高低收入差距缩小

多年来，各级政府一直关注低收入群体居民增收，做好困难群体帮扶解困工作，社会保障制度日趋完善，各项政策向低收入群体倾斜。与2013年相比，2015年全市城镇居民20%高收入户人均可支配收入年均增长8.4%；20%低收入户人均可支配收入年均增长11.8%，快于全市2.2个百分点，高低收入户收入之比由2013年的3.6:1缩小到3.4:1。

（五）收入增速呈现下行趋势

城镇居民收入增速总体呈回落态势，尤其是“十二五”后期，受经济下行影响，回落较为明显。2011-2015年的收入增速分别为10.8%、10.1%、10.2%、8.7%、8.2%。这一时期全市城镇居民人均可支配收入增速与GDP增速的波动趋势基本一致。

表1 “十二五”时期天津城镇居民人均可支配收入及结构对比表

指　标	2015年	与2010年相比	收入结构（%）		
	金额（元）	年均增长（%）	2010年	2015年	增减变化（百分点）
人均可支配收入	34101	9.6	100	100	
工资收入	21060	11.5	58.1	61.8	3.7
经营净收入	2458	8.1	7.9	7.2	-0.7
财产净收入	3400	16.2	7.6	10.0	2.4
转移净收入	7183	5.3	26.4	21.0	-5.4

二、“十二五”时期城镇居民收入增长因素分析

（一）经济稳健发展是居民增收的基础

“十二五”期间，市委、市政府主动适应新常态，积极应对下行压力，坚持加快经济发展方式转变，推进科技创新、综合配套改革，使得经济结构显著优化、改革活力显著增强，全市经济综合实力显著提升。2015年地区生产总值为16538亿元，与2010年相比年均增长12.4%，人均生产总值超过1.7万美元；一般公共预算收入2667亿元，与2010年相比年均增长20.1%，经济社会实现持续健康发展，财力明显增强，为城乡居民增收奠定坚实基础。

（二）促进充分就业是居民增收的保障

“十二五”时期，各级政府坚持多渠道扩大就业，实施积极的就业政策，促进以创业带动就业，大力扶持中小科技型企业的创业发展。积极推进人才队伍建设，吸引更多的紧缺人才服务全市经济建设，实施百万技能人才培训福利计划，实现新增就业240万人。随着产业结构的不断升级，劳动力资源逐步向第三产业转移，创造了更多就业机会；同时，通过加大职业技能培训，培养出高素质技能人才队伍，扩大和稳定就业，以此保障更多居民享受到经济发展的成果。

（三）保障改善民生是居民增收的动力

政府持之以恒保障改善民生，每年研究制定出台《关于城镇居民增收工作方案》，统筹考虑不同群体增收措施，财政支出的75%以上用于民生领域，是促进群众增收最直接的动力。“十二五”期间，企业退休人员养老金由月人均1520元提高到2525元、企业最低工资标准由每月920元提高到1850元、城镇居民最低生活保障标准由每月450元提高到705元、城乡居民基础养老金补助标准由每月150元提高到245元，建立了困难群体价补联动机制等保障措施。逐步建立起覆盖城乡居民的大病和意外伤害保险制度，基本医疗、养老、工伤、失业、生育等保险体系进一步完善。到2015年末，全市参加医疗保险人数达到1054.11万人，比2010年增加98.13万人，全市参加基本养老保险人数686.28万人，比2010年增加162.6万人；建设保障性住房50.5万套，新增租房补贴家庭5万户，多元化多层次的提高居民家庭收入。

三、“十二五”时期城镇居民消费持续增长

“十二五”时期，全市城镇居民生活水平明显提高。2015年城镇常住居民人均消费支出26230元，比2010年增长55.1%，年均增长9.2%。消费结构持续升级，餐饮、休闲娱乐、私人汽车、健康保健成为消费亮点。

（一）消费结构呈现新变化

“十二五”时期，居民消费平稳较快增长的同时，消费结构呈现新变化特征。按消费用途分类看，食品烟酒、交通通信、教育文化娱乐、医疗保健、其他商品及服务支出增速较快，占消费支出比重与2010相比分别提高0.8个、0.3个、0.3个、0.3个和0.2个百分点，而衣着、居住和生活用品及服务占比与2010年相比分别回落0.3个、1.0个和0.6个百分点。“十二五”期间，食品烟酒、居住和交通通信一直占据消费前3位，2015年占消费支出比重分别为32.2%、21.6%和13.0%。

表2 “十二五”时期天津城镇居民消费结构对比表

单位：%

指　标	2010年	2015年	增减变动（百分点）
人均消费支出	100	100	
食品烟酒	31.4	32.2	0.8
衣着	8.5	8.2	-0.3
居住	22.6	21.6	-1.0
生活用品及服务	6.7	6.1	-0.6
交通通信	12.7	13.0	0.3
教育文化娱乐	8.4	8.7	0.3
医疗保健	6.9	7.2	0.3
其他商品及服务	2.8	3.0	0.2

（二）膳食更注重健康多样

随着城镇居民生活水平的提高，消费层次正从小康型向全面小康型迈进，追求更加科学、健康的生活品质，膳食结构更加多样化。2015年人均肉及制品消费26.1公斤、人均鲜瓜果消费67.6公斤、人均水产品及制品消费17.6公斤、人均家禽及制品消费5.2公斤，与2013年相比分别增长7.9%、9.7%、6.7%和8.3%；人均鲜菜消费113.2公斤、人均奶及制品消费19.5公斤、人均鲜蛋消费16.3公斤，比2013年分别下降2.7%、3.9%和4.7%。2015年人均在外餐饮消费支出2106元，与2010年相比年均增长12.5%，比食品烟酒年均增速快2.8个百分点。反映出居民在饮食消费上观念的转变，从吃饱到吃得健康安全、吃得丰富多样，餐饮消费成为“十二五”城镇居民消费亮点之一。

（三）发展、享受型消费需求明显提升

出行交流更加快捷便利。2015年人均交通通信支出3403元，与2010年相比年均增长9.6%，其中，人均交通消费年均增长10.8%，人均通信消费年均增长8.3%。到2015年末百户拥有汽车37.3辆，比2010年增长1.3倍；百户拥有移动电话219.5部，比2010年增长7.0%，智能手机快速取代传统单功能产品；百户计算机拥有78.5台。

休闲娱乐消费持续升温。物质生活水平的提升必然带来更高的精神生活追求，近年来，旅游、电影、健身等服务消费持续火爆，成为新的消费热点。2015年人均文化娱乐服务消费支出850元，与2010年相比年均增长18.9%。

更加注重健康消费。2015年人均医疗保健支出1888元，与2010年相比年均增长10.0%，各类保健

器具和滋补保健品需求较快增长。

（四）居民生活环境条件进一步改善

“十二五”时期市委、市政府全面提升城市载体功能，着力生态宜居城市建设，加大民生领域投入，居民生活环境条件进一步改善。

居住环境和条件持续改善。据抽样调查资料显示：到2015年末人均居住面积31.1平方米，比2013年增长2.8%，居住两居室以上户占77.7%，比2013年提高5.1个百分点；到2015年末，城镇居民家庭集中供暖率达到82.1%、清洁燃料使用率达98.0%、拥有洗澡设施户占96.0%。住房条件的改善也带动家庭装备性能的提升，电视、冰箱、空调向高性能发展，取代传统产品；到2015年末，百户分别拥有彩色电视机114.8台、电冰箱102.7台和空调器131.3台。为改善居民生活环境，政府加大民生投入，改造提升城市公园、各区县建设郊野公园、全市中心城区旧楼区提升改造，“三改一化”示范小城镇建设，3条地铁线路开通运营，为广大市民创造了良好的生活环境。到2015年末城市人均公园绿地面积9.83平方米，比2010年增长14.8%，到2015年末社区内垃圾集中处理率达到99.3%。

医疗卫生和教育资源配置更加均衡。“十二五”时期，政府加快卫生资源布局调整优化，基层医疗机构标准化建设加快推进；深化医药卫生体制改革，基本医疗服务“15分钟步行圈”初步形成，群众看病难、看病贵问题得到有效缓解。2015年城镇区域有87.3%的户所在居住社区（小区）设有卫生站。加快推进义务教育学校现代化标准建设，促进基础教育均衡发展。2015年城镇区域有97.0%的户所在社区上小学便利。

（五）居民网购消费模式异军突起

近年来，“互联网+”带动电子商务的快速发展，网上购物以其方便快捷和价格优势，冲击着人们的消费观念，改变着人们传统的消费模式。2015年人均通过互联网购买商品或服务支出329元，比2013年增长1.3倍，年均增速51.8%。

注：本文2011-2012年人均可支配收入（四项构成）和人均消费支出（八项分类）数据按照新口径作了重新推算，细分指标未作推算处理。

（张庚新　贺欣）

农村居民生活水平不断提升

“十二五”期间，在市委、市政府的引领下，全市人民奋发图强、攻坚克难，连续开展了“上水平”系列活动，调结构、增活力，促发展、惠民生，充分调动了各方面的积极性，营造了干事创业的良好氛围，为“十二五”规划的圆满收官奠定了坚实基础，同时也为农村居民增收提供了有力保障，广大农村居民充分享受了改革发展成果。

一、收入增速加快，城乡差距缩小

2015年全市农村常住居民人均可支配收入18482元，与2010年相比，年均增长12.5%，增速比“十一五”时期快2.1个百分点。

（一）农村居民收入变化特征

1.增长提速，实际增幅较快

纵观全市农村居民收入的增长历程，在经历了“九五”到“十一五”平稳较快增长后，“十二五”时期再次发力，农村居民收入出现快速增长，年均增长达到12.5%，扣物价后实际年均增速达到9.4%，是“六五”以来实际增长较快的阶段。“十二五”期间的较快增长并没有像“七五”“八五”时期被高物价高通胀而抵消，而是实实在在地让农村居民财富获得了实质性的较快增长。

2. 反超城市，城乡差距缩小

“十二五”期间，农村居民收入年均增长12.5%，比城市居民快2.9个百分点，城乡居民收入差距由2010年的2.06:1，缩小到2015年的1.85:1，成为城乡居民收入差距缩小较快的地区。

图1　各阶段城乡居民收入实际增速图

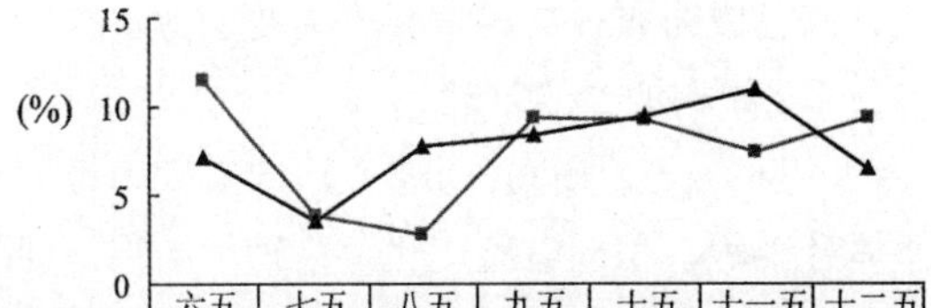

	六五	七五	八五	九五	十五	十一五	十二五
农村居民收入	11.5	3.8	2.8	9.4	9.3	7.5	9.4
城市居民收入	7.1	3.5	7.8	8.4	9.5	11.0	6.5

3.结构改善，增收动力持续

“十二五”期间，农村居民在收入增长的同时，结构也发生了变化。一是工资性收入比重提升。在企业用工需求增加、薪资水平较快提高、农村劳动力转移加快等因素的作用下，工资性收入的比重由2010年的54.2%增加到2015年的59.7%，提高5.5个百分点。工资性收入占农村居民可支配收入的六成，是其增收最直接、最重要、最稳定的推动力。二是财产性和转移性收入比重继续提高。随着农村居民家庭拥有的资产增多和政府各项保障措施的实施，农村居民财产性和转移性收入比重持续提高，由2010年的9.6%提高到2015年的13.5%，提高3.9个百分点。尤其是租金、红利、转让承包土地经营权租金等收入的快速增长，为农村居民增收提供了持续动力。

表1　“十二五”期间四项收入构成变化

指　标	2010年（%）	2015年（%）	结构增减变化（百分点）
人均可支配收入	100	100	
工资性收入	54.2	59.7	5.5
经营性收入	36.2	26.8	-9.4
财产性和转移性收入	9.6	13.5	3.9

（二）促进农村居民增收的主要因素

“十二五”期间全市农村居民增收速度加快，主要得益于劳动力转移的拉动、结构调整的带动和惠农政策的调动等多方面的合力作用。

1.劳动力转移的拉动

随着新型工业化的持续推进和第三产业的蓬勃发展，大量农村剩余劳动力逐渐转移到加工制造、建筑、餐饮、交通运输以及居民服务等行业，不仅带动了劳务经济的发展，而且让稳定的薪资收入在收入中的比重不断增长并逐渐占据主导地位。据统计，全市社会从业人员中第一产业人员由2010年的73.85万人，减少到2014年的67.98万人，农业劳动力向非农行业转移成为推动农村居民增收的重要力量，“十二五”期间农村居民人均工资性收入年均增长12.0%，工资性收入的增长速度与可支配收入增长基本同步，表明工资性收入已成为农村居民增长的主要动力。

2.结构调整的带动

“十二五”期间，市委、市政府大力推进设施农业提升工程，积极调整优化蔬菜种植结构，促使蔬菜生产由“量增”转向“质升”。加大对示范园区建设的政策扶持力度，养殖业规模化程度不断提高。农业结构的调整，使全市农业生产经营逐步朝着适度规模经营和农业功能拓展方向前进，带动农业经营向农业大户、农业能手集中，第一产业经营收入比重逐渐下降，占人均可支配收入的比重由2010年的19.6%下降到2015年的11.2%，降低了8.4个百分点。

另一方面，结构调整带动了当地二、三产业的发展，间接增加非农产业收入。特色产品的形成有利于带动服务业、加工业、运输业等相关产业的发展，使产业链得到延伸。加之小城镇建设、城中村改造以及公路管网等基础设施建设进程加快，为农村居民提供了广阔的就业创业空间，也极大地带动了农村居民从事家庭经营二、三产业的热情。非农产业已成为全市农村经济的重要组成部分，成为农村居民增收的重要途径。2015年全市农村居民人均家庭经营二、三产业得到的收入2881元，占人均家庭经营收入的比重为58.2%，比2010年高12.2个百分点。

3.惠农政策的调动

“十二五”期间，全市继续提高农村社会保障水平，一是逐年提高企业离退休人员的养老金和城乡居民基本养老保险基础养老金标准；二是逐年提高城乡低保标准和农村五保供养标准，扩大特困救助范围；三是调整农村价补联动范围；四是继续实施粮食综合直补、良种补贴等惠农补贴政策、不断提高农村老年人生活补助标准、出台民用先进炉具补贴等政策，促使农村居民人均转移性收入增速明显加快。“十二五”期间，人均养老金退休金收入年均增长28.5%。

另一方面，全市以示范小城镇为龙头，加快“三区联动”发展，实现农业增效益、农民增收入、农村增实力。随着经济的发展，农村居民手中资源的价值越来越显现。一是宅基地换房政策的实施，提供了充足的可供出租的房源，租金收益由少到多，人均租金收入年均增长20.1%；二是转移就业后，将自有耕地出租，获取转让土地经营权收入，人均转让承包土地经营权租金收入年均增长18.8%；三是村集体利用土地等资源进入市场，给村民带来了丰厚的红利收入，人均利息红利收入年均增长17.3%。财产性和转移性收入的快速增长为增收增添了新的动力，对增收的贡献越来越大。

二、消费需求增加，生活质量提高

2015年全市农村常住居民人均消费支出14739元，与2010年相比，年均增长16.4%，比收入的年均增长快3.9个百分点，是自“七五”以来首次快于收入增长。这充分显示了市委市政府更加关注民生问题，百姓分享了更多的经济增长红利，也是居民收入提高、生活水平提升的直接体现。

（一）消费支出呈全面增长态势

五年来，在小城镇建设、家电以旧换新、家电下乡、教育医疗改革等政策性因素的促进下，以及收入水平提高和对生活品质不断追求的引领下，农村居民生活质量明显改善，各方面消费支出呈现较快增长，其中交通通讯、家庭设备及服务和文教娱乐用品服务增幅居前三位，年均增幅分别为 38.9%、32.7%和26.4%。

移动互联时代的快速发展和对交通出行便利性的需求，让居民交通通讯支出快速增长，年均增长38.9%，占消费支出的比重由 2010 年的 7.2%提高到2015 年的 14.2%。小城镇建设以及家电以旧换新和家电下乡政策让居民对耐用消费品需求上升，更新换代频率加快，各类节能、环保类家电需求上升，“十二五”期间家庭设备及服务支出年均增长 32.7%，占消费支出的比重由 2010 年的 3.2%上升到 2015 年的 6.5%。农村居民重教意识日益浓厚，教育文化娱乐消费增势不减，年均增长 26.4%，占消费支出的比重由 2010 年的 5.7%提高到 2015 年的 7.8%。医疗药品市场逐步规范，加之居民保健防病意识日益增强，带动了医疗保健消费支出快速增长，年均增长 18.4%，占消费支出的比重由 2010 年的 6.3%提高到 2015 年的 7.2%。农村居民的消费结构正逐步向更高级别的发展型和享受型消费迈进。

（二）在外饮食成农村居民消费亮点

随着收入水平的逐年提高和消费观念的转变，农村居民消费层次全面升级，传统家庭聚会式的餐饮方式已经难以满足富裕起来的农村居民追求就餐品味、档次和享受的需求，越来越多的人选择在外操办家宴、喜宴、团圆宴等。“十二五”期间农村居民在外饮食人均消费额年均增长 15.0%，比食品消费快 1.1 个百分点。

（三）互联网消费保持快速增长态势

随着物流体系逐步向农村地域建设延伸以及农村居民消费观念的转变革新，网购迅速融入百姓生活，“互联网+”正席卷着一切改变着大家的生活方式和消费习惯，网购消费支出呈井喷式发展。数据显示，2015 年农村居民人均通过互联网购买的商品或服务支出是 2013 年的 4.9 倍。网购类别主要集中在食品、服装、手机、个人护理用品、家庭日用品等，其中在服装鞋帽方面的消费支出最多、增长最快。

（张春华 魏巍）

经济实力不断壮大　区域经济协调发展

“十二五”期间，面对错综复杂的国内外环境，全市主动适应经济发展新常态，坚持稳中求进、改革创新，加快转变经济发展方式，着力调整优化产业结构，全力推进滨海新区开发开放，促进中心城区、涉农区县整体提升。区县经济实力不断壮大，区域发展活力显著增强。

一、立足定位加快发展，经济实力显著增强

“十二五”期间，各区县立足发展定位，推进都市型农业发展,调整提升工业结构，加快发展服务业，区县经济保持平稳较快增长，经济实力不断增强。

滨海新区经济保持较快增长。滨海新区生产总值由 2010 年的 5030.11 亿元增加到 2015 年的 9270.31 亿元，年均增长 17.9%。涉农九区县综合实力显著增强。涉农九区县生产总值保持两位数增长，总量由2010年的3067.31亿元增加到2015年的6749.84亿元。其中，武清区和西青区经济总量跨上千亿台阶，分别达到 1026.75 亿元和 1015.06 亿元，年均增速分别为16.7%和 13.5%。中心城区经济稳中有进。中心城区生产总值由 2010 年的 2061.56 亿元增加到 2015 年的3028.01 亿元，其中，和平区、河北区、红桥区年均增速超过 10%，分别为 10.5%、10.4%和 10.3%。

图 1　2010-2015 年三大区域生产总值

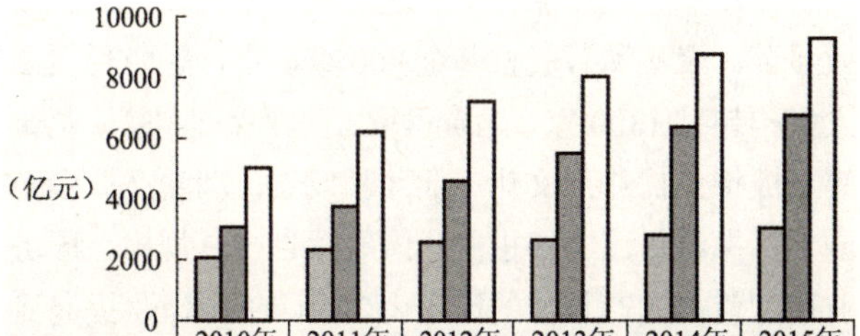

	2010年	2011年	2012年	2013年	2014年	2015年
中心城区	2061.56	2317.33	2568.44	2642.67	2806.09	3028.01
涉农九区县	3067.31	3738.83	4586.98	5495.81	6363.67	6749.84
滨海新区	5030.11	6206.87	7205.17	8020.40	8760.15	9270.31

二、产业结构调整优化，科技引领转型发展

“十二五”期间，各区县坚持把调整优化结构作为转变经济发展方式的关键环节，加快发展现代服务业，大力实施创新驱动战略，推动科技企业蓬勃发展，促进经济转型升级。

中心城区服务经济主导地位更加巩固。中心城区加快发展创新金融、总部经济、高端商贸、文化旅游等现代服务业，建成了一批总部经济聚集区、特色经济街区和创意产业园区，不断提升服务功能。2015 年服务业增加值占生产总值的比重超过 90%，达到 92.1%，比 2010 年提高 10.6 个百分点。楼宇经济快速发展。中心城区加快整合资源，集中打造了一批标准高、配套好、品质优的特色楼宇和精品楼宇，形成了友谊路、小白楼、南京路、海河沿线等楼宇聚集区，楼宇经济成为拓展城区发展空间、集聚高端优势资源、增加服务业发展总量、提升区域综合实力的重要载体。

涉农区县二三产业双轮驱动。涉农九区县着力推进“三区”联动发展，加快提升区县产业水平。现代都市型农业发展步伐加快。2015 年建立 20 个农业物联网核心试验基地，新增开展网上销售业务的农业企业、合作社近 400 家，年交易额突破 1 亿元。工业产业集群发展。加快建设 31 个示范工业园区，做大做强主导产业。2015 年，涉农九区县规模以上工业总产值 13565.71 亿元，其中西青、北辰、武清三个区产值突破 2000 亿元。三产比重持续提升。商贸流通、休闲旅游、电子商务等现代服务业快速发展，2015 年，涉农九区县服务业增加值占生产总值的比重达到 45.2%，比 2010 年提高 11.4 个百分点，其中，蓟县、津南的三产比重超过 50%。

滨海新区经济结构不断优化。工业发挥重要支撑作用。五年累计实施重大工业项目 774 个，长城汽车二期、大众变速器等 553 个项目竣工投产。建设 6 个国家新型工业化产业示范基地，形成 4 个千亿级龙头产业，2015 年规模以上工业总产值 1.54 万亿元，年均增长 11.5%。现代服务业快速发展。金融改革创新成效显著，聚集私募股权基金 800 家以上，融资租赁法人机构超过 1300 家，融资租赁、商业保理、股权基金等形成特色优势；文化产业蓬勃发展，动漫产业示范园、生态科技园、妈祖文化园等项目初具规模。服务业增加值占生产总值的比重由 2010 年的 31.6%提高到 2015 年的 37.4%。现代农业发展成效明显。建成放心菜基地 21 个，设施种植面积达到 3.8 万亩，工厂化畜牧、水产养殖企业 216 家，市级农业产业化龙头企业 22 家。

表 1　2010 年和 2015 年三大区域产业结构

单位：%

地　区	2010 年			2015 年		
	第一产业	第二产业	第三产业	第一产业	第二产业	第三产业
中心城区		18.5	81.5		7.9	92.1
涉农九区县	4.4	61.8	33.8	2.9	51.9	45.2
滨海新区	0.2	68.2	31.6	0.1	62.5	37.4

知识产权创造能力不断提升。2015 年，滨海新区专利授权突破 1 万件，有效专利 36190 件；武清、西青、北辰、南开和津南等 5 个区专利授权均超过 2000 件；武清、北辰、南开、西青、津南和东丽等 6 个区有效专利均超过 5000 件。西青区成为天津市首家国家知识产权示范城区，北辰区进入国家知识产权试点城区行列，全市试点示范城区达到 6 个。

表 2　2015 年各区县专利情况

单位：件

地　区	专利申请	专利授权	有效专利
和平区	2296	415	1144
河东区	2479	1611	3653
河西区	2646	1568	3526
南开区	4719	2502	8598
河北区	2440	1524	3320
红桥区	955	482	1540
东丽区	4757	1463	5773
西青区	9012	3502	8252
津南区	5781	2468	5887
北辰区	4346	2923	8817
武清区	10129	4862	9392
宝坻区	3983	1812	3446
宁河区	357	259	959
静海区	1359	863	2253
蓟　县	638	301	884
滨海新区	23967	10781	36190

科技企业助推经济发展。各区县大力培育壮大科技小巨人企业，不断增强创新活力、促进产业结构优化升级、提升经济质量效益，小巨人企业逐渐成为区

县经济发展的生力军。小巨人集聚发展，经济效益贡献突出。2015 年，涉农九区县共有规模以上科技小巨人企业 1730 家，占全市的 61.3%，主营业务收入、利润总额、税金总额占全市的比重分别为 58.7%、70.9% 和 67.8%。滨海新区共有规模以上科技小巨人企业 922 家，占全市的 32.7%，主营业务收入、利润总额、税金总额分别占 36.3%、26.4%和 28.4%。

三、财政收入较快增长，质量效益稳步提高

“十二五”期间，全市着力深化财税改革，在大力实施结构性减税政策的前提下，各区县财源结构趋于优化，财政实力明显增强，为促进经济平稳增长、提升发展质量效益提供有力支撑。

财政收入快速增长。五年来，三大区域财政收入年均增速都达到 20%以上。2015 年，中心城区、涉农九区县、滨海新区一般公共预算收入分别为 388.54 亿元、687.30 亿元、648.09 亿元，分别是 2010 年的 2.8 倍、3.1 倍和 2.4 倍，年均分别增长 23.1%、25.1%和 24.9%。

涉农九区县税收增长最快。从税收总额看，2015 年，涉农九区县实现税收 385.83 亿元，占区县税收总额的 39.8%；滨海新区税收 343.46 亿元，占 35.4%；中心城区税收 240.34 亿元，占 24.8%。从年均增速看，涉农九区县税收年均增长 15.7%，中心城区年均增长 15.2%，滨海新区年均增长 11.5%。

中心城区单位面积税收产出最高。中心城区土地面积较小、企业集中，楼宇经济和总部经济较为繁荣，2015 年，每平方公里实现税收 13573.19 万元，是 2010 年的 2.0 倍；涉农九区县土地面积大，但山区、生态保护区等难以开发利用的土地较多，且农业型经济占有一定比重，影响单位面积税收，每平方公里实现税收 412.63 万元，是 2010 年的 2.1 倍；滨海新区经济发展较快，实现税收较多，单位面积税收 1538.36 万元，是 2010 年的 1.7 倍。

四、投资消费规模扩大，内需拉动作用明显

“十二五”期间，各区县大力实施项目带动战略，推动消费结构升级，投资和消费规模不断扩大，有效弥补外需不足，对稳增长发挥了重要作用。

中心城区消费拉动作用明显。中心城区加快建设特色鲜明的商业街区，大悦城、恒隆广场、远洋未来广场等一批大型商业综合体建成运营，商贸服务业快速发展，消费对经济增长的拉动作用进一步增强。2015 年，中心城区社会消费品零售总额合计 2298.17 亿元，2011-2015 年均增长 9.6%，快于投资（6.9%）和出口增速（5.6%）。

涉农九区县投资贡献突出。以产业园区为载体，推动重大项目建设，投资总量快速扩张。2015 年，涉农九区县合计完成全社会固定资产投资 7786.67 亿元，其中，武清、西青、北辰三个区投资总量超过千亿元，分别达到 1157.14 亿元、1060.48 亿元、1001.65 亿元。2011-2015 年，涉农九区县全社会固定资产投资年均增长 25.8%，快于消费（15.4%）和出口增速（5.2%）。

滨海新区投资消费协同拉动。滨海国际机场第二航站楼投入使用，建成于家堡高铁站、滨海站等一批重要交通枢纽，固定资产投资总量持续扩大，五年累计完成固定资产投资 2.53 万亿元。不断加强商业载体建设，大力发展旅游会展业，带动消费较快增长，2015 年社会消费品零售总额达到 1199.74 亿元。2011-2015 年，滨海新区投资、消费、出口年均分别增长 14.1%、13.5%和 6.6%，投资与消费增长趋于同步。

五、招商引资成效明显，开放领域不断扩展

“十二五”期间，各区县立足自身优势，抢抓京津冀协同发展、自贸试验区和自主创新示范区建设等重大战略机遇，扩大对内对外开放，内引外联成果丰硕，为经济发展增添新的动力和活力。

滨海新区保持利用外资主体地位。滨海新区充分利用自贸试验区和自主创新示范区建设等机遇，着力引进高水平大项目、好项目，对外开放门户功能显著增强，2015 年实际直接利用外资 138.23 亿美元，占全市的 65.4%，2011-2015 年均增长 14.5%，在新区投资的世界 500 强企业达到 140 家。其他区县结合自身优势，积极引进制造业和现代服务业项目。涉农九区县实际直接利用外资由 2010 年的 28.45 亿美元，增加到 2015 年的 55.59 亿美元，年均增长 14.3%；中心城区实际直接利用外资由 2010 年的 9.63 亿美元，增加到 2015 年的 17.53 亿美元，年均增长 12.7%。

涉农区县利用内资占比稳步提升。涉农区县积极融入京津冀协同发展战略，对接北京优质资源，积极拓展区域合作，利用内资规模持续扩大。2015 年，涉农九区县实际利用内资 2309.67 亿元，是 2010 年的 2.7 倍，占全市比重为 57.0%，比 2010 年提高 5.4 个百分点，2011-2015 年均增长 22.3%；滨海新区实际利用内资突破千亿元，达到 1000.75 亿元，是 2010 年的 2.8

倍，占全市比重为24.7%，2011-2015年均增长24.0%。中心城区努力招大选优引强，2015年，中心城区实际利用内资738.87亿元，是2010年的1.7倍，2011-2015年均增长11.0%。

六、城镇化水平持续提升，人口聚集效应明显

“十二五”期间，全市积极推进新型城镇化，加快示范小城镇建设，各区县调整优化产业布局，人口向各功能区域加速聚集，城镇化水平持续提升，城镇化质量稳步提高。

城镇化水平和人口密度逐步提升。中心城区人口不断集聚，人口密度由2010年末的2.45万人/平方公里增加到2015年末的2.76万人/平方公里，以占全市1.5%的土地面积集聚了31.6%的常住人口。涉农区县城镇化发展较快。2015年末，涉农九区县城镇化率为65.29%，比2010年末提升6.76个百分点，人口密度由659人/平方公里增加到815人/平方公里；滨海新区城镇化率达到98.62%，比2010年末提升2.68个百分点，人口密度由1112人/平方公里增加到1330人/平方公里。

涉农区县人口集聚能力增强。2015年末，涉农九区县常住人口761.82万人，比2010年末增加145.36万人，占全市常住人口增量的58.7%，占全市常住人口比重提高到49.2%。滨海新区人口占比保持稳定，2015年末常住人口297.01万人，比2010年末增加48.76万人，年均增长3.7%，占全市常住人口的比重为19.2%。中心城区严格控制人口规模，2015年末常住人口488.12万人，比2010年末增加53.54万人，占全市常住人口的比重为31.6%，回落了1.9个百分点。

总的看，“十二五”时期各区县经济实力显著增强，发展质量稳步提升。“十三五”时期是加快实现中央对天津定位、全面建成高质量小康社会的关键时期，要牢固树立创新、协调、绿色、开放、共享的发展理念，牢牢把握五大战略机遇，推进中心城区内涵集约式发展，推进滨海新区不断增强综合实力，推进环城四区优化发展，按照中等城市标准建设武清、宝坻、静海、宁河、蓟县，打造京津冀城镇体系重要节点，优化空间发展布局，统筹推动区域经济协调发展，不断开创美丽天津建设新局面。

（李娜）

第一篇　综　合

Chapter 1　General Survey

1-1 行政建制(2015年底)

Administrative Divisions, End of 2015

单位：个(unit)

项　目	Item	街道办事处 Subdistrict Offices	居民委员会 Residents' Committees	镇政府 Town Governments	乡政府 Township Governments	村民委员会 Village Committees
全 市 总 计	**Total**	**117**	**1665**	**121**	**6**	**3686**
市辖区	**Districts under City Administration**					
和平区	Heping District	6	63			
河东区	Hedong District	13	150			
河西区	Hexi District	13	197			
南开区	Nankai District	12	172			
河北区	Hebei District	10	110			
红桥区	Hongqiao District	11	171			
东丽区	Dongli District	11	125			48
西青区	Xiqing District	4	61	7		151
津南区	Jinnan District	1	67	8		153
北辰区	Beichen District	7	112	9		126
武清区	Wuqing District	6	67	24		685
宝坻区	Baodi District	8	48	16		765
滨海新区	Binhai New Area	14	222	5		144
宁河区	Ninghe District		29	11	3	282
静海区	Jinghai District		41	16	2	383
市辖县	**Counties under City Administration**					
蓟　县	Jixian County	1	30	25	1	949

资料来源：天津市民政局
Source: Tianjin Municipal Civil Affairs Bureau

1-2 土地面积

Area of Land

项　目	Item	面　积 (平方公里) Area(sq.km)		占全市土地总面积比重(%) Percentage to Total Area (%)	
		2014	2015	2014	2015
全市土地总面积	**Total Land Area**	**11916.85**	**11916.85**	**100.0**	**100.0**
农用地	**Land for Agricultural Production**	**7009.56**	**6982.29**	**58.8**	**58.6**
耕　地	Cultivated Land	4383.10	4371.82	36.8	36.7
园　地	Garden Plot	303.98	302.43	2.6	2.5
林　地	Afforested Land	552.62	550.95	4.6	4.6
其他农用地	Others	1769.86	1757.09	14.8	14.7
建设用地	**Land for Construction**	**4059.41**	**4093.33**	**34.1**	**34.3**
居民点及工矿用地	Land for Residents and Industry	3251.75	3276.12	27.3	27.5
交通用地	Land for Transportation	274.29	283.86	2.3	2.4
水利设施用地	Land for Water Conservancy	533.37	533.35	4.5	4.5
未利用地面积	**Unused Area**	**847.88**	**841.24**	**7.1**	**7.1**
未利用土地	Unused Soil	162.93	162.05	1.4	1.4
其他土地	Other Land	684.95	679.18	5.7	5.7

资料来源：天津市国土资源和房屋管理局
Source: Tianjin Municipal Bureau of Land Resources and Housing Administration

1-3 各月份气象资料(2015年)

Meteorological Data of Each Month,2015

月 份 Month	平均气温 Average Temperature (℃)	最高气温 Highest Temperature (℃)	最低气温 Lowest Temperature (℃)	平均相对湿度 Average Relative Humidity (%)	日照时数(小时) Hours of Sunshine (hour)	降水量(毫米) Precipitation (mm)	一日最大降水量(毫米) Largest Precipitation in One Day(mm)	平均风速(米/秒) Average Wind Speed (m/sec)
全 年 Year	**13.6**	**38.7**	**-9.8**	**58.4**	**2323.7**	**563.8**	**105.8**	**2.1**
一 月 January	-0.7	10.8	-8.5	50.0	170.2	0.6	1.5	1.9
二 月 February	1.4	13.8	-8.8	48.0	170.4	14.3	8.7	2.1
三 月 March	8.3	24.3	-6.0	41.0	245.9	5.0	39.8	2.4
四 月 April	14.9	32.1	0.6	52.0	236.3	52.3	51.2	2.6
五 月 May	21.4	34.4	9.1	48.0	284.5	45.5	27.9	2.6
六 月 June	25.0	35.0	15.3	58.0	208.1	39.9	45.6	2.2
七 月 July	26.9	38.7	17.3	67.0	206.0	104.8	86.5	2.0
八 月 August	26.8	35.8	19.1	69.0	222.2	74.4	68.9	1.7
九 月 September	21.2	30.9	12.3	70.0	190.2	159.2	105.8	1.7
十 月 October	14.8	27.6	0.7	57.0	212.6	21.3	14.2	2.1
十一月 November	3.6	20.4	-9.8	74.0	55.6	46.0	33.1	1.8
十二月 December	0.2	9.6	-7.7	67.0	121.8	0.4	0.7	1.8

1-4 各区县气象资料(2015年)

Meteorological Data by District and County,2015

地 区 Region	全年平均气温 Annual Average Temperature (℃)	平均相对湿度 Average Relative Humidity (%)	日照时数(小时) Hours of Sunshine (hour)	降水量(毫米) Precipitation (mm)	无霜期(天) Non-frosting Period (day)	雾天数(天) Foggy Days (day)
市 区 Urban District	14.8	47		549.1		8
东丽区 Dongli District	13.9	57	2469.9	638.0	231	4
西青区 Xiqing District	13.7	59	2204.2	574.2	206	29
津南区 Jinnan District	13.6	58	2491.2	604.0	247	20
北辰区 Beichen District	13.3	60	2268.7	647.9	205	23
武清区 Wuqing District	13.8	57	1949.3	598.5	244	14
宝坻区 Baodi District	12.4	63	2353.9	427.6	202	82
滨海新区 Binhai New Area	13.7	61	2339.0	580.0	222	13
# 塘 沽 Tanggu	14.0	58	2354.2	563.2	229	18
汉 沽 Han'gu	13.3	64	2497.1	534.8	204	14
大 港 Dagang	13.9	60	2165.7	642.1	232	8
宁河区 Ninghe District	13.1	62	2205.8	470.4	204	11
静海区 Jinghai District	13.8	60	2371.2	511.5	203	22
蓟 县 Jixian County	14.0	56	2423.1	567.5	203	17

资料来源：天津市气象信息中心
Source: Tianjin Meteorological Information Center

1-5 国民经济和社会发展总量与速度指标

指　标	Item	1978	2000
人口与就业	**Population and Employment**		
人　口(万人)	**Population(10 000 persons)**		
年末常住人口	Year-end Resident Permanent	724.27	1001.14
# 城镇人口	Urban		724.83
年末户籍人口	Year-end Registered Population	724.27	912.00
# 非农业人口	Non-agricultural Population	358.45	532.51
就　业(万人)	**Employment(10 000 persons)**		
社会从业人员	Number of Employment Personnel	366.70	486.89
# 城镇非私营单位从业人员	Employment Personnel in Urban Non-Private Units	217.40	201.75
城镇登记失业人数	Registrated Unemployment in Urban Areas		10.50
宏观经济	**Macro Economy**		
国民经济核算	**National Accounting**		
全市生产总值(亿元)	Gross Domestic Product(100 million yuan)	82.65	1701.88
第一产业	Primary Industry	5.03	73.69
第二产业	Secondary Industry	57.53	863.83
第三产业	Tertiary Industry	20.09	764.36
人均生产总值(元)	Per Capita GDP (yuan)		
(按常住人口计算)	(Calculated by Resident Population)	1133	17353
固定资产投资	**Investment in Fixed Assets**		
全社会固定资产投资总额(亿元)	Total Investment in Fixed Assets(100 million yuan)	20.30	608.80
# 地　方	Local Govemment	10.03	463.83
城镇房地产开发	Real Estate Development		133.93
全社会房屋竣工面积(万平方米)	Floor Space of Buildings Completed (10 000 sq.m)		1459.36
消　费(亿元)	**Consumption(100 million yuan)**		
社会消费品零售总额	Total Retail Sales of Consumer Goods	25.20	736.63
对外贸易(亿美元)	**Foreign Trade(USD 100 million)**		
货物进出口总额	Total Value of Imports and Exports	9.88	171.57
出口额	Exports	8.65	86.29
进口额	Imports	1.24	85.28

注：1.本表价值指标除邮电业务总量按不变价格计算外，其余均按当年价格计算。邮电业务总量2000年及以前按1990年不变价格计算，2001-2010年按2000年不变价格计算，2011年起按2010年不变价格计算。表15-10和15-11同。2.本表速度指标中，全市生产总值及三次产业增加值、农林牧渔业总产值、工业总产值、公共财政收支、邮电业务总量指标均按可比价格计算。固定资产投资平均增长速度按累计法计算。以下各表同。3.农村居民人均可支配收入2011年以前为农村居民人均纯收入。4.2014年城市人均住宅建筑面积计算方法调整。

Principal Aggregate Indicators on Nationnal Economic and Social Development and Growth Rates

总量指标 Aggregate Data			指数(%)(2015为以下各年) Index (%) (2015 as Percentage of the Following Years)				平均增长速度(%) Average Annual Growth Rate (%)		
2010	2014	2015	1978	2000	2010	2014	1979-2015	2001-2015	2011-2015
1299.29	1516.81	1546.95	213.6	154.5	119.1	102.0	2.1	2.9	3.6
1033.59	1248.04	1278.40	359.9	176.4	123.7	102.4	3.5	3.9	4.3
984.85	1016.66	1026.90	141.8	112.6	104.3	101.0	0.9	0.8	0.8
604.42	645.05	656.60	183.2	123.3	108.6	101.8	1.6	1.4	1.7
728.70	877.21	896.80	244.6	184.2	123.1	102.2	2.4	4.2	4.2
205.65	295.51	294.78	135.6	146.1	143.3	99.8	0.8	2.6	7.5
16.10	22.52	25.08		238.9	155.8	111.4		6.0	9.3
9224.46	15726.93	16538.19	5291.1	729.5	179.2	109.3	11.3	14.2	12.4
145.58	199.90	208.82	697.8	176.9	116.9	102.5	5.4	3.9	3.2
4840.23	7731.85	7704.22	6032.6	895.2	184.2	109.2	11.7	15.7	13.0
4238.65	7795.18	8625.15	5903.8	609.0	176.1	109.6	11.7	12.8	12.0
72994	105231	107960	2519.1	468.2	148.0	106.6	9.1	10.8	8.2
6511.42	11654.09	13065.18	64360.5	2146.1	200.7	112.1	19.1	23.9	15.5
5762.13	10911.83	12272.36	122356.5	2645.9	213.0	112.5	21.3	25.8	17.4
866.64	1699.65	1871.55		1397.4	216.0	110.1		20.1	18.4
3380.87	5299.93	5388.00		369.2	159.4	101.7		9.1	9.8
2902.55	4738.65	5257.28	20862.2	713.7	181.1	110.9	15.5	14.0	12.6
822.01	1339.12	1143.47	11573.6	666.5	139.1	85.4	13.7	13.5	6.8
375.17	525.97	511.83	5917.1	593.2	136.4	97.3	11.7	12.6	6.4
446.84	813.16	631.64	50938.7	740.7	141.4	77.7	18.3	14.3	7.2

Note:a) Figures in value terms in this table are at current prices, except that on the business value of post and telecommunication services which is at 1990 constant prices before 2000 and at 2000 constant prices from 2000 to 2010.Since 2011, it was calculated at 2010 constant prices. Same as table 15-10 and 15-11.b)The indices and growth rates of the follow indicators are calculated at constant prices: Gross Domestic Product and value-added of the three strata of industry,Gross Output Value of Agriculture,Forestry,Animal Husbandry and Fishery,Gross Output Value of Industry,Public Finale Revenue and penditure,business Value of Post and Telecommunication Services. The average annual growth rate of total investment in fixed assets is calculated at the accumulate method.Same as following next.c)Before 2011, Per Capita Annual Disposable Income of Rural Residents refers to per capita annual net income of rural households. d)Per Capita floor Space of Urban Residential Buildings are Calculated at new Method Since 2014.

1-5续表1

指　　标	Item	1978	2000
实际利用外资额(亿美元)	**Actually Utilization of Foreign Capital(USD 100 million)**		
外商直接投资	Foreign Direct Investments		25.60
财　政(亿元)	**Government Finance(100 million yuan)**		
一般公共预算收入	General Public Budget Revenue	39.25	133.61
一般公共预算支出	General Public Budget Expenditure	14.51	187.05
物价总指数(上年=100)	**Price Indices(preceding year=100)**		
居民消费价格指数	Consumer Price Index	100.0	99.60
商品零售价格指数	Retail Price Index	100.0	98.60
能源生产与消费(万吨标准煤)	**Production and Consumption of Energy(10 000 tons of SCE)**		
一次能源生产量	Primary Energy Production		1201.94
能源终端消费量	Energy Final Consumption		2553.60
产　　业	**Industry**		
农　业(亿元)	**Agriculture(100 million yuan)**		
农林牧渔业总产值	Gross Output Value of Agriculture, Forestry, Animal Husbandry and Fishery	6.72	156.30
工　业(亿元)	**Industry(100 million yuan)**		
工业总产值	Gross Output Value of Industry	157.90	3080.74
轻工业	Light Industry	81.47	1263.10
重工业	Heavy Industry	76.43	1817.64
建筑业(亿元)	**Construction(100 million yuan)**		
建筑业总产值	Gross Output Value	8.78	238.10
交通运输、邮政业和信息传输	**Transportation,Postal and Information Transmission**		
港口货物吞吐量(万吨)	Volume of Freight Handled at Coastal Ports (10 000 tons)	1131	9582.00
集装箱吞吐量(万TEU)	Handled Containers(10 000TEU)	1	171.00
邮电业务总量(亿元)	Business Value of Post and Telecommunication Services (100 million yuan)	0.27	75.37
移动电话年末用户(万户)	Number of Mobile Telephone Subscribers at Year-end (10 000 subscribers)		122.80
固定电话年末用户(万户)	Number of Fixed Telephone Subscribers at Year-end (10 000 subscribers)	8.36	247.06
旅游业	**Tourism**		
入境旅游过夜游客(万人次)	Number of Tourists(Overnight Visitors)(10 000 person-times)		15.97
国际旅游外汇收入(万美元)	Foreign Exchange Earnings from International Tourism (USD 10 000)		23176.00
金融业(亿元)	**Financial Intermediation(100 million yuan)**		
中资金融机构人民币存款年末余额	RMB Deposits Balance of Chinese Financial Institutions year-end	33.24	2281.55
中资金融机构人民币贷款年末余额	RMB Loans Balance of Chinese Financial Institutions year-end	80.14	1863.60
股票筹资额	Raised Capital of Listed Companies		32.79
保险公司保费金额	Insurance Premium of Insurance Companies		31.47
保险公司赔款及给付金额	Indemnity Expenditure and Payment of Insurance Companies		7.20

Continued

总量指标 Aggregate Data			指数(%)(2015为以下各年) Index(%)(2015 as Percentage of the Following Years)				平均增长速度(%) Average Annual Growth Rate (%)		
2010	2014	2015	1978	2000	2010	2014	1979-2015	2001-2015	2011-2015
108.49	188.67	211.34		825.5	194.8	112.0		15.1	14.3
1068.81	2390.35	2667.11	11476.1	1996.2	249.5	111.6	13.7	22.1	20.1
1376.84	2884.70	3232.35	27159.2	1728.1	234.8	112.1	16.4	20.9	18.6
103.50	101.90	101.70	622.4	139.0	115.1	101.7	5.1	2.2	2.9
103.40	100.90	100.30	399.4	116.4	111.0	100.3	3.8	1.0	2.1
5236.12	4726.73	5338.18		444.1	101.95	112.9		10.5	0.4
5860.20	7955.00	8078.04		316.3	137.85	101.5		8.0	6.6
317.33	441.71	467.44	1062.1	185.0	118.0	102.6	6.6	4.2	3.4
17107.19	29686.33	30014.89	21041.2	1262.2	179.7	100.3	15.6	18.4	12.4
2800.45	6200.66	6814.00	12516.4	816.4	240.9	110.4	13.9	15.0	19.2
14306.74	23485.67	23200.89	28245.0	1577.7	168.6	98.2	16.5	20.2	11.0
2424.49	4123.49	4488.90	51126.4	1885.3	185.1	108.9	18.4	21.6	13.1
41325.00	54002.00	54051.00	4779.0	564.1	130.8	100.1	11.0	12.2	5.5
1008.00	1406.00	1411.00	141100.0	825.1	140.0	100.4	21.7	15.1	7.0
435.16	244.82	321.81	215511.2	1577.0	201.5	131.4	23.1	20.2	15.0
1089.56	1351.79	1405.80		1144.8	129.0	104.0		17.6	5.2
366.83	360.62	343.77	4112.1	139.1	93.7	95.3	10.6	2.2	-1.3
59.89	76.63	78.53		491.7	131.1	102.5		11.2	5.6
141951.00	299209.91	329811.00		1423.1	232.3	110.2		19.4	18.4
15912.21	23484.54	26754.31	80488.3	1172.6	168.1	112.2	19.8	17.8	11.0
12864.75	21189.30	24104.91	30078.5	1293.5	187.4	113.6	16.7	18.6	13.4
361.66	386.72	393.62		1200.4	108.8	101.8		18.0	1.7
214.01	317.75	398.34		1265.8	186.1	125.4		18.4	13.2
54.19	104.39	139.53		1937.9	257.5	133.7		21.8	20.8

1-5续表2

指　　标	Item	1978	2000
教育、科技、文化	**Education, Science and Technology and Culture**		
教　育	**Education**		
在校学生数(万人)	Students Enrollment(10 000 persons)	162.30	162.22
专任教师数(万人)	Full-time Teachers(10 000 persons)	9.25	11.07
科　技(亿元)	**Science and Technology**		
研究与试验发展经费支出	Expenditures on Research and Development(100 million yuan)		24.69
文　化	**Culture**		
图书出版总印数(万册)	Number of Books Published(10 000 copies)	7367	5881
电视节目制作时间(万小时)	Time for TV Programs Production(10 000 hours)		
人民生活	**People's Living Conditions**		
婚姻家庭	**Marriages and Divorces, Family Size**		
城镇居民平均每户家庭人口(人)	Average Household Size in Urban Areas(person)		3.08
农村居民平均每户常住人口(人)	Average Household Size in Rural Areas(person)	5.80	3.69
结婚登记总数(对)	Registered Number of Marriages(couples)	63599	61416
离婚数(对)	Number of Divorces(couples)	1481	13338
居　住(平方米)	**Housing(sq.m)**		
城市人均住宅建筑面积	Per Capita Floor Space of Urban Residential Buildings	4.3	13.90
农村人均住房面积	Per Capita Floor Space of Rural Residents	9.0	23.60
生　活	**Living**		
城镇居民人均可支配收入(元)	Per Capita Annual Disposable Income of Urban Residents(yuan)	388	8141
农村居民人均可支配收入(元)	Per Capita Annual Disposable Income of Rural Residents(yuan)	153	4370
中资金融机构人民币储蓄存款余额(亿元)	RMB Deposit Balance of Saving Deposits of Chinese Financial Institutions(100 million yuan)	4.02	1172.40
社会保险(亿元)	**Social Insurance(100 million yuan)**		
社会保险基金收入	Revenue of Social Insurance Fund		
社会保险基金支出	Expenses of Social Insurance Fund		
卫　生	**Health Care**		
医院、卫生院(个)	Number of Hospitals(unit)	310	488
执业(助理)医师(万人)	Number of Licensed (Assistant) Doctors(10 000 persons)	1.58	3.00
医院、卫生院床位数（万张）	Number of Beds of Hospitals(10 000 units)	1.73	3.88
城市市政建设	**Municipal Works**		
自来水供水总量(亿吨)	Annual Supply of Tap Water(100 million tons)	2.16	6.11
天然气销售量(亿立方米)	Volume of Natural Gas Supply(100 million cu.m)	2.05	2.35
供热面积(万平米)	Heating Area(10 000 sq.m)		3260
年末实有铺装道路长度(公里)	Length of Paved Roads at Year-end(km)	764	3602
排水管道长度(公里)	Length of Sewer Pipelines(km)	1051	7032
年末公共交通车辆运营数(辆)	Number of Public Vehicles in Operation at Year-end(unit)	1205	5358
城市绿地面积(平方公里)	Areas of Green Land (sq.km)		17.70
环　境	**Environment**		
废水中化学需氧量排放量(万吨)	COD Discharge of Waste Water(10 000 tons)		
废气中二氧化硫排放量(万吨)	Sulphur Dioxide Emission of Waste Gas(10 000 tons)		

Continued

总量指标 Aggregate Data			指数(%)(2015为以下各年) Index(%)(2015 as Percentage of the Following Years)				平均增长速度(%) Average Annual Growth Rate (%)		
2010	2014	2015	1978	2000	2010	2014	1979–2015	2001–2015	2011–2015
152.94	162.28	165.51	102.0	102.0	108.2	102.0	0.1	0.1	1.6
11.56	12.03	12.17	131.6	109.9	105.3	101.2	0.7	0.6	1.0
229.56	464.69	510.18		2066.3	222.2	109.8		22.4	17.3
3774	4560	5520	74.9	93.9	146.3	121.1	-0.8	-0.4	7.9
2.2	2.9	3.3			150.0	113.8			8.4
2.86	2.80	2.78		90.3	97.2	99.3		-0.7	-0.6
3.35	3.32	3.25	56.0	88.1	97.0	97.9	-1.6	-0.8	-0.6
86799	99394	101238	159.2	164.8	116.6	101.9	1.3	3.4	3.1
28132	43342	51446	3473.7	385.7	182.9	118.7	10.1	9.4	12.8
31.30	21.82	20.67							
28.80									
24293	31506	34101	8788.9	418.9	140.4	108.2	12.9	10.0	7.0
11801	17014	18482				108.6			
5525.28	7863.57	8721.52	216953.2	743.9	157.8	110.9	23.1	14.3	9.6
	800.15	882.00				110.2			
	728.02	816.03				112.1			
438	522	546	176.1	111.9	124.7	104.6	1.5	0.8	4.5
2.85	3.33	3.59	227.2	119.7	126.0	107.8	2.2	1.2	4.7
4.41	5.65	5.97	345.1	153.9	135.4	105.7	3.4	2.9	6.2
7.72	8.12	8.53	394.9	139.6	110.5	105.0	3.8	2.2	2.0
15.80	29.45	29.74	1450.7	1265.5	188.2	101.0	7.5	18.4	13.5
24034	34240	37678		1155.8	156.8	110.0		17.7	9.4
5439	7275	7636	999.5	212.0	140.4	105.0	6.4	5.1	7.0
15140	18748	19543	1859.5	277.9	129.1	104.2	8.2	7.1	5.2
7928	11164	11619	964.2	216.9	146.6	104.1	6.3	5.3	7.9
77.01	77.72	86.76		490.2	112.7	111.6		11.2	2.4
13.20	21.43	20.91			158.4	97.6			9.6
23.52	20.92	18.59			79.0	88.9			-4.6

1-6 各时期国民经济主要指标年均增长速度

Annual Increase Rate of National Economy In Different Period

单位：%(%)

时 期	Period		全市生产总值 Gross Domestic Product	第一产业 Primary Industry	第二产业 Secondary Industry	第三产业 Tertiary Industry	一般公共预算收入 General Public Budget Revenue
"恢复"时期	Rehibilatation Period	1950-1952	17.6	11.4	19.7	15.9	106.6
"一五"时期	First Five-year Plan Period	1953-1957	13.5	6.5	17.3	10.3	15.5
"二五"时期	Second Five-year Plan Period	1958-1962	-1.7	-2.9	-0.7	-2.9	4.1
"调整"时期	Adjustment Period	1963-1965	15.5	21.2	19.3	6.0	10.9
"三五"时期	Third Five-year Plan Period	1966-1970	8.3	-1.1	10.7	5.1	16.0
"四五"时期	Fourth Five-year Plan Period	1971-1975	7.2	3.2	10.3	7.2	6.9
"五五"时期	Fifth Five-year Plan Period	1976-1980	7.4	1.8	7.3	9.0	0.9
"六五"时期	Sixth Five-year Plan Period	1981-1985	9.3	7.7	8.6	11.6	3.3
"七五"时期	Seventh Five-year Plan Period	1986-1990	5.2	7.5	4.1	7.6	-1.4
"八五"时期	Eighth Five-year Plan Period	1991-1995	11.7	4.6	11.7	13.4	21.2
"九五"时期	Ninth Five-year Plan Period	1996-2000	11.3	5.2	11.3	12.2	15.9
"十五"时期	Tenth Five-year Plan Period	2001-2005	14.0	5.6	16.5	11.7	24.3
"十一五"时期	Eleventh Five-year Plan Period	2006-2010	16.1	2.9	17.8	14.6	29.8
"十二五"时期	Twelfth Five-year Plan Period	2011-2015	12.4	3.2	13.0	12.0	20.1

注："十二五"时期以前一般公共预算收支为全市财政收支口径。

Note: Before the twelfth five-year plan period, the general public budget revenue and expenditure are the city's financial revenue and expenditure.

1-6续表 *Continued*

单位：%(%)

时 期	Period		一般公共预算支出 General Public Budget Expenditures	工业总产值 Gross Output Value of Industry	全社会固定资产投资 Total Investment in Fixed Assets	社会消费品零售总额 Total Retail Sales of Consumer Goods	外贸出口总额 Exports
"恢复"时期	Rehibilatation Period	1950-1952	81.7	38.5	17.5		
"一五"时期	First Five-year Plan Period	1953-1957	8.6	16.6	20.8	5.5	5.5
"二五"时期	Second Five-year Plan Period	1958-1962	8.8	0.4	24.4	0.8	-1.2
"调整"时期	Adjustment Period	1963-1965	12.0	15.5	26.4	4.0	13.5
"三五"时期	Third Five-year Plan Period	1966-1970	12.8	10.3	6.7	3.7	-1.4
"四五"时期	Fourth Five-year Plan Period	1971-1975	10.6	8.5	22.0	7.8	19.4
"五五"时期	Fifth Five-year Plan Period	1976-1980	6.7	6.0	6.5	8.8	14.8
"六五"时期	Sixth Five-year Plan Period	1981-1985	12.9	9.7	20.8	9.3	-5.7
"七五"时期	Seventh Five-year Plan Period	1986-1990	8.3	10.6	6.7	6.5	9.1
"八五"时期	Eighth Five-year Plan Period	1991-1995	17.6	20.7	36.8	9.2	10.9
"九五"时期	Ninth Five-year Plan Period	1996-2000	18.3	15.2	10.6	14.8	23.5
"十五"时期	Tenth Five-year Plan Period	2001-2005	19.9	21.5	19.4	14.4	26.0
"十一五"时期	Eleventh Five-year Plan Period	2006-2010	33.1	21.5	32.7	16.0	6.5
"十二五"时期	Twelfth Five-year Plan Period	2011-2015	18.6	12.4	15.5	10.3	6.4

注：本表社会消费品零售总额年平均增速均已扣除价格因素。

Note: The average increase rates of Total Retail Sales of Consumer Goods have deducted price sectors.

1-7 国民经济和社会发展结构指标

Structural Indicators of National Economy and Social Development

单位：%(%)

指 标	Item	2000	2010	2014	2015
人 口	**Population**				
常住人口	Resident Permanent				
城 镇	Urban	72.4	79.6	82.3	82.6
乡 村	Rural	27.6	20.4	17.7	17.4
户籍人口	Grouped by Sex				
男 性	Male	50.5	50.3	50.2	50.1
女 性	Female	49.5	49.7	49.8	49.9
就 业	**Employment**				
社会从业人员	Grouped by Industry				
第一产业	Primary Industry	16.7	10.1	7.7	7.4
第二产业	Secondary Industry	45.6	41.5	38.9	35.7
第三产业	Tertiary Industry	37.7	48.4	53.4	56.9
国民经济核算	**National Accounting**				
全市生产总值	Grouped by Industry				
第一产业	Primary Industry	4.3	1.6	1.3	1.3
第二产业	Secondary Industry	50.8	52.4	49.1	46.5
第三产业	Tertiary Industry	44.9	46.0	49.6	52.2
投 资	**Investment**				
产业结构	Grouped by Industry				
第一产业	Primary Industry	0.9	1.5	1.2	1.8
第二产业	Secondary Industry	48.7	45.2	43.2	39.3
第三产业	Tertiary Industry	50.4	53.3	55.6	58.9
资金使用	Use of Funds				
建设工程	Construction	54.4	55.3	56.4	57.5
安装工程	Installation	5.3	4.3	6.1	6.7
设备工器具购置	Purchase of Equipment and Instruments	26.1	18.6	17.9	17.5
其他费用	Others	14.2	21.7	19.6	18.2
财 政	**Government Finance**				
一般公共预算收入	General Public Budget Revenue				
# 增值税(25%)	Value-added Tax (25%)	19.5	11.2	10.6	9.4

1-7续表1 *Continued*

单位：%(%)

指　标	Item	2000	2010	2014	2015
营业税	Business Tax	28.6	26.6	20.1	18.8
企业所得税	Income Tax of Enterprises	21.9	11.8	9.8	9.7
个人所得税	Individual Income Tax	8.5	4.0	3.0	3.1
利用外资	**Utilization of Foreign Capital**				
实际利用外资	Foreign Capital Actually Used				
对外借款	Foreign Loans	9.4	1.9	7.5	5.5
直接利用外资	Foreign Direct Investment	90.6	98.1	92.5	94.5
能　源	**Energy**				
能源使用	Energy Consumption				
第一产业	Primary Industry	2.3	1.4	1.3	1.3
第二产业	Secondary Industry	61.5	72.2	72.8	70.8
第三产业	Tertiary Industry	24.9	15.0	14.6	15.3
生活消费	Living Consumption	11.4	11.5	11.3	12.5
农　业	**Agriculture**				
农林牧渔业产值	Gross Output Value of FFAF				
农　业	Farming	53.4	53.0	52.2	50.9
林　业	Forestry	0.9	0.7	0.7	1.7
牧　业	Animal Husbandry	33.1	27.6	26.6	27.9
渔　业	Fishery	12.6	15.8	18.0	17.2
农林牧渔服务业	FFAF Services		2.9	2.5	2.3
工　业	**Industry**				
全部工业总产值	Gross Output Value of Industry				
轻工业	Light Industry	41.0	16.4	20.9	22.7
重工业	Heavy Industry	59.0	83.6	79.1	77.3
建筑业	**Construction**				
建筑业总产值	Gross Output Value of Construction				
房屋和土木工程建筑业	Building and Civil Engineering	81.4	81.9	86.6	85.9
建筑安装业	Equipment Installation	16.6	10.7	7.9	8.2
其他建筑业	Others	2.0	5.3	5.5	5.9
交通运输业	**Transportation**				
货运量	Freight Traffic				
铁　路(天津地区)	Railway (Tianjin Area)	11.6	18.3	17.4	15.8

1-7续表2 *Continued*

单位：%(%)

指　　标	Item	2000	2010	2014	2015
公　路	Highway	70.7	50.1	61.1	63.4
水运、民航	Waterway and Civil Aviation	15.7	28.6	19.1	18.7
管道运输	Pipelines	1.9	3.0	2.3	2.2
国内商业	**Domestic Trade**				
社会消费品零售总额	Total Retail Sales of Consumer Goods				
批发和零售业	Wholesale and Retail Trade	51.5	88.3	88.9	88.8
住宿和餐饮业	Accommodation and Catering Services	10.7	11.7	11.1	11.2
其他行业	Others	37.8			
对外经济贸易	**Foreign Trade and Economic Cooperation**				
进出口贸易总额	Imports and Exports				
出口总额	Exports	50.3	45.6	39.3	44.8
进口总额	Imports	49.7	54.4	60.7	55.2
国际旅游	**International Tourism**				
来津旅游人员	Tourists in Tianjin				
外国人	Foreigners	81.8	88.0	88.1	88.0
港澳台同胞	Compatriots from Hong Kong, Macao and Taiwan	18.2	12.0	11.9	12.0
金融业	**Financial Intermediation**				
金融机构存款余额	Deposits of Financial Institutions				
# 中资金融机构	Chinese Financial Institutions		98.1	97.7	98.3
外资金融机构	Foreign Financial Institutions		1.9	2.3	1.7
金融机构贷款余额	Loans of Financial Institutions				
# 中资金融机构	Chinese Financial Institutions		97.4	97.1	98.0
外资金融机构	Foreign Financial Institutions		2.6	2.9	2.0
教　育	**Education**				
在校学生	Student Enrollment				
大学生	University and College Students	7.3	28.1	31.2	31.0
中学生	Secondary School Students	48.5	38.8	33.4	32.6
小学生	Primary School Students	44.2	33.1	35.3	36.4

1-7续表3 *Continued*

单位：%(%)

指　　标	Item	2000	2010	2014	2015
专任教师	Full-time Teachers by Type				
大　学	University and College	9.2	24.3	25.8	25.6
中　学	Secondary Schools	48.6	43.4	41.8	41.4
小　学	Primary Schools	42.2	32.3	32.4	33.0
科　技	**Science and Technology**				
研究与试验发展经费内部支出	R&D Internal Expenditures				
基础研究	Basic Research		4.1	3.5	4.1
应用研究	Applied Research		16.5	13.2	14.8
试验发展	Experimental Development		79.4	83.3	81.2
卫　生	**Health Care**				
卫生机构	Structure of Health Care Institutions				
# 医院、卫生院	Hospitals and Health Care Centers	16.4	16.3	10.5	10.5
卫生技术人员	Structure of Medical Technical Personnel				
# 执业(助理)医师	Licensed (Assistant) Doctors	46.1	40.7	39.3	39.5
注册护士	Registered Nurses	33.3	34.5	37.2	37.3
生　活	**People's Life**				
城镇居民消费	Consumption of Urban Residents				
食品类	Food	40.1	35.9	32.7	32.2
衣着类	Clothing	8.9	9.4	8.4	8.2
用品及其他	Articles for Daily Use and Others	41.8	45.0	37.0	38.0
居　住	Residence	9.2	9.8	21.9	21.6
农村居民消费	Consumption of Rural Residents				
食品类	Food	42.6	39.0	33.8	33.1
衣着类	Clothing	9.3	9.0	7.4	7.2
用品及其他	Articles for Daily Use and Others	19.0	26.5	36.7	37.7
居　住	Residence	29.1	25.5	22.1	22.0
环　境	**Environment**				
空气质量	Air Quality				
二级和好于二级的天数	Days of Grade II and Better than Grade II		84.4	47.9	60.3

注：2013年起执行新《环境空气质量标准》(GB3095-2012)，空气质量达到及好于二级的天数与以前年度不可比。
Note:The data of this table dicharge new Ambient Air Quality Standard(GB3095-2012) since 2013,the indicator of Days of Grade II and Better than Grade II is not comparable with the previous year.

1-8 国民经济和社会发展比例和效益指标

Main Indicators of Proportion and Benefit in National Economy and Social Development

单位：%(%)

指　　标	Item	2000	2010	2014	2015
人　口	**Population**				
出生率(‰)	Birth Rate (‰)	7.7	8.2	8.2	5.8
死亡率(‰)	Death Rate (‰)	6.2	5.6	6.1	5.6
自然增长率(‰)	Natural Growth Rate (‰)	1.6	2.6	2.1	0.2
就　业	**Employment**				
城镇登记失业率	Unemployment Rate Registered in Urban Areas	3.2	3.6	3.6	3.5
国民经济核算	**National Accounting**				
经济增长贡献率	Contribution to Gross Domestic Product				
第一产业	Primary Industry	1.8	0.3	0.2	0.3
第二产业	Secondary Industry	61.9	66.3	50.9	53.0
第三产业	Tertiary Industry	36.3	33.4	48.8	46.7
固定资产投资	**Investment in Fixed Assets**				
全社会固定资产投资相当于全市生产总值比例	Proportion of Total Investment in Fixed Assets to GDP	35.8	70.6	74.1	79.0
新增固定资产交付使用率	Rate of Newly Increased Fixed Assets Transferred and in Use	71.3	50.6	56.8	49.1
财　政	**Government Finance**				
一般公共预算收入相当于全市生产总值比例	Proportion of General Public Budget Revenue to GDP	7.9	11.6	15.2	16.1
一般公共预算支出相当于全市生产总值比例	Proportion of General Public Budget Expenditure to GDP	11.0	14.9	18.3	19.5
实际利用外资	**Utilization of Foreign Capital**				
直接利用外资额相当于签约额比例	Proportion of Acutal Direct Utilization of Foreign Captial to Foreign Investment Contracted	55.7	70.9	82.7	67.4
能　源	**Energy**				
能源消费弹性系数	Elasticity Ratio of Energy Consumption	0.87	0.92	0.33	0.15
单位生产总值能耗(吨标准煤/万元)	Energy Consumption per Unit of GDP (ton of SCE/10 000 yuan)	1.64	0.74	0.54	0.50

1-8续表1 *Continued*

指　　标	Item	2000	2010	2014	2015
农　业	**Agriculture**				
每公顷耕地农业机械总动力(千瓦)	Total Power of Agricultural Machinery per Hectare of Cultivated Land (kw)	14.0	14.7	14.2	14.0
每公顷播种面积农产品产量(吨)	Output of Crops per Hectare of Sown Area (ton)				
粮　食	Grain	3.6	5.1	5.1	5.2
棉　花	Cotton	1.2	1.2	1.3	1.4
油　料	Oil-bearing Crops	1.3	2.9	3.1	3.2
规模以上工业	**Industry**				
总资产贡献率(%)	Ratio of Total Assets to Industrial Output Value (%)	8.9	17.3	15.7	14.6
成本费用利润率(%)	Ratio of Pre-tax Profits to Industrial Cost (%)	6.5	9.8	8.7	8.7
资金利税率(%)	Ratio of Profits and Taxes to Total Assets (%)	9.0	18.3	16.0	14.7
建筑业	**Construction**				
产值利润率(%)	Value of Machinery per Labour (10 000 yuan/person)	1.1	2.7	3.9	3.6
产值利税率(%)	Ratio of Profits and Taxes to Gross Output Value (%)	4.0	6.0	6.9	6.4
全员劳动生产率(万元/人)	Overall Labour Productivity (10 000 yuan/person)	8.68	37.03	45.22	49.53
邮电通信业	**Post and Telecommunication Services**				
电话普及率(含移动电话)(部/百人)	Access to Telephones (include mobile phone) (set/100 persons)	46.6	112.1	112.9	113.1
移动电话普及率(部/百人)	Access to Mobile Phones (set/100 persons)	12.3	83.9	89.1	90.9
每一邮电局所服务面积(平方公里)	Average Service Area per Post and Telecommunications Office (sq. km)	21.2	14.1	13.6	13.6
对外经济贸易	**Foreign Trade and Economic Cooperation**				
进出口总额相当于全市生产总值比例(%)	Proportion of Total Value of Imports & Exports in Foreign Trade to GDP (%)	83.5	60.3	52.3	42.9
出口总额相当于全市生产总值比例(%)	Proportion of Total Value of Exports to GDP (%)	42.0	27.5	20.5	19.2
国际旅游	**International Tourism**				
每一来津游客花费(美元)	Expenditure per Tourist in Tianjin (USD)	651	855	1010	1012

1-8续表2 *Continued*

单位：%(%)

指　　标	Item	2000	2010	2014	2015
金融业	**Financial Intermediation**				
金融机构存款相当于全市生产总值比例	Deposits of Financial Institutions as Percentage of GDP	134.1	178.9	157.5	170.2
金融机构贷款相当于全市生产总值比例	Loans of Financial Institutions as Percentage of GDP	109.6	149.3	147.7	157.2
教　育	**Education**				
新增劳动力平均受教育年限(年)	Average Year of Education of Newly Increased Labour (year)		14.68	15.42	15.43
学龄儿童毛入学率	Percentage of School-aged Children Enrolled	99.99	122.95	105.54	103.86
初中毕业升学率	Percentage of Entering Senior Secondary Schools	89.4	110.3	100.0	100.0
各级普通学校生师比	Student-teacher Ratio	15	13	14	14
科　技	**Science**				
研究与实验发展经费支出相当于全市生产总值比例	R&D Expenditures as Percentage of GDP	1.5	2.5	3.0	3.1
卫　生	**Health Care**				
平均每个医院负担人口(万人)	Average Burden Population of Each Hospital (person)	1.87	2.88	2.73	2.56
病床周转次数(次)	Turnover of Beds (time)	13	23	26	25
病床使用率	Utilization Rate of Beds	56	78	77	76
文　化	**Culture**				
每百万人有艺术表演团体(个)	Number of Troupes per Million Persons (unit)	1.6	1.3	1.1	1.0
每百万人有公共图书馆(个)	Number of Public Libraries per Million Persons (unit)	3.2	2.5	2.1	2.0
每百万人有博物馆(个)	Number of Museums per Million Persons (unit)	1.4	1.4	1.5	1.4
婚　姻	**Marriages and Divorces**				
粗离婚率(‰)	Grude Divorce Rate (‰)	1.4	2.2	2.9	3.4
生　活	**People's Life**				
城镇与农村居民收入增长率比例(以农村居民收入指数为100)	Proportion of Growth Rate of Annual Income of Urban Residents to the Growth Rate of Annual Income of Rural Residents (rural=100)	98.7	102.7	98.1	99.6
环境保护	**Environmental Protection**				
污水处理率	Percentage of Sewage Treatment	58.8	85.3	91.0	91.6
工业固体废物综合利用率	Rate of Comprehensive Utilization of Industrial Waste Residue	88.0	98.6	98.9	98.6

1-9 平均每天社会经济活动(2012—2015年)

Average Daily Social and Economic Activities,2012-2015

指　标	Item	单　位	Unit	2012	2013	2014	2015
全市每天创造的财富	**Daily Production**						
全市生产总值	Gross Domestic Product	万　元	10 000 yuan	353257	395672	430875	453101
第一产业	Primary Industry	万　元	10 000 yuan	4701	5165	5477	5721
第二产业	Secondary Industry	万　元	10 000 yuan	182570	200221	211832	211075
第三产业	Tertiary Industry	万　元	10 000 yuan	165985	190285	213567	236305
一般公共预算收入	General Public Budget Revenue	万　元	10 000 yuan	48220	56961	65489	73072
主要工业产品产量	Output of Major Industrial Products						
粗　钢	Crude Steel	万　吨	10 000ton	5.82	6.32	6.27	5.67
钢　材	Steel Products	万　吨	11 000ton	15.64	19.09	20.00	22.43
水　泥	Cement	万　吨	12 000ton	2.15	2.66	2.62	2.13
天然原油	Crude Petroleum Oil	万　吨	13 000ton	8.49	8.34	8.42	9.58
原　盐	Salt	吨	ton	4101	4240	4489	4702
发电量	Electricity	万千瓦时	10 000 kwh	16156	17096	17114	17032
汽　车	Motor Vehicle	辆	unit	1748	1525	1404	1454
彩色电视机	Color Television	台	set	5282	7592	7649	6735
自行车	Bicycle	万　辆	10 000unit	6.20	6.70	6.83	7.23
微波炉	Microwave Oven	万　台	10 000set	2.50	2.22	2.07	1.90
移动电话机	Mobile Phone	万　部	10 000unit	25.19	28.99	26.72	20.04
布	Cloth	万　米	10 000 m	54	58	63	68
纱	Yarn	吨	ton	84	138	233	294
农用化肥	Chemical Fertilizer	吨	ton	324	437	448	358
化学农药原药	Chemical Pesticide	吨	ton	16	35	23	25
硫　酸	Sulfuric Acid	吨	ton	846	769	671	523
烧　碱	Caustic Soda	吨	ton	3120	3494	2906	2651
合成洗涤剂	Synthetic Detergents	吨	ton	38	589	1328	1597
饮料酒	Alcoholic Beverage	千　升	kl	910	850	873	976
主要农产品产量	Output of Major Farm Products						
粮　食	Grain	吨	ton	4432	4787	4821	4979
棉　花	Cotton	吨	ton	158	133	105	70
油　料	Oil-bearing Crops	吨	ton	15	16	14	12
肉　类	Meat	吨	ton	1255	1273	1272	1253
蛋　类	Eggs	吨	ton	522	518	532	553
奶　类	Milk	吨	ton	1868	1878	1888	1863
蔬　菜	Vegetables	吨	ton	12266	12467	12608	12097
水产品	Aquatic Products	吨	ton	1000	1092	1118	1099

1-9续表 *Continued*

指　标	Item	单　位	Unit	2012	2013	2014	2015
全市每天消费量	**Daily Consumption**						
最终消费支出	Final Consumption Expenditure	亿　元	100 million yuan	14.02	16.21	18.00	19.60
居民消费支出	Households Consumption	亿　元	100 million yuan	9.36	11.15	12.54	13.68
农村居民	Rural	亿　元	100 million yuan	0.93	1.17	1.34	1.47
城镇居民	Urban	亿　元	100 million yuan	8.43	9.99	11.19	12.21
政府消费支出	Government Consumption	亿　元	100 million yuan	4.65	5.06	5.47	5.92
社会消费品零售总额	Total Retail Sales of Consumer Goods	亿　元	100 million yuan	10.74	12.25	12.98	14.40
生活用煤、气、水、电	Coal, Gas, Water & Electricity for Living						
煤　炭	Coal	万　吨	10 000 tons	0.19	0.18	0.19	0.21
液化石油气	Liquid Petroleum Gas	吨	ton	182	218	241	263
天然气和煤气	Natural Gas and Coal Gas	万立方米	10 000 cu. m	129	134	141	151
水	Water	万　吨	10 000 tons	88.9	94.5	97.8	104.7
电	Electricity	万千瓦时	10 000 kwh	2019	2060	2140	2392
每天其他经济活动	**Other Daily Economic Activities**						
社会货物运输量	Freight Traffic	万　吨	10 000 tons	131	141	140	146
客运量	Passenger Traffic	万人次	10 000 person-times	78.0	80.9	53.7	54.2
港口货物吞吐量	Freight Handled at Ports	万　吨	10 000 tons	131	137	148	148
邮电业务总量(不变价)	Total Business Value of Post and Telecommunication Services (constant price)	万　元	10 000 yuan	5116	5370	6708	8817
出版图书	Books Published	万　册	10 000 copies	12	14	12	15
出版报纸	Newspapers Issued	万　份	10 000 copies	249	224	209	170
出版期刊	Magazines Issued	万　册	10 000 copies	10	11	11	9
邮寄函件	Letters Delivered	万　件	10 000 copies	54	47	55	85
外贸出口总额	Total Value of Exports in Foreign Trade	万美元	USD 10 000	13237	13432	14410	14023
实际利用外资额	Foreign Capital Actually Used	万美元	USD 10 000	4155	4725	5586	6129
全社会房屋竣工面积	Floor Space of Buildings Completed	万平方米	10 000 sq. m	9.96	12.10	14.52	14.76
接待来津国际旅游人数(过夜)	Accommodated International Tourists (Stay for Night)	人　次	person-time	2020	2078	2100	2152
每天人口和婚姻动态	**Daily Population Changes And Marriages**						
出生人口	Births	人	person	332	333	335	245
死亡人口	Deaths	人	person	232	242	248	235
结婚对数	Marriages	对	couple	278	281	272	277
离婚对数	Divorces	对	couple	95	121	119	141

1-10 国民经济主要指标人均水平(2012—2015年)

Per Capita Annual Level of Main Indicators of National Economy,2012-2015

指　标	Item	单　位	Unit	2012	2013	2014	2015
全市生产总值	Gross Domestic Product	万　元	10 000 yuan	9.32	10.01	10.52	10.80
一般公共预算收入	General Public Budget Revenue	万　元	10 000 yuan	1.27	1.44	1.60	1.74
一般公共预算支出	General Public Budget Expenditure	万　元	10 000 yuan	1.55	1.77	1.93	2.11
全社会固定资产投资	Total Investment in Fixed Assets	万　元	10 000 yuan	6.41	7.02	7.80	8.53
工业总产值	Gross Output Value of Industry	万　元	10 000 yuan	17.48	18.91	19.86	19.59
主要工业产品产量	Output of Major Industrial Products						
天然原油	Crude Petroleum Oil	吨	ton	2.24	2.11	2.06	2.28
天然气	Natural Gas	立方米	cu. m	135	130	142	134
发电量	Electricity	千瓦时	kwh	4261	4325	4180	4058
粗　钢	Crude Steel	吨	ton	1.54	1.60	1.53	1.35
钢　材	Steel Products	吨	ton	4.13	4.83	4.89	5.34
水　泥	Cement	吨	ton	0.57	0.67	0.64	0.51
布	Cloth	米	m	14	15	15	16
纱	Yarn	公　斤	kg	2.2	3.5	5.7	7.0
农林牧渔业总产值	Gross Output Value of FFAF	元	yuan	2714	2858	2956	3051
主要农产品产量	Output of Major Farm Products						
粮　食	Grain	公　斤	kg	117	121	118	119
棉　花	Cotton	公　斤	kg	4.2	3.4	2.6	1.7
油　料	Oil-bearing Crops	公　斤	kg	0.4	0.4	0.3	0.3
蔬　菜	Vegetables	公　斤	kg	324	315	308	288
肉　类	Meat	公　斤	kg	33	32	31	30
蛋　类	Eggs	公　斤	kg	14	13	13	13
奶　类	Milk	公　斤	kg	49	48	46	44
水产品	Aquatic Products	公　斤	kg	26	28	27	26
鲜　果	Fresh Fruits	公　斤	kg	22	19	21	21
社会消费品零售总额	Total Retail Sales of Consumer Goods	万　元	10 000 yuan	2.83	3.1	3.17	3.43
外贸出口总额	Total Value of Exports in Foreign Trade	美　元	USD	3491	3398	3519	3341
社会货物运输量	Freight Traffic	吨	ton	34.5	35.8	34.1	34.7
年末储蓄存款	Year-end Saving Deposit Balance	万　元	10 000 yuan	5.05	5.23	5.28	5.74

1-11 天津在全国的地位

Position of Tianjin in the Whole Nation

指 标	Item	2010 天 津 Tianjin	2010 占全国比重(%) As Percentage to Nation (%)	2015 天 津 Tianjin	2015 占全国比重(%) As Percentage to Nation (%)
年末常住人口(万人)	**Resident Permanent(year-end) (10 000 persons)**	**1299.29**	**1.0**	**1546.95**	**1.1**
社会从业人员(万人)	**Total Employment Personnel (10 000 persons)**	**728.70**	**0.9**	**896.80**	**1.2**
全市生产总值(亿元)	**Gross Domestic Product (100 million yuan)**	**9224.46**	**2.3**	**16538.19**	**2.4**
第一产业	Primary Industry	145.58	0.4	208.82	0.3
第二产业	Secondary Industry	4840.23	2.6	7704.22	2.8
第三产业	Tertiary Industry	4238.65	2.5	8625.15	2.5
人均生产总值(元)	**Per Capita GDP (yuan)**	**72994**	**高43232元**	**107960**	**高58610元**
城镇居民人均可支配收入(元)	**Per Capita Annual Disposable Income of Urban Resident (yuan)**	**24293**	**高5184元**	**34101**	**高2906元**
财政、金融(亿元)	**Government Finance and Financial Intermediation (100 million yuan)**				
一般公共预算收入	General Public Budget Revenue	1068.81	2.6	2667.11	3.2
一般公共预算支出	General Public Budget Expenditure	1376.84	1.9	3232.35	2.2
金融机构本外币存款余额	Balance of RMB and Foreign Currency Deposits	16499.25	2.2	28149.37	2.0
金融机构本外币贷款余额	Balance of RMB and Foreign Currency Loans	13774.11	2.7	25994.68	2.6
保费收入	Premium	214.01	1.5	398.34	1.6
主要工业产品产量	**Output of Major Industrial Products**				
天然原油(万吨)	Crude Petroleum Oil (10 000 tons)	3332.73	16.4	3496.77	16.3
发电量(亿千瓦小时)	Electricity (100 million kwh)	589.08	1.4	621.68	1.4
天然气(亿立方米)	Natural Gas (100 million cu. m)	17.19	1.8	20.54	1.5
原 盐(万吨)	Salt (10 000 tons)	207.60	3.3	171.63	2.9
化学纤维(万吨)	Chemical Fibers (10 000 tons)	12.80	0.4	11.06	0.2
纱(万吨)	Yarn (10 000 tons)	3.81	0.1	10.72	0.3
布(亿米)	Cloth (100 million m)	2.64	0.3	2.49	0.3
乙 烯(万吨)	Ethylene (10 000 tons)	109.26	7.7	129.89	7.6
水 泥(万吨)	Cement (10 000 tons)	809.71	0.4	777.59	0.4
生 铁(万吨)	Pig Iron (10 000 tons)	1926.36	3.3	1953.21	2.8
粗 钢(万吨)	Crude Steel (10 000 tons)	2162.11	3.4	2068.91	2.6
汽 车(万辆)	Motor Vehicles (10 000 units)	73.81	4.0	53.08	2.2
自行车(万辆)	Bicycles (10 000 units)	2240.92	32.9	2637.31	47.7
房间空气调节器(万台)	Air Conditioners (10 000 sets)	405.13	3.7	242.35	1.7

1-11续表 *Continued*

指 标	Item	2010 天 津 Tianjin	2010 占全国比重(%) As Percentage to Nation (%)	2015 天 津 Tianjin	2015 占全国比重(%) As Percentage to Nation (%)
移动电话机(万部)	Mobile Phones (10 000 units)	9107.90	9.1	7315.62	4.0
集成电路(亿块)	Integrated Circuits (100 million units)	8.90	1.4	14.90	1.4
主要农产品产量(万吨)	**Output of Major Farm Products (10 000 tons)**				
粮 食	Grain	159.74	0.3	181.75	0.3
肉 类	Meat	42.60	0.5	45.75	0.5
禽 蛋	Eggs	19.92	0.7	20.20	0.7
水产品	Aquatic Products	34.49	0.6	40.12	0.6
全社会固定资产投资额(亿元)	**Total Investment in Fixed Assets (100 million yuan)**	**6511.42**	**2.3**	**13065.18**	**2.3**
# 房地产开发投资额	Real Estate Development	866.64	1.8	1871.55	1.9
运输、邮政、电信	**Transportation, Post & Telecommunication Services**				
沿海主要港口货物吞吐量(万吨)	Freight Handled in Major Coastal Harbors (10 000 tons)	41325	7.5	54051	6.9
社会货物运输量(万吨)	Freight Traffic (10 000 tons)	41611	1.3	53179	1.3
邮电业务总量(亿元)	Business Value of Post & Telecommunication Services (100 million yuan)	435.16	1.3	321.81	1.1
商业、外贸、外经	**Commerce, Foreign Trade & Economic Cooperation**				
社会消费品零售总额(亿元)	Total Retail Sales of Consumer Goods (100 million yuan)	2902.55	1.8	5257.28	1.7
外贸出口总额(亿美元)	Total Value of Exports in Foreign Trade (USD 100 million)	375.17	2.4	511.83	2.2
实际直接利用外资额(亿美元)	Actual Direct Utilization of Foreign Capital (USD 100 million)	108.49	10.3	211.34	16.7
教育、科技、卫生、文化	**Education, Science & Technology, Health Care, Culture**				
高等学校在校学生数(万人)	Number of Students Enrollment in the Institutions of Higher Education(10 000 persons)	42.92	1.9	51.29	2.0
研究与试验发展经费支出(亿元)	R&D Expenditures (100 million yuan)	229.56	3.3	510.18	3.6
技术市场成交额(亿元)	Transaction Value in Technical Market (100 million yuan)	97.66	2.5	418.35	4.3
专利申请授权量(件)	Patent Applications Granted (item)	10998	1.3	37342	2.2
医 院(个)	Number of Hospitals (unit)	277	1.3	401	1.5
医院床位(万张)	Number of Hospital Beds (10 000 units)	4.04	1.2	5.56	1.0
图书出版数(万册)	Number of Books Published (10 000 copies)	3774	0.5	5520	0.7
期刊出版数(万册)	Number of Magazines Issued (10 000 copies)	3713	1.2	3143	1.0
报纸出版数(亿份)	Number of Newspapers Issued (100 million copies)	9.42	2.1	6.19	1.4

1-12 法人和产业活动单位数(2015年底)(按登记注册类型分)

Number of Judicial Entities and Establishments, End of 2015(Grouped by Registered Type)

单位：个(unit)

项 目	Item	合 计 Total	法人单位 Judicial Entities	# 企业法人 Enterprise Judicial Entities	产业活动单位 Establishments
总 计	**Total**	**322745**	**289885**	**265565**	**32860**
内资企业	**Domestic-funded**	**310823**	**282131**	**257887**	**28692**
国 有	State-owned	20059	12951	3562	7108
集 体	Collective-owned	6328	5041	4494	1287
股份合作	Cooperative	1280	923	897	357
联营企业	Joint Ownership Enterprises	1171	1026	964	145
国有联营	State Joint Ownership	85	61	60	24
集体联营	Collective Joint Ownership	313	258	240	55
国有与集体联营	State-owned and Collective Joint Ownership	52	41	36	11
其他联营	Others	721	666	628	55
有限责任公司	Limited Liability Corporations	63462	57948	57579	5514
国有独资公司	Sole State-owned Corporations	884	636	633	248
其他有限责任公司	Other Limited Liability Corporations	62578	57312	56946	5266
股份有限公司	Share Holding Corporations Ltd.	5617	2797	2729	2820
私营企业	Private Enterprises	180315	172173	171044	8142
私营独资	Sole Private Enterprises	16084	15471	15097	613
私营合伙	Private Partnership	4382	4278	4118	104
私营有限责任公司	Private Limited Liability Corporations	157273	150077	149518	7196
私营股份有限公司	Private Share Holding Corporations Ltd.	2576	2347	2311	229
其 他	Others	32591	29272	16618	3319
港、澳、台商投资企业	**Enterprises with Investment from Hong Kong, Macao and Taiwan**	**3908**	**2250**	**2228**	**1658**
与港澳台商合资经营	Hong Kong, Macao and Taiwan Joint Venture	1018	768	765	250
与港澳台商合作经营	Hong Kong, Macao and Taiwan Cooperative Operation	138	46	45	92
港澳台商独资	Hong Kong, Macao and Taiwan Funded Solely	2436	1333	1318	1103
港澳台商投资股份有限公司	Hong Kong, Macao and Taiwan Share Holding Corporations Ltd.	184	65	65	119
其他港澳台投资	Others	132	38	35	94
外商投资企业	**Foreign Funded Enterprises**	**8014**	**5504**	**5450**	**2510**
中外合资经营	Chinese-foreign Joint Venture	2062	1618	1600	444
中外合作经营	Chinese-foreign Cooperative Operation	162	128	125	34
外资企业	Foreign Investment Enterprise	5202	3536	3509	1666
外商投资股份有限公司	Foreign-funded Share Holding Corporations Ltd.	358	119	117	239
其他外商投资	Others	230	103	99	127

1-13 法人活动单位数(2015年底)(按行业类别分)

Number of Judicial Entities, End of 2015(Grouped by Sector)

单位：个(unit)

项 目	Item	合 计 Total	法人单位 Judicial Entities	# 企业法人 Enterprise Judicial Entities	产业活动单位 Establishments
总 计	**Total**	**322745**	**289885**	**265565**	**32860**
农、林、牧、渔业	**Farming, Forestry, Animal Husbandry and Fishery**	**7012**	**6927**	**4009**	**85**
农 业	Farming	3911	3881	2045	30
林 业	Forestry	505	497	293	8
畜牧业	Animal Husbandry	1168	1148	759	20
渔 业	Fishery	725	718	505	7
农、林、牧、渔服务业	FFAF Services	703	683	407	20
采矿业	**Minerals Mining**	**207**	**136**	**136**	**71**
煤炭开采和洗选业	Mining and Washing of Coal	20	15	15	5
石油和天然气开采业	Extraction of Petroleum and Natural Gas	29	13	13	16
黑色金属矿采选业	Mining and Processing of Ferrous Metal Ores	12	12	12	
有色金属矿采选业	Mining and Processing of Non-Ferrous Metal Ores	4	4	4	
非金属矿采选业	Mining and Processing of Nonmetal Ores	57	41	41	16
开采辅助活动	Mining Assistant Activities	76	42	42	34
其他采矿业	Mining of Other Ores	9	9	9	
制造业	**Manufacturing**	**54236**	**52478**	**52477**	**1758**
农副食品加工业	Processing of Food from Agricultural Products	1242	1198	1198	44
食品制造业	Manufacture of Food	1167	1104	1104	63
酒、饮料和精制茶制造业	Manufacture of Alcohol, Beverages and Refined Tea	300	273	273	27
烟草制品业	Manufacture of Tobacco	2	2	2	
纺织业	Manufacture of Textile	1211	1188	1188	23
纺织服装、服饰业	Manufacture of Textile Wearing and Apparel	1888	1846	1846	42
皮革、毛皮、羽毛及其制品和制鞋业	Manufacture of Leather, Fur, Feather and Related Products, Footware	412	402	402	10
木材加工及木、竹、藤、棕、草制品业	Processing of Timber, Manufacture of Wood, Bamboo, Rattan, Palm and Straw Products	841	834	834	7
家具制造业	Manufacture of Furniture	1058	1035	1035	23
造纸和纸制品业	Manufacture of Paper and Paper Products	1533	1520	1520	13
印刷和记录媒介复制业	Printing, Reproduction of Recording Media	1356	1329	1329	27
文教、工美、体育和娱乐用品制造业	Manufacture of Articles for Culture, Education, Industrial Art, Sport Activity and Amusement	1626	1603	1603	23
石油加工、炼焦和核燃料加工业	Processing of Petroleum, Coking, Processing of Nuclear Fuel	241	225	225	16

1-13续表1 *Continued*

单位：个(unit)

项　目	Item	合　计 Total	法人单位 Judicial Entities	#企业法人 Enterprise Judicial Entities	产业活动单位 Establishments
化学原料和化学制品制造业	Manufacture of Raw Chemical Materials and Chemical Products	2911	2796	2796	115
医药制造业	Manufacture of Medicines	471	445	445	26
化学纤维制造业	Manufacture of Chemical Fibers	63	60	60	3
橡胶和塑料制品业	Manufacture of Rubber and Plastic	3188	3094	3094	94
非金属矿物制品业	Manufacture of Non-metallic Mineral Products	2546	2451	2450	95
黑色金属冶炼和压延加工业	Smelting and Pressing of Ferrous Metals	1508	1469	1469	39
有色金属冶炼和压延加工业	Smelting and Pressing of Non-ferrous Metals	657	640	640	17
金属制品业	Manufacture of Metal Products	7629	7466	7466	163
通用设备制造业	Manufacture of General Purpose Machinery	6616	6410	6410	206
专用设备制造业	Manufacture of Special Purpose Machinery	4407	4230	4230	177
汽车制造业	Manufacture of Motorcar	1335	1263	1263	72
铁路、船舶、航空航天和其他运输设备制造业	Railway, Watercraft, Aerospace and Other Transport Equipment	2061	2002	2002	59
电气机械和器材制造业	Manufacture of Electrical Machinery and Equipment	2812	2705	2705	107
计算机、通信和其他电子设备制造业	Manufacture of Computers, Communication and Other Electronic Equipment	2012	1865	1865	147
仪器仪表制造业	Manufacture of Measuring Instruments	978	936	936	42
其他制造业	Other Manufacturing	1017	988	988	29
废弃资源综合利用业	Comprehensive Recycling of Waste	408	401	401	7
金属制品、机械和设备修理业	Metal Products, Machine and Equipment Repair	740	698	698	42
电力、热力、燃气及水生产和供应业	**Production and Supply of Electricity, Heat, Gas and Water**	**855**	**602**	**588**	**253**
电力、热力生产和供应业	Production and Supply of Electric Power and Heat Power	427	293	282	134
燃气生产和供应业	Production and Supply of Gas	217	122	122	95
水的生产和供应业	Production and Supply of Water	211	187	184	24
建筑业	**Construction**	**15582**	**13942**	**13942**	**1640**
房屋建筑业	Building Engineering	2889	2404	2404	485
土木工程建筑业	Civil Engineering	3564	3035	3035	529
建筑安装业	Building Installation	3333	3073	3073	260
建筑装饰和其他建筑业	Building Decoration and Others	5796	5430	5430	366

1-13续表2 *Continued*

单位：个(unit)

项　目	Item	合　计 Total	法人单位 Judicial Entities	#企业法人 Enterprise Judicial Entities	产业活动单位 Establishments
批发和零售业	**Wholesale and Retail Trade**	**97309**	**88649**	**88649**	**8660**
批发业	Wholesale	69396	66609	66609	2787
零售业	Retail	27913	22040	22040	5873
交通运输、仓储和邮政业	**Transportation, Storage and Post Services**	**16149**	**14398**	**14141**	**1751**
铁路运输业	Railway Transport	176	136	135	40
道路运输业	Highway Transport	4833	4469	4362	364
水上运输业	Waterway Transport	480	413	388	67
航空运输业	Air Transport	177	136	131	41
管道运输业	Pipeline Transport	34	27	26	7
装卸搬运和运输代理业	Load & Unload and Transportation Agent	7564	6815	6727	749
仓储业	Storage Services	2289	2145	2126	144
邮政业	Post Services	596	257	246	339
住宿和餐饮业	**Accommodation and Catering Services**	**5675**	**4186**	**3946**	**1489**
住宿业	Accommodation	1127	908	850	219
餐饮业	Catering Services	4548	3278	3096	1270
信息传输、软件和信息技术服务业	**Information Transmitting, Software and Information Technology Services**	**11804**	**10792**	**10575**	**1012**
电信、广播电视和卫星传输服务	Telecommunication, Broadcast Television and Satellite Transmission Services	841	263	248	578
互联网和相关服务	Internet and Relative Services	1152	1068	1039	84
软件和信息技术服务业	Software and Information Technology Services	9811	9461	9288	350
金融业	**Financial Intermediation**	**7637**	**3779**	**3705**	**3858**
货币金融服务	Monetary and Financial Services	4198	1404	1361	2794
资本市场服务	Capital Market Services	1339	1061	1048	278
保险业	Insurance	868	194	188	674
其他金融业	Others	1232	1120	1108	112
房地产业	**Real Estate**	**9591**	**7808**	**7643**	**1783**
租赁和商务服务业	**Leasing and Business Services**	**35520**	**32678**	**31264**	**2842**
租赁业	Leasing Services	3177	3034	2990	143
商务服务业	Business Services	32343	29644	28274	2699

1-13续表3 *Continued*

单位：个(unit)

项　目	Item	合　计 Total	法人单位 Judicial Entities	# 企业法人 Enterprise Judicial Entities	产业活动单位 Establishments
科学研究和技术服务业	**Scientific Research and Technical Services**	**23463**	**22449**	**20943**	**1014**
研究与试验发展	R&D	1751	1692	1592	59
专业技术服务业	Special Technical Services	9074	8373	7708	701
科技推广和应用服务业	Science and Technology Generalizing and Application Services	12638	12384	11643	254
水利、环境和公共设施管理业	**Management for Water Conservancy, Environment and Public Facilities**	**2038**	**1824**	**1238**	**214**
水利管理业	Management for Water Conservancy	410	334	110	76
生态保护和环境治理业	Ecological Protection and Management for Environment	193	183	140	10
公共设施管理业	Management for Public Facilities	1435	1307	988	128
居民服务、修理和其他服务业	**Resident Services, Repair and Other Services**	**9067**	**8346**	**7784**	**721**
居民服务业	Resident Services	3232	2849	2524	383
机动车、电子产品和日用产品修理业	Motor Vehicle, Electronic Products and Household Products Repair Industry	2324	2204	2143	120
其他服务业	Others	3511	3293	3117	218
教　育	**Education**	**5179**	**4308**	**822**	**871**
卫生和社会工作	**Health Care and Social Work**	**3417**	**1709**	**487**	**1708**
卫　生	Health Care	2942	1291	450	1651
社会工作	Social Work	475	418	37	57
文化、体育和娱乐业	**Culture, Sports and Recreational Services**	**4143**	**3922**	**3199**	**221**
新闻和出版业	News Publication	202	185	97	17
广播、电视、电影和影视录音制作业	Broadcast, TV, Movies, Video and Record Production Industry	404	368	298	36
文化艺术业	Culture and Art	1681	1625	1339	56
体　育	Sports	527	482	311	45
娱乐业	Recreational Services	1329	1262	1154	67
公共管理、社会保障和社会组织	**Public Management,Social Security and Social Organizations**	**13861**	**10952**	**17**	**2909**
中国共产党机关	Chinese Communist Party Agencies	264	203		61
国家机构	Government Agencies	4471	2730		1741
人民政协、民主党派	The People's Political Consultative Conference Committees and Democratic Parties	79	68		11
社会保障	Social Security	375	162	17	213
群众团体、社会团体和其他成员组织	Mass Organizations, Social Organizations and Other Groups	2819	2312		507
基层群众自治组织	Grass-roots Mass Autonomy Organizations	5853	5477		376

主要统计指标解释

国民经济行业分类

《国民经济行业分类》（GB/T 4754-2011）是由国家统计局组织修订，2011 年 4 月 29 日经国家质检总局和国家标准化委员会批准发布，自 2012 年定期报表开始使用的。此次修订《国民经济行业分类》，门类、大类的调整在参考联合国 ISIC Rev.4 的同时，更多的是考虑部门管理和统计工作需要；中类的调整多为部门管理需要；小类的调整除考虑上述因素外，还要保证与联合国标准的对接转换。修订后的《国民经济行业分类》（GB/T 4754-2011）共有门类 20 个，大类 96 个，中类 432 个，小类 1094 个。

三次产业划分

《三次产业划分规定》是根据修订的《国民经济行业分类》（GB/T 4754-2011）的基础上制定的。

第一产业是指农、林、牧、渔业（不含农、林、牧、渔服务业）；第二产业是指采矿业（不含开采辅助活动），制造业（不含金属制品、机械和设备修理业），电力、热力、燃气及水生产和供应业，建筑业；第三产业即服务业，是指除第一产业、第二产业以外的其他行业。第三产业包括：批发和零售业，交通运输、仓储和邮政业，住宿和餐饮业，信息传输、软件和信息技术服务业，金融业，房地产业，租赁和商务服务业，科学研究和技术服务业，水利、环境和公共设施管理业，居民服务、修理和其他服务业，教育，卫生和社会工作，文化、体育和娱乐业，公共管理、社会保障和社会组织，国际组织，以及农、林、牧、渔业中的农、林、牧、渔服务业，采矿业中的开采辅助活动，制造业中的金属制品、机械和设备修理业。

登记注册类型

指企业或企业产业活动单位的登记注册类型，按其在工商行政管理机关登记注册的类型填写。机关、事业单位和社会团体及其他组织的登记注册类型，按其主要经费来源和管理方式，根据实际情况，比照《关于划分企业登记注册类型的规定》确定。

工商行政管理部门对企业（单位）登记注册的类型分为以下几种。

国有企业 指企业全部资产归国家所有，并按《中华人民共和国企业法人登记管理条例》规定登记注册的非公司制的经济组织。不包括有限责任公司中的国有独资公司。

集体企业 指企业资产归集体所有，并按《中华人民共和国企业法人登记管理条例》规定登记注册的经济组织。

股份合作企业 指以合作制为基础，由企业职工共同出资入股，吸收一定比例的社会资产投资组建，实行自主经营，自负盈亏，共同劳动，民主管理，按劳分配与按股分红相结合的一种集体经济组织。

联营企业 指两个及两个以上相同或不同所有制性质的企业法人或事业单位法人，按自愿、平等、互利的原则，共同投资组成的经济组织。联营企业包括国有联营企业、集体联营企业、国有与集体联营企业和其他联营企业。

有限责任公司 指根据《中华人民共和国公司登记管理条例》规定登记注册，由两个以上，五十个以下的股东共同出资，每个股东以其所认缴的出资额对公司承担有限责任，公司以其全部资产对其债务承担责任的经济组织。有限责任公司包括国有独资公司以及其他有限责任公司。

股份有限公司 指根据《中华人民共和国公司登记管理条例》规定登记注册，其全部注册资本由等额股份构成并通过发行股票筹集资本，股东以其认购的股份对公司承担有限责任，公司以其全部资产对其债务承担责任的经济组织。

私营企业 指由自然人投资设立或由自然人控股，以雇佣劳动为基础的营利性经济组织。包括按照《公司法》、《合伙企业法》、《私营企业暂行条例》以及《个人独资企业法》规定登记注册的私营独资企业、私营合伙企业、私营有限责任公司、私营股份有限公司和个人独资企业。

其他内资企业 指上述第（1）条至第（7）条之外的其他内资经济组织。

与港澳台商合资经营企业 指港澳台地区投资者与内地的企业依照《中华人民共和国中外合资经营企业法》及有关法律的规定，按合同规定的比例投资设立，分享利润和分担风险的企业。

与港澳台商合作经营企业 指港澳台地区投资者与内地企业依照《中华人民共和国中外合作经营企业法》及有关法律的规定，依照合作合同的约定进行投资或提供条件设立，分配利润、分担风险和亏损的企业。

港澳台商独资经营企业 指依照《中华人民共和国外资企业法》及有关法律的规定，在内地由港澳台地区投资者全额投资设立的企业。

港澳台商投资股份有限公司 指根据国家有关规定，经商务部（原外经贸部）批准设立，并且其中港、澳、台商的股本占公司注册资本的比例达 25%以上的股份有限公司。凡其中港、澳、台商的股本占公司注册资本的比例小于 25%的，属于内资中的股份有限公司。

其他港、澳、台商投资企业 指在中国境内参照《外国企业或个人在中国境内设立合伙企业管理办法》和《外商投资合伙企业登记管理规定》，依法设立的港、澳、台商投资合伙企业。

中外合资经营企业 指外国企业或外国人与中国内地

企业依照《中华人民共和国中外合资经营企业法》及有关法律的规定，按合同规定的比例投资设立，分享利润和分担风险的企业。

中外合作经营企业　指外国企业或外国人与中国内地企业依照《中华人民共和国中外合作经营企业法》及有关法律的规定，依照合作合同的约定进行投资或提供条件设立，分配利润、分担风险和亏损的企业。

外资企业　指依照《中华人民共和国外资企业法》及有关法律的规定，在中国内地由外国投资者全额投资设立的企业。

外商投资股份有限公司　指根据国家有关规定，经商务部（原外经贸部）批准设立，并且其中外资的股本占公司注册资本的比例达25%以上的股份有限公司。凡其中外资股本占公司注册资本的比例小于25%的，属于内资中的股份有限公司。

其他外商投资企业　指在中国境内依照《外国企业或个人在中国境内设立合伙企业管理办法》和《外商投资合伙企业登记管理规定》，依法设立的外商投资合伙企业。

经济类型

本《年鉴》中的经济类型分组，从1998年开始是在企业登记注册类型分组基础上的再加工，其中国有经济包括国有企业、国有独资和国有与国有联营企业；集体经济包括集体企业、股份合作企业和集体与集体联营企业。私有经济包括私营企业和个体经营。

城乡划分标准

根据国务院国函[2008]60号文件中《统计上划分城乡的规定》，城乡划分标准为：以我国的行政区划为基础，以民政部门确认的居民委员会和村民委员会辖区为划分对象，以实际建设为划分依据，将我国的地域划分为城镇和乡村。

实际建设是指已建成或在建的公共设施、居住设施和其它设施。

城镇包括城区和镇区。

城区是指在市辖区和不设区的市，区、市政府驻地的实际建设连接到的居民委员会和其他区域。

镇区是指在城区以外的县人民政府驻地和其他镇，政府驻地的实际建设连接到居民委员会和其他区域。与政府驻地的实际建设不连接，且常住人口在3000人以上的独立的工矿区、开发区、科研单位、大专院校等特殊区域及农场、林场的场部驻地视为镇区。

乡村是指该规定划定的城镇以外的区域。

现行价格（或称当年价格）

指报告期的实际价格，如工业品的出厂价格，农副产品的收购价格，商业的零售价格等。它反映当年的实际情况，使国民经济各项指标互相衔接，便于对生产、流通、分配、消费之间进行综合平衡。

可比价格

指计算各种总量指标所采用的扣除了价格变动因素的价格，可进行不同时期总量指标的对比。按可比价格计算总量指标有两种方法：一种是直接用产品产量乘某一年的不变价格计算；另一种是用价格指数进行缩减。

平均增长速度

平均增长速度表明社会经济现象在一个较长的时期内逐期平均增长变化的程度，它不能根据各个环比增长速度直接求得，但与平均发展速度之间存在着一定的数量关系：

平均增长速度＝平均发展速度－1

平均发展速度是一种根据环比发展速度计算的序时平均数，由于各时期对比的基础不同，所以计算平均发展速度不能采用一般的序时平均数的计算方法，计算方法分为水平法和累计法。水平法，又称几何平均法，即将环比发展速度按连乘法用几何平均数公式计算。累计法，也称方程法，根据一段时期内各年发展水平总和与基期水平的关系，列出方程式计算平均发展速度。水平法着重考虑最后一年所达到的发展水平；累计法着重考虑整个时期累计发展水平的总量。

本《年鉴》内所列的平均增长速度，除固定资产投资用“累计法”计算外，其余均用“水平法”计算。从某年到某年平均增长速度的年份，均不包括基期年在内。如建国四十三年以来的平均增长速度是以1949年为基期计算的，则写为1950-1992年平均增长速度，其余类推。

Explanatory Notes on Main Statistical Indicators

Industrial Classification of National Economy

The *Industrial Classification of National Economy* (GB/T 4754-2011) is introduced starting from the compilation of 2012 annual statistics. The revision, was organized by the National Bureau of Statistics, and the new Classification was promulgated by the General Administration of Quality Supervision, Inspection and Quarantine, together with Standardization Administration on April 29, 2011. The revision taking into more consideration of demand of management and statistic than ISIC/Rev.4 of the United Nations in major divisions and divisions, and the demand of management is more considered in major groups, besides aforesaid factors, combine with ISIC/Rev.4 of the United Nations is ensured in groups.The revised version of the *Industrial Classification of the National Economy* (GB/T 4754-2011) is composed of 20 major divisions, 96 divisions, 432 major groups and 1094 groups.

Category of Three Industries

Regulation on Classification of Three Strata of Industry are established according to the standard of the *Industrial Classification of the National Economy* (GB/T 4754-2011).

Primary Industry includes agriculture, forestry, animal husbandry and fishery（excluding of service industry of agriculture, forestry, animal husbandry and fishery.

Secondary Industry includes minerals mining (excluding mining auxiliary activities), manufacturing (excluding metal products, machinery and equipment repair), production and supply of electricity, heat, gas and water and construction.

Tertiary Industry namely service industry, includes all other industries not included in primary or secondary industry, including wholesale and retail trade; transportation, storage and post services; accommodation and catering services; information transmitting, software and information technology services; finance; real estate; leasing and business services; scientific research and technical services; management for water conservancy, environment and public facilities; resident services, repair and other services; education; health care and social work; culture, sports and recreational services; public management, social security and social organizations, and service industry of agriculture, forestry, animal husbandry and fishery, mining auxiliary activities of minerals mining, metal products, machinery and equipment repair of manufacturing.

Registration Status

Judicial Entities and Establishments grouped by Registered Type in industrial and commercial administration agencies. For the Registered Type of government agencies, institutions and social organizations, which are classified mainly by their sources of funding and manner of management. According to the actual instance, confirming in accordance with *Provisions on the registration of enterprises registered type*.

Enterprises (units) are grouped by the fllowing several Registered Type in industrial and commercial administration agencies:

State-owned Enterprises refer to non-corporation economic units where the entire assets are owned by the state and which have registered in accordance with the *Regulation of the People's Republic of China on the Management of Registration of Corporate Enterprises*. Excluded from this category are sole state-funded corporations in the limited liability corporations.

Collective-owned Enterprises refer to economic units where the assets are owned collectively and which have registered in accordance with the *Regulation of the People's Republic of China on the Management of Registration of Corporate Enterprises*.

Cooperative Enterprises refer to a form of collective economic units (enterprises) where capitals come mainly from employees as their shares, with certain proportion of capital from the outside, where production is organized on the basis of independent operation, independent accounting for profits and losses, joint work, democratic management, and a distribution system that integrates remuneration according to work with divided according to capital share.

Joint Ownership Enterprise refer to economic units established by two or more corporate enterprises or corporate institutions of the same or different ownership, through joint investment on the basis of equality, voluntory participiution and mutual benefits. They include state joint ownership enterprises, collective joint ownership enterprises, joint state-collective enterprises, and other joint ownership enterprises.

Limited Liability Corporations refer to economic units established with investment from 2-50 investors and registered in accordance with the *Regulation of the People's Republic of China on the Management of Registration of Corporate Enterprises*, each investor bearing limited liability to the corporation depending on its share of investment, and the corporation bearing liability to its debt to the maximum of its total assets. Limited liability corporations include exclusive state-funded limited liability corporations and other limited liability corporations.

Share-holding Corporations Ltd. refer to economic units registered in accordance with the *Regulation of the People's Republic of China on the Management of Registration of Corporate Enterprises*, with total registered capitals divided into equal shares and raised through issuing stocks. Each investor bears limited liability to the corporation depending on the holding of shares, and the corporation bears liability to its debt to the maximum of its total assets.

Private Enterprises refer to profit-making economic units invested and established by natural persons, or controlled by natural persons using employed labour. Included in this category are private-owned enterprises, private partnership enterprises, private limited liability corporations, private share-holding corporations Ltd. and sole private enterprises registered in accordance with the *Corporation Law*, *Partnership Enterprises Law*, *Interim Regulations on Private Enterprises* and *sole proprietorship enterprise law*.

Other Domestic-funded Enterprises refer to domestic-funded economic units other than those mentioned above from one to seven.

Joint Venture Enterprises with Funds from Hong Kong, Macao and Taiwan refer to Enterprises established by investors from Hong Kong, Macao and Taiwan with enterprises in the mainland of china in accordance with the *law of the people's Republic of China on Sino-foreign joint ventures* and other relevant laws, Where the establishment of the investment and the sharing of profits and risks are stipulated under joint venture contract.

Cooperative Enterprises with Funds From Hong Kong, Macao and Taiwan established by investors from Hong Kong, Macao and Taiwan with enterprises in the mainland of china in accordance with the *law of the people's Republic of China on Sino-foreign Contractual Joint Venture* and other relevant laws, Where the investment or provision of facilities and the sharing of profits, risks and deficits are stipulated under cooperative contract.

Enterprise with Sole Investment from Hong Kong, Macao and Taiwan refer to enterprises established in the mainland of china with exclusive investment from investors from Hong Kong, Macao and Taiwan in accordance with the *law of the people's Republic of China on Wholly Foreign-owned Enterprises* and other relevant laws.

Share-holding Corporation Ltd. With Investment from Hong Kong, Macao and Taiwan refer to share-holding corporations Ltd. Established with the approval from Ministry of Commerce of the People's Republic of China (the former Ministry of Foreign Trade and Economic) Relations in line with relevant state regulations, where the share of investment from Hong Kong, Macao and Taiwan businessmen exceeds 25% of the total registered capital of the corporation. In case the share of investment from Hong Kong, Macao and Taiwan is less than 25% of the total registered capital, the enterprise is to be classified as domestic-funded share-holding corporation Ltd.

Other Enterprises with Funds From Hong Kong, Macao and Taiwan refer to partnership enterprises with investments from Hong Kong, Macao and Taiwan established within the territory of China in accordance with *Administrative Measures on the Establishment of Partnership Enterprises in China by Foreign Enterprise or Foreign Individuals* and *Regulation for the Administration of the Registration of Foreign-invested Partnership Enterprise*.

Joint Venture Enterprise with Foreign Investment refer to enterprises jointly established by foreign enterprises or foreigners with enterprises in the mainland of China in accordance with the *Law of the People's Republic of China on Sino-foreign Contractual Joint Venture* and other relevant laws, where the investment or provision of facilities and the sharing of profits and risks are stipulated under cooperative contracts.

Cooperative Enterprise with Foreign Investment refer to enterprise jointly established by foreign enterprises or foreigners with enterprises in the mainland of China in accordance with the *Law of the People's Republic of China on Sino-foreign Contractual Joint Venture* and other relevant laws, where the investment or provision of facilities and the sharing of profits, risks and deficits are stipulated under cooperative contracts.

Enterprises with Sole Foreign Investment refer to enterprise established in the mainland of China with exclusive investment from foreign investors in accordance with the *Law of the People's Republic of China on Wholly Foreign-owned Enterprises* and other relevant laws.

Share-holding Corporations Ltd. With Foreign Investment refer to share-holding corporations Ltd. Established with the approval from Ministry of Commerce of the People's Republic of China (the former Ministry of Foreign Trade and Economic) Relations in line with relevant state regulations, where the share of investment from foreign investors exceeds 25% of the total registered capital of the corporation. In case the share of foreign investment is less than 25% of the total registered capital, the enterprise is to be classified as domestic-funded share-holding corporation Ltd.

Other Enterprises with Foreign Funds refer to partnership enterprises established within the territory of China in accordance with *Administrative Measures on the Establishment of Partnership Enterprises in China by Foreign Enterprises or Foreign Individuals* and *Regulations for the Administration of the Registration of Foreign-invested Partnership Enterprises*.

Type of Ownership

The *Yearbook*'s economic type classified as various type in accordance with registered categories of enterprises after 1998. In which, state-owned economy refer to state-owned enterprises, sole state-funded enterprises, state joint ownership enterprises; collective-owned economy refer to collective-owned enterprises, cooperative enterprises, collective joint ownership enterprises; private economy refer to private enterprises and individual.

The Division Standard of Urban and Rural Areas

According to the *Regulation on the Division of Urban and Rural Areas in Statistics of State Department* No.60 [2008], the division standard of Urban and Rural Areas is as follows: based on the administrative division, with the residents' committee and village committee areas confirmed by The Department of Civil Affairs as the division objects, with the actual construction as the division basis, our region is divided into urban and rural areas.

The actual construction refers to the public facilities, residential facilities and other facilities which are completed or under construction.

Urban Area including city and township.

City refers to the residents' committee and other areas connected with the actual construction of district and municipal government in the districts of city and the city without districts.

Township refers to the residents' committee and other areas connected with the actual construction of district and municipal government outside city zones and other areas. Township also including the independent mining areas, development areas, scientific research units, universities and other special areas, as well as the station of farms and forest farms, which are not connected with the actual construction of government and the resident population is more than 3000 people.

Rural areas refer to the areas besides urban areas defined by the regulation.

Actual Price (current price)

includes all other industries not included in primary or secondary industry, including transport, storage, post services; information transmitting, computer services and software; wholesale and retail trade; accommodation and catering services; finance; real estate; leasing and business services; scientific research, technical services and geological prospecting; management for water conservancy, environment and public facilities; resident services and other social services; education; health care, social security and social welfare; culture, sports and recreational services; public management and social organizations and so on.

Constant Price

refer to prices that are used to remove the factors of price change in calculating economic aggregates, so as to facilitate comparison of aggregates over time. Two methods are used for calculating economic aggregates at constant prices,

a) Multiplying the output of products by their constant prices of certain year; b) Deflation of data at current prices by relevant price index.

Average Annual Increase Rate

shows the average growth rate of social and economic development during a longer period. It can not be directly calculated by chain based growth rate. The relation is:

Average Annual Growth Rate = Average Speed of Development−1

Average speed of development is the time series average of speed which calculated by chain based. Because the reference bases during the different periods are not same, average speed of development can not be calculated by the general method. Level approach and accumulative approach for calculating average speed of development rate are applied. The "level approach", or the method of calculating the geometric average, is derived by the formula of geometric average of the chain-based speeds of development, or comparing the level of the last year of the interval with that of the beginning year; the other is called the "accumulative approach" or the "algebraic average", "equation" method, which is derived by the summation of the actual figure of each year in the interval divided by the figure in the base year. The level approach focuses on the level of the last year, while the accumulative approach emphasizes the aggregate development in the duration.

The average annual growth rates listed in the *Yearbook* are calculated by the level approach except for the growth rate of investment in fixed assets. The base year is not listed in the duration for which average annual growth rates are computed. For instance, the average annual growth rate of the 43 years since 1949 is shown as the average annual growth rate of 1950-1992 without showing the base year 1949.

第二篇　国民经济核算

Chapter 2　National Accounts

2-1 全市生产总值(1978—2015年)

Gross Domestic Product,1978-2015

单位：亿元(100 million yuan)

年 份 Year	全市生产总值 Gross Domestic Product	第一产业 Primary Industry	第二产业 Secondary Industry	第三产业 Tertiary Industry	# 工 业 Industry	# 建筑业 Construction	人 均 生产总值 (元) GDP Per Capita (yuan)	社会劳动 生产率 (元/人) Society Labour Productivity (yuan/person)
1978	82.65	5.03	57.53	20.09	54.39	3.14	1133	2300
1979	93.01	6.54	64.82	21.65	61.01	3.81	1241	2489
1980	103.53	6.53	72.56	24.44	67.48	5.08	1357	2671
1981	107.96	5.18	76.97	25.81	71.06	5.91	1458	2672
1982	114.11	7.00	79.86	27.24	72.30	7.56	1469	2737
1983	123.42	7.60	84.47	31.35	76.69	7.78	1555	2883
1984	147.53	11.13	96.47	39.93	87.97	8.50	1853	3342
1985	175.78	12.95	114.92	47.91	104.80	10.12	2169	3892
1986	194.74	16.51	123.33	54.90	111.90	11.43	2352	4220
1987	220.12	19.63	138.02	62.47	125.05	12.97	2621	4694
1988	259.71	26.21	160.96	72.54	146.73	14.23	3035	5549
1989	283.49	26.85	177.54	79.10	160.73	16.81	3261	6064
1990	310.95	27.32	181.38	102.25	165.59	15.79	3487	6617
1991	342.65	29.26	196.60	116.79	179.75	16.85	3777	7216
1992	411.04	30.26	233.41	147.37	212.80	20.61	4481	8516
1993	538.94	35.40	308.40	195.14	280.73	27.67	5800	10901
1994	732.89	46.55	414.95	271.39	371.43	43.52	7751	14426
1995	931.97	60.80	518.55	352.62	467.93	50.62	9769	18126
1996	1121.93	67.67	609.10	445.16	549.81	59.29	11734	21842
1997	1264.63	69.52	676.01	519.10	609.65	66.36	13142	24668
1998	1374.60	74.14	697.99	602.47	622.15	75.84	14243	26915
1999	1500.95	71.14	758.51	671.30	682.52	75.99	15405	29539
2000	1701.88	73.69	863.83	764.36	785.96	77.87	17353	34208
2001	1919.09	78.73	959.06	881.30	869.15	89.91	19141	39357
2002	2150.76	84.21	1069.08	997.47	968.44	100.64	21387	43851
2003	2578.03	89.91	1337.31	1150.82	1217.88	119.43	25544	51380
2004	3110.97	105.28	1685.93	1319.76	1549.67	136.26	30575	59902
2005	3905.64	112.38	2135.07	1658.19	1957.95	177.12	37796	72982
2006	4462.74	103.35	2457.08	1902.31	2261.52	195.56	42141	80741
2007	5252.76	110.19	2892.53	2250.04	2661.87	230.66	47970	89268
2008	6719.01	122.58	3709.78	2886.65	3418.87	290.91	58656	106545
2009	7521.85	128.85	3987.84	3405.16	3622.11	365.73	62574	113585
2010	9224.46	145.58	4840.23	4238.65	4410.85	429.38	72994	131232
2011	11307.28	159.72	5928.32	5219.24	5430.84	497.48	85213	151586
2012	12893.88	171.60	6663.82	6058.46	6123.06	540.76	93173	164641
2013	14442.01	188.54	7308.05	6945.42	6686.60	621.45	100105	174991
2014	15726.93	199.90	7731.85	7795.18	7079.10	686.98	105231	182376
2015	16538.19	208.82	7704.22	8625.15	6982.66	740.31	107960	186450

注：2005年及以后数据为第二次经济普查初步核算后修订数据。
Note: Data from 2005 are preliminary calculated and adjusted figures of Second Economic Census.

2-2 全市生产总值构成(1978—2015年)

Composition of Gross Domestic Product,1978-2015

单位：%(%)

年 份 Year	全市生产总值 Gross Domestic Product	第一产业 Primary Industry	第二产业 Secondary Industry	第三产业 Tertiary Industry	# 工 业 Industry	# 建筑业 Construction
1978	100	6.1	69.6	24.3	65.8	3.8
1979	100	7.0	69.7	23.3	65.6	4.1
1980	100	6.3	70.1	23.6	65.2	4.9
1981	100	4.8	71.3	23.9	65.8	5.5
1982	100	6.1	70.0	23.9	63.4	6.6
1983	100	6.2	68.4	25.4	62.1	6.3
1984	100	7.5	65.4	27.1	59.6	5.8
1985	100	7.4	65.4	27.2	59.6	5.8
1986	100	8.5	63.3	28.2	57.4	5.9
1987	100	8.9	62.7	28.4	56.8	5.9
1988	100	10.1	62.0	27.9	56.5	5.5
1989	100	9.5	62.6	27.9	56.7	5.9
1990	100	8.8	58.3	32.9	53.2	5.1
1991	100	8.5	57.4	34.1	52.5	4.9
1992	100	7.4	56.8	35.8	51.8	5.0
1993	100	6.6	57.2	36.2	52.1	5.1
1994	100	6.4	56.6	37.0	50.7	5.9
1995	100	6.5	55.7	37.8	50.2	5.5
1996	100	6.0	54.3	39.7	49.0	5.3
1997	100	5.5	53.5	41.0	48.2	5.3
1998	100	5.4	50.8	43.8	45.3	5.5
1999	100	4.7	50.6	44.7	45.5	5.1
2000	100	4.3	50.8	44.9	46.2	4.6
2001	100	4.1	50.0	45.9	45.3	4.7
2002	100	3.9	49.7	46.4	45.0	4.7
2003	100	3.5	51.9	44.6	47.3	4.6
2004	100	3.4	54.2	42.4	49.8	4.4
2005	100	2.9	54.6	42.5	50.1	4.5
2006	100	2.3	55.1	42.6	50.7	4.4
2007	100	2.1	55.1	42.8	50.7	4.4
2008	100	1.8	55.2	43.0	50.9	4.3
2009	100	1.7	53.0	45.3	48.2	4.9
2010	100	1.6	52.4	46.0	47.8	4.6
2011	100	1.4	52.4	46.2	48.0	4.4
2012	100	1.3	51.7	47.0	47.5	4.2
2013	100	1.3	50.6	48.1	46.3	4.3
2014	100	1.3	49.1	49.6	45.0	4.4
2015	100	1.3	46.5	52.2	42.2	4.5

2-3　全市生产总值指数(1978—2015年)

Indices of Gross Domestic Product,1978-2015

上年=100(preceding year = 100)

年　份 Year	全市生产总　值 Gross Domestic Product	第一产业 Primary Industry	第二产业 Secondary Industry	第三产业 Tertiary Industry	# 工　业 Industry	# 建筑业 Construction	人　均 生产总值 GDP Per Capita	社　会 劳动生产率 Society Labour Productivity
1978	120.9	115.6	123.3	116.0	121.1	167.9	119.6	117.1
1979	110.0	117.4	110.4	107.0	110.4	110.7	107.1	105.9
1980	110.0	99.8	111.4	108.7	110.6	122.0	108.0	106.0
1981	104.8	79.1	107.0	104.8	106.6	112.2	108.0	100.5
1982	104.3	112.9	103.5	105.3	102.4	117.5	99.4	101.1
1983	108.3	109.2	106.0	114.8	106.0	106.3	106.0	105.5
1984	119.3	122.8	116.6	125.9	117.5	106.2	118.9	115.6
1985	110.6	121.1	110.5	108.8	110.0	116.5	108.7	108.1
1986	105.8	108.0	105.5	106.0	105.0	111.8	103.6	103.6
1987	107.6	106.0	108.3	106.3	108.2	108.9	106.1	105.9
1988	105.8	107.7	107.7	100.4	108.3	101.2	103.8	106.0
1989	101.6	111.4	98.1	109.3	97.8	101.2	100.0	101.8
1990	105.4	104.6	101.1	116.4	102.0	91.6	102.7	104.8
1991	106.0	103.4	105.5	107.5	105.8	102.1	104.2	104.9
1992	111.7	100.7	111.5	114.6	112.4	101.2	110.4	109.8
1993	112.1	107.4	112.9	111.7	113.6	103.6	110.6	109.4
1994	114.3	105.3	114.7	115.6	114.1	122.7	112.3	111.2
1995	114.9	106.3	114.1	117.9	114.5	109.9	113.9	113.5
1996	114.3	108.2	114.3	115.4	114.6	110.1	114.0	114.4
1997	112.1	107.7	111.7	113.4	111.8	110.1	111.4	112.3
1998	109.3	106.7	107.4	113.0	107.0	112.7	109.0	109.9
1999	110.0	100.1	111.7	108.9	112.6	99.2	109.0	110.5
2000	110.8	103.7	111.5	110.5	112.2	100.9	110.0	113.1
2001	112.0	106.3	112.8	111.7	112.7	114.3	109.6	114.3
2002	112.7	106.1	114.3	111.4	114.6	112.2	112.3	111.9
2003	114.8	106.1	118.0	111.9	118.6	112.4	114.4	112.2
2004	115.8	105.1	119.8	111.9	121.5	101.7	114.9	111.8
2005	114.9	104.3	117.6	112.1	117.9	113.5	113.1	111.5
2006	114.7	103.4	116.2	113.6	116.2	117.0	112.0	111.1
2007	115.5	101.2	116.6	115.0	117.1	110.4	111.7	108.5
2008	116.5	103.2	118.0	115.2	118.7	109.8	111.4	108.7
2009	116.5	103.4	118.0	115.2	118.3	113.9	111.1	111.0
2010	117.4	103.3	120.2	114.2	120.8	112.7	111.7	110.6
2011	116.4	103.8	118.3	114.7	119.3	108.6	110.9	109.7
2012	113.8	103.0	115.2	112.6	115.8	108.6	109.2	108.4
2013	112.5	103.7	112.6	112.7	112.8	111.4	108.0	106.8
2014	110.0	102.9	109.9	110.4	110.0	109.3	106.2	105.3
2015	109.3	102.5	109.2	109.6	109.2	108.5	106.6	106.3

注：本表数据按可比价格计算，表2-4、2-6和2-7同。
Note: Data in this table are calculated at constant prices. Same as table 2-4, 2-6 and 2-7.

2-4 全市生产总值指数(1979—2015年)

Indices of Gross Domestic Product,1979-2015

1978年=100(year of 1978=100)

年 份 Year	全市生产总值 Gross Domestic Product	第一产业 Primary Industry	第二产业 Secondary Industry	第三产业 Tertiary Industry	# 工 业 Industry	# 建筑业 Construction
1979	110.0	117.4	110.4	107.0	110.4	110.7
1980	121.0	117.2	123.0	116.3	122.1	135.1
1981	126.8	92.7	131.6	121.9	130.2	151.5
1982	132.3	104.6	136.2	128.4	133.3	178.0
1983	143.2	114.3	144.4	147.3	141.3	189.3
1984	170.9	140.3	168.3	185.5	166.0	201.0
1985	189.0	169.9	186.0	201.8	182.6	234.2
1986	200.0	183.5	196.2	213.9	191.7	261.8
1987	215.2	194.5	212.5	227.4	207.5	285.1
1988	227.6	209.5	228.9	228.3	224.7	288.5
1989	231.3	233.4	224.5	249.6	219.7	292.0
1990	243.8	244.1	227.0	290.5	224.1	267.5
1991	258.4	252.4	239.5	312.3	237.1	273.1
1992	288.6	254.2	267.0	357.9	266.5	276.3
1993	323.5	273.0	301.5	399.8	302.8	286.3
1994	369.8	287.5	345.8	462.1	345.5	351.3
1995	424.9	305.6	394.6	544.8	395.6	386.1
1996	485.7	330.6	451.0	628.7	453.3	425.1
1997	544.4	356.1	503.8	713.0	506.8	468.0
1998	595.1	379.9	541.0	805.7	542.3	527.4
1999	654.6	380.3	604.4	877.4	610.6	523.2
2000	725.3	394.4	673.9	969.5	685.1	527.9
2001	812.3	419.2	760.1	1082.9	772.1	603.4
2002	915.5	444.8	868.8	1206.4	884.9	677.0
2003	1051.0	472.0	1025.2	1350.0	1049.4	761.0
2004	1217.0	496.0	1228.2	1510.6	1275.1	773.9
2005	1398.4	517.3	1444.3	1693.4	1503.3	878.4
2006	1603.9	534.9	1678.3	1923.7	1746.8	1027.7
2007	1852.5	541.4	1956.9	2212.2	2045.6	1134.6
2008	2158.2	558.7	2309.1	2548.5	2428.1	1245.8
2009	2514.3	577.7	2724.8	2935.9	2872.4	1418.9
2010	2951.8	596.7	3275.2	3352.8	3469.9	1599.1
2011	3435.9	619.4	3874.6	3845.7	4139.5	1736.6
2012	3911.8	638.0	4464.2	4329.4	4793.7	1885.7
2013	4400.8	661.6	5026.7	4879.2	5407.3	2100.7
2014	4840.9	680.8	5524.3	5386.7	5948.0	2296.0
2015	5291.1	697.8	6032.6	5903.8	6495.2	2491.2

2-5 按产业分全市生产总值及增速

Gross Domestic Product and Growth Rate by Industry

单位：亿元(100 million yuan)

项　目	Item	2014	2015	2015比2014年增长(%) Increase Rate in 2015 over 2014(%)
全市生产总值	**Gross Domestic Product**	**15726.93**	**16538.19**	**9.3**
农、林、牧、渔业		201.53	210.51	2.5
工　业	Industry	7079.10	6982.66	9.2
建筑业	Construction	686.98	740.31	8.5
批发和零售业	Wholesale and Retail Trade	1950.71	2070.04	6.2
交通运输、仓储和邮政业	Transportation, Storage and Post Services	720.72	729.09	7.3
住宿和餐饮业	Accommodation and Catering Services	230.28	248.01	5.3
信息传输、软件和信息技术服务业	Information Transmitting, Software and Information Technology Services	220.49	268.23	17.2
金融业	Finance Intermediation	1422.28	1603.23	11.8
房地产业	Real Estate	550.86	618.25	6.8
租赁和商务服务业	Leasing and Business Services	632.29	735.95	13.7
科学研究、技术服务业	Scientific Research, Technical Services	620.26	714.56	13.1
水利、环境和公共设施管理业	Management for Water Conservancy, Environment and Public Facilities	155.11	174.98	10.0
居民服务、修理和其他服务业	Resident Services, Repair and Other Services	380.85	443.22	12.1
教　育	Education	312.68	342.30	7.5
卫生和社会工作	Health Care and Social Work	159.31	183.98	11.1
文化、体育和娱乐业	Culture, Sports and Recreational Services	86.00	98.11	8.1
公共管理、社会保障和社会组织	Public Management,Social Security and Social Organizations	317.48	374.76	16.9
第三次产业分	**Grouped by Three Industry**			
第一产业	Primary Industry	199.90	208.82	2.5
第二产业	Secondary Industry	7731.85	7704.22	9.2
第三产业	Tertiary Industry	7795.18	8625.15	9.6

2-6 三次产业贡献率(1995—2015年)

Share of the Contributions of the Three Strata of Industry to the Increase of GDP,1995-2015

单位：%(%)

年份 Year	全市生产总值 Gross Domestic Product	第一产业 Primary Industry	第二产业 Secondary Industry	第三产业 Tertiary Industry	#工业 Industry
1995	100	2.9	55.5	41.6	52.6
1996	100	3.6	58.1	38.3	55.1
1997	100	3.8	56.4	39.8	53.0
1998	100	4.1	45.7	50.2	40.3
1999	100	0.1	66.5	33.4	66.9
2000	100	1.8	61.9	36.3	61.6
2001	100	2.3	54.2	43.5	48.8
2002	100	2.0	57.8	40.2	53.4
2003	100	1.5	63.1	35.4	59.2
2004	100	1.2	66.6	32.2	66.1
2005	100	0.9	65.2	33.9	61.6
2006	100	0.7	60.1	39.2	54.9
2007	100	0.2	59.2	40.6	56.1
2008	100	0.4	61.1	38.5	58.5
2009	100	0.4	61.5	38.1	58.0
2010	100	0.3	66.3	33.4	63.3
2011	100	0.4	58.6	41.0	56.1
2012	100	0.3	58.6	41.1	55.9
2013	100	0.4	54.4	45.2	50.7
2014	100	0.2	50.9	48.8	49.8
2015	100	0.3	53.0	46.7	49.5

注：产业贡献率指各产业增加值增量与GDP增量之比。

Note: Share of the contributions of the three strata of industry refers to the proportion of the increment of value added of each industry to the increment of GDP.

2-7 三次产业对全市生产总值增长的拉动(1995—2015年)

Contribution of the Three Strata of Industry to GDP Growth,1995-2015

单位：百分点 (percentage point)

年份 Year	全市生产总值 Gross Domestic Product	第一产业 Primary Industry	第二产业 Secondary Industry	第三产业 Tertiary Industry	#工业 Industry
1995	14.9	0.4	8.3	6.2	7.8
1996	14.3	0.5	8.3	5.5	7.9
1997	12.1	0.5	6.8	4.8	6.4
1998	9.3	0.4	4.2	4.7	3.7
1999	10.0		6.7	3.3	6.7
2000	10.8	0.2	6.7	3.9	6.7
2001	12.0	0.3	6.5	5.2	5.9
2002	12.7	0.2	7.4	5.1	6.8
2003	14.8	0.2	9.3	5.3	8.8
2004	15.8	0.2	10.5	5.1	10.4
2005	14.9	0.1	9.7	5.1	9.2
2006	14.7	0.1	8.8	5.8	8.1
2007	15.5		9.2	6.3	8.7
2008	16.5	0.1	10.1	6.3	9.6
2009	16.5	0.1	10.1	6.3	9.6
2010	17.4	0.1	11.5	5.8	11.0
2011	16.4	0.1	9.6	6.7	9.2
2012	13.8		8.1	5.7	7.7
2013	12.5		6.8	5.7	6.3
2014	10.0		5.1	4.9	5.0
2015	9.3		4.9	4.3	4.6

注：产业拉动指GDP增长速度与各产业贡献率之乘积。

Note: Contribution of the three strata of industry to GDP growth refers to the growth rate of GDP multiplying the shares of each industry.

2-8 全市生产总值项目结构(1978—2015年)

Components of Gross Domestic Product, 1978-2015

单位：亿元 (100 million yuan)

年 份 Year	全市生产总值 Gross Domestic Product	劳动者报酬 Compensation of Employees	固定资产折旧 Depreciation of Fixed Assets	生产税净额 Net Taxes on Production	营业盈余 Operating Surplus
1978	82.65	26.80	6.10	15.68	34.07
1979	93.01	31.64	6.80	16.28	38.29
1980	103.53	31.35	8.75	19.99	43.44
1981	107.96	31.40	10.40	17.92	48.24
1982	114.11	34.42	11.97	17.68	50.04
1983	123.42	36.21	13.83	20.95	52.43
1984	147.53	51.85	14.58	23.44	57.66
1985	175.78	51.45	17.97	30.39	75.97
1986	194.74	63.11	23.09	32.29	76.25
1987	220.12	76.71	23.41	34.24	85.76
1988	259.71	90.11	27.10	41.82	100.68
1989	283.49	103.47	44.91	43.63	91.48
1990	310.95	135.54	48.41	43.64	83.36
1991	342.65	144.25	55.15	51.14	92.11
1992	411.04	166.13	68.74	61.39	114.78
1993	538.94	223.72	72.44	83.56	159.22
1994	732.89	319.98	99.10	117.22	196.59
1995	931.97	417.02	139.84	150.51	224.6
1996	1121.93	534.48	178.28	160.57	248.60
1997	1264.63	634.76	189.31	186.38	254.18
1998	1374.6	699.85	210.58	223.85	240.32
1999	1500.95	748.05	217.46	274.62	260.82
2000	1701.88	715.11	264.63	328.92	393.22
2001	1919.09	774.46	308.13	387.17	449.33
2002	2150.76	835.23	358.80	416.97	539.76
2003	2578.03	892.22	446.50	534.87	704.44
2004	3110.97	1050.14	483.73	571.81	1005.29
2005	3905.64	1427.03	529.57	748.40	1200.64
2006	4462.74	1584.83	596.69	798.75	1482.47
2007	5252.76	1880.89	759.00	926.88	1685.99
2008	6719.01	2506.58	735.61	1013.49	2463.33
2009	7521.85	2836.97	967.32	1159.32	2558.24
2010	9224.46	3556.17	1155.18	1402.91	3110.20
2011	11307.28	4378.14	1416.06	1771.81	3741.27
2012	12893.88	5040.37	1506.75	2138.15	4208.61
2013	14442.01	5755.57	1615.59	2431.55	4639.30
2014	15726.93	6300.31	1754.58	2614.63	5057.41
2015	16538.19	6723.99	1795.37	2741.47	5277.36

2-9 支出法全市生产总值(1978—2015年)

Gross Domestic Product by Expenditure Approach, 1978-2015

年份 Year	全市生产总值(亿元) Gross Domestic Product (100 million yuan)	最终消费支出 Final Consumption Expenditures	资本形成总额 Gross Capital Formation	货物和服务净出口 Net Exports of Goods and Services	最终消费率(消费率)(%) Final Consumption Rate (%)	资本形成率(投资率)(%) Capital Formation Rate (%)
1978	82.65	32.84	23.20	26.60	39.7	28.1
1979	93.01	37.00	29.15	26.86	39.8	31.3
1980	103.53	43.18	31.25	29.10	41.7	30.2
1981	107.96	47.37	21.04	39.56	43.9	19.5
1982	114.11	50.74	29.52	33.85	44.5	25.9
1983	123.42	56.98	35.66	30.78	46.2	28.9
1984	147.53	64.46	40.48	42.60	43.7	27.4
1985	175.78	77.11	77.04	21.63	43.9	43.8
1986	194.74	88.68	87.99	18.08	45.5	45.2
1987	220.12	104.60	79.15	36.36	47.5	36.0
1988	259.71	136.15	124.97	-1.42	52.4	48.1
1989	283.49	154.26	120.22	9.01	54.4	42.4
1990	310.95	156.64	117.15	37.16	50.4	37.7
1991	342.65	180.50	139.66	22.50	52.7	40.8
1992	411.04	208.00	195.63	7.41	50.6	47.6
1993	538.94	268.45	273.03	-2.54	49.8	50.7
1994	732.89	357.37	371.57	3.95	48.8	50.7
1995	931.97	448.41	442.66	40.89	48.1	47.5
1996	1121.93	568.13	515.08	38.72	50.6	45.9
1997	1264.63	639.97	572.73	51.93	50.6	45.3
1998	1374.60	690.48	622.39	61.74	50.2	45.3
1999	1500.95	791.24	616.57	93.14	52.7	41.1
2000	1701.88	888.69	699.20	113.99	52.2	41.1
2001	1919.09	998.52	798.30	122.27	52.0	41.6
2002	2150.76	1093.52	899.38	157.86	50.8	41.8
2003	2578.03	1251.64	1123.09	203.31	48.6	43.6
2004	3110.97	1409.38	1428.47	273.12	45.3	45.9
2005	3905.64	1582.60	1674.89	648.14	40.5	42.9
2006	4462.74	1852.02	1995.50	615.23	41.5	44.7
2007	5252.76	2171.38	2438.50	642.89	41.3	46.4
2008	6719.01	2655.08	3427.55	636.39	39.5	51.0
2009	7521.85	3015.72	4642.75	-136.62	40.1	61.7
2010	9224.46	3706.41	5885.46	-367.41	40.2	63.8
2011	11307.28	4490.35	7295.73	-478.80	39.7	64.5
2012	12893.88	5116.66	8349.49	-572.27	39.7	64.8
2013	14442.01	5917.63	9366.93	-842.56	41.0	64.9
2014	15726.93	6571.60	10156.42	-1001.09	41.8	64.6
2015	16538.19	7155.66	10999.11	-1616.58	43.3	66.5

注：按照2015年国家统计局支出法核算方案修订原则及资料来源的变化，对历史数据进行修订。表2-10至2-14同。

Note: Data are adjusted according to the expenditure approach accounting scheme amendment principle and the change of the data sources of National Bureau of Statistics in 2015. Same as table 2-10 to 2-14.

2-10 最终消费支出及构成(1978—2015年)

Final Consumption Expenditures and Composition, 1978-2015

年份 Year	最终消费支出(亿元) Final Consumption Expenditures (100 million yuan)	居民消费支出 Households Consumption Expenditures	农村居民 Rural Households	城镇居民 Urban Households	政府消费支出 Government Consumption Expenditures	构成(%)(最终消费=100) Composition(%)(Final Consumption Expenditures=100) 居民消费支出 Households Consumption Expenditures	政府消费支出 Government Consumption Expenditures
1978	32.84	29.18	6.02	23.17	3.66	88.9	11.1
1979	37.00	32.89	6.94	25.95	4.11	88.9	11.1
1980	43.18	39.04	8.24	30.80	4.14	90.4	9.6
1981	47.37	40.96	8.91	32.05	6.41	86.5	13.5
1982	50.74	44.24	10.87	33.37	6.50	87.2	12.8
1983	56.98	49.26	11.71	37.55	7.72	86.5	13.5
1984	64.46	54.72	14.11	40.60	9.74	84.9	15.1
1985	77.11	65.85	16.11	49.74	11.26	85.4	14.6
1986	88.68	75.23	16.90	58.33	13.45	84.8	15.2
1987	104.60	83.68	18.65	65.04	20.92	80.0	20.0
1988	136.15	106.89	23.11	83.78	29.26	78.5	21.5
1989	154.26	120.21	25.53	94.68	34.05	77.9	22.1
1990	156.64	128.34	24.97	103.37	28.30	81.9	18.1
1991	180.50	145.40	27.19	118.21	35.10	80.6	19.4
1992	208.00	165.82	30.02	135.81	42.18	79.7	20.3
1993	268.45	209.91	36.35	173.56	58.54	78.2	21.8
1994	357.37	275.17	42.69	232.48	82.20	77.0	23.0
1995	448.41	363.08	54.73	308.35	85.33	81.0	19.0
1996	568.13	444.16	69.12	375.04	123.97	78.2	21.8
1997	639.97	508.09	77.01	431.08	131.88	79.4	20.6
1998	690.48	537.84	82.59	455.25	152.64	77.9	22.1
1999	791.24	578.26	86.74	491.51	212.98	73.1	26.9
2000	888.69	641.32	94.59	546.72	247.37	72.2	27.8
2001	998.52	717.67	102.28	615.39	280.85	71.9	28.1
2002	1093.52	759.69	107.68	652.01	333.83	69.5	30.5
2003	1251.64	839.81	115.72	724.09	411.83	67.1	32.9
2004	1409.38	942.89	123.97	818.92	466.49	66.9	33.1
2005	1582.60	1055.74	133.23	922.52	526.86	66.7	33.3
2006	1852.02	1207.64	141.35	1066.29	644.38	65.2	34.8
2007	2171.38	1416.18	159.14	1257.04	755.20	65.2	34.8
2008	2655.08	1741.99	188.53	1553.45	913.09	65.6	34.4
2009	3015.72	1963.66	212.19	1751.47	1052.06	65.1	34.9
2010	3706.41	2424.23	234.54	2189.69	1282.18	65.4	34.6
2011	4490.35	2940.73	277.37	2663.36	1549.62	65.5	34.5
2012	5116.66	3417.95	339.52	3078.43	1698.71	66.8	33.2
2013	5917.63	4071.50	425.94	3645.57	1846.13	68.8	31.2
2014	6571.60	4576.10	490.21	4085.89	1995.50	69.6	30.4
2015	7155.66	4993.12	535.22	4457.90	2162.54	69.8	30.2

2-11 最终消费支出指数(1979—2015年)

Final Consumption Indices, 1979-2015

1978=100(year of 1978=100)

年　份 Year	最终消费支出 Final Consumption Expenditures	居民消费支出 Households Consumption Expenditures	农村居民 Rural Households	城镇居民 Urban Households	政府消费支出 Government Consumption Expenditures
1979	112.6	111.7	115.5	110.4	111.0
1980	124.4	122.4	130.5	119.7	106.0
1981	135.2	128.3	141.1	124.0	161.7
1982	145.4	138.4	164.9	129.3	163.1
1983	162.3	152.6	182.1	142.4	192.8
1984	182.5	169.3	220.0	151.9	239.1
1985	197.7	184.6	240.0	165.4	242.7
1986	210.5	194.7	248.4	176.4	270.3
1987	235.2	204.9	254.6	188.2	393.0
1988	260.8	222.9	279.0	204.2	467.3
1989	257.9	219.1	275.1	200.5	472.5
1990	257.9	224.4	262.7	211.7	471.5
1991	272.1	231.8	270.4	218.9	540.8
1992	283.6	237.8	276.3	224.8	594.4
1993	307.9	254.4	283.8	244.2	677.0
1994	337.8	272.0	297.1	262.5	810.4
1995	358.4	292.7	322.1	281.9	821.7
1996	409.7	330.1	368.8	316.6	978.7
1997	452.3	369.4	404.2	356.5	1033.5
1998	495.7	397.8	440.5	382.8	1201.9
1999	567.6	423.3	469.2	407.3	1695.9
2000	628.3	458.9	511.4	440.7	1977.4
2001	689.9	499.2	545.6	482.6	2218.7
2002	760.2	524.7	580.0	505.8	2686.8
2003	861.3	570.3	617.7	553.3	3280.6
2004	967.3	650.8	644.9	640.2	3575.9
2005	1075.6	723.0	682.9	716.4	3976.4
2006	1241.3	814.9	714.4	815.2	4791.6
2007	1405.1	925.7	771.5	932.6	5390.5
2008	1631.4	1083.1	860.2	1096.8	6177.5
2009	1877.7	1239.1	982.3	1255.8	7190.6
2010	2236.4	1484.4	1053.1	1523.3	8470.5
2011	2580.8	1714.5	1147.9	1768.6	9758.1
2012	2869.8	1951.1	1337.3	2007.4	10421.7
2013	3231.4	2271.1	1734.5	2308.5	10994.9
2014	3528.7	2514.1	1975.6	2548.6	11665.6
2015	3818.0	2737.8	2181.0	2770.3	12435.5

2-12 资本形成总额和指数(1978—2015年)

Gross Capital Formation and Indices, 1978-2015

年份 Year	资本形成总额(亿元) Gross Capital Formation (100 million yuan)	固定资本形成总额 Gross Fixed Capital Formation	存货增加 Change in Inventory	总指数(1990年=100) Index of Gross Capital Formation (year of 1990 = 100)	固定资本形成总额 Gross Fixed Capital Formation	存货增加 Change in Inventory
1978	23.20	15.56	7.64			
1979	29.15	20.06	9.09			
1980	31.25	21.45	9.80			
1981	21.04	20.98	0.06			
1982	29.52	27.15	2.37			
1983	35.66	32.11	3.55			
1984	40.48	40.84	-0.36			
1985	77.04	56.72	20.32			
1986	87.99	63.68	24.31			
1987	79.15	68.49	10.66			
1988	124.97	81.26	43.71			
1989	120.22	80.07	40.15			
1990	117.15	82.25	34.90	100.0	100.0	100.0
1991	139.66	120.99	18.67	115.6	137.2	57.1
1992	195.63	155.33	40.30	140.8	155.0	102.4
1993	273.03	206.55	66.48	156.3	167.7	125.5
1994	371.57	289.87	81.70	186.9	202.0	145.8
1995	442.66	350.69	91.97	215.5	236.3	157.0
1996	515.08	412.74	102.34	243.5	269.2	170.7
1997	572.73	466.89	105.84	274.5	308.4	176.7
1998	622.39	537.14	85.25	305.2	358.7	148.4
1999	616.57	530.23	86.34	305.8	356.9	156.1
2000	699.20	583.24	115.96	342.5	389.8	204.2
2001	798.30	675.74	122.56	392.5	451.0	221.0
2002	899.38	777.53	121.85	447.5	521.3	229.6
2003	1123.09	990.57	132.52	545.9	647.5	246.1
2004	1428.47	1213.72	214.75	615.8	683.1	422.6
2005	1674.89	1459.49	215.40	736.5	840.9	410.3
2006	1995.50	1751.36	244.14	861.7	995.6	436.6
2007	2438.50	2194.27	244.23	1019.4	1199.7	429.2
2008	3427.55	3015.65	411.90	1350.7	1557.2	700.4
2009	4642.75	4260.75	382.00	1890.6	2241.7	736.1
2010	5885.46	5427.61	457.85	2323.5	2773.0	832.5
2011	7295.73	6771.31	524.42	2732.4	3274.9	916.6
2012	8349.49	7815.81	533.68	3123.1	3769.4	942.3
2013	9366.93	8758.99	607.94	3519.7	4244.3	1086.5
2014	10156.42	9513.41	643.01	3818.9	4588.1	1246.2
2015	10999.11	10495.81	503.30	4109.1	5037.8	945.9

2-13 最终消费支出和资本形成总额对全市生产总值增长的贡献率和拉动(1978—2015年)

Share and Contribution of Final Consumption Expenditures and Gross Capital Formation to GDP Growth, 1978-2015

年份 Year	最终消费支出 Final Consumption Expenditures		资本形成总额 Gross Capital Formation	
	贡献率(%) Share (%)	拉动(百分点) Contribution (percentage point)	贡献率(%) Share(%)	拉动(百分点) Contribution (percentage point)
1978	25.2	5.3		
1979	64.4	6.4		
1980	46.6	4.7		
1981	93.7	4.5		
1982	77.4	3.3		
1983	79.4	6.6		
1984	33.8	6.5		
1985	43.2	4.6		
1986	63.9	3.7		
1987	77.8	5.9		
1988	102.0	5.9		
1989	-47.6	-0.8		
1990	33.8	1.8		
1991	49.4	3.0	113.9	6.8
1992	19.0	2.2	60.9	7.1
1993	38.6	4.7	33.4	4.0
1994	34.2	4.9	53.7	7.7
1995	20.5	3.1	42.5	6.3
1996	44.3	6.3	37.7	5.4
1997	40.1	4.9	43.7	5.3
1998	45.2	4.2	53.8	5.0
1999	62.6	6.3	0.1	0.0
2000	45.3	4.9	40.1	4.3
2001	38.4	4.6	47.4	5.7
2002	34.7	4.4	44.3	5.6
2003	39.4	5.8	60.7	9.0
2004	33.9	5.4	30.4	4.8
2005	31.6	4.7	53.8	8.0
2006	42.4	6.2	49.5	7.3
2007	35.1	5.4	51.3	8.0
2008	39.3	6.5	87.8	14.5
2009	36.8	6.1	122.8	20.3
2010	43.5	7.6	80.1	13.9
2011	37.6	6.2	68.1	11.2
2012	32.9	4.5	66.6	9.2
2013	39.9	5.0	65.9	8.2
2014	36.5	3.6	55.0	5.5
2015	34.3	3.2	52.5	4.9

注：本表数据按可比价格计算。
Note: Data in this table are calculated at constant prices.

2-14 居民消费水平(1978—2015年)

Households Consumption Expenditure, 1978-2015

年 份 Year	绝对数(元) Level(yuan)			城乡消费水平对比(农村居民=1) Urban/Rural Consumption Ratio (Rural Households=1)	指数(1978年=100) Index(year of 1978 =100)		
	全市居民 All Households	农村居民 Rural Households	城镇居民 Urban Households		全市居民 All Households	农村居民 Rural Households	城镇居民 Urban Households
1978	400	193	572	2.97	100.0	100.0	100.0
1979	439	223	603	2.70	108.7	115.0	104.6
1980	511	269	686	2.55	117.1	131.0	109.2
1981	553	294	732	2.49	121.2	142.0	110.2
1982	569	356	701	1.97	128.6	163.4	112.4
1983	621	382	767	2.01	139.0	179.0	120.8
1984	688	461	806	1.75	152.5	215.5	126.3
1985	812	534	964	1.80	164.2	237.9	132.8
1986	909	562	1085	1.93	171.3	245.5	138.9
1987	996	611	1196	1.96	177.6	246.5	146.8
1988	1249	754	1501	1.99	190.4	267.4	156.1
1989	1382	839	1644	1.96	184.9	263.9	149.5
1990	1439	812	1755	2.16	186.1	248.1	155.2
1991	1603	881	1967	2.23	189.7	253.1	158.2
1992	1808	979	2219	2.27	193.3	258.4	160.4
1993	2259	1186	2794	2.36	205.3	264.3	172.6
1994	2911	1395	3688	2.64	218.0	275.9	183.8
1995	3806	1797	4826	2.68	233.5	298.9	195.9
1996	4646	2286	5785	2.53	256.6	335.9	212.8
1997	5280	2568	6567	2.56	286.9	368.8	239.0
1998	5570	2776	6843	2.46	307.8	403.1	254.5
1999	5935	2943	7255	2.47	325.7	430.9	267.2
2000	6540	3246	7942	2.45	351.7	472.3	286.2
2001	7271	3542	8837	2.50	382.0	505.8	311.4
2002	7654	3757	9237	2.46	399.9	538.7	323.8
2003	8373	4074	10067	2.47	431.9	575.4	349.4
2004	9267	4422	11109	2.51	484.2	620.2	394.5
2005	10216	4748	12255	2.58	529.7	656.8	432.4
2006	11402	5221	13527	2.59	582.2	712.0	470.0
2007	12933	5864	15264	2.60	639.8	767.5	514.6
2008	15207	7090	17662	2.49	715.3	873.4	566.6
2009	16335	7891	18769	2.38	779.7	986.9	611.4
2010	19183	8755	21989	2.51	888.8	1061.9	695.1
2011	22161	10470	25079	2.40	977.7	1170.3	757.0
2012	24699	12939	27450	2.12	1066.7	1376.3	813.8
2013	28221	16211	30896	1.91	1138.2	1558.0	859.4
2014	30619	18373	33281	1.81	1216.7	1748.0	911.8
2015	32595	19922	35290	1.77	1293.4	1908.9	963.8

注：1.本表绝对数按当年价格计算，指数按可比价格计算。2.城乡消费水平对比未剔除城乡价格不可比的因素。

Note: a) Absolute figures in this table are calculated at current prices, while indices are calculated at constant prices.

b) The effect of price differentials between urban andrural areas has not been removed in the calculation of the urban/rural consumption ratio.

主要统计指标解释

生产总值

指按市场价格计算的一个国家（或地区）所有常驻单位在一定时期内生产活动的最终成果。

从价值形态看，它是所有常驻单位在一定时期内所生产的全部货物和服务价值超过同期投入的全部非固定资产货物和服务价值的差额，即所有常驻单位的增加值之和；从收入形态看，它是所有常驻单位在一定时期内所创造并分配给常驻单位和非常驻单位的初次分配收入之和；从产品形态看，它是最终使用的货物和服务减去进口货物和服务。在实际核算中，其三种表现形态体现为三种计算方法，即生产法、收入法和支出法。三种方法分别从不同的方面反映生产总值及其构成。根据国务院和国家统计局有关我国 GDP 核算和数据发布制度的规定，天津市国内生产总值自 2004 年起更名为“天津市生产总值”简称“天津市 GDP”。

劳动者报酬

指劳动者因从事生产活动所获得的全部报酬。包括劳动者获得的各种形式的工资、奖金和津贴，既包括货币形式的，也包括实物形式的，还包括劳动者所享受的公费医疗和医药卫生费、上下班交通补贴和单位支付的社会保险费、住房公积金等。

固定资产折旧

指一定时期内为弥补固定资产损耗按照核定的固定资产折旧率提取的固定资产折旧，或按国民经济核算统一规定的折旧率虚拟计算的固定资产折旧。它反映了固定资产在当期生产中的转移价值。各类企业和企业化管理的事业单位的固定资产折旧是指实际计提的折旧费；不计提折旧的政府机关、非企业化管理的事业单位和居民住房的固定资产折旧是按照统一规定的折旧率和固定资产原值计算的虚拟折旧。原则上，固定资产折旧应按固定资产的重置价值计算，但是目前我国尚不具备对全社会固定资产进行重估价的基础，所以暂时只能采用这种办法。

生产税净额

指生产税减生产补贴后的余额。生产税指政府对生产单位生产、销售和从事经营活动以及因从事生产活动使用某些生产要素（如固定资产、土地、劳动力）所征收的各种税、附加费和规费。生产补贴与生产税相反，指政府对生产单位的单方面转移支付，因此视为负生产税，包括政策亏损补贴、价格补贴等。

营业盈余

指常驻单位创造的增加值扣除劳动者报酬、生产税净额和固定资产折旧后的余额。它相当于企业的营业利润加上生产补贴，但要扣除从利润中开支的工资和福利等。

最终消费支出

指常驻单位在一定时期内对于货物和服务的全部最终消费支出，也就是常驻单位为满足物质、文化和精神生活的需要，从本国经济领土和国外购买的货物和服务的支出。不包括非常驻单位在本国经济领土内的消费支出。最终消费分为居民消费和政府消费。

居民消费支出

指常住住户对货物和服务的全部最终消费支出。它除了常住住户直接以货币形式购买货物和服务的消费之外，还包括以其他方式获得的货物和服务的消费，即单位以实物报酬及实物转移的形式提供给劳动者的货物和服务；住户生产并由住户自己消费的货物和服务，其中的服务仅指住户的自有住房服务和支付报酬的家庭服务；金融机构提供的金融媒介服务；保险公司提供的保险服务。

政府消费支出

指政府部门为全社会提供公共服务的消费支出和免费或以较低价格向住户提供的货物和服务的净支出。前者等于政府服务的产出价值减去政府单位所获得的经营收入后的价值，政府服务的产出价值等于它的经常性业务支出加上固定资产折旧；后者等于政府部门免费或以较低价格向住户提供的货物和服务的市场价值减去向住户收取的价值。

资本形成总额

指常驻单位在一定时期内获得的减去处置的固定资产加存货的净变动额，包括固定资本形成总额和存货增加。

固定资本形成总额

指生产者在一定时期内获得的固定资产减处置的固定资产的价值总额，固定资产是通过生产活动生产出来的，其使用年限在一年以上，单位价值在规定标准以上的资产，不包括自然资产。固定资本形成总额可分为有形固定资本形成总额和无形固定资本形成总额。有形固定资本形成总额包括一定时期内完成的建筑工程、安装工程、设备工器具购置（减处置）价值以及土地改良、新增役、种、奶、毛、娱乐用牲畜和新增经济林木价值。无形固定资本形成总额包括矿藏的勘探、计算机软件等获得减处置。

存货增加

指常驻单位在一定时期内存货实物量变动的市场价值，即期末价值减期初价值的差额，再扣除当期由于价格变动而产生的持有收益。存货增加可以是正值，也可以是负值；正值表示存货增加，负值表示存货减少。它包括生产单位购进的原材料、燃料和储备物资等存货，以及生产单位生产的产成品、在制品存货等。

货物和服务净出口

指货物和服务出口减货物和服务进口的差额。出口包括常驻单位向非常驻单位出售和无偿转让的各种货物和服务的价值；进口包括常驻单位从非常驻单位购买或无偿得到的各种货物和服务的价值。由于服务活动的提供与使用同时发生，因此服务的进出口业务并不发生出入境现象，一般把常驻单位从国外得到的服务作为进口，常驻单位向国外提供的服务作为出口。货物的出口和进口都按离岸价格计算。在计算地区货物和服务净出口时，还包括地区间货物和服务的流入流出。用公式表示：

货物和服务净出口（净流出）＝货物和服务出口（流出）—进口（流入）

Explanatory Notes on Main Statistical Indicators

Gross Domestic Product

refers to the final products at market prices produced by all resident units in a country (or a region) during a certain period of time.

From the aspect of value added form, GDP refers to the total value of all products and services produced by all resident units during a certain period of time minus total value of inputs of non-fixed-assets products and services or the summation of the value added of all resident units; the form of products refers to all final goods and services minus imports of goods and services. In the practice of national accounting, it is calculated by three approaches, i.e. product approach, income approach and expenditure approach, respectively, to reflect Gross Product and its composition of different aspects. According to the national regulations of GDP, since 2004, Tianjin Gross Product Value is called Tianjin GDP for short.

Compensation of Employees

refers to the whole payment of various forms earned by the labourers from the productive activities they are engaged in. It includes wages, bonuses and allowances the labourers earned in monetary form and in kind. It also includes the free medical services provided to the labourers and the medicine expenses, traffic subsidies, social insurance fee and housing provident fund paid by the labourer's working units for them.

Depreciation of Fixed Assets

refers to the depreciation of fixed assets of a given period, drawn in accordance with the stipulated depreciation rate for the purpose of compensating the wear loss of the fixed assets or the depreciation of fixed assets calculated in a fictitious way in accordance with the stipulated unified depreciation rate in the national economic accounting system. It reflects the value of transfer of the fixed assets in the production of the current period. The depreciation of fixed assets in various enterprises and institutions managed as enterprises refers to the depreciation expenses actually drawn. In government agencies and institutions not managed as enterprises which do not draw the depreciation expenses, as well as for the houses of residents, the depreciation of fixed assets is the imputed depreciation, which is calculated in accordance with the stipulated unified depreciation rate. In principle, the depreciation of fixed assets should be calculated on the basis of the re-purchased value of the fixed assets. However, there is no actual condition to re-evaluate all the fixed assets in China. Therefore, this method is temporarily adopted at present.

Net Taxes on Production

refer to the residual of the taxes on production minus the subsidies on production. The taxes on production refers to the various taxes, extra charges and fees levied on the production units on their production, sale and business activities as well as on some sectors of production, such as fixed assets, land and labour force, used in the production activities they are engaged in. In contrast to the taxes on production, the subsidies on production refer to the unilateral transfer of part of the government's revenue to the production units and are therefore regarded as negative taxes on production. They include subsidies on the loss due to implementation of government policies, price subsidies, etc.

Operating Surplus

refers to the balance of the value added created by the resident units deducting the labourer's remuneration, net taxes on production and the depreciation of fixed assets. It is equivalent to the business profit of the enterprises plus subsidies on production, but the wages and welfare expenses paid from the profits should be deducted.

Final Consumption Expenditures

refer to the total expenditure of resident units on final consumption of goods and services in a certain period, namely the expenditure of the resident units for purchases of goods and services from domestic economic territory and abroad to meet the requirements of material, cultural and spiritual life. It excludes the consumption expenditure of non-resident units on consumption in the economic territory of the country. The final consumption is classified into households' consumption and government consumption.

Households Consumption Expenditures

refer to the total expenditure of resident households on the final consumption of goods and services. In addition to the consumption of goods and services bought by the households directly with money, the households consumption also includes expenditure on goods and services obtained by the households on other ways, i.e. the goods and services provided to the households by the units in the form of payment in kind and transfer in kind; the goods and services produced and consumed by the households themselves, in which the services refer only to the owner-occupied housing and domestic services provided by the paid household workers; financial intermediate services provided by financial institutions; insurance services provided by insurance companies.

Government Consumption Expenditures

refer to the expenditure on the consumption of the public services provided by the government to the whole society and the net expenditure on the goods and services provided by the government to the households at free charge or lower prices. The former equals to the output value of the government services minus the value of operating income obtained by the government departments, the output value of the government services equals to its current operating expenditure plus depreciation of fixed assets. The latter equals to the market value of the goods and services provided by the government free of charge or at low prices to the households minus the value received by the government from the households.

Gross Capital Formation

refers to the fixed assets acquired minus those disposed and the net value of inventory, including the total fixed assets formation and the increase in inventory.

Gross Fixed Capital Formation

refers to the value of fixed assets acquired minus those disposed of during a given period. Fixed assets are the assets produced through production activities with specified unit value which could be used for over one year, excluding natural assets. Total fixed capital formation can be categorized into total tangible assets formation and total intangible assets formation. The total tangible assets formation include the value of the construction projects, installation projects completed and the equipment, apparatus and instruments purchased as well as the value of land improved, the value of draught animals, breeding stock, animal for milk, wool and for recreational animals purpose and the newly increased forest with economic value during a given period. The total intangible assets formation includes the prospecting of minerals, the acquisition of computer software minus the disposal of them.

Change in Inventory

refers to the market value of the change in inventory of resident units during a given period, i.e. the difference of value between the beginning and the end of the period minus the current gains due to the change in prices. The increase in inventory can be positive or negative. A positive value indicates the increase in inventory while a negative value indicates the decrease in stock. The inventory includes the raw materials, fuel and reserve materials purchased by the production units as well as the inventory of finished products, semi-finished products, etc.

Net Exports of Goods and Services

refer to the balance of the exports of goods and services minus the imports of goods and services. The imports include the value of various goods and services sold or gratuitously transferred by the resident units to the non-resident units. The imports include the value of various goods and services purchased or gratuitously acquired by the resident units from the non-resident units. Because the provision of services and the use of them happen simultaneously, the import and export of services do not appear to have the phenomena of crossing the border of the country. The acquisition of services by the resident units from abroad is usually treated as import while the acquisition of services by non-resident units in this country is usually treated as export. The export and import of goods are calculated at FOB. The formula for calculating is as followed:

Net Export of Goods and Services = Value of Export of Goods and Service - Value of Import of Goods and Services

第三篇　人　口

Chapter 3　Population

3-1 人口主要指标(2000—2015年)

Main Statistics on Population,2000-2015

年 份 Year	常住人口 (万人) Permanent Population (10 000 persons)	户籍人口 (万人) Registered Population (10 000 persons)	户籍户数 (万户) Registered Households (10 000households)	人口密度 (人/平方公里) Population Density (person/sq.km)	人 口 出生率(‰) Birth Rate (‰)	人 口 死亡率(‰) Death Rate (‰)	人口自然 增长率(‰) Natural Growth Rate (‰)
2000	1001.14	912.00	293.04	851	7.72	6.17	1.55
2001	1004.06	913.98	295.63	854	7.58	5.94	1.64
2002	1007.18	919.05	299.67	856	7.49	6.04	1.45
2003	1011.30	926.00	303.27	860	7.14	6.04	1.10
2004	1023.67	932.55	316.62	870	7.31	5.97	1.34
2005	1043.00	939.31	322.95	887	7.44	6.01	1.43
2006	1075.00	948.89	328.66	914	7.67	6.07	1.60
2007	1115.00	959.10	333.42	948	7.91	5.86	2.05
2008	1176.00	968.87	337.49	1000	8.13	5.94	2.19
2009	1228.16	979.84	341.90	1044	8.30	5.70	2.60
2010	1299.29	984.85	345.83	1105	8.18	5.58	2.60
2011	1354.58	996.44	350.27	1152	8.58	6.08	2.50
2012	1413.15	993.20	351.24	1202	8.75	6.12	2.63
2013	1472.21	1003.97	356.60	1252	8.28	6.00	2.28
2014	1516.81	1016.66	362.63	1290	8.19	6.05	2.14
2015	1546.95	1026.90	370.58	1315	5.84	5.61	0.23

注：1.人口密度2005年以后按市民政局行政区划面积计算，2005年以前按市规划局土地面积计算。此表人口密度为常住口径。2.人口自然变动“三率”为历年人口抽样调查数据。

Note: a)After 2005, the population density is calculated with administrative areas measured by Tianjin Municipal Civil Affairs Bureau,and those before 2005 are calculated with areas measured by Tianjin Planning Bureau. The population density in this table is calculated at permanent coverage. b)The three rates of population changing are obtained from population sample surveys.

3-2 户籍人口构成及户规模(2000—2015年)

Composition of Registered Population and Household Size,2000-2015

单位：%(%)

年 份 Year	按户口性质分 By Registered Character		按性别分 By Sex		性别比 (女=100) Sex Ratio (Female=100)	家庭平均户规模 (人/户) Average Family Household Size (person/household)
	非农业 Non-agricultural	农 业 Agricultural	男 性 Male	女 性 Female		
2000	58.39	41.61	50.51	49.49	102.05	3.11
2001	58.56	41.44	50.48	49.52	101.92	3.09
2002	58.88	41.12	50.45	49.55	101.84	3.07
2003	59.37	40.63	50.47	49.53	101.89	3.05
2004	59.64	40.36	50.46	49.54	101.86	2.95
2005	59.87	40.13	50.44	49.56	101.77	2.91
2006	60.18	39.82	50.41	49.59	101.65	2.89
2007	60.51	39.49	50.38	49.62	101.52	2.88
2008	60.72	39.28	50.35	49.65	101.42	2.87
2009	61.08	38.92	50.32	49.68	101.30	2.87
2010	61.37	38.63	50.29	49.71	101.15	2.85
2011	61.61	38.39	50.27	49.73	101.11	2.84
2012	62.06	37.94	50.21	49.79	100.84	2.83
2013	62.97	37.03	50.18	49.82	100.72	2.82
2014	63.45	36.55	50.16	49.84	100.64	2.80
2015	63.94	36.06	50.15	49.85	100.60	2.77

3-3 各区县户籍人口户数、人口数及人口密度

Registered Households, Population and Population Density by Region

地 区	Region	年末户数（万户） Year-end Households (10 000 households)		年末人口数（万人） Year-end Population (10 000 persons)		年平均人口（万人） Average Annual Population (10 000 persons)	人口密度（人/平方公里） Population Density (person/sq.km)
		2014	2015	2014	2015	2015	2015
全市总计	**Total**	**362.63**	**370.58**	**1016.66**	**1026.90**	**1021.78**	**873**
市辖区	**Districts under City Administration**	**335.72**	**343.26**	**931.20**	**941.24**	**936.22**	**1630**
# 市内六区	Six Urban Districts	148.61	150.95	398.22	399.61	398.92	22568
和平区	Heping District	13.99	14.32	41.08	41.57	41.33	41570
河东区	Hedong District	29.23	29.74	74.65	75.08	74.87	18945
河西区	Hexi District	28.98	29.44	81.88	82.14	82.01	21610
南开区	Nankai District	31.36	31.99	86.14	86.23	86.19	22368
河北区	Hebei District	24.31	24.60	62.65	62.93	62.79	21246
红桥区	Hongqiao District	20.74	20.86	51.82	51.66	51.74	24299
东丽区	Dongli District	13.94	14.37	36.06	36.72	36.39	767
西青区	Xiqing District	13.79	14.26	38.16	38.85	38.51	686
津南区	Jinnan District	15.20	15.62	42.91	43.62	43.27	1125
北辰区	Beichen District	14.99	15.55	38.69	39.37	39.03	832
武清区	Wuqing District	28.20	28.65	88.70	90.08	89.39	572
宝坻区	Baodi District	22.25	22.47	69.43	70.11	69.77	465
滨海新区	Binhai New Area	44.03	45.96	120.61	123.92	122.27	555
宁河区	Ninghe District	13.94	14.20	39.51	39.73	39.62	307
静海区	Jinghai District	20.77	21.23	58.91	59.23	59.07	401
市辖县	**Counties under City Administration**	**26.91**	**27.32**	**85.46**	**85.66**	**85.56**	**539**
蓟 县	Jixian County	26.91	27.32	85.46	85.66	85.56	539

3-4 按户口性质分的户籍户数

Registered Households by Registered Character

单位：万户(10 000 households)

地 区	Region	非农业 Non-agricultural		农 业 Agricultural	
		2014	2015	2014	2015
全市总计	**Total**	**239.66**	**246.65**	**122.98**	**123.93**
市辖区	**Districts under City Administration**	**233.38**	**240.49**	**102.35**	**102.77**
# 市内六区	Six Urban Districts	147.82	150.16	0.79	0.79
和平区	Heping District	13.99	14.32		
河东区	Hedong District	29.20	29.71	0.03	0.03
河西区	Hexi District	28.85	29.31	0.13	0.13
南开区	Nankai District	30.86	31.49	0.50	0.50
河北区	Hebei District	24.30	24.59	0.01	0.01
红桥区	Hongqiao District	20.62	20.74	0.12	0.12
东丽区	Dongli District	9.20	9.97	4.74	4.40
西青区	Xiqing District	4.60	5.05	9.19	9.21
津南区	Jinnan District	5.19	5.65	10.01	9.97
北辰区	Beichen District	7.18	7.65	7.82	7.90
武清区	Wuqing District	7.34	7.63	20.86	21.02
宝坻区	Baodi District	5.57	5.58	16.68	16.89
滨海新区	Binhai New Area	36.20	38.08	7.83	7.88
宁河区	Ninghe District	4.76	5.08	9.18	9.12
静海区	Jinghai District	5.52	5.64	15.25	15.59
市辖县	**Counties under City Administration**	**6.28**	**6.16**	**20.63**	**21.16**
蓟 县	Jixian County	6.28	6.16	20.63	21.16

3-5 按户口性质分的户籍人口数

Registered Population by Registered Character

单位：万人(10 000 Persons)

地 区	Region	非农业 Non-agricultural		农 业 Agricultural	
		2014	2015	2014	2015
全 市 总 计	**Total**	**645.05**	**656.60**	**371.61**	**370.30**
市辖区	**Districts under City Administration**	**629.06**	**640.46**	**302.14**	**300.78**
# 市内六区	Six Urban Districts	396.43	397.83	1.78	1.78
和平区	Heping District	41.08	41.57		
河东区	Hedong District	74.59	75.03	0.05	0.05
河西区	Hexi District	81.59	81.85	0.29	0.29
南开区	Nankai District	84.97	85.06	1.17	1.17
河北区	Hebei District	62.63	62.91	0.02	0.02
红桥区	Hongqiao District	51.57	51.41	0.25	0.25
东丽区	Dongli District	23.94	25.42	12.12	11.30
西青区	Xiqing District	14.08	14.65	24.08	24.20
津南区	Jinnan District	14.94	15.83	27.96	27.79
北辰区	Beichen District	18.72	19.37	19.97	20.00
武清区	Wuqing District	22.18	23.65	66.52	66.43
宝坻区	Baodi District	15.64	16.25	53.80	53.86
滨海新区	Binhai New Area	99.60	102.87	21.01	21.05
宁河区	Ninghe District	10.84	11.66	28.67	28.07
静海区	Jinghai District	12.69	12.93	46.23	46.30
市辖县	**Counties under City Administration**	**15.99**	**16.14**	**69.47**	**69.52**
蓟 县	Jixian County	15.99	16.14	69.47	69.52

3-6 按性别分的户籍人口数

Registered Population by Sex

单位：万人(10 000 persons)

地　区	Region	男　性 Male		女　性 Female		性别比(女＝100) Sex Ratio(Female=100)	
		2014	2015	2014	2015	2014	2015
全市总计	**Total**	**509.94**	**514.98**	**506.72**	**511.92**	**100.64**	**100.60**
市辖区	**Districts under City Administration**	**466.42**	**471.38**	**464.79**	**469.86**	**100.35**	**100.32**
# 市内六区	Six Urban Districts	197.93	198.50	200.28	201.11	98.83	98.70
和平区	Heping District	19.76	20.00	21.32	21.57	92.68	92.72
河东区	Hedong District	37.52	37.71	37.12	37.37	101.08	100.91
河西区	Hexi District	40.22	40.35	41.66	41.79	96.54	96.55
南开区	Nankai District	42.91	42.88	43.23	43.35	99.26	98.92
河北区	Hebei District	31.49	31.62	31.16	31.31	101.06	100.99
红桥区	Hongqiao District	26.03	25.94	25.79	25.72	100.93	100.86
东丽区	Dongli District	18.02	18.34	18.04	18.38	99.89	99.78
西青区	Xiqing District	18.75	19.14	19.41	19.71	96.60	97.11
津南区	Jinnan District	21.38	21.75	21.53	21.87	99.30	99.45
北辰区	Beichen District	19.23	19.57	19.45	19.80	98.87	98.84
武清区	Wuqing District	44.12	44.79	44.59	45.29	98.95	98.90
宝坻区	Baodi District	34.94	35.25	34.50	34.86	101.28	101.12
滨海新区	Binhai New Area	62.08	63.86	58.52	60.06	106.08	106.33
宁河区	Ninghe District	20.01	20.09	19.51	19.64	102.56	102.29
静海区	Jinghai District	29.96	30.09	28.96	29.14	103.45	103.26
市辖县	**Counties under City Administration**	**43.52**	**43.60**	**41.93**	**42.06**	**103.79**	**103.66**
蓟　县	Jixian County	43.52	43.60	41.93	42.06	103.79	103.66

3-7 各种特征年龄组的户籍人口(2015年)

Registered Population by Age Groups,2015

单位：万人(10 000 persons)

年龄组	Age Groups	合计 Total	# 市内六区 Six Urban Districts	男性 Male	# 市内六区 Six Urban Districts	女性 Female	# 市内六区 Six Urban Districts
按学龄人口分组	**Grouped by School Age**						
0-2岁	Age 0-2	27.11	9.46	14.10	4.88	13.01	4.58
3-5岁	Age 3-5	29.91	9.60	15.71	4.99	14.20	4.61
6-14岁	Age 6-14	71.57	17.82	37.83	9.25	33.74	8.57
15-17岁	Age 15-17	22.82	5.55	11.99	2.84	10.83	2.71
18-21岁	Age 18-21	39.23	10.10	20.19	5.07	19.04	5.03
按婚育人口分组	**Grouped by Marriage Age and Child-bearing Age**						
进入法定婚龄人口	Reaching Legal Marriage Age	11.08	3.01	5.95	1.66	5.13	1.35
育龄妇女人口(15-49岁)	Women at Child-bearing Age (between 15-49)	241.93	84.29			241.93	84.29
按劳龄人口分组	**Grouped by Labour Age**						
进入劳龄人口	Reaching Labour Age						
国内标准(16岁)	Domestic Standard(16 years old)	7.46	1.80	3.93	0.93	3.53	0.87
国际标准(15岁)	International Standard(15 years old)	7.53	1.87	3.96	0.95	3.57	0.91
劳动年龄内人口	Within Labour Age						
国内标准	Domestic Standard	616.34	227.92	332.22	125.59	284.12	102.34
国际标准	International Standard	751.37	291.21	377.09	145.61	374.28	145.60
退出劳龄人口	Over Labour Age						
国内标准	Domestic Standard	17.22	8.43	9.22	4.49	8.00	3.94
国际标准	International Standard	12.53	5.84	6.15	2.89	6.38	2.95
按老年人口分组	**Grouped by Aged Population**						
60岁及以上人口	Age 60 and over	230.37	110.80	111.16	52.84	119.21	57.96
占总人口比重(%)	Proportion in Total (%)	22.43	27.73	21.59	26.62	23.29	28.82
65岁及以上人口	Age 65 and over	146.93	71.53	70.25	33.77	76.68	37.76
占总人口比重(%)	Proportion in Total (%)	14.31	17.90	13.64	17.01	14.98	18.78
80岁及以上人口	Age 80 and over	33.41	20.00	15.42	9.09	17.99	10.91
占总人口比重(%)	Proportion in Total (%)	3.25	5.00	2.99	4.58	3.51	5.43

注：劳动年龄内人口的国内标准指男16-59岁,女16-54岁；国际标准指男女均为15-64岁。

Note: Domestic standard of within labour age refers to the age of between 16-59 for male, and the age of 16-54 for female. International standard of within labour refers to the age of between 15-64 both male and female.

3-8 常住人口主要数据(2012—2015年)

Main Statistics on Permanent Population,2012-2015

指　　标	Item	2012	2013	2014	2015
常住人口(万人)	**Permanent Population (10 000 persons)**	**1413.15**	**1472.21**	**1516.81**	**1546.95**
按性别分	By Sex				
男　性	Male	760.24	794.57	822.00	863.37
女　性	Female	652.91	677.64	694.81	683.58
性别比(女=100)	Sex Ratio (Female = 100)	116.44	117.26	118.31	126.30
按户别分组	By Household Type				
家庭户	Family	1102.93	1147.10	1179.35	1153.87
集体户	Collective	310.22	325.11	337.46	393.08
按城乡分组	By Residence				
城　镇	Urban Population	1152.49	1207.36	1248.04	1278.40
占总人口比重(%)	Proportion in Total (%)	81.55	82.01	82.28	82.64
乡　村	Rural Population	260.66	264.85	268.77	268.55
按年龄分组	By Age				
0-14岁	Age 0-14	141.46	145.46	148.50	151.76
15-64岁	Age 15-64	1131.65	1167.13	1199.03	1246.53
65岁及以上	Age 65 and over	140.04	159.62	169.28	148.66
人口负担系数(%)	**Population Dependency Ratio (%)**				
人口总负担系数	Total Dependency Ratio	24.88	26.14	26.50	24.10
负担少儿系数	Children Dependency Ratio	12.50	12.46	12.39	12.17
负担老年系数	The Aged Dependency Ratio	12.37	13.68	14.11	11.93
老少比	Ratio of Aged to Children	99.00	109.73	113.99	97.96
常住人口户数(万户)	**Number of Households (10 000 households)**	**435.74**	**457.09**	**470.51**	**470.78**
家庭户	Family Households	399.61	417.48	428.85	409.53
集体户	Collective Households	36.13	39.61	41.66	61.25
家庭平均户规模(人/户)	**Average Family Size (person/household)**	**2.76**	**2.75**	**2.75**	**2.82**
人口变动情况(万人)	**Change of Population (10 000 persons)**				
出生人口	Birth	12.11	11.95	12.24	8.95
死亡人口	Death	8.47	8.66	9.04	8.59
净迁入人口	Net Immigration	392.79	440.91	476.18	500.35
人口密度(人/平方公里)	**Population Density (person/sq. km)**	**1202**	**1252**	**1290**	**1315**

注：1.此表根据人口普查及人口变动调查数据推算。下表同。2.此表人口密度为常住口径。

Note: a)Data in this table are predicted according to population census and population change survey. Same as following next. b)The population density in this table is calculated at permanent coverage.

3-9 各区县常住人口(2012—2015年)

Permanent Population by Region,2012-2015

单位：万人(10 000 persons)

地 区	Region	2012	2013	2014	2015
全 市 总 计	**Total**	**1413.15**	**1472.21**	**1516.81**	**1546.95**
市辖区	**Districts under City Administration**	**1324.73**	**1382.40**	**1426.10**	**1455.56**
# 市内六区	Six Urban Districts	472.10	490.91	504.69	488.12
和平区	Heping District	34.12	36.42	37.81	34.90
河东区	Hedong District	92.90	96.68	98.85	96.69
河西区	Hexi District	94.47	98.29	101.52	98.30
南开区	Nankai District	110.10	114.03	116.91	113.57
河北区	Hebei District	84.18	87.77	90.84	88.51
红桥区	Hongqiao District	56.33	57.72	58.76	56.15
东丽区	Dongli District	66.03	68.96	71.70	75.37
西青区	Xiqing District	76.12	78.11	80.94	84.24
津南区	Jinnan District	66.55	68.41	70.89	88.74
北辰区	Beichen District	74.33	78.20	80.85	85.21
武清区	Wuqing District	105.33	110.25	113.43	118.11
宝坻区	Baodi District	85.13	88.15	90.04	91.39
滨海新区	Binhai New Area	263.62	278.72	289.43	297.01
宁河区	Ninghe District	44.32	45.82	47.46	49.16
静海区	Jinghai District	71.20	74.87	76.67	78.21
市辖县	**Counties under City Administration**	**88.42**	**89.81**	**90.71**	**91.39**
蓟 县	Jixian County	88.42	89.81	90.71	91.39

3-10 计划生育情况(2012—2015)

Family Planning,2012-2015

单位：万人(10 000 persons)

指　　标	Item	2012	2013	2014	2015
出生人口	Birth	9.30	8.81	9.68	7.72
已婚育龄妇女人数	Married Women at Child-bearing Age	169.96	167.35	164.23	163.19
领取独生子女证人数	Married Couples with One-child Certificate	59.77	65.84	65.94	65.52
政策生育率(%)	Family Planning Rate (%)	98.44	98.38	98.45	98.05
一孩率(%)	One-child Rate (%)	82.20	82.03	80.23	73.25
二孩率(%)	Two-child Rate (%)	17.79	17.96	19.75	26.72
多孩率(%)	Multi-child Rate (%)	0.01	0.01	0.02	0.03

资料来源：天津市卫生和计划生育委员会
Source: Tianjin Municipal Committee of Public Health and Family Planning

3-11 人口婚姻情况(2012—2015年)

Marriage Registration,2012-2015

指　　标	Item	2012	2013	2014	2015
登记结婚对数(对)	**Marriages(couple)**	**101389**	**102574**	**99394**	**101238**
#恢复结婚对数	Remarriage with Former Spouse	4360	7920	10147	12812
涉外婚姻登记	Chinese-Foreigner Marriages	373	373	363	340
按婚前状况分	**Grouped by Pre-marriage Condition**				
初婚人数(万人)	First Marriages (10 000 persons)	17.47	16.99	17.39	17.49
再婚人数(万人)	Remarriages (10 000 persons)	2.81	3.52	2.48	2.76
离婚对数(对)	**Divorces (couple)**	**34790**	**44093**	**43342**	**51446**
法院判决离婚	Mediated by the Court	4376	4371	4388	4939
民政协议离婚	Approved by Civil Administration Agencies	30414	39722	38954	46507

资料来源：天津市高级人民法院和天津市民政局
Source:Tianjin Mmunicipal Higher People's Court and Tianjin Municipal Civil Affairs Bureau

3-12 各区县常住人口和外来人口情况(2015年)

Permanent and Floating Population by Region,2015

单位：万人(10 000 persons)

地 区	Region	常住人口 Permanent Population	#女 性 Female	外来人口 Floating Population	#女 性 Female	出生率(‰) Birth Rate (‰)	死亡率(‰) Death Rate (‰)
全市总计	**Total**	**1546.95**	**683.58**	**500.35**	**146.40**	**5.84**	**5.61**
和平区	Heping District	34.90	15.60	12.36	3.17	4.82	4.85
河东区	Hedong District	96.69	41.53	16.37	3.26	5.67	4.36
河西区	Hexi District	98.30	40.96	21.00	3.45	6.51	5.58
南开区	Nankai District	113.57	50.63	28.88	7.27	5.98	4.85
河北区	Hebei District	88.51	39.62	22.87	4.03	7.48	6.84
红桥区	Hongqiao District	56.15	27.33	10.47	3.14	7.04	6.58
东丽区	Dongli District	75.37	29.06	35.47	8.41	5.66	2.93
西青区	Xiqing District	84.24	37.04	35.97	12.58	6.24	4.60
津南区	Jinnan District	88.74	42.55	38.30	16.26	7.09	4.94
北辰区	Beichen District	85.21	38.92	27.42	11.14	5.30	4.54
武清区	Wuqing District	118.11	53.32	32.89	7.00	5.74	4.26
宝坻区	Baodi District	91.39	42.96	19.00	4.42	6.79	5.65
滨海新区	Binhai New Area	297.01	121.80	165.33	54.37	7.02	4.60
宁河区	Ninghe District	49.16	22.09	6.73	0.41	8.42	5.10
静海区	Jinghai District	78.21	36.17	19.42	4.91	8.90	5.61
蓟 县	Jixian County	91.39	44.00	7.87	2.57	8.77	5.96

注：此表根据2015年1%人口抽样调查数据推算。3-13至3-17表同。

Note: Data in this table are predicted according to 1% population sampling survey data in 2015.Same as table 3-13 to 3-17

3-13 按家庭类型分的常住人口户数(2015年)

Permanent Population Households by Family Type,2015

单位：万户(10 000 households)

地 区	Region	合 计 Total Households	家庭户 Family Households	集体户 Collective Households	平均家庭户规模(人/户) Average Family Size(person/household)
全市总计	**Total**	**470.78**	**409.53**	**61.25**	**2.82**
和平区	Heping District	10.32	9.15	1.17	2.72
河东区	Hedong District	32.09	29.01	3.08	2.60
河西区	Hexi District	29.10	26.51	2.59	2.61
南开区	Nankai District	35.99	28.78	7.21	2.69
河北区	Hebei District	31.74	30.82	0.92	2.48
红桥区	Hongqiao District	20.13	19.71	0.42	2.55
东丽区	Dongli District	21.23	18.87	2.36	2.61
西青区	Xiqing District	26.03	20.06	5.97	2.62
津南区	Jinnan District	27.44	24.99	2.45	2.85
北辰区	Beichen District	27.02	20.45	6.57	2.87
武清区	Wuqing District	33.77	30.84	2.93	3.34
宝坻区	Baodi District	28.40	27.82	0.58	3.01
滨海新区	Binhai New Area	80.81	57.64	23.17	2.70
宁河区	Ninghe District	13.81	13.51	0.30	3.33
静海区	Jinghai District	26.31	25.53	0.78	2.89
蓟 县	Jixian County	26.59	25.84	0.75	3.32

3-14 按城乡分的常住人口(2015年)

Permanent Population by Residence,2015

单位：万人(10 000 persons)

地区	Region	合计 Total	城镇人口 Urban Population	乡村人口 Rural Population	城镇人口比重(%) Proportion of Urban Population (%)
全市总计	**Total**	**1546.95**	**1278.40**	**268.55**	**82.64**
和平区	Heping District	34.90	34.90		100.00
河东区	Hedong District	96.69	96.69		100.00
河西区	Hexi District	98.30	98.30		100.00
南开区	Nankai District	113.57	113.57		100.00
河北区	Hebei District	88.51	88.51		100.00
红桥区	Hongqiao District	56.15	56.15		100.00
东丽区	Dongli District	75.37	74.37	1.00	98.67
西青区	Xiqing District	84.24	76.63	7.61	90.97
津南区	Jinnan District	88.74	87.74	1.00	98.87
北辰区	Beichen District	85.21	77.42	7.79	90.86
武清区	Wuqing District	118.11	52.14	65.97	44.15
宝坻区	Baodi District	91.39	33.88	57.51	37.07
滨海新区	Binhai New Area	297.01	292.91	4.10	98.62
宁河区	Ninghe District	49.16	19.10	30.06	38.86
静海区	Jinghai District	78.21	38.18	40.03	48.82
蓟　县	Jixian County	91.39	37.92	53.47	41.49

3-15 人口年龄构成情况(2015年)

Population by Age Groups,2015

单位：%(%)

地区	Region	合计 Total	0-14岁 Age 0-14	15-64岁 Age 15-64	65岁及以上 Age 65 and over
全市总计	**Total**	**100.0**	**9.81**	**80.58**	**9.61**
和平区	Heping District	100.0	7.64	79.46	12.91
河东区	Hedong District	100.0	8.03	79.96	12.01
河西区	Hexi District	100.0	7.03	80.88	12.10
南开区	Nankai District	100.0	6.83	81.75	11.42
河北区	Hebei District	100.0	7.46	78.87	13.67
红桥区	Hongqiao District	100.0	7.46	77.61	14.94
东丽区	Dongli District	100.0	8.28	85.12	6.60
西青区	Xiqing District	100.0	8.90	84.94	6.15
津南区	Jinnan District	100.0	11.54	80.43	8.03
北辰区	Beichen District	100.0	8.61	83.60	7.79
武清区	Wuqing District	100.0	12.38	77.13	10.49
宝坻区	Baodi District	100.0	12.64	76.28	11.08
滨海新区	Binhai New Area	100.0	8.13	85.69	6.18
宁河区	Ninghe District	100.0	14.30	76.19	9.51
静海区	Jinghai District	100.0	16.64	73.50	9.86
蓟　县	Jixian County	100.0	15.54	73.48	10.98

3-16 各区县就业人口(2015年)

Employment Population by Region,2015

单位：万人(10 000 persons)

地 区	Region	16岁及以上常住人口 Permanent Population Aged 16 and over	#女 性 Female	就业人口 Employment Population	#女 性 Female
全市总计	**Total**	**1384.27**	**607.05**	**896.80**	**299.94**
和平区	Heping District	32.04	14.22	18.45	5.25
河东区	Hedong District	88.44	37.54	49.63	13.71
河西区	Hexi District	90.99	37.30	50.44	13.38
南开区	Nankai District	105.35	46.56	52.55	15.61
河北区	Hebei District	81.57	36.27	44.77	13.09
红桥区	Hongqiao District	51.36	24.66	29.18	9.85
东丽区	Dongli District	68.80	26.01	48.14	12.28
西青区	Xiqing District	75.93	32.97	51.03	17.79
津南区	Jinnan District	77.74	37.80	44.48	17.95
北辰区	Beichen District	77.42	35.31	46.12	18.16
武清区	Wuqing District	102.35	45.92	83.76	31.98
宝坻区	Baodi District	79.24	37.23	68.22	26.77
滨海新区	Binhai New Area	270.79	110.59	161.98	50.99
宁河区	Ninghe District	41.74	18.68	32.11	11.48
静海区	Jinghai District	64.30	29.80	50.67	16.27
蓟 县	Jixian County	76.20	36.19	65.27	25.38

3-17 各区县不同规模的家庭户类别(2015年)

Family Households Category by Size and Region, 2015

单位：万户(10 000 household)

地 区	Region	合 计 Total	一人户 One-person	二人户 Two-person	三人户 Three-person	四人户 Four-person	五人户 Five-person	六人及以上户 Six-person and over
全市总计	**Total**	**409.53**	**49.64**	**117.33**	**142.03**	**58.19**	**28.95**	**13.39**
和平区	Heping District	9.15	1.52	2.34	3.18	1.11	0.66	0.34
河东区	Hedong District	29.01	4.12	8.62	11.21	3.14	1.53	0.39
河西区	Hexi District	26.51	3.79	7.37	10.33	3.04	1.49	0.49
南开区	Nankai District	28.78	3.74	7.89	11.60	3.31	1.75	0.49
河北区	Hebei District	30.82	5.30	9.82	11.81	2.54	1.14	0.21
红桥区	Hongqiao District	19.71	2.75	6.65	7.53	1.76	0.86	0.17
东丽区	Dongli District	18.87	3.18	6.04	6.10	2.16	1.00	0.39
西青区	Xiqing District	20.06	3.10	6.32	7.08	2.38	0.95	0.23
津南区	Jinnan District	24.99	2.59	7.47	8.70	3.94	1.67	0.62
北辰区	Beichen District	20.45	1.63	6.17	7.66	3.06	1.54	0.38
武清区	Wuqing District	30.84	2.46	6.14	9.70	5.96	4.38	2.20
宝坻区	Baodi District	27.82	2.57	7.59	8.94	4.61	2.59	1.52
滨海新区	Binhai New Area	57.64	6.95	17.44	21.27	7.38	3.52	1.08
宁河区	Ninghe District	13.51	1.10	3.26	3.67	2.72	1.48	1.28
静海区	Jinghai District	25.53	2.50	8.16	7.20	5.48	1.48	0.71
蓟 县	Jixian County	25.84	2.34	6.05	6.05	5.60	2.91	2.89

主要统计指标解释

常住人口

指实际经常居住在某地区半年以上的人口。按人口普查和抽样调查规定，主要包括：(1) 除离开本地半年以上（不包括在国外工作或学习的人）的全部常住本地的户籍人口；(2) 户口在外地，但在本地居住半年以上者，或离开户口地半年以上而调查时在本地居住的人口；(3) 调查时居住在本地，但在任何地方都没有登记常住户口，如手持户口迁移证、出生证、退伍证、劳改劳教释放证等尚未办理常住户口的人，即所谓“口袋户口”的人。

人口密度

指单位土地面积上的人口数。通常使用常住人口计算人口密度，用于说明人口的拥挤程度。以每平方公里的居民人数来表示。计算公式：

$$人口密度=\frac{常住人口}{总土地面积}$$

人口出生率（又称粗出生率）

指在一定时期内(通常为一年)一定地区的出生人数与同期内平均人数(或期中人数)之比，用千分率表示。本资料中的出生率指年出生率，其计算公式为：

$$人口出生率=\frac{年出生人数}{年平均人数}\times1000‰$$

公式中：出生人数指活产婴儿，即胎儿脱离母体时(不管怀孕月数)，有过呼吸或其他生命现象。年平均人数指年初、年底人口数的平均数，也可用年中人口数代替。

人口死亡率（又称粗死亡率）

指在一定时期内(通常为一年)一定地区的死亡人数与同期内平均人数(或期中人数)之比，用千分率表示。本资料中的死亡率指年死亡率，其计算公式为：

$$人口死亡率=\frac{年死亡人数}{年平均人数}\times1000‰$$

人口自然增长率

指在一定时期内(通常为一年)人口自然增加数(出生人数减死亡人数)与该时期内平均人数(或期中人数)之比，用千分率表示。计算公式为：

$$人口自然增长率=\frac{本年出生人数-本年死亡人数}{年平均人数}\times1000‰$$

$$=人口出生率-人口死亡率$$

总负担系数

指 14 岁及以下少年儿童人口数和 65 岁及以上老年人口数与 15-64 岁劳动力年龄人口数的比例。表明的是每百名劳动年龄人口负担多少非劳动年龄人口。计算公式：

$$总负担系数=\frac{14岁及以下人数+65岁以上人数}{16-64岁人数}\times100\%$$

法定婚龄、劳龄人口

我国进入婚龄法定人口标准为男 22 岁、女 20 岁；进入劳龄人口、劳动年龄内人口、退出劳龄人口的国内标准分别是男 16 岁、16-59 岁、60 岁和女 16 岁、16-54 岁、55 岁；国际标准男女均为 15 岁、15-64 岁、65 岁。

Explanatory Notes on Main Statistical Indicators

Permanent Population

refers to the total number of people alive at a given area over half a year. According to the regulation of population census and sample survey, permanent resident population include (1) registered population in this area except those who have left this area over half a year (exclude those going abroad to work or study). (2) population with residence registered in other area, but having actually resided in this area over half a year or having left place of residence registration over half a year and resided in this area during the period of population survey. (3) population with residence registration in this enumeration area not yet settled, i.e. residence card on hand, migration certificate, birth certificate, demobilized soldier card, release certificate, etc.

Population Density

refers to the total number of people within unit land area. Usually, population density is calculated with permanent resident population and indicates crowd degree of population. It is often expressed in the number of people per square kilometer. The following formula is used:

$$\text{Population Density} = \frac{\text{Permanent Resident Population}}{\text{Total Area of land}}$$

Birth Rate (or Crude Birth Rate)

refers to the ratio of the number of births to the average population (or mid-period population) during a certain period of time (usually a year), expressed in ‰. Birth rate in the chapter refers to annual birth rate. The following formula is used:

$$\text{Birth Rate} = \frac{\text{Number of Births}}{\text{Annual Average Population}} \times 1000‰$$

Number of births in the formula refers to live births, i.e. when a baby has breathed or showed any vital phenomena regardless of the length of pregnancy. Annual average population is the average of the number of population at the beginning of the year and that at the end of the year. Sometimes it is substituted by the mid-year population.

Death Rate (or Crude Death Rate)

refers to the ratio of the number of deaths to the average population (or mid-period population) during a certain period of time (usually a year), expressed in ‰. Death rate in the chapter refers to annual death rate. The following formula is used:

$$\text{Death Rate} = \frac{\text{Number of Deaths}}{\text{Annual Average Population}} \times 1000‰$$

Natural Growth Rate of Population

refers to the ratio of natural increase in population (number of births minus number of deaths) in a certain period of time (usually a year) to the average population (or mid-period population) of the same period, expressed in ‰. The following formula is applied:

$$\text{Natural Growth Rate of Population} = \frac{(\text{Number of Births} - \text{Number of Deaths})}{\text{Annual Average Population}} \times 1000‰$$

$$\text{Natural Growth Rate of Population} = \text{Birth Rate} - \text{Death Rate}$$

Total Dependency Ratio

refers to the ratio of children aged 0-14 and elderly population aged 65 and over to the working-age population aged 15-64. It describes in general the number of non-working-age population that every 100 people at working ages will take care of. The following formula is used:

$$\text{Gross Dependency Ratio} = \frac{(\text{Population Aged } 0-14) + (\text{Population Aged 65 and over})}{\text{Population Aged } 15-64} \times 100\%$$

Legal Marriage Age, Labour Age Population

The standard of legal marriage age is 22 for male and 20 for female. The domestic standard of "reaching labour age", "within labour age" and "over labour age" are 16, 16 to 59, 60 for male respectively and 16, 16 to 54, 55 for female respectively; the international standard of these items are 15, 15-64 and 65 respectively for both male and female.

第四篇　就业和劳动工资

Chapter 4　Employment and Remuneration

4-1 社会从业人员(1996—2015年)

Total Employment Personnel,1996-2015

单位：万人(10 000 persons)

年 份 Year	劳动力资源总数 Number of Labour Force	社会从业人员合计 Number of Employment Personnel	按城乡分 Grouped by Urban and Rural Areas					
			城 镇 Urban Areas	国有单位 State-owned Units	集体单位 Collective-owned Units	其 他 Others	私营单位及个体 Private Units and Self-employed Individuals	乡 村 Rural Areas
1996	708.80	512.00	317.10	199.10	62.80	31.00	24.20	194.90
1997	716.26	513.33	318.60	196.16	58.19	35.80	28.45	194.73
1998	728.68	508.10	312.65	183.49	53.00	41.58	34.58	195.45
1999	740.76	508.14	313.89	176.54	47.54	49.80	40.01	194.25
2000	753.27	486.89	296.61	163.84	40.58	55.37	36.82	190.28
2001	761.11	488.34	295.37	153.25	32.13	60.94	49.05	192.97
2002	771.69	492.61	295.71	137.81	26.60	82.54	48.76	196.90
2003	793.86	510.90	299.95	128.52	22.80	93.72	54.91	210.95
2004	798.43	527.78	302.47	126.36	20.21	103.59	52.31	225.31
2005	858.88	542.52	312.76	99.18	11.31	148.01	54.26	229.76
2006	888.51	562.92	402.12	97.34	30.00	158.21	116.57	160.80
2007	933.57	613.93	447.97	95.58	29.73	185.00	137.66	165.96
2008	987.97	647.32	477.69	96.97	26.75	202.06	151.91	169.63
2009	1036.53	677.13	505.84	90.22	23.77	212.79	179.06	171.29
2010	1096.78	728.70	545.70	90.24	22.68	227.71	205.07	183.00
2011	1161.01	763.16	580.24	90.94	27.18	230.41	231.71	182.92
2012	1214.46	803.14	621.29	94.65	29.29	249.11	248.24	181.85
2013	1268.21	847.46	663.88	99.04	30.17	244.14	290.53	183.58
2014	1307.61	877.21	691.45	85.67	25.62	278.35	301.81	185.76
2015	1330.98	896.80	710.67	72.97	20.40	303.84	313.46	186.13

4-1续表 *Continued*

年 份 Year	按三次产业分 Grouped by Three Industries					
	绝对数(万人) Number(10 000 persons)			构成(%) Composition in Percentage(%)		
	第一产业 Primary Industry	第二产业 Secondary Industry	第三产业 Tertiary Industry	第一产业 Primary Industry	第二产业 Secondary Industry	第三产业 Tertiary Industry
1996	82.10	241.40	188.50	16.0	47.2	36.8
1997	81.26	235.69	196.38	15.8	45.9	38.3
1998	80.88	233.21	194.01	15.9	45.9	38.2
1999	79.57	230.33	198.24	15.7	45.3	39.0
2000	81.29	222.15	183.45	16.7	45.6	37.7
2001	82.70	212.65	192.99	16.9	43.6	39.5
2002	82.25	205.38	204.98	16.7	41.7	41.6
2003	83.19	219.44	208.27	16.3	42.9	40.8
2004	82.83	223.89	221.06	15.7	42.4	41.9
2005	81.79	227.38	233.35	15.1	41.9	43.0
2006	81.11	234.85	246.96	14.4	41.7	43.9
2007	76.98	261.35	275.60	12.5	42.6	44.9
2008	76.30	271.90	299.12	11.8	42.0	46.2
2009	75.70	281.01	320.42	11.2	41.5	47.3
2010	73.85	302.33	352.52	10.1	41.5	48.4
2011	73.18	315.99	373.99	9.6	41.4	49.0
2012	71.23	330.89	401.02	8.9	41.2	49.9
2013	68.99	353.85	424.62	8.1	41.8	50.1
2014	67.98	341.51	467.72	7.7	38.9	53.4
2015	66.17	320.16	510.47	7.4	35.7	56.9

注：1. 1998-2004年城镇从业人员中包括由于各种原因已经离开本人的生产或工作岗位，但仍与本单位保留劳动关系的职工。2. 从2006年起社会从业人员城乡划分执行新划分标准。

Note: a) From 1998 to 2004, the number of employment personnel in urban units includes those staff and workers who still keep their relationship with their units, but have left their working post at there. b) Since 2006, the division of employment personnel has adopted the new standard.

4-2 城镇非私营单位从业人员(1996—2015年)

Employment Personnel in Urban Non-private Units,1996-2015

单位：万人(10 000 persons)

年 份 Year	合 计 Total	按三次产业分 Grouped by Three Industries			按登记注册类型分 Grouped by Registration Status		
		第一产业 Primary Industry	第二产业 Secondary Industry	第三产业 Tertiary Industry	国有单位 State-owned Units	集体单位 Collective-owned Units	其他单位 Others
总 计 Total							
1996	283.98	1.73	163.07	119.18	194.32	59.62	30.04
1997	281.34	1.71	158.68	120.95	191.64	55.28	34.42
1998	218.56	1.43	113.47	103.66	144.18	36.26	38.12
1999	211.76	1.10	110.27	100.39	135.08	30.46	46.22
2000	201.75	1.11	105.63	95.01	125.00	25.82	50.93
2001	192.30	1.09	99.82	91.39	116.24	20.05	56.00
2002	185.50	1.09	92.68	91.73	107.79	16.47	61.24
2003	191.01	0.97	97.60	92.44	101.57	13.95	75.49
2004	193.91	0.87	96.82	96.22	102.09	12.46	79.36
2005	194.12	0.81	97.52	95.79	99.18	11.33	83.61
2006	195.00	0.73	98.37	95.90	97.34	9.61	88.05
2007	200.22	0.74	99.31	100.17	96.69	8.75	94.78
2008	200.61	0.71	94.13	105.77	87.45	7.90	105.26
2009	201.65	0.74	96.18	104.73	81.21	4.76	115.68
2010	205.65	0.71	97.74	107.20	80.79	4.30	120.56
2011	268.24	0.60	157.84	109.80	85.88	8.83	173.53
2012	289.07	0.55	162.64	125.88	89.74	7.98	191.35
2013	302.44	0.53	165.47	136.44	77.85	7.10	217.49
2014	295.51	0.50	161.37	133.64	75.14	7.62	212.75
2015	294.78	0.53	151.34	142.91	72.36	6.49	215.93
# 女 性 Female							
1996	120.23	0.57	69.84	49.82	77.39	28.59	14.25
1997	118.75	0.55	67.48	50.72	76.61	26.15	15.99
1998	89.89	0.46	46.11	43.32	56.17	15.93	17.79
1999	82.95	0.31	41.33	41.31	51.80	13.22	17.93
2000	77.28	0.33	38.85	38.10	47.26	10.76	19.26
2001	77.40	0.36	40.09	36.95	43.26	8.11	26.03
2002	73.59	0.33	36.00	37.26	39.60	6.52	27.47
2003	76.27	0.28	38.49	37.50	37.73	5.33	33.21
2004	73.66	0.26	35.30	38.10	37.56	4.39	31.71
2005	68.66	0.23	33.01	35.42	33.94	4.09	30.63
2006	70.28	0.22	33.95	36.11	33.13	3.41	33.74
2007	71.27	0.21	33.21	37.85	33.30	3.04	34.93
2008	77.02	0.22	32.07	44.73	33.69	2.87	40.46
2009	67.84	0.22	30.62	37.00	27.43	1.87	38.54
2010	75.10	0.21	32.80	42.09	30.03	1.67	43.40
2011	90.91	0.19	49.27	41.45	29.39	2.48	59.04
2012	94.44	0.15	48.91	45.38	30.20	2.15	62.09
2013	105.69	0.16	50.27	55.26	29.88	1.70	74.11
2014	104.09	0.15	50.63	53.31	28.28	1.97	73.84
2015	102.83	0.17	46.17	56.49	28.68	1.65	72.50

注：1. 1998年以前为职工人数。2. 2011年起城镇非私营单位从业人员中含劳务派遣人员，统计在在岗职工中。下表同。

Note: a) The data before 1998 of this table refer to staff and workers. b) Data of employment personnel in urban non-private units include labour dispatch from 2011, which are calculated in on-post workers and staff.Same as the following next.

4-3 按国民经济行业分各类从业人员(2015年)

Employment Personnel Grouped by Sector,2015

单位：万人(10 000 persons)

项　目 Item	社会从业人员 Employment Personnel	城镇非私营单位从业人员 Employment Personnel in Urban Non-private Units	在岗职工人数 On-post Staff and Workers	其他从业人员 Other Employment Personnel
总　计 **Total**	**896.80**	**294.78**	**278.22**	**16.56**
按三次产业分 **Grouped by Three Industries**				
第一产业 Primary Industry	66.17	0.53	0.49	0.04
第二产业 Secondary Industry	320.16	151.34	146.28	5.06
第三产业 Tertiary Industry	510.47	142.91	131.45	11.46
按国民经济行业分 **Grouped by Sector**				
农、林、牧、渔业 Farming, Forestry, Animal Husbandry and Fishery	66.17	0.53	0.49	0.04
采矿业 Minerals Mining	10.17	6.50	6.40	0.10
制造业 Manufacturing	221.83	110.78	109.09	1.69
电力、热力、燃气及水生产和供应业 Production and Supply of Electricity, Heat, Gas and Water	7.07	4.52	4.35	0.17
建筑业 Construction	81.09	29.54	26.43	3.11
批发和零售业 Wholesale and Retail Trade	143.76	17.85	17.27	0.58
交通运输、仓储和邮政业 Transportation, Storage and Post Services	50.03	15.01	14.68	0.33
住宿和餐饮业 Accommodation and Catering Services	38.85	5.18	4.25	0.93
信息传输、软件和信息技术服务业 Information Transmitting, Software and Information Technology Services	14.88	4.35	4.33	0.02
金融业 Finance Intermediation	18.76	12.13	8.68	3.45
房地产业 Real Estate	24.10	7.34	6.93	0.41
租赁和商务服务业 Leasing and Business Services	43.40	8.20	7.74	0.46
科学研究和技术服务业 Scientific Research and Technical Services	37.03	11.32	10.37	0.95
水利、环境和公共设施管理业 Management for Water Conservancy, Environment and Public Facilities	7.69	4.13	3.35	0.78
居民服务、修理和其他服务业 Resident Services, Repair and Other Services	53.02	10.99	10.38	0.61
教　育 Education	31.93	17.97	16.99	0.98
卫生和社会工作 Health Care and Social Work	17.58	9.71	9.04	0.67
文化、体育和娱乐业 Culture, Sports and Recreational Services	6.27	2.21	2.06	0.15
公共管理、社会保障和社会组织 Public Management, Social Security and Social Organizations	23.17	16.52	15.39	1.13

4-4 社会从业人员

Number of Employment Personnel

单位：万人(10 000 persons)

项　目	Item	2014	2015	2015比2014年增长(%) Increase Rate in 2015 over 2014(%)
总　计	**Total**	**877.21**	**896.80**	**2.2**
按城乡划分	**Grouped by Urban and Rural Areas**			
城　镇	Urban Areas	691.45	710.67	2.8
国有单位	State-owned Units	85.67	72.97	-14.8
集体单位	Collective-owned Units	25.62	20.40	-20.4
私营单位	Private Units	182.68	188.27	3.1
个　体	Individuals	119.13	125.19	5.1
其　他	Others	278.35	303.84	9.2
乡　村	Rural Areas	185.76	186.13	0.2
按国民经济行业分	**Grouped by Sector**			
农、林、牧、渔业	Farming, Forestry, Animal Husbandry and Fishery	67.98	66.17	-2.7
采矿业	Minerals Mining	11.87	10.17	-14.3
制造业	Manufacturing	241.73	221.83	-8.2
电力、热力、燃气及水生产和供应业	Production and Supply of Electricity, Heat, Gas and Water	7.17	7.07	-1.4
建筑业	Construction	80.74	81.09	0.4
批发和零售业	Wholesale and Retail Trade	136.43	143.76	5.4
交通运输、仓储和邮政业	Transportation, Storage and Post Services	43.26	50.03	15.6
住宿和餐饮业	Accommodation and Catering Services	39.60	38.85	-1.9
信息传输、软件和信息技术服务业	Information Transmitting, Software and Information Technology Services	11.96	14.88	24.4
金融业	Finance Intermediation	15.70	18.76	19.5
房地产业	Real Estate	20.28	24.10	18.8
租赁和商务服务业	Leasing and Business Services	33.36	43.40	30.1
科学研究和技术服务业	Scientific Research and Technical Services	30.33	37.03	22.1
水利、环境和公共设施管理业	Management for Water Conservancy, Environment and Public Facilities	8.13	7.69	-5.4
居民服务、修理和其他服务业	Resident Services, Repair and Other Services	47.21	53.02	12.3
教　育	Education	34.22	31.93	-6.7
卫生和社会工作	Health Care and Social Work	16.93	17.58	3.8
文化、体育和娱乐业	Culture, Sports and Recreational Services	5.25	6.27	19.4
公共管理、社会保障和社会组织	Public Management, Social Security and Social Organizations	25.06	23.17	-7.5

4-5 城镇非私营单位从业人员

Number of Employment Personnel in Urban Non-Private Units

单位：万人(10 000 persons)

项　目	Item	2014	2015	2015比2014年增长(%) Increase Rate in 2015 over 2014(%)
总　计	**Total**	**295.51**	**294.78**	**-0.2**
按登记注册类型分	**Grouped by Registration Status**			
国有单位	State-owned Units	75.14	72.36	-3.7
集体单位	Collective-owned Units	7.62	6.49	-14.8
其他单位	Others	212.75	215.93	1.5
# 外商及港澳台商投资单位	Units with Funds from Foreign Countries, Hong Kong, Macao & Taiwan	84.54	80.83	-4.4
股份有限公司	Share Holding Corporations Ltd.	25.79	26.91	4.3
按国民经济行业分	**Grouped by Sector**			
农、林、牧、渔业	Farming, Forestry, Animal Husbandry and Fishery	0.50	0.53	6.0
采矿业	Minerals Mining	6.64	6.50	-2.1
制造业	Manufacturing	119.00	110.78	-6.9
电力、热力、燃气及水生产和供应业	Production and Supply of Electricity, Heat, Gas and Water	4.46	4.52	1.3
建筑业	Construction	31.27	29.54	-5.5
批发和零售业	Wholesale and Retail Trade	17.27	17.85	3.4
交通运输、仓储和邮政业	Transportation, Storage and Post Services	14.34	15.01	4.7
住宿和餐饮业	Accommodation and Catering Services	5.96	5.18	-13.1
信息传输、软件和信息技术服务业	Information Transmitting, Software and Information Technology Services	3.85	4.35	13.0
金融业	Finance Intermediation	8.91	12.13	36.1
房地产业	Real Estate	6.67	7.34	10.0
租赁和商务服务业	Leasing and Business Services	6.66	8.20	23.1
科学研究和技术服务业	Scientific Research and Technical Services	10.69	11.32	5.9
水利、环境和公共设施管理业	Management for Water Conservancy, Environment and Public Facilities	4.07	4.13	1.5
居民服务、修理和其他服务业	Resident Services, Repair and Other Services	11.04	10.99	-0.5
教　育	Education	17.37	17.97	3.5
卫生和社会工作	Health Care and Social Work	9.28	9.71	4.6
文化、体育和娱乐业	Culture, Sports and Recreational Services	2.08	2.21	6.3
公共管理、社会保障和社会组织	Public Management, Social Security and Social Organizations	15.45	16.52	6.9
按企业、事业、机关分	**Grouped by Enterprise, Institution and Government Agency**			
企　业	Enterprises	245.32	243.13	-0.9
中　央	Central	32.71	33.98	3.9
地　方	Local	212.61	209.15	-1.6
# 国　有	State-owned	17.73	15.60	-12.0
事　业	Institutions	35.27	35.91	1.8
中　央	Central	2.06	2.08	1.0
地　方	Local	33.21	33.83	1.9
机　关	Government Agencies	13.98	14.36	2.7
中　央	Central	1.21	1.21	
地　方	Local	12.77	13.15	3.0

4-6 城镇非私营单位在岗职工

Number of On-post Staff and Workers in Urban Non-Private Units

单位：万人(10 000 persons)

项　　目	Item	2014	2015	2015比2014年增长(%) Increase Rate in 2015 over 2014(%)
总　　计	**Total**	**279.09**	**278.22**	**-0.3**
按登记注册类型分	**Grouped by Registration Status**			
国有单位	State-owned Units	70.90	67.71	-4.5
集体单位	Collective-owned Units	6.95	6.03	-13.2
其他单位	Others	201.24	204.48	1.6
# 外商及港澳台商投资单位	Units with Funds from Foreign Countries, Hong Kong, Macao & Taiwan	82.27	79.15	-3.8
股份有限公司	Share Holding Corporations Ltd.	22.43	22.98	2.5
按国民经济行业分	**Grouped by Sector**			
农、林、牧、渔业	Farming, Forestry, Animal Husbandry and Fishery	0.46	0.49	6.5
采矿业	Minerals Mining	6.52	6.40	-1.8
制造业	Manufacturing	116.78	109.09	-6.6
电力、热力、燃气及水生产和供应业	Production and Supply of Electricity, Heat, Gas and Water	4.31	4.35	0.9
建筑业	Construction	27.90	26.43	-5.3
批发和零售业	Wholesale and Retail Trade	16.66	17.27	3.7
交通运输、仓储和邮政业	Transportation, Storage and Post Services	13.96	14.68	5.2
住宿和餐饮业	Accommodation and Catering Services	4.59	4.25	-7.4
信息传输、软件和信息技术服务业	Information Transmitting, Software and Information Technology Services	3.82	4.33	13.4
金融业	Finance Intermediation	6.17	8.68	40.7
房地产业	Real Estate	6.22	6.93	11.4
租赁和商务服务业	Leasing and Business Services	6.20	7.74	24.8
科学研究和技术服务业	Scientific Research and Technical Services	9.82	10.37	5.6
水利、环境和公共设施管理业	Management for Water Conservancy, Environment and Public Facilities	3.35	3.35	
居民服务、修理和其他服务业	Resident Services, Repair and Other Services	10.85	10.38	-4.3
教　育	Education	16.47	16.99	3.2
卫生和社会工作	Health Care and Social Work	8.66	9.04	4.4
文化、体育和娱乐业	Culture, Sports and Recreational Services	1.95	2.06	5.6
公共管理、社会保障和社会组织	Public Management, Social Security and Social Organizations	14.40	15.39	6.9

4-7 城镇非私营单位其他从业人员

Number of Other Employment Personnel in Urban Non-Private Units

单位：万人(10 000 persons)

项　目	Item	2014	2015	2015比2014年增长(%) Increase Rate in 2015 over 2014(%)
总　计	**Total**	**16.42**	**16.56**	**0.9**
按登记注册类型分	**Grouped by Registration Status**			
国有单位	State-owned Units	4.24	4.65	9.7
集体单位	Collective-owned Units	0.66	0.46	-30.3
其他单位	Others	11.52	11.45	-0.6
# 外商及港澳台商投资单位	Units with Funds from Foreign Countries, Hong Kong, Macao & Taiwan	2.27	1.69	-25.6
股份有限公司	Share Holding Corporations Ltd.	3.37	3.93	16.6
按国民经济行业分	**Grouped by Sector**			
农、林、牧、渔业	Farming, Forestry, Animal Husbandry and Fishery	0.04	0.04	
采矿业	Minerals Mining	0.12	0.10	-16.7
制造业	Manufacturing	2.22	1.69	-23.9
电力、热力、燃气及水生产和供应业	Production and Supply of Electricity, Heat, Gas and Water	0.15	0.17	13.3
建筑业	Construction	3.37	3.11	-7.7
批发和零售业	Wholesale and Retail Trade	0.61	0.57	-6.6
交通运输、仓储和邮政业	Transportation, Storage and Post Services	0.38	0.33	-13.2
住宿和餐饮业	Accommodation and Catering Services	1.37	0.93	-32.1
信息传输、软件和信息技术服务业	Information Transmitting, Software and Information Technology Services	0.03	0.03	
金融业	Finance Intermediation	2.74	3.46	26.3
房地产业	Real Estate	0.45	0.41	-8.9
租赁和商务服务业	Leasing and Business Services	0.46	0.46	
科学研究和技术服务业	Scientific Research and Technical Services	0.87	0.94	8.0
水利、环境和公共设施管理业	Management for Water Conservancy, Environment and Public Facilities	0.72	0.78	8.3
居民服务、修理和其他服务业	Resident Services, Repair and Other Services	0.19	0.60	215.8
教　育	Education	0.90	0.98	8.9
卫生和社会工作	Health Care and Social Work	0.62	0.68	9.7
文化、体育和娱乐业	Culture, Sports and Recreational Services	0.13	0.15	15.4
公共管理、社会保障和社会组织	Public Management, Social Security and Social Organizations	1.05	1.13	7.6

4-8 私营单位从业人员

Number of Employment Personnel in Private Units

单位：万人(10 000 persons)

项　目	Item	2014	2015	2015比2014年增长(%) Increase Rate in 2015 over 2014(%)
总　计	**Total**	**182.68**	**190.27**	**4.2**
按国民经济行业分	**Grouped by Sector**			
农、林、牧、渔业	Farming, Forestry, Animal Husbandry and Fishery	0.30	0.31	3.3
采矿业	Minerals Mining	0.03	0.04	33.3
制造业	Manufacturing	75.81	69.73	-8.0
电力、热力、燃气及水生产和供应业	Production and Supply of Electricity, Heat, Gas and Water	0.15	0.17	13.3
建筑业	Construction	30.54	25.03	-18.0
批发和零售业	Wholesale and Retail Trade	30.94	35.19	13.7
交通运输、仓储和邮政业	Transportation, Storage and Post Services	7.84	9.07	15.7
住宿和餐饮业	Accommodation and Catering Services	4.76	5.25	10.3
信息传输、软件和信息技术服务业	Information Transmitting, Software and Information Technology Services	4.06	9.36	130.5
金融业	Finance Intermediation	0.31	0.47	51.6
房地产业	Real Estate	5.94	6.60	11.1
租赁和商务服务业	Leasing and Business Services	9.62	12.03	25.1
科学研究和技术服务业	Scientific Research and Technical Services	5.51	9.49	72.2
水利、环境和公共设施管理业	Management for Water Conservancy, Environment and Public Facilities	0.64	0.70	9.4
居民服务、修理和其他服务业	Resident Services, Repair and Other Services	3.81	4.19	10.0
教　育	Education	0.69	0.83	20.3
卫生和社会工作	Health Care and Social Work	0.89	0.92	3.4
文化、体育和娱乐业	Culture, Sports and Recreational Services	0.80	0.85	6.3
公共管理、社会保障和社会组织	Public Management, Social Security and Social Organizations	0.04	0.04	

4-9 城镇登记失业人员情况(2011—2015年)

Basic Statistics on Registered Unemployed Personnel in Urban Area,2011-2015

单位：万人(10 000 persons)

指　标 Item	2011	2012	2013	2014	2015
新登记失业人数					
Number of Newly Registered Unemployed Personnel	**12.80**	**9.62**	**9.65**	**12.14**	**10.21**
# 女　性					
Female	6.91	4.85	4.58	5.48	5.37
# 由就业转失业人数					
Unemployment Turned from Employment	4.33	5.90	6.06	7.30	5.83
本期失业人员就业人数					
Newly Employed Personnel Turning from Unemployment	**8.79**	**9.33**	**8.36**	**11.30**	**7.66**
期末实有登记失业人数					
Registered Unemployed Personnel at Year-end	**20.11**	**20.40**	**21.69**	**22.52**	**25.08**
# 女　性					
Female	10.51	10.76	11.26	11.56	13.16
# 长期失业者					
Long-term Unemployed Personnel	9.52	9.08	9.13	9.02	9.02
登记失业率(%)					
Registered Unemployed Rate (%)	**3.6**	**3.6**	**3.6**	**3.6**	**3.5**

资料来源：天津市人力资源和社会保障局，表4-10、4-11同。
Source: Tianjin Municipal Human Resources & Social Security Bureau. Same as table 4-10 and table 4-11.

4-10 新增就业情况(2011—2015年)

Statistics on Newly Increased Employment,2011-2015

单位：万人(10 000 persons)

指　标 Item	2011	2012	2013	2014	2015
新增就业人数					
Persons Newly Employed	**47.10**	**47.26**	**48.58**	**48.76**	**48.85**
失业人员					
Unemployed	11.02	10.01	10.02	10.11	10.10
# 就业困难人员					
Persons With Employment Difficulty	4.02	3.77	4.35	4.11	2.89
其他人员					
Others	36.08	37.25	38.56	38.65	38.75
# 新生劳动力					
The New Labor Force	13.21	13.66	13.77	9.85	10.64
农村转移劳动力					
Rural Immigrant Labor	7.81	7.50	7.83	7.85	7.89

4-11 职业技能培训与就业服务情况(2011—2015年)

Statistics on Vocational Skill Training and Employment Service,2011-2015

项　　目 Item	2011	2012	2013	2014	2015
参加职业技能鉴定人次(人次)					
Persons Attending Vocational Technical Appraisal (person-time)	**265795**	**191208**	**253806**	**230868**	**364215**
初级工					
Junior Worker	143666	62282	94186	92897	163889
中级工					
Middle Worker	65207	57393	81431	73440	107468
高级工					
Senior Worker	36012	46876	43036	34495	70703
技　师					
Technician	12093	15756	23168	18962	14600
高级技师					
Senior Technician	8817	8901	11985	11074	7555
取得职业资格证书人数(人)					
Persons Gaining Vocational Certificate (person)	**248637**	**182396**	**245144**	**216846**	**329722**
初级工					
Junior Worker	133426	59441	91644	88417	153874
中级工					
Middle Worker	61322	55073	79242	70055	101390
高级工					
Senior Worker	34448	45626	41837	32450	59599
技　师					
Technician	11441	15003	22404	16401	9238
高级技师					
Senior Technician	8000	7253	10017	9523	5621
人力资源市场情况(万人次)					
Human Resource Market (10 000 person-times)					
进场择业洽谈人次					
Number of Person-times Entering for Interview	218.30	230.20	215.90	211.41	264.94
达成初步意向人次					
Number of Person-times Reached Initial Intent	60.04	60.83	59.01	59.78	80.18

4-12 城镇非私营单位从业人员工资总额(1996—2015年)

Total Remuneration of Employment Personnel in Urban Non-Private Units,1996-2015

单位：亿元(100 million yuan)

年 份 Year	合 计 Total	按三次产业分 Grouped by Three Industries			按登记注册类型分 Grouped by Registration Status		
		第一产业 Primary Industry	第二产业 Secondary Industry	第三产业 Tertiary Industry	国有单位 State-owned Units	集体单位 Collective-owned Units	其他单位 Others
1996	212.05	0.96	116.32	94.77	154.34	27.14	30.57
1997	223.25	1.04	118.71	103.50	160.47	26.46	36.32
1998	225.39	1.07	118.56	105.75	151.80	23.94	49.64
1999	234.42	0.97	121.53	111.92	151.93	21.25	61.23
2000	253.53	1.07	131.15	121.32	161.86	19.86	71.82
2001	277.56	1.16	137.48	138.92	176.26	16.86	84.44
2002	304.23	1.38	145.74	157.11	182.27	15.47	106.49
2003	350.60	1.32	172.76	176.53	194.80	15.49	140.32
2004	407.99	1.38	199.12	207.49	222.60	16.21	169.18
2005	458.26	1.32	219.72	237.23	247.30	16.69	194.27
2006	530.29	1.35	256.63	272.31	283.31	17.99	229.16
2007	653.05	1.66	310.10	341.29	337.13	19.71	296.21
2008	795.85	2.04	355.56	438.25	375.36	20.86	399.63
2009	886.51	2.36	393.49	490.66	389.47	14.81	482.23
2010	1051.19	2.90	456.50	591.79	456.02	17.98	577.19
2011	1462.12	2.85	796.63	662.64	530.32	32.24	899.56
2012	1778.12	2.92	936.98	838.22	606.47	34.18	1137.47
2013	2053.76	2.96	1056.37	994.43	593.71	31.64	1428.41
2014	2154.03	3.20	1081.30	1069.53	631.30	35.33	1487.40
2015	2373.07	3.70	1126.97	1242.40	675.26	32.79	1665.02

注：1. 1998-2010年为劳动报酬总额。2. 2008年以前国有单位从业人员工资总额包括登记注册类型为国有独资公司的单位。下同。

Note: a) Data from 1998 to 2010 of this table refer to total wages of staff and workers. b) Total remuneration of employment personnel in state-owned units before 2008 includes figures of sole state-owned corporations. Same as following next.

4-13 城镇非私营单位从业人员平均工资(1996—2015年)

Average Remuneration of Employment Personnel in Urban Non-Private Units,1996-2015

单位：元 (yuan)

年 份 Year	合 计 Total	按三次产业分 Grouped by Three Industries			按登记注册类型分 Grouped by Registration Status		
		第一产业 Primary Industry	第二产业 Secondary Industry	第三产业 Tertiary Industry	国有单位 State-owned Units	集体单位 Collective-owned Units	其他单位 Others
1996	7643	5710	7131	7787	8072	4745	10522
1997	8238	6476	7691	8372	8689	5083	10599
1998	9895	7541	9778	10062	10169	6020	12818
1999	11046	8476	11000	11127	11169	6821	13601
2000	12414	9414	12259	12622	12690	7485	14317
2001	14242	10333	13503	15107	14823	8159	15263
2002	16223	12492	15432	17081	16632	9152	17449
2003	18511	13257	17772	19357	18929	10865	19424
2004	21146	15450	20398	21972	22031	12545	21421
2005	24122	15954	23370	24936	24832	14693	24583
2006	27628	17975	26711	28631	29135	17752	27081
2007	33312	23040	32051	34624	34894	21539	32814
2008	39990	28373	37685	42163	42962	25113	38673
2009	43937	31834	40588	47143	47895	29018	41806
2010	51489	40221	46615	56090	56635	37686	48557
2011	54867	46948	50477	61322	61701	35213	52489
2012	61514	52939	57146	67303	68231	40494	59326
2013	67773	55191	63171	73512	75881	41094	65797
2014	72773	62672	66253	80854	84254	44964	69763
2015	80090	68883	73154	87673	93641	47413	76632

注：1998-2010年为人均劳动报酬。

Note: Data from 1998 to 2010 refer to average wages.

4-14 城镇非私营单位从业人员工资总额

Total Remuneration of Employment Personnel in Urban Non-Private Units

单位：亿元(100 million yuan)

项　目	Item	2014	2015	2015比2014年增长(%) Increase Rate in 2015 over 2014(%)
总　计	**Total**	**2154.03**	**2373.07**	**10.2**
按登记注册类型分	**Grouped by Registration Status**			
国有单位	State-owned Units	631.30	675.26	7.0
集体单位	Collective-owned Units	35.33	32.79	-7.2
其他单位	Others	1487.40	1665.02	11.9
# 外商及港澳台商投资单位	Units with Funds from Foreign Countries, Hong Kong, Macao & Taiwan	607.01	647.09	6.6
股份有限公司	Share Holding Corporations Ltd.	222.98	260.67	16.9
按国民经济行业分	**Grouped by Sector**			
农、林、牧、渔业	Farming, Forestry, Animal Husbandry and Fishery	3.20	3.70	15.6
采矿业	Minerals Mining	66.84	70.17	5.0
制造业	Manufacturing	781.14	812.20	4.0
电力、热力、燃气及水生产和供应业	Production and Supply of Electricity, Heat, Gas and Water	46.68	52.17	11.8
建筑业	Construction	186.64	192.43	3.1
批发和零售业	Wholesale and Retail Trade	106.28	119.62	12.6
交通运输、仓储和邮政业	Transportation, Storage and Post Services	119.94	131.86	9.9
住宿和餐饮业	Accommodation and Catering Services	21.11	21.69	2.7
信息传输、软件和信息技术服务业	Information Transmitting, Software and Information Technology Services	45.43	57.59	26.8
金融业	Finance Intermediation	102.17	125.31	22.6
房地产业	Real Estate	50.10	56.53	12.8
租赁和商务服务业	Leasing and Business Services	47.81	61.11	27.8
科学研究和技术服务业	Scientific Research and Technical Services	119.09	140.37	17.9
水利、环境和公共设施管理业	Management for Water Conservancy, Environment and Public Facilities	28.70	32.07	11.7
居民服务、修理和其他服务业	Resident Services, Repair and Other Services	37.04	43.43	17.3
教　育	Education	157.11	175.02	11.4
卫生和社会工作	Health Care and Social Work	88.29	101.34	14.8
文化、体育和娱乐业	Culture, Sports and Recreational Services	16.28	19.74	21.3
公共管理、社会保障和社会组织	Public Management, Social Security and Social Organizations	130.18	156.72	20.4
按企业、事业、机关分	**Grouped by Enterprise, Institution and Government Agency**			
企　业	Enterprises	1715.35	1871.15	9.1
中　央	Central	312.04	334.70	7.3
地　方	Local	1403.31	1536.45	9.5
# 国　有	State-owned	109.94	104.85	-4.6
事　业	Institutions	314.63	354.31	12.6
中　央	Central	19.40	23.11	19.1
地　方	Local	295.23	331.20	12.2
机　关	Government Agencies	118.94	138.76	16.7
中　央	Central	8.40	10.91	29.9
地　方	Local	110.54	127.85	15.7

4-15 城镇非私营单位从业人员平均工资

Average Remuneration of Employment Personnel in Urban Non-Private Units

单位：元(yuan)

项　　目	Item	2014	2015	2015比2014年增长(%) Increase Rate in 2015 over 2014(%)
总　　计	**Total**	**72773**	**80090**	**10.1**
按登记注册类型分	**Grouped by Registration Status**			
国有单位	State-owned Units	84254	93641	11.1
集体单位	Collective-owned Units	44946	47413	5.5
其他单位	Others	69763	76632	9.8
# 外商及港澳台商投资单位	Units with Funds from Foreign Countries, Hong Kong, Macao & Taiwan	71088	75848	6.7
股份有限公司	Share Holding Corporations Ltd.	87032	81254	-6.6
按国民经济行业分	**Grouped by Sector**			
农、林、牧、渔业	Farming, Forestry, Animal Husbandry and Fishery	62672	68883	9.9
采矿业	Minerals Mining	98238	105647	7.5
制造业	Manufacturing	64864	71931	10.9
电力、热力、燃气及水生产和供应业	Production and Supply of Electricity, Heat, Gas and Water	107275	116003	8.1
建筑业	Construction	59019	64141	8.7
批发和零售业	Wholesale and Retail Trade	61764	66710	8.0
交通运输、仓储和邮政业	Transportation, Storage and Post Services	84736	89389	5.5
住宿和餐饮业	Accommodation and Catering Services	36138	39538	9.4
信息传输、软件和信息技术服务业	Information Transmitting, Software and Information Technology Services	116902	134331	14.9
金融业	Finance Intermediation	118263	112059	-5.2
房地产业	Real Estate	75052	76842	2.4
租赁和商务服务业	Leasing and Business Services	72255	75266	4.2
科学研究和技术服务业	Scientific Research and Technical Services	113548	123312	8.6
水利、环境和公共设施管理业	Management for Water Conservancy, Environment and Public Facilities	70314	77459	10.2
居民服务、修理和其他服务业	Resident Services, Repair and Other Services	34200	39631	15.9
教　育	Education	90983	97847	7.5
卫生和社会工作	Health Care and Social Work	96200	105452	9.6
文化、体育和娱乐业	Culture, Sports and Recreational Services	77689	87264	12.3
公共管理、社会保障和社会组织	Public Management, Social Security and Social Organizations	84998	95834	12.7
按企业、事业、机关分	**Grouped by Enterprise, Institution and Government Agency**			
企　业	Enterprises	69691	76423	9.7
中　央	Central	95842	99387	3.7
地　方	Local	65704	72765	10.7
# 国　有	State-owned	61610	66694	8.3
事　业	Institutions	89767	98908	10.2
中　央	Central	96804	110896	14.6
地　方	Local	89340	98167	9.9
机　关	Government Agencies	85670	97445	13.7
中　央	Central	68993	90920	31.8
地　方	Local	87272	98046	12.3

4-16 城镇非私营单位在岗职工工资总额

Total Remuneration of On-post Staff and Workers in Urban Non-Private Units

单位：亿元 (100 million yuan)

项　目	Item	2014	2015	2015比2014年增长(%) Increase Rate in 2015 over 2014(%)
总　计	**Total**	**2063.14**	**2277.96**	**10.4**
按登记注册类型分	**Grouped by Registration Status**			
国有单位	State-owned Units	617.29	657.75	6.6
集体单位	Collective-owned Units	32.22	31.07	-3.6
其他单位	Others	1413.63	1589.14	12.4
# 外商及港澳台商投资单位	Units with Funds from Foreign Countries, Hong Kong, Macao & Taiwan	575.49	617.66	7.3
股份有限公司	Share Holding Corporations Ltd.	207.69	241.34	16.2
按国民经济行业分	**Grouped by Sector**			
农、林、牧、渔业	Farming, Forestry, Animal Husbandry and Fishery	3.10	3.57	15.2
采矿业	Minerals Mining	65.75	69.79	6.1
制造业	Manufacturing	752.32	785.84	4.5
电力、热力、燃气及水生产和供应业	Production and Supply of Electricity, Heat, Gas and Water	46.09	51.68	12.1
建筑业	Construction	171.82	178.46	3.9
批发和零售业	Wholesale and Retail Trade	101.70	115.35	13.4
交通运输、仓储和邮政业	Transportation, Storage and Post Services	118.11	130.09	10.1
住宿和餐饮业	Accommodation and Catering Services	18.49	19.62	6.1
信息传输、软件和信息技术服务业	Information Transmitting, Software and Information Technology Services	44.30	56.51	27.6
金融业	Finance Intermediation	90.27	109.27	21.0
房地产业	Real Estate	48.31	54.74	13.3
租赁和商务服务业	Leasing and Business Services	45.22	58.46	29.3
科学研究和技术服务业	Scientific Research and Technical Services	112.72	132.98	18.0
水利、环境和公共设施管理业	Management for Water Conservancy, Environment and Public Facilities	26.57	29.34	10.4
居民服务、修理和其他服务业	Resident Services, Repair and Other Services	36.06	41.41	14.8
教　育	Education	154.30	171.65	11.2
卫生和社会工作	Health Care and Social Work	85.65	97.92	14.3
文化、体育和娱乐业	Culture, Sports and Recreational Services	15.26	18.53	21.4
公共管理、社会保障和社会组织	Public Management, Social Security and Social Organizations	127.10	152.75	20.2

4-17 城镇非私营单位在岗职工平均工资

Average Remuneration of On-post Staff and Workers In Urban Non-Private Units

单位：元(yuan)

项　　目	Item	2014	2015	2015比2014年增长(%) Increase Rate in 2015 over 2014(%)
总　　计	**Total**	**73839**	**81486**	**10.4**
按登记注册类型分	**Grouped by Registration Status**			
国有单位	State-owned Units	87289	97522	11.7
集体单位	Collective-owned Units	45052	48366	7.4
其他单位	Others	70141	77262	10.2
# 外商及港澳台商投资单位	Units with Funds from Foreign Countries, Hong Kong, Macao & Taiwan	69256	77447	11.8
股份有限公司	Share Holding Corporations Ltd.	93101	104775	12.5
按国民经济行业分	**Grouped by Sector**			
农、林、牧、渔业	Farming, Forestry, Animal Husbandry and Fishery	66023	71764	8.7
采矿业	Minerals Mining	98944	106609	7.7
制造业	Manufacturing	63728	70773	11.1
电力、热力、燃气及水生产和供应业	Production and Supply of Electricity, Heat, Gas and Water	108933	118402	8.7
建筑业	Construction	61229	66564	8.7
批发和零售业	Wholesale and Retail Trade	61225	66584	8.8
交通运输、仓储和邮政业	Transportation, Storage and Post Services	85861	90316	5.2
住宿和餐饮业	Accommodation and Catering Services	41091	45040	9.6
信息传输、软件和信息技术服务业	Information Transmitting, Software and Information Technology Services	115033	132742	15.4
金融业	Finance Intermediation	150581	137683	-8.6
房地产业	Real Estate	77422	78944	2.0
租赁和商务服务业	Leasing and Business Services	73754	76376	3.6
科学研究和技术服务业	Scientific Research and Technical Services	116346	126712	8.9
水利、环境和公共设施管理业	Management for Water Conservancy, Environment and Public Facilities	78486	86860	10.7
居民服务、修理和其他服务业	Resident Services, Repair and Other Services	34012	39889	17.3
教　育	Education	94052	101395	7.8
卫生和社会工作	Health Care and Social Work	99917	109584	9.7
文化、体育和娱乐业	Culture, Sports and Recreational Services	78303	89569	14.4
公共管理、社会保障和社会组织	Public Management, Social Security and Social Organizations	89099	100204	12.5

4-18 城镇非私营单位其他从业人员工资总额

Total Remuneration of Other Employment Personnel in Urban Non-Private Units

单位：亿元(100 million yuan)

项目	Item	2014	2015	2015比2014年增长(%) Increase Rate in 2015 over 2014(%)
总计	**Total**	**90.88**	**95.10**	**4.6**
按登记注册类型分	**Grouped by Registration Status**			
国有单位	State-owned Units	14.00	17.51	25.1
集体单位	Collective-owned Units	3.11	1.71	-45.0
其他单位	Others	73.77	75.88	2.9
# 外商及港澳台商投资单位	Units with Funds from Foreign Countries, Hong Kong, Macao & Taiwan	31.52	29.42	-6.7
股份有限公司	Share Holding Corporations Ltd.	15.29	19.33	26.4
按国民经济行业分	**Grouped by Sector**			
农、林、牧、渔业	Farming, Forestry, Animal Husbandry and Fishery	0.10	0.12	20.0
采矿业	Minerals Mining	1.09	0.38	-65.1
制造业	Manufacturing	28.82	26.36	-8.5
电力、热力、燃气及水生产和供应业	Production and Supply of Electricity, Heat, Gas and Water	0.58	0.49	-15.5
建筑业	Construction	14.82	13.97	-5.7
批发和零售业	Wholesale and Retail Trade	4.57	4.27	-6.6
交通运输、仓储和邮政业	Transportation, Storage and Post Services	1.83	1.76	-3.8
住宿和餐饮业	Accommodation and Catering Services	2.63	2.07	-21.3
信息传输、软件和信息技术服务业	Information Transmitting, Software and Information Technology Services	1.13	1.08	-4.4
金融业	Finance Intermediation	11.91	16.04	34.7
房地产业	Real Estate	1.80	1.80	
租赁和商务服务业	Leasing and Business Services	2.59	2.64	1.9
科学研究和技术服务业	Scientific Research and Technical Services	6.37	7.39	16.0
水利、环境和公共设施管理业	Management for Water Conservancy, Environment and Public Facilities	2.12	2.73	28.8
居民服务、修理和其他服务业	Resident Services, Repair and Other Services	0.98	2.02	106.1
教育	Education	2.81	3.37	19.9
卫生和社会工作	Health Care and Social Work	2.64	3.44	30.3
文化、体育和娱乐业	Culture, Sports and Recreational Services	1.02	1.21	18.6
公共管理、社会保障和社会组织	Public Management, Social Security and Social Organizations	3.07	3.96	29.0

4-19 城镇非私营单位其他从业人员平均工资

Average Remuneration of Other Employment Personnel in Urban Non-Private Units

单位：元(yuan)

项　　目	Item	2014	2015	2015比2014年增长(%) Increase Rate in 2015 over 2014(%)
总　　计	**Total**	**54804**	**56787**	**3.6**
按登记注册类型分	**Grouped by Registration Status**			
国有单位	State-owned Units	33268	37532	12.8
集体单位	Collective-owned Units	43880	34916	-20.4
其他单位	Others	63240	65461	3.5
# 外商及港澳台商投资单位	Units with Funds from Foreign Countries, Hong Kong, Macao & Taiwan	137483	155816	13.3
股份有限公司	Share Holding Corporations Ltd.	46163	51632	11.8
按国民经济行业分	**Grouped by Sector**			
农、林、牧、渔业	Farming, Forestry, Animal Husbandry and Fishery	23783	31897	34.1
采矿业	Minerals Mining	68675	39699	-42.2
制造业	Manufacturing	121292	140380	15.7
电力、热力、燃气及水生产和供应业	Production and Supply of Electricity, Heat, Gas and Water	48773	36724	-24.7
建筑业	Construction	41609	43781	5.2
批发和零售业	Wholesale and Retail Trade	76816	70328	-8.4
交通运输、仓储和邮政业	Transportation, Storage and Post Services	45905	50850	10.8
住宿和餐饮业	Accommodation and Catering Services	19549	18346	-6.2
信息传输、软件和信息技术服务业	Information Transmitting, Software and Information Technology Services	322000	361312	12.2
金融业	Finance Intermediation	45012	49408	9.8
房地产业	Real Estate	41160	42433	3.1
租赁和商务服务业	Leasing and Business Services	53343	56950	6.8
科学研究和技术服务业	Scientific Research and Technical Services	79628	83165	4.4
水利、环境和公共设施管理业	Management for Water Conservancy, Environment and Public Facilities	30544	35817	17.3
居民服务、修理和其他服务业	Resident Services, Repair and Other Services	42964	35003	-18.5
教　育	Education	32587	35178	8.0
卫生和社会工作	Health Care and Social Work	43569	50874	16.8
文化、体育和娱乐业	Culture, Sports and Recreational Services	69556	62564	-10.1
公共管理、社会保障和社会组织	Public Management, Social Security and Social Organizations	29369	35751	21.7

主要统计指标解释

劳动力资源

指在劳动年龄内，具有劳动能力，在正常情况下，可能或实际参加社会劳动的总人口数。具体的范围是：劳动年龄内(16 周岁及以上)，有劳动能力、实际参加社会劳动和未参加社会劳动的人员。

社会从业人员

指在劳动年龄内，有劳动能力，参加社会劳动取得劳动报酬或经营收入的人员。具体指非私营城镇单位从业人员，乡镇企业从业人员，乡村农林牧渔劳动者，私营、个体雇员，私营、个体雇主以及其他从业人员。从空间范围上讲社会从业人员既包括城镇中的从业人员，又包括乡村中的从业人员。

城镇非私营单位从业人员

指在各类法人单位工作，并由单位支付劳动报酬的人员，包括在岗职工和其他从业人员。

在岗职工　是指在本单位工作且与本单位签订劳动合同，并由单位支付各项工资和社会保险、住房公积金的人员，以及上述人员中由于学习、病伤产假等原因暂未工作，仍由单位支付工资的人员。为准确反映行业用工情况，从 2011 年起，将在岗职工中的劳务派遣人员进行了单独统计。

其他从业人员　是指除在岗职工以外，实际参加本单位生产或工作并从本单位取得劳动报酬的人员。具体包括：非全日制人员、聘用的正式离退休人员、兼职人员和第二职业者，以及在本单位工作的外籍和港澳台方人员。

城镇私营和个体从业人员

指在工商管理部门注册登记，其经营地址设在县城关镇(含城关镇)以上的私营企业从业人员；包括私营企业投资者和雇工。

城镇个体从业人员指在工商管理部门注册登记，并持有城镇户口或在城镇长期居住，经批准从事个体工商经营的从业人员；包括个体经营者和在个体工商户劳动的家庭帮工和雇工。

城镇登记失业人员

指有非农业户口，在一定的劳动年龄（16 岁至退休年龄）内，有劳动能力，无业且要求就业，并在当地劳动保障机构进行求职登记的人员。

城镇登记失业率

指报告期末城镇登记失业人数占期末从业人员总数与期末实有城镇登记失业人数之和的比重。计算公式：

$$\text{城镇登记失业率}=\frac{\text{期末实有城镇登记失业人数}}{\text{期末从业人员总数}+\text{期末实有城镇失业人数}}\times 100\%$$

工资总额

根据《关于工资总额组成的规定》，工资总额是指本单位在报告期内（季度或年度）直接支付给本单位人员的劳动报酬总额。

工资总额由基本工资、绩效工资、工资性津贴和补贴、其他工资四部分组成。工资总额不包括病假、事假等情况的扣款。

基本工资　也可称为标准工资、合同工资、谈判工资。指本单位在报告期内（季度或年度）支付给本单位就业人员的按照法定工作时间提供正常工作的劳动报酬。各单位给个人确定的底薪可作为基本工资。包括工龄工资（年功工资）。基本工资不含定时、定额发放的各种奖金、各种津贴和补贴、加班工资，也不包括补发的上一季度或上一年度的基础工资。

绩效工资　也可称为效益工资、业绩工资。指根据本单位利润增长和工作业绩定期支付给本单位就业人员的奖金；支付给本单位从业人员的超额劳动报酬和增收节支的劳动报酬。具体包括：值加班工资、绩效奖金（如年度、季度、月度等）、全勤奖、生产奖、节约奖、劳动竞赛奖和其他名目的奖金；以及某工作事项完成后的提成工资、年底双薪等。但不包括入股分红、股权激励兑现的钱和各种资本性收益。

工资性津贴和补贴　指本单位制定的员工相关工资政策中，为补偿本单位就业人员特殊或额外的劳动消耗和因其他特殊原因支付的津贴，以及为保证其工资水平不受物价影响而支付的物价补贴。具体包括：补偿特殊或额外劳动消耗的津贴及岗位性津贴、保健性津贴、技术性津贴、地区津贴和其他津贴；如过节费、通讯补贴、交通补贴、不休假补贴、无食堂补贴、单位发的可自行支配的住房补贴以及上的各种商业性保险等。上述各种项目均包括货币性质的，也包括实物性质的和各种形式的充值卡、购物卡（券）等。

其他工资　指上述基本工资、绩效工资、工资性津贴和补贴三类工资均不能包括的发给就业人员的工资，如补发上一年度的工资等。

平均工资

是指从业人员在报告期内平均每人所得工资额。计算公式为：

$$\text{平均工资}=\frac{\text{从业人员工资总额}}{\text{从业人员年平均人数}}$$

Explanatory Notes on Main Statistical Indicators

Labour Force

refer to the number of population at working ages (aged 16 and over) who have capacity for physical labour, have engaged in social labour or not.

Employment Personnel

refer to the persons aged 16 and over who are engaged in social labour and receive remuneration payment or earn business income, including employment personnel worked in non-private units in urban areas, employment personnel worked in township enterprises, rural labour engaged in farming, forestry, animal husbandry and fishery, employees in private enterprises and individual economy, employers of private enterprises and individual economy and other employment personnel. Social employment personnel include not only those in urban areas, but also those in rural areas.

Emplayment Personel in Urban Non-private Units

refers to the persons who work in various legal person units and receive payment from the units, including on-post staff and workers and other employment personnel.

On-post Staff and Workers refer to staff and workers working in the units, signed working contracts and received wages, social insurance and housing fund, including those receive wages from units but are temporarily absent from work for reasons of study, work or on sick, injury or maternal leave. In order to accurately reflect the employment situation of the industry, from 2011 onwards, we have carried out separate statistics of the labor dispatch personnel in the on-post staff and workers.

Other Employment Personnel refer to the personnel out of on-post staff and workers, which are working in the units and receiving wages or other forms of payment, including part-time staff, re-employed retirees, employees holding the second job, and foreigners and Chinese compatriots from Hong Kong, Macao, and Taiwan working in the units.

Employment Personnel in Private Enterprises and Individual Economy in Urban Area

refer to the employment personnel in the private enterprises which have been registered at the departments of industrial and commercial administration and are situated at a town (i.e. at the town where the county government is located) for business operation or at urban areas with the level higher than a county town, including investor of the enterprises and persons employed.

The individual economy in urban areas refer to persons who hold the certificates of residence in urban areas or have resided in the urban areas for a long time and have been registered at the departments of industrial and commercial administration and approved to be engaged in individual industrial or commercial business, including self-employed persons as well as helpers and hired labourers who work in the individual households engaged in industrial or commercial business.

Registered Unemployed Personnel in Urban Area

refer to the persons who are registered as permanent residents in the urban areas engaged in non-agricultural activities, aged within the range of working age (16-retired age), capable to labour, unemployed but desirous to be employed and have been registered at the local employment service agencies to apply for a job.

Registered Unemployed Rate in Urban Area

refers to the ratio of the number of the registered unemployed persons to the sum of the number of employed persons and the registered unemployed persons. The formula is as follows:

$$\text{Registered Urban Unemployment Rate} = \frac{\text{Number of Urban Registered Unemployed Persons}}{\text{Urban Employed Persons} + \text{Number of Urban Registered Unemployed Persons}} \times 100\%$$

Total Remuneration

It is revised according to the *Provisions on the Composition of Total Wages* refers to the total remuneration payment to all employed persons in various units during the reporting period (by quarter or by year).

Total remuneration consist of basic salary, performance pay, wage-equivalent subsidy and other wages, excluding the deduction of sick leave, personal leave and others.

Salary can also be called as the standard wage, contract wage or negotiation wage. It refers to the remuneration payment to the employed persons in the units, who provide normal work in accordance with the statutory working hours during the reporting period (by quarter or by year). Basic wage is the basic salary determined by the unit, including the seniority wage, excluding the timing and fixed payment of bonuses, allowances and subsidies, overtime wages, and the basic wages of the last quarter or last year.

Performance Pay can also be called as the benefit wage or achievement wage. It refers to the bonuses payment to the employed persons according to the unit profit growth and work performance, the excess labor remuneration and remuneration of increasing revenue and reducing expenditure paid to the employed persons. It includes the duty wage, overtime wage, performance bonus (the annual, quarterly, monthly), full attendance award, production award, economy award, labor contest award and other awards, the percentage wage after the completion of a work and the double pay in the end, but does not include the bonus shares, equity incentive cash money and other capital gains.

Wage-equivalent Subsidy refer to according to the employee wage policy of the unit, the allowance of compensating for the employed persons of special or extra labor and paying for other special reasons, and the price subsidies for ensuring that the wage level is not affected by the price. It includes the allowance of compensating for special or extra labor and post allowance, health care allowance, technical allowance, area allowance and other allowance, such as festival bonus, communication subsidy, traffic subsidy, holiday subsidy, no canteen subsidy, housing subsidy and various commercial insurance. All the above items include money, real objects and various forms of recharge cards and shopping cards (tickets).

Other Wages refer to the wages paid to the employed persons that not included in the basic Salary, performance pay, wage-equivalent subsidy, such as the reissue salary of the last year.

Average Wage

refer to the average per capita income wage in report period. The formula is as follows:

$$\textit{average Wage} = \frac{\textit{the total remuneration of the employment personnel}}{\textit{the average number of employment personnel}}$$

TIANJIN STATISTICAL YEARBOOK

第五篇　固定资产投资和房地产

Chapter 5　Investment in Fixed Assets and Real Estate

5-1 主要年份全社会固定资产投资

Total Investment in Fixed Assets in Main Years

单位：亿元(100 million yuan)

指标	Item	2005	2010	2014	2015
投资总额	**Total Investment**	**1516.84**	**6511.42**	**11654.09**	**13065.18**
按登记注册类型分	**Grouped by Registered Status**				
内资企业	Domestic-funded Enterprises	1276.27	6020.36	10923.72	12316.84
国有	State-owned Enterprises	422.99	2582.90	2587.68	3175.04
集体	Collective-owned Enterprises	120.85	360.33	1018.97	737.04
股份合作	Cooperative Enterprises	13.08	25.33	107.42	45.80
私营企业	Private Enterprises	140.34	532.07	2512.44	3192.39
股份有限公司	Share Holding Corporations Ltd.	166.68	479.69	599.78	423.13
有限责任公司	Limited Liability Corporations	380.28	1948.34	3589.30	4199.03
# 国有独资公司	Sole State-funded Corporations	194.04	401.01	291.97	279.32
联营企业	Joint Ownership Enterprises	12.22	20.45	113.56	98.27
# 国有联营	State Joint Ownership Enterprises	9.96	7.32	11.78	4.56
其他	Others	19.83	71.25	394.57	446.14
港、澳、台商投资企业	Enterprises with Investment from Hong Kong, Macao and Taiwan	49.65	168.53	250.85	346.85
外商投资企业	Foreign Funded Enterprises	161.63	296.17	451.70	375.65
个体经济	Individuals	29.29	26.36	27.82	25.84
按隶属关系分	**Grouped by Administrative Relationship**				
中央	Central Government	227.99	749.29	742.26	792.82
地方	Local Government	1288.85	5762.13	10911.83	12272.36
按城乡分	**Grouped by Urban and Rural**				
城镇投资	Urban Investment	1385.70	6114.34	10986.50	12359.01
# 房地产开发	Real Estate Development	327.54	866.64	1699.65	1871.55
农村投资	Rural Investment	131.14	397.08	667.59	706.17
按构成分	**Grouped by Composition of Use**				
建筑工程	Construction	852.60	3602.65	6568.17	7518.52
安装工程	Installation	75.59	281.52	713.07	879.90
设备工器具购置	Purchases of Equipment and Instruments	316.10	1213.53	2090.45	2292.41
其他费用	Others	272.55	1413.72	2282.40	2374.35
按三次产业分	**Grouped by Industry**				
第一产业	Primary Industry	13.71	95.37	141.61	235.78
第二产业	Secondary Industry	614.63	2945.99	5036.29	5134.03
第三产业	Tertiary Industry	888.50	3470.06	6476.19	7695.37

注：2011年起固定资产投资统计起点由原来50万元调整为500万元，下表同。

Note: The coverage of investment in fixed assets change from 0.5 million yuan to 5 million yuan from 2011. Same as following next.

5-2 按城乡分全社会固定资产投资和新增固定资产(1996—2015年)

Total Investment in Fixed Assets and Newly Increased Fixed Assets by Urban and Rural Area,1996-2015

单位：亿元(100 million yuan)

年 份 Year	总 计 Total	城 镇 Urban Area	# 房地产开发 Real Estate Development	农 村 Rural Area	非农户 Non-agricultural	农 户 Agricultural
固定资产投资 Investment in Fixed Assets						
1996	435.81	363.18	71.51	72.63	57.35	15.28
1997	498.66	435.64	80.80	63.02	52.39	10.63
1998	575.86	506.71	106.70	69.15	56.70	12.45
1999	567.36	506.86	116.96	60.50	49.00	11.50
2000	608.80	539.23	133.93	69.57	56.47	13.10
2001	705.10	627.20	161.27	77.90	61.50	16.40
2002	811.26	717.25	175.84	94.01	74.00	20.01
2003	1046.72	934.13	211.39	112.59	89.73	22.86
2004	1258.98	1132.72	263.92	126.26	99.06	27.20
2005	1516.84	1385.70	327.54	131.14	101.85	29.29
2006	1849.80	1709.66	402.32	140.14	110.14	30.00
2007	2388.63	2227.66	505.30	160.97	128.26	32.71
2008	3404.10	3189.45	653.72	214.65	181.50	33.15
2009	5006.32	4700.28	735.18	306.04	277.04	29.00
2010	6511.42	6114.34	866.64	397.08	370.72	26.36
2011	7510.67	7057.20	1080.04	453.47	426.49	26.98
2012	8871.31	8340.26	1260.00	531.05	509.53	21.52
2013	10121.21	9528.09	1480.82	593.12	562.95	30.17
2014	11654.09	10986.50	1699.65	667.59	639.77	27.82
2015	13065.18	12359.01	1871.55	706.17	688.75	17.42
新增固定资产 Newly Increased Fixed Assets						
1996	313.12	256.23	57.78	56.89	41.61	15.28
1997	320.46	268.07	53.65	52.39	41.76	10.63
1998	439.58	384.59	79.15	54.99	42.54	12.45
1999	459.54	400.26	64.78	59.28	47.78	11.50
2000	434.28	380.99	102.11	53.29	46.15	7.14
2001	476.92	399.52	99.62	77.40	61.00	16.40
2002	537.98	446.83	112.09	91.15	71.14	20.01
2003	656.99	547.10	155.38	109.89	87.03	22.86
2004	696.56	576.72	94.79	119.84	92.64	27.20
2005	847.79	725.01	265.97	122.78	95.97	26.81
2006	1423.73	1283.59	396.10	140.14	110.14	30.00
2007	1302.95	1168.34	506.91	134.61	103.83	30.78
2008	1873.10	1681.99	504.29	191.11	160.21	30.90
2009	2574.48	2350.53	609.89	223.95	195.86	28.09
2010	3296.45	2994.13	736.06	302.32	276.14	26.18
2011	3666.76	3283.93	1226.25	382.83	357.28	25.55
2012	4464.90	4140.42	1066.49	324.48	302.83	21.65
2013	5852.86	5418.38	1308.04	434.48	404.31	30.17
2014	6614.94	5965.86	1061.31	649.08	621.26	27.82
2015	8126.67	7526.48	1167.32	600.19	582.77	17.42

5-3 按行业分全社会固定资产投资

Total Investment in Fixed Assets by Sector

单位：亿元(100 million yuan)

行业 Sector	2014	2015	2015比2014年增长(%) Increase Rate in 2015 over 2014(%)
总计 Total	**11654.09**	**13065.18**	**12.1**
农、林、牧、渔业 Farming, Forestry, Animal Husbandry and Fishery	175.60	235.78	34.3
采矿业 Minerals Mining	395.64	291.74	-26.3
制造业 Manufacturing	4209.56	4308.74	2.4
电力、热力、燃气及水生产和供应业 Production and Supply of Electricity, Heat, Gas and Water	406.72	480.74	18.2
建筑业 Construction	41.01	52.81	28.8
批发和零售业 Wholesale and Retail Trade	323.74	471.45	45.6
交通运输、仓储和邮政业 Transportation, Storage and Post Services	769.71	860.77	11.8
住宿和餐饮业 Accommodation and Catering Services	71.66	82.69	15.4
信息传输、软件和信息技术服务业 Information Transmitting, Software and Information Technology Services	125.20	171.37	36.9
金融业 Finance Intermediation	58.79	31.00	-47.3
房地产业 Real Estate	2589.37	3085.31	19.2
租赁和商务服务业 Leasing and Business Services	596.16	744.95	25.0
科学研究和技术服务业 Scientific Research and Technical Services	133.38	104.50	-21.7
水利、环境和公共设施管理业 Management for Water Conservancy, Environment and Public Facilities	1240.18	1638.85	32.1
居民服务、修理和其他服务业 Resident Services, Repair and Other Services	115.73	85.45	-26.2
教育 Education	186.42	176.59	-5.3
卫生和社会工作 Health Care and Social Work	55.93	88.66	58.5
文化、体育和娱乐业 Culture, Sports and Recreational Services	87.59	95.65	9.2
公共管理、社会保障和社会组织 Public Management, Social Security and Social Organizations	71.70	58.12	-18.9

5-4 按行业分全社会民间固定资产投资

Total Private Investment in Fixed Assets by Sector

单位：亿元(100 million yuan)

行　　业 Sector	2014	2015	2015比2014年增长(%) Increase Rate in 2015 over 2014(%)
总　　计 **Total**	**6743.68**	**7588.90**	**12.5**
农、林、牧、渔业 Farming, Forestry, Animal Husbandry and Fishery	150.92	202.94	34.5
采矿业 Minerals Mining	2.51	21.76	766.8
制造业 Manufacturing	3129.62	3333.63	6.5
电力、热力、燃气及水生产和供应业 Production and Supply of Electricity, Heat, Gas and Water	40.95	112.86	175.6
建筑业 Construction	40.83	47.02	15.2
批发和零售业 Wholesale and Retail Trade	291.70	430.30	47.5
交通运输、仓储和邮政业 Transportation, Storage and Post Services	190.44	220.53	15.8
住宿和餐饮业 Accommodation and Catering Services	62.55	68.97	10.3
信息传输、软件和信息技术服务业 Information Transmitting, Software and Information Technology Services	50.37	57.15	13.5
金融业 Finance Intermediation	36.63	11.71	-68.0
房地产业 Real Estate	1520.53	1611.03	6.0
租赁和商务服务业 Leasing and Business Services	454.26	595.98	31.2
科学研究和技术服务业 Scientific Research and Technical Services	104.04	86.01	-17.3
水利、环境和公共设施管理业 Management for Water Conservancy, Environment and Public Facilities	422.49	567.68	34.4
居民服务、修理和其他服务业 Resident Services, Repair and Other Services	80.19	58.53	-27.0
教　育 Education	58.68	70.63	20.4
卫生和社会工作 Health Care and Social Work	13.36	17.60	31.7
文化、体育和娱乐业 Culture, Sports and Recreational Services	57.85	46.82	-19.1
公共管理、社会保障和社会组织 Public Management, Social Security and Social Organizations	35.78	27.77	-22.4

5-5 按行业分全社会新增固定资产

Total Investment in Newly Increased Fixed Assets by Sector

单位：亿元(100 million yuan)

行　业 Sector	2014	2015	2015比 2014年 增长(%) Increase Rate in 2015 over 2014(%)
总　计 **Total**	**6614.94**	**8126.67**	**22.9**
农、林、牧、渔业 Farming, Forestry, Animal Husbandry and Fishery	176.63	213.39	20.8
采矿业 Minerals Mining	386.06	28.88	-92.5
制造业 Manufacturing	2386.36	2946.82	23.5
电力、热力、燃气及水生产和供应业 Production and Supply of Electricity, Heat, Gas and Water	183.88	183.58	-0.2
建筑业 Construction	17.74	38.87	119.1
批发和零售业 Wholesale and Retail Trade	278.15	448.24	61.2
交通运输、仓储和邮政业 Transportation, Storage and Post Services	249.67	390.76	56.5
住宿和餐饮业 Accommodation and Catering Services	49.46	87.09	76.1
信息传输、软件和信息技术服务业 Information Transmitting, Software and Information Technology Services	84.97	103.42	21.7
金融业 Finance Intermediation	39.26	14.30	-63.6
房地产业 Real Estate	1372.66	1937.06	41.1
租赁和商务服务业 Leasing and Business Services	340.01	367.66	8.1
科学研究和技术服务业 Scientific Research and Technical Services	98.02	82.48	-15.9
水利、环境和公共设施管理业 Management for Water Conservancy, Environment and Public Facilities	609.60	972.06	59.5
居民服务、修理和其他服务业 Resident Services, Repair and Other Services	106.31	81.15	-23.7
教　育 Education	73.34	65.03	-11.3
卫生和社会工作 Health Care and Social Work	53.18	68.12	28.1
文化、体育和娱乐业 Culture, Sports and Recreational Services	60.39	54.59	-9.6
公共管理、社会保障和社会组织 Public Management, Social Security and Social Organizations	49.25	43.18	-12.3

5-6 城镇固定资产投资及新增固定资产

Investment in Fixed Assets and Newly Increased Fixed Assets in Urban Area

单位：亿元(100 million yuan)

项　目	Item	2014	2015	2015比2014年增长(%) Increase Rate in 2015 over 2014(%)
固定资产投资	**Total Investment in Fixed Assets**	**10986.50**	**12359.01**	**12.5**
按三次产业分	**Grouped by Industry**			
第一产业	Primary Industry	75.50	94.91	25.7
第二产业	Secondary Industry	4841.71	5093.47	5.2
第三产业	Tertiary Industry	6069.29	7170.63	18.1
按隶属关系分	**Grouped by Administrative Relationship**			
中　央	Central Government	742.26	792.82	6.8
地　方	Local Government	10244.24	11566.19	12.9
按建设性质分	**Grouped by Type of Construction**			
# 新　建	New Construction	6390.72	6946.76	8.7
改、扩建及其他	Expansion, Reconstruction and Others	2896.13	3540.70	22.3
按构成分	**Grouped by Composition of Use**			
建筑工程	Construction	6177.21	7117.11	15.2
安装工程	Installation	676.25	791.20	17.0
设备工器具购置	Purchases of Equipment and Instruments	1926.62	2198.26	14.1
其他费用	Others	2206.42	2252.44	2.1
按登记注册类型分	**Grouped by Registered Status**			
内资企业	Domestic-funded Enterprises	10306.12	11629.04	12.8
国　有	State-owned Enterprises	2557.73	3045.44	19.1
集　体	Collective-owned Enterprises	816.74	488.29	-40.2
股份合作	Cooperative Enterprises	106.42	45.11	-57.6
私营企业	Private Enterprises	2372.78	3109.64	31.1
股份有限公司	Share Holding Corporations Ltd.	586.18	422.06	-28.0
有限责任公司	Limited Liability Corporations	3455.37	4085.53	18.2
# 国有独资公司	Sole State-funded Corporations	291.97	278.77	-4.5
联营企业	Joint Ownership Enterprises	112.65	82.69	-26.6
# 国有联营	State Joint Ownership Enterprises	11.53	4.56	-60.5
其　他	Others	298.25	350.28	17.4
港、澳、台商投资企业	Enterprises with Investment from Hong Kong, Macao and Taiwan	240.81	346.15	43.7
外商投资企业	Foreign Funded Enterprises	439.57	375.40	-14.6
个体经营	Self-employed Enterprises		8.42	
新增固定资产	**Newly Increased Fixed Assets**	**5965.86**	**7526.48**	**26.2**
第一产业	Primary Industry	69.94	85.63	22.4
第二产业	Secondary Industry	2761.32	3157.14	14.3
第三产业	Tertiary Industry	3134.60	4283.71	36.7
固定资产交付使用率(%)	**Rate of Fixed Assets Put into Use (%)**	**54.3**	**60.9**	

注：表中按建设性质分组数据不含房地产开发投资。
Note: Investment grouped by type of construction of this table excludes real estate development.

5-7 按行业分城镇固定资产投资

Investment in Fixed Assets in Urban Area by Sector

单位：亿元(100 million yuan)

行　业 Sector	2014	2015	2015比2014年增长(%) Increase Rate in 2015 over 2014(%)
总　计 **Total**	**10986.50**	**12359.01**	**12.5**
农、林、牧、渔业 Farming, Forestry, Animal Husbandry and Fishery	97.61	120.69	23.6
采矿业 Minerals Mining	395.64	291.74	-26.3
制造业 Manufacturing	4028.83	4291.19	6.5
电力、热力、燃气及水生产和供应业 Production and Supply of Electricity, Heat, Gas and Water	403.37	480.14	19.0
建筑业 Construction	30.01	38.64	28.8
批发和零售业 Wholesale and Retail Trade	299.52	418.51	39.7
交通运输、仓储和邮政业 Transportation, Storage and Post Services	737.23	822.64	11.6
住宿和餐饮业 Accommodation and Catering Services	56.49	72.32	28.0
信息传输、软件和信息技术服务业 Information Transmitting, Software and Information Technology Services	119.68	169.01	41.2
金融业 Finance Intermediation	58.32	31.00	-46.8
房地产业 Real Estate	2519.01	2973.64	18.0
租赁和商务服务业 Leasing and Business Services	536.43	702.84	31.0
科学研究和技术服务业 Scientific Research and Technical Services	120.66	96.28	-20.2
水利、环境和公共设施管理业 Management for Water Conservancy, Environment and Public Facilities	1097.54	1400.95	27.6
居民服务、修理和其他服务业 Resident Services, Repair and Other Services	102.62	64.32	-37.3
教　育 Education	183.75	169.35	-7.8
卫生和社会工作 Health Care and Social Work	53.22	85.59	60.8
文化、体育和娱乐业 Culture, Sports and Recreational Services	82.24	81.18	-1.3
公共管理、社会保障和社会组织 Public Management, Social Security and Social Organizations	64.33	48.98	-23.9

5-8 按制造业行业分城镇固定资产投资

Investment in Fixed Assets in Urban Area of Manufacturing

单位：亿元(100 million yuan)

行业	Sector	2014	2015	2015比2014年增长(%) Increase Rate in 2015 over 2014(%)
总计	**Total**	**4028.83**	**4291.19**	**6.5**
农副食品加工业	Processing of Food from Agricultural Products	95.73	117.02	22.2
食品制造业	Manufacture of Food	105.29	81.59	-22.5
酒、饮料和精制茶制造业	Manufacture of Alcohol, Beverage and Refined Tea	34.79	21.15	-39.2
烟草制品业	Manufacture of Tobacco	0.06		
纺织业	Manufacture of Textile	31.02	35.34	13.9
纺织服装、服饰业	Manufacture of Textile Wearing and Apparel	27.97	62.82	124.6
皮革、皮毛、羽毛及其制品和制鞋业	Manufacture of Leather, Fur, Feather and Related Products, Footware	2.65	12.42	368.4
木材加工及木、竹、藤、棕、草制品业	Processing of Timber, Manufacture of Wood, Bamboo, Rattan, Palm and Straw Products	14.61	44.20	202.5
家具制造业	Manufacture of Furniture	60.76	58.93	-3.0
造纸及纸制品业	Manufacture of Paper and Paper Products	41.63	55.45	33.2
印刷和记录媒介的复制	Printing, Reproduction of Recording Media	12.07	18.75	55.4
文教、工美、体育和娱乐用品制造业	Manufacture of Articles for Culture, Education and Industrial Arts, Sport Activity, Amusement Manufacturing	29.34	48.17	64.2
石油加工、炼焦及核燃料加工业	Processing of Petroleum, Coking, Processing of Nuclear Fuel	50.02	21.42	-57.2
化学原料及化学制品制造业	Manufacture of Raw Chemical Materials and Chemical Products	71.74	69.58	-3.0
医药制造业	Manufacture of Medicines	85.22	72.79	-14.6
化学纤维制造业	Manufacture of Chemical Fibers	1.96	0.08	-95.9
橡胶和塑料制品业	Manufacture of Rubber and Plastic	164.86	118.22	-28.3
非金属矿物制品业	Manufacture of Non-metallic Mineral Products	138.27	198.75	43.7
黑色金属冶炼及压延加工业	Smelting and Pressing of Ferrous Metals	96.34	106.84	10.9
有色金属冶炼及压延加工业	Smelting and Pressing of Non-Ferrous Metals	242.29	136.60	-43.6
金属制品业	Manufacture of Metal Products	229.90	288.18	25.3
通用设备制造业	Manufacture of General Purpose Machinery	710.58	731.73	3.0
专用设备制造业	Manufacture of Special Purpose Machinery	680.99	543.96	-20.1
汽车制造业	Manufacture of Motorcar	208.81	207.12	-0.8
铁路、船舶、航空航天和其他运输设备制造业	Ralway, Watercraft, Aerospace and Other Transport Equipment	115.41	96.68	-16.2
电气机械及器材制造业	Manufacture of Electrical Machinery and Equipment	134.92	195.46	44.9
计算机、通信和其他电子设备制造业	Manufacture of Computers, Communication and Other Electronic Equipment	298.30	291.17	-2.4
仪器仪表制造业	Manufacture of Measuring Instruments	23.02	48.90	112.4
其他制造业	Other Manufacture	255.90	496.46	94.0
废弃资源综合利用业	Comprehensive Recycling of Waste	57.80	103.16	78.5
金属制品、机械和设备修理业	Metal Products, Machine and Equipment Repair	6.58	8.24	25.3

5-9 按行业分城镇新增固定资产

Newly Increased Fixed Assets in Urban Area by Sector

单位：亿元(100 million yuan)

行　业 Sector	2014	2015	2015比2014年增长(%) Increase Rate in 2015 over 2014(%)
总　计 **Total**	**5965.86**	**7526.48**	**26.2**
农、林、牧、渔业 Farming, Forestry, Animal Husbandry and Fishery	87.61	101.63	16.0
采矿业 Minerals Mining	386.06	28.88	-92.5
制造业 Manufacturing	2196.42	2929.65	33.4
电力、热力、燃气及水生产和供应业 Production and Supply of Electricity, Heat, Gas and Water	182.13	182.98	0.5
建筑业 Construction	10.45	23.28	122.9
批发和零售业 Wholesale and Retail Trade	254.61	404.26	58.8
交通运输、仓储和邮政业 Transportation, Storage and Post Services	218.32	370.75	69.8
住宿和餐饮业 Accommodation and Catering Services	42.69	83.42	95.4
信息传输、软件和信息技术服务业 Information Transmitting, Software and Information Technology Services	79.27	101.06	27.5
金融业 Finance Intermediation	38.79	14.30	-63.1
房地产业 Real Estate	1300.43	1894.28	45.7
租赁和商务服务业 Leasing and Business Services	291.84	343.09	17.6
科学研究和技术服务业 Scientific Research and Technical Services	85.30	74.51	-12.7
水利、环境和公共设施管理业 Management for Water Conservancy, Environment and Public Facilities	475.47	709.48	49.2
居民服务、修理和其他服务业 Resident Services, Repair and Other Services	93.59	60.13	-35.8
教　育 Education	70.68	57.34	-18.9
卫生和社会工作 Health Care and Social Work	51.53	65.05	26.2
文化、体育和娱乐业 Culture, Sports and Recreational Services	58.04	43.12	-25.7
公共管理、社会保障和社会组织 Public Management, Social Security and Social Organizations	42.63	39.29	-7.8

5-10 按制造业行业分城镇新增固定资产

Newly Increased Fixed Assets in Urban Area of Manufacturing

单位：亿元(100 million yuan)

行　业	Sector	2014	2015	2015比2014年增长(%) Increase Rate in 2015 over 2014(%)
总　计	**Total**	**2196.42**	**2929.65**	**33.4**
农副食品加工业	Processing of Food from Agricultural Products	51.89	68.98	33.0
食品制造业	Manufacture of Food	66.56	61.49	-7.6
酒、饮料和精制茶制造业	Manufacture of Alcohol, Beverage and Refined Tea	24.98	23.24	-7.0
烟草制品业	Manufacture of Tobacco			
纺织业	Manufacture of Textile	22.26	34.02	52.8
纺织服装、服饰业	Manufacture of Textile Wearing and Apparel	28.79	52.53	82.4
皮革、皮毛、羽毛及其制品和制鞋业	Manufacture of Leather, Fur, Feather and Related Products, Footware	2.65	9.54	259.9
木材加工及木、竹、藤、棕、草制品业	Processing of Timber, Manufacture of Wood, Bamboo, Rattan, Palm and Straw Products	11.48	37.40	225.8
家具制造业	Manufacture of Furniture	37.50	67.65	80.4
造纸及纸制品业	Manufacture of Paper and Paper Products	33.29	45.18	35.7
印刷和记录媒介的复制	Printing, Reproduction of Recording Media	10.57	9.21	-12.9
文教、工美、体育和娱乐用品制造业	Manufacture of Articles for Culture, Education and Industrial Arts, Sport Activity, Amusement Manufacturing	35.05	24.31	-30.6
石油加工、炼焦及核燃料加工业	Processing of Petroleum, Coking, Processing of Nuclear Fuel	23.76	18.40	-22.6
化学原料及化学制品制造业	Manufacture of Raw Chemical Materials and Chemical Products	57.13	51.64	-9.6
医药制造业	Manufacture of Medicines	55.89	45.10	-19.3
化学纤维制造业	Manufacture of Chemical Fibers	1.96	0.08	-95.9
橡胶和塑料制品业	Manufacture of Rubber and Plastic	100.19	129.61	29.4
非金属矿物制品业	Manufacture of Non-metallic Mineral Products	109.51	149.81	36.8
黑色金属冶炼及压延加工业	Smelting and Pressing of Ferrous Metals	69.85	85.89	23.0
有色金属冶炼及压延加工业	Smelting and Pressing of Non-Ferrous Metals	35.94	53.90	50.0
金属制品业	Manufacture of Metal Products	157.12	292.63	86.2
通用设备制造业	Manufacture of General Purpose Machinery	301.91	311.60	3.2
专用设备制造业	Manufacture of Special Purpose Machinery	285.25	282.26	-1.0
汽车制造业	Manufacture of Motorcar	134.68	215.25	59.8
铁路、船舶、航空航天和其他运输设备制造业	Ralway, Watercraft, Aerospace and Other Transport Equipment	46.04	114.89	149.5
电气机械及器材制造业	Manufacture of Electrical Machinery and Equipment	100.05	124.14	24.1
计算机、通信和其他电子设备制造业	Manufacture of Computers, Communication and Other Electronic Equipment	211.87	181.41	-14.4
仪器仪表制造业	Manufacture of Measuring Instruments	14.03	20.48	45.9
其他制造业	Other Manufacture	108.50	311.61	187.2
废弃资源综合利用业	Comprehensive Recycling of Waste	53.56	99.77	86.3
金属制品、机械和设备修理业	Metal Products, Machine and Equipment Repair	4.16	7.64	83.6

5-11 城镇能源工业固定资产投资

Investment in Fixed Assets in Urban Area of Energy Industry

单位：亿元(100 million yuan)

行　　业	Sector	2014	2015	2015比2014年增长(%) Increase Rate in 2015 over 2014(%)
总　　计	**Total**	**835.50**	**763.26**	**-8.6**
石油和天然气开采业	Petroleum and Natural Gas Extraction	382.11	261.70	-31.5
电力、热力生产和供应业	Production and Supply of Electric Power and Heat Power	242.77	293.62	20.9
燃气生产和供应业	Production and Supply of Gas	63.06	68.27	8.3
水的生产和供应业	Production and Supply of Water	97.54	118.25	21.2
石油加工、炼焦及核燃料加工业	Processing of Petroleum, Coking and Processing of Nuclear Fuel	50.02	21.42	-57.2
能源投资占城镇固定资产投资比重(%)	**As Percentage of Total Investment in Fixed Assets in Urban Area(%)**	**7.6**	**6.2**	

5-12 城市基础设施固定资产投资

Urban Infrastructure Investment in Fixed Assets

单位：亿元(100 million yuan)

行　　业	Sector	2014	2015	2015比2014年增长(%) Increase Rate in 2015 over 2014(%)
总　　计	**Total**	**2206.32**	**2641.96**	**19.7**
交通运输、仓储和邮政业	Transportation, Storage and Post Services	737.23	822.64	11.6
电信、广播电视和卫星传输服务	Telecommunication, Broadcast Television and Satellite Transmission Services and Other Information	67.50	69.27	2.6
互联网和相关服务	Internet and Relative Services	9.45	15.58	64.9
电力、热力生产和供应业	Production and Supply of Electric Power and Heat Power	242.77	293.62	20.9
燃气生产和供应业	Production and Supply of Gas	63.06	68.27	8.3
水的生产和供应业	Production and Supply of Water	97.54	118.25	21.2
公共设施管理	Management for Public Facilities	988.76	1254.33	26.9
城市基础设施占城镇固定资产投资比重(%)	**As Percentage of Total Investment in Fixed Assets in Urban Area(%)**	**20.1**	**21.4**	

5-13 全社会房屋施工和竣工面积

Floor Space of Buildings under Construction and Completed

单位：万平方米(10 000 sq. m)

项　目	Item	2014	2015	2015比2014年增长(%) Increase Rate in 2015 over 2014(%)
房屋施工面积	**Floor Space of Building under Construction**	**22664.99**	**22239.19**	**-1.9**
# 住　宅	Residential Buildings	8984.85	9251.78	3.0
城　镇	Urban Area	21197.45	21725.57	2.5
# 住　宅	Residential Buildings	8610.04	9058.48	5.2
农　村	Rural Area	1467.54	513.62	-65.0
# 住　宅	Residential Buildings	374.81	193.30	-48.4
房屋竣工面积	**Floor Space of Building Completed**	**5299.93**	**5388.00**	**1.7**
# 住　宅	Residential Buildings	2747.66	2843.69	3.5
城　镇	Urban Area	4690.45	5138.29	9.5
# 住　宅	Residential Buildings	2452.49	2716.70	10.8
农　村	Rural Area	609.48	249.71	-59.0
# 住　宅	Residential Buildings	295.17	126.98	-57.0

5-14 城镇固定资产投资资金来源

Source of Funds for Investment in Fixed Assets in Urban Area

单位：亿元(100 million yuan)

项　目	Item	2014	2015	2015比2014年增长(%) Increase Rate in 2015 over 2014(%)
资金来源合计	**Total Funds**	**13088.39**	**14637.14**	**11.8**
上年末结余资金	Balance of Funds Brought Forward from Previous Year	1327.85	1444.31	8.8
本年资金来源小计	Subtotal of the Sources of Funds in Current Year	11760.53	13192.83	12.2
国家预算内资金	State Budgetary Appropriation	125.99	153.82	22.1
国内贷款	Domestic Loans	2107.49	2257.77	7.1
债　券	Bonds	1.99		
利用外资	Foreign Investment	91.69	97.90	6.8
# 外商直接投资	Foreign Direct Investment	35.56	22.32	-37.2
自筹资金	Fundraising	7829.80	9103.91	16.3
# 企事业单位自有资金	Owned by Enterprises and Institutions	2328.01	1644.44	-29.4
其他资金	Others	1603.57	1579.43	-1.5

5-15 按行业分城镇固定资产投资资金来源(2015年)

行 业 Sector	资金来源合 计 Total Funds	上年末结余资金 Balance of Funds Brought Forward from Previous Year	本年资金来源小计 Subtotal of the Sources of Funds in Current Year	国家预算内资金 State Budgetary Appropriation
总 计 **Total**	**14637.14**	**1444.31**	**13192.83**	**153.82**
农、林、牧、渔业 Farming, Forestry, Animal Husbandry and Fishery	123.52		123.52	4.02
采矿业 Minerals Mining	292.11	12.54	279.57	
制造业 Manufacturing	4359.35	57.08	4302.26	1.60
电力、热力、燃气及水生产和供应业 Production and Supply of Electricity, Heat, Gas and Water	467.15	7.82	459.32	21.33
建筑业 Construction	38.66		38.66	
批发和零售业 Wholesale and Retail Trade	413.04	0.10	412.94	
交通运输、仓储和邮政业 Transportation, Storage and Post Services	786.42	7.29	779.13	33.62
住宿和餐饮业 Accommodation and Catering Services	84.71		84.71	
信息传输、软件和信息技术服务业 Information Transmitting, Software and Information Technology Services	252.92		252.92	
金融业 Finance Intermediation	30.79	1.20	29.59	
房地产业 Real Estate	5167.55	1030.05	4137.50	
租赁和商务服务业 Leasing and Business Services	711.78	291.74	420.05	
科学研究和技术服务业 Scientific Research and Technical Services	98.26	0.74	97.52	0.62
水利、环境和公共设施管理业 Management for Water Conservancy, Environment and Public Facilities	1359.21	9.30	1349.91	60.09
居民服务、修理和其他服务业 Resident Services, Repair and Other Services	71.01		71.01	
教 育 Education	148.37	5.43	142.94	13.47
卫生和社会工作 Health Care and Social Work	99.56	15.74	83.82	15.29
文化、体育和娱乐业 Culture, Sports and Recreational Services	83.40	5.17	78.23	0.06
公共管理、社会保障和社会组织 Public Management, Social Security and Social Organizations	49.32	0.10	49.22	3.69

Source of Funds for Investment in Fixed Assets in Urban Area by Sector,2015

单位：亿元(100 million yuan)

国内贷款 Domestic Loans	债　券 Bonds	利用外资 Foreign Investment	# 外　商 直接投资 Foreign Direct Investment	自筹资金 Fundraising	# 企事业单位 自有资金 Owned by Enterprises and Institutions	其他资金 Others
2257.77		**97.90**	**22.32**	**9103.91**	**1644.44**	**1579.43**
3.29				106.65	18.32	9.56
0.38				279.19	114.42	
518.70		86.89	19.75	3643.91	523.85	51.16
122.30				301.29	108.51	14.40
0.77				37.00	7.52	0.89
3.36		0.39		395.49	72.15	13.71
307.30		0.52		370.93	83.06	66.77
11.18				73.53	11.64	
0.20				252.66	71.07	0.06
				29.59	5.07	
1043.56		9.09	2.55	1695.74	303.14	1389.10
61.98		0.90	0.02	341.27	63.38	15.90
0.78		0.11		94.71	12.27	1.30
156.06				1119.92	181.08	13.84
0.22				69.81	22.91	0.99
4.68				123.04	30.21	1.74
22.39				46.13	9.02	
0.30				77.85	4.83	0.02
0.33				45.20	1.99	

5-16 按行业分城镇固定资产投资施工项目个数

Number of Investment Projects under Construction in Fixed Assets in Urban Area by Sector

单位：个(unit)

行　业　Sector	2014	2015	2015比2014年增长(%) Increase Rate in 2015 over 2014(%)
总　计 Total	**7251**	**9069**	**25.1**
农、林、牧、渔业 Farming, Forestry, Animal Husbandry and Fishery	241	259	7.5
采矿业 Minerals Mining	13	25	92.3
制造业 Manufacturing	3245	4120	27.0
电力、热力、燃气及水生产和供应业 Production and Supply of Electricity, Heat, Gas and Water	303	372	22.8
建筑业 Construction	29	26	-10.3
批发和零售业 Wholesale and Retail Trade	454	573	26.2
交通运输、仓储和邮政业 Transportation, Storage and Post Services	339	504	48.7
住宿和餐饮业 Accommodation and Catering Services	104	124	19.2
信息传输、软件和信息技术服务业 Information Transmitting, Software and Information Technology Services	132	170	28.8
金融业 Finance Intermediation	25	20	-20.0
房地产业 Real Estate	238	295	23.9
租赁和商务服务业 Leasing and Business Services	266	349	31.2
科学研究和技术服务业 Scientific Research and Technical Services	108	109	0.9
水利、环境和公共设施管理业 Management for Water Conservancy, Environment and Public Facilities	1252	1652	31.9
居民服务、修理和其他服务业 Resident Services, Repair and Other Services	143	125	-12.6
教　育 Education	144	158	9.7
卫生和社会工作 Health Care and Social Work	62	69	11.3
文化、体育和娱乐业 Culture, Sports and Recreational Services	78	63	-19.2
公共管理、社会保障和社会组织 Public Management, Social Security and Social Organizations	75	56	-25.3

注：本表不含房地产开发企业，下表同。

Note: The data of this table excludes real estate enterprises.Same as fllowing next.

5-17 按行业分城镇固定资产投资建成投产项目个数

Number of Investment Projects in Fixed Assets Completed and Put into Use in Urban Area by Sector

单位：个(unit)

行　业 Sector	2014	2015	2015比2014年增长(%) Increase Rate in 2015 over 2014(%)
总　计 Total	**4769**	**6255**	**31.2**
农、林、牧、渔业 Farming, Forestry, Animal Husbandry and Fishery	206	229	11.2
采矿业 Minerals Mining	12	3	-75.0
制造业 Manufacturing	2303	2964	28.7
电力、热力、燃气及水生产和供应业 Production and Supply of Electricity, Heat, Gas and Water	156	185	18.6
建筑业 Construction	22	22	
批发和零售业 Wholesale and Retail Trade	341	525	54.0
交通运输、仓储和邮政业 Transportation, Storage and Post Services	147	258	75.5
住宿和餐饮业 Accommodation and Catering Services	77	82	6.5
信息传输、软件和信息技术服务业 Information Transmitting, Software and Information Technology Services	113	132	16.8
金融业 Finance Intermediation	17	9	-47.1
房地产业 Real Estate	102	156	52.9
租赁和商务服务业 Leasing and Business Services	178	244	37.1
科学研究和技术服务业 Scientific Research and Technical Services	77	77	
水利、环境和公共设施管理业 Management for Water Conservancy, Environment and Public Facilities	688	1068	55.2
居民服务、修理和其他服务业 Resident Services, Repair and Other Services	119	81	-31.9
教　育 Education	81	105	29.6
卫生和社会工作 Health Care and Social Work	39	35	-10.3
文化、体育和娱乐业 Culture, Sports and Recreational Services	52	42	-19.2
公共管理、社会保障和社会组织 Public Management, Social Security and Social Organizations	39	38	-2.6

5-18 城镇地方固定资产投资

Local Investment in Fixed Assets in Urban Area

单位：亿元(100 million yuan)

项 目	Item	2014	2015	2015比2014年增长(%) Increase Rate in 2015 over 2014(%)
总 计	**Total**	**10244.24**	**11566.18**	**12.9**
按构成分	**Grouped by Composition of Use**			
建筑工程	Construction	5911.44	6692.31	13.2
安装工程	Installation	605.56	728.62	20.3
设备工器具	Equipment and Instruments	1812.95	2066.43	14.0
其他费用	Others	1914.29	2078.82	8.6
按建设性质分	**Grouped by Type of Construction**			
新 建	New Construction	5776.12	6322.71	9.5
扩 建	Expansion	944.76	702.60	-25.6
改 建	Reconstruction	708.46	1022.53	44.3
其 他	Others	1115.24	1646.80	47.7
按行业分	**Grouped by Sector**			
农、林、牧、渔业	Farming, Forestry, Animal Husbandry & Fishery	97.61	120.69	23.6
采矿业	Minerals Mining	15.04	30.04	99.7
制造业	Manufacturing	3998.25	4199.14	5.0
电力、热力、燃气及水生产和供应业	Production and Supply of Electricity,Heat, Gas and Water	269.79	333.24	23.5
建筑业	Construction	30.01	37.00	23.3
批发和零售业	Wholesale and Retail Trade	297.85	418.39	40.5
交通运输、仓储和邮政业	Transportation, Storage and Post Services	656.60	746.26	13.7
住宿和餐饮业	Accommodation and Catering Services	54.63	72.32	32.4
信息传输、软件和信息技术服务业	Information Transmitting, Software and Information Technology Services	77.51	112.69	45.4
金融业	Finance Intermediation	58.32	21.76	-62.7
房地产业	Real Estate	2501.29	2890.77	15.6
租赁和商务服务业	Leasing and Business Services	536.43	683.34	27.4
科学研究和技术服务业	Scientific Research and Technology Service	117.57	88.42	-24.8
水利、环境和公共设施管理业	Management for Water Conservancy, Environment and Public Facilities	1095.63	1400.55	27.8
居民服务、修理和其他服务业	Resident Services,Repair and Other Services	102.62	64.05	-37.6
教 育	Education	136.53	133.09	-2.5
卫生和社会工作	Health Care and Social Work	52.22	84.59	62.0
文化、体育和娱乐业	Culture, Sports and Recreational Services	82.24	81.18	-1.3
公共管理、社会保障和社会组织	Public Management，Social Security and Social Organizations	64.10	48.66	-24.1

注：本表中按建设性质分组数据未含房地产开发投资。
Note:Investment grouped by type of construction excludes real estate development.

5-19 城镇房地产开发投资、建设情况(1996—2015年)

Investment and Construction of Real Estate Development in Urban Area,1996-2015

单位：亿元(100 million yuan)

年 份 Year	本年完成投资额 Investment Completed in Current Year	住 宅 Residential Buildings	办公楼 Office Buildings	商业营业用房 Buildings for Business Use	其 他 Others
1996	71.51	42.87	6.68	12.49	9.47
1997	80.80	39.64	8.69	14.06	18.42
1998	106.70	63.01	6.52	11.15	26.04
1999	116.96	86.90	3.60	4.66	21.80
2000	133.93	90.02	3.13	7.18	33.60
2001	161.27	96.40	4.52	15.65	44.70
2002	175.84	103.18	7.51	14.72	50.43
2003	211.39	150.93	7.78	24.26	28.43
2004	263.92	175.24	15.75	28.24	44.69
2005	327.54	234.92	11.95	41.74	38.92
2006	402.32	311.34	23.74	35.66	31.58
2007	505.30	342.82	34.55	63.76	64.17
2008	653.72	459.33	30.97	79.87	83.55
2009	735.18	494.86	32.83	97.32	110.18
2010	866.64	565.39	77.18	127.35	96.72
2011	1080.04	689.08	109.84	176.79	104.33
2012	1260.00	843.05	85.70	155.31	175.94
2013	1480.82	986.28	99.91	165.29	229.34
2014	1699.65	1122.26	123.58	217.93	235.88
2015	1871.55	1251.53	107.70	249.01	263.31

5-19续表 *continued*

单位：万平方米(10 000 sq. m)

年 份 Year	施工面积 Floor Space of Building under Construction	#住 宅 Residential Buildings	竣工面积 Floor Space of Building Completed	#住 宅 Residential Buildings
1996	988.66	712.76	366.51	318.50
1997	1116.23	773.92	299.63	254.39
1998	1379.77	1093.69	428.74	357.17
1999	1596.67	1274.32	454.81	431.12
2000	1783.00	1582.15	583.51	532.63
2001	1863.48	1590.62	690.48	626.63
2002	2135.56	1746.13	746.44	673.00
2003	2314.43	1953.50	911.27	750.67
2004	2865.55	2352.98	1108.13	1014.46
2005	3470.57	2827.87	1479.22	1270.96
2006	4142.60	3396.45	1520.24	1308.95
2007	4836.49	3744.87	1704.36	1398.61
2008	5704.27	4306.33	1799.37	1492.54
2009	6052.16	4517.83	1902.06	1580.82
2010	7160.75	5117.60	2098.55	1603.65
2011	9233.98	6623.95	2102.79	1645.10
2012	9864.22	6923.52	2542.75	1913.97
2013	10892.17	7562.48	2805.37	2117.66
2014	10652.37	7204.46	2924.82	2130.25
2015	10230.22	6968.75	2903.57	2182.99

5-20 房地产开发投资情况

Investment in Real Estate Development

单位：亿元(100 million yuan)

项　目	Item	2014	2015	2015比2014年增长(%) Increase Rate in 2015 over 2014(%)
本年完成投资额	**Investment Completed in Current Year**	**1699.65**	**1871.55**	**10.1**
按隶属关系分	**Grouped by Administrative Relationship**			
中　央	Central Government			
地　方	Local Government	1699.65	1871.55	10.1
按登记注册类型分	**Grouped by Registered Status**			
内资企业	Domestic-funded Enterprises	1495.08	1621.93	8.5
国　有	State-owned Enterprises	124.95	34.30	-72.5
集　体	Collective-owned Enterprises	10.88	0.55	-94.9
股份合作	Cooperative Enterprises	3.00		
联营企业	Joint Ownership Enterprises	3.01	1.85	-38.5
有限责任公司	Limited Liability Corporations	1017.87	1173.40	15.3
# 国有独资公司	Sole State-funded Corporations	107.23	122.13	13.9
股份有限公司	Share Holding Corporations Ltd.	53.15	57.75	8.7
私营企业	Private Enterprises	261.27	352.87	35.1
其　他	Others	20.95	1.20	-94.3
港、澳、台商投资企业	Enterprises with Investment from Hong Kong, Macao and Taiwan	100.45	195.81	94.9
外商投资企业	Foreign Funded Enterprises	104.13	53.81	-48.3
按构成分	**Grouped by Composition of Use**			
建筑工程	Construction	1093.58	1244.65	13.8
安装工程	Installation	87.29	83.65	-4.2
设备工器具	Equipment and Instruments	10.88	13.04	19.8
其他费用	Others	507.90	530.21	4.4
按工程用途分	**Grouped by Use of Projects**			
住　宅	Residential Buildings	1122.26	1251.53	11.5
# 别墅、高档公寓	Villa, Top Grade Apartment	59.03	51.61	-12.6
办公楼	Office Buildings	123.58	107.70	-12.8
商业营业用房	Houses for Business Use	217.93	249.01	14.3
其　他	Others	235.88	263.31	11.6
本年新增固定资产	**Newly Increased Fixed Assets in Current Year**	**1061.31**	**1167.32**	**10.0**

5-21 房地产开发建设情况

Construction of Real Estate Development

项　目	Item	2014	2015	2015比2014年增长(%) Increase Rate in 2015 over 2014(%)
施工房屋面积(万平方米)	**Floor Space of Buildings under Construction (10 000 sq. m)**	**10652.37**	**10230.22**	**-4.0**
住　宅	Residential Buildings	7204.46	6968.75	-3.3
办公楼	Office Buildings	864.64	872.41	0.9
商业营业用房	Houses for Business Use	1217.15	1163.11	-4.4
其　他	Others	1366.12	1225.95	-10.3
竣工房屋面积(万平方米)	**Floor Space of Buildings Completed(10 000 sq. m)**	**2924.82**	**2903.57**	**-0.7**
住　宅	Residential Buildings	2130.25	2182.99	2.5
办公楼	Office Buildings	117.15	171.18	46.1
商业营业用房	Houses for Business Use	267.75	247.78	-7.5
其　他	Others	409.67	301.62	-26.4
竣工房屋价值(亿元)	**Value of Buildings Completed(100 million yuan)**	**759.42**	**996.00**	**31.2**
住　宅	Residential Buildings	556.65	688.36	23.7
办公楼	Office Buildings	29.49	101.07	242.7
商业营业用房	Houses for Business Use	69.30	114.59	65.4
其　他	Others	103.98	92.00	-11.5
资金来源合计(亿元)	**Total Funds(100 million yuan)**	**3728.44**	**4234.38**	**13.6**
上年末结余资金	Balance of Funds Brought Forward from Previous Year	904.96	1025.72	13.3
本年资金来源合计	Subtotal of the Sources of Funds in Current Year	2823.48	3208.66	13.6
国内贷款	Domestic Loans	817.16	954.00	16.7
利用外资	Foreign Investment	7.19	6.54	-9.0
# 外商直接投资	Foreign Direct Investment	1.38	4.84	251.4
自筹资金	Fundraising	875.23	932.39	6.5
# 企事业单位自有资金	Owned by Enterprises and Institutions	255.74	345.11	34.9
其他资金	Others	1123.90	1315.72	17.1

5-22 房地产销售情况

Basic Statistics on Real Estate Sales

项 目	Item	2014	2015	2015比2014年增长(%) Increase Rate in 2015 over 2014(%)
商品房销售面积(万平方米)	**Floor Space of Commercial Houses Sold(10 000 sq. m)**	**1612.98**	**1771.07**	**9.8**
住 宅	Residential Buildings	1483.64	1668.18	12.4
办公楼	Office Buildings	21.10	15.93	-24.5
商业营业用房	Houses for Business Use	67.61	56.34	-16.7
其 他	Others	40.63	30.62	-24.6
商品房销售额(亿元)	**Total Sales of Commercial Houses(100 million yuan)**	**1486.94**	**1790.01**	**20.4**
住 宅	Residential Buildings	1309.70	1646.43	25.7
办公楼	Office Buildings	35.82	24.71	-31.0
商业营业用房	Houses for Business Use	105.95	73.91	-30.2
其 他	Others	35.46	44.97	26.8

5-23 房地产物业管理情况(2013—2015年)

Basic Statistics on Real Estate Property Management,2013-2015

指 标 Item	2013	2014	2015
企业总数(个) Number of Enterprises(unit)	1164	1282	1415
物业管理项目个数(个) Number of Projects Managed(unit)	4325	3911	3819
房屋建筑面积(万平方米) Floor Space of Buildings(10 000 sq. m)	33502.29	34842.06	36371.00
住 宅 Residential Buildings	27200.14	27108.00	28400.00
办公用房 Office Buildings	2359.04	2981.63	2890.00
商业营业用房 Houses for Business Use	1593.42	1415.56	2606.00
工业仓储用房 Houses for Industry and Storage	1285.59	2294.73	1396.00
其 他 Others	1064.10	1042.14	1079.00
从业人员(人) Employment Personnel(person)	130245	145169	156448
# 管理人员 Administrative Personnel	14719	16850	20754
年经营收入(亿元) Annual Income(100 million yuan)	67.18	75.22	81.97
从业人员报酬(亿元) Remuneration of Employment Personnel(100 million yuan)	23.89	27.16	33.86

5-24 农村非农户固定资产投资

Total Investment in Fixed Assets of Non-agricultural Households in Rural Area

单位：亿元(100 million yuan)

项　　目	Item	2014	2015
投 资 额	**Total Investment**	**639.77**	**688.75**
按主要行业分	**Grouped by Sector**		
# 农、林、牧、渔业	Farming, Forestry, Animal Husbandry, Fishery	75.37	113.56
工　业	Industry	170.76	12.44
建筑业	Construction	10.97	13.98
批发和零售业	Wholesale and Retail Trade	23.39	51.99
交通运输、仓储和邮政业	Transportation, Storage and Post Services	31.41	36.68
房地产业	Real Estate	62.03	104.60
水利、环境和公共设施管理业	Management for Water Conservancy, Environment and Public Facilities	142.64	237.89
新增固定资产	**Newly Increased Fixed Assets(100 million yuan)**	**621.26**	**582.78**
房屋面积(万平方米)	**Floor Space of Buildings(10 000 sq. m)**		
施工面积	Under Construction	1248.43	374.62
# 住　宅	Residential Buildings	181.20	90.30
竣工面积	Completed	427.77	152.71
# 住　宅	Residential Buildings	139.81	43.98

5-25 农村农户固定资产投资

Total Investment in Fixed Assets of Agricultural Households in Rural Area

单位：亿元(100 million yuan)

项　　目	Item	2014	2015
投 资 额	**Total Investment**	**27.82**	**17.42**
按主要行业分	**Grouped by Sector**		
# 农、林、牧、渔业	Farming, Forestry, Animal Husbandry, Fishery	2.62	1.53
工　业	Industry	13.31	5.71
交通运输、仓储和邮政业	Transportation, Storage and Post Services	1.07	1.45
房地产业	Real Estate	8.33	7.07
房屋面积(万平方米)	**Floor Space of Buildings (10 000 sq.m)**		
施工面积	Under Construction	219.11	139.00
# 住　宅	Residential Buildings	193.61	103.00
竣工面积	Completed	181.71	97.00
# 住　宅	Residential Buildings	155.36	83.00

5-26 建设项目主要新增生产能力(2015年)

Main Newly Increased Production Capacity of Construction Projects,2015

生产能力名称	Item	建设规模 Construction Size	累计新增生产能力 Accumulated Production Capacity Newly Increased
天然原油开采(万吨/年)	Crude Petroleum Oil Extraction(10 000 ton/year)	827	459
铜加工材(万吨/年)	Copper Material Production (10 000 ton/year)	2400.00	2400.00
火力发电(万千瓦)	Thermal Power (10 000 kw)	200	
输电线路长度(110千伏及以上)	Transmission Line Length (110kv and above)		
(公里)	(km)	366	366
合成橡胶(吨/年)	Synthetic Rubber (ton/year)	56	56
塑料树脂及共聚物(吨/年)	Plastic Colophony and Polymer (ton/year)	218	163
新建公路(公里)	Length of New Roads (km)	143.80	36.40
# 高速公路	Expressway	102.00	
改建公路(公里)	Length of Rebuilt Roads (km)	190.4	190.4
# 一级公路	First Class	46.3	37.4
新建独立公路桥梁(延长米)	Newly-built Freestanding Road and Bridge (lpm)	10	10
新建独立公路桥梁(座)	Newly-built Freestanding Road and Bridge (seat)	1	1
新(扩)建港口码头	Newly Built and Expanded Ports		
吞吐量(万吨/年)	Handling Capacity (10 000 tons/year)	853	223
泊　位(个)	Berths (unit)	1	1
城市污水处理能力(万吨/日)	Disposal Capacity of Sewage in City (10 000 tons/day)	2	2

主要统计指标解释

全社会固定资产投资

是以货币形式表现的在一定时期内全社会建造和购置固定资产的工作量以及与此有关的费用的总称。该指标是反映固定资产投资规模、结构和发展速度的综合性指标，又是观察工程进度和考核投资效果的重要依据。

城镇固定资产投资

指城镇各种登记注册类型的企业、事业、行政单位及个体户进行的计划总投资(或实际需要总投资)500 万元及 500 万元以上的建设项目投资和房地产开发投资。县城及以上区域内发生的投资，县及县以上各级政府及主管部门直接领导、管理的建设项目和企业事业单位的投资均为城镇固定资产投资。

农村固定资产投资

指在农村区域范围内进行固定资产投资活动的企业、事业、行政单位及农户投资。

房地产开发投资

指各种登记注册类型的房地产开发法人单位统一开发的包括统代建、拆迁还建的住宅、厂房、仓库、饭店、宾馆、度假村、写字楼、办公楼等房屋建筑物，配套的服务设施，土地开发工程（如道路、给水、排水、供电、供热、通讯、平整场地等基础设施工程）和土地购置的投资；不包括单纯的土地开发和交易活动。

民间固定资产投资

指具有集体、私营、个人性质的内资企事业单位以及由其控股（包括绝对控股和相对控股）的企业单位在中华人民共和国境内建造或购置固定资产的投资。

固定资产投资的资金来源

指固定资产投资单位在报告期收到的（以到账为准），用于固定资产建造和购置的各种货币资金。包括国家预算资金、国内贷款、债券、利用外资、自筹资金和其他资金。

国家预算资金　包括中央预算资金和地方预算资金。国家预算包括一般预算、政府性基金预算、国有资本经营预算和社保基金预算。各类预算中用于固定资产投资的资金全部作为国家预算资金填报，其中一般预算中用于固定资产投资的部分包括基建投资、车购税、灾后恢复重建基金和其他财政投资。各级政府债券也应归入国家预算资金。

国内贷款　指报告期固定资产投资单位向银行及非银行金融机构借入的用于固定资产投资的各种国内借款，包括银行利用自有资金及吸收存款发放的贷款、上级主管部门拨入的国内贷款、国家专项贷款（包括煤代油贷款、劳改煤矿专项贷款等），地方财政专项资金安排的贷款、国内储备贷款、周转贷款等。

债券　指企业（公司）或金融机构为筹集用于固定资产投资的资金向投资者出具的承诺按一定发行条件还本付息的债券凭证，包括金融债券和企业债券（由国家发展改革委员会和中国证券监督管理委员会批准发行）。

利用外资　指报告期收到的境外（包括外国及港澳台地区）资金(包括设备、材料、技术在内)。包括对外借款(外国政府、国际金融组织贷款、出口信贷、外国银行商业贷款、对外发行债券和股票)、外商直接投资及外商其他投资（包括利用外商投资收益在国内进行固定资产再投资活动的资金）。不包括我国自有外汇资金(包括国家外汇、地方外汇、留成外汇、调剂外汇和中国银行自有资金发行的外汇贷款等)。计算利用外资时，需要折算成人民币，折算中所使用的外汇汇率按现汇计算，即按使用外汇时的汇率计算。

自筹资金　指固定资产投资单位在报告期收到的，由各企事业单位筹集用于固定资产投资的资金，包括各类企、事业单位的自有资金和从其他单位筹集的用于固定资产投资的资金，但不包括各类财政性资金、从各类金融机构借入资金和国外资金。与原有的自筹资金概念相比，最大的变化是地方财政资金全部归为国家预算资金，自筹资金中不再含有财政资金。

其他资金　指在报告期收到的除以上各种资金之外的用于固定资产投资的资金。包括社会集资、个人资金、无偿捐赠的资金及其他单位拨入的资金等。

固定资产投资按构成分

建筑工程　指各种房屋、建筑物的建造工程，又称建筑工程量。这部分投资额必须兴工动料，通过施工活动才能实现。建筑工程包括各种房屋的建造；设备基础及各种窑炉的砌筑工程和金属结构工程；为施工而进行的建筑场地布置、工程地质勘探、平整场地、施工临时用水、电、气、路和清理绿化等；矿井的开凿，铁路、公路、桥梁、水利及防空、地下建筑等特殊工程。

安装工程　指各种设备、装置的安装工程，又称安装工作量。在安装工程投资额中，不包括被安装设备本身的价值。安装工程包括生产、动力、起重、运输、传动和医疗试验等各种需安装设备的装配和安装，与设备相连的工作台、梯子、栏杆以及管线敷设、保温、油漆、防腐和单机试运系统联动无负荷试运工作（不包括投料试运）。

设备、工具、器具购置　指建设单位或企、事业单位购置或自制的，达到固定资产标准的设备、工具、器具的价值。但新建单位、扩建单位的新建车间，按照设计和计划要求购置或自制的全部设备、工具、器具，不论是否达到固定资产标准均计入“设备、工具、器具购置”中。

其他费用　指在固定资产建造和购置过程中发生的，除建筑安装工程和设备、工器具购置投资完成额以外的费用。包括土地购置费（建设用地费）、旧建筑物购置费（房屋建筑物购置费）等。

固定资产投资按建设性质分

新建　一般是指从无到有“平地起家”开始建设的项目。有的项目原有基础很小，经扩大建设后，其新增加的固定资产价值（原值）超过原有固定资产价值三倍以上的也应算为新建。

扩建　指为扩大原有产品生产能力或增加新的产品能力，在厂内或其他地点增建主要生产车间（或主要工程），独立的生产线等。事业单位和行政单位在原单位增建业务用房，也作为扩建。

改建和技术改造　指现有企、事业单位对原有设施进行技术改造或更新（包括相应配套的辅助性生产、生活设施建设）的建设项目。有的还充分发挥现有的生产能力，进行填平补齐而增建不直接增加本单位主要产品生产能力的车间等，也属于改建。

新增固定资产

指报告期内已经完成建造和购置过程，并交付生产或使用单位的固定资产价值，包括建成投入生产或交付使用的工程投资和达到固定资产标准的设备、工具、器具的投资以及有关的摊入费用。属于增加固定资产价值的其他建设费用应随同交付使用的工程一并计入新增的固定资产。

固定资产交付使用率

指报告期内新增固定资产与同期完成投资额的比率。它是反映各个时期固定资产动用速度，衡量建设过程中投资效果的一个综合性指标。

商品房销售面积

指报告期内出售商品房屋的合同总面积(即双方签署的正式买卖合同中所确定的建筑面积)。由现房销售建筑面积和期房销售建筑面积两部分组成。

商品房销售额

指报告期内出售商品房屋的合同总价款(即双方签署的正式买卖合同中所确定的合同总价)。该指标与商品房销售面积同口径，由现房销售额和期房销售额两部分组成。

Explanatory Notes on Main Statistical Indicators

Total Investment in Fixed Assets

refers to the volume of activities in construction and purchases of fixed assets of the whole country and related fees, expressed in monetary terms during the reference period. It is a comprehensive indicator which shows the size, structure and growth of the investment in fixed assets, providing a basis for observing the progress of construction projects and evaluating results of investment.

Investment in Fixed Assets in Urban Area

refers to construction projects involving a total planned (or required) investment of 5 million yuan and over by enterprises of various types of ownership, institutions, administrative units and individuals in urban areas, investment in real estate development. In other words, all investments that take place in county towns and urban areas, investment in construction projects under the direct leadership and management of government agencies at and above county levels and investments by enterprises and institutions at and above county levels are covered in urban investment in fixed assets.

Investment in Fixed Assets in Rural Area

refers to investment in fixed assets by enterprises, institutions, administrative units and households in rural areas.

Invèstment in Real Estate Development

refers to investment by real estate development companies, commercialized buildings construction companies and other real estate development units of various types of ownership in the construction of buildings, such as residential buildings, factory buildings, warehouses, hotels, guesthouses, holiday villages, office buildings, the complementary service facilities and land development projects, such as roads, water supply, water drainage, power supply, heating supply, telecommunications, land leveling and other infrastructural projects. It does not include activities in pure land development and transactions.

Private Fixed Asset Investment

refers to the domestic enterprise and institutions of collective or private or individual, as well as its holding (including absolute holding and relative holding) enterprises within the territory of PRC construction or purchase of fixed assets investment.

Source of Funds for Investment in Fixed Assets

refers to the funds used to establish or buy fixed assets by the investment units in report period, included the state budget, domestic loans, bonds, foreign investment, self-raised funds, and others.

State Budgetary Appropriation consists of central budgetary appropriation and local budgetary appropriation. National budget includes the general budget, government fund budget, state-owned capital management budget and social security funds. In various types of budget, funds used for investment in fixed assets are all calculated as state budgetary appropriation. And general budget used for investment in fixed assets includes infrastructure investment, vehicle purchase tax, post-earthquake recovery and reconstruction funds and other financial investments. Government bonds of all levels are also included in the state budgetary appropriation.

Domestic Loans refer to loans of various forms borrowed by investing units from banks and non-bank financial institutions during the reference period for the purpose of investment in fixed assets, including the bank loans of its own funds and deposits, the domestic loans appropriated by the superior competent department, the national special loans (including coal oil loans, the special loans for reform-through-labour coal mine), the loans of local financial special funds, the domestic bank loans, revolving credits, etc.

Bonds refer to the voucher issued enterprise (company) or financial institutions in order to raise funds with commit of payback with interests according to certain conditions, including the financial bonds and enterprise bonds (approved by the National Development and Reform Commission and the China Securities Regulatory Commission).

Foreign Investment refers to overseas (foreign regions, Hong Kong, Macao and Taiwan) funds received during the reference period (covering equipment, materials and technology), including foreign borrowings (loans from foreign governments and international financial institutions, export credit, commercial loans from foreign banks, issue of bonds and stocks overseas), foreign direct investment and other foreign investments (including using revenue of foreign investment to invest in the domestic fixed assets). Excluded from this category is capital in foreign exchanges owned by China (foreign exchanges owned by the central and local governments, foreign exchanges retained by enterprises, foreign exchanges by enterprises through the regulating mechanism, loans in foreign exchanges issued by the Bank of China with its own fund, etc.). In calculating the utilization of foreign capital, foreign currencies are converted into Chinese RMB applying the current exchange rate when the foreign capitals are actually used.

Fundraising refer to funds for investment in fixed assets raised by enterprises and institutions and received by investing units during the reference period, including self-raised funds of enterprises and institutions, funds raised from other units for investment in fixed assets, excluding government financial capital, funds borrowed from various financial institutions and foreign funds. Compared with the original fundraising concept, the biggest change is that the local finance all belong to the state budget funds and the fundraising do not contain financial funds.

Others refer to funds for investment in fixed assets received from sources other than those listed above, including funds raised from individuals and through social donations, and funds transferred from other units.

Investment in Fixed Assets by Composition of Use

Construction refers to the construction of various houses and buildings, it also is called the work volume of construction, including construction of various houses, equipment foundations and industrial kilns and stoves, preparation works for project construction, and clearing up works post project construction, geological examination, land-leveling, water, electricity, gas road-cleaning, planting trees, drilling of mines, pavement of railways and roads, highway, bridge, construction of projects of water conservancy, construction of underground air-raid shelters and construction of other special projects.

Installation refers to the installation of various kinds of equipment and instruments (work volume of installation). The value of equipment installed is excluded in the value of installation projects. Including various kinds of equipment, i.e. production, power-driven, lifting, transport, transmission, medical experiment etc. and working table, stepladder railing, putting up of pipes, keep warm, paint, rot-proofing, try operation (excluding put in material try operation).

Purchases of Equipment and Instruments refer to the total value of equipment, tools, and vessels purchased or self-produced by construction units, enterprises or institutions, which come up to standards for fixed assets. Equipment, tools and vessels purchased or self- produced for new workshops by newly established or expanded units are categorized as "purchase of equipment and instruments" no matter whether they come up to the standards for fixed assets or not.

Others refer to investment in assets construction and purchases excluded in above items, including land acquisition costs (costs of land for construction use), old building purchase costs (building purchase costs), etc.

Investment in Fixed Assets by Type of Construction

New Construction refers to newly constructed units. In the case, in which the value of the original fixed assets is quite small, and the value of newly added fixed assets exceeds the original ones by three times, the expansion construction is considered as new construction.

Expansion Construction refers to construction of new major production workshop or independent production line within a factory or in other locations, or construction of a branch factory so as to increase the production capacity of the original products. Newly constructed business houses in institutions and administrative organizations are also classified as expansion.

Reconstruction and Technical Innovation refers to construction of technical innovation and transformation of the existing equipment and technical conditions undertaken by enterprises and institutions, (including accessory facilities for production and living purposes). The construction of new workshops for improving existing production capacity rather than increasing production capacity is also considered as reconstruction.

Newly Increased Fixed Assets

refers to the newly increased value of fixed assets finished construction and purchase in the reference period and delivered to the production or use units, including the value of projects completed and put into production, the value of equipment, tools, and vessels considered as fixed assets, as well as the relevant expenses as investment in fixed assets. Other construction expenses to increase the volume in fixed assets should be calculated into newly increased fixed assets with the project put in use.

Rate of Fixed Assets Put into Use

refers to the ratio of the newly increased fixed assets to the total investment made in the same period. This is a comprehensive indicator, reflecting the speed of the employment of fixed assets and the investment efficiency.

Floor Space of Commercial Houses Sold

refers to total contracted area of commercialized housing (the area of floor space as designated in the formal contracts signed by both sides) during the reference time. It is constituted by floor space of completed housing and floor space of future housing.

Sales of Commercial Houses

refer to the total contracted value (the value of sales/purchase for selling/purchase of commercialized housing as designated in the contract signed by both sides) during the reference time. This indicator has the same coverage as the area of commercialized housing sold, which is constituted by floor space of completed housing and floor space of housing yet to be completed.

第六篇　对外经济贸易和旅游

Chapter 6　Foreign Trade, Economic Cooperation and Tourism

6-1 对外贸易进出口总额(1996—2015年)

Total Value of Imports and Exports in Foreign Trade,1996-2015

年 份 Year	绝对数(亿美元) Absolute Value(USD 100 million)			增长速度(%)(比上年) Increase Rate(%)(Over Preceding Year)		
	进出口总额 Imports & Exports	出口总额 Exports	进口总额 Imports	进出口总额 Imports & Exports	出口总额 Exports	进口总额 Imports
1996	82.97	40.49	42.48	26.8	35.0	19.8
1997	100.23	50.18	50.05	20.8	23.9	17.8
1998	106.16	54.99	51.17	5.9	9.6	2.3
1999	126.05	63.32	62.73	18.7	15.2	22.6
2000	171.57	86.29	85.28	36.1	36.3	36.0
2001	181.86	95.02	86.85	6.0	10.1	1.8
2002	228.27	115.95	112.32	25.5	22.0	29.3
2003	293.71	143.74	149.97	28.7	24.0	33.5
2004	420.19	208.65	211.54	43.2	45.4	41.4
2005	533.87	274.15	259.72	27.1	31.4	22.8
2006	645.73	335.40	310.33	21.0	22.3	19.5
2007	715.50	381.61	333.89	10.8	13.8	7.6
2008	805.39	422.29	383.10	12.6	10.7	14.7
2009	639.44	299.85	339.59	-20.6	-29.0	-11.4
2010	822.01	375.17	446.84	28.8	25.5	31.7
2011	1033.91	444.98	588.93	25.9	18.7	32.0
2012	1156.23	483.14	673.09	11.8	8.6	14.3
2013	1285.28	490.25	795.03	11.2	1.5	18.1
2014	1339.12	525.97	813.16	4.2	7.3	2.3
2015	1143.47	511.83	631.64	-14.6	-2.7	-22.3

注：自1998年始，用海关数据。表6-2同。

Note: From 1998, data of this table are provided by Tianjin Customs. Same as table 6-2.

6-2 天津口岸进出口总额(1996—2015年)

Total Value of Imports and Exports in Tianjin Port,1996-2015

年 份 Year	按美元计算(亿美元) Calculated by USD (USD 100 million)			按人民币计算(亿元) Calculated by RMB (100 million yuan)		
	进出口总额 Imports & Exports	出口总额 Exports	进口总额 Imports	进出口总额 Imports & Exports	出口总额 Exports	进口总额 Imports
1996	216.85	122.89	93.96	1804.19	1022.44	781.75
1997	215.62	131.24	84.38	1787.55	1088.02	699.53
1998	223.19	134.84	88.35	1852.48	1119.17	733.31
1999	248.29	139.18	109.11	2055.34	1152.13	903.21
2000	298.03	165.29	132.74	2479.60	1375.20	1104.40
2001	323.71	178.13	145.58	2679.30	1474.40	1204.90
2002	365.35	190.55	174.80	3025.46	1577.94	1447.52
2003	461.67	259.57	202.10	3831.86	2154.43	1677.43
2004	677.66	384.80	292.86	5608.66	3184.80	2423.86
2005	819.29	446.83	372.46	6711.38	3660.30	3051.08
2006	1018.85	571.24	447.61	8122.07	4553.81	3568.26
2007	1290.00	752.87	537.13	9616.05	5612.12	4003.93
2008	1631.02	940.98	690.04	11137.09	6425.29	4711.80
2009	1242.24	612.04	630.20	8484.50	4180.23	4304.27
2010	1641.10	794.41	846.69	10935.57	5293.60	5641.97
2011	1972.49	959.19	1013.29	12497.50	6077.33	6420.10
2012	2042.52	980.13	1062.40	12838.26	6160.61	6677.72
2013	2148.15	997.14	1151.01	13189.64	6122.44	7067.20
2014	2285.04	1097.98	1187.06	14037.81	6744.73	7293.09
2015	1874.29	994.30	879.99	11622.68	6162.81	5459.87

6-3 利用外资情况(1996—2015年)

Utilization of Foreign Capital,1996-2015

年 份 Year	绝对数(万美元) Absolute Value (USD 10 000)		增长速度(%) (比上年) Increase Rate (%) (Over Preceding Year)	
	直接利用外资 Foreign Direct Investment	借用国外资金 Foreign Loans	直接利用外资 Foreign Direct Investment	借用国外资金 Foreign Loans
合 同 额 **Foreign Investment Contracted**				
1996	392431	120400	1.9	238.2
1997	385066	202100	-1.9	67.9
1998	363729	132989	-5.5	-34.2
1999	362034	102545	-0.5	-22.9
2000	460000		27.1	
2001	463000		0.7	
2002	581220		25.5	
2003	351297		74.3	
2004	558855		59.1	
2005	732281		31.0	
2006	811156		10.8	
2007	1151856		42.0	
2008	1325629		15.1	
2009	1383817		4.4	
2010	1529569		10.5	
2011	1683700		10.1	
2012	1858541		10.4	
2013	2073332		11.6	
2014	2281979		10.1	
2015	3135740		37.4	
实际利用外资 **Foreign Capital Actually Used**				
1996	200587	97771	31.9	65.9
1997	251135	91166	25.2	-6.8
1998	251803	53984	0.3	-40.8
1999	253203	21332	0.6	-60.5
2000	256000	26467	1.1	24.1
2001	322000	7688	25.8	-71.0
2002	380591	6310	18.2	-17.9
2003	163325	7225	62.9	14.5
2004	247243	22993	51.4	218.2
2005	332885	31688	34.6	37.8
2006	413077	23819	24.1	-24.8
2007	527776	18257	27.8	-23.4
2008	741978	17701	40.6	-22.9
2009	901985	6933	21.6	-60.8
2010	1084872	20983	20.3	202.7
2011	1305602	18378	20.4	-12.4
2012	1501633	14867	15.0	-19.1
2013	1682897	41791	12.1	181.1
2014	1886676	152250	12.1	264.3
2015	2113444	123549	12.0	-18.9

注：2015年，直接利用外资额采用商务部新口径，速度为可比口径，表6-9、6-10、6-12同。
Note: Foreign direct investment has adopted new coverage of Ministry of Commerce since 2003, and its increase rate is calculated on the basis of constant coverage. Same as table 6-9, 6-10 and 6-12.

6-4 对外贸易进出口总额(2015年)

Total Value of Imports and Exports in Foreign Trade,2015

单位：万美元(USD 10 000)

项　　目	Item	进出口总额 Imports & Exports	出口总额 Exports	进口总额 Imports
合　　计	**Total**	**11434735**	**5118331**	**6316404**
折合人民币(万元)	Be Equivalent to RMB(10 000 yuan)	70973980	31752093	39221887
按口岸分	**By Port**			
本口岸	Local Port	8293689	3740139	4553551
外口岸	Outside Port	3141046	1378192	1762853
按经营单位分	**By Managing Unit**			
#国有企业	State-owned Enterprises	2162845	794269	1368576
集体企业	Collective-ownedEnterprises	52940	47274	5666
私营企业	PrivateEnterprises	2493271	1063721	1429550
外资企业	ForeignFundedEnterprises	6723206	3213006	3510200
中外合资企业	Joint Venture Enterprises	3231806	1582561	1649245
中外合作企业	Cooperative Operation Enterprises	23785	7652	16133
外商独资企业	Foreign-funded Sole Enterprises	3467616	1622794	1844822
按贸易性质分	**By Way of Trade**			
#一般贸易	General Trade	5262966	2205201	3057765
加工贸易	Processing trade	4109529	2466598	1642932
进料加工	Processing Using Import Material	3795797	2401276	1394521
来料加工	Processing Using Provided Material	313732	65321	248411
外商投资企业进口设备	Equipment Imports of Foreign-funded Enterprises	252		252
对外承包工程出口货物	Merchandise Exports of Contracted Foreign Projects	229716	229716	
租赁贸易	Leasing Trade	29022	2146	26876
保税区仓储进出境货物	Goods Passed in and out of Free Trade Zone	161859	35194	126665
保税区仓储转口货物	Goods Transited in Free Trade Zone	1591821	173390	1418432
按商品类别分	**By Category of Commodities**			
# 机电产品	Mechanical and Electronic Products	7432501	3603648	3828853
# 高新技术产品	High & New Technology Products	4361337	1970902	2390435

注：机电产品、高新技术产品进出口数据来自于天津市商务委员会。

Note: The source of data of Mechanical and Electvonic Products and High & New Technology Products is Tianjin Municipal Commission of Commerce.

6-5 对外贸易分国别(地区)进出口总额(2015年)

Total Value of Imports and Exports in Foreign Trade by Country(Region),2015

单位：万美元(USD 10 000)

国别(地区)	Country(Region)	进出口总额 Imports & Exports	出口总额 Exports	进口总额 Imports
合　计	**Total**	**11434735**	**5118331**	**6316404**
亚　洲	**Asia**	**5700819**	**2720374**	**2980445**
#中国香港	Hong Kong,China	341093	288062	53031
印　度	India	147269	117228	30042
印度尼西亚	Indonesia	172167	91906	80261
伊　朗	Iran	46781	37660	9122
日　本	Japan	1058524	337073	721451
马来西亚	Malaysia	247793	114002	133791
菲律宾	The Philippines	138603	66971	71632
新加坡	Singapore	283102	151714	131388
韩　国	Republic of Korea	1532603	385326	1147276
泰　国	Thailand	145992	97534	48458
阿拉伯联合酋长国	The United Arab Emirates	186986	170236	16749
越　南	Vietnam	396472	339458	57014
中国台湾	Taiwan,China	307413	95415	211998
非　洲	**Africa**	**347389**	**234154**	**113236**
#阿尔及利亚	Algeria	24104	17644	6460
安哥拉	Angola	6342	6342	
埃　及	Egypt	24739	23388	1351
加　纳	Ghana	18042	17758	283
尼日利亚	Nigeria	29800	27016	2784
南　非	South Africa	96300	38120	58180

6-5续表 *Continued*

单位：万美元(USD 10 000)

国别(地区)	Country(Region)	进出口总额 Imports & Exports	出口总额 Exports	进口总额 Imports
欧　洲	**Europe**	**2156815**	**829373**	**1327442**
#英　国	United Kingdom	224557	59295	165262
德　国	Germany	515897	136584	379314
法　国	France	368237	73537	294700
意大利	Italy	129471	70613	58858
荷　兰	Netherlands	94999	67922	27077
俄罗斯	Russia	86312	66194	20117
乌克兰	Ukraine	43222	7310	35912
捷克共和国	The Czech Republic	40068	30445	9624
斯洛伐克共和国	The Slovak Republic	81142	16828	64313
比利时	Belgium	37873	22564	15309
丹　麦	Denmark	125292	28175	97118
葡萄牙	Portugal	51688	7938	43751
西班牙	Spain	76163	47498	28665
奥地利	Austria	65301	54885	10417
匈牙利	Hungary	13829	7831	5998
拉丁美洲	**Latin America**	**685295**	**415869**	**269426**
#阿根廷	Argentina	52429	33863	18566
巴　西	Brazil	241038	90957	150081
北美洲	**North America**	**1838576**	**792543**	**1046033**
#加拿大	Canada	151512	73483	78028
美　国	United States	1686830	719034	967796
大洋洲及太平洋岛屿	**Oceania and Pacific Isands**	**705762**	**126018**	**579744**
#澳大利亚	Australia	644389	109058	535331
新西兰	New Zealand	54751	10798	43952

6-6 天津口岸进出口商品检验情况(2011—2015年)

Inspection of Imports and Exports Commodities in Tianjin Port,2011-2015

单位：批、万美元(batch, USD 10 000)

项　目	Item	2011	2012	2013	2014	2015
进口商品检验	**Imports Inspection**					
批　数	Batches	269559	285568	297459	294818	224302
# 不合格	Disqualification	11393	12730	12173	17247	18627
金　额	Value	5607160	6047115	6214797	6239995	4319154
# 不合格	Disqualification	736088	774333	897551	907590	733145
出口商品检验	**Exports Inspection**					
批　数	Batches	315612	324295	232924	74363	64223
# 不合格	Disqualification	247	247	562	600	488
金　额	Value	2391750	2355930	1437013	477552	386620
# 不合格	Disqualification	1387	1548	18814	4672	6295

6-7 本市在境外设立企业和机构情况

Municipal Overseas Enterprises and Agencies

项　目	Item	2014	2015	至2015年底累计 Accumulated at the end of 2015
企业和机构总计(个)	Total (unit)	105	197	1590
企　业	Enterprises	99	196	1324
机　构	Agencies	6	1	266
投资总额(万美元)	Total Investment (USD 10 000)	313732	2054096	3203445
#中方投资额	Chinese Investment	287255	746086	1770824
中方投资占比重(%)	Proportion of Chinese Investment (%)	91.6	36.3	55.3
投资国家和地区(个)	Number of Countries and Regions Invested (unit)	33	42	112

6-8 直接利用外资签约情况(2013—2015年)

Utilization of Foreign Direct Investment,2013-2015

单位：万美元 (USD 10 000)

项目	Item	2013	2014	2015	2015比2014年增长(%) Increased Rate in 2015 over 2014(%)
合同数(个)	**Number of Contracts(item)**	**564**	**674**	**1035**	**53.6**
合资企业	Joint Venture Enterprises	154	203	379	89.5
合作企业	Cooperative Operation Enterprises	5	2	8	300.0
独资企业	Sole Foreign-funded Enterprises	405	469	644	37.3
合同外资金额	**Foreign Investment Contracted**	**2073332**	**2281979**	**3135740**	**37.4**
合资企业	Joint Venture Enterprises	371339	425706	697344	67.4
合作企业	Cooperative Operation Enterprises	33474	15018	18148	20.8
独资企业	Sole Foreign-funded Enterprises	1668519	1841255	2386446	29.6

6-9 实际利用外资情况(2012—2015年)

Foreign Capital Actually Used,2012-2015

单位：万美元 (USD 10 000)

项目 Item	2012	2013	2014	2015	2015比2014年增长(%) Increased Rate in 2015 over 2014(%)
总计 Total	**1516500**	**1724688**	**2038926**	**2236993**	**9.7**
借用国外资金 Foreign Loans	**14867**	**41791**	**152250**	**123549**	**-18.9**
外国政府贷款 Foreign Government Loans	1604	934	2809	174	-93.8
外国银行商业贷款 Commercial Loans from Foreign Banks	13263	40857	149441	123375	-17.4
直接利用外资 Foreign Direct Investment	**1501633**	**1682897**	**1886676**	**2113444**	**12.0**
合资企业 Joint Venture Enterprises	322056	529060	551517	659091	25.0
合作企业 Cooperative Operation Enterprises	25359	33719	27810	21531	-22.6
独资企业 Sole Foreign-funded Enterprises	1154218	1120118	1307350	1411266	8.0

6-10 借用国外资金情况

Borrowing Foreign Capital

单位：万美元 (USD 10 000)

项　目 Item	上年结转资金 Capital Carried from Last Year		当年新增借款 New Increased Loans		偿还本金 Repaid Principals	
	2014	2015	2014	2015	2014	2015
国外贷款合计 **Total Loans**	**62427**	**75293**	**152250**	**123549**	**149641**	**115368**
按债务期限分 **By Period of Debt**						
中长期 Long-term & Medium-term	58522	68246	143298	109194	143834	107010
短　期 Short-term	3905	7047	8952	14355	5807	8358
按借款方式分 **By Mode of Borrowing**						
外国政府贷款 Government Loans	24806	23419	2809	174	3029	2716
出口信贷 Export Credit	423	224			159	136
外国银行商业贷款 Commercial Loans of Foreign Banks	37198	43822	149441	123375	146453	111990

6-10续表　*Continued*

单位：万美元 (USD 10 000)

项　目 Item	外汇汇率差额 Margin of Foreign Exchange Rate		期末借款余额 Loaned Balance of Year-end		偿还利息 Repaid Interests	
	2014	2015	2014	2015	2014	2015
国外贷款合计 **Total Loans**	**-1113**	**-999**	**63924**	**82475**	**428**	**469**
按债务期限分 **By Period of Debt**						
中长期 Long-term & Medium-term	-1110	-998	56877	69432	428	459
短　期 Short-term	-3	-1	7047	13043		10
按借款方式分 **By Mode of Borrowing**						
外国政府贷款 Government Loans	-1060	-1002	23526	19875	236	286
出口信贷 Export Credit	-39	-21	225	67	18	7
外国银行商业贷款 Commercial Loans of Foreign Banks	-14	24	40173	55231	174	105

6-11 外商及港澳台商投资企业投资情况(2015年)

Investment of Foreign-funded and Hong Kong, Macao and Taiwan Funded Enterprises,2015

项目 Item	签订合同项目(个) Number of Contracts Signed (item)		合同外资额(万美元) Foreign Investment Contracted (USD 10 000)		实际直接利用外资(万美元) Acutal Direct Utilization of Foreign Capital (USD 10 000)	
	2015	至2015年底累计 Accumulated by the End of 2015	2015	至2015年底累计 Accumulated by the End of 2015	2015	至2015年底累计 Accumulated by the End of 2015
总计						
Total	**1035**	**25783**	**3135740**	**23061102**	**2113444**	**15194073**
按投资方式分						
By Mode of Investment						
合资企业						
Joint Venture Enterprises	379	8770	697344	4836413	659091	4535405
合作企业						
Cooperative Operation Enterprises	8	688	18148	747217	21531	451615
独资企业						
Sole Foreign-funded Enterprises	644	16286	2386446	17241157	1411266	9998585
按行业分						
By Sector						
#农、林、牧、渔业						
Farming, Forestry, Animal Husbandry and Fishery	4	172	12790	84334	15090	65168
制造业						
Manufacturing	57	12343	350303	7727305	1101932	7588270
建筑业						
Construction	3	422	379	288026		157999
批发和零售贸易及餐饮业						
Wholesale, Retail Trade and Catering	196	6847	266006	2447949	125955	1182592
交通运输、仓储业和邮政业						
Transportation, Storage and Post Services	36	537	104792	1591573	72234	902149
房地产业						
Real Estate	9	973	149454	2595521	198131	1856445
租赁和商务服务业						
Leasing and Business Services	175	2095	567809	3676106	134662	1377933

6-11续表 *Continued*

项　目 Item	签订合同项目(个) Number of Contracts Signed (item)		合同外资额(万美元) Foreign Investment Contracted (USD 10 000)		实际直接利用外资(万美元) Acutal Direct Utilization of Foreign Capital Contracted (USD 10 000)	
	2015	至2015年底累计 Accumulated by the End of 2015	2015	至2015年底累计 Accumulated by the End of 2015	2015	至2015年底累计 Accumulated by the End of 2015
按国别(地区)分						
By Country (Region)						
中国香港						
HongKong,China	665	8611	2467595	11795340	934732	6844870
日　本						
Japan	28	2205	75139	1249605	259334	1218516
美　国						
United States	49	3512	73977	1974075	66730	854493
韩　国						
Republic of Korea	67	3374	97978	1378628	269416	1297696
新加坡						
Singapore	34	884	77233	913415	138935	889600
中国台湾						
Taiwan,China	34	2077	34530	615887	71492	374768
德　国						
Germany	10	380	71759	390801	146111	389017
英　国						
United Kingdom	26	355	48971	458707	14372	238521
法　国						
France	3	207	2639	114124	19788	110050
意大利						
Italy	5	156	664	87682	2667	41056
荷　兰						
Holland	3	132	8154	142296	35069	140758
加拿大						
Canada	27	637	12294	172374	2322	90294

6-12 A级及以上和重点旅游景区情况

Statistics for Key Sight Spots above Grade A

单位：个(unit)

项　　目	Item	2015	2014	2015比2014年增长(%) Increase Rate in 2015 over 2014(%)
A级旅游景点数(个)	Scenic Spots of A Level and above(unit)	112	106	5.7
#5A级景点	AAAAA-Level	2	2	
4A级景点	AAAA-Level	33	32	3.1
3A级景点	AAA-Level	51	48	6.3
2A级景点	AA-Level	26	24	8.3

6-13 接待入境旅游人数和居住天数(2012—2015年)

Number of International Tourists and Dwelling Days,2012-2015

单位：人次、天(person-time, day)

项　　目	Item	2012	2013	2014	2015
接待人数总计(含不过夜)	**Total Tourists (include not staying for night)**	**2341075**	**2645357**	**2961726**	**3260131**
接待人数(过夜)	Accommodated Tourists (stay for night)	737481	758594	766326	785331
外国人	Foreigners	637106	660355	674931	690810
#日　本	Japan	205659	208259	214630	220859
韩　国	Republic of Korea	132350	149099	148426	158130
菲律宾	Philippines	3233	2678	3112	60538
新加坡	Singapore	19233	21065	21676	21294
泰　国	Thailand	3086	3862	4604	61238
印度尼西亚	Indonesia	2473	1557	2199	7867
美　国	United States	61261	63921	63895	59878
加拿大	Canada	8649	8524	8645	9447
英　国	United Kingdom	19784	15635	16915	15615
法　国	France	10416	9881	9985	11371
德　国	Germany	22409	22921	27511	26212
意大利	Italy	4815	4394	3942	5920
俄罗斯	Russia	2196	2370	4829	18748
澳大利亚	Australia	14992	15022	13650	14720
港澳台同胞	Hong Kong, Macao and Taiwan Compatriots	100375	98239	91395	94521
星级宾馆平均每人居住天数	**Per Capita Staying Days in Star Level Hotels**	**2.2**	**2.1**	**1.9**	**2.0**

6-14 接待入境旅游外汇收入(2012—2015年)

Foreign Exchange Earning from International Tourists,2012-2015

单位：万美元(USD 10 000)

项　目	Item	2012	2013	2014	2015
总　计	**Total**	**222641**	**259139**	**299210**	**329811**
长途交通	Long-distance Transportation	67026	78323	106047	127996
飞　机	Civil Aviation	54020	63099	79457	84321
火　车	Railway	3317	3851	10939	12408
汽　车	Motor Vehicles	5622	6590	8628	9414
海　运	Sea Transportation	4067	4782	7024	21854
游　览	Tour	9153	10614	15435	13015
住　宿	Accommodation	27229	31759	37760	38034
餐　饮	Catering Service	17179	20000	24598	23976
娱　乐	Entertainment	11797	13783	18237	15447
购　物	Shopping	59634	69175	59045	64530
邮电通讯	Posts and Telecommunications	4925	5743	5892	7086
市内交通	Local Transportation	6558	7582	7754	6886
其　他	Others	19140	22161	24442	32841

6-15 国内旅游者来津人数和人均消费支出

Numer of Domesitic Tourists Visiting Tianjin and Per Capita Comsumption Expenditures

项　目	Item	2014	2015
国内旅游人数(万人次)	**Number of Domestic Tourists Visiting Tianjin(10 000 person-times)**	**15271.7**	**17058.7**
外省市来津旅游人数	Number of Tourists from other Provinces Visiting Tianjin	9773.4	10871.3
本市市民在津旅游人数	Number of Local Tourists	5498.3	6187.4
国内旅游者人均消费支出(元)	**Consumption Expenditure Per Person (yuan)**	**1470**	**1478**
住　宿	Accommodation	200	159
餐　饮	Catering Service	248	223
游　览	Tour	133	127
购　物	Shopping	373	438
娱　乐	Entertainment	77	56
交　通	Transportation	386	402
邮电通讯	Posts and Telecommunications	9	4
其　他	Others	43	69

6-16 天津与国外结成友好城市一览表

List of Foreign Sister Cities with Tianjin

友好城市 Sister City	国　别 County of Origin	缔结时间 Time of Conclusion	友好城市 Sister City	国　别 County of Origin	缔结时间 Time of Conclusion
神户市 Kobe	日　本 Japan	1973年6月24日 June24,1973	乌兰巴托市 Ulan Bator	蒙　古 Mongolia	1992年9月27日 Sept. 27, 1992
费　城 Philadelphia	美　国 United States	1980年2月10日 Feb. 10, 1980	哈尔科夫市 Kharkov	乌克兰 Ukraine	1993年6月14日 June 14,1993
墨尔本市 Melbourne	澳大利亚 Australia	1980年5月5日 May 5,1980	延雪平市 Jon Koping	瑞　典 Sweden	1993年9月23日 Sept. 23, 1993
四日市市 Yokkaichi	日　本 Japan	1980年10月28日 Oct. 28, 1980	仁川市 Inchon	韩　国 Republic of Korea	1993年12月7日 Dec. 7, 1993
萨拉热窝市 Sarajevo	波　黑 Bosnia and Herzegovina	1981年5月28日 May 28,1981	萨尔州 State of Saarland	德　国 Germany	1994年9月28日 Sept. 28, 1994
北加莱海峡大区 Region Nord Pas de Calais	法　国 France	1984年10月10日 Oct. 10, 1984	罗兹市 Lodz	波　兰 Poland	1994年10月11日 Oct. 11, 1994
伦巴第大区 Lombardia Region	意大利 Italy	1985年5月9日 May 9,1985	里约热内卢州 Rio de Janeiro	巴　西 Brazil	1995年4月18日 Apr. 18, 1995
格罗宁根市 Groningen	荷　兰 Netherlands	1985年9月12日 Sept. 12, 1985	橘　郡 Orange County	美　国 United States	1997年8月1日 Aug. 1, 1997
千叶市 Chiba	日　本 Japan	1986年5月7日 May 7,1986	亚马逊州 State of Amazon	巴　西 Brazil	1997年10月20日 Oct. 20, 1997
普罗夫迪夫大区 Plovdiv	保加利亚 Bulgaria	1989年10月15日 Oct. 15, 1989	海防市 Haiphong City	越　南 Vietnam	1999年1月8日 Jan. 8, 1999
伊兹密尔市 Izmir	土耳其 Turkey	1991年9月23日 Sept. 23, 1991	南浦市 NaPuShi	朝　鲜 Democratic People's Republic of Korea	2002年8月11日 Aug.11,2002
阿比让市 La Ville D'abidjan	科特迪瓦 Côte d'Lvoire	1992年9月26日 Sept. 26, 1992			

6-17 对外经济合作(2013—2015年)

Economic Cooperation with Foreign Countries or Regions,2013-2015

项　目	Item	2013	2014	2015
对外承包工程	**Contracted Foreign Projects**			
签订合同份数(个)	Number of Contracts(unit)	106	100	215
签订合同金额(万美元)	Contracted Value(USD 10 000)	271274	380264	310838
完成营业额(万美元)	Fulfilling Value(USD 10 000)	312853	403259	476260
年末在外劳动人数(人)	Number of Outside Labours at Year-end(person)	10881	11374	12428
对外劳务合作	**Labour Cooperation**			
合同工资(万美元)	Wages Contracted(USD 10 000)	12853	98987	479
实际收入(万美元)	Actual Income(USD 10 000)	8713	13675	994
年末在外劳动人数(人)	Number of Outside Labours at Year-end(person)	6669	7029	1779

注：2015年对外劳务合作指标不含海员。
Note: Labour Cooperation of 2015 does not contin sailor.

6-18 按国别(地区)分对外承包工程、劳务合作(2015年)

Contracted Foreign Projects and Labour Cooperation by Country(Region),2015

国别(地区)	Country (Region)	对外承包工程 Contracted Foreign Projects		劳务合作 Labour Cooperation
		合同个数(个) Number of Projects Coutracts (unit)	合同金额(万美元) Contracted Value (USD 10 000)	新签劳务人员合同工资总额(万美元) Total Wages Contracted of New Labour (USD 10 000)
合　计	**Total**	**215**	**310838**	**479**
亚　洲	**Asia**	**89**	**179954**	**439**
#沙特阿拉伯	Saudi Arabia	4	20944	
伊拉克	Iraq	23	26418	
伊　朗	Iran	5	4780	
卡塔尔	Qatar	1	1234	
阿拉伯联合酋长国	The United Arab Emirates	4	8969	
印度尼西亚	Indonesia	10	28846	
菲律宾	The Philippines	2	1652	
马来西亚	Malaysia	2	37655	
缅　甸	Myanmar	8	16188	
土耳其	Turkey	3	15618	
非　洲	**Africa**	**96**	**26867**	**40**
#刚果(布)	The Republic of Congo			
坦桑尼亚	Tanzania	72	4458	
尼日利亚	Nigeria	2	3738	
拉丁美洲	**Latin America**	**20**	**80045**	
#委内瑞拉	Venezuela	14	33291	
墨西哥	Mexico	4	11183	
巴拿马	Panama			
北美洲	**North America**	**7**	**3589**	
#美　国	United States	6	3580	
大洋洲	**Oceania**	**1**	**4889**	
#澳大利亚	Australia	1	4558	

6-19 服务外包情况

Statistics on Service Outsourcing

单位：亿美元(USD 100 million)

项　目	Item	2014	2015	2015比2014年增长(%) Increased Rate in 2015 over 2014(%)
接包合同额	**Contracted Value of Service Outsourcing**	**28.20**	**21.80**	**-21.9**
# 离岸接包合同额	Contracted Value of Offshore Service Outsourcing Contracted	16.70	10.80	-34.7
接包执行额	**Actual Value of Service Outsourcing**	**23.00**	**21.60**	**7.1**
# 离岸接包执行额	Actual Value of Offshore Service Outsourcing	13.00	9.70	-25.4

注：2015年执行商务部口径。
Note: Data of 2015 adopt the corerage of Ministry of Commerce.

6-20 实际利用内资额(2011—2015年)

Domestic Capital Actually Used,2011-2015

单位：亿元(100 million yuan)

地 区	Region	2011	2012	2013	2014	2015
全市总计	**Total**	**2085.87**	**2600.67**	**3120.82**	**3600.32**	**4049.28**
中心城区	**Central Districts**	**502.91**	**539.53**	**567.75**	**636.61**	**738.86**
和平区	Heping District	102.83	110.43	112.51	120.14	133.64
河东区	Hedong District	78.31	90.71	100.10	120.09	132.05
河西区	Hexi District	102.37	102.52	112.30	120.27	133.65
南开区	Nankai District	76.06	77.32	77.92	97.56	131.41
河北区	Hebei District	103.21	110.25	112.09	115.11	132.05
红桥区	Hongqiao District	40.13	48.30	52.83	63.44	76.07
滨海新区	**Binhai New Area**	**459.38**	**584.97**	**738.26**	**892.45**	**1000.75**
其他区县	**Other Districts and Counties**	**1123.58**	**1476.17**	**1814.82**	**2071.27**	**2309.66**
东丽区	Dongli District	180.39	198.37	223.08	263.14	296.27
西青区	Xiqing District	135.25	157.18	247.56	266.76	297.66
津南区	Jinnan District	185.58	203.28	242.66	264.07	297.63
北辰区	Beichen District	114.24	202.19	220.25	263.40	296.59
武清区	Wuqing District	141.19	202.28	243.32	265.40	298.32
宝坻区	Baodi District	141.28	202.88	235.91	264.10	296.93
宁河区	Ninghe District	51.96	75.74	110.94	143.95	161.01
静海区	Jinghai District	50.08	64.08	91.03	120.10	135.13
蓟 县	Jixian County	123.61	170.17	200.06	220.34	230.13

注：滨海新区数据不含东丽区无瑕街、津南区葛沽镇数据。
Note: Data of Binhai New Area exclude figures of Wuxia Street, Dongli District and Gegu Town, Jinnan District.

6-21 外省市在津投资情况

Domestic Capital from Other Provinces and Municipalities

地 区	Region	项目数(个) Number of Contracts(unit)		实际利用内资额(万元) Total Capital Actually Used (10 000 yuan)	
		2014	2015	2014	2015
总 计	**Total**	**3513**	**2256**	**36003240**	**40492795**
北京市	Beijing	538	402	12304978	13985407
河北省	Hebei	769	461	2628569	3428211
山西省	Shanxi	123	59	497298	583333
内蒙古自治区	Inner Mongolia	88	58	323489	391166
辽宁省	Liaoning	83	54	2069259	2304504
吉林省	Jilin	97	60	271274	372215
黑龙江省	Heilongjiang	173	100	394642	503394
上海市	Shanghai	139	76	2475763	2902712
江苏省	Jiangsu	123	81	837819	1173232
浙江省	Zhejiang	163	76	2007244	2896783
安徽省	Anhui	95	45	211622	181924
福建省	Fujian	177	113	1436581	1572771
江西省	Jiangxi	31	25	122673	272701
山东省	Shandong	273	191	1241811	1183014
河南省	Henan	166	105	930347	768684
湖北省	Hubei	46	44	157811	331698
湖南省	Hunan	41	36	499337	636150
广东省	Guangdong	208	127	5039282	4149396
广西壮族自治区	Guangxi	10	8	78270	431176
海南省	Hainan	11	5	1588502	272580
重庆市	Chongqing	23	13	171903	148612
四川省	Sichuan	41	37	212826	330673
贵州省	Guizhou	11	9	48852	241617
云南省	Yunnan	4	6	15668	155460
陕西省	Shanxi	32	27	218768	196890
甘肃省	Gansu	19	8	8500	18055
青海省	Qinghai	3	4	22500	5571
宁夏回族自治区	Ningxia	4	8	10140	37700
新疆维吾尔自治区	Xinjiang	14	13	66301	248178
西藏自治区	Xizang	8	5	111211	768988

主要统计指标解释

外贸进出口总额

指海关统计中按经营单位即进出口企业在海关注册地的行政区域口径统计的数据，它反映的是天津行政辖区内各类具有进出口经营权企业（外贸企业）的进出口。它不包含外省市外贸企业途经天津口岸由天津海关结关放行及统计的进出口商品，但包含天津外贸企业经由非天津口岸进出口结关放行及统计的商品。

口岸进出口总额

指由海关统计的天津口岸实际进出的货物总金额。包括天津经营单位和其他省市经营单位经天津口岸实现的进出口货物总额。我国规定出口货物按离岸价格统计，进口货物按到岸价格统计。

利用外资

包括三部分，一是借用国外资金；二是直接利用投资；三是其他利用投资。外资包括现金、实物、工业产权或专有技术等。凡是本年内实际投资（不论是执行本年签订的协议或是执行过去几年签订的协议）均应计算在内。

借用国外资金　指由我国政府、部门、企业或其他经济组织从境外借入的资金或在境外发行的外币债券。按借款类别不同划分为：外国政府贷款、国际金融组织贷款、外国银行商业贷款、出口信贷和其他：包括对外发行债券、股票等。本年鉴公布的我市的对外借款统计数据中，不含外国及港、澳、台在津投资企业的对外借款。

直接利用投资　指国外及港澳台地区的法人和自然人按照我国有关政策、法规在中国大陆地区以现金、实物、无形资产等各种方式投资于非上市公司中的全部投资及在单个外国投资者所占股权比例不低于10%的上市公司中的投资。

直接利用外资合同额

是根据外商投资企业合同（章程）规定，外方投资者应缴付的注册资本。包括外方从企业获得的利润对企业的再投资以及批准的企业投资总额内的外方股东贷款（2002 年以前还包括以企业名义从境内外借入的其他外资）。

实际利用外资

包括借用国外资金、直接利用投资和其他利用投资三部分实际到位的外资。借用国外资金按实际提取或拨交的使用数、直接利用投资按外方实际到位资金统计（以会计师事务所出具的验资报告为准）、其他利用投资按到位数计算。

对外承包工程

包括对外承包公司以招标议标承包方式承揽的下列业务：(1) 承包国外工程建设项目。(2) 承包我国对外经济援助项目。(3) 承包我国驻外机构的工程建设项目。(4) 承包我国境内利用外资进行建设的工程项目。(5) 与外国承包公司合营或联合承包工程项目时我国公司分包部分。(6) 以服务成果向业主收费的技术服务项目（包括承担地形地貌测绘；地质资源勘探与普查；建设区域规划；提供设计文件、图纸、生产工艺技术资料和工程技术经济咨询；工程项目的可行性考察、研究和评估；进行技术指导和培训人员等）。(7) 对外承包兼营的房屋开发业务。对外承包工程的营业额是以货币表现的本期内完成的对外承包工程的工作量，包括以前年度签订的合同和本年度新签订的合同在报告期完成的工作量。

对外劳务合作

指以收取工资的形式向业主或承包商提供技术和劳动服务的活动。天津对外承包公司在境外开办的合营企业，天津公司同时又提供劳务的，其劳务部分也纳入劳务合作统计。劳务合作营业额按报告期内向雇主提交的结算数（包括工资、加班费和奖金等）统计。

Explanatory Notes on Main Statistical Indicators

Total Value of Imports and Exports in Foreign Trade

is offered by Customs authorities, covering the operations units, or the enterprises involved in import and export, that have registered in the administrative regions where the Customs operate. It reflects the import and export of all the enterprises with import and export rights (foreign trade enterprises) under the administration of Tianjin Municipality. It excludes those commodities of foreign trade enterprises from out of town that underwent customs clearance at Tianjin ports but includes commodities of foreign trade enterprises of Tianjin that underwent customs clearance in non-Tianjin ports.

Total Value of Imports and Exports in Port

is offered by customs authorities, refer to the value of commodities imported into and exported from Tianjin Port. It includes the value of commodities imported into and exported from Tianjin Port of Tianjin business units and business units of other provinces (municipalities). In accordance with the stipulation of the Chinese government, imports are calculated at CIF, while exports are calculated at FOB.

Utilization of Foreign Investment

includes foreign borrowing, foreign direct investment, and other foreign investment. Foreign capital includes cash, material objects, industrial property right, special technique, etc. It includes actual investment in current year or signed in previous years.

Foreign Loans refer to funds borrowed from abroad by the Chinese government, departments, enterprises and other economic units, foreign currency bond issued abroad. Grouped by the category of borrowing, it includes (a) loans of foreign governments, (b) loans of international financial institutions, (c) commercial loans of foreign banks, (d) export credit of foreign banks, (e) bonds, shares issued abroad, etc. The data in this yearbook excludes foreign borrowing of foreign funded and Hong Kong, Macao and Taiwan funded enterprises.

Foreign Direct Investment refers to the investment inside China by foreign funded and Hong Kong, Macao and Taiwan funded enterprises, economic organizations or individuals, following the relevant policies and laws of China and using cash, material objects, intangible assets for the investment of corporations that are not listed in stock market, share ownership of single foreign investor is not lower than 10%.

Foreign Direct Investment Contracted

refers to the total registered capital that according to the contract, foreign investor should provide. It includes re-investment of foreign investor using the profits obtained from enterprise, loans of foreign shareholder among the total investment (also includes other investment of enterprise borrowed from China and abroad before 2002).

Foreign Capital Actually Used

refers to the actual investment of foreign borrowing, foreign direct investment and other investment by foreign enterprises. It includes actual withdraw of foreign borrowing, actual capital of foreign direct investment (in accordance with the capital report of Accountant Services), actual capital of other investment by foreign enterprises.

Contracted Foreign Projects

refer to projects undertaken by Chinese contractors (project contracting companies) through bidding process. They include: (1) overseas civil engineering construction projects financed by foreign investors. (2) overseas projects financed by the Chinese government through its foreign-aid programs. (3) construction projects of Chinese diplomatic missions, trade offices and other institutions stationed abroad. (4) construction projects in China financed by foreign investment. (5) sub-construction to be taken by Chinese-contractors through a joint umbrella project with foreign contractor. (6) technical assistance projects in the form of service results and chargeable to the owners (such as topographic surveying, geological prospecting, development zone programming, provision of documents, blueprint, materials on production process, technical consultation, project feasibility studies and evaluation, personnel training, etc.). (7) housing developing projects. The business turnover from international contracting is the work of contracted projects completed during the reporting period, expressed in monetary terms, including completed work on project contracts signed in previous years.

Overseas Labour Cooperation

refers to activities of providing technology and labour services to employers or contractors by collecting salaries and wages. Labour services provided by Tianjin's international contrasting corporations to their overseas joint ventures shall be included into the statistics of overseas serviced. The business turn over of overseas labour services is the settlement price (including salaries, overtime pay and bonuses) submitted to the employers during the reporting period.

第七篇　能源生产和消费

Chapter 7　Energy Production and Consumption

7-1 一次能源生产量及构成(1996—2015年)

Primary Energy Production and Composition,1996-2015

年 份 Year	一次能源生产量 (万吨标准煤) Primary Energy Production (10 000 tons of SCE)	占能源生产总量的比重(%) As Percentage of Total Energy Production (%)		
		原 油 Crude Oil	天然气 Natural Gas	其 他 Others
1996	1036.17	89.15	10.85	
1997	1014.77	90.93	9.07	
1998	1079.73	91.46	8.54	
1999	1084.63	90.45	9.55	
2000	1201.94	90.81	9.19	
2001	1494.84	92.73	7.27	
2002	1844.92	94.16	5.84	
2003	1983.56	94.80	5.20	
2004	2171.94	95.12	4.88	
2005	2663.93	95.61	4.39	
2006	2915.55	95.21	4.79	
2007	2926.45	93.94	6.06	
2008	3034.76	93.86	6.14	
2009	3471.63	94.52	5.48	
2010	5007.63	95.08	4.57	0.36
2011	4833.38	94.40	5.10	0.50
2012	4708.80	94.00	5.29	0.71
2013	4634.41	93.85	5.38	0.77
2014	4726.73	92.93	5.95	1.12
2015	5338.18	93.58	5.12	1.30

7-2 能源终端消费量(1996—2015年)

Final Consumption of Energy,1996-2015

单位：万吨标准煤(10 000 tons of SCE)

年 份 Year	能源终端消费量 Final Consumption of Energy	第一产业 Primary Industry	第二产业 Secondary Industry	第三产业 Tertiary Industry	生活消费 Living Consumption
1996	2374.07	70.72	1735.50	311.33	256.52
1997	2312.79	44.76	1605.60	420.96	241.47
1998	2353.71	44.00	1588.62	437.27	283.82
1999	2352.21	53.61	1435.11	535.14	328.35
2000	2553.60	58.17	1570.08	635.23	290.12
2001	2724.32	68.83	1694.78	608.05	352.66
2002	2966.56	76.64	1935.92	575.96	378.04
2003	3017.40	59.60	2032.00	510.68	415.12
2004	3391.92	58.49	2352.44	549.38	431.61
2005	3496.31	62.79	2387.19	585.46	460.87
2006	3870.90	65.65	2705.14	619.03	481.08
2007	4213.73	67.99	2968.06	660.24	517.44
2008	4606.24	67.13	3227.71	733.20	578.19
2009	5023.03	71.91	3484.93	797.31	668.89
2010	5860.20	78.19	4229.19	881.82	671.01
2011	6551.11	87.38	4834.50	932.94	696.29
2012	7054.97	94.20	5161.27	1016.81	782.69
2013	7694.82	99.20	5647.54	1104.01	844.07
2014	7955.00	101.42	5794.56	1163.80	895.22
2015	8078.04	105.05	5721.45	1237.85	1013.69

7-3 综合能源平衡表(标准量)

Overall Energy Balance Sheet(Standard Equivalent)

单位：万吨标准煤(10 000 tons of SCE)

项 目	Item	2014	2015
可供本地区消费的能源量	**Volume of Energy Available for Consumption**	**8145.06**	**8260.13**
年初库存量	Stock at the Beginning of the Year	734.49	755.04
一次能源生产量	Primary Energy Output	4726.73	5338.18
外省(区、市)调入量	Inflow from Other Provinces(Regions, Cities)	11347.77	11586.56
进口量	Import	3153.25	2603.91
我轮、机在外国加油量	Our Steamship and Plane Oiled Abroad	24.16	6.21
本市调出量(－)	Outflow to Other Provinces(Regions, Cities)(－)	-10874.42	-11401.77
出口量(－)	Export(－)	-105.90	-69.97
外轮、机在本市加油量(－)	Foreign Steamship and Plane Oiled in Tianjin(－)	-88.50	-76.26
年末库存量(－)	Stock at Year-end(－)	-772.53	-481.78
加工转换投入(-)产出(+)量	**Input(－) or Output(+) of Processing and Transformation**	**-16.03**	**-7.90**
火力发电	Thermal Power		
供 热	Heating	-143.51	-130.89
煤炭洗选	Separation Coal		
炼 焦	Coke Making	-22.03	-17.51
炼油及煤制油	Oil Refining	274.69	345.36
# 油品再投入量(－)	Input of Oil(－)	-412.84	-449.13
制 气	Gas Making		
# 焦炭再投入量(－)	Input of Coke(－)		
天然气液化	Liquefaction of Natural Gas	-0.34	-0.06
煤制品加工	Processing of Coal Products		
回收能	Recovery of Energy	288.00	244.33
损失量	**Loss Volume**	**174.03**	**174.19**
终端消费量	**Final Consumption**	**7955.00**	**8078.04**
第一产业	Primary Industry	101.42	105.05
第二产业	Secondary Industry	5794.56	5721.45
工 业	Industry	5578.17	5490.57
建筑业	Construction	216.40	230.88
第三产业	Tertiary Industry	1163.80	1237.85
交通运输、仓储和邮政业	Transportation, Storage and Post Services	489.91	514.96
批发和零售业、住宿和餐饮业	Wholesale & Retail Trade, Accommodation & Catering Services	245.27	254.88
其 他	Others	428.61	468.02
生活消费	Living Consumption	895.22	1013.69
平衡差额	**Balance**		
消费量合计	**Total Consumption**	**8145.06**	**8260.13**

7-4 能源消耗基本情况(1996—2015年)

Basic Statistics on Energy Consumption,1996-2015

年 份 Year	能源消耗(万吨标准煤) Energy Consumption (10 000 tons of SCE)	# 工 业 Industry	电力消耗(亿千瓦小时) Electricity Power Consumption (100 million kwh)	# 工 业 Industry
1996	2500.22	1816.55	187.51	111.35
1997	2452.34	1698.19	194.09	142.45
1998	2502.24	1698.82	200.38	147.43
1999	2553.07	1608.66	211.19	151.09
2000	2793.71	1776.94	236.55	171.83
2001	2918.04	1855.60	250.47	181.89
2002	3022.15	1969.20	281.00	205.33
2003	3147.89	2087.98	313.00	230.16
2004	3566.46	2434.60	350.97	259.61
2005	3709.37	2514.64	384.84	281.00
2006	4099.61	2832.18	433.65	318.43
2007	4431.08	3071.12	494.71	364.93
2008	4805.21	3281.78	515.89	372.77
2009	5242.55	3545.55	550.16	386.54
2010	6084.89	4275.61	645.74	462.64
2011	6781.35	4868.74	695.16	501.45
2012	7325.56	5226.37	743.19	526.67
2013	7881.83	5621.84	794.48	566.36
2014	8145.06	5768.23	823.94	588.65
2015	8260.13	5672.66	851.13	592.45

7-4续表 *Continued*

年 份 Year	单位生产总值能耗(吨标准煤/万元) Energy Consumption per Unit of GDP (ton of SCE/10 000 yuan)	单位生产总值电耗(千瓦小时/万元) Electricity Power Consumption per Unit of GDP (kwh/10 000 yuan)	单位工业增加值能耗(吨标准煤/万元) Energy Consumption per Unit of Value Added of Industry (ton of SCE/10 000 yuan)	单位工业增加值电耗(千瓦小时/万元) Electricity Power Consumption per Unit of Value Added of Industry (kwh/10 000 yuan)
1996	2.19	1646.08	3.49	2141.55
1997	1.92	1520.31	2.92	2450.07
1998	1.79	1434.95	2.73	2369.84
1999	1.66	1374.94	2.30	2156.90
2000	1.64	1389.94	2.26	2186.25
2001	1.53	1313.51	2.09	2053.52
2002	1.41	1308.20	1.94	2023.65
2003	1.28	1268.95	1.74	1912.95
2004	1.25	1228.33	1.67	1776.40
2005	0.95	985.34	1.28	1435.17
2006	0.91	967.64	1.25	1400.18
2007	0.86	955.77	1.15	1369.86
2008	0.80	855.59	1.04	1178.52
2009	0.75	782.89	0.95	1032.97
2010	0.66	700.03	0.97	1048.87
2011	0.63	647.24	0.93	952.99
2012	0.60	607.78	0.86	864.32
2013	0.57	577.31	0.82	824.34
2014	0.54	544.29	0.76	778.87
2015	0.50	514.23	0.69	717.66

注：1. 能源消耗指标采用等价值计量。2. 单位生产总值、工业增加值的能耗和电耗2005年以前年份为2000年可比价,2005-2009年为2005年可比价，2010年及以后年份为2010年可比价。

Note: a) Indicators of energy consumption are converted into same value. b) Before 2005, energy or electricity power consumption of GDP,energy or electricity power consumption of value added in industry are calculated at 2000 constant prices;data of 2005-2009 are calculated at 2005 constant prices;data from 2010 are calculated at 2010 constant prices.

7-5 电力平衡表(2011—2015年)

Electricity Balance Sheet,2011-2015

单位：亿千瓦小时(100 million kwh)

项 目 Item	2011	2012	2013	2014	2015
可供量 Total Energy Available for Consumption	**695.16**	**743.19**	**794.48**	**823.94**	**851.13**
生产量 Output	615.06	612.75	624.82	626.16	642.96
火力发电 Thermal Power	613.49	607.89	619.05	619.85	635.88
其他发电 Others	1.57	4.86	5.77	6.31	7.08
外省(区、市)调入量 Inflow from Other Provinces (Regions, Cities)	80.98	131.19	170.39	198.58	209.05
本市调出量 Outflow to Other Provinces (Regions, Cities)	0.88	0.75	0.73	0.80	0.88
消费量 Total Energy Consumption	**695.16**	**743.19**	**794.48**	**823.94**	**851.13**
在消费量中 Consumption by Sector					
农、林、牧、渔、水利业 Farming, Forestry, Animal Husbandry, Fishery and Water Conservancy	12.90	13.62	14.58	14.89	15.34
工 业 Industry	532.79	550.61	566.36	588.65	592.45
建筑业 Construction	13.94	14.01	14.43	13.52	14.65
交通运输、仓储和邮政业 Transportation, Storage and Post Services	17.86	24.84	22.77	24.91	34.47
批发和零售业、住宿和餐饮业 Wholesale & Retail Trade, Accommodation & Catering Services	30.77	32.44	35.27	32.39	32.41
其 他 Others	51.87	57.92	65.90	71.48	74.51
生活消费 Living Consumption	66.37	73.69	75.17	78.10	87.30
在消费量中 Consumption by Usage					
终端消费 Final Consumption	652.32	695.80	747.15	775.18	802.95
# 工 业 Industry	458.61	479.28	519.03	539.89	544.27
输配电损失量 Losses in Transmission	42.84	47.39	47.33	48.76	48.18
平衡差额 Balance					

7-6 能源消费弹性系数(1996—2015年)

Elasticity of Energy Consumption,1996-2015

年份 Year	能源消费比上年增长(%) Increase Rate of Energy Consumption over Preceding Year(%)	电力消费比上年增长(%) Increase Rate of Electricity Power Consumption over Preceding Year(%)	生产总值比上年增长(%) Increase Rate of GDP over Preceding Year (%)	能源消费弹性系数 Elasticity Ratio of Energy Consumption	电力消费弹性系数 Elasticity Ratio of Electricity Consumption
1996	-2.7	4.8	14.3		0.33
1997	-1.9	3.5	12.1		0.29
1998	2.0	3.2	9.3	0.22	0.34
1999	2.0	5.4	10.0	0.20	0.54
2000	9.4	12.0	10.8	0.87	1.11
2001	4.5	5.9	12.0	0.37	0.49
2002	3.6	12.2	12.7	0.28	0.96
2003	4.2	11.4	14.8	0.28	0.77
2004	13.3	12.1	15.8	0.84	0.77
2005	4.0	9.7	14.9	0.27	0.65
2006	10.5	12.7	14.7	0.72	0.86
2007	10.0	14.1	15.5	0.64	0.91
2008	8.4	4.3	16.5	0.51	0.26
2009	9.1	6.6	16.5	0.55	0.40
2010	16.1	17.4	17.4	0.92	1.00
2011	11.4	7.7	16.4	0.70	0.47
2012	8.0	6.9	13.8	0.58	0.50
2013	7.6	6.9	12.5	0.61	0.55
2014	3.3	3.7	10.0	0.33	0.37
2015	1.4	3.3	9.3	0.15	0.35

7-7 能源消费量(2011—2015年)

Energy Consumption,2011-2015

品 种 Item	单 位 Unit	2011	2012	2013	2014	2015
合 计 Total	**万吨标准煤 10 000 tons of SCE**	**6781.35**	**7325.56**	**7881.83**	**8145.06**	**8260.13**
煤 炭 Coal	万 吨 10 000 tons	5202.50	5233.37	5278.67	5027.28	4538.83
焦 炭 Coke	万 吨 10 000 tons	699.93	882.72	955.48	954.39	904.69
原 油 Crude Oil	万 吨 10 000 tons	1754.02	1544.62	1759.15	1603.17	1616.72
燃料油 Fuel Oil	万 吨 10 000 tons	127.23	102.79	86.93	78.20	94.14
汽 油 Gasoline	万 吨 10 000 tons	152.93	180.07	212.24	226.82	263.73
煤 油 Kerosene	万 吨 10 000 tons	24.53	29.41	56.12	59.85	65.78
柴 油 Diesel Oil	万 吨 10 000 tons	292.43	307.63	324.65	334.43	353.43
天然气 Natural Gas	亿立方米 100 million cu. m	25.52	32.05	37.27	45.09	63.62
电 力 Electricity	亿千瓦小时 100 million kwh	695.16	743.19	794.48	823.94	851.13

7-8 生活能源消费量(2011—2015年)

Energy Consumption for Non-production Purpose,2011-2015

品种 Item	单位 Unit	2011	2012	2013	2014	2015
合计 **Total**	**万吨标准煤** **10 000 tons of SCE**	**696.29**	**782.69**	**844.07**	**895.22**	**1013.69**
煤炭 Coal	万吨 10 000 tons	63.84	67.60	64.30	68.49	78.16
液化石油气 LPG	万吨 10 000 tons	6.77	6.66	7.96	8.81	9.60
天然气和煤气 Natural Gas and Coal Gas	亿立方米 100 million cu. m	4.38	4.70	4.89	5.16	5.51
热力 Heat	万百万千焦 10 000 million kJ	6881.83	7735.00	8361.81	8726.63	9312.40
电力 Electricity	亿千瓦小时 100 million kwh	66.37	73.69	75.17	78.10	87.30

7-9 人均生活能源消费量(1996—2015年)

Annual per Capita Energy Consumption for Non-production Purpose,1996-2015

年份 Year	平均每人生活消费能源(千克标准煤) Annual Per Capita Consumption for Non-production Purpose(kg of SCE)	煤炭(千克) Coal(kg)	电力(千瓦小时) Electricity (kwh)	液化石油气(千克) LPG(kg)	天然气和煤气(立方米) Natural Gas and Coal Gas(cu. m)
1996	271	203	179	6	20
1997	254	178	116	5	21
1998	297	134	215	5	20
1999	343	124	251	18	21
2000	296	102	252	12	44
2001	352	88	261	11	45
2002	376	79	292	10	38
2003	411	91	314	11	30
2004	424	83	329	9	28
2005	446	75	367	6	37
2006	454	64	406	6	35
2007	473	56	434	5	32
2008	505	46	467	5	33
2009	556	52	537	5	32
2010	531	50	533	5	33
2011	525	48	500	5	33
2012	566	49	532	5	34
2013	585	45	521	6	34
2014	599	46	523	6	35
2015	662	51	570	6	36

7-10 工业行业主要能源终端消费量(2015年)

The Final Consumption of Main Energy by Industrial Sector,2015

行业	Sector	煤炭(万吨) Coal (10 000 tons)	焦炭(万吨) Coke (10 000 tons)	原油(万吨) Crude Oil (10 000 tons)	汽油(万吨) Gasoline (10 000 tons)
总计	**Total**	**808.27**	**904.69**	**10.37**	**13.02**
煤炭开采和洗选业	Mining and Washing of Coal				0.11
石油和天然气开采业	Extraction of Petroleum and Natural Gas			9.07	0.42
黑色金属矿采选业	Mining and Processing of Ferrous Metal Ores	0.02	32.67		
非金属矿采选业	Mining and Processing of Nonmetal Ores	1.13			0.02
开采辅助活动	Mining Assistant Activities	0.16			0.41
农副食品加工业	Processing of Food from Agricultural Products	8.43		0.01	0.28
食品制造业	Manufacture of Foods	14.36			0.48
酒、饮料和精制茶制造业	Manufacture of Alcohol, Beverages and Refined Tea	2.69			0.04
烟草制品业	Manufacture of Tobacco				
纺织业	Manufacture of Textile	3.18			0.05
纺织服装、服饰业	Manufacture of Textile Wearing Apparel	2.59			0.41
皮革、毛皮、羽毛及其制品和制鞋业	Manufacture of Leather, Fur, Feather and Related Products, Footware	0.58			0.14
木材加工及木、竹、藤、棕、草制品业	Processing of Timber, Manufacture of Wood, Bamboo, Rattan, Palm and Straw Products	0.08			0.03
家具制造业	Manufacture of Furniture	0.21			0.11
造纸及纸制品业	Manufacture of Paper and Paper Products	7.89			0.26
印刷和记录媒介复制业	Printing, Reproduction of Recording Media	8.40			0.01
文教、工美、体育和娱乐用品制造业	Manufacture of Articles For Culture, Education and Industrial Arts, Sport Activities, Amusement Manufacturing	1.68			0.16
石油加工、炼焦和核燃料加工业	Processing of Petroleum, Coking, Processing of Nuclear Fuel	0.54		1.24	0.06
化学原料和化学制品制造业	Manufacture of Raw Chemical Materials and Chemical Products	156.69	0.02		0.52
医药制造业	Manufacture of Medicines	7.04	0.07		0.12
化学纤维制造业	Manufacture of Chemical Fibers	0.42			0.01
橡胶和塑料制品业	Manufacture of Rubber and Plastic	11.54			0.50
非金属矿物制品业	Manufacture of Non-metallic Mineral Products	28.13	0.64		0.49
黑色金属冶炼和压延加工业	Smelting and Pressing of Ferrous Metals	506.84	870.64		0.29
有色金属冶炼和压延加工业	Smelting and Pressing of Non-ferrous Metals	9.67	0.21		0.09
金属制品业	Manufacture of Metal Products	13.81	0.06		1.07
通用设备制造业	Manufacture of General Purpose Machinery	0.51	0.12		0.67
专用设备制造业	Manufacture of Special Purpose Machinery	3.57	0.01	0.05	2.57
汽车制造业	Manufacture of Motorcar	3.96			1.09
铁路、船舶、航空航天和其他运输设备制造业	Railway, Watercraft, Aerospace and Other Transport Equipment	0.85			0.29
电气机械和器材制造业	Manufacture of Electrical Machinery and Equipment	2.69			0.66
计算机、通信和其他电子设备制造业	Manufacture of Computers, Communication and Other Electronic Equipment	0.05			0.49
仪器仪表制造业	Manufacture of Measuring Instruments	0.02			0.25
其他制造业	Other Manufacturing	0.23			0.05
废弃资源综合利用业	Comprehensive Recycling of Waste	0.64	0.25		0.05
金属制品、机械和设备修理业	Metal Products, Machine and Equipment Repair				0.01
电力、热力的生产和供应业	Production and Supply of Electric Power and Heat Power	9.60			0.48
燃气生产和供应业	Production and Supply of Gas				0.22
水的生产和供应业	Production and Supply of Water	0.07			0.11

7-10续表1 *Continued*

行　业	Sector	柴　油 (万吨) Diesel Oil (10 000 tons)	燃料油 (万吨) Fuel Oil (10 000 tons)	天然气 (亿立方米) Natural Gas(100 million cu. m)
总　计	**Total**	**40.22**	**8.01**	**25.17**
煤炭开采和洗选业	Mining and Washing of Coal			
石油和天然气开采业	Extraction of Petroleum and Natural Gas	6.37		2.07
黑色金属矿采选业	Mining and Processing of Ferrous Metal Ores	0.20		0.01
非金属矿采选业	Mining and Processing of Nonmetal Ores	0.10		0.01
开采辅助活动	Mining Assistant Activities	0.67		0.07
农副食品加工业	Processing of Food from Agricultural Products	0.52		0.15
食品制造业	Manufacture of Foods	0.19		0.71
酒、饮料和精制茶制造业	Manufacture of Alcohol, Beverages and Refined Tea	0.15		0.09
烟草制品业	Manufacture of Tobacco			0.05
纺织业	Manufacture of Textile	0.02		0.05
纺织服装、服饰业	Manufacture of Textile Wearing Apparel	0.07		0.05
皮革、毛皮、羽毛及其制品和制鞋业	Manufacture of Leather, Fur, Feather and Related Products, Footware	0.01		
木材加工及木、竹、藤、棕、草制品业	Processing of Timber, Manufacture of Wood, Bamboo, Rattan, Palm and Straw Products	0.02		0.03
家具制造业	Manufacture of Furniture	0.05		0.03
造纸及纸制品业	Manufacture of Paper and Paper Products	0.18		0.09
印刷和记录媒介复制业	Printing, Reproduction of Recording Media	0.05		0.05
文教、工美、体育和娱乐用品制造业	Manufacture of Articles For Culture, Education and Industrial Arts, Sport Activities, Amusement Manufacturing	0.05		0.12
石油加工、炼焦和核燃料加工业	Processing of Petroleum, Coking, Processing of Nuclear Fuel	0.18	0.30	3.11
化学原料和化学制品制造业	Manufacture of Raw Chemical Materials and Chemical Products	0.57		3.73
医药制造业	Manufacture of Medicines	0.07		0.42
化学纤维制造业	Manufacture of Chemical Fibers	0.01		
橡胶和塑料制品业	Manufacture of Rubber and Plastic	0.37		0.72
非金属矿物制品业	Manufacture of Non-metallic Mineral Products	6.38	7.22	2.05
黑色金属冶炼和压延加工业	Smelting and Pressing of Ferrous Metals	0.92		4.89
有色金属冶炼和压延加工业	Smelting and Pressing of Non-ferrous Metals	0.33	0.03	1.21
金属制品业	Manufacture of Metal Products	0.55		1.79
通用设备制造业	Manufacture of General Purpose Machinery	0.23		0.43
专用设备制造业	Manufacture of Special Purpose Machinery	20.49		0.95
汽车制造业	Manufacture of Motorcar	0.39	0.03	1.25
铁路、船舶、航空航天和其他运输设备制造业	Railway, Watercraft, Aerospace and Other Transport Equipment	0.13	0.41	0.14
电气机械和器材制造业	Manufacture of Electrical Machinery and Equipment	0.32		0.28
计算机、通信和其他电子设备制造业	Manufacture of Computers, Communication and Other Electronic Equipment	0.11		0.32
仪器仪表制造业	Manufacture of Measuring Instruments			
其他制造业	Other Manufacturing	0.15		0.01
废弃资源综合利用业	Comprehensive Recycling of Waste	0.06	0.02	0.16
金属制品、机械和设备修理业	Metal Products, Machine and Equipment Repair			
电力、热力的生产和供应业	Production and Supply of Electric Power and Heat Power	0.27		
燃气生产和供应业	Production and Supply of Gas	0.02		0.13
水的生产和供应业	Production and Supply of Water	0.02		

7-10续表2 *Continued*

行　　业	Sector	热　力 (万百万千焦) Heat (10 000 million kJ)	电　力 (亿千瓦时) Electricity (100 million kwh)	其他石油制品(万吨) Other Petroleum Products (10 000 tons)
总　　计	**Total**	**8600.61**	**544.27**	**383.24**
煤炭开采和洗选业	Mining and Washing of Coal		4.22	
石油和天然气开采业	Extraction of Petroleum and Natural Gas	47.32	18.09	
黑色金属矿采选业	Mining and Processing of Ferrous Metal Ores		4.83	
非金属矿采选业	Mining and Processing of Nonmetal Ores	291.78	1.42	
开采辅助活动	Mining Assistant Activities	117.83	1.36	
农副食品加工业	Processing of Food from Agricultural Products	503.76	7.03	
食品制造业	Manufacture of Foods	560.75	8.03	
酒、饮料和精制茶制造业	Manufacture of Alcohol, Beverages and Refined Tea	79.10	3.35	
烟草制品业	Manufacture of Tobacco		0.28	
纺织业	Manufacture of Textile	29.70	5.04	
纺织服装、服饰业	Manufacture of Textile Wearing Apparel	7.54	2.02	
皮革、毛皮、羽毛及其制品和制鞋业	Manufacture of Leather, Fur, Feather and Related Products, Footware	1.89	0.50	
木材加工及木、竹、藤、棕、草制品业	Processing of Timber, Manufacture of Wood, Bamboo, Rattan, Palm and Straw Products		0.59	
家具制造业	Manufacture of Furniture	4.55	1.57	
造纸及纸制品业	Manufacture of Paper and Paper Products	20.98	19.01	
印刷和记录媒介复制业	Printing, Reproduction of Recording Media	13.76	2.24	
文教、工美、体育和娱乐用品制造业	Manufacture of Articles For Culture, Education and Industrial Arts, Sport Activities, Amusement Manufacturing	5.49	2.80	
石油加工、炼焦和核燃料加工业	Processing of Petroleum, Coking, Processing of Nuclear Fuel	1527.21	22.77	17.57
化学原料和化学制品制造业	Manufacture of Raw Chemical Materials and Chemical Products	4588.26	67.23	365.59
医药制造业	Manufacture of Medicines	159.85	5.83	
化学纤维制造业	Manufacture of Chemical Fibers	1.30	0.34	
橡胶和塑料制品业	Manufacture of Rubber and Plastic	16.08	18.19	
非金属矿物制品业	Manufacture of Non-metallic Mineral Products	1.02	14.82	
黑色金属冶炼和压延加工业	Smelting and Pressing of Ferrous Metals	63.72	133.06	0.03
有色金属冶炼和压延加工业	Smelting and Pressing of Non-ferrous Metals	4.92	6.45	
金属制品业	Manufacture of Metal Products	21.31	33.21	
通用设备制造业	Manufacture of General Purpose Machinery	41.60	13.41	
专用设备制造业	Manufacture of Special Purpose Machinery	44.54	13.57	0.02
汽车制造业	Manufacture of Motorcar	172.14	27.16	0.02
铁路、船舶、航空航天和其他运输设备制造业	Railway, Watercraft, Aerospace and Other Transport Equipment	17.25	5.09	
电气机械和器材制造业	Manufacture of Electrical Machinery and Equipment	23.66	17.39	0.01
计算机、通信和其他电子设备制造业	Manufacture of Computers , Communication and Other Electronic Equipment	41.20	24.48	
仪器仪表制造业	Manufacture of Measuring Instruments	7.06	0.44	
其他制造业	Other Manufacturing	0.01	1.81	
废弃资源综合利用业	Comprehensive Recycling of Waste	0.07	1.27	
金属制品、机械和设备修理业	Metal Products, Machine and Equipment Repair	1.00	0.14	
电力、热力的生产和供应业	Production and Supply of Electric Power and Heat Power	171.74	49.91	
燃气生产和供应业	Production and Supply of Gas		0.19	
水的生产和供应业	Production and Supply of Water	12.22	5.13	

主要统计指标解释

能源生产总量

指一定时期内全市一次能源生产量的总和。该指标是观察全市能源生产水平、规模、过程、构成和发展速度的总量指标。一次能源生产量包括原煤、原油、天然气、水电、核能及其他动力能(如风能、地热能等)发电量，不包括低热值燃料生产量、生物质能、太阳能等的利用和由一次能源加工转换而成的二次能源产量。

能源消费总量

指全市国民经济各行业和居民家庭在一定时期消费的各种能源的总和。能源消费总量分为三部分，即终端能源消费量、能源加工转换损失量和损失量。

终端能源消费量

指一定时期内全市各行业和居民生活消费的各种能源在扣除了用于加工转换二次能源消费量和损失量以后的数量。

能源加工转换损失量

指一定时期内全市投入加工转换的各种能源数量之和与产出各种能源产品之和的差额。该指标是观察能源在加工转换过程中损失量变化的指标。

能源损失量

指一定时期内能源在输送、分配、储存过程中发生的损失和由客观原因造成的各种损失量，不包括各种气体能源放空、放散量。

能源生产弹性系数

是能源生产量的增长与国民经济增长之间的比值。计算公式为：

$$\text{能源生产弹性系数}=\frac{\text{能源生产总量年平均增长速度}}{\text{国民经济年平均增长速度}}$$

采用地区生产总值指标计算国民经济年平均增长速度。

电力生产弹性系数

是电力生产量的增长与国民经济增长之间的比值。计算公式为：

$$\text{电力生产弹性系数}=\frac{\text{电力生产量年平均增长速度}}{\text{国民经济年平均增长速度}}$$

能源消费弹性系数

是能源消费增长速度与国民经济增长速度之间的比值。计算公式为：

$$\text{能源消费弹性系数}=\frac{\text{能源消费量年平均增长速度}}{\text{国民经济年平均增长速度}}$$

电力消费弹性系数

是电力消费增长速度与国民经济增长速度之间的比值。计算公式为：

$$\text{电力消费弹性系数}=\frac{\text{电力消费量年平均增长速度}}{\text{国民经济年平均增长速度}}$$

Explanatory Notes on Main Statistical Indicators

Total Energy Production

refers to the total production of primary energy by all energy producing enterprises in the city in a given period of time. It is a comprehensive indicator to show the capacity, scale, process, composition and development of energy production of the country. The production of primary energy includes that of coal, crude oil, natural gas, hydropower and electricity generated by nuclear energy and other means such as wind power and geothermal power. However, it excludes the production of fuels of low calorific value, bio-energy, solar energy and the secondary energy converted from the primary energy.

Total Energy Consumption

refers to the total consumption of energy of various kinds of national economy industries and residents in the city in a given period of time. Total energy consumption can be divided into three parts: final energy consumption, loss during the process of energy conversion, and energy loss.

Final Consumption of Energy

refers to the total energy consumption by various industries and households in the city in a given period of time, but excludes the consumption in conversion of the primary energy into the secondary energy and the loss in the process of energy conversion.

Loss During the Process of Energy Conversion

refers to the total input of various kinds of energy for conversion, minus the total output of various kinds of energy in the city in a given period of time. It is an indicator to show the loss that occurs during the process of energy conversion.

Energy Loss

refers to the total of the loss of energy during the course of energy transport, distribution and storage and the loss caused by any objective reason in a given period of time. The loss of various kinds of gas due to gas discharges and stocktaking is excluded.

Elasticity Ratio of Energy Production

is the ratio between the growth rate of energy production and the growth rate of the national economy. The formula is:

$$\text{Elasticity Ratio of Energy Production} = \frac{\text{Average Annual Growth Rate of Energy Production}}{\text{Average Annual Growth Rate of National Economy}}$$

The gross domestic products (GDP) is used to calculate the average annual growth rate of national economy.

Elasticity Ratio of Electricity Production

is the ratio between the growth rate of electricity production and the growth rate of the national economy. The formula is:

$$\text{Elasticity Ratio of Electricity Production} = \frac{\text{Average Annual Growth Rate of Electricity Production}}{\text{Average Annual Growth Rate of National Economy}}$$

Elasticity Ratio of Energy Consumption

is the ratio between the growth rate of energy consumption and the growth rate of the national economy. The formula is:

$$\text{Elasticity Ratio of Energy Consumption} = \frac{\text{Average Annual Growth Rate of Energy Consumption}}{\text{Average Annual Growth Rate of National Economy}}$$

Elasticity Ratio of Electricity Consumption

is the ratio between the growth rate of electricity consumption and the growth rate of the national economy. The formula is:

$$\text{Elasticity Ratio of Electricity Consumption} = \frac{\text{Average Annual Growth Rate of Electricity Consumption}}{\text{Average Annual Growth Rate of National Economy}}$$

TIANJIN STATISTICAL YEARBOOK

第八篇　财　政

Chapter 8　Government Finance

8-1 财政收支(1996—2015年)
Finance Revenue & Expenditure,1996-2015

单位：亿元(100 million yuan)

年 份 Year	一般公共预算收入 General Public Budget Revenue	# 增值税(25%) Value-added Tax (25%)	# 营业税 Business Tax	# 企业所得税 Income Tax of Enterprises	# 个人所得税 Individual Income Tax	一般公共预算支出 General Public Budget Expenditure
1996	76.02	17.25	24.67	19.06	5.30	110.19
1997	89.91	17.30	27.60	21.48	6.49	122.78
1998	101.40	18.99	30.71	20.34	7.91	137.93
1999	112.81	20.83	33.88	24.02	8.86	157.41
2000	133.61	26.12	38.16	29.25	11.34	187.05
2001	163.64	34.87	42.99	39.38	16.58	234.67
2002	171.83	38.73	51.65	26.24	13.20	265.21
2003	204.53	45.19	64.32	23.80	12.53	312.08
2004	246.18	35.17	78.39	32.12	15.98	375.02
2005	331.85	64.24	96.45	41.11	18.82	442.12
2006	417.05	80.67	115.92	53.20	21.21	543.12
2007	540.44	94.81	146.38	76.41	29.36	674.33
2008	675.62	109.68	179.85	103.70	32.17	867.72
2009	821.99	99.08	223.62	95.56	35.66	1124.28
2010	1068.81	119.20	283.87	125.89	42.96	1376.84
2011	1455.13	141.32	352.86	182.95	52.01	1796.33
2012	1760.02	149.87	400.90	187.70	49.56	2143.21
2013	2079.07	225.88	425.17	204.38	58.31	2549.21
2014	2390.35	252.92	478.47	234.91	71.98	2884.70
2015	2667.11	252.04	501.41	260.00	81.77	3232.35
比上年增长(%) Increase Rate over Preceding Year (%)						
1996	29.0	3.6	24.2	50.4	40.4	21.9
1997	18.3	0.3	11.9	12.7	22.5	11.4
1998	12.8	9.8	11.3	-5.3	21.9	6.9
1999	11.3	9.7	10.3	18.1	12.1	14.1
2000	18.4	25.4	12.6	21.8	27.9	17.1
2001	22.5	33.5	12.7	34.6	46.2	27.3
2002	16.9	11.1	20.1	9.6	23.1	13.0
2003	24.8	16.7	24.5	13.6	18.7	17.8
2004	28.9	16.7	21.9	34.8	27.5	20.2
2005	28.2	21.8	23.0	27.8	17.5	17.9
2006	25.7	25.6	20.2	29.8	12.7	22.8
2007	29.7	17.5	26.3	44.4	38.4	24.2
2008	25.1	15.7	22.9	36.2	9.6	25.4
2009	21.6	-9.7	24.3	-8.4	10.8	21.3
2010	30.1	20.3	26.9	32.6	20.5	23.1
2011	36.1	18.6	24.3	45.3	21.1	28.2
2012	21.0	6.1	13.6	2.7	-4.7	19.2
2013	18.1	50.7	6.1	8.9	17.6	18.9
2014	15.0	11.9	12.6	15.1	23.5	15.2
2015	11.6	-0.3	4.8	10.7	13.6	12.0

资料来源：天津市财政局
Source: Tianjin Municipal Finance Bureau
注：1.本表中增长速度均按可比口径计算，表8-2至8-3同。2. 2002年开始中央与地方实施所得税收入分享改革，所得税中央与地方分享比例2002年为5：5，2003年以来为6：4，下表同。
Note: a) Increase rate is calculated on the basis of constant coverage. Same as following table 8-2 to 8-3. b) The distribution of income tax reformed in 2002 central government and local government share the income tax at equal share of 50% each in 2002, central government shares 60% and local government shares 40% since 2003. Same as following next.

8-2 财政收入

Government Revenue

单位：亿元(100 million yuan)

项 目	Item	2014	2015	2015比2014年增长(%) Increase Rate in 2015 over 2014(%)
一、一般公共预算收入	**General Public Budget Revenue**	**2390.35**	**2667.11**	**11.6**
按科目分	**By Subject**			
税收收入	Revenue from Taxes	1486.88	1578.07	6.2
# 增值税(25%)	Value-added Tax (25%)	252.92	252.04	-0.3
营业税	Business Tax	478.47	501.41	4.8
企业所得税	Income Tax of Enterprises	234.91	260.00	10.7
个人所得税	Individual Income Tax	71.98	81.76	13.6
非税收入	Non-tax Income	903.47	1089.05	20.5
专项收入	Special Project Income	44.69	161.50	261.4
行政事业性收费收入	Income from Administrative Fees	236.47	208.99	-11.6
罚没收入	Penalty and Confiscatory Income	18.21	22.40	23.0
国有资本经营收入	State-owned Capital Operation Income	53.19	27.85	-47.6
国有资源(资产)有偿使用收入	Paid Use of State-owned Resources(assets) Income	355.79	449.44	26.3
其他非税收入	Others	195.14	218.87	12.2
按级次分	**By Level**			
市级一般公共预算收入	General Public Budget Revenue at City Level	857.37	943.17	10.0
区县级一般公共预算收入	General Public Budget Revenue at District & County Level	1532.98	1723.94	12.5
二、政府性基金收入	**Governmental Fund Revenue**	**1050.64**	**729.57**	**-30.6**
市级政府性基金收入	Governmental Fund Revenue at City Level	525.85	443.90	-15.6
区县级政府性基金收入	Governmental Fund Revenue at District & County Level	524.78	285.67	-45.6
三、地方上划中央收入	**Revenue Transferred to Central Government**	**1373.41**	**1107.68**	**-19.3**

8-3 财政支出

Government Expenditure

单位：亿元(100 million yuan)

项 目	Item	2014	2015	2015比2014年增长(%) Increase Rate in 2015 over 2014(%)
一、一般公共预算支出	**General Public Budget Expenditure**	**2884.70**	**3232.35**	**12.1**
按科目分	**By Subject**			
# 一般公共服务	General Public Service	158.08	178.30	12.0
公共安全	Public Safety	139.31	157.87	14.0
教 育	Education	517.01	507.44	-2.9
科学技术	Science and Technology	109.00	120.82	12.2
文化体育与传媒	Culture, Sports and Media	47.87	51.73	6.4
社会保障和就业	Social Security and Employment	259.56	314.77	21.2
医疗卫生与计划生育	Health Care and Family Planning	161.33	195.02	26.9
节能环保	Energy Conservation and Environmental Protection	57.93	73.10	28.8
城乡社区事务	Urban & Rural Community Affairs	823.70	922.16	6.6
农林水事务	Agriculture, Forestry and Water Conservancy Affairs	134.91	156.08	19.4
交通运输	Transportation	94.95	98.88	4.1
资源勘探电力信息等	Resource Exploration and Power Information and so on	183.10	204.30	11.3
按级次分	**By Level**			
市级一般公共预算支出	General Public Budget Expenditure at City Level	1086.09	1171.06	7.8
区县级一般公共预算支出	General Public Budget Expenditure at District & County Level	1798.61	2061.29	14.6
二、政府性基金支出	**Governmental Fund Expenditure**	**919.92**	**708.45**	**-23.0**
市级政府性基金支出	Governmental Fund Expenditure at City Level	424.01	425.38	0.3
区县级政府性基金支出	Governmental Fund Expenditure at District & County Level	495.91	283.07	-42.9

8-4 区县级财政收入(2015年)

Finance Revenue at District & County Level,2015

单位：万元(10 000 yuan)

地 区	Region	一般公共预算收入 General Public Budget Revenue	税收收入 Revenue from Taxes	增值税 Value-added Tax	营业税 Business Tax	企业所得税 Income Tax of Enterprises
总 计	**Total**	**17239409**	**9696293**	**1422609**	**2396911**	**1569705**
区级合计	**Total at District Level**	**16852966**	**9538725**	**1406110**	**2348273**	**1540721**
和平区	Heping District	976089	611386	38532	163757	70744
河东区	Hedong District	545737	284069	21577	71985	24981
河西区	Hexi District	850351	677565	37074	224138	97720
南开区	Nankai District	665626	426700	36311	112536	44472
河北区	Hebei District	571294	240386	26713	70391	23128
红桥区	Hongqiao District	276277	163299	9236	64162	13085
东丽区	Dongli District	1016241	485173	74707	169402	57189
西青区	Xiqing District	1064235	677284	92822	200195	99668
津南区	Jinnan District	859535	475026	45323	209626	55661
北辰区	Beichen District	816092	430875	75744	120617	48686
武清区	Wuqing District	1151059	826199	139648	146281	132229
宝坻区	Baodi District	580108	371772	55141	45565	29250
滨海新区	Binhai New Area	6480875	3434558	687058	628521	801837
宁河区	Ninghe District	405636	110203	11940	35757	7923
静海区	Jinghai District	593811	324230	54284	85340	34148
县级合计	**Total at County Level**	**386443**	**157568**	**16499**	**48638**	**28984**
蓟 县	Jixian County	386443	157568	16499	48638	28984

8-4续表1 *Continued*

单位：万元(10 000 yuan)

地　区	Region	个人所得税 Individual Income Tax	城市维护建设税 Tax on Urban Maintenance and Construction	契　税 Deed Tax	其他各项税收收入 Other Kinds of Taxes	非税收入 Non-tax Income
总　计	**Total**	**327322**	**838208**	**925852**	**2215686**	**7543116**
区级合计	**Total at District Level**	**324974**	**827543**	**906332**	**2184772**	**7314241**
和平区	Heping District	16197	33924	28197	260035	364703
河东区	Hedong District	9879	18378	72914	64355	261668
河西区	Hexi District	17621	42028	128323	130661	172786
南开区	Nankai District	15825	25832	72793	118931	238926
河北区	Hebei District	6642	13765	45310	54437	330908
红桥区	Hongqiao District	3702	13139	24631	35344	112978
东丽区	Dongli District	9660	63572	24099	86544	531068
西青区	Xiqing District	14159	61821	77208	131411	386951
津南区	Jinnan District	12233	45731	45990	60462	384509
北辰区	Beichen District	10119	45487	29622	100600	385217
武清区	Wuqing District	46676	67678	132138	161549	324860
宝坻区	Baodi District	5879	55308	23998	156631	208336
滨海新区	Binhai New Area	148547	311928	149235	707432	3046317
宁河区	Ninghe District	1826	5907	22796	24054	295433
静海区	Jinghai District	6009	23045	29078	92326	269581
县级合计	**Total at County Level**	**2348**	**10665**	**19520**	**30914**	**228875**
蓟　县	Jixian County	2348	10665	19520	30914	228875

8-4续表2 *Continued*

单位：万元(10 000 yuan)

地 区	Region	专项收入 Special Project Income	行政事业性收费收入 Income from Administrative Fees	罚没收入 Penalty and Confiscatory Income	国有资源(资产)有偿使用及经营 Paid Use of State-owned Resources (assets) Income	其他各项非税收入 Other Kinds of Non-tax Income
总 计	**Total**	**906749**	**1098285**	**108732**	**3435050**	**1994300**
区级合计	**Total at District Level**	**894027**	**1011692**	**96655**	**3325110**	**1986757**
和平区	Heping District	27402	4998	486	290	331527
河东区	Hedong District	15590	8030	578	76299	161171
河西区	Hexi District	36637	22371	861	42226	70691
南开区	Nankai District	22147	10210	2111	1276	203182
河北区	Hebei District	11534	11757	1442	175737	130438
红桥区	Hongqiao District	10129	11950	938	68875	21086
东丽区	Dongli District	55442	62966	9577	803	402280
西青区	Xiqing District	92181	53915	6259	1457	233139
津南区	Jinnan District	37218	259492	4897	53060	29842
北辰区	Beichen District	38532	12495	9342	101525	223323
武清区	Wuqing District	72728	155375	18231	1204	77322
宝坻区	Baodi District	45158	61767	9885	86746	4780
滨海新区	Binhai New Area	373567	144963	17684	2480177	29926
宁河区	Ninghe District	24706	138541	5140	126982	64
静海区	Jinghai District	31056	52862	9224	108453	67986
县级合计	**Total at County Level**	**12722**	**86593**	**12077**	**109940**	**7543**
蓟 县	Jixian County	12722	86593	12077	109940	7543

8-5 区县级财政支出(2015年)

Finance Expenditure at District & County Level,2015

单位：万元(10 000 yuan)

地 区	Region	一般公共预算支出 General Public Budget Expenditure	一般公共服 务 General Public Service	公共安全 Public Safety	教 育 Education	科学技术 Science and Technology
总 计	**Total**	**20612864**	**1171888**	**821119**	**3355105**	**671834**
区级合计	**Total at District Level**	**19895524**	**1133354**	**786857**	**3198087**	**661799**
和平区	Heping District	995289	57241	45531	260436	25191
河东区	Hedong District	702896	38201	39417	169500	9198
河西区	Hexi District	792551	126888	50368	211956	20272
南开区	Nankai District	741986	49877	50064	163690	17592
河北区	Hebei District	731014	49753	36760	193119	12282
红桥区	Hongqiao District	449272	35225	38669	142758	5916
东丽区	Dongli District	1099629	34902	43474	185361	26578
西青区	Xiqing District	1261986	45564	46635	106321	19150
津南区	Jinnan District	817786	47448	51518	99716	25810
北辰区	Beichen District	949840	42159	42494	134369	24830
武清区	Wuqing District	1393327	55546	39631	243534	18855
宝坻区	Baodi District	881689	54537	32335	175166	12961
滨海新区	Binhai New Area	7611008	419281	223221	870981	419333
宁河区	Ninghe District	625031	30073	22950	89058	8892
静海区	Jinghai District	842220	46659	23790	152122	14939
县级合计	**Total at County Level**	**717340**	**38534**	**34262**	**157018**	**10035**
蓟 县	Jixian County	717340	38534	34262	157018	10035

8-5续表1 *Continued*

单位：万元(10 000 yuan)

地 区	Region	文化体育与传媒 Culture, Sports and Media	社会保障和就业 Social Security and Employment	医疗卫生与计划生育 Health Care and Family Planning	节能环保 Energy Conservation and Environmental Protection
总 计	**Total**	**208981**	**1240915**	**1342757**	**420785**
区级合计	**Total at District Level**	**203388**	**1179518**	**1274568**	**307721**
和平区	Heping District	9818	88156	81467	3399
河东区	Hedong District	5167	71086	43167	3302
河西区	Hexi District	10725	69543	112823	3112
南开区	Nankai District	8870	78473	128204	1749
河北区	Hebei District	4286	57956	107335	2705
红桥区	Hongqiao District	5239	42057	39132	1543
东丽区	Dongli District	9045	83865	53307	12184
西青区	Xiqing District	11620	52605	61490	10938
津南区	Jinnan District	4325	41577	54199	14779
北辰区	Beichen District	6255	194370	57970	17864
武清区	Wuqing District	13293	76071	87059	24258
宝坻区	Baodi District	7031	57997	53015	30237
滨海新区	Binhai New Area	95517	166341	288533	126073
宁河区	Ninghe District	4465	35511	42808	21408
静海区	Jinghai District	7732	63910	64059	34170
县级合计	**Total at County Level**	**5593**	**61397**	**68189**	**113064**
蓟 县	Jixian County	5593	61397	68189	113064

8-5续表2 *Continued*

单位：万元(10 000 yuan)

地 区	Region	城乡社区事务 Urban & Rural Community Affairs	农林水、国土海洋气象和粮油物资储备等事务 Agriculture, Forestry and Water Conservancy, Land,Sea and Meteorology, Reserves of Cereals, Oils and Material	资源勘探电力信息、商业服务业、金融监管、交通运输等事务 Resource Exploration and Power Information, Business Services, Financial Supervision, Transportation	其他支出 Others
总 计	**Total**	**6960711**	**712892**	**2468079**	**1237798**
区级合计	**Total at District Level**	**6816692**	**662701**	**2440156**	**1230683**
和平区	Heping District	88168	948	198982	135952
河东区	Hedong District	89156	1190	37415	196097
河西区	Hexi District	81391	1849	94516	9108
南开区	Nankai District	146627	1538	18057	77245
河北区	Hebei District	127380	1358	137781	299
红桥区	Hongqiao District	66525	1080	29784	41344
东丽区	Dongli District	267085	31549	175363	176916
西青区	Xiqing District	746867	82184	76458	2154
津南区	Jinnan District	234652	28749	211839	3174
北辰区	Beichen District	268483	72957	70533	17556
武清区	Wuqing District	691740	91162	15764	36414
宝坻区	Baodi District	203415	91649	105360	57986
滨海新区	Binhai New Area	3331031	136712	1184131	349854
宁河区	Ninghe District	160516	45118	41111	123121
静海区	Jinghai District	313656	74658	43062	3463
县级合计	**Total at County Level**	**144019**	**50191**	**27923**	**7115**
蓟 县	Jixian County	144019	50191	27923	7115

主要统计指标解释

财政收入

指国家可直接支配的财力，主要包括税收收入和其他收入两大类。1994 年我国统一实行分税制财政体制，按税种分为上划中央收入和地方财政收入。上划中央收入包括：增值税的 75%和消费税的 100%等；地方财政收入包括：增值税的 25%、营业税（不含银行总行、铁道、保险总公司的营业税）、地方企业交纳的企业所得税、外商投资企业和外国企业所得税、个人所得税、土地使用税、固定资产投资方向调节税、城市维护建设税（不含银行总行、铁道、保险总公司集中交纳的部分）、资源税（不包括海洋石油资源税）、房产税、车船使用税、印花税、屠宰税、农牧业税、耕地占用税、契税、遗产和赠与税、土地增值税、国有土地有偿使用收入以及基金收入等。地方财政收入加上划中央收入为全市财政收入。需要指出的是 1994 年以后地方财政收入与以前实行的总额分成财政体制下的地方财政收入在内容和范围上有一定差别，历年数据不完全可比。

一般公共预算收入

是通过一定的形式和程序，由各级财政部门组织并纳入预算管理的各项收入，也就是会计制度改革以前所称的“预算收入”。

政府性基金收入

是按规定收取，转入或通过当年财政安排，由财政管理并具有指定用途的政府性基金预算收入等。

一般公共预算支出

是各级财政部门对集中的一般预算收入有计划地分配和使用而安排的支出。

政府性基金支出

是各级财政部门用基金预算收入安排的支出。

Explanatory Notes on Main Statistical Indicators

Government Revenue

refers to the revenue of the government directly disposable finance, including various tax revenue and other revenue. In accordance with the classification of the structure of the government finance in 1994 on the basis of the classification of channels for collection of tax revenue, the revenue of the central government and the revenue of the local governments have different coverage. Revenue of the central government includes 75% of the value added tax and 100% of the value consumption tax, etc. The revenue of the local governments includes 25% of the value added tax, business tax (excluding business taxes of head offices of bank, profits of railways, head office of insurance company), income tax of the local enterprises subordinated to the local government, income tax of foreign, Hong Kong, Macao and Taiwan funded enterprises, personal income tax, tax on the use of urban land, tax on the adjustment of the investment in fixed assets, tax on town maintenance and construction, tax on resources (excluding tax on ocean petroleum resources), tax on real estates, tax on the use of vehicles and ships, stamp tax, slaughter tax, tax on agriculture and animal husbandry, tax on the occupancy of cultivated land, contract tax, inheritance tax, gift tax, land value added tax, income of non-gratuitous use on the state-owned land and income of funds. Total of government revenue included the revenue of the central government and the revenue of the local governments. Now the content and coverage of the local financial revenue is different from that before 1994, please pay attention to distinguish when you use.

General Public Budget Revenue

refers to financial revenue with budgetary management through certain form and procedure by financial departments at each level, also called “budgetary revenue” before reformation of accounting system.

Governmental Fund Revenue

refers to government fund budgetary revenue with financial management and assigned uses gathered by rules or through financial arrangement.

General Public Budget Expenditure

refers to expenditure distributed and used from general budgetary financial revenue by financial departments at each level.

Governmental Fund Expenditure

refers to expenditure arranged from fund budgetary revenue by financial departments at each level.

第九篇　价格指数

Chapter 9　Price Indices

9-1 城市物价总指数(1978—2015年)

Urban General Price Indices,1978-2015

年 份 Year	上年=100 Preceding Year=100		1978年=100 Year of 1978 = 100		1990年=100 Year of 1990 = 100	
	商品零售价格指数 Retail Price Index	居民消费价格指数 Consumer Price Index	商品零售价格指数 Retail Price Index	居民消费价格指数 Consumer Price Index	商品零售价格指数 Retail Price Index	居民消费价格指数 Consumer Price Index
1978	100.0	100.0	100.0	100.0		
1979	101.1	101.0	101.1	101.0		
1980	105.5	105.1	106.7	106.2		
1981	101.5	101.3	108.3	107.5		
1982	100.5	100.5	108.8	108.1		
1983	100.5	100.5	109.3	108.6		
1984	101.8	101.8	111.3	110.6		
1985	113.9	113.1	126.8	125.0		
1986	107.2	106.8	135.9	133.6		
1987	106.9	106.8	145.3	142.6		
1988	117.7	116.9	171.0	166.7		
1989	115.1	114.7	196.8	191.2		
1990	102.7	103.0	202.1	197.0	100.0	100.0
1991	108.0	110.2	218.3	217.1	108.0	110.2
1992	109.4	111.4	238.8	241.8	118.2	122.8
1993	114.3	117.6	273.0	284.4	135.0	144.4
1994	115.6	124.0	315.6	352.6	156.1	179.0
1995	110.6	115.3	349.0	406.6	172.7	206.4
1996	105.1	109.0	366.8	443.2	181.5	225.0
1997	100.7	103.1	369.4	456.9	182.7	232.0
1998	96.6	99.5	356.8	454.6	176.5	230.8
1999	97.5	98.9	347.9	449.6	172.1	228.3
2000	98.6	99.6	343.1	447.8	169.7	227.3
2001	98.6	101.2	338.2	453.2	167.3	230.1
2002	97.4	99.6	329.5	451.4	163.0	229.2
2003	97.4	101.0	320.9	455.9	158.7	231.4
2004	100.8	102.3	323.5	466.4	160.0	236.8
2005	99.9	101.5	323.1	473.4	159.8	240.3
2006	100.4	101.5	324.4	480.5	160.5	243.9
2007	103.2	104.2	334.8	500.7	165.6	254.2
2008	105.1	105.4	351.9	527.7	174.1	267.9
2009	98.9	99.0	348.0	522.4	172.2	265.2
2010	103.4	103.5	359.8	540.7	178.1	274.5
2011	104.7	104.9	376.7	567.2	186.5	288.0
2012	103.0	102.7	388.0	582.5	192.1	295.8
2013	101.7	103.1	394.6	600.6	195.4	305.0
2014	100.9	101.9	398.2	612.0	197.2	310.8
2015	100.3	101.7	399.4	622.4	197.8	316.1

9-2 城市居民消费价格分类指数(2011—2015年)

Urban Consumer Price Indices by Category,2011-2015

上年=100(Preceding Year = 100)

项　目 Item	2011	2012	2013	2014	2015
居民消费价格总指数					
General Consumer Price Index	**104.9**	**102.7**	**103.1**	**101.9**	**101.7**
# 服务项目价格指数					
Services	103.0	100.3	103.8	102.2	103.4
1.食　品					
Food	**111.4**	**106.4**	**105.8**	**103.0**	**101.7**
粮　食					
Grain	108.5	102.4	108.7	103.4	101.8
淀　粉					
Starches	123.3	103.1	102.1	99.8	100.8
干豆类及豆制品					
Bean and Related Products	100.1	103.2	108.0	100.0	102.6
油　脂					
Oil or Fat	115.3	103.7	98.7	99.8	98.1
肉禽及其制品					
Meat, Poultry and Related Products	122.6	105.7	108.0	99.6	104.8
蛋					
Eggs	114.4	101.7	102.2	111.1	90.8
水产品					
Aquatic Products	120.7	106.7	100.9	106.8	98.1
菜					
Vegetables	96.7	119.6	110.0	95.4	106.8
调味品					
Flavoring	106.4	103.6	101.9	101.7	102.7
糖					
Sugar	109.1	105.1	99.7	99.7	100.0
茶及饮料					
Tea and Drink	104.7	106.4	104.6	101.6	102.2
干鲜瓜果					
Dried and Fresh Melons and Fruits	108.8	91.3	112.6	117.3	100.2
糕点饼干面包					
Pasty, Biscuit and Bread	113.3	105.4	101.9	100.6	102.4
液体乳及乳制品					
Liquid Dairy and Related Products	104.6	101.9	103.5	108.3	99.0
在外用膳食品					
Catering Trade	109.6	110.5	104.6	102.2	101.4
其他食品					
Other Food	114.0	102.9	105.1	104.4	100.5
2.烟酒及用品					
Tobacco, Liquor and Related Goods	**104.8**	**104.9**	**100.9**	**98.7**	**101.9**
烟　草					
Tobacco	100.6	98.1	100.2	99.6	103.5
酒					
Liquor	109.5	111.9	101.6	97.9	100.4
3.衣　着					
Clothing	**102.1**	**107.0**	**101.1**	**101.8**	**103.0**
服　装					
Garments	101.7	105.4	100.9	102.2	103.1

9-2续表 *Continued*

上年=100(Preceding Year = 100)

项　　目 Item	2011	2012	2013	2014	2015
衣着材料 Clothing Materials	119.3	103.8	99.8	100.9	102.6
鞋袜帽 Shoes, Socks and Hats	101.9	110.9	101.6	101.0	102.9
衣着加工服务 Processing Services	116.8	120.9	104.4	101.7	102.2
4.家庭设备用品及维修服务 Household Appliances, Articles and Repair Services	**106.1**	**101.6**	**102.0**	**103.3**	**101.0**
耐用消费品 Durable Consumer Goods	102.9	99.4	100.7	102.8	99.4
室内装饰品 Indoors Decorations	100.2	100.1	99.1	99.6	100.3
床上用品 Bed Articles	127.0	103.6	104.8	103.2	108.9
家庭日用杂品 Daily Use Household Articles	103.0	102.7	101.6	103.7	100.6
家庭服务及加工维修服务 Household Services and Repair Services	126.0	112.2	109.2	106.8	102.8
5.医疗保健和个人用品 Medical, Health Care and Individual Goods	**101.8**	**102.2**	**100.6**	**100.4**	**99.8**
医疗保健 Medicine and Medical Services	100.7	102.3	101.2	100.9	101.2
个人用品及服务 Individual Goods and Services	104.0	102.0	99.3	99.5	97.1
6.交通和通信 Transportation and Communications	**99.9**	**97.6**	**98.6**	**99.7**	**97.4**
交　通 Transportations	104.8	99.4	98.3	99.7	96.1
通　信 Communications	92.9	94.8	98.9	99.6	99.7
7.娱乐教育文化用品及服务 Recreational, Educational & Cultural Articles and Services	**99.5**	**99.3**	**102.5**	**101.7**	**104.2**
文娱用耐用消费品及服务 Durable Consumer Goods & Services for Recreational Use	86.7	92.8	94.2	90.5	94.5
教　育 Education	100.2	100.2	100.2	104.3	108.2
文化娱乐 Recreation and Culture	100.6	102.0	101.1	100.4	102.4
旅　游 Tourism	106.8	99.3	113.7	102.5	100.7
8.居　住 Residence	**104.7**	**100.9**	**104.4**	**102.0**	**102.6**
建房及装修材料 Building and Decoration Materials	109.0	101.6	103.4	101.6	99.7
租　房 Rent	101.2	101.0	99.9	103.7	107.2
自有住房 Individual Housing	104.9	100.0	106.0	102.2	103.7
水、电、燃料 Water, Electricity and Fuel	102.2	103.1	101.7	101.3	99.9

9-3 城市商品零售价格分类指数(2011—2015年)

Urban Retail Price Indices by Category,2011-2015

上年=100(Preceding Year = 100)

项 目 Item	2011	2012	2013	2014	2015
商品零售价格总指数 General Retail Price Index	**104.7**	**103.0**	**101.7**	**100.9**	**100.3**
1.食 品 Food	**111.6**	**106.5**	**105.8**	**103.0**	**101.7**
粮 食 Grain	108.5	102.4	108.7	103.4	101.8
淀 粉 Starches	123.3	103.1	102.1	100.4	100.8
干豆类及豆制品 Bean and Related Products	100.1	103.2	108.0	106.3	102.6
油 脂 Oil or Fat	115.3	103.7	98.7	93.6	98.1
肉禽及其制品 Meat, Poultry and Related Products	122.6	105.7	108.0	99.6	104.9
蛋 Eggs	114.4	101.7	102.2	111.1	90.8
水产品 Aquatic Products	120.7	106.7	100.9	106.8	98.1
菜 Vegetables	96.7	119.6	110.0	95.4	106.8
调味品 Flavoring	106.4	103.6	101.9	101.7	102.7
糖 Sugar	109.1	105.1	99.7	99.7	100.0
干鲜瓜果 Dried and Fresh Melons and Fruits	108.8	91.3	112.6	117.3	100.2
糕点饼干面包 Pasty, Biscuit and Bread	113.3	105.4	101.9	100.6	102.4
液体乳及乳制品 Milk and Related Products	104.6	101.9	103.5	108.3	99.0
在外用膳食品 Catering Trade	109.6	110.5	104.6	102.2	101.4
其他食品 Other Food	114.0	102.9	105.1	104.4	100.5
2.饮料烟酒 Beverage, Tobacco and Liquor	**104.7**	**105.2**	**101.8**	**99.4**	**102.0**
茶及饮料 Tea and Beverage	104.7	106.4	104.6	101.6	102.2
烟 草 Tobacco	100.6	98.1	100.2	99.6	103.5
酒 Liquor	109.5	111.9	101.6	97.9	100.4

9-3续表1 *Continued*

上年=100(Preceding Year = 100)

项　目 Item	2011	2012	2013	2014	2015
3.服装鞋帽					
Garments, Shoes and Hats	**101.8**	**106.9**	**101.0**	**101.9**	**103.0**
服　装					
Garments	101.7	105.4	100.9	102.2	103.1
鞋袜帽					
Shoes, Socks and Hats	101.9	110.9	101.6	101.0	102.9
其　他					
Others	107.0	106.2	90.7	101.9	97.0
4.纺织品					
Textiles	**112.4**	**102.3**	**103.5**	**100.4**	**104.5**
衣着材料					
Clothing Materials	119.3	103.8	99.8	100.9	102.6
床上用品					
Bed Articles	110.9	101.9	104.4	100.3	105.0
5.家用电器及音像器材					
Household Appliances and Stereo Sets & Camera Facilities	**95.4**	**96.9**	**96.6**	**94.6**	**96.5**
家庭设备					
Household Facilities	102.3	99.9	99.3	99.1	98.0
文娱用耐用消费品					
Durable Consumer Goods for Recreational Use	84.8	92.1	91.7	85.8	92.3
音像器材					
Stereo Sets & Camera Facilities	100.4	96.5	97.3	95.3	98.9
6.文化办公用品					
Culture and Office Articles	**90.5**	**94.6**	**97.7**	**96.4**	**97.2**
7.日用品					
Articles for Daily Use	**103.8**	**104.1**	**101.0**	**99.4**	**99.9**
日用百货					
General Merchandise for Daily Use	106.2	103.3	98.8	99.8	99.8
日用杂品					
Sundry Articles	95.2	100.1	100.7	102.0	100.5
洗涤用品					
Washing Articles	102.9	109.3	104.3	100.9	99.0
其他日用品					
Other Articles for Daily Use	103.5	101.5	100.9	97.0	100.7
8.体育娱乐用品					
Sport and Recreation Articles	**100.1**	**100.4**	**107.6**	**99.9**	**102.7**
体育用品					
Sport Articles	105.6	104.5	108.8	100.2	101.9
娱乐用品					
Recreation Articles	97.8	98.5	107.1	99.8	103.1
9.交通、通信用品					
Transportation and Communication Articles	**100.1**	**96.6**	**96.8**	**101.1**	**97.7**

9-3续表2 *Continued*

上年=100(Preceding Year = 100)

项　目 Item	2011	2012	2013	2014	2015
交通运输机械 Transportation Machinery	102.9	98.3	97.1	101.2	97.7
通信器材 Communication Facilities	65.0	63.1	88.8	95.5	97.8
10.家　具 Furniture	**103.7**	**98.7**	**102.6**	**107.6**	**101.1**
11.化妆品 Cosmetics	**99.6**	**104.4**	**102.2**	**97.6**	**99.7**
12.金银珠宝 Gold, Silver and Jewelry	**113.3**	**95.8**	**91.0**	**91.8**	**87.6**
13.中西药品及医疗保健用品 Traditional Chinese & Western Medicine and Medical, Health Care Goods	**101.1**	**103.6**	**101.9**	**101.4**	**101.9**
医疗器具及用品 Medical Facilities and Goods	111.1	103.4	99.9	99.8	100.7
中药材及中成药 Traditional Chinese Raw Medicine and Medicine	102.7	102.5	104.3	103.2	102.6
西　药 Western Medicine	100.5	104.7	100.8	100.6	101.8
保健器具及用品 Health Care Facilities and Goods	99.0	102.2	100.1	99.5	100.4
14.书报杂志及电子出版物 Books, Newspapers and Magazines, Electronic Publications	**100.3**	**101.2**	**100.3**	**100.4**	**101.9**
教材及参考书 Teaching Materials and Reference Books	100.5	101.0	100.0	100.5	100.2
书报杂志 Books, Newspapers and Magazines	100.0	100.9	101.4	100.3	107.5
电子音像制品 Electronic Stereo Goods	100.0	102.5	99.6	100.0	100.0
15.燃　料 Fuel	**108.2**	**102.2**	**99.8**	**102.8**	**90.0**
煤炭及制品 Coal and Related Products	109.2	100.7	96.7	97.9	97.9
石油及制品 Petroleum and Related Products	108.2	102.2	99.9	102.9	89.8
16.建筑材料及五金电料 Construction Materials and Hardware Materials	**107.7**	**101.1**	**102.4**	**101.0**	**99.4**
建筑装潢材料 Construction and Decoration Materials	107.6	101.1	102.9	101.2	99.2
五金电料类 Hardware Materials	108.8	101.0	99.3	100.0	100.6

9-4 工业生产者出厂价格指数(2011—2015年)

Producer Price Indices of Industrial Ex-factory Products, 2011-2015

上年=100(Preceding Year = 100)

项　目 Item	2011	2012	2013	2014	2015
工业生产者出厂价格总指数					
General Producer Price Indices of Industrial Ex-factory Products	**103.8**	**97.0**	**97.0**	**96.3**	**90.3**
按轻重工业分					
Grouped by Light or Heavy Industries					
轻工业					
Light Industry	103.9	100.7	97.9	99.3	97.7
以农产品为原料					
Using Farm Products as Raw Materials	107.6	99.6	97.7	98.3	97.8
以非农产品为原料					
Using Non-farm Products as Raw Materials	100.2	101.8	98.0	100.3	97.5
重工业					
Heavy Industry	103.8	96.3	96.8	95.8	88.9
采掘业					
Mining and Quarrying Industry	115.5	97.9	98.4	96.1	63.6
原料工业					
Raw Materials Industry	109.4	98.1	96.7	95.4	84.9
加工工业					
Processing Industry	99.7	95.3	96.7	95.9	94.2
按生产生活资料分					
Grouped by Means of Production or Subsistence					
生产资料					
Production Goods	104.1	96.1	96.5	95.5	88.3
采掘业					
Mining and Quarrying Industry	115.5	97.9	98.4	96.1	63.6
原料工业					
Raw Materials Industry	109.7	98.1	96.6	95.4	84.7
加工工业					
Processing Industry	99.9	94.9	96.2	95.5	93.8
生活资料					
Consumer Goods	102.4	100.6	98.9	99.4	97.9
食　品					
Food	107.9	98.4	96.1	97.9	97.5
衣　着					
Clothing	108.1	103.9	102.4	100.4	101.5
一般日用品					
Daily Use Articles	102.1	100.5	100.3	100.5	100.6
耐用消费品					
Durable Consumer Goods	98.6	101.4	99.4	99.6	96.6

9-5 按行业分工业生产者出厂价格指数(2011—2015年)

Producer Price Indices of Industrial Ex-factory Products by Sector, 2011-2015

上年=100(Preceding Year = 100)

行业 Sector	2011	2012	2013	2014	2015
煤炭开采和洗选业 Mining and Washing of Coal	96.0	95.3	92.9	88.5	81.3
石油和天然气开采业 Extraction of Petroleum and Natural Gas	115.6	96.1	93.5	94.9	53.9
黑色金属矿采选业 Mining and Processing of Ferrous Metal Ores	106.8	93.4	95.4	91.0	74.8
非金属矿采选业 Mining and Processing of Nonmetal Ores	106.4	102.8	102.0	102.4	91.4
开采辅助活动 Mining Assistant Activities		104.9	114.1	99.7	93.2
农副食品加工业 Processing of Food from Agricultural Products	117.6	96.3	90.8	91.9	92.2
食品制造业 Manufacture of Food	101.4	101.7	101.0	103.0	100.2
酒、饮料和精制茶制造业 Manufacturing of Alcohol, Beverages and Refined Tea	98.1	99.9	100.6	100.3	101.4
烟草制品业 Manufacture of Tobacco	100.0	102.0	100.4	100.0	100.0
纺织业 Manufacture of Textile	114.0	97.3	100.0	100.2	98.1
纺织服装、服饰业 Manufacturing of Textile Wearing and Apparel	107.0	104.3	103.2	99.6	100.9
皮革、毛皮、羽毛及其制品和制鞋业 Manufacturing of Leather, Fur, Feathers and Related Products, Footware	102.7	103.4	100.6	105.2	106.0
木材加工及木、竹、藤、棕、草制品业 Processing of Timber, Manufacture of Wood, Bamboo, Rattan, Palm and Straw Products	101.9	100.7	100.2	100.5	99.7
家具制造业 Manufacture of Furniture	99.5	100.2	99.4	100.3	99.2
造纸及纸制品业 Manufacture of Paper and Paper Products	101.2	100.0	97.8	99.3	98.8
印刷和记录媒介复制业 Printing, Reproduction of Recording Media	100.4	99.7	95.9	100.5	102.4
文教、工美、体育和娱乐用品制造业 Manufacture of Articles for Cultural, Education, Industrial Arts, Sport Acitivity and Amusement Manufacturing	99.1	99.2	98.9	102.7	100.8
石油加工、炼焦及核燃料加工业 Processing of Petroleum, Coking, Processing of Nuclear Fuel	117.1	103.2	96.6	95.4	75.3
化学原料及化学制品制造业 Manufacture of Raw Chemical Materials and Chemical Products	111.8	99.1	98.3	100.2	89.2

9-5续表 *Continued*

上年=100(Preceding Year = 100)

行　业 Sector	2011	2012	2013	2014	2015
医药制造业 Manufacture of Medicines	102.0	102.4	100.9	99.7	101.2
化学纤维制造业 Manufacture of Chemical Fibers	127.9	103.1	96.2	99.2	95.8
橡胶和塑料制品业 Manufacture of Rubber and plastic		100.3	100.5	98.5	98.5
非金属矿物制品业 Manufacture of Non-metallic Mineral Products	103.5	97.1	96.9	99.0	98.9
黑色金属冶炼及压延加工业 Smelting and Pressing of Ferrous Metals	109.1	91.3	94.4	91.4	83.4
有色金属冶炼及压延加工业 Smelting and Pressing of Non-ferrous Metals	111.6	88.7	94.9	93.4	89.0
金属制品业 Manufacture of Metal Products	107.2	97.5	97.3	97.6	92.2
通用设备制造业 Manufacture of General Purpose Machinery	102.9	103.2	98.8	98.6	96.6
专用设备制造业 Manufacture of Special Purpose Machinery	100.1	99.8	97.8	98.5	98.9
汽车制造业 Manufacturing of Motorcar		99.1	100.0	99.9	98.0
铁路、船舶、航空航天和其他运输设备制造业 Railway, Watercraft, Aerospace and Other Transport Equipment		98.5	101.6	100.2	97.0
电气机械及器材制造业 Manufacture of Electrical Machinery and Equipment	102.0	98.1	97.8	99.0	98.0
计算机、通信和其他电子设备制造业 Manufactare of Computers, Communication and Other Electronic Equipment	84.2	90.7	94.1	92.2	96.6
仪器仪表制造业 Manufacturing of Measuring Instruments	103.1	104.6	95.1	94.8	97.2
其他制造业 Other Manufacturing	98.3	100.0	100.0	100.0	93.6
废弃资源综合利用业 Comprehensive Recycling of Waste	115.0	93.8	87.2	93.2	77.8
金属制品、机械和设备修理业 Metal Products, Machine and Equipment Repair		100.0	93.7	95.4	95.5
电力、热力生产和供应业 Production and Supply of Electric Power and Heat Power	100.3	106.5	100.5	105.7	99.5
燃气生产和供应业 Production and Supply of Gas	105.1	100.0	101.3	107.6	101.3
水的生产和供应业 Production and Supply of Water	111.0	106.9	100.8	101.7	100.0

9-6 工业生产者购进价格指数(2011—2015年)

Producer Price Indices of Industrial Purchase,2011-2015

上年=100(Preceding Year = 100)

项 目 Item	2011	2012	2013	2014	2015
工业生产者购进价格总指数					
General Producer Price Indices of Industrial Purchase	**109.7**	**97.1**	**97.4**	**97.1**	**92.4**
燃料、动力类					
Fuel and Power	113.3	101.3	95.9	97.0	81.7
黑色金属材料类					
Ferrous Metals	110.6	91.7	95.7	93.8	86.3
有色金属材料及电线类					
Non-ferrous Metals and Wires	110.2	91.5	95.0	95.2	94.6
化工原料类					
Chemical Raw Materials	112.6	98.4	97.9	99.0	93.1
木材及纸浆类					
Wood and Paper Pulps	106.4	102.1	97.3	100.4	98.7
建筑材料及非金属矿类					
Construction Materials and Non-mental Ores	104.4	97.8	97.7	96.9	93.9
其他工业原材料及半成品类					
Other Industrial Raw Materials and Semi-products	104.4	98.8	97.9	97.4	96.9
农副产品类					
Farm and Sideline Products	125.1	93.2	97.8	97.9	94.1
纺织原料类					
Textile Raw Materials	110.7	96.3	101.4	99.6	99.7

9-7 固定资产投资价格指数(2011—2015年)

Price Indices of Investment in Fixed Assets,2011-2015

上年=100(Preceding Year = 100)

项 目 Item	2011	2012	2013	2014	2015
固定资产投资价格总指数					
General Price Index of Investment in Fixed Assets	**105.7**	**100.0**	**99.5**	**100.5**	**99.9**
建筑安装、装饰工程					
Building Installation	109.0	100.1	99.3	100.5	99.6
# 人工费					
Labour Cost	109.7	111.3	107.9	106.7	105.4
材料费					
Materials Expense	109.5	97.6	97.0	98.7	98.1
机械费					
Machinery Charge	103.7	102.7	102.1	101.8	100.2
设备工器具购置					
Purchase of Equipment, Tools and Instruments	99.8	98.3	98.8	99.3	99.3
其他费用					
Others	102.1	101.1	100.6	101.6	101.2

主要统计指标解释

商品零售价格指数

是反映一定时期内城乡商品零售价格变动趋势和程度的相对数。商品零售价格的变动直接影响到城乡居民的生活支出和国家的财政收入，影响居民购买力和市场供需的平衡，影响到消费与积累的比例关系。因此，该指数可以从一个侧面对上述经济活动进行观察和分析。

城市居民消费价格指数

是反映一定时期内城市居民家庭所购买的生活消费品价格和服务项目价格变动趋势和程度的相对数。该指数可以观察和分析消费品的零售价格和服务项目价格变动对城镇职工货币工资的影响，作为研究职工生活和确定工资政策的依据。

固定资产投资价格指数

反映一定时期内固定资产投资额价格变动趋势和程度的相对数。固定资产投资额是由建筑安装工程投资完成额、设备、工器具购置投资完成额和其他费用投资完成额三部分组成的。编制固定资产投资价格指数首先分别编制上述三部分投资的价格指数，然后采用加权算术平均法求出固定资产投资价格总指数。该指数可以准确地反映固定资产投资中涉及的各类商品和取费项目价格变动趋势和变动幅度，消除按现价计算的固定资产投资指标中的价格变动因素，真实地反映固定资产投资的规模、速度、结构和效益，为国家科学地制定、检查固定资产投资计划并提高宏观调控水平，为完善国民经济核算体系提供科学的、可靠的依据。

工业生产者出厂价格指数

反映一定时期内全部工业产品出厂价格总水平的变动趋势和程度的相对数，包括工业企业售给本企业以外所有单位的各种产品和直接售给居民用于生活消费的产品。通过工业生产者出厂价格指数能观察出厂价格变动对工业总产值的影响。

工业生产者购进价格指数

反映一定时期内全部工业企业作为生产投入，从物资交易市场和能源、原材料生产企业购买原材料、燃料和动力产品时，所支付的价格水平变动趋势和程度的相对数，是扣除工业企业物质消耗成本中的价格变动影响的重要依据。

Explanatory Notes on Main Statistical Indicators

Retail Price Index

reflects the trend and degree of change in retail prices of commodities during a given period. The change in retail prices of commodities directly affect the living expenses of urban and rural residents, government revenue, purchasing power of residents and the equilibrium of market supply and demand, and the ratio of consumption to accumulation. Therefore, the retail price indices are useful from an oblique perspective for observing and analyzing the changes of the above economic activities.

Urban Consumer Price Index

reflects the trend and degree of changes in prices of consumer goods and services purchased by urban households during a given period. It can be used to observe and analyze the impact of price changes in consumer goods and services on wages (in monetary terms) of urban staff and workers, and provide a basis for research on the livelihood of staff and workers and policy-making concerning wages.

Price Index of Investment in Fixed Assets

reflects the trend and degree of changes in prices of investment in fixed assets during a given period. The investment in fixed assets consists of three components, namely the investment in construction and installation, the investment in purchases of equipment and instrument, and the investment in other items. Price index of investment in fixed assets is calculated as the weighted arithmetic mean of the price indices of the three components of investment in fixed assets. Removing the factor of price change in the aggregates of investment at current prices, this indicator shows the changes in the prices of commodities and fees involved in the investment of fixed assets, and can be used to observe the actual size, growth, structure, and efficiency of investment in fixed assets and provides reliable and scientific data for government planning, management, decision making, and further improving the current national accounting system.

Producer Price Index of Industrial Ex-factory Products

reflects the trend and degree of changes in general ex-factory prices of all industrial products during a given period, including sales of industrial products by an industrial enterprise to all units outside the enterprise, as well as sales of consumer goods to residents. It can be used to analyze the impact of ex-factory prices on gross industrial output value.

Producer Price Index of Industrial Purchase

reflects the trend and degree of changes in purchasing price of raw material, fuel and power paid by industrial enterprises when they purchase production as input from the market or other energy and raw material producers during a given period, and provide basis for measuring the material consumption of industrial enterprises after removing influence of price from cost.

TIANJIN STATISTICAL YEARBOOK

第十篇　人民生活

Chapter 10　People's Living Conditions

10-1　城乡住户基本情况(2013-2015年)

Basic Statistics on Households of Urban and Rural,2013-2015

项　目 Item	单 位 Unit	2013	2014	2015
调查样本户数	**户**			
Survey Sample Households	**households**	**3917**	**3916**	**3929**
城镇住户	户			
Urban Households	households	2927	2931	2943
农村住户	户			
Rural Households	households	990	985	986
调查样本户结构				
Structure of Survey Sample Households				
城镇住户	%			
Urban Households	%	74.7	74.8	74.9
农村住户	%			
Rural Households	%	25.3	25.2	25.1
住户基本情况				
Basic Statistics on Households				
户均常住人口	人/户			
Average Persons Per Permanent Household	person/households	2.93	2.93	2.90
户均就业人口	人/户			
Average Employees Per Household	person/households	1.64	1.62	1.55
平均每户就业人口比重	%			
Employees Percentage Per Household	%	56.0	55.3	53.7
平均每一就业者负担人口	人			
Persons Supported By Each Employee	person	1.79	1.81	1.86
常住居民收入与支出				
Revenue and Expenditure of Permanent Households				
全体居民人均可支配收入	元/人			
Per Capita Disposable Incomes of Whole Households	yuan/person	26359	28832	31291
全体居民人均消费性支出	元/人			
Per Capita Living Expenditures of Whole Households	yuan/person	20419	22343	24162
平均消费倾向	%			
Average Propensity to Consume	%	77.5	77.5	77.2

注：根据国家统计局统一工作部署，自2012年4季度城镇住户调查和农村住户调查实施了一体化改革。改革后的农村住户调查，样本地域范围由涉农区县城乡结合区、镇中心区、乡村缩小到只包括乡村，城乡结合区和镇中心区均纳入城镇；同时，调整了部分指标口径和计算方法。2012年及以前均为老口径，自2013年起数据均为新口径，以下所有表中数据口径均同。

Note:According to the unified work deployment of the National Bureau of Statistics ,the urban and rural household survey integration reform carried out since the fourth quarter of 2012.Geographical range of the sample after the reform of rural household survey, by the agricultural area county urban and rural area, town centres, the country to include only the country, urban and rural district and town centres are incorporated in the town; Some index coverage and calculation method are adjusted at the same time. Indexes in yearbook adopted new coverage, and data the year of 2012 and befor are old coverage，these are new coverage since 2013, Same as following next.

10-2 城乡住户住房基本情况构成(2013-2015年)

Composition of Basic Living Condition of Households,2013-2015

单位：%(%)

项　　目	Item	2013	2014	2015
住户现住房居住空间样式	**Households housing style of living space**			
单栋楼房	Single Building	1.1	0.5	0.6
单栋平房	Single Bungalow	26.0	26.5	26.0
四居室及以上单元房	Four-room and More	0.2	0.2	0.2
三居室单元房	Three-room	7.9	8.4	8.6
二居室单元房	Two-room	39.9	42.3	44.5
一居室单元房	One-room	16.6	15.0	13.9
筒子楼或连片平房	Tube-shaped Apartment or Continuous Bungalow	8.2	7.0	5.4
其　他	Others	0.1	0.1	0.8
住户现住房房屋来源	**Households Living House Sources**			
租赁公房	Rental Publicly-owned Housing	16.6	15.7	13.3
租赁私房	Rental Private Housing	3.9	3.6	2.7
自建住房	Self-build Housing	28.0	28.1	27.2
购买商品房	Purchasing Commercial Housing	26.4	28.3	30.0
购买房改住房	Purchasing Housing Reform	10.8	10.5	12.9
购买保障性住房	Purchasing Indemnificatory Housing	1.7	1.1	1.8
拆迁安置房	Arrangement Housing For Dismantling	5.5	7.2	8.0
其　他	Others	7.1	5.5	4.1
住户主要饮用水来源情况	**Households Water Supply**			
经过净化处理的自来水	Purification Treatment Water	91.2	90.2	95.7
受保护的井水和泉水	The Protected Well Water and Spring Water	7.7	8.8	3.4
不受保护的井水和泉水	The Unprotected Well Water and Spring Water			
江河湖泊水	Rivers and Lakes Water			
收集雨水	The Gathered Rainwater			
桶装水	Bottled Water	1.1	1.0	0.9
其他水源	Others			

10-2续表 *Continued*

单位：%(%)

项　　目	Item	2013	2014	2015
住户主要取暖用能源状况	**Households Energy for Heating**			
柴　草	Firewood Grass			
煤　炭	Coal	30.4	28.6	28.3
罐装液化石油气	Canned Liquefied Petroleum Gas			
管道液化石油气	Pipeline Liquefied Petroleum Gas			
管道煤气	Pipe Gas			
管道天然气	Pipeline Natural Gas			
电	Electric	1.1	1.9	0.8
燃料用油	Fuel oil			
沼　气	Biogas			
其　他	Others			
集中供暖	Central Heating	68.5	69.5	70.9
住户主要炊用能源状况	**Households Energy for Cooking**			
柴　草	Firewood Grass	2.0	1.5	1.4
煤　炭	Coal	1.7	1.7	2.4
罐装液化石油气	Canned Liquefied Petroleum Gas	26.7	26.0	25.3
管道液化石油气	Pipeline Liquefied Petroleum Gas			
管道煤气	Pipe Gas			
管道天然气	Pipeline Natural Gas	64.0	64.8	65.5
电	Electric	1.7	2.1	2.1
燃料用油	Fuel oil			
沼　气	Biogas			
其　他	Others			
无炊用行为	Central Heating	3.9	3.9	3.3
住户厕所类型	**Households Toilet Type**			
水冲式卫生厕所	Water Flush Sanitary Toilet	81.1	81.7	82.5
水冲式非卫生厕所	Water Flush Non Sanitary Toilet			
卫生旱厕	Sanitary Dry Lavatory	4.5	5.6	5.3
普通旱厕	General Dry Lavatory	8.5	8.7	7.8
无厕所	No Toilet	5.9	4.0	4.4
住户洗澡设施情况	**Households Bathing Facilities**			
统一供热水	Unified Supply of Hot Water	8.2	7.6	6.2
家庭自装热水器	Home Self Heater	80.6	85.2	87.9
其　他	Others	3.3	1.5	1.9
无洗澡设施	No Bathing Facilities	7.9	5.7	4.0

10-3 城镇住户基本情况(2001—2015年)

Basic Statistics on Urban Households,2001-2015

年 份 Year	户均常住人口(人) Average Persons Per Permanent Household (person)	户均就业人口(人) Average Employees Per Household(person)	户均就业人口比重(%) Employees Percentage Per Household(%)	平均每一就业者负担人数(人) Persons Supported by Each Employee(person)
2001	3.09	1.59	51.50	1.94
2002	3.02	1.44	47.70	2.11
2003	2.99	1.41	47.20	2.12
2004	2.96	1.47	49.70	2.01
2005	2.92	1.45	49.70	2.01
2006	2.88	1.42	49.30	2.03
2007	2.89	1.46	50.50	1.98
2008	2.89	1.50	51.90	1.93
2009	2.88	1.50	52.10	1.92
2010	2.86	1.52	53.10	1.88
2011	2.84	1.51	53.20	1.88
2012	2.85	1.51	53.00	1.89
2013	2.78	1.49	53.60	1.87
2014	2.80	1.49	53.20	1.88
2015	2.78	1.43	51.40	1.94

注：本表2001-2012年为城市居民抽样调查数据，自2013年起为一体化住户调查城镇常住居民(新口径)抽样调查数据。表10-4至10-8同。

Note: The data of this table are collected from sample survey of urban households,and permanent residents in cities and towns (new coverage) Sampling survey datum in interated household survey.Same as table 10-4 to 10-8.

10-4 城镇居民家庭平均每百户耐用消费品年末拥有量(2012—2015年)

Per 100 Urban Households Year-end Possessions of Major Durable Consumer Goods, 2012-2015

商品名称	Item	2012	2013	2014	2015
摩托车(辆)	Motorcycle(unit)	0.4	6.0	6.6	6.2
助力车(辆)	Mini-motorcycle(unit)	27.9	34.6	37.4	34.8
家用汽车(辆)	Automobile(unit)	24.9	30.4	32.1	37.3
洗衣机(台)	Washing Machine(unit)	101.2	98.7	100.0	101.7
电冰箱、柜(台)	Refrigerator(unit)	107.7	100.6	103.1	102.7
彩色电视机(台)	Color TV Set(unit)	121.7	112.7	115.0	114.8
家用电脑(台)	Personal-computer(unit)	98.9	72.0	76.7	78.5
摄像机(台)	Vidicon(unit)	16.5	8.6	10.6	11.0
照相机(架)	Camera(unit)	59.1	40.0	41.1	35.2
微波炉(台)	Microwave Oven(unit)	88.9	75.5	77.5	78.2
空调器(台)	Air-conditioner(unit)	147.5	130.8	134.2	131.3
淋浴热水器(台)	Shower(unit)	94.5	91.1	93.7	92.2
固定电话(部)	Fixed Telephone(unit)	67.8	52.4	57.5	52.4
移动电话(部)	Mobile Telephone(unit)	225.0	215.6	220.4	219.5

10-5 城镇居民家庭人均收支及增幅(2001—2015年)

Per Capita Income & Expenditures and Increase Rate of Cities and towns Households,2001-2015

年 份 Year	人均可支配收入(元) Per Capita Annual Disposable Income (yuan)	人均消费性支出(元) Per Capita Annual Expenditures for Consumption (yuan)	人均可支配收入增幅(%) Increase Rate of per Capita Annual Disposable Income(%)		人均消费性支出增幅(%) Increase Rate of per Capita Annual Expenditures for Consumption(%)	
			扣除物价 Deducting Price Factor	未扣除物价 Including Price Factor	扣除物价 Deducting Price Factor	未扣除物价 Including Price Factor
2001	8959	6987	8.7	10.1	12.8	14.2
2002	9338	7192	12.1	11.6	5.8	5.4
2003	10313	7868	9.4	10.4	8.3	9.4
2004	11467	8802	8.7	11.2	9.4	11.9
2005	12639	9653	8.6	10.2	8.0	9.7
2006	14283	10548	11.3	13.0	7.7	9.3
2007	16357	12029	9.9	14.5	9.4	14.0
2008	19423	13422	12.6	18.7	5.9	11.6
2009	21402	14801	11.3	10.2	11.4	10.3
2010	24293	16562	9.7	13.5	8.1	11.9
2011	26921	18424	5.6	10.8	6.0	11.2
2012	29626	20024	7.2	10.1	5.8	8.7
2013	28980	22306	6.9	10.2	5.8	9.1
2014	31506	24290	6.7	8.7	6.9	8.9
2015	34101	26230	6.4	8.2	6.2	8.0

10-6 城镇居民家庭人均可支配收入及构成(2012—2015年)

Per Capita Displsable Income of Urban Households and Composition,2012-2015

项 目	Item	2012	2013	2014	2015
人均可支配收入(元)	**Per Capita Annual Disposable Income (yuan)**	**29626**	**28980**	**31506**	**34101**
工资性收入	Wages and Salaries	18408	17156	18797	21060
经营净收入	Net Business Income	1200	2272	2442	2458
财产净收入	Net Income from Property	515	2862	3230	3400
转移净收入	Net Income from Transfer	9503	6690	7037	7183
# 养老金或离退休金	Pensions and Retirement Pay	7943	7106	7858	8387
人均可支配收入构成(%)	**Composition of Per Capita Annual Disposable Income (%)**	**100.0**	**100.0**	**100.0**	**100.0**
工资性收入	Wages and Salaries	62.1	59.2	59.7	61.8
经营净收入	Net Business Income	4.1	7.8	7.8	7.2
财产净收入	Net Income from Property	1.7	9.9	10.2	10.0
转移净收入	Net Income from Transfer	32.1	23.1	22.3	21.0
# 养老金或离退休金	Pensions and Retirement Pay	26.8	24.5	24.9	24.6

10-7 城镇居民家庭人均消费性支出(2012—2015年)

Per Capita Consumption Expenditures of Urban Households,2012-2015

项 目	Item	2012	2013	2014	2015
人均消费性支出(元)	**Per Capita Annual Consumption Expenditures (yuan)**	**20024**	**22306**	**24290**	**26230**
食品烟酒	Food Alcohol and Tobacco	7344	7160	7943	8448
衣 着	Clothing	1882	1819	2051	2144
居 住	Residence	1854	4997	5320	5667
生活用品及服务	Household Supplies and Services	1151	1223	1387	1594
交通和通信	Transportation and Communication	3083	3056	3182	3403
教育文化娱乐服务	Education,Culture and Recreation Services	2254	1778	2013	2283
医疗保健	Medicine and Medical Services	1556	1562	1721	1888
其他用品和服务	Other Commodities and Services	900	711	673	803

10-8 城镇居民人均食品消费量(2013-2015年)

Per Capita Annual Consumption on Food of Urban Households,2013-2015

单位：千克 (kg)

商品名称	Item	2013	2014	2015
粮 食	Grain	112.5	110.8	114.4
谷 物	Cereal	103.1	100.6	105.0
薯 类	Tuber	2.4	2.8	2.7
豆 类	Beans	7.0	7.4	6.7
食用油	Edible Oil	12.5	12.8	12.5
蔬菜及菜制品	Vegetables and Related Products	119.6	121.3	116.7
# 鲜 菜	Fresh Vegetables	116.4	117.9	113.2
肉及制品	Meat and Related Products	24.2	24.4	26.1
# 猪 肉	Pork	15.0	15.6	16.0
牛羊肉	Beef and Mutton	4.9	5.0	6.1
家禽及制品	Poultry and Related Products	4.8	5.1	5.2
水产品及制品	Aquatic and Related Products	16.5	17.1	17.6
蛋类及蛋制品	Eggs and Related Products	18.0	17.6	17.1
# 鲜 蛋	Eggs	17.1	16.7	16.3
奶和奶制品	Milk and Related Products	20.3	19.9	19.5
干鲜瓜果类	Dried and Fresh Melons and Fruits	67.7	71.6	74.0
# 鲜瓜果	Fresh Melons and Fruits	61.6	65.2	67.6
糖果糕点类	Confectionery	8.9	8.6	8.7
白 酒	Liquor	3.1	3.3	3.3

10-9 农村居民人均收支及增幅（2001—2015年）

Per Capita Income & Expenditures and Increase Rate of Rural Households, 2001-2015

年 份 Year	人均可支配收入(元) Per Capita Annual Disposable Income (yuan)	人均消费性支出(元) Per Capita Annual Expenditures for Consumption (yuan)	人均可支配收入增幅(%) Increase Rate of per Capita Annual Disposable Income(%)	人均消费性支出增幅(%) Increase Rate of per Capita Annual Expenditures for Consumption(%)
2001	4825	2618	10.4	9.4
2002	5315	2778	10.2	6.1
2003	5861	3015	10.3	8.5
2004	6525	3297	11.3	9.4
2005	7202	3590	10.4	8.9
2006	7942	3829	10.3	6.7
2007	8752	4118	10.2	7.5
2008	9670	4593	10.5	11.5
2009	10675	4926	10.4	7.3
2010	11801	5606	10.5	13.8
2011	11891	6725	15.5	20.0
2012	13571	8337	14.1	24.0
2013	15353	12491	13.5	21.8
2014	17014	13739	10.8	10.0
2015	18482	14739	8.6	7.3

注：2001-2010年为农村居民纯收入，其余年份为可支配收入，且自2013年起为一体化住户调查农村常住居民(新口径)抽样调查数据。
Note: The datum of this table are net incomes from 2001 to 2010,and disposable incomes in other years,and rural permanent residents (new Sampling survey datum in interated household survey since 2013.

10-10 农村住户基本情况(2001—2015年)

Basic Statistics on Rural Households,2001-2015

年 份 Year	户均常住人口(人) Average Persons per Permanent Household (person)	户均就业人口(人) Average Employees per Household(person)	户均就业人口比重(%) Employees Percentage per Household(%)	平均每一就业者负担人数(人) Persons Supported by Each Employee(person)
2001	3.72	2.48	66.7	1.50
2002	3.64	2.46	67.6	1.48
2003	3.60	2.44	67.8	1.48
2004	3.56	2.41	67.7	1.48
2005	3.55	2.49	70.1	1.42
2006	3.47	2.48	71.5	1.40
2007	3.48	2.48	71.3	1.63
2008	3.44	2.45	71.2	1.56
2009	3.42	2.41	70.5	1.52
2010	3.35	2.38	71.0	1.45
2011	3.27	2.26	69.1	1.45
2012	3.26	2.25	69.0	1.45
2013	3.35	2.09	62.4	1.60
2014	3.32	2.01	60.5	1.65
2015	3.25	1.92	59.1	1.69

10-11 农村居民人均可支配收入及消费性支出(2012—2015年)

Per Capita Disposable Income and Consumption Expenditures of Rural Households,2012-2015

单位：元(yuan)

项　目	Item	2012	2013	2014	2015
人均可支配收入	**Per Capita Annual Disposable Income**	**13571**	**15353**	**17014**	**18482**
工资性收入	Wages and Salaries	7922	8898	9941	11032
经营净收入	Net Business Income	4126	4404	4791	4949
财产净收入	Net Income from Property	920	694	799	775
转移净收入	Net Income from Transfer	603	1357	1483	1726
# 养老金或离退休金	Pensions and Retirement Pay	631	890	999	1142
人均消费性支出	**Per Capita Annual Consumption Expenditures**	**8337**	**12491**	**13739**	**14739**
食品烟酒	Food Alcohol and Tobacco	3020	4132	4645	4878
衣　着	Clothing	781	951	1013	1060
居　住	Residence	1264	2784	3036	3247
生活用品及服务	Household Supplies and Services	451	767	891	954
交通和通信	Transportation and Communication	1066	1811	1813	2096
教育文化娱乐服务	Education, Culture and Recreation Services	766	833	1041	1145
医疗保健	Medicine and Medical Services	760	953	980	1060
其他用品和服务	Other Commodities and Services	229	260	320	299

10-12 农村居民家庭每百户耐用消费品年末拥有量(2011—2015年)

Per 100 Rural Households Year-end Possessions of Durable Consumer Goods,2011-2015

商品名称	Item	2011	2012	2013	2014	2015
摩托车(辆)	Motorcycle (unit)	26.0	27.0	39.8	39.7	41.5
助力车(辆)	Mini-motorcycle(unit)	67.0	71.0	74.6	75.5	77.7
家用汽车(辆)	Automobile(unit)	15.0	18.0	24.0	27.5	32.6
洗衣机(台)	Washing Machine(unit)	99.0	100.0	98.1	98.0	99.2
电冰箱、柜(台)	Refrigerator(unit)	96.0	97.0	94.6	98.6	100.1
彩色电视机(台)	Color TV Set(unit)	122.0	125.0	119.8	120.3	121.6
家用电脑(台)	Personal-computer(unit)	37.0	44.0	42.6	45.5	44.2
摄像机(台)	Vidicon(unit)	1.0	2.0	1.6	1.6	7.0
照相机(架)	Camera(unit)	19.0	23.0	10.6	12.4	10.2
微波炉(台)	Microwave Oven(unit)	33.0	38.0	35.4	36.3	37.6
空调器(台)	Air-conditioner(unit)	70.0	75.0	71.2	71.1	75.4
淋浴热水器(台)	Shower(unit)	87.0	92.0	89.5	90.6	90.2
固定电话(部)	Fixed Telephone(unit)	52.0	56.0	57.7	67.0	72.7
移动电话(部)	Mobile Telephone(unit)	188.0	196.0	196.6	203.4	209.6

10-13 农村居民人均食品消费量(2013-2015年)

Per Capita Annual Consumption on Food of Rural Households,2013-2015

单位：千克 (kg)

商品名称	Item	2013	2014	2015
粮 食	Grain	141.8	140.9	143.2
谷 物	Cereal	136.4	134.4	135.7
薯 类	Tuber	1.6	2.0	2.7
豆 类	Beans	3.8	4.5	4.8
食用油	Edible Oil	9.8	10.3	10.5
蔬菜及菜制品	Vegetables and Related Products	83.7	90.3	95.8
# 鲜 菜	Fresh Vegetables	82.1	88.5	90.7
肉及制品	Meat and Related Products	18.4	21.3	20.9
# 猪 肉	Pork	13.2	15.0	14.7
牛羊肉	Beef and Mutton	2.8	2.9	2.9
家禽及制品	Poultry and Related Products	2.4	3.7	3.4
水产品及制品	Aquatic and Related Products	10.9	13.0	12.3
蛋类及蛋制品	Eggs and Related Products	12.4	13.2	15.1
# 鲜 蛋	Eggs	12.0	12.8	14.7
奶和奶制品	Milk and Related Products	9.3	10.6	11.0
干鲜瓜果类	Dried and Fresh Melons and Fruits	46.2	59.2	66.7
# 鲜瓜果	Fresh Melons and Fruits	42.3	54.1	60.4
糖果糕点类	Confectionery	5.4	6.3	6.3
白 酒	Liquor	4.2	4.6	4.8

主要统计指标解释

城乡一体化住户调查

从 2012 年四季度起，国家统计局对分别进行的城乡住户调查实施了一体化改革，统一了城乡居民收入指标名称、分类和统计标准，建立了城乡统一的一体化住户调查《住户收支与生活状况调查》，并据此获得居民有关数据。2013 年起开始实施，自 2014 年 1 季度起，开始发布一体化住户调查新口径收支数据。天津市共抽选 387 个调查小区、约 4000 个调查户，其中城镇约 3000 户、农村 1000 户。

常住成员

指住户成员中，经常在家居住、或者调查期内居住时间超过一半的人员，以及本住户供养的学生。常住成员是住户调查的对象。

可支配收入

指调查户在调查期内获得的、可用于最终消费支出和储蓄的总和，及调查户可以用来支配的收入。可支配收入既包括现金，也包括实物收入。按照收入的来源，可支配收入包含四项，分别为：工资性收入、经营净收入、财产净收入和转移净收入。

工资性收入

指就业人员通过各种途径得到的全部劳动报酬和各种福利，包括受雇于单位或个人、从事各种自由职业、兼职和零星劳动得到的全部劳动报酬和福利。

经营净收入

指住户或住户成员从事生产经营活动所获得的净收入，是全部经营收入中扣除经营费用、生产性固定资产折旧和生产税之后得到的净收入，包括第一、二、三产经营净收入。

财产净收入

指住户或住户成员将其所拥有的金融资产、住房等非金融资产和自然资源交由其他机构单位、住户或个人支配而获得的回报并扣除相关的费用之后得到的净收入。

转移性收入

指国家、单位、社会团体对住户的各种经常性转移支付和住户之间的经常性收入转移。

消费性支出

指住户用于满足家庭日常生活消费需要的全部支出，包括用于消费品的支出和用于服务性消费的支出。根据用途不同，消费支出可划分为食品烟酒、衣着、居住、生活用品及服务、交通通信、教育文化娱乐、医疗保健、其他用品及服务八大类。根据来源不同，消费支出可划分为现金消费支出、实物消费支出（含自产自用、来自单位、来自政府和其他社会组织）。

食品烟酒：指用于各种食品和烟草、酒类的支出，包括食品和烟酒两个中类。

衣着：指与居民穿着有关的支出，包括服装、服装材料、鞋类、其他衣类及配件、衣着相关加工服务的支出。

居住：指与居住有关的支出，包括房租、水、电、燃料、物业管理等方面的支出，也包括自有住房折算租金。

生活用品及服务：指家庭及个人的各类生活品及家庭服务。包括家具及室内装饰品、家用器具、家用纺织品、家庭日用杂品、个人用品和家庭服务。

交通和通信：指用于交通和通信工具及相关的各种服务费、维修费和车辆保险等支出。

教育文化娱乐服务：指用于教育和文化娱乐方面的支出。

医疗保健：指用于医疗和保健的药品、用品和服务的总费用。包括医疗器具及药品，以及医疗服务。

其他用品和服务：指无法直接归入上述各类支出的其他用品与服务支出。

自有住房折算净租金

指现住房产权为自有住房（含自建住房、自购商品房、自购房改住房、自购保障性住房、拆迁安置房、继承或获赠住房）的住户为自身消费提供住房服务的折算价值扣除折旧后得到的净租金。自有住房折算净租金是一种财产性实物收入。

自有住房折算租金

指现住房为自有住房（含自建住房、自购商品房、自购保障性住房、继承或获赠住房、免费借用房）的住户为自身消费提供住房服务的折算价值。目前自有住房折算租金采用折旧法计算。自有住房折算租金属于实物消费支出，不包括在现金消费支出中。

恩格尔系数

指食物支出金额在生活消费支出金额中所占的比例。计算公式为：

$$\text{恩格尔系数}=\frac{\text{食品支出金额}}{\text{生活消费支出金额}}\times 100\%$$

Explanatory Notes on Main Statistical Indicators

The Integration of Urban and Rural Household Survey

In the fourth quarter of 2012, the National Bureau of Statistics launched its reform on the household survey programme in order to produce aggregates with the same concepts and definitions for the urban and rural population. This new survey programme is an integrated one whereas there had existed two separate household surveys for the urban and rural households. The reform took a number of measures, including the integration of concepts, classification and standards, which provided a basis for producing data covering households. The survey implemented since 2013, and publish the new standard integrated household survey data since the first quarter of 2014. There were 387 survey drawing area, about 4000 households selected in Tianjin, which contain the urban 3000 households and the rural 1000 households.

Permanent Members

refers to household members, often living at home, or reside during the investigate period for more than half, and the students supported by the household. Permanent members of the household are the survey object.

Disposable Income

refers to the kind of income that households can have at their disposal. It includes income both in cash and in kind from four categories: income from wages and salaries, cash income from household operations, income from properties and income from transfers.

Wages and Salaries

refer to employment through various means to get all the labor remuneration and benefits, including employed by units or individuals, is engaged in a variety of freelancing, part-time and sporadic labor to get all the labor remuneration and welfare.

Net Business Income

refers to the net income earned by households or household members from production and management activities, which is all operating income deducted operating costs, productive fixed assets depreciation and production tax, and Including the first, second and tertiary industry business net income.

Property Income

refer to households or household members should be owned retribution by the financial assets, housing and other non-financial assets, natural resources for other agencies and institutions and deducting costs associated .

Transferred Income

refer to income transferred from state, unit, social organization to households or between different households.

Consumption Expenditures

refer to total expenditures of the households for consumption in daily life, which include for consumer goods and service consumer expenditures. According to different purposes, it is classified into 8 categories: food, alcohol and tobacco, clothing, household facilities and articles service, medicine and medical service, transportation and communication, recreation, education and culture service, residence, miscellaneous commodities services, including commodities and service as gift. According to different sources, consumer spending can be divided into cash consumption expenditure, material consumer expenditure (including produce their own, from units, from government and other social organizations)

Food, Alcohol and Tobacco: used for various food and tobacco, alcohol, including food and tobacco classes.

Clothing: refer to the related expenditure to the residents, including clothing, clothing materials, footwear and other clothing and accessories, clothing related processing services spending.

Residence: refers to the expenses related to the living, including rent, water, electricity, fuel, property management, also including home-ownership reduced rents.

Househald Supplies and Services: refers to the family and personal items and services. Such as furniture and interior decorations, home appliances, home textiles, home daily groceries, personal care and household services.

Transportation and Communication: refers to the expenditure on services, maintenance and vehicle insurance used in transportation and communication tools.

Education, Culture and Recreation Services: refers to spending for education, cultural and entertainment.

Medicine and Medical Services: refer to the total cost of goods and services used in medical treatment and health care drugs, including medical instruments and medicine and medical services.

Other Commoditiet and Services: refers to the other products and services which don't directly classify into all kinds of above.

Home-ownership Convert Net Rents

Refers to the households obtained net rents after deducting depreciation for their own consumption reduced net rental value, whose housing property is home-ownership (including the self-built housing, purchasing commodity house, purchasing housing reform, purchasing Indemnificatory housing, arrangement housing for dismantling, inheritance or gift). Home-ownership convert net rents are physical income from property.

Home-ownership Convert Rents

Refers to the households obtained rents for their own consumption reduced net rental value, whose housing property is home-ownership (including the self-built housing, purchasing commodity house, purchasing housing reform, purchasing Indemnificatory housing, arrangement housing for dismantling, inheritance or gift). Home-ownership convert rents is calculated by depreciation method. It belongs to the physial consumer expenditure, excluding expenditure in cash.

Engel's Coefficient

refers to the percentage of expenditure on food in the total living consumption expenditure, using the following for mula:

$$Engel's\ Coefficient = \frac{Expenditure\ on\ food}{Living\ consumption\ expenditure} \times 100\%$$

TIANJIN STATISTICAL YEARBOOK

第十一篇　资源环境和公共设施

Chapter 11　Resources Environment and Public Facilities

11-1 城市建设用地(2013—2015年)

City Construction Land,2013-2015

单位：平方公里(sq.km)

指　　标	Item	2013	2014	2015
总　　计	**Total**	**736.35**	**786.80**	**870.18**
按行政区域分	**By Administrative Area**			
中心城区	Central Districts	279.76	311.25	325.75
西青区	Xiqing District	14.10	14.10	14.10
津南区	Jinnan District	22.51	22.50	35.22
武清区	Wuqing District	69.78	77.20	78.87
宝坻区	Baodi District	19.68	19.82	20.61
滨海新区	Binhai New Area	330.52	341.93	351.40
宁河区	Ninghe District			25.40
静海区	Jinghai District			18.83
按建设用途分	**By Use of Construction**			
居住用地	Dwelling	199.20	199.93	222.34
公共管理与公共服务用地	Public Facilities of Management and Service	49.00	57.95	64.93
商业服务业设施用地	Facilities for Business Services	40.08	45.81	47.12
工业用地	Industry	168.83	185.93	208.89
物流仓储用地	Warehouse	54.98	57.52	62.76
交通设施用地	Facilities for Traffic	119.64	139.94	154.03
公用设施用地	Public Facilities of Administration	21.46	22.00	23.35
绿　地	Green Land	83.16	77.72	86.76

资料来源：天津市城乡建设委员会，表11-3、11-4、11-6、11-8、11-9同。
Source: Tianjin Urban & Rural Construction Committee. Same as table 11-3, 11-4, 11-6, 11-8, 11-9.

11-2 城市房屋建筑面积(2013—2015年)

Floor Space of Buildings in City,2013-2015

单位：万平方米(10 000 sq.m)

指　　标	Item	2013	2014	2015
年末实有房屋建筑面积	**Total Floor Space of Buildings(year-end)**	**38469.66**	**40805.99**	**42655.84**
# 房管部门直管产	Under House Management Department	3321.81	2635.07	2583.66
私　产	Private Property	22025.41	25395.47	27296.73
年末实有住宅建筑面积	**Floor Space of Residential Buildings(year-end)**	**23392.87**	**24990.86**	**26420.20**
# 房管部门直管产	Under House Management Department	1528.53	978.06	926.65
私　产	Private Property	19849.78	22330.63	23811.39
人均住宅建筑面积（平方米/人）	**Per Capita Floor Space of Residential Buildings(sq.m/person)**	**35.75**	**21.82**	**20.67**

资料来源：天津市国土资源和房屋管理局，2014年起城市人均住宅建筑面积计算方法调整。
Source: Tianjin Municipal Bureau of Land Resources and Housing Administration.Per Capita floor Space of Urban Residential Buildings are Calculated at new Method Since 2014 and the data is incomplrable to Previous Ones.

11-3 城市市政设施情况(2013—2015年)

Municipal Facilities in City,2013-2015

指　　标	Item	单　位	Unit	2013	2014	2015
年末实有道路	**Road (year-end)**					
铺装道路长度	Length of Paved Roads	公　里	km	6933	7275	7636
铺装道路面积	Area of Paved Roads	万平方米	10 000 sq.m	12440	13144	14019
# 人行道面积	Area of Footway	万平方米	10 000 sq.m	2952.16	3141.00	3299.84
人均拥有道路面积	Per Capita Area of Paved Roads	平方米	sq.m	18.74	16.71	16.02
年末实有桥梁	**Bridges (year-end)**					
桥梁座数	Number of Bridges	座	unit	809	869	953
# 立交桥	Flyovers	座	unit	103	110	149
年末实有路灯盏数	**Number of Road Lamps (year-end)**	**万　盏**	**10 000 units**	**29.40**	**30.99**	**35.07**
排泄污水能力	**Capacity of Sewage Drainage**					
污水年排放量	Annual Volume of Sewage Drainage	万　吨	10 000 tons	78694	82316	93979
排水管道长度	Length of Drainpipe	公　里	km	18644	18748	19543
污水处理厂	Sewage Treatment Works	座	set	39	40	49
污水处理厂能力	Disposal Capacity of Sewage Treatment Works	万吨/日	10 000 tons/day	259.0	260.0	283.3
建成区排水管道密度	Density of Drainpipe in Developed Area	公里/平方公里	km/sq. km	24.95	23.52	22.07
污水处理率	**Percentage of Disposed Sewage Treatment**	**%**	**%**	**90.0**	**91.0**	**91.6**

11-4 城市自来水(2013—2015年)

Urban Tap Water,2013-2015

指　　标	Item	单　位	Unit	2013	2014	2015
综合生产能力	Production Capacity	万吨／日	10 000 tons/day	453.54	447.15	456.55
供水管道	Length of Water Supply Pipelines	公　里	km	13411	14369	16620
供水总量	Total Annual Volume of Water Supply	万　吨	10 000 tons	78631	81249	85260
售水总量	Total Annual Volume of Water Sold	万　吨	10 000 tons	69388	71085	74288
# 生活用水	For Residential Use	万　吨	10 000 tons	34479	35691	38202
生产用水	For Productive Use	万　吨	10 000 tons	30794	30036	30983
用水人口	Number of Residents with Access to Tap Water	万　人	10 000 persons	663.66	786.49	875.24
人均日生活用水量	Per Capita Daily Living Consumption of Tap Water	公　斤	kg	142.34	124.33	119.58

11-5 城市燃气基本情况(2013—2015年)

Basic Statistics on Gas in City,2013-2015

项　目	Item	2013	2014	2015
液化石油气	**Liquefied Petroleum Gas**			
储气能力(吨)	Storage Capacity(ton)	7002	6911	4957
销售量(吨)	Volume of Gas Sold(ton)	49490	43154	50494
工业用	For Industrial Use	26757	21417	21650
民　用	For Residential Use	22734	21737	28844
用气户数(户)	Gas Users(household)	62705	68598	126494
工业用	For Industrial Use	3076	3327	2862
民　用	For Residential Use	59629	65271	123632
天然气	**Natural Gas**			
储气能力(万立方米)	Storage Capacity(10 000 cu. m)	116	116	792
管道长度(公里)	Length of Pipelines(km)	14963	16108	19356
销售量(万立方米)	Volume of Gas Sold(10 000 cu. m)	269562	294473	297416
居民家庭	Households	43884	38530	36695
集中供热	Centralized Heating	10194	23329	55156
燃气汽车	Compressed Natural Gas Vehicle	11507	13750	12223
其　他	Other	203977	218864	193343
用气户数(户)	Gas Users(household)	3140010	3408677	3711560
#居民家庭	Households	3124054	3367442	3674178
用气普及率(%)	**Percentage of Population with Access to Gas(%)**	**100**	**100**	**100**

注：工业用液化石油气数据含福利、商业和其他用。
Note: Volume of liquefied petroleum gas sold for industrial use include those for welfare, commerce and other use.

11-6 城市集中供热(2013—2015年)

Heating in City,2013-2015

项　目	Item	单　位	Unit	2013	2014	2015
供热能力	Heating Capacity					
蒸　汽	Steam	吨/小时	ton/hour	3717	3769	3568
热　水	Hot Water	兆瓦/小时	mega watts/hour	21572	22596	24261
供热总量	Volume Supplied					
蒸　汽	Steam	万吉焦/年	10 000 gigajoules/year	1827	1538	1329
热　水	Hot Water	万吉焦/年	10 000 gigajoules/year	11284	11524	12304
管道长度	Length of Pipelines	公　里	km	17989	17714	21045
供热面积	Heating Area	万平方米	10 000 sq.m	32897	34240	37678
#住　宅	Residential Buildings	万平方米	10 000 sq.m	25248	25985	28485

11-7 城市公共交通(2013—2015年)

Public Traffic in City,2013-2015

指　标	Item	单　位	Unit	2013	2014	2015
公共汽车	**Public Transportation Vehicles**					
运营车辆	Operation Vehicles	辆	unit	9670	11164	11619
线路条数	Number of Routes	条	route	566	657	715
线路长度	Length of Routes	公　里	km	13460	14881	15866
客运总量	Volume of Passengers	万人次	10 000 person-times	136489	151012	157002
日均乘客人数	Average Daily Passengers	万人次	10 000 person-times	374	413	430
每万人拥有公共交通车辆	Number of Public Transportation Vehicles per 10 000 Persons	标　台	unit	17.0	18.3	16.2
营运出租汽车	**Operating Taxis**	**辆**	**unit**	**31940**	**31940**	**31940**
轨道交通	**Subway**					
地　铁	Metro					
运营车辆	Operation Vehicles	节	car	450	450	450
运营线路长度	Length of Operation lines	公　里	km	82.5	86.9	86.9
客运总量	Volume of Passengers	万人次	10 000 person-times	19986	25098	25638
津滨轻轨	Binhai Mass Trains					
运营车辆	Operation Vehicles	节	car	156	176	176
运营线路长度	Length of Operation lines	公　里	km	52.2	52.2	52.2
客运总量	Volume of Passengers	万人次	10 000 person-times	4310	4824	3077

11-8 城市环境卫生事业发展情况(2013—2015年)

Development of Urban Environmental Sanitation,2013-2015

指　标	Item	单　位	Unit	2013	2014	2015
清运垃圾粪便工作量	**Volume of Garbage, Excrement and Urine Disposal**					
道路清扫保洁面积	Area of Road Cleaned	万平方米	10 000 sq.m	10098	10879	11768
生活垃圾清运量	Volume of Living Garbage Disposal	万　吨	10 000 tons	200	216	241
粪便清运量	Volume of Excrement and Urine Disposal	万　吨	10 000 tons	31	30	28
垃圾无害化处理量	Volume of Garbage Innocuous Disposal	万　吨	10 000 tons	194	209	223
生活垃圾无害化处理率	**Innocuous Disposal Rate of Living Garbage**	**%**	**%**	**97**	**97**	**93**
环境卫生设施	**Environmental Sanitation Facilities**					
公共厕所	Lavatories	座	unit	1193	1266	1327
垃圾无害化处理厂	Garbage Innocuous Disposal Plant	座	unit	10	8	9
无害化处理厂能力	Capacity of Innocuous Disposal Plant	吨/日	ton/day	10500	9400	10191
环卫职工人数	**Number of Environment Sanitation Staff & Workers**	**人**	**person**	**27579**	**28539**	**21097**

11-9 水资源情况(2002—2015年)

Water Resources,2002-2015

年 份 Year	水资源总量(亿立方米) Total Amount of Water Resources (100 million cu. m)	地表水 Surface Water	地下水 Underground Water	地表水与地下水资源重复量 Duplicated Measurement of Surface and Underground	人均水资源量(立方米/人) Per Capita Water Resources (cu.m/person)
2002	3.67	1.85	2.09	0.27	36.49
2003	10.60	6.15	4.82	0.37	105.03
2004	14.31	9.79	5.16	0.64	140.64
2005	10.63	7.13	4.44	0.94	102.87
2006	10.11	6.62	4.46	0.97	95.47
2007	11.31	7.50	4.76	0.95	103.29
2008	18.30	13.61	5.91	1.22	159.76
2009	15.24	10.59	5.60	0.95	126.80
2010	9.20	5.58	4.45	0.83	70.81
2011	15.38	10.89	5.22	0.73	113.54
2012	32.92	26.54	7.62	1.24	232.95
2013	14.64	10.80	5.01	1.17	145.82
2014	11.37	8.33	3.67	0.63	111.84
2015	12.82	8.70	4.87	0.75	124.84

11-10 公园分布(2015年)

Distribution of Parks,2015

地 区	Region	公园个数(个) Number of Parks (unit)	地 区	Region	公园面积(公顷) Area of Parks (hectare)
合 计	**Total**	**98**	**合 计**	**Total**	**2192.19**
和平区	Heping District	1	和平区	Heping District	1.46
河东区	Hedong District	8	河东区	Hedong District	75.27
河西区	Hexi District	15	河西区	Hexi District	200.83
南开区	Nankai District	9	南开区	Nankai District	332.36
河北区	Hebei District	6	河北区	Hebei District	77.42
红桥区	Hongqiao District	8	红桥区	Hongqiao District	55.52
东丽区	Dongli District	4	东丽区	Dongli District	31.22
津南区	Jinnan District	2	津南区	Jinnan District	78.52
北辰区	Beichen District	3	北辰区	Beichen District	10.50
武清区	Wuqing District	9	武清区	Wuqing District	208.44
宝坻区	Baodi District	4	宝坻区	Baodi District	51.93
滨海新区	Binhai New Area	29	滨海新区	Binhai New Area	1068.72

11-11 城市园林绿化情况(2013—2015年)

Parks, Gardens and Green Area in City,2013-2015

指　　标	Item	2013	2014	2015
公　园(个)	Parks(unit)	91	94	98
花　圃(个)	Gardens(unit)	11	9	9
建成区园林绿地面积(公顷)	Total Area of Parks, Gardens and Green Area in Developed Area(hectare)	23196	25307	28406
公园绿地	Park Green Area	7279	7652	8865
生产绿地	Production Green Area	931	1494	923.28
防护绿地	Protection Green Area	1218	930	1165.41
附属绿地	Accessorial Green Area	11213	10618	12528.64
其他绿地	Other Green Area	2555	4613	5249.65
年末实有树木(万株)	Trees(year-end)(10 000 trees)	6753	6957.3	9155.35
# 行道树	Roadside Trees	89	104.43	105.67
建成区绿化覆盖率(%)	Coverage Rate of Afforestation in Developed Area(%)	34.9	34.9	36.4
建成区绿地率(%)	Coverage Rate of Green Area in Developed Area(%)	31.0	31.8	32.1
人均公园面积(平方米)	Per Capita Area of Parks(sq. m)	11.0	9.7	10.1

11-12 供水用水情况(2002—2015年)

Water Supply and Water Use,2002-2015

单位：万立方米(10 000 cu. m)

年　份 地　区	Year Region	供用水总量 Water Supply & Use	地表水 Surface Water	地下水 Underground Water	农业用水 Agricultural Use
2002		199610	117421	82189	106244
2003		205118	133713	71405	114072
2004		219623	148932	70691	121529
2005		225193	160224	64969	135267
2006		224996	161001	63995	133965
2007		230060	164917	65143	138408
2008		214274	154793	59481	120603
2009		229204	172135	57069	128400
2010		217258	161585	55673	109653
2011		224569	169420	55149	115500
2012		212920	161926	50994	107793
2013		237560	180653	56907	121667
2014		240869	159382	53396	114012
2015		256750	178580	49235	123188
东丽区	Dongli District	9897	7496	1328	895
西青区	Xiqing District	14299	5645	1825	9289
津南区	Jinnan District	4937	3435	1102	633
北辰区	Beichen District	8824	5547	1077	3744
武清区	Wuqing District	36995	26490	9270	30865
宝坻区	Baodi District	41146	33285	6861	37583
滨海新区	Binhai New Area	46653	29797	5994	6036
宁河区	Ninghe District	25146	19608	4061	16614
静海区	Jinghai District	10485	4787	3498	7120
蓟　县	Jixian County	16482	2345	13457	10409

资料来源：天津市水务局。
Source:Tianjin Municipal Water Conservancy Bureau.

11-13 水、大气、声、生态环境情况(2013—2015年)

Water, Atmospheric, Acoustic and Ecological Environment,2013-2015

指标	Item	2013	2014	2015
水 环 境	**Water Environment Conditions**			
废水排放总量(万吨)	Volume of Waste Water Discharged (10 000 tons)	84210	89361	93008
工业源	Industrial Source	18692	19011	18973
城镇生活源	Urban Residential Source	65469	70302	73972
集中式治理设施	Centralized Treatment Facilities	49	48	63
化学需氧量排放量(吨)	COD of Waste Water Discharged (ton)	221515	214328	209099
工业源	Industrial Source	26215	28269	28058
城镇生活源	Urban Residential Source	84886	80459	77944
农业源	Agricultural Source	109935	105058	102468
集中式治理设施	Centralized Treatment Facilities	479	542	629
氨氮排放量(吨)	Emission of Ammonia and Nitrogen (ton)	24792	24484	23844
工业源	Industrial Source	3452	3707	3501
城镇生活源	Urban Residential Source	15670	15456	15190
农业源	Agricultural Source	5632	5278	5104
集中式治理设施	Centralized Treatment Facilities	38	43	49
城市饮用水源地水质达标率(%)	Urban Drinking Water Sources Quality Rate (%)	100	100	100
近海海域功能区水质达标率(%)	Inshore Area Water Quality Rate (%)	31.0	33.3	31.0
大气环境	**Atmospheric Environment Conditions**			
空气质量状况	Ambient Air Quality			
可吸入颗粒物(毫克/立方米)	(PM10) Particulate Matters (milligram/cu. m)	0.150	0.133	0.116
二氧化硫(毫克/立方米)	(SO2) Sulphur Dioxide (milligram/cu. m)	0.059	0.049	0.029
二氧化氮(毫克/立方米)	(NO2) Nitrogen Dioxide (milligram/cu. m)	0.054	0.054	0.042
空气质量达到及好于二级的天数(天)	Days of Air Quality Equal to or Above Grade II (day)	145	175	220
环境空气质量优良率(%)	Ambient Air Quality Fine Rate (%)	40.0	47.9	60.3
废气主要污染物排放情况	Major Pollutant Emission			
二氧化硫排放量(吨)	Sulphur Dioxide in Waste Gas (ton)	216832	209200	185900
#工业源	Industrial Source	207793	195395	154605
#城镇生活源	Urban Residential Source	8959	13767	13767
#集中式治理设施	Centralized Treatment Facilities	80	38	128
氮氧化物排放量(吨)	Emission of Nitrogen Oxides (ton)	311719	282300	246800
#工业源	Industrial Source	250646	216947	150210
#城镇生活源	Urban Residential Source	5221	9516	9516
#机动车	Automobiles	55669	55771	49487
#集中式治理设施	Centralized Treatment Facilities	183	66	202
烟(粉)尘排放量(吨)	Volume of Fumes (Dust) Emission (ton)	87457	139453	100686
工业源	Industrial Source	62766	112129	73795
城镇生活源	Urban Residential Source	18400	21072	21072
机动车	Automobiles	6267	6244	5769
集中式治理设施	Centralized Treatment Facilities	24	8	50
工业废气排放总量(亿标立方米)	Volume of Industrial Waste Gas Emission (100 million standard cu. m)	8080	8800	8355

注：2014年起城镇生活源二氧化硫排放量、城镇生活源氮氧化物排放量、工业源与城镇生活源烟(粉)尘排放量和烟(粉)尘排放量5个指标数据按照环保部要求调整统计口径，变化较大，与上年数据不可比。

Note: Since 2014，The data of this table adopt new coverage according to Ministry of Environmental Protection of the People's Republic of China,that is,Sulphur Dioxide in Waste Gas of Urban Residential Source,Emission of Nitrogen Oxides of Urban Residential Source, Volume of Fumes (Dust) Emission of Industrial Source and Urban Residential Source,Volume of Fumes (Dust) Emission have great change datum are incomparable to previous year .

11-13续表 *Continued*

指　　标	Item	2013	2014	2015
声 环 境(分贝)	**Acoustic Environment Conditions(decibel)**			
道路交通噪声平均声级	Equivalent Sound Level of City Traffic Noise	67.6	67.5	67.7
中心城区区域环境噪声平均声级	Central Urban Area Average Environmental Noise Level	54.0	53.9	54.2
生态环境	**Ecological Environment Conditions**			
自然保护区(个)	Nature Reserves(unit)	8	8	8
# 国家级自然保护区	State-level Nature Reserves	3	3	3
自然保护区面积(万公顷)	Nature Reserves Area(10 000 hectares)	9.06	9.06	9.06

11-14　工业固体废物利用与处置情况(2013—2015年)
Utilization and Disposal of Industrial Waste Residue,2013-2015

单位：万吨(10 000 tons)

指　　标 Item	2013	2014	2015
工业固体废物产生量 Amount of Industrial Waste Residue Produced	1604	1746	1546
# 危险废物 Dangerous Waste	11.81	12.11	12.57
工业固体废物综合利用量 Volume of Comprehensive Utilization of Industrial Waste Residue	1586	1727	1524
# 危险废物 Dangerous Waste	3.53	3.99	3.15
工业固体废物综合利用率(%) Rate of Comprehensive Utilization of Industrial Waste Residue (%)	98.88	98.91	98.58
工业固体废物处置量 Volume of Industrial Solid Waste Disposed	17.95	18.78	21.53
# 危险废物 Dangerous Waste	8.28	8.15	9.43
工业固体废物处置率(%) Disposal Rate of Industrial Waste Residue (%)	1.12	1.07	1.39

11-15 建设项目环境管理情况(2013—2015年)

Implementation of Environmental Management on Construction Project,2013-2015

指　标	Item	2013	2014	2015
办理建设项目环境影响评价审批(项)	Approval of Assessment of Environment Effect of Construction Projects (unit)	3330	2567	1833
编制环境影响报告书(项)	Statements of Environment Effect (unit)	519	444	282
办理环保竣工验收项目(个)	Projects with Completed Environmental Protection Check and Acceptance (unit)	1283	986	962
应执行“三同时”项目数(个)	Number of Projects Executing "Three Meantime" (unit)	1283	986	962
实际执行“三同时”项目(个)	Number of Actual Executed Projects (unit)	1283	986	962
当年完成项目实际投资额(亿元)	Actual Investment of Projects (100 million yuan)	1713.15	1436.43	1623.88
# 环保工程实际投资额	Actual Investment of Protecting Environment Projects	85.61	95.41	89.90

注：“三同时”指同时设计、同时施工、同时使用。
Note: "Three Meantime" refers to design, construction, and use at the same time.

11-16 工业污染治理情况(2013—2015年)

Industrial Pollution Treatment Condition,2013-2015

指　标	Item	2013	2014	2015
工业污染治理情况(万元)	**Industrial Pollution Treatment Condition(10 0000 yuan)**			
本年完成投资	Investment Completed in Current Year	148366	220923	240556
治理废水	Treating Waste Water	6436	12218	16532
治理废气	Treating Waste Gas	74491	151108	206340
治理固体废物	Treating Waste Residue			1749
治理噪声	Treating Noise Pollution	25		
其　他	Others	67414	57597	15935
本年安排治理项目(个)	Number of Treating Projects in Current Year(unit)	66	114	142
本年竣工项目	Number of Projects Completed in Current Year	66	117	110
治理废水	Treating Waste Water	13	17	18
治理废气	Treating Waste Gas	39	52	67
治理固体废物	Treating Waste Residue			3
其　他	Others	14	48	22

主要统计指标解释

建成区

指城市行政区内实际已成片开发建设、市政公用设施和公共设施基本具备的区域。对核心城市，它包括集中连片的部分以及分散的若干个已经成片建设起来的市政公用设施和公共设施基本具备的地区；对一城多镇来说，它包括由几个连片开发建设起来的市政公用设施和公共设施基本具备的地区组成。因此建成区范围，一般是指建成区外轮廓线所能包括的地区，也就是这个城市实际建设用地所达到的范围。

水资源总量

一定区域内的水资源总量指当地降水形成的地表和地下产水量，即地表径流量与降水入渗补给量之和，不包括过境水量。

化学需氧量(COD)

测量有机和无机物质化学分解所消耗氧的质量浓度的水污染指数。

工业固体废物产生量

系指未被列入《国家危险废物名录》或者根据国家规定的危险废物鉴别标准（GB5085）、固体废物浸出毒性浸出方法（GB5086）及固体废物浸出毒性测定方法（GB/T 15555）鉴别方法判定不具有危险特性的工业固体废物。计算公式是：

工业固体废物产生量=（工业固体废物综合利用量-综合利用往年贮存量）+工业固体废物贮存量+（工业固体废物处置量-处置往年贮存量）+工业固体废物倾倒丢弃量

工业固体废物综合利用量

指报告期内企业通过回收、加工、循环、交换等方式，从固体废物中提取或者使其转化为可以利用的资源、能源和其他原材料的固体废物量(包括当年利用往年的工业固体废物贮存量)。如用作农业肥料、生产建筑材料、筑路等。综合利用量由产生固体废物的单位统计。

工业固体废物综合利用率

指工业固体废物综合利用量占工业固体废物产生量(包括综合利用往年贮存量)的百分率。计算公式为：

$$\text{工业固体废物综合利用率}=\frac{\text{工业固体废物综合利用量}}{\text{工业固体废物产生量}+\text{综合利用往年贮存量}}\times 100\%$$

噪声等效声级（LEQ）

指在规定的时间内，某一连续稳态声的A〔计权〕声压，具有与时变的噪声相同的均方A〔计权〕声压，则这一连续稳态声的声级，就是此时变噪声的等效声级。噪声等效声级(分贝)数值越小越好。

自然保护区

指对有代表性的自然生态系统、珍稀濒危野生动植物物种的天然分布区、水源涵养区、有特殊意义的自然历史遗迹等保护对象所在的陆地、陆地水体或海域，依法划出一定面积进行特殊保护和管理的区域。以县及县以上各级人民政府正式批准建立的自然保护区为准。风景名胜区、文物保护区不计在内。

Explanatory Notes on Main Statistical Indicators

Developed Area

refers to the land in administrative areas having been developed concentratedly with municipal public facilities. For core city, developed areas include concentrated areas and decentralized areas having basic perfect municipal public facilities; for the city with several towns, developed areas are composed of several concentrated areas with municipal public facilities. Therefore, the scope of developed areas refers to actual construction land of a city.

Total Water Resources

refer to the total volume of surface and underground water formed by precipitation in the local region, which equals to the sum of surface runoff and the infiltration supplement of underground water from precipitation, excluding crossing water.

Chemical Oxygen Demand (COD)

refers to the water pollution index of measuring the mass concentration of oxygen consumed in the chemical decomposition of organic and inorganic matter.

Industrial Solid Wastes Produced

refers to the industrial solid wastes that are not listed in the *National Catalogue of Hazardous Wastes*, or not regarded as hazardous according to the national hazardous waste identification standards (GB5085), solid waste-Extraction procedure for leaching toxicity (GB5086) and solid waste-Extraction procedure for leaching toxicity (GB/T 15555). The calculation formula is as followed:

Common Industrial Solid Wastes Produced = (common industrial solid wastes utilized-the proportion of utilized stock of previous years) + common industrial solid waste stock + (common industrial solid wastes disposed-the proportion of disposed stock of previous years) + common industrial solid wastes discharged.

Industrial Solid Wastes Comprehensively Utilized

refers to volume of solid wastes from which useful materials can be extracted or which can be converted into usable resources, energy or other materials by means of reclamation, processing, recycling and exchange (including utilizing in the year the stocks of industrial solid wastes of the previous year) during the report period, e.g. being used as agricultural fertilizers, building materials or as material for paving road. Examples of such utilization include fertilizers, building materials and road materials. The information shall be collected by the producing units of the wastes.

Ratio of Comprehensive Utilization of Industrial Waste Residue

refers to the percentage of industrial solid wastes utilized over industrial solid wastes produced (including stocks of the previous years). It is calculated as:

$$\textit{Ratio of Comprehensive Utilization of Industrial Waste Residue} = \frac{\textit{Volume of Industrial Solid Wastes Utilized}}{\textit{Industrial Solid Wastes Produced} + \textit{Stock of Previous Years}} \times 100\%$$

Level of Equivalent Noise (LEQ)

refers to the A sound pressure of a continuous steady state sound, in the specified time interval with the same mean square A sound pressure as the time variant noise. This sound level of a continuous steady state sound is the equivalent sound level of the time variant noise. The smaller of the value of noise equivalent sound level (dB), the better.

Natural Reserves

refers to certain areas of land, waters or sea that are representative in natural ecological systems, or are natural habitats for rare or endangered wild animals or plants, or water conservation zones, or the location of important natural or historic relics, which are marked by law and put under special protection and management. Natural reserves are designated by the formal approval of governments at and above county level. Scenic spots and cultural preservation zones are not included.

第十二篇　农　业

Chapter 12　Agriculture

12-1 农村经济主要指标

Major Indicators of Rural Economy

项　目	Item	2014	2015	2015比2014年增长(%) Increase Rate in 2015 over 2014 (%)
农林牧渔业总产值(亿元)	**Gross Output Value of Farming, Forestry, Animal Husbandry and Fishery (100 million yuan)**	**441.71**	**467.44**	**2.6**
农　业	Farming	230.74	238.02	4.2
林　业	Forestry	3.22	7.74	8.7
牧　业	Animal Husbandry	117.59	130.23	0.5
渔　业	Fishery	79.47	80.37	1.2
农林牧渔服务业	FFAF Services	10.69	11.08	2.3
农林牧渔业增加值(亿元)	**Value Added of Farming, Forestry, Animal Husbandry and Fishery (100 million yuan)**	**201.53**	**210.51**	**2.5**
农业机械及灌溉	**Agricultural Machinery and Irrigation**			
农机总动力(万千瓦)	Total Power of Agricultural Machinery (10 000 kw)	552.41	546.92	-1.0
大中型拖拉机(台)	Large and Medium-sized Tractors (set)	15792	15047	-4.7
小型拖拉机(万台)	Mini-tractors (10 000 sets)	0.46	0.28	-39.1
年末实有机电井(眼)	Motor-pumped Well (year-end) (unit)	25019	25830	3.2
有效灌溉面积(万公顷)	Effective Irrigated Area (10 000 hectares)	30.89	30.89	
节水灌溉面积(万公顷)	Water-saving Irrigated Area (10 000 hectares)	19.17	20.10	4.9
农村用电量(万千瓦小时)	**Rural Electricity Consumption(10 000 kwh)**	**1090388**	**1024361**	**-6.1**
农作物总播种面积(万公顷)	**Total Sown Areas of Farm Crops (10 000 hectares)**	**47.90**	**46.90**	**-2.1**
#粮　食	Grain	34.58	35.00	1.2
蔬　菜	Vegetables	9.01	8.61	-4.4
总产量(万吨)	**Yield of Farm Crops (10 000 tons)**			
#粮　食	Grain	175.95	181.75	3.3
蔬　菜	Vegetables	460.20	441.54	-4.1
水果产量(万吨)	**Yield of Fruits (10 000 tons)**	**62.70**	**62.69**	
# 果用瓜	Melon-Fruits	31.38	29.98	-4.5
年末实有林地面积(万公顷)	**Forest Area(year-end)(10 000 hectares)**	**22.61**	**25.91**	**14.6**
# 当年造林面积(万公顷)	Afforested Area in Current Year (10 000 hectares)	0.71	0.80	12.7

注：农林牧渔业增长速度按可比价格计算，下表同。

Note: Increase rate of gross output value of farming, forestry, animal husbandry and fishery is calculated based on constant prices. Same as following next.

12-1续表 *Continued*

项 目	Item	2014	2015	2015比2014年增长(%) Increase Rate in 2015 over 2014 (%)
畜牧业生产	**Production of Animal Husbandry**			
生猪年末存栏(万头)	Pigs in Hand (year-end) (10 000 heads)	199.78	196.94	-1.4
生猪当年出栏(万头)	Number of Slaughtered Pigs (10 000 heads)	386.50	378.00	-2.2
牛年末存栏(万头)	Cattle in Hand (year-end) (10 000 heads)	29.96	29.28	-2.3
# 乳 牛	Cows	15.71	14.91	-5.1
牛当年出栏(万头)	Number of Slaughtered Cattle (10 000 heads)	19.43	19.62	1.0
羊年末存栏(万只)	Sheep & Goats in Hand (year-end) (10 000 heads)	46.76	47.96	2.6
羊当年出栏(万只)	Number of Slaughtered Sheep and Goats (10 000 heads)	67.12	68.58	2.2
家禽年末存栏(万只)	Poultry in Hand (year-end) (10 000 heads)	2887.51	2793.15	-3.3
# 产蛋鸡	Hens	1290.62	1330.29	3.1
家禽当年出栏(万只)	Number of Slaughtered Poultry (10 000 heads)	8136.12	8019.32	-1.4
畜禽产品产量(万吨)	**Output of Animal and Poultry (10 000 tons)**			
肉类总产量	Output of Meat	46.44	45.75	-1.5
# 猪 肉	Pork	29.87	29.21	-2.2
牛羊肉	Beef and Mutton	4.93	5.00	1.4
禽 肉	Poultry	11.59	11.49	-0.9
禽蛋产量	Output of Poultry Eggs	19.42	20.20	4.0
奶类产量	Output of Milk	68.91	68.00	-1.3
渔业生产	**Production of Fishery**			
水产养殖面积	Culture Areas of Aquatic Products			
(万公顷)	(10 000 hectares)	4.06	3.99	-1.7
# 淡 水	Fresh Water	3.74	3.67	-1.9
水产品产量(万吨)	Output of Aquatic Products (10 000 tons)	40.80	40.12	-1.7
# 淡 水	Fresh Water	33.10	32.53	-1.7

12-2 农业生产条件情况(1996—2015年)

Conditions of Agricultural Production,1996-2015

年 份 Year	年末实有常用耕地面积(万公顷) Cultivated Area (year-end) (10 000 hectares)	年末实有林地面积(万公顷) Forest Area (year-end) (10 000 hectares)	# 当年造林面积 Afforested Area in Current Year	水产养殖面积(万公顷) Culture Area of Aquatic Products (10 000 hectares)	有效灌溉面积(万公顷) Effective Irrigated Area (10 000 hectares)
1996	42.58	9.26	0.62	3.41	33.26
1997	42.52	9.85	0.90	3.81	33.28
1998	42.49	11.14	0.91	3.71	33.29
1999	42.46	12.74	0.94	3.76	34.39
2000	42.43	13.69	0.93	3.64	35.32
2001	42.39	14.19	0.50	3.67	35.43
2002	42.28	17.53	0.85	3.82	35.44
2003	41.85	18.21	0.69	3.83	35.41
2004	41.53	18.75	0.53	4.04	35.34
2005	41.45	19.05	0.36	4.17	35.52
2006		19.35	0.30	4.34	34.96
2007	40.60	18.73	0.51	4.19	34.93
2008	40.44	19.64	1.50	4.08	34.80
2009	40.26	21.26	1.62	4.31	34.76
2010	39.88	20.91	1.81	4.16	34.46
2011	39.65	21.19	0.86	4.04	33.80
2012	39.54	21.46	0.57	4.13	33.70
2013	39.25	22.17	0.74	4.12	30.89
2014	38.88	22.61	0.71	4.06	30.89
2015	38.96	25.91	0.80	3.99	30.89

12-2续表 *Contiuned*

年 份 Year	农用机械总动力(万千瓦) Total Power of Agricultural Machinery (10 000 kw)	机耕面积(万公顷) Cultivated Area Using Machinery (10 000 hectares)	机播面积(万公顷) Sown Area Using Machinery (10 000 hectares)	化肥施用量(折纯)(万吨) Consumption of Chemical Fertilizers (Pureness) (10 000 tons)	农村用电量(万千瓦小时) Rural Electricity Consumption (10 000 kwh)
1996	384.22	39.85	22.28	48.82	358184
1997	417.37	39.66	25.00	49.15	330249
1998	440.57	40.13	24.99	51.48	337565
1999	481.54	39.62	24.93	47.24	343667
2000	593.40	39.62	25.73	16.64	354946
2001	603.32	37.26	24.11	17.31	377823
2002	612.72	38.17	23.95	17.59	402785
2003	601.66	37.05	23.57	17.80	423157
2004	608.13	37.35	27.66	22.85	484221
2005	611.94	37.62	28.94	23.29	522492
2006	603.39	37.74	29.91		
2007	604.90	37.71	34.32	25.82	525220
2008	596.60	36.04	36.31	25.88	457875
2009	595.00	36.14	36.69	25.96	513898
2010	587.79	37.65	40.23	25.54	509920
2011	583.87	37.53	41.78	24.39	512968
2012	568.13	37.07	41.98	24.45	516155
2013	554.18	36.23	41.90	24.34	692249
2014	552.41	38.19	41.91	23.30	1090388
2015	546.92	37.21	40.79		

注：化肥施用量2000年以前为实物量。

Note: Consumption of chemical fertilizers referred to full-scale quantity before 2000.

12-3 农林牧渔业总产值和增长速度(1996—2015年)

Gross Output Value and Increase Rate of Farming, Forestry, Animal Husbandry and Fishery,1996-2015

年 份 Year	合 计 Total	农 业 Farming	林 业 Forestry	牧 业 Animal Husbandry	渔 业 Fishery	农林牧渔服务业 FFAF Services
总 产 值(亿元) Gross Output Value (100 million yuan)						
1996	133.53	90.17	0.96	30.27	12.13	
1997	140.47	89.77	1.00	33.99	15.71	
1998	156.16	98.83	1.19	38.09	18.05	
1999	150.11	91.58	1.42	38.95	18.16	
2000	156.30	83.42	1.37	51.75	19.76	
2001	169.51	86.73	1.46	60.76	20.56	
2002	181.07	86.06	1.52	69.21	24.28	
2003	193.44	88.20	1.61	77.22	26.41	
2004	221.35	95.29	1.66	92.55	31.85	
2005	238.34	97.49	1.89	102.71	36.25	
2006	225.04	110.05	2.01	70.52	35.32	7.14
2007	240.74	117.60	2.08	76.93	36.13	8.00
2008	268.11	127.67	2.22	86.03	43.81	8.38
2009	281.65	139.70	2.22	83.57	47.53	8.64
2010	317.33	168.25	2.36	87.49	50.26	8.97
2011	349.48	179.87	2.46	98.52	58.61	10.03
2012	375.62	195.99	2.79	105.01	61.66	10.18
2013	412.36	217.16	3.09	108.63	73.20	10.28
2014	441.71	230.74	3.22	117.59	79.47	10.69
2015	467.44	238.02	7.74	130.23	80.37	11.08
比上年增长(%) Increase Rate over Preceding Year (%)						
1996	7.5	8.5	10.3	3.5	10.6	
1997	7.6	5.1	2.6	10.5	15.7	
1998	11.8	8.2	39.7	15.4	21.2	
1999	0.4	-6.3	15.1	13.7	3.1	
2000	4.2	-4.4	-5.7	19.6	6.1	
2001	8.0	4.1	7.2	15.9	3.0	
2002	6.0	-8.9	13.7	14.9	36.2	
2003	6.6		3.8	13.6	6.7	
2004	5.2	3.1	2.6	5.8	10.5	
2005	4.8	0.2	13.6	7.5	10.6	
2006	3.6	4.0	4.6	2.9	4.8	1.4
2007	1.5	2.1	4.6	-1.1	4.0	3.7
2008	3.3	3.1	6.2	3.5	3.4	2.0
2009	3.7	4.8	1.3	3.0	2.2	2.1
2010	3.5	4.6	3.1	2.4	2.2	2.8
2011	4.2	5.5	4.0	2.0	2.9	9.0
2012	3.2	1.8	8.2	6.6	2.3	0.4
2013	3.8	4.4	2.8	2.4	5.4	0.4
2014	3.0	3.3	3.5	2.9	2.2	2.0
2015	2.6	4.2	8.7	0.5	1.2	2.3

12-4 农林牧渔业总产值结构(1996—2015年)

Structure of Gross Output Value of Farming, Forestry, Animal Husbandry and Fishery,1996-2015

单位：%(%)

年份 Year	合计 Total	农业 Farming	林业 Forestry	牧业 Animal Husbandry	渔业 Fishery	农林牧渔服务业 FFAF Services
1996	100	67.5	0.7	22.7	9.1	
1997	100	63.9	0.7	24.2	11.2	
1998	100	63.3	0.8	24.4	11.5	
1999	100	61.0	0.9	25.9	12.2	
2000	100	53.4	0.9	33.1	12.6	
2001	100	51.2	0.9	35.8	12.1	
2002	100	47.5	0.8	38.3	13.4	
2003	100	45.6	0.8	39.9	13.7	
2004	100	43.1	0.7	41.8	14.4	
2005	100	40.9	0.8	43.1	15.2	
2006	100	48.9	0.9	31.3	15.7	3.2
2007	100	48.8	0.9	32.0	15.0	3.3
2008	100	47.6	0.8	32.1	16.3	3.2
2009	100	49.6	0.8	29.7	16.9	3.0
2010	100	53.0	0.7	27.6	15.8	2.9
2011	100	51.5	0.7	28.2	16.8	2.8
2012	100	52.2	0.7	28.0	16.4	2.7
2013	100	52.7	0.7	26.3	17.8	2.5
2014	100	52.2	0.7	26.6	18.0	2.5
2015	100	50.9	1.7	27.9	17.2	2.3

12-5 农作物播种面积(1996—2015年)

Sown Areas of Farm Crops,1996-2015

单位：万公顷(10 000 hectares)

年份 Year	合计 Total	粮食 Grain	棉花 Cotton	油料 Oil-bearing Crops	蔬菜 Vegetables	其他农作物 Others
1996	56.44	45.57	0.38	1.37	8.08	1.04
1997	55.73	43.99	0.28	1.61	8.82	1.03
1998	56.32	44.45	0.35	1.69	8.64	1.19
1999	56.29	43.10	0.60	1.62	9.86	1.11
2000	53.31	34.59	1.51	2.63	12.83	1.75
2001	54.45	32.85	4.50	2.05	12.95	2.10
2002	52.28	31.13	4.48	1.89	12.84	1.94
2003	50.15	25.81	7.06	1.58	13.46	2.24
2004	50.43	26.35	8.69	0.61	13.19	1.59
2005	49.94	28.77	6.12	0.51	12.97	1.57
2006	42.98	28.43	6.89	0.20	6.38	1.08
2007	43.40	29.20	6.75	0.18	6.34	0.93
2008	44.63	29.35	6.92	0.18	7.22	0.96
2009	45.52	30.66	5.56	0.20	8.08	1.02
2010	45.93	31.18	5.18	0.22	8.49	0.86
2011	46.80	31.08	6.00	0.22	8.71	0.79
2012	47.90	32.29	5.54	0.19	8.89	0.99
2013	47.35	33.28	3.92	0.18	8.99	0.98
2014	47.90	34.58	3.02	0.17	9.01	1.12
2015	46.90	35.00	1.88	0.13	8.61	1.28

12-6 主要农产品产量情况(1996—2015年)

Yield of Major Farm Crops,1996-2015

单位：万吨(10 000 tons)

年 份 Year	粮 食 Grain	# 小 麦 Wheat	# 玉 米 Corn	棉 花 Cotton	油 料 Oil-bearing Crops	蔬 菜 Vegetables
1996	207.00	67.35	75.41	0.51	3.13	452.71
1997	206.16	77.41	65.45	0.39	3.01	486.23
1998	210.12	76.06	75.51	0.63	3.76	505.35
1999	174.85	71.60	56.30	0.57	2.34	486.07
2000	124.05	59.91	40.95	1.75	3.31	530.60
2001	143.33	45.09	75.19	6.36	3.90	564.50
2002	137.82	44.11	71.05	6.24	3.40	584.31
2003	119.29	35.91	64.81	9.47	3.08	602.78
2004	125.27	37.81	70.71	12.03	1.55	585.43
2005	137.50	47.42	73.16	8.36	1.29	542.74
2006	141.90	49.90	79.70	9.50	0.50	275.50
2007	147.15	50.59	85.08	9.31	0.46	274.37
2008	148.93	52.47	84.29	8.29	0.48	314.16
2009	156.29	54.03	88.74	7.09	0.54	373.85
2010	159.74	53.20	92.74	6.27	0.64	419.31
2011	161.83	54.20	94.38	7.23	0.66	431.30
2012	161.76	55.76	92.45	5.76	0.56	447.70
2013	174.71	57.28	102.14	4.85	0.58	455.06
2014	175.95	58.62	101.40	3.82	0.52	460.20
2015	181.75	59.83	107.34	2.56	0.42	441.54

12-6续表 *Continued*

单位：万吨(10 000 tons)

年 份 Year	肉 类 Meat	# 猪 肉 Pork	# 牛羊肉 Beef and Mutton	禽 蛋 Poultry Eggs	奶 类 Milk	水产品 Aquatic Products
1996	16.94	10.50	3.30	16.65	10.69	16.99
1997	18.70	11.77	3.44	17.71	12.13	18.98
1998	21.74	13.88	3.74	22.68	11.69	21.38
1999	23.53	14.59	4.24	23.56	12.94	23.03
2000	29.49	17.96	4.76	25.60	16.52	24.22
2001	36.40	21.92	5.97	26.00	24.06	26.46
2002	44.88	26.09	7.39	24.47	33.59	28.56
2003	52.41	30.56	8.53	24.25	43.23	29.83
2004	53.73	33.05	8.73	24.38	54.24	31.00
2005	57.78	35.63	9.28	23.47	63.41	33.81
2006	34.95	21.80	5.20	19.04	65.77	31.40
2007	33.76	20.45	5.25	19.43	67.21	32.50
2008	37.13	23.48	5.12	19.69	70.12	33.67
2009	39.50	25.66	5.03	19.60	68.70	34.17
2010	42.60	27.98	4.63	19.92	69.30	34.49
2011	42.92	27.63	4.57	19.26	69.39	35.21
2012	45.80	29.20	4.73	19.05	68.17	36.50
2013	46.48	29.82	4.77	18.89	68.53	39.86
2014	46.44	29.87	4.93	19.42	68.91	40.80
2015	45.75	29.21	5.00	20.20	68.00	40.12

12-7 林业生产、果园面积及产量(2013—2015年)

Forestry Production, Orchard Areas and Output,2013-2015

项 目	Item	2013	2014	2015
年末实有林地面积(万公顷)	**Forestry Areas (year-end) (10 000 hectares)**	**22.17**	**22.61**	**25.91**
# 当年造林面积	Afforested Areas in Current Year	0.73	0.71	0.80
封山育林面积(万公顷)	**Afforested Areas on Sealed Mountain (10 000 hectares)**	**2.60**	**2.60**	**2.60**
# 育苗面积	Areas Used for Cultivating Sapling	0.77	1.04	1.24
年末实有果园面积(万公顷)	**Areas of Orchards (year-end) (10 000 hectares)**	**3.42**	**3.30**	**3.33**
干果产量(吨)	**Output of Dry Fruits (ton)**	**2149**	**2460**	**2794**
#核 桃	Walnuts	1102	1271	1429
栗 子	Chestnuts	1047	1189	1365
园林水果产量(吨)	**Output of Fruits in Orchards (ton)**	**275807**	**313224**	**327123**
#苹 果	Apples	47644	50368	42792
梨	Pears	36911	40028	46069
桃	Peaches	58060	58571	62853
鲜 枣	Fresh Jujubes	22828	38154	34812
葡 萄	Grapes	92851	103784	110976
柿 子	Persimmons	8307	9398	9111

12-8 水利设施情况(2015年)

Statistics on Water Conservancy Facilities,2015

项 目	Item	大型水库 Large Reservoirs	中型水库 Medium Reservoirs
总库容量(万立方米)	Total Capacity of Reservoir(10 000 cu. m.)	223900	35254
灌溉面积(万公顷)	Irrigated Areas(10 000 hectares)		
设 计	Designed Areas	11.09	1.40
有 效	Effective Areas	6.27	1.40

主要统计指标解释

农林牧渔业总产值

指以货币表现的农、林、牧、渔业全部产品和对农林牧渔业生产活动进行的各种支持性服务活动的价值总量，它反映一定时期内农林牧渔业生产总规模和总成果。从 2003 年起，执行新的国民经济行业分类标准，农林牧渔业总产值中包括了农林牧渔服务业产值。

农林牧渔业总产值的计算方法通常是按农、林、牧、渔业产品及其副产品的产量分别乘以各自单位产品价格求得；少数生产周期较长，当年没有产品或产品产量不易统计的，则采用间接方法匡算其产值；然后将四业产品产值相加即为农林牧渔业总产值。

农林牧渔业增加值

指各种经济类型的农业生产单位和农户从事农业生产经营活动所提供的社会最终产品的货币表现。其计算方法有两种，一是生产法：农林牧渔业增加值＝农林牧渔业总产值－农林牧渔业中间消耗；二是分配法：农林牧渔业增加值＝固定资产折旧＋劳动者报酬＋生产税净额（生产税－生产补贴）＋营业盈余。

农用化肥施用量

指本年内实际用于农业生产的化肥数量，包括氮肥、磷肥、钾肥和复合肥。化肥施用量要求按折纯量计算数量。折纯量是指把氮肥、磷肥、钾肥分别按含氮、含五氧化二磷、含氧化钾的百分之百成份进行折算后的数量。复合肥按其所含主要成分折算。公式为：

折纯量＝实物量×某种化肥有效成份含量的百分比

农业机械总动力

指主要用于农、林、牧、渔业的各种动力机械的动力总和。包括耕作机械、排灌机械、收获机械、农用运输机械、植物保护机械、牧业机械、林业机械、渔业机械和其他农业机械。不包括专门用于乡、镇、村、组办工业、基本建设、非农业运输、科学试验和教学等非农业生产方面用的动力机械与作业机械。

有效灌溉面积

指灌溉工程或设备已基本配套，有一定水源，土地比较平整，在一般年景可以进行正常灌溉的耕地面积。在一般情况下，有效灌溉面积应等于灌溉工程或设备已经配套，能够进行灌溉的水田和水浇地面积之和。

当年出栏头数

指农林牧渔企业生产单位饲养的，供屠宰并已出栏的全部牲畜头数。包括交售给国家，集市上出售的部分。

肉类总产量

指当年出栏并已屠宰的猪、牛、羊、马、骡、驴、家禽、兔等肉产量。即屠宰后除去头、蹄、下水后带骨肉的重量，也叫胴体重。

水产品产量

指本年度内捕捞的水产品（包括人工养殖并捕捞的水产品和捕捞天然生长的水产品）产量。不论自食或出售的，都应计算在内。用作继续扩大再生产的水产品（如鱼苗、鱼种、鱼饵及转塘鱼、存塘鱼等）不作水产品产量统计。在淡水生长的各种水生植物，如莲藕、菱角等，因属农作物范畴，均不包括在水产品产量之内。

园林水果产量

指本年度内从果树上收获的全部水果产量，不论自食的或出售的，都应计算在内。不包括果用瓜(如西瓜、甜瓜、白兰瓜、哈密瓜、脆瓜等)和主要作蔬菜食用的藕、西红柿等。也不包括采集的野生水果。水果的产量按鲜果计算，干枣、葡萄干、柿饼、桔饼等应统一折成鲜果计算。

Explanatory Notes on Main Statistical Indicators

Gross Output Value of Farming, Forestry, Animal Husbandry and Fishery

refers to the total value of products of farming, forestry, animal husbandry and fishery, and total value of services rendered to support farming, forestry, animal husbandry and fishery activities. It reflects the total scale and results of agricultural production during a given period. A new industrial classification of economic activities was introduced in 2003. Under the new classification, value of services to farming, forestry, animal husbandry and fishery is included in the gross output value of agriculture.

Gross output value of agriculture is obtained by first multiplying the output of each product or by product by its price, resulting in the output value of each single item. For a small number of products, annual output of which is not available or difficult to get due to the long production (growing) process involved, the output value is estimated through an indirect approach. The sum of output value of all products of farming, forestry, animal husbandry and fishery is then equal to the gross output value of agriculture.

Value-added of Farming, Forestry, Animal Husbandry and Fishery

refers to the final results of various agricultural production and trade units in monetary expression. It is calculated with two approaches. First, production approach, *value-added of farming, forestry, animal husbandry and fishery = gross output value of farming, forestry, animal husbandry and fishery - intermediate input of farming, forestry, animal husbandry and fishery*. Second, distribution approach, *value-added of farming, forestry, animal husbandry and fishery = depreciation of fixed assets + Labourers remuneration + net taxes on production (taxes on production - subsidies of production) + operating - surplus.*

Consumption of Chemical Fertilizers in Agriculture

refers to the quantity of chemical fertilizers applied in agriculture in the year, including nitrogenous fertilizer, phosphate fertilizer, potash fertilizer, and compound fertilizer. The consumption of chemical fertilizers is required in calculation to convert the gross weight into weight containing 100% effective component (e.g. 100% nitrogen content in nitrogenous fertilizer, 100% phosphorous pent oxide contents in phosphate fertilizer, 100% potassium oxide contents in potash fertilizer). Compound fertilizer is converted with its major component. The formula is:

Volume of effective component = physical quantity x effective component of certain chemical fertilizer (%)

Total Power of Agricultural Machinery

refers to total mechanical power of machinery used in farming, forestry, animal husbandry, and fishery, including ploughing, irrigation and drainage, harvesting, transport, plant protection, stock breeding, forestry and fishery and other agricultural machineries. Machinery employed for non-agricultural purposes, such as the machines used in township run and village-run industry, construction, non-agricultural transport, scientific experiments and teaching, are excluded.

Effective Irrigated Area

refers to areas that are effectively irrigated, i.e. level land which has water source and complete sets of irrigation facilities to lift and move adequate water for irrigation purpose under normal conditions. In general, irrigated area equal to the sum area of paddy fields and irrigated land for irrigated engineering or complete sets.

Number of Livestock Slaughtered

refers to the total number of animals for butchering by farming, forestry, animal husbandry and fishery, including parts of selling to country and markets.

Output of Meat

refers to output of butchered pork, beef, mutton, horse, mule, donkey, fowls, and rabbit in the current year, which is the heaviness minus head, hoof, offal, named nes weight also.

Output of Aquatic Products

refers to amount of fishing (including artificially cultured, naturally grown), in respective consumption by peasants themselves or sold. It excludes aquatic (i.e. fish fry, fish grows, fish bait and transferred fish from piscine, leave fish) for continuing expanded reproduction aquatic. Since various fresh water plants (i.e. lotus roots, water chestnut) are belong to farm crops, not included in aquatic products.

Yield of Fruits in Orchards

refer to total output of fruits harvested from fruit trees in current year, not only for eating but also for sale, but not include melon-fruits (for example, watermelon, muskmelon, honey dew melon, hami melon, crisp melon, etc.), vegetables such as lotus root, tomatoes and so on, and collection of wild fruits. Output of fruits is calculated as fresh fruits. Dried dates, raisins, persimmon, orange cake, etc. should be unified into fresh fruits in the calculation.

TIANJIN STATISTICAL YEARBOOK

第十三篇　工　业

Chapter 13　Industry

13-1 工业总产值及增长速度(1996—2015年)
Gross Output Value and Increase Rate of Industry,1996-2015

年 份 Year	全部工业 Gross Industry			规模以上工业 Industry above Designated Size		
	合 计 Total	轻工业 Light Industry	重工业 Heavy Industry	合 计 Total	轻工业 Light Industry	重工业 Heavy Industry
绝 对 数(亿元) Gross Output Value (100 million yuan)						
1996	2177.42	1014.46	1162.96	1666.26	678.68	987.58
1997	2450.21	1130.04	1320.17	1782.35	675.23	1107.21
1998	2562.62	1157.09	1405.53	2068.51	767.01	1301.50
1999	2751.37	1128.47	1622.90	2264.55	838.30	1426.25
2000	3080.74	1263.10	1817.64	2606.38	895.24	1711.14
2001	3366.53	1153.73	2212.80	2940.40	942.37	1998.03
2002	3717.72	1207.88	2509.84	3323.12	1012.41	2310.71
2003	4370.76	1254.68	3116.08	4049.61	1095.39	2954.22
2004	6186.04	1398.65	4787.39	5853.72	1265.73	4587.98
2005	7169.62	1569.06	5600.56	6774.10	1372.88	5401.23
2006	8907.45	1664.03	7243.42	8527.70	1475.67	7052.03
2007	10502.91	1967.37	8535.54	10075.07	1755.16	8319.91
2008	13042.91	2190.54	10852.37	12503.25	2099.90	10403.34
2009	13384.25	2290.38	11093.87	13083.63	2238.93	10844.70
2010	17107.19	2800.45	14306.74	16751.82	2731.22	14020.60
2011	21528.34	3746.71	17781.63	20862.74	3630.87	17231.87
2012	24194.13	4728.22	19465.91	23427.50	4578.40	18849.10
2013	27283.28	5861.38	21421.90	26514.51	5696.22	20818.29
2014	29686.33	6200.66	23485.67	28035.03	5855.75	22179.28
2015	30014.89	6814.00	23200.89	28242.13	6411.55	21830.58
比上年增长(%) Increase Rate over Preceding Year(%)						
1996	24.7	31.8	19.5	19.3	20.0	18.8
1997	12.9	13.6	12.2	13.2	8.8	16.5
1998	8.5	9.9	7.2	8.3	5.0	10.6
1999	13.0	5.9	19.4	16.3	21.8	12.7
2000	17.5	19.7	16.0	17.7	15.3	19.3
2001	14.0	6.6	28.4	17.7	7.6	23.1
2002	19.6	13.3	23.7	22.8	17.1	26.0
2003	24.1	18.5	27.0	26.1	20.8	28.7
2004	31.0	19.4	35.5	31.8	19.2	36.3
2005	19.5	9.3	22.8	20.8	9.6	24.0
2006	25.1	6.1	29.3	25.3	12.4	28.3
2007	20.1	19.4	20.2	20.4	20.1	20.4
2008	23.7	25.1	23.4	24.6	27.0	24.1
2009	8.6	5.8	9.2	8.8	5.9	9.4
2010	31.4	23.5	33.1	31.7	23.6	33.4
2011	28.7	39.2	26.8	29.2	40.0	27.2
2012	14.8	28.7	11.9	14.9	29.3	11.9
2013	13.0	12.9	13.0	13.1	13.0	13.1
2014	7.3	7.9	7.1	7.3	7.9	7.1
2015	0.3	10.4	-1.8	0.3	10.6	-2.4

注：1.工业总产值增长速度按可比口径计算。2.本表统计范围1998年以前为街乡及以上工业；1998年到2008年为全部国有及规模以上工业；2008年以后为规模以上工业，2008到2010年规模以上为年主营业务收入500万元以上;2011年起规模以上为年主营业务收入2000万元以上(下同)。

Note: a)Increase rate of gross output value of industry are calculated at constant prices.b)Data before 1998 adopt coverage of industry of subdistrict, country and above.Data from 1998 to 2008 adopt coverage of all state-owned and above designated size industry.Data from 2008 adopt coverage of industry above designated size,which refers to enterprises with annual business revenue over 5 million yuan from 2008 to 2010 and over 20 million yuan since 2011(same as following next).

13-2 规模以上工业企业工业总产值

Gross Output Value of Industry above Designated Size

单位：亿元(100 million yuan)

项 目	Item	2014	2015	2015比2014年增长(%) Increase Rate in 2015 over 2014(%)
全市总计	**Total**	**28035.03**	**28242.13**	**0.3**
按登记注册类型分	**Grouped by Status of Registration**			
内资企业	Domestic-funded Enterprises	17227.54	17951.86	3.0
国 有	State-owned Enterprises	638.61	982.50	4.3
集 体	Collective-owned Enterprises	321.88	45.27	3.4
股份合作	Cooperative Enterprises	187.67	170.39	7.2
私营企业	Private Enterprises	5235.17	6326.04	18.1
股份有限公司	Share-holding Corporations Ltd.	2811.48	2439.88	-14.6
有限责任公司	Limited Liability Corporations	8008.55	7979.58	-1.2
# 国有独资公司	Sole State-funded Corporations	1644.67	1314.40	-22.8
联营企业	Joint Ownership Enterprises	2.28	0.87	23.2
# 集体联营	Collective Joint Ownership Enterprises	2.28	0.87	23.2
其 他	Others	21.90	7.32	-16.7
港、澳、台商投资企业	Enterprises with Investment from Hong Kong, Macao and Taiwan	3135.82	3139.38	-5.1
外商投资企业	Foreign Funded Enterprises	7671.67	7150.89	-3.5
按隶属关系分	**Grouped by Administrative Relationship**			
中 央	Central Industry	3155.93	2528.19	-29.0
地 方	Local Industry	24879.09	25713.94	3.6
按企业规模分	**Grouped by Size of Enterprises**			
大 型	Large-sized	15228.69	14315.60	-9.4
中 型	Medium-sized	6517.54	6724.52	7.9
小 型	Small-sized	5870.44	6808.43	14.4
微 型	Mini-sized	418.36	393.59	24.0
按企业控股类型分	**Grouped by Companies holding type**			
国有及国有控股企业	State-owned and State-holding Enterprises	8403.05	7665.15	-14.2
民营及民营控股企业	Private and Private holding Enterprises	10957.46	12062.06	15.6
外商及港澳台商控股企业	Hong Kong, Macao,Taiwan and Foreign Funded holding Enterprises	8674.52	8514.92	-5.3

13-2续表 *Continued*

单位：亿元(100 million yuan)

项　目	Item	2014	2015	2015比2014年增长(%) Increase Rate in 2015 over 2014(%)
按行业分	**Grouped by Sector**			
煤炭开采和洗选业	Mining and Washing of Coal	1651.98	718.33	-15.9
石油和天然气开采业	Extraction of Petroleum and Natural Gas	1216.22	740.77	-37.7
黑色金属矿采选业	Mining and Processing of Ferrous Metal Ores	120.51	486.31	-9.1
非金属矿采选业	Mining and Processing of Nonmetal Ores	13.27	13.71	-6.4
开采辅助活动	Mining Assistant Activities	97.39	75.73	-23.8
农副食品加工业	Processing of Food from Agricultural Products	843.05	989.73	15.1
食品制造业	Manufacture of Food	1305.96	1391.44	10.9
酒、饮料和精制茶制造业	Manufacture of Alcohol, Beverages and Refined Tea	178.72	167.35	7.1
烟草制品业	Manufacture of Tobacco	50.63	52.13	3.0
纺织业	Manufacture of Textile	101.38	122.14	22.4
纺织服装、服饰业	Manufacture of Textile Wearing and Apparel	327.46	366.99	15.6
皮革、毛皮、羽毛及其制品业和制鞋业	Manufacture of Leather, Fur, Feather and Related Products, Footware	55.42	79.92	16.0
木材加工和木、竹、藤、棕、草制品业	Processing of Timber, Manufacture of Wood, Bamboo, Rattan, Palm and Straw Products	17.06	17.95	8.2
家具制造业	Manufacture of Furniture	88.73	111.35	19.7
造纸及纸制品业	Manufacture of Paper and Paper Products	233.88	228.31	3.3
印刷和记录媒介复制业	Printing, Reproduction of Recording Media and	93.31	104.46	13.5
文教、工美、体育和娱乐用品制造业	Manufacture of Articles for Culture, Education Industrial Arts,Sport Activity, Amusement Manufacturing	425.02	532.47	16.1
石油加工、炼焦及核燃料加工业	Processing of Petroleum, Coking, Processing of Nuclear Fuel	1154.01	1322.83	-15.3
化学原料及化学制品制造业	Manufacture of Raw Chemical Materials and Chemical Products	1452.69	1360.12	-3.2
医药制造业	Manufacture of Medicines	492.52	541.27	8.8
化学纤维制造业	Manufacture of Chemical Fibers	16.34	19.14	-1.0
橡胶和塑料制品业	Manufacture of Rubber and Plastic	540.54	595.69	1.9
非金属矿物制品业	Manufacture of Non-metallic Mineral Products	369.22	400.31	8.0
黑色金属冶炼和压延加工业	Smelting and Pressing of Ferrous Metals	4400.06	4334.27	-6.7
有色金属冶炼和压延加工业	Smelting and Pressing of Non-ferrous Metals	865.32	903.13	6.5
金属制品业	Manufacture of Metal Products	1251.52	1330.83	4.8
通用设备制造业	Manufacture of General Purpose Machinery	1089.82	1199.93	-1.5
专用设备制造业	Manufacture of Special Purpose Machinery	1135.13	1223.09	7.1
汽车制造业	Manufacture of Motorcar	1991.73	2383.58	17.7
铁路、船舶、航空航天和其他运输设备制造业	Railway, Watercraft, Aerospace and Other Transport Equipment	983.07	1203.86	5.6
电气机械和器材制造业	Manufacture of Electrical Machinery and Equipment	1133.37	1146.56	8.8
计算机、通信和其他电子设备制造业	Manufacture of Computers, Communication and Other Electronic Equipment	2963.41	2606.85	-10.5
仪器仪表制造业	Manufacture of Measuring Instruments	59.78	78.27	2.8
其他制造业	Other Manufacturing	99.27	115.85	181.7
废弃资源综合利用业	Comprehensive Recycling of Waste	243.36	266.87	29.1
金属制品、机械和设备修理业	Metal Products, Machine and Equipment Repair	20.23	24.36	50.7
电力、热力生产和供应业	Production and Supply of Electric Power and Heat Power	801.49	827.55	0.8
燃气生产和供应业	Production and Supply of Gas	110.43	116.33	4.6
水的生产和供应业	Production and Supply of Water	41.73	42.36	2.5

13-3 规模以上工业主要产品生产能力

Production Capacity of Major Industrial Products above Designated Size

产品名称	Product	单 位	Unit	生产能力 Production Capacity
2014年	**Year of 2014**			
天然原油	Crude Petroleum Oil	万 吨	10 000 tons	3145.63
原油加工量	Crude Oil Processed	万 吨	10 000 tons	1901.15
发电量	Electricity	万千瓦	10 000 kw	1208.90
焦 炭	Coke	万 吨	10 000 tons	432.00
烧 碱	Caustic Soda	万 吨	10 000 tons	116.20
农用化肥	Chemical Fertilizer	万 吨	10 000 tons	20.32
初级形态塑料	Primary Plastic	万 吨	10 000 tons	395.46
化学纤维	Chemical Fiber	万 吨	10 000 tons	12.45
水 泥	Cement	万 吨	10 000 tons	1494.15
平板玻璃	Plate Glass	万重量箱	10 000 weight cases	3680.00
粗 钢	Crude Steel	万 吨	10 000 tons	3494.22
金属切削机床	Metal-cutting Machines	台	unit	1381
汽 车	Motor Vehicles	万 辆	10 000 units	86.51
# 轿 车	Cars	万 辆	10 000 units	81.50
太阳能电池	Solar Cell	万千瓦	10 000 kw	54.57
家用电冰箱	Household Refrigerators	万 台	10 000 units	60.00
房间空气调节器	Air Conditioners	万 台	10 000 units	330.00
微型计算机设备	Micro-computers	万 部	10 000 units	1500.00
移动通信手持机	Mobile Phones	万 部	10 000 units	12773.09
彩色电视机	Color Television Sets	万 台	10 000 units	280.00
2015年	**Year of 2015**			
天然原油	Crude Petroleum Oil	万 吨	10 000 tons	3565.76
原油加工量	Crude Oil Processed	万 吨	10 000 tons	1893.00
发电量	Electricity	万千瓦	10 000 kw	1309.62
焦 炭	Coke	万 吨	10 000 tons	432.00
烧 碱	Caustic Soda	万 吨	10 000 tons	114.37
农用化肥	Chemical Fertilizer	万 吨	10 000 tons	15.30
初级形态塑料	Primary Plastic	万 吨	10 000 tons	361.50
化学纤维	Chemical Fiber	万 吨	10 000 tons	11.00
水 泥	Cement	万 吨	10 000 tons	1442.11
平板玻璃	Plate Glass	万重量箱	10 000 weight cases	4014.00
粗 钢	Crude Steel	万 吨	10 000 tons	3480.00
金属切削机床	Metal-cutting Machines	台	unit	1356
汽 车	Motor Vehicles	万 辆	10 000 units	91.35
# 轿 车	Cars	万 辆	10 000 units	80.50
太阳能电池	Solar Cell	万千瓦	10 000 kw	68.98
家用电冰箱	Household Refrigerators	万 台	10 000 units	73.00
房间空气调节器	Air Conditioners	万 台	10 000 units	340.00
微型计算机设备	Micro-computers	万 部	10 000 units	1500.00
移动通信手持机	Mobile Phones	万 部	10 000 units	12241.32
彩色电视机	Color Television Sets	万 台	10 000 units	265.00

13-4 规模以上工业主要产品产量(1996—2015年)

Output of Major Industrial Products above Designated Size,1996-2015

年 份 Year	布 (万米) Cloth (10 000 m)	纱 (万吨) Yarn (10 000 tons)	机制纸及纸板 (万吨) Machine-made Paper and Paperboards (10 000 tons)	合成洗涤剂 (万吨) Synthetic Detergents (10 000 tons)	饮料酒 (万千升) Alcoholic Beverage (10 000 kiloliters)	家用电冰箱 (万台) Household Refrigerators (10 000units)	电视机 (万台) Television Sets (10 000 units)	# 彩色电视机 Color Television Sets
1996	39662	10.51	45.89	12.07	10.72	0.29	157.34	117.80
1997	49845	13.61	40.56	10.28	13.73	0.69	84.36	59.16
1998	33326	8.37	33.64	9.65	15.25	2.29	82.94	47.87
1999	27308	8.45	25.50	8.75	14.21	9.93	84.67	50.34
2000	29217	8.80	25.18	7.19	15.75	8.42	94.27	72.28
2001	25861	8.13	20.63	5.68	20.71	3.85	66.24	51.42
2002	27082	9.18	27.98	5.41	20.64	19.14	87.06	76.35
2003	25114	7.47	17.76	5.09	24.72	29.17	121.09	112.41
2004	30805	7.51	36.03	5.04	23.65	28.25	110.99	109.42
2005	25850	7.32	18.89	1.40	20.81	19.30	66.01	64.90
2006	28346	7.62	26.71	0.74	29.80	9.34	98.51	98.11
2007	27783	7.28	33.90	0.58	35.27	50.03	153.75	153.75
2008	28934	4.95	41.38	0.83	31.62	59.38	203.58	203.58
2009	25819	4.32	33.06	0.67	41.02	53.87	140.50	140.50
2010	26352	3.81	91.82	0.58	43.57	62.84	212.67	212.67
2011	27792	3.08	125.86	0.62	41.82	49.37	186.61	186.61
2012	19854	3.05	222.80	1.38	33.20	51.41	192.80	192.80
2013	21221	5.05	241.66	21.49	31.04	49.26	277.10	277.10
2014	23100	8.51	249.72	48.48	31.86	45.37	279.20	279.20
2015	24946	10.72	249.26	58.30	35.61	58.41	245.84	245.84

13-4续表 *Continued*

年 份 Year	天然原油(万吨) Crude Petroleum Oil (10 000 tons)	发电量(亿千瓦小时) Electricity (100 million kwh)	粗 钢(万吨) Crude Steel (10 000 tons)	水 泥(万吨) Cement (10 000 tons)	硫 酸(万吨) Sulfuric Acid (10 000 tons)	烧 碱(万吨) Caustic Soda (10 000 tons)	农用化肥(万吨) Chemical Fertilizer (10 000 tons)	化学农药原药(万吨) Chemical Pesticide (10 000 tons)
1996	646.60	146.04	200.99	207.88	8.11	50.75	11.31	2.95
1997	645.90	166.53	236.79	209.00	11.33	44.15	10.91	3.27
1998	691.28	172.51	255.27	250.00	10.36	39.90	10.26	3.38
1999	686.72	182.56	317.69	240.51	11.47	47.04	26.82	3.68
2000	763.99	211.49	356.76	267.81	11.17	49.28	17.04	2.79
2001	970.29	217.43	395.30	338.99	11.27	49.39	14.91	0.71
2002	1215.94	268.83	482.58	377.75	12.15	63.65	16.03	3.30
2003	1316.30	319.95	565.95	449.31	10.96	79.89	16.40	2.10
2004	1446.21	339.76	788.48	520.52	9.99	81.14	15.96	0.44
2005	1782.89	365.70	955.28	519.15	11.95	80.45	16.94	1.26
2006	1943.09	359.24	1285.34	607.33	13.76	88.86	16.33	1.23
2007	1924.28	393.13	1602.13	611.44	26.90	134.49	21.62	1.60
2008	1993.86	382.12	1686.40	549.72	19.70	146.47	16.16	1.18
2009	2296.96	415.77	2124.20	690.87	29.16	109.32	15.19	0.67
2010	3332.73	589.08	2162.11	809.71	32.34	123.30	1.49	0.80
2011	3187.78	619.08	2295.75	765.53	39.60	129.63	6.35	0.38
2012	3098.30	589.70	2124.25	784.26	30.88	113.87	11.84	0.57
2013	3044.53	624.01	2305.06	971.50	28.06	127.53	15.95	1.28
2014	3074.84	624.66	2287.13	957.93	24.48	106.06	16.37	0.83
2015	3496.77	621.68	2068.91	777.59	19.08	96.77	13.06	0.92

13-5 规模以上工业主要产品产量

Output of Major Industrial Products above Designated Size

产品名称	Product	单 位	Unit	2014	2015	2015比2014年增长(%) Increase Rate in 2015 over 2014(%)
天然原油	Crude Petroleum Oil	万 吨	10 000 tons	3074.84	3496.77	13.7
原油加工量	Crude Oil Processed	万 吨	10 000 tons	1584.60	1590.77	0.4
发电量	Electricity	亿千瓦小时	100 million kwh	624.66	621.68	-0.6
天然气	Natural Gas	亿立方米	100 million cu.m	21.15	20.54	-2.9
原 盐	Salt	万 吨	10 000 tons	163.85	171.63	4.8
精制食用植物油	Edible Vegetable Oil	万 吨	10 000 tons	752.88	761.93	18.6
饮料酒	Alcoholic Beverage	万千升	10 000 kiloliters	31.86	35.61	12.6
# 啤 酒	Beer	万千升	10 000 kiloliters	27.54	31.34	13.8
方便面	Staple Food	万 吨	10 000 tons	37.14	25.72	-30.7
软饮料	Soft Drinking	万 吨	10 000 tons	513.74	478.91	-6.8
纱	Yarn	万 吨	10 000 tons	8.51	10.72	26.0
布	Cloth	万 米	10 000 m	23100.07	24946.13	11.5
毛 线	Knitting Wool	万 吨	10 000 tons	0.16	0.20	23.0
呢 绒	Woolen Piece Goods	万 米	10 000 m	87.11	58.40	-33.0
服 装	Garments	万 件	10 000 pieces	19222.47	21081.41	16.7
机制纸及纸板	Machine-made Paper & Paperboards	万 吨	10 000 tons	249.72	249.26	0.2
焦 炭	Coke	万 吨	10 000 tons	229.15	195.92	-14.5
硫 酸	Sulfuric Acid	万 吨	10 000 tons	24.48	19.08	-22.1
纯 碱	Soda Ash	万 吨	10 000 tons	58.47	59.46	1.7
烧 碱	Caustic Soda	万 吨	10 000 tons	106.06	96.77	-5.9
乙 烯	Ethene	万 吨	10 000 tons	129.04	129.89	0.7
农用化肥	Chemical Fertilizer	万 吨	10 000 tons	16.37	13.06	-14.7
化学农药原药	Chemical Pesticide	吨	ton	8250.34	9187.04	11.4
涂 料	Paint	万 吨	10 000 tons	30.47	24.92	-18.2
初级形态塑料	Primary form of Plastic	万 吨	10 000 tons	345.91	381.49	10.3
合成洗涤剂	Synthetic Detergents	万 吨	10 000 tons	48.48	58.30	20.3
化学药品原药	Chemical Medicines	吨	ton	8487.43	6108.42	-19.9
中成药	Traditional Chinese Medicines	吨	ton	8177.13	8562.04	4.4

注：工业产品产量增长速度按可比口径计算。
Note: Increase Rate of industrial products is calculated at constant coverage.

13-5续表 *Continued*

产品名称	Product	单 位	Unit	2014	2015	2015比2014年增长(%) Increase Rate in 2015 over 2014(%)
化学纤维	Chemical Fiber	万 吨	10 000 tons	11.56	11.06	-4.3
农用塑料薄膜	Plastic Film for Farm Use	吨	ton	55518.92	51961.20	-6.4
水 泥	Cement	万 吨	10 000 tons	957.93	777.59	-23.7
平板玻璃	Plate Glass	万重量箱	10 000 weight cases	3284.67	3139.94	-4.4
生 铁	Pig Iron	万 吨	10 000 tons	2182.48	1953.21	-10.5
粗 钢	Crude Steel	万 吨	10 000 tons	2287.13	2068.91	-9.5
钢 材	Rolled Steel	万 吨	10 000 tons	7303.92	8186.16	14.2
# 无缝钢管	Seamless Steel Pipe	万 吨	10 000 tons	323.29	266.77	-10.7
黄 金	Gold	千 克	kg	23.33	1.37	-94.1
发动机	Internal Combustion Engines	万千瓦	10 000 kw	3924.42	4352.94	10.9
金属切削机床	Metal-cutting Machine	台	unit	922	610	-11.5
电 梯	Elevator	万 台	10 000 units	3.47	3.72	5.8
医疗仪器设备及器	Medical Equpment and Instrument	万 台	10 000 units	4.07	4.21	3.3
汽 车	Motor Vehicles	万 辆	10 000 units	51.25	53.08	3.5
# 轿 车	Cars	万 辆	10 000 units	51.19	49.59	-2.5
自行车	Bicycles	万 辆	10 000 units	2492.26	2637.31	0.6
光 缆	Optical Cable	万芯千米	million core km	551.86	688.81	24.8
锂离子电池	Lithium-ion Battery	万 只	10 000 units	49050.94	41736.46	-15.2
太阳能电池(光伏电	Solar Cell	万千瓦	10 000 kw	57.16	50.38	-11.9
家用电冰箱	Household Refrigerators	万 台	10 000 units	45.37	58.41	28.7
房间空气调节器	Air Conditioners	万 台	10 000 units	222.48	242.35	8.9
微波炉	Microwave Ovens	万 台	10 000 units	756.49	695.00	-8.1
微型计算机设备	Micro-computers	万 部	10 000 units	1100.53	1029.73	-6.4
显示器	Display	万 台	10 000 units	506.09	645.75	27.6
移动通信手持机	Mobile Telephones	万 部	10 000 units	9754.17	7315.62	-21.2
彩色电视机	Color Television Sets	万 台	10 000 units	279.20	245.84	-12.0
集成电路	Semiconductor Integrated Circuits	亿 块	100 million pieces	14.22	14.90	11.2
电子元件	Electronic Components	亿 只	100 million pieces	6377.73	5443.22	-14.6
光电子器件	Optoelectronic Devices	亿只(片、套)	100 million pieces	97.71	110.82	13.4

13-6 规模以上工业企业主要经济指标(1996—2015年)

Main Economic Indicators of Industrial Enterprises above Designated Size,1996-2015

单位：亿元(100 million yuan)

年 份 Year	从业人员年平均人数(万人) Annual Average Employment Personnel (10 000 persons)	固定资产合 计 Total Fixed Assets	流动资产合 计 Total Working Capitals	主 营 业务收入 Revenue from Principal Business	利税总额 Total Profits and Taxes	# 利润总额 Total Pre-tax Profits
全 市 Total						
1996	165.56	1079.69	1118.55	1498.67	139.73	67.60
1997	158.52	1340.47	1315.05	1668.15	139.96	61.05
1998	142.99	1596.71	1444.03	1943.89	148.69	65.61
1999	128.75	1719.14	1585.97	2182.17	175.66	75.91
2000	120.19	1808.84	1787.41	2656.98	274.27	164.86
2001	122.15	1916.13	1832.18	2983.26	326.55	185.00
2002	120.95	1935.51	1931.09	3437.46	325.07	186.19
2003	115.28	1953.25	2175.95	4202.02	401.35	237.62
2004	122.85	2275.69	2783.13	5861.43	608.91	412.53
2005	122.21	2476.97	3254.23	7125.93	815.63	551.60
2006	116.33	2807.39	3646.97	8794.35	1003.39	693.00
2007	118.62	3205.59	4263.61	10180.91	1097.50	767.12
2008	133.12	3939.05	5179.23	12914.20	1143.80	725.95
2009	135.74	4969.79	6339.47	13243.49	1445.36	831.28
2010	148.91	5732.66	7471.09	17319.62	2412.55	1552.05
2011	150.85	6232.49	9444.93	21103.50	2970.12	1933.72
2012	160.23	7195.81	10828.11	23645.72	3315.93	2100.66
2013	163.15	7993.28	12067.66	27078.43	3725.25	2258.93
2014	164.08	8248.21	12762.46	28382.59	3586.80	2261.83
2015	157.81	8452.57	13068.21	27969.58	3515.09	2221.82
# **国有经济** State-owned						
1996	83.05	720.50	545.79	594.08	37.06	2.04
1997	78.99	865.91	602.74	625.22	39.26	-2.19
1998	69.34	1130.86	615.95	587.69	29.63	-4.02
1999	56.84	1021.01	652.22	594.55	26.88	-19.44
2000	48.12	928.80	665.45	667.84	18.70	-18.75
2001	42.99	841.84	605.22	649.26	17.08	-21.50
2002	36.42	784.44	607.63	629.86	22.63	-10.96
2003	30.71	779.60	610.92	817.42	52.83	12.88
2004	23.52	682.00	604.64	738.40	40.14	18.47
2005	20.61	703.92	623.51	841.32	50.27	12.39
2006	18.20	763.41	697.03	1133.61	78.97	29.27
2007	18.71	925.60	808.14	1470.25	113.70	49.28
2008	18.25	1034.09	905.25	1905.27	95.75	28.71
2009	23.10	1555.16	1679.53	2700.85	182.80	3.81
2010	21.54	1206.42	869.78	3484.69	285.77	50.21
2011	19.57	1757.12	1718.21	3317.65	256.49	33.87
2012	18.91	2056.00	1861.25	3421.90	240.00	31.58
2013	14.20	1346.75	1930.67	2916.38	245.46	40.98
2014	13.02	1107.80	1387.43	2138.50	178.41	5.18
2015	14.21	1264.19	1735.63	2260.82	224.04	41.63

注：1.从业人员年平均人数1998年以前为职工平均人数.2.国有经济详见本篇指标解释,13-19表同。
Note:a)Annual average employment personnel refer to average staff and workers before 1998.b)State-owned economy see this index to explain meanings，same as table 13-19.

13-7 各区县工业企业主要效益指标(2015年)

Main Indicators on Economic Benefit of Industrial Enterprises by District and County,2015

地 区	Region	总资产贡献率(%) Ratio of Total Assets to Industrial Output Value(%)	资 产 负债率(%) Ratio of Debts to Assets(%)	流动资产周转率(次) Number of Times of Turnover of Working Capitals(time)	成本费用利润率(%) Ratio of Pre-tax Profits to Industrial Cost(%)	产品销售率(%) Proportion of Products Sold (%)
全 市 总 计	**Total**	**14.6**	**62.8**	**2.1**	**8.7**	**97.2**
和平区	Heping District		66.2	0.4		103.0
河东区	Hedong District	0.7	69.7	0.8		99.0
河西区	Hexi District	2.2	84.8	0.6		97.4
南开区	Nankai District	5.9	43.2	1.4	4.2	88.3
河北区	Hebei District	4.4	56.8	3.9	2.6	100.1
红桥区	Hongqiao District	5.9	35.3	0.8	2.8	95.5
东丽区	Dongli District	5.9	67.9	1.7	3.0	99.1
西青区	Xiqing District	23.7	59.0	2.6	12.5	98.6
津南区	Jinnan District	15.0	73.4	3.9	8.2	87.7
北辰区	Beichen District	21.0	56.1	2.3	10.7	97.0
武清区	Wuqing District	33.0	42.5	3.0	15.7	99.0
宝坻区	Baodi District	22.9	64.7	3.5	9.9	99.8
滨海新区	Binhai New Area	14.6	61.9	2.0	8.6	96.8
宁河区	Ninghe District	17.7	68.3	3.7	9.5	99.9
静海区	Jinghai District	12.5	68.4	2.8	5.2	101.1
蓟 县	Jixian County	20.2	53.3	3.8	8.9	97.1

13-8 规模以上工业企业主要经济指标(2015年)

项 目	Item	企业单位数(个) Number of Enterprises (unit)	从业人员年平均人数(人) Annual Average Employment Personnel (person)
全 市 总 计	**Total**	**5525**	**1578117**
按企业规模分	**Grouped by Size of Enterprises**		
大 型	Large-sized	206	717655
中 型	Medium-sized	771	422914
小 型	Small-sized	4200	431754
微 型	Mini-sized	348	5794
按登记注册类型分	**Grouped by Status of Registration**		
内资企业	Domestic-funded Enterprises	4018	965370
国 有	State-owned Enterprises	54	44190
集 体	Collective-owned Enterprises	53	6296
股份合作	Cooperative Enterprises	40	6758
私营企业	Private Enterprises	2574	376808
股份有限公司	Share-holding Corporations Ltd.	154	121351
有限责任公司	Limited Liability Corporations	1131	408506
# 国有独资公司	Sole State-funded Corporations	80	97874
联营企业	Joint Ownership Enterprises	1	404
# 集体联营	Collective Joint Ownership Enterprises	1	404
其 他	Others	11	1057
港、澳、台商投资企业	Enterprises with Investment from Hong Kong, Macao and Taiwan	304	216569
外商投资企业	Foreign Funded Enterprises	1203	396178
按隶属关系分	**Grouped by Administrative Relationship**		
中 央	Central Industry	47	110644
地 方	Local Industry	5478	1467473
按企业控股类型分	**Grouped by Companies holding type**		
国有及国有控股企业	State-owned and State-holding Enterprises	562	402265
民营及民营控股企业	Private and Private holding Enterprises	3681	638912
外商及港澳台商控股企业	Hong Kong, Macao,Taiwan and Foreign Funded holding Enterprises	1282	536940

Main Economic Indicators of Industrial Enterprises above Designated Size,2015

单位：万元(10 000 yuan)

资产总计 Total Assets	流动资产合 计 Total Working Capitals	固定资产合 计 Total Fixed Assets	负债合计 Total Liabilities	主营业务收入 Revenue from Principal Business	利税总额 Total Profits and Taxes	# 利润总额 Total Pre-tax Profits
252429790	**130682062**	**84525655**	**158633040**	**279695824**	**35150916**	**22218230**
141540260	67979873	52244990	92626227	142321931	21118876	12971201
51911948	26959462	16395037	29916356	67259804	8618071	5977672
55571618	33554365	15151796	33547382	66907939	5262176	3204447
3405964	2188362	733833	2543074	3206150	151793	64911
179396154	85008301	63047728	118133457	177319022	23202070	14656164
15514845	6280933	6376371	10128883	9658482	855484	300962
279024	228699	44137	118450	445749	41677	25349
825977	620674	89111	579940	2102794	329135	266756
32201732	17169444	7711734	20674395	60376608	7676619	5623410
36618664	12485195	17584585	22229183	24110205	6082693	3778377
93876605	48165996	31226528	64359655	80552536	8209784	4656943
20150290	11075388	6265521	12042994	12949742	1384946	115366
1172	662	509	708	8047	759	317
1172	662	509	708	8047	759	317
78136	56698	14753	42242	64602	5920	4050
28823206	19933860	6885209	18992839	32074271	4666672	2925643
44210430	25739901	14592719	21506744	70302531	7282174	4636424
36097278	9670747	22591277	22434722	24868653	6039948	3007430
216332512	121011316	61934378	136198318	254827171	29110968	19210801
123441005	52359012	51523052	82619385	79139856	9473806	4667499
70133098	39765378	16045477	43953589	115728836	15786266	11231721
58855688	38557672	16957126	32060066	84827133	9890844	6319010

13-9 分行业规模以上工业企业主要经济指标(2015年)

行业	Sector	企业单位数(个) Number of Enterprises (unit)	从业人员年平均人数(人) Annual Average Employment Personnel (person)
总计	**Total**	**5525**	**1578117**
#煤炭开采和洗选业	Mining and Washing of Coal	4	10989
石油和天然气开采业	Extraction of Petroleum and Natural Gas	2	20429
黑色金属矿采选业	Mining and Processing of Ferrous Metal Ores	4	7058
非金属矿采选业	Mining and Processing of Nonmetal Ores	5	7162
开采辅助活动	Mining Assistant Activities	7	16489
农副食品加工业	Processing of Food from Agricultural Products	167	26985
食品制造业	Manufacture of Food	122	57857
酒、饮料和精制茶制造业	Manufacture of Alcohol,Beverages and Refined Tea	37	13229
纺织业	Manufacture of Textile	61	15176
纺织服装、服饰业	Manufacture of Textile Wearing and Apparel	129	97695
皮革、毛皮、羽毛及其制品业和制鞋业	Manufacture of Leather, Fur, Feather and Related Products, Footware	41	10986
木材加工和木、竹、藤、棕、草制品业	Processing of Timber, Manufacture of Wood, Bamboo,Rattan, Palm and Straw Products	28	2632
家具制造业	Manufacture of Furniture	68	19835
造纸及纸制品业	Manufacture of Paper and Paper Products	140	19786
印刷和记录媒介复制业	Printing, Reproduction of Recording Media	91	14668
文教、工美、体育和娱乐用品制造业	Manufacture of Articles for Culture, Education and Industrial Arts, Sport Activitiy, Amusement Manufacturing	124	32145
石油加工、炼焦及核燃料加工业	Processing of Petroleum, Coking, Processing of Nuclear Fuel	41	22398
化学原料及化学制品制造业	Manufacture of Raw Chemical Materials and Chemical Products	361	57331
医药制造业	Manufacture of Medicines	100	46136
化学纤维制造业	Manufacture of Chemical Fibers	5	719
橡胶和塑料制品业	Manufacture of Rubber and Plastic	317	61436
非金属矿物制品业	Manufacture of Non-metallic Mineral Products	271	37221
黑色金属冶炼和压延加工业	Smelting and Pressing of Ferrous Metals	347	138285
有色金属冶炼和压延加工业	Smelting and Pressing of Non-ferrous Metals	116	20141
金属制品业	Manufacture of Metal Products	562	97956
通用设备制造业	Manufacture of General Purpose Machinery	420	97309
专用设备制造业	Manufacture of Special Purpose Machinery	389	107608
汽车制造业	Manufacture of Motorcar	322	135347
铁路、船舶、航空航天和其他运输设备制造业	Railway, Watercraft, Aerospace and Other Transport Equipment	216	73582
电气机械和器材制造业	Manufacture of Electrical Machinery and Equipment	323	64277
计算机、通信和其他电子设备制造业	Manufacture of Computers, Communication and Other Electronic Equipment	314	166541
仪器仪表制造业	Manufacture of Measuring Instruments	76	12097
其他制造业	Other Manufacturing	84	14379
废弃资源综合利用业	Comprehensive Recycling of Waste	91	6874
金属制品、机械和设备修理业	Metal Products,Machine and Equipment Repair	10	2676
电力、热力生产和供应业	Production and Supply of Electric Power and Heat Power	80	30348
燃气生产和供应业	Production and Supply of Gas	22	6218
水的生产和供应业	Production and Supply of Water	27	5219

Main Economic Indicators of Industrial Enterprises above Designated Size by Sector,2015

单位：万元(10 000 yuan)

资产总计 Total Assets	流动资产合计 Total Working Capitals	固定资产合计 Total Fixed Assets	主营业务收入 Revenue from Principal Business	利税总额 Total Profits and Taxes	# 利润总额 Total Pre-tax Profits
252429790	**130682062**	**84525655**	**279695824**	**35150916**	**22218230**
7391275	5997920	1168230	8190405	1306079	673319
14229049	837805	12420325	7333737	2924945	2294906
5750287	3800719	805039	4896548	918935	447649
1832722	1407332	105662	115560	17837	7526
1014596	539855	390996	770028	6074	-18566
7095708	4491976	1257171	9344241	228583	76744
5449125	3066601	2024813	13007658	2829820	2105886
1549305	540096	697962	1681966	106405	25317
1468141	701607	459895	1562363	160110	97676
1975433	1642041	258132	3623256	614325	426188
383594	301822	60308	805211	101450	68758
130191	92618	26992	183443	23374	16666
1128683	706901	304013	1126290	136102	84996
2403180	1157256	1107381	2264341	228932	140738
837234	392360	313079	1058636	127234	75807
1389329	915585	318783	5226899	583938	503040
7668874	4628996	2973648	12762326	3093361	854199
14459251	5621805	5861100	13257893	1474501	971794
8451312	4468486	1981501	5712545	1053816	631555
60485	42494	17969	187941	32435	22707
4998438	2365362	1956792	5833949	631235	404267
4978229	2665611	1780385	3821096	389786	225993
47687696	22564087	13871611	44939205	3039277	2232007
3488258	2333115	687683	9785650	1132923	792190
8981563	5423085	2632019	14113374	1589806	1138434
10468286	6705419	2402406	11879270	1446520	1058947
13610370	8909488	3369786	10756515	1024257	578123
14727207	8862878	4155838	22376899	3600206	2157451
10375114	6069106	1861062	11361609	939421	751662
8414859	5396474	2028896	11150200	1012979	656155
13484656	9889028	2478951	25864299	2571696	1845232
1168777	781194	156556	862560	74248	45735
563972	344732	171563	1194697	157222	126863
1840112	1270397	391349	1979059	158181	82149
260791	196279	50032	222935	36299	23713
17780588	3859138	11614900	8285353	950266	510584
1834513	632169	1116541	1150159	76470	43404
2709062	826437	1116173	487586	-4765	-27570

13-10 大中型工业企业主要经济指标(2015年)

项　目	Item	企业单位数(个) Number of Enterprises (unit)	从业人员年平均人数(人) Annual Average Employment Personnel (person)	资产总计 Total Assets
全市总计	**Total**	**977**	**1140569**	**193452209**
按登记注册类型分	**Grouped by Status of Registration**			
内资企业	Domestic-funded Enterprises	605	654278	138084981
国　有	State-owned Enterprises	20	40554	14245136
集　体	Collective-owned Enterprises	4	1721	30747
股份合作	Cooperative Enterprises	4	2840	285586
私营企业	Private Enterprises	273	183119	15872132
股份有限公司	Share-holding Corporations Ltd.	63	109278	34856212
有限责任公司	Limited Liability Corporations	239	316034	72777344
# 国有独资公司	Sole State-funded Corporations	33	92193	17727670
联营企业	Joint Ownership Enterprises	1	404	1172
其　他	Others	1	328	16653
港、澳、台商投资企业	Enterprises with Investment from Hong Kong, Macao and Taiwan	91	192412	25091310
外商投资企业	Foreign Funded Enterprises	281	293879	30275917
按隶属关系分	**Grouped by Administrative Relationship**			
中　央	Central Industry	34	108844	35343643
地　方	Local Industry	943	1031725	158108565
按企业规模分	**Grouped by Size of Enterprises**			
大　型	Large-sized	206	717655	141540260
中　型	Medium-sized	771	422914	51911948
按企业控股类型分	**Grouped by Companies holding type**			
国有及国有控股企业	State-owned and State-holding Enterprises	194	356844	109877451
民营及民营控股企业	Private and Private holding Enterprises	464	352311	37641360
外商及港澳台商控股企业	Hong Kong, Macao,Taiwan and Foreign Funded holding Enterprises	319	431414	45933398

Main Economic Indicators of Large and Medium-sized Industrial Enterprises,2015

单位：万元(10 000 yuan)

流动资产合计 Total Working Capitals	固定资产合计 Total Fixed Assets	负债合计 Total Liabilities	主营业务收入 Revenue from Principal Business	利税总额 Total Profits and Taxes	# 利润总额 Total Pre-tax Profits
94939336	**68640027**	**122542584**	**209581735**	**29736947**	**18948873**
60786304	51979231	92054616	126593794	18843981	11810921
5629450	6082761	9190943	9264387	837107	290915
22002	7200	6512	70629	9286	6534
219288	34109	208102	1676704	312161	259705
6959056	3343800	10819024	33309766	4974188	3732759
11409156	17113001	21255237	22552103	5903957	3660250
36531796	25396094	50563001	59694216	6802846	3857942
9731167	5476018	10340900	11189253	1260878	61973
662	509	708	8047	759	317
14895	1758	11090	17942	3677	2500
17637840	5756407	16919118	28740376	4513516	2855466
16515192	10904388	13568850	54247565	6379450	4282486
9297658	22296243	22020611	24371974	5923800	2920163
85641678	46343784	100521973	185209761	23813147	16028709
67979873	52244990	92626227	142321931	21118876	12971201
26959462	16395037	29916356	67259804	8618071	5977672
45264800	47321404	73359178	68223258	8872695	4344839
19183465	8390051	23925553	70235043	11773499	8579855
30491071	12928572	25257853	71123435	9090752	6024178

13-11 分行业大中型工业企业主要经济指标(2015年)

行　业	Sector	企业单位数(个) Number of Enterprises (unit)	从业人员年平均人数(人) Annual Average Employment Personnel (person)
总　计	**Total**	**977**	**1140569**
#煤炭开采和洗选业	Mining and Washing of Coal	3	10789
石油和天然气开采业	Extraction of Petroleum and Natural Gas	2	20429
黑色金属矿采选业	Mining and Processing of Ferrous Metal Ores	3	6863
非金属矿采选业	Mining and Processing of Nonmetal Ores	2	6590
开采辅助活动	Mining Assistant Activities	3	15813
农副食品加工业	Processing of Food from Agricultural Products	17	12869
食品制造业	Manufacture of Food	29	46995
酒、饮料和精制茶制造业	Manufacture of Alcohol, Beverages and Refined Tea	12	10020
纺织业	Manufacture of Textile	9	10456
纺织服装、服饰业	Manufacture of Textile Wearing and Apparel	55	88064
皮革、毛皮、羽毛及其制品业和制鞋业	Manufacture of Leather, Fur, Feather and Related Products, Footware	10	7578
家具制造业	Manufacture of Furniture	15	13710
造纸及纸制品业	Manufacture of Paper and Paper Products	14	7947
印刷和记录媒介复制业	Printing, Reproduction of Recording Media	14	6997
文教、工美、体育和娱乐用品制造业	Manufacture of Articles for Culture, Education and Industrial Arts, Sport Activity, Amusement Manufacturing	30	22667
石油加工、炼焦及核燃料加工业	Processing of Petroleum, Coking, Processing of Nuclear Fuel	8	20201
化学原料及化学制品制造业	Manufacture of Raw Chemical Materials and Chemical Products	38	30558
医药制造业	Manufacture of Medicines	35	37988
橡胶和塑料制品业	Manufacture of Rubber and Plastic	50	36448
非金属矿物制品业	Manufacture of Non-metallic Mineral Products	27	17139
黑色金属冶炼和压延加工业	Smelting and Pressing of Ferrous Metals	80	116629
有色金属冶炼和压延加工业	Smelting and Pressing of Non-ferrous Metals	22	14316
金属制品业	Manufacture of Metal Products	73	55834
通用设备制造业	Manufacture of General Purpose Machinery	59	63109
专用设备制造业	Manufacture of Special Purpose Machinery	51	75372
汽车制造业	Manufacture of Motorcar	87	107980
铁路、船舶、航空航天和其他运输设备制造业	Railway, Watercraft, Aerospace and Other Transport Equipment	44	55446
电气机械和器材制造业	Manufacture of Electrical Machinery and Equipment	42	37064
计算机、通信和其他电子设备制造业	Manufacture of Computers, Communication and Other Electronic Equipment	90	138877
仪器仪表制造业	Manufacture of Measuring Instruments	6	4913
其他制造业	Other Manufacturing	9	4298
废弃资源综合利用业	Comprehensive Recycling of Waste	2	1219
电力、热力生产和供应业	Production and Supply of Electric Power and Heat Power	25	24691
燃气生产和供应业	Production and Supply of Gas	4	4953
水的生产和供应业	Production and Supply of Water	3	2501

Main Economic Indicators of Large and Medium-sized Industrial Enterprises by Sector,2015

单位：亿元(100 million yuan)

资产总计 Total Assets	流动资产合计 Total Working Capitals	固定资产合计 Total Fixed Assets	主营业务收入 Revenue from Principal Business	利税总额 Total Profits and Taxes	# 利润总额 Total Pre-tax Profits
193452209	**94939336**	**68640027**	**209581735**	**29736947**	**18948873**
7374346	5983916	1168178	8174741	1301407	668910
14229049	837805	12420325	7333737	2924945	2294906
5746501	3797975	804456	4883408	917212	446795
1741708	1337256	86379	99957	16914	7343
828217	470220	326959	702996	-12408	-32187
3956249	2440364	547326	4066781	136508	56754
4159094	2274652	1662270	11935183	2669466	1993750
1189240	378595	536544	1225876	80555	18741
1016522	496471	291625	1000397	102984	67843
1528960	1305411	171018	2857063	532143	372021
234850	185170	32648	525633	68143	46279
691451	400493	190906	477886	51883	21730
1526073	631707	842957	1274049	160193	104415
314177	121464	124504	518494	85658	53371
808476	487861	237039	2786076	534331	471830
6655274	3986576	2696918	11360633	2934351	793263
9174249	2561514	4378884	7267832	1014097	692884
5706521	3027652	1328594	4248287	717132	436025
3030723	1285732	1284723	3664644	450316	300913
1907890	858507	734237	1647698	237205	149612
43773333	20193432	12973423	36746432	2560635	1830121
2434531	1568809	477409	7204889	906407	622892
5008002	2860250	1636343	8497193	1098803	834142
6929428	4428915	1498526	7954792	1103246	848112
9842106	6415776	2534365	6678074	691278	362879
12193695	7388699	3388410	19819602	3447090	2078890
8774145	5157881	1498321	9527841	779530	659873
4170367	2495492	1123153	5001849	616027	454356
10980766	7975440	2015973	22797271	2372644	1779551
556548	301547	72248	353867	27218	19140
159821	85750	65968	256771	29812	26244
102724	32354	37390	165169	19780	5040
13016780	1901478	9764204	6806745	748900	379502
1436409	442875	969914	779642	36383	19619
1711476	459191	566972	179139	-31614	-41164

13-12 分行业国有及国有控股大中型工业企业主要经济指标(2015年)

行　　业	Sector	企业单位数(个) Number of Enterprises (unit)	从业人员年平均人数(人) Annual Average Employment Personnel (person)
总　　计	**Total**	**194**	**356844**
#石油和天然气开采业	Extraction of Petroleum and Natural Gas	2	20429
非金属矿采选业	Mining and Processing of Nonmetal Ores	2	6590
开采辅助活动	Mining Assistant Activities	3	15813
农副食品加工业	Processing of Food from Agricultural Products	5	2727
食品制造业	Manufacture of Food	6	4416
纺织业	Manufacture of Textile	1	3972
石油加工、炼焦及核燃料加工业	Processing of Petroleum, Coking, Processing of Nuclear Fuel	6	14545
化学原料及化学制品制造业	Manufacture of Raw Chemical Materials and	10	16367
医药制造业	Chemical Products	12	11281
橡胶和塑料制品业	Manufacture of Medicines	6	3854
非金属矿物制品业	Manufacture of Rubber and Plastic	6	5783
黑色金属冶炼和压延加工业	Manufacture of Non-metallic Mineral Products	21	64922
有色金属冶炼和压延加工业	Smelting and Pressing of Ferrous Metals	3	1506
金属制品业	Smelting and Pressing of Non-ferrous Metals	10	6222
通用设备制造业	Manufacture of Metal Products	9	8094
专用设备制造业	Manufacture of General Purpose Machinery	15	53215
汽车制造业	Manufacture of Special Purpose Machinery	10	28124
铁路、船舶、航空航天和其他运输设备制造业	Railway, Watercraft, Aerospace and Other Transport Equipment	14	33109
电气机械和器材制造业	Manufacture of Electrical Machinery and Equipment	6	10660
计算机、通信和其他电子设备制造业	Manufacture of Computers, Communication and Other Electronic Equipment	10	8786
仪器仪表制造业	Manufacture of Measuring Instruments	2	1820
电力、热力生产和供应业	Production and Supply of Electric Power and Heat Power	24	24217
燃气生产和供应业	Production and Supply of Gas	3	4529
水的生产和供应业	Production and Supply of Water	3	2501

Main Economic Indicators of Large and Medium-sized State-owned and State-holding Industrial Enterprises by Sector,2015

单位：万元(10 000 yuan)

资产总计 Total Assets	流动资产合计 Total Working Capitals	固定资产合计 Total Fixed Assets	主营业务收入 Revenue from Principal Business	利税总额 Total Profits and Taxes	# 利润总额 Total Pre-tax Profits
109877451	**45264800**	**47321404**	**68223258**	**8872695**	**4344839**
14229049	837805	12420325	7333737	2924945	2294906
1741708	1337256	86379	99957	16914	7343
828217	470220	326959	702996	-12408	-32187
1574040	1009988	171313	1014782	49665	21166
289603	141366	93586	330191	28312	20343
804785	388992	248755	499685	5057	3537
3680618	1561950	2147563	7205776	2188843	412506
7085083	1362374	3633875	4233296	394565	268344
1910015	1023966	495530	1604257	202820	131564
405437	117943	76110	213965		-1809
672042	438768	172423	451828	55178	26247
34745793	17131703	11247840	17000111	465853	180521
777801	611578	134761	1307826	-25141	-26445
2313706	1484907	725296	1561014	31879	899
1382817	740488	322062	553542	15594	9170
6884562	4755471	1833006	4129858	274443	55124
2662979	1557070	644336	5480175	835316	367173
7099058	4571464	539294	4809108	138455	81590
1288824	665696	336746	590453	44389	22390
2650531	1812031	263442	744808	107004	62965
345006	180203	30235	154235	17368	15730
12834997	1813029	9701769	6726998	748558	379520
1333174	427207	882348	687674	25692	9785
1711476	459191	566972	179139	-31614	-41164

13-13 规模以上小微型工业企业主要经济指标(2015年)

项 目	Item	企业单位数(个) Number of Enterprises (unit)	从业人员年平均人数(人) Annual Average Employment Personnel (person)
全市总计	**Total**	**4548**	**437548**
按登记注册类型分	**Grouped by Status of Registration**		
内资企业	Domestic-funded Enterprises	3413	311092
国 有	State-owned Enterprises	34	3636
集 体	Collective-owned Enterprises	49	4575
股份合作	Cooperative Enterprises	36	3918
私营企业	Private Enterprises	2301	193689
股份有限公司	Share-holding Corporations Ltd.	91	12073
有限责任公司	Limited Liability Corporations	892	92472
# 国有独资公司	Sole State-funded Corporations	47	5681
其 他	Others	10	729
港、澳、台商投资企业	Enterprises with Investment from Hong Kong, Macao and Taiwan	213	24157
外商投资企业	Foreign Funded Enterprises	922	102299
按隶属关系分	**Grouped by Administrative Relationship**		
中 央	Central Industry	13	1800
地 方	Local Industry	4535	435748
按企业规模分	**Grouped by Size of Enterprises**		
小 型	Small-sized	4200	431754
微 型	Mini-sized	348	5794
按企业控股类型分	**Grouped by Companies holding type**		
国有及国有控股企业	State-owned and State-holding Enterprises	368	45421
民营及民营控股企业	Private and Private holding Enterprises	3217	286601
外商及港澳台商控股企业	Hong Kong, Macao,Taiwan and Foreign Funded holding Enterprises	963	105526

Main Economic Indicators of Small and Mini-sized Industrial Enterprises above Designated Size,2015

单位：万元(10 000 yuan)

资产总计 Total Assets	流动资产合计 Total Working Capitals	固定资产合计 Total Fixed Assets	负债合计 Total Liabilities	主营业务收入 Revenue from Principal Business	利税总额 Total Profits and Taxes	# 利润总额 Total Pre-tax Profits
58977582	**35742727**	**15885628**	**36090456**	**70114089**	**5413969**	**3269357**
41311173	24221997	11068497	26078841	50725228	4358089	2845242
1269708	651483	293610	937940	394095	18378	10048
248278	206697	36937	111938	375120	32390	18815
540390	401385	55002	371839	426090	16974	7051
16329600	10210388	4367934	9855372	27066842	2702431	1890651
1762452	1076039	471584	973946	1558102	178736	118127
21099261	11634201	5830435	13796654	20858319	1406937	799001
2422621	1344221	789503	1702094	1760489	124069	53393
61484	41803	12995	31153	46660	2243	1550
3731896	2296020	1128801	2073721	3333896	153156	70177
13934513	9224710	3688330	7937894	16054966	902724	353938
753635	373089	295034	414111	496679	116149	87266
58223947	35369638	15590594	35676345	69617410	5297821	3182091
55571618	33554365	15151796	33547382	66907939	5262176	3204447
3405964	2188362	733833	2543074	3206150	151793	64911
13563554	7094212	4201648	9260207	10916599	601111	322660
32491737	20581913	7655426	20028036	45493793	4012767	2651866
12922290	8066601	4028554	6802214	13703698	800092	294832

13-14 分行业规模以上小微型工业企业主要经济指标(2015年)

行　业	Sector	企业单位数(个) Number of Enterprises (unit)	从业人员年平均人数(人) Annual Average Employment Personnel (person)
总　计	**Total**	**4548**	**437548**
#非金属矿采选业	Mining and Processing of Nonmetal Ores	3	572
开采辅助活动	Mining Assistant Activities	4	676
农副食品加工业	Processing of Food from Agricultural Products	150	14116
食品制造业	Manufacture of Foods	93	10862
酒、饮料和精制茶制造业	Manufacture of Alcohol, Beverages and refined Tea	25	3209
纺织业	Manufacture of Textile	52	4720
纺织服装、服饰业	Manufacture of Textile Wearing and Apparel	74	9631
皮革、毛皮、羽毛及其制品业和制鞋业	Manufacture of Leather, Fur, Feather and Related Products, Footware	31	3408
木材加工和木、竹、藤、棕、草制品业	Processing of Timber, Manufacture of Wood, Bamboo, Rattan, Palm and Straw Products	27	2307
家具制造业	Manufacture of Furniture	53	6125
造纸及纸制品业	Manufacture of Paper and Paper Products	126	11839
印刷和记录媒介复制业	Printing, Reproduction of Recording Media	77	7671
文教、工美、体育和娱乐用品制造业	Manufacture of Articles for Culture,Education and Industrial Arts,Sport Activity,Amusement manufacturing	94	9478
石油加工、炼焦及核燃料加工业	Processing of Petroleum, Coking, Processing of Nuclear Fuel	33	2197
化学原料及化学制品制造业	Manufacture of Raw Chemical Materials and Chemical Products	323	26773
医药制造业	Manufacture of Medicines	65	8148
化学纤维制造业	Manufacture of Chemical Fibers	4	389
橡胶和塑料制品业	Manufacture of Rubber and Plastic	267	24988
非金属矿物制品业	Manufacture of Non-metallic Mineral Products	244	20082
黑色金属冶炼和压延加工业	Smelting and Pressing of Ferrous Metals	267	21656
有色金属冶炼和压延加工业	Smelting and Pressing of Non-ferrous Metals	94	5825
金属制品业	Manufacture of Metal Products	489	42122
通用设备制造业	Manufacture of General Purpose Machinery	361	34200
专用设备制造业	Manufacture of Special Purpose Machinery	338	32236
汽车制造业	Manufacture of Special Purpose Machinery	235	27367
铁路、船舶、航空航天和其他运输设备制造业	Railway, Watercraft, Aerospace and Other Transport Equipment	172	18136
电气机械和器材制造业	Manufacture of Electrical Machinery and Equipment	281	27213
计算机、通信和其他电子设备制造业	Manufacture of Computers, Communication and Other Electronic Equipment	224	27664
仪器仪表制造业	Manufacture of Measuring Instruments	70	7184
其他制造业	Other Manufacturing	75	10081
废弃资源综合利用业	Comprehensive Recycling of Waste	89	5655
金属制品、机械和设备修理业	Metal Products, Machine and Equipment Repair	9	983
电力、热力生产和供应业	Production and Supply of Electric Power and Heat Power	55	5657
燃气生产和供应业	Production and Supply of Gas	18	1265
水的生产和供应业	Production and Supply of Water	24	2718

Main Economic Indicators of Small and Mini-sized Industrial Enterprises above Designated Size by Sector,2015

单位：万元 (10 000 yuan)

资产总计 Total Assets	流动资产合计 Total Working Capitals	固定资产合计 Total Fixed Assets	主营业务收入 Revenue from Principal Business	利税总额 Total Profits and Taxes	# 利润总额 Total Pre-tax Profits
58977582	**35742727**	**15885628**	**70114089**	**5413969**	**3269357**
91014	70076	19283	15603	923	184
186380	69635	64037	67032	18482	13621
3139459	2051612	709845	5277460	92076	19990
1290031	791949	362543	1072475	160353	112137
360065	161501	161418	456090	25850	6575
451618	205136	168270	561966	57126	29834
446473	336631	87114	766193	82182	54167
148743	116652	27660	279578	33307	22479
126840	91178	25523	175439	23225	16517
437233	306408	113107	648404	84219	63266
877107	525549	264425	990293	68740	36322
523057	270896	188576	540142	41576	22436
580853	427723	81744	2440823	49607	31210
1013600	642420	276731	1401693	159010	60937
5285002	3060290	1482216	5990061	460404	278910
2744791	1440834	652907	1464258	336683	195530
42203	26314	15866	46208	2090	727
1967715	1079630	672069	2169305	180920	103354
3070339	1807103	1046148	2173398	152581	76380
3914363	2370655	898188	8192773	478642	401886
1053728	764306	210274	2580762	226516	169298
3973561	2562836	995676	5616181	491003	304292
3538858	2276504	903880	3924478	343274	210836
3768264	2493712	835421	4078441	332978	215245
2533511	1474179	767428	2557297	153116	78561
1600969	911225	362740	1833768	159891	91789
4244492	2900982	905743	6148351	396952	201799
2503890	1913588	462978	3067028	199053	65681
612229	479647	84308	508693	47029	26595
404151	258982	105596	937926	127410	100618
1737388	1238043	353959	1813890	138401	77109
129439	85585	32796	131707	15654	7349
4763808	1957659	1850697	1478607	201366	131082
398104	189293	146627	370517	40087	23786
997587	367246	549200	308447	26849	13594

13-15 高技术产业(制造业)主要经济效益指标及比重(2015年)

Main Indicators on Economic Benefit and Proportion of High Technology Industry(Manufacturing),2015

单位：亿元(100 million yuan)

指 标 Item	2015	2015年比2014年增长(%) Increase Rate in 2015 over 2014(%)	比 重(%) Proportion(%)
主营业务收入			
Revenue from Principal Business	**4233.80**	**-6.9**	**100**
按技术领域分			
Grouped by Technical Field			
医药制造业			
Medical and Pharmaceutical Product	571.25	-19.9	13.5
航空、航天器及设备制造业			
Aviation and Aircraft Equipment Manufacturing	766.40	29.2	18.1
电子及通信设备制造业			
Electron and Communicate Equipments	2363.94	-11.3	55.8
计算机及办公设备制造业			
Manufacture of Computers and Office Equipment	394.19	15.3	9.3
医疗仪器设备及仪器仪表制造业			
Medical Treatment Instrument and Meter	117.02	9.8	2.8
信息化学品制造业			
Information Chemical Product	20.99	8.7	0.5

13-15续表 *Continued*

单位：亿元(100 million yuan)

指 标 Item	2015	2015年比2014年增长(%) Increase Rate in 2015 over 2014(%)	比 重(%) Proportion(%)
利润总额			
Total Pre-tax Profits	**316.03**	**3.9**	**100**
按技术领域分			
Grouped by Technical Field			
医药制造业			
Medical and Pharmaceutical Product	63.16	-5.3	20.0
航空、航天器及设备制造业			
Aviation and Aircraft Equipment Manufacturing	52.59	25.4	16.6
电子及通信设备制造业			
Electron and Communicate Equipments	150.98	0.8	47.8
计算机及办公设备制造业			
Manufacture of Computers and Office Equipment	39.82	24.6	12.6
医疗仪器设备及仪器仪表制造业			
Medical Treatment Instrument and Meter	8.00	-6.8	2.5
信息化学品制造业			
Information Chemical Product	1.49	3.3	0.5

注：高技术产业(制造业)为全国统一分类标准，具体内容详见本篇指标解释。

Note: Hightech industry (Manufacturing) for the national unified classification standards,and the specific content is in the explanatory notes on main statistical indicators.

13-16 装备制造业主要效益指标及比重(2015年)
Main Indicators on Economic Benefit and Proportion of Equipment Manufacture Industry,2015

单位：亿元(100 million yuan)

指 标 Item	2015	2015年比2014年增长(%) Increase Rate in 2015 over 2014(%)	比 重(%) Proportion(%)
主营业务收入 Revenue from Principal Business	**10836.48**	**5.1**	**100**
按行业分 Grouped by Sector			
金属制品业 Manufacture of Metal Products	1411.34	8.3	13.0
通用设备制造业 Manufacture of General Purpose Machinery	1187.93	-1.5	11.0
专用设备制造业 Manufacture of Special Purpose Machinery	1075.65	7.3	9.9
汽车制造业 Manufacture of Matorcar	2237.69	18.0	20.6
铁路、船舶、航空航天和其他运输设备制造业 Railway, Watercraft, Aerospace and Other Transport Equipment	1136.16	19.3	10.5
电气机械和器材制造业 Manufacture of Electrical Machinery and Equipment	1115.02	15.7	10.3
计算机、通信和其他电子设备制造业 Manufacture of Computers, Communication and Other Electronic Equipment	2586.43	-9.5	23.9
仪器仪表制造业 Manufacture of Measuring Instruments	86.26	-3.2	0.8

13-16续表 *Continued*

单位：亿元(100 million yuan)

指 标 Item	2015	2015年比2014年增长(%) Increase Rate in 2015 over 2014(%)	比 重(%) Proportion(%)
利润总额 Total Pre-tax Profits	**823.17**	**9.5**	**100**
按行业分 Grouped by Sector			
金属制品业 Manufacture of Metal Products	113.84	28.2	13.8
通用设备制造业 Manufacture of General Purpose Machinery	105.89	0.6	12.9
专用设备制造业 Manufacture of Special Purpose Machinery	57.81	-12.3	7.0
汽车制造业 Manufacture of Motorcar	215.75	21.7	26.2
铁路、船舶、航空航天和其他运输设备制造业 Railway, Watercraft, Aerospace and Other Transport Equipment	75.17	7.7	9.1
电气机械和器材制造业 Manufacture of Electrical Machinery and Equipment	65.62	14.1	8.0
计算机、通信和其他电子设备制造业 Manufacture of Computers, Communication and Other Electronic Equipment	184.52	0.6	22.4
仪器仪表制造业 Manufacture of Measuring Instruments	4.57	-30.8	0.6

注：装备制造业为全国统一分类标准，具体内容详见本篇指标解释。

Note: Equipment Manufacture Industry for the national unified classification standards,and the specific content is in the explanatory notes on main statistical indicators.

13-17 高新技术产业主要经济指标(2015年)

行 业	Sector	企业单位数(个) Number of Enterprises (unit)	从业人员年平均人数(人) Annual Average Employment Personnel (person)
全市总计	**Total**	**1446**	**525373**
按企业规模分	**Grouped by Size of Enterprises**		
大 型	Large-sized	85	257056
中 型	Medium-sized	242	139433
小 型	Small-sized	1061	127309
微 型	Mini-sized	58	1575
按登记注册类型分	**Grouped by Status of Registration**		
内资企业	Domestic-funded Enterprises	859	250428
国 有	State-owned Enterprises	10	4034
集 体	Collective-owned Enterprises	11	1200
股份合作	Cooperative Enterprises	14	2214
私营企业	Private Enterprises	460	59886
股份有限公司	Share-holding Corporations Ltd.	57	47588
有限责任公司	Limited Liability Corporations	302	134802
# 国有独资公司	Sole State-funded Corporations	23	46992
其 他	Others	5	704
港、澳、台商投资企业	Enterprises with Investment from Hong Kong, Macao and Taiwan	94	50972
外商投资企业	Foreign Funded Enterprises	493	223973
按技术领域分	**Grouped by Technical Field**		
电子信息	Electronics and Information	276	101735
航空航天	Aviation and Spaceflight	142	28463
光机电一体化	Photoelectric Mechanical Electron Incorporated	598	238235
生物技术和医药	Biology Technology and Pharmaceutical	121	58358
新材料	New Materials	119	21481
新能源和节能材料	New Energy and Energy Saving Materials	175	74938
环境保护	Environmental Protection	15	2163

注：高新技术产业为天津地方标准。
Note:High & New Technology Industry for Tianjin municipal standards.

Main Economic Indicators of High & New Technology Industry,2015

单位：亿元(100 million yuan)

工业总产值 Gross Output Value of Industry	资产总计 Total Assets	流动资产合计 Total Working Capitals	固定资产合计 Total Fixed Assets	负债合计 Total Liabilities	主营业务收入 Revenue from Principal Business	利税总额 Total Profits and Taxes	# 利润总额 Total Pre-tax Profits
8208.44	**6140.41**	**3791.14**	**1569.53**	**3028.95**	**8162.24**	**1023.64**	**723.00**
4501.66	2811.56	1730.63	824.81	1316.62	4491.96	601.43	437.05
1902.13	1755.58	1027.27	409.26	832.85	1915.24	269.32	199.17
1712.48	1506.29	980.39	324.12	824.62	1673.14	149.25	85.70
92.16	66.99	52.86	11.34	54.85	81.90	3.64	1.07
3508.64	3440.27	2073.42	766.13	1845.35	3453.88	498.87	344.46
30.09	46.45	32.86	6.80	26.56	33.89	1.54	0.38
10.81	7.16	6.47	0.64	2.24	10.64	1.18	0.78
13.25	13.21	10.24	1.66	6.25	13.79	0.56	0.19
644.13	428.87	262.80	103.88	220.15	629.30	76.36	51.93
447.71	1162.08	681.45	158.98	588.05	543.08	58.18	39.35
2358.41	1777.81	1075.91	493.38	999.32	2219.83	360.60	251.54
387.08	552.06	375.53	161.62	271.79	309.17	24.26	4.59
4.24	4.69	3.69	0.81	2.78	3.35	0.44	0.29
731.96	466.87	352.01	90.65	219.00	743.51	92.38	71.90
3967.83	2233.27	1365.70	712.75	964.59	3964.85	432.39	306.63
2015.38	1113.76	830.95	177.85	523.32	2015.17	192.73	135.31
569.86	198.77	78.67	100.10	63.60	549.73	66.81	57.21
2794.73	2324.05	1532.22	600.26	1147.18	2718.71	299.88	204.76
1404.38	972.50	535.03	229.14	373.00	1432.57	328.70	236.78
602.24	951.50	475.37	286.55	623.05	651.46	61.11	41.01
774.42	516.11	297.60	157.88	264.72	755.74	71.75	46.52
47.42	63.71	41.30	17.75	34.10	38.85	2.67	1.41

13-18 优势产业主要经济指标(2015年)

项　目	Item	企业单位数(个) Number of Enterprises (unit)	从业人员年平均人数(人) Annual Average Employment Personnel (person)
全市总计	**Total**	**5204**	**1487600**
按企业规模分	**Grouped by Size of Enterprises**		
大　型	Large-sized	196	680901
中　型	Medium-sized	724	393523
小　型	Small-sized	3958	407647
微　型	Mini-sized	326	5529
按登记注册类型分	**Grouped by Status of Registration**		
内资企业	Domestic-funded Enterprises	3738	902391
国　有	State-owned Enterprises	37	33276
集　体	Collective-owned Enterprises	52	6101
股份合作	Cooperative Enterprises	40	6758
私营企业	Private Enterprises	2452	365846
股份有限公司	Share-holding Corporations Ltd.	144	118684
有限责任公司	Limited Liability Corporations	1002	370296
# 国有独资公司	Sole State-funded Corporations	59	85215
联营企业	Joint Ownership Enterprises	1	404
其　他	Others	10	1026
港、澳、台商投资企业	Enterprises with Investment from Hong Kong, Macao and Taiwan	281	192512
外商投资企业	Foreign Funded Enterprises	1185	392697
按行业分	**Grouped by Sector**		
电子信息产业	Electronic Information Industry	355	172220
航空航天产业	Aerospace Industry	24	27642
机械装备产业	Equipment Manufacturing Industry	1112	256472
汽车产业	The Automotive Manufacturing	322	135347
新材料产业	New Materials Industry	836	127557
生物医药产业	Biomedical Industry	166	67431
新能源产业	New Energy Industry	80	40207
资源循环及环保产业	Recycling and Environmental Protection Industry	114	9019
石油化工产业	Petrochemical Industry	144	82767
冶金产业	Metallurgy Industry	777	209854
轻纺工业	Light and Textile Industry	1274	359084

注：优势产业为天津地方标准。
Note:Competitive Industry for Tianjin municipal standards.

Main Economic Indicators of Competitive Industry,2015

单位：亿元(100 million yuan)

工 业 总产值 Gross Output Value of Industry	资产总计 Total Assets	流动资产合 计 Total Working Capitals	固定资产合 计 Total Fixed Assets	负债合计 Total Liabilities	主 营 业务收入 Revenue from Principal Business	利税总额 Total Profits and Taxes	# 利润总额 Total Pre-tax Profits
25801.47	**21330.51**	**11293.67**	**6789.31**	**13151.22**	**25415.58**	**3163.06**	**2042.76**
12731.44	11866.05	5613.50	4344.44	7632.85	12525.32	1864.88	1180.56
6216.37	4283.87	2440.48	1154.77	2403.09	6231.05	791.69	555.33
6472.20	4880.71	3034.89	1239.23	2888.52	6351.76	492.37	300.93
381.46	299.88	204.79	50.87	226.76	307.45	14.12	5.95
16861.63	15507.31	7759.18	4987.27	10295.67	16631.71	2197.38	1402.23
583.59	750.65	507.70	45.75	533.01	568.80	56.28	20.63
43.89	27.52	22.60	4.36	11.82	43.26	4.00	2.45
170.39	82.60	62.07	8.91	57.99	210.28	32.91	26.68
6215.86	3102.51	1641.64	734.61	1991.94	5925.65	755.55	554.35
2412.47	3611.32	1223.30	1736.16	2197.85	2382.85	605.93	376.59
7427.60	7925.39	4296.75	2455.97	5499.21	7493.96	742.04	421.09
1237.87	1602.21	895.56	533.36	988.38	1219.61	135.45	13.09
0.87	0.12	0.07	0.05	0.07	0.80	0.08	0.03
6.96	7.20	5.06	1.48	3.78	6.10	0.60	0.41
1822.11	1479.73	991.14	386.60	757.39	1791.28	239.23	177.51
7117.73	4343.47	2543.35	1415.44	2098.15	6992.59	726.44	463.02
2649.53	1392.90	1012.21	258.08	684.95	2627.62	262.76	188.58
810.23	692.27	422.57	90.07	411.86	766.40	58.24	52.59
3144.65	3066.24	1997.33	737.42	1729.43	2993.02	312.90	205.31
2383.58	1472.72	886.29	415.58	829.58	2237.69	360.02	215.75
1970.48	1565.76	786.11	574.69	813.88	1905.09	248.56	171.70
1458.25	1046.37	577.66	246.43	401.63	1485.42	336.90	242.51
576.31	622.80	331.83	165.66	341.20	549.07	46.55	31.51
309.38	229.78	152.08	55.44	166.37	232.34	18.59	9.72
2612.11	3029.40	813.54	1901.59	1992.74	2561.22	617.59	318.66
6005.85	5626.81	2813.22	1582.22	4251.29	6308.79	506.76	363.47
3881.11	2585.45	1500.84	762.12	1528.30	3748.92	394.20	242.97

13-19 规模以上工业企业主要经济效益指标(1996—2015年)

Main Indicators on Economic Benefit of Industrial Enterprises above Designated Size,1996-2015

年 份 Year	产品销售率(%) Proportion of Products Sold (%)	资金利税率(%) Ratio of Profits and Taxes to Total Assets(%)	总资产贡献率(%) Ratio of Total Assets to Industrial Output Value (%)	成本费用利润率(%) Ratio of Pre-tax Profits to Industrial Cost(%)	资 产 负债率(%) Ratio of Debts to Assets(%)	流动资产周转率(次) Number of Times of Turnover of Working Capitals(time)
全 市 合 计 **Total**						
1996	91.6	7.2	8.3	5.0		
1997	96.4	6.0	7.1	3.7		
1998	97.9	5.6	6.6	2.9		
1999	98.6	6.0	6.5	3.6		
2000	98.4	9.0	8.9	6.5		
2001	96.7	9.5	9.3	6.6		1.7
2002	99.1	9.0	8.7	5.8		1.8
2003	98.9	10.6	9.9	6.0		2.1
2004	99.0	12.8	12.8	7.5		2.3
2005	100.6	15.6	14.5	8.5		2.3
2006	99.2	17.5	15.9	8.7		2.6
2007	99.7	16.6	15.0	8.1		2.6
2008	98.4	12.5	12.1	6.3		2.5
2009	98.2	12.8	12.1	6.8	62.5	2.1
2010	98.9	18.3	17.3	9.8	60.5	2.3
2011	99.3	18.9	18.0	10.2	62.5	2.2
2012	98.9	18.4	17.6	9.8	63.5	2.2
2013	98.1	18.6	17.4	9.1	63.6	2.2
2014	97.7	16.0	15.7	8.7	61.7	2.2
2015	97.2	14.7	14.6	8.7	62.8	2.1
# **国有经济** **State-owned**						
1996	98.2	3.3	5.0	0.3		
1997	95.8	3.2	4.7			
1998	99.2	2.2	4.1			
1999	101.0	1.9	3.2			
2000	100.0	1.3	1.3			
2001	99.0	1.3	2.4			1.1
2002	100.5	1.7	2.4			1.0
2003	100.2	4.1	4.2	1.6		1.4
2004	101.0	3.5	3.3	0.4		1.6
2005	102.0	4.3	3.7	1.5		1.3
2006	99.9	6.6	7.1	2.6		1.7
2007	99.5	8.2	6.9	3.4		1.9
2008	97.2	5.9	5.4	1.5		2.1
2009	100.0	5.7	5.6	0.1	70.7	1.6
2010	99.2	8.1	8.2	1.5	67.0	2.0
2011	98.1	7.4	7.5	1.1	66.3	1.9
2012	97.4	6.1	6.6	0.9	66.8	1.8
2013	96.5	7.5	7.2	1.5	66.3	1.5
2014	94.5	4.7	6.4	0.3	60.1	1.5
2015	96.4	7.6	6.8	2.0	62.2	1.3

13-20 规模以上工业企业主要经济效益指标(2015年)

Main Indicators on Economic Benefit of Industrial Enterprises above Designated Size,2015

项 目	Item	总资产贡献率(%) Ratio of Total Assets to Industrial Output Value (%)	资 产 负债率(%) Ratio of Debts to Assets(%)	流动资产周转率(次) Number of Times of Turnover of Working Capitals(time)
全市总计	**Total**	**14.6**	**62.8**	**2.1**
按企业规模分	**Grouped by Size of Enterprises**			
大 型	Large-sized	15.5	65.4	2.1
中 型	Medium-sized	17.5	57.6	2.5
小 型	Small-sized	10.1	60.4	2.0
微 型	Mini-sized	4.9	74.7	1.5
按登记注册类型分	**Grouped by Status of Registration**			
内资企业	Domestic-funded Enterprises	13.7	65.9	2.1
国 有	State-owned Enterprises	5.8	65.3	1.5
集 体	Collective-owned Enterprises	15.4	42.5	1.9
股份合作	Cooperative Enterprises	40.1	70.2	3.4
私营企业	Private Enterprises	24.4	64.2	3.5
股份有限公司	Share-holding Corporations Ltd.	17.3	60.7	1.9
有限责任公司	Limited Liability Corporations	9.6	68.6	1.7
# 国有独资公司	Sole State-funded Corporations	7.6	59.8	1.2
联营企业	Joint Ownership Enterprises	64.8	60.5	12.2
# 集体联营	Collective Joint Ownership Enterprises	64.8	60.5	12.2
其 他	Others	7.7	54.1	1.1
港、澳、台商投资企业	Enterprises with Investment from Hong Kong, Macao and Taiwan	16.8	65.9	1.6
外商投资企业	Foreign Funded Enterprises	16.9	48.6	2.7
按企业控股类型分	**Grouped by Companies holding type**			
国有及国有控股企业	State-owned and State-holding Enterprises	8.5	66.9	1.5
民营及民营控股企业	Private and Private holding Enterprises	23.1	62.7	2.9
外商及港澳台商控股企业	Hong Kong, Macao,Taiwan and Foreign Funded holding Enterprises	17.3	54.5	2.2

13-20续表 *Continued*

项　目	Item	成本费用利润率(%) Ratio of Pretax Profits to Industrial Cost(%)	产品销售率(%) Proportion of Products Sold (%)	流动比率(%) Current Ratio (%)	速动比率(%) Quick Ratio (%)
全市总计	**Total**	**8.7**	**97.2**	**100.3**	**78.2**
按企业规模分	**Grouped by Size of Enterprises**				
大　型	Large-sized	10.2	97.7	90.0	68.8
中　型	Medium-sized	9.9	96.5	108.4	86.9
小　型	Small-sized	5.1	97.0	120.1	94.6
微　型	Mini-sized	2.1	96.5	109.1	94.1
按登记注册类型分	**Grouped by Status of Registration**				
内资企业	Domestic-funded Enterprises	9.1	97.2	89.7	69.4
国　有	State-owned Enterprises	3.3	99.0	72.5	49.4
集　体	Collective-owned Enterprises	6.0	97.0	223.4	172.3
股份合作	Cooperative Enterprises	14.6	99.8	170.4	135.7
私营企业	Private Enterprises	10.3	96.5	109.6	89.1
股份有限公司	Share-holding Corporations Ltd.	19.4	97.8	78.9	67.8
有限责任公司	Limited Liability Corporations	6.2	97.3	89.0	66.6
# 国有独资公司	Sole State-funded Corporations	0.9	94.5	103.7	77.9
联营企业	Joint Ownership Enterprises	4.1	100.0	93.5	85.7
# 集体联营	Collective Joint Ownership Enterprises	4.1	100.0	93.5	85.7
其　他	Others	6.7	92.6	134.5	105.2
港、澳、台商投资企业	Enterprises with Investment from Hong Kong, Macao and Taiwan	10.0	97.3	116.2	93.2
外商投资企业	Foreign Funded Enterprises	7.2	97.3	139.8	109.7
按企业控股类型分	**Grouped by Companies holding type**				
国有及国有控股企业	State-owned and State-holding Enterprises	6.4	97.8	79.5	60.2
民营及民营控股企业	Private and Private holding Enterprises	10.8	96.6	110.2	88.9
外商及港澳台商控股企业	Hong Kong, Macao,Taiwan and Foreign Funded holding Enterprises	8.1	97.6	135.9	106.2

13-21 分行业规模以上工业企业主要经济效益指标(2015年)

Main Indicators on Economic Benefit of Industrial Enterprises above Designated Size by Sector,2015

项 目	Item	总资产贡献率(%) Ratio of Total Assets to Industrial Output Value (%)	资产负债率(%) Ratio of Debts to Assets(%)	流动资产周转率(次) Number of Times of Turnover of Working Capitals(time)
总 计	**Total**	**14.6**	**62.8**	**2.1**
煤炭开采和洗选业	Mining and Washing of Coal	18.4	84.8	1.4
石油和天然气开采业	Extraction of Petroleum and Natural Gas	20.9	65.8	8.8
黑色金属矿采选业	Mining and Processing of Ferrous Metal Ores	16.9	88.4	1.3
非金属矿采选业	Mining and Processing of Nonmetal Ores	1.2	32.1	0.1
开采辅助活动	Mining Assistant Activities	0.2	62.8	1.4
农副食品加工业	Processing of Food from Agricultural Products	3.8	73.3	2.1
食品制造业	Manufacture of Food	52.3	43.7	4.2
酒、饮料和精制茶制造业	Manufacture of Alcohol, Beverages and Refined Tea	7.5	62.4	3.1
烟草制品业	Manufacture of Tobacco	90.8	100.0	2.2
纺织业	Manufacture of Textile	12.4	57.8	2.2
纺织服装、服饰业	Manufacture of Textile Wearing and Apparel	31.1	27.2	2.2
皮革、毛皮、羽毛及其制品业和制鞋业	Manufacture of Leather, Fur, Feather and Related Products, Footware	27.9	68.5	2.7
木材加工和木、竹、藤、棕、草制品业	Processing of Timber, Manufacture of Wood, Bamboo, Rattan, Palm and Straw Products	18.0	56.8	2.0
家具制造业	Manufacture of Furniture	13.0	70.1	1.6
造纸及纸制品业	Manufacture of Paper and Paper Products	10.4	65.2	2.0
印刷和记录媒介复制业	Printing, Reproduction of Recording Media	16.0	54.4	2.7
文教、工美、体育和娱乐用品制造业	Manufacture of Articles for Culture, Education andIndustrial Arts, Sport Activities, Amusement Manufacturing	42.6	56.9	5.7
石油加工、炼焦及核燃料加工业	Processing of Petroleum, Coking, Processing of Nuclear Fuel	41.1	57.9	2.8
化学原料及化学制品制造业	Manufacture of Raw Chemical Materials and Chemical Products	11.5	59.2	2.4
医药制造业	Manufacture of Medicines	13.2	38.3	1.3
化学纤维制造业	Manufacture of Chemical Fibers	54.6	64.2	4.4
橡胶和塑料制品业	Manufacture of Rubber and Plastic	13.9	57.7	2.5
非金属矿物制品业	Manufacture of Non-metallic Mineral Products	8.5	60.0	1.4
黑色金属冶炼和压延加工业	Smelting and Pressing of Ferrous Metals	7.2	78.1	2.0
有色金属冶炼和压延加工业	Smelting and Pressing of Non-ferrous Metals	33.7	68.2	4.2
金属制品业	Manufacture of Metal Products	18.4	57.4	2.6
通用设备制造业	Manufacture of General Purpose Machinery	14.2	56.3	1.8
专用设备制造业	Manufacture of Special Purpose Machinery	7.9	52.8	1.2
汽车制造业	Manufacture of Motorcar	24.9	56.3	2.5
铁路、船舶、航空航天和其他运输设备制造业	Railway, Watercraft, Aerospace and Other Transport Equipment	9.3	62.1	1.9
电气机械和器材制造业	Manufacture of Electrical Machinery and Equipment	12.5	53.3	2.1
计算机、通信和其他电子设备制造业	Manufacture of Computers, Communication and Other Electronic Equipment	19.3	49.0	2.6
仪器仪表制造业	Manufacture of Measuring Instruments	6.7	55.9	1.1
其他制造业	Other Manufacturing	28.1	62.4	3.5
废弃资源综合利用业	Comprehensive Recycling of Waste	9.7	75.7	1.6
金属制品、机械和设备修理业	Metal Products, Machine and Equipment Repair	14.8	57.9	1.1
电力、热力生产和供应业	Production and Supply of Electric Power and Heat Power	6.1	63.0	2.1
燃气生产和供应业	Production and Supply of Gas	5.2	51.4	1.8
水的生产和供应业	Production and Supply of Water	0.4	69.0	0.6

13-21续表 *Continued*

项　目	Item	成本费用利润率(%) Ratio of Pretax Profits to Industrial Cost(%)	产品销售率(%) Proportion of Products Sold (%)	流动比率(%) Current Ratio (%)	速动比率(%) Quick Ratio (%)
总　计	**Total**	**8.7**	**97.2**	**100.3**	**78.2**
煤炭开采和洗选业	Mining and Washing of Coal	9.0	100.0	104.4	81.1
石油和天然气开采业	Extraction of Petroleum and Natural Gas	49.2	100.2	15.0	10.5
黑色金属矿采选业	Mining and Processing of Ferrous Metal Ores	10.1	93.9	78.3	67.7
非金属矿采选业	Mining and Processing of Nonmetal Ores	5.4	93.7	243.0	236.9
开采辅助活动	Mining Assistant Activities	-2.2	100.0	90.4	86.6
农副食品加工业	Processing of Food from Agricultural Products	0.9	97.1	99.2	83.7
食品制造业	Manufacture of Food	19.8	96.8	140.2	123.8
酒、饮料和精制茶制造业	Manufacture of Alcohol, Beverages and Refined Tea	1.5	95.3	60.3	44.6
烟草制品业	Manufacture of Tobacco	29.6	99.8	60.0	50.8
纺织业	Manufacture of Textile	6.9	95.5	103.9	61.6
纺织服装、服饰业	Manufacture of Textile Wearing and Apparel	12.3	99.5	311.3	192.3
皮革、毛皮、羽毛及其制品业和制鞋业	Manufacture of Leather, Fur, Feather and Related Products, Footware	9.4	99.8	130.8	91.0
木材加工和木、竹、藤、棕、草制品业	Processing of Timber, Manufacture of Wood, Bamboo,Rattan, Palm and Straw Products	10.0	100.7	132.4	102.5
家具制造业	Manufacture of Furniture	8.2	100.4	98.1	73.0
造纸及纸制品业	Manufacture of Paper and Paper Products	6.6	100.5	99.7	85.0
印刷和记录媒介复制业	Printing, Reproduction of Recording Media	7.7	100.6	93.7	74.2
文教、工美、体育和娱乐用品制造业	Manufacture of Articles For Culture, Education and Industrial Arts, Sport Activities, Amusement Manufacturing	10.8	98.1	130.2	98.4
石油加工、炼焦及核燃料加工业	Processing of Petroleum, Coking, Processing of Nuclear Fuel	8.1	99.5	111.7	73.0
化学原料及化学制品制造业	Manufacture of Raw Chemical Materials and Chemical Products	8.0	98.0	89.8	68.2
医药制造业	Manufacture of Medicines	12.3	89.8	160.4	119.6
化学纤维制造业	Manufacture of Chemical Fibers	13.9	100.0	109.5	63.0
橡胶和塑料制品业	Manufacture of Rubber and Plastic	7.5	98.1	94.3	74.4
非金属矿物制品业	Manufacture of Non-metallic Mineral Products	6.3	100.0	101.6	82.8
黑色金属冶炼和压延加工业	Smelting and Pressing of Ferrous Metals	5.2	95.9	73.9	54.6
有色金属冶炼和压延加工业	Smelting and Pressing of Non-ferrous Metals	8.8	98.8	124.8	100.8
金属制品业	Manufacture of Metal Products	8.8	98.4	118.4	92.9
通用设备制造业	Manufacture of General Purpose Machinery	9.8	96.9	130.6	98.0
专用设备制造业	Manufacture of Special Purpose Machinery	5.7	87.2	138.3	104.3
汽车制造业	Manufacture of Motorcar	10.8	98.4	126.9	110.2
铁路、船舶、航空航天和其他运输设备制造业	Railway, Watercraft, Aerospace and Other Transport Equipment	7.2	99.6	110.7	71.1
电气机械和器材制造业	Manufacture of Electrical Machinery and Equipment	6.2	97.6	129.5	102.4
计算机、通信和其他电子设备制造业	Manufacture of Computers, Communication and Other Electronic Equipment	7.7	97.3	179.2	146.9
仪器仪表制造业	Manufacture of Measuring Instruments	5.5	98.2	145.9	111.1
其他制造业	Other Manufacturing	11.9	100.8	125.1	99.2
废弃资源综合利用业	Comprehensive Recycling of Waste	4.3	100.7	96.0	83.5
金属制品、机械和设备修理业	Metal Products, Machine and Equipment Repair	11.6	96.9	148.8	81.3
电力、热力生产和供应业	Production and Supply of Electric and Heat Energy	6.6	99.4	52.7	47.4
燃气生产和供应业	Production and Supply of Gas	3.8	93.6	107.2	102.8
水的生产和供应业	Production and Supply of Water	-4.9	99.2	67.4	66.9

13-22 大中型工业企业主要经济指标及占全市比重(2015年)

Main Economic Indicators of Large & Medium-sized Industrial Enterprises and as Percentage of Municipal Industry,2015

单位：亿元(100 million yuan)

指　　标	Item	2015	占全市比重(%) As Percentage of Municipal Industry(%)
企业单位数(个)	Number of Enterprises(unit)	977	17.7
从业人员年平均人数(万人)	Annual Average Employment Personnel(10 000 persons)	114.06	72.3
工业总产值	Gross Output Value of Industry	21040.12	74.5
资产总计	Total Assets	19345.22	76.6
#流动资产合计	Total Working Capitals	9493.93	72.6
固定资产合计	Total Fixed Assets	6864	81.2
负债合计	Total Liabilities	12254.26	77.2
主营业务收入	Revenue from Principal Business	20958.17	74.9
主营业务成本	Cost of Principal Business	17538.04	74.1
主营业务税金及附加	Tax and Extra Charges of Principal Business	319.68	89.5
利税总额	Total Profits and Taxes	2973.69	84.6
总资产贡献率(%)	Ratio of Total Assets to Industrial Output Value(%)	16.0	
产销率(%)	Proportion of Products Sold(%)	97.3	
亏损企业个数(个)	Number of Loss-suffering Enterprises(unit)	147	13.4
亏损企业亏损额	Total Loss of Loss-suffering Enterprises	119.36	57.0

13-23 小微型工业企业主要经济指标及占全市比重(2015年)

Main Economic Indicators of Small & Mini-sized Industrial Enterprises and as Percentage of Municipal Industry,2015

单位：亿元(100 million yuan)

指　　标	Item	2015	占全市比重(%) As Percentage of Municipal Industry(%)
企业单位数(个)	Number of Enterprises(unit)	4548	82.3
从业人员年平均人数(万人)	Annual Average Employment Personnel(10 000 persons)	43.75	27.7
工业总产值	Gross Output Value of Industry	7202.01	25.5
资产总计	Total Assets	5897.76	23.4
#流动资产合计	Total Working Capitals	3574.27	27.4
固定资产合计	Total Fixed Assets	1588.56	18.8
负债合计	Total Liabilities	3609.05	22.8
主营业务收入	Revenue from Principal Business	7011.41	25.1
主营业务成本	Cost of Principal Business	6135.79	25.9
主营业务税金及附加	Tax and Extra Charges of Principal Business	37.44	10.5
利税总额	Total Profits and Taxes	541.4	15.4
总资产贡献率(%)	Ratio of Total Assets to Industrial Output Value(%)	9.8	
产销率(%)	Proportion of Products Sold(%)	97.0	
亏损企业个数(个)	Number of Loss-suffering Enterprises(unit)	954	86.6
亏损企业亏损额	Total Loss of Loss-suffering Enterprises	90.04	43.0

13-24 国有及国有控股大中型工业企业主要经济指标及占全市比重(2015年)

Main Economic Indicators of Large & Medium-sized State-owned and State-holding Industrial Enterprises and as Percentage of Municipal Industry,2015

单位：亿元(100 million yuan)

指　标	Item	2015	占全市比重(%) As Percentage of Municipal Industry(%)
企业单位数(个)	Number of Enterprises(unit)	194	3.5
从业人员年平均人数(万人)	Annual Average Employment Personnel(10 000 persons)	35.68	22.6
工业总产值	Gross Output Value of Industry	6652.16	23.6
资产总计	Total Assets	10987.75	43.5
#流动资产合计	Total Working Capitals	4526.48	34.6
固定资产合计	Total Fixed Assets	4732.14	56.0
负债合计	Total Liabilities	7335.92	46.2
主营业务收入	Revenue from Principal Business	6822.33	24.4
主营业务成本	Cost of Principal Business	5828.03	24.6
主营业务税金及附加	Tax and Extra Charges of Principal Business	231.05	64.7
利税总额	Total Profits and Taxes	887.27	25.2
总资产贡献率(%)	Ratio of Total Assets to Industrial Output Value(%)	8.9	
产销率(%)	Proportion of Products Sold(%)	97.9	
亏损企业个数(个)	Number of Loss-suffering Enterprises(unit)	48	4.4
亏损企业亏损额	Total Loss of Loss-suffering Enterprises	77.08	36.8

13-25 民营及民营控股工业企业主要经济指标及占全市比重(2015年)

Main Economic Indicators of Private and Private holding Enterprises and as Percentage of Municipal Industry,2015

单位：亿元(100 million yuan)

指　标	Item	2015	占全市比重(%) As Percentage of Municipal Industry(%)
企业单位数(个)	Number of Enterprises(unit)	3681	66.6
从业人员年平均人数(万人)	Annual Average Employment Personnel(10 000 persons)	63.89	40.5
工业总产值	Gross Output Value of Industry	12062.06	42.7
资产总计	Total Assets	7013.31	27.8
#流动资产合计	Total Working Capitals	3976.54	30.4
固定资产合计	Total Fixed Assets	1604.55	19.0
负债合计	Total Liabilities	4395.36	27.7
主营业务收入	Revenue from Principal Business	11572.88	41.4
主营业务成本	Cost of Principal Business	9782.42	41.3
主营业务税金及附加	Tax and Extra Charges of Principal Business	88.75	24.9
利税总额	Total Profits and Taxes	1578.63	44.9
总资产贡献率(%)	Ratio of Total Assets to Industrial Output Value(%)	23.1	
产销率(%)	Proportion of Products Sold(%)	96.6	
亏损企业个数(个)	Number of Loss-suffering Enterprises(unit)	527	47.9
亏损企业亏损额	Total Loss of Loss-suffering Enterprises	39.96	19.1

主要统计指标解释

工 业

指从事自然资源的开采，对采掘品和农产品进行加工和再加工的物质生产部门。具体包括：(1) 对自然资源的开采，如采矿、晒盐等(但不包括禽兽捕猎和水产捕捞)；(2) 对农副产品的加工、再加工，如粮油加工、食品加工、缫丝、纺织、制革等；(3) 对采掘品的加工、再加工，如炼铁、炼钢、化工生产、石油加工、机器制造、木材加工等，以及电力、自来水、煤气的生产和供应等；(4) 对工业品的修理、翻新，如机器设备的修理、交通运输工具(包括小卧车)的修理等。

1984年以前农村的村及村以下办工业归属农业，1984年以后划归工业。工业统计调查单位为独立核算法人工业企业。

独立核算法人工业企业指从事工业生产经营活动的单位。独立核算法人工业企业应同时具备以下条件：(1) 依法成立，有自己的名称、组织机构和场所，能够承担民事责任；(2) 独立拥有和使用资产，承担负债，有权与其他单位签订合同；(3) 独立核算盈亏，并能够编制资产负债表。

轻工业

指主要提供生活消费品和制作手工工具的工业。按其所使用的原料不同，可分为两大类：(1) 以农产品为原料的轻工业，是指直接或间接以农产品为基本原料的轻工业。主要包括食品制造、饮料制造、烟草加工、纺织、缝纫、皮革和毛皮制作、造纸以及印刷等工业；(2) 以非农产品为原料的轻工业，是指以工业品为原料的轻工业。主要包括文教体育用品、化学药品制造、合成纤维制造、日用化学制品、日用玻璃制品、日用金属制品、手工工具制造、医疗器械制造、文化和办公用机械制造等工业。

重工业

指为国民经济各部门提供物质技术基础的主要生产资料的工业。按其生产性质和产品用途，可以分为下列三类：(1) 采掘(伐)工业，是指对自然资源的开采，包括石油开采、煤炭开采、金属矿开采、非金属矿开采等工业；(2) 原材料工业，指向国民经济各部门提供基本材料、动力和燃料的工业。包括金属冶炼及加工、炼焦及焦炭、化学、化工原料、水泥、人造板以及电力、石油和煤炭加工等工业；(3) 加工工业，是指对工业原材料进行再加工制造的工业。包括装备国民经济各部门的机械设备制造工业、金属结构、水泥制品等工业，以及为农业提供的生产资料如化肥、农药等工业。根据上述划分原则，修理业中以重工业产品为修理作业对象的划为重工业，反之划为轻工业。

高技术产业（制造业）

指国民经济行业中R&D投入强度（即R&D经费支出占主营业务收入的比重）相对较高的制造业行业。根据《高技术产业（制造业）分类（2013)》，具体包括：医药制造，航空、航天器及设备制造业，电子及通信设备制造业，计算机及办公设备制造业，医疗仪器设备及仪器仪表制造业，信息化学品制造业等6大类。

装备制造业

为全国统一划分的制造业中8个行业大类，具体包括：金属制品业，通用设备制造业，专用设备制造业，汽车制造业，电气机械及器材制造业，铁路船舶航空航天和其他运输设备制造业，计算机通信和其他电子设备制造业，仪器仪表制造业等。

国有经济

包括登记注册类型中内资部分的国有企业、国有独资和国有联营企业。

规模以上工业法人企业

指年主营业务收入2000万元及以上的工业法人企业。

大、中、小、微型企业

根据2011年国家统计局制定的《统计上大中小微型企业划分办法》，以从业人员和营业收入两项指标为依据，将工业企业划分为大、中、小、微型。划分标准如下：

指标名称	计量单位	大型	中型	小型	微型
从业人员(X)	人	X≥1000	300≤X<1000	20≤X<300	X<20
营业收入(Y)	万元	Y≥40000	2000≤Y<40000	300≤Y<2000	Y<300

工业总产值（当年价格）

指工业企业在报告期内生产的以货币形式表现的工业最终产品和提供工业劳务活动的总价值量。包括三部分：生产的成品价值、对外加工费收入、自制半成品在制品期末期初差额价值。

资产总计

指企业过去的交易或者事项形成的、由企业拥有或者控制的、预期会给企业带来经济利益的资源。资产一般按流动性（资产的变现或耗用时间长短）分为流动资产和非流动资产。其中流动资产可分为货币资金、交易性金融资产、应收票据、应收账款、预付款项、其他应收款、存货等；非流动资产可分为长期股权投资、固定资产、无形资产及其他非流动资产等。

流动资产 资产满足以下条件之一应归为流动资产：（1）预计在一个正常营业周期中变现、出售或耗用，主要包括存货、应收账款等；（2）主要为交易目的而持有；（3）预计在资产负债表日起一年内（含一年）变现；（4）自资产负债日起一年内，交换其他资产或清偿负债的能力不受限制的现金或现金等价物。包括货币资金、应收票据、应收账款、存货等项目。

固定资产 指企业为生产商品、提供劳务、出租或经营管理而持有的，使用寿命超过一个会计年度的有形资产。包括使用期限超过一年的房屋、建筑物、机器、机械、运输工具以及其他与生产、经营有关的设备、器具、工具等。

主营业务收入

指企业确认的销售商品、提供劳务等主营业务的收入。

主营业务成本

指企业经营主要业务所发生的成本总额。

主营业务税金及附加

指企业经营主要业务应负担的营业税、消费税、城市维护建设税、教育费附加等。

利润总额

指企业在一定会计期间的经营成果，是生产经营过程中各种收入扣除各种耗费后的盈余，反映企业在报告期内实现的亏盈总额。执行 2006 年《企业会计准则》的企业，利润总额为营业利润加上营业外收入，减去营业外支出后的金额；未执行 2006 年《企业会计准则》的企业，利润总额为营业利润加上投资收益、补贴收入、营业外收入，再减去营业外支出后的金额。

利税总额

指利润总额、主营业务税金及附加和本期应交增值税之和。

负债合计

指企业过去的交易或者事项形成的，预期会导致经济利益流出企业的现时义务。负债一般按偿还期长短分为流动负债和非流动负债。根据会计"资产负债表"中"负债合计"项目的期末余额数填报。

执行 2006 年《企业会计准则》或 2011 年《小企业会计准则》的企业：负债合计=流动负债合计+非流动负债合计；执行其他企业会计制度的企业负债包括流动负债和长期负债。

应交增值税

指企业按税法规定，从事货物销售或提供加工、修理修配劳务等增加货物价值的活动本期应交纳的税金，不含期初未抵扣税额。根据会计相关科目贷方累计发生额，按下述公式计算填报：

应交增值税=销项税额－（进项税额－进项税额转出）－出口抵减内销产品应纳税额－减免税款+出口退税

进项税额　指企业在报告期内购入货物或接受应税劳务而支付的、准予从销项税额中抵扣的增值税额。

销项税额　指企业在报告期内销售货物或提供应税劳务应收取的增值税额。

产品销售率

反映工业产品已实现销售的程度，是分析工业产销衔接情况，研究工业产品满足社会需求的指标。计算公式为：

$$\text{产品销售率}(\%)=\frac{\text{工业销售产值}}{\text{工业总产值（现价）}}\times 100\%$$

总资产贡献率

反映企业全部资产的获利能力，是企业经营业绩和管理水平的集中体现，是评价和考核企业盈利能力的核心指标。计算公式为：

$$\text{总资产贡献率}(\%)=\frac{\text{利润总额}+\text{税金总额}+(\text{利息支出}-\text{利息收入})}{\text{资产总额}}\times 100\%$$

公式中：税金总额为主营业务税金及附加与应交增值税之和

资产负债率

该指标既反映企业经营风险的大小，也反映企业利用债权人提供的资金从事经营活动的能力。

计算公式为：

$$\text{资产负债率}(\%)=\frac{\text{负债总额}}{\text{资产总额}}\times 100\%$$

流动资产周转次数

指一定时期内流动资产完成的周转次数，反映投入工业企业流动资金的周转速度。计算公式为：

$$\text{流动资产周转次数}=\frac{\text{主营业务收入}}{\text{全部流动资产平均余额}}$$

公式中：全部流动资产平均余额为期初和期末的流动资产之和的算术平均值。

成本费用利润率

反映企业投入的生产成本及费用的经济效益，同时也反映企业降低成本所取得的经济效益。计算公式为：

$$\text{成本费用利润率}(\%)=\frac{\text{利润总额}}{\text{成本费用总额}}\times 100\%$$

公式中：成本费用总额为产品销售成本、销售费用、管理费用、财务费用之和。

流动比率

指流动资产和流动负债之比。用来衡量企业流动资产在短期债务到期以前，可以变为现金用于偿还负债的能力。计算公式为：

$$\text{流动比率}(\%)=\frac{\text{流动资产}}{\text{流动负债}}\times 100\%$$

速动比率

是指速动资产对流动负债的比率。它是衡量企业流动资产中可以立即变现用于偿还流动负债的能力。计算公式为：

$$\text{速动比率}(\%)=\frac{\text{流动资产}-\text{存货}}{\text{流动负债}}\times 100\%$$

Explanatory Notes on Main Statistical Indicators

Industry

refers to the material production sector which is engaged in extraction of natural resources and processing and reprocessing of minerals and agricultural products, including: (1) extraction of natural resources, such as mining, salt production (but not including hunting and fishing); (2) processing and reprocessing of farm and sideline produces, such as rice husking, flour milling, wine making, oil pressing, silk reeling, spinning and weaving, and leather making; (3) manufacture of industrial products, such as steel making, iron smelting, chemicals manufacturing, petroleum processing, machine building, timber processing; water and gas production and electricity generation and supply; (4) repairing of industrial products such as repairing of machinery and means of transport (including cars).

Prior to 1984, the rural industry run by villages and cooperative organizations under village was classified into agriculture. Since 1984, it has been grouped into industry. Units of industrial statistics survey corporate industrial enterprises with independent accounting system.

Corporate industrial enterprises with independent accounting system refer to enterprises engaging in industrial production activities, which meet the following requirements: they are established legally, having their own names, organizations, location, able to take civil liability; they possess and use their assets independently, assume liabilities, and are entitled to sign contracts with other units; they are financially independent and compile their own balance sheets.

Light Industry

refers to the industry that produces consumer goods and hand tools. It consists of two categories, depending on the materials used: (1) Industries using farm products as raw materials. These are branches of light industry which directly or indirectly use farm products as basic raw materials, including the manufacture of food and beverages, tobacco processing, textile, clothing, fur and leather manufacturing, paper making, printing, etc. (2) Industries using non farm products as raw materials. These are branches of light industry which use manufactured goods as raw materials, including the manufacture of cultural, educational articles and sports goods, chemicals, synthetic fiber, chemical products for daily use, glass products for daily use, metal products for daily use, hand tools, medical apparatus and instruments, and the manufacture of cultural and clerical machinery.

Heavy Industry

refers to the industry which produces capital goods, and provides various sectors of the national economy with necessary material and technical basis. It consists of the following three branches according to the purpose of production or the use of products: (1) Mining, quarrying and logging industry refers to the industry that extracts natural resources, including extraction of petroleum, coal, metal and non-metal ores. (2) Raw materials industry refers to the industry that provides various sectors of the national economy with raw materials, fuels and power. It includes smelting and processing of metals, coking and coke chemistry, chemical materials and building materials such as cement, plywood, and power, petroleum refining and coal dressing. (3) Manufacturing industry refers to the industry that processes raw materials. It includes machine building industry which equips sectors of the national economy, industries of metal structure and cement products, industries producing means of agricultural production, such as chemical fertilizers and pesticides. According to the above principle of classification, the repairing trades which are engaged primarily in repairing products of heavy industry are classified into heavy industry while these engaged in repairing products of light industry are classified into light industry.

Hightech Industry (Manufacturing)

refers to the manufacturing with relatively high R&D input strength (the proportion of R&D expenses to the revenue from principal business) in the national economic industry. According to The Classification of Hightech Industry (Manufacturing) (2013), specific include: manufacture of medicines, manufacture of aviation, spacecraft and equipment, manufacture of electronic and communication equipment, manufacture of computer and office equipment, manufacture of medical instrument and equipment and measuring instrument, and manufacture of information chemicals.

Equipment Manufacturing

refers to the 8 major categories in the manufacturing sector, specific include: manufacture of metal products, manufacture of general purpose machinery, manufacture of special purpose machinery, manufacture of motorcar, manufacture of electrical machinery and equipment, manufacture of railway, watercraft, aerospace and other transport equipment, manufacture of computers, communication and other electronic equipment, and manufacture of measuring instruments.

State-owned Economy

refers to state-owned enterprises, sole state-funded enterprises and state joint ownership enterprises.

Industrial Enterprises above Designated Size

refer to industrial enterprises as legal person with annual business revenue of over 20 million yuan.

Large, Medium, Small, Mini-sized Enterprises

Industrial enterprises are classified into large, medium, small, mini-sized enterprises according to employment personnel and sales revenue in accordance with the regulation of Classification of Large, Medium, Small, Mini-sized Enterprises on Statistics in 2011. The standard of classification as following:

Indicator	*Unit*	*Large-sized*	*Medium-sized*	*Small-sized*	*Mini-sized*
Employment Personnel(X)	*person*	$X \geq 1\,000$	$300 \leq X < 1\,000$	$20 \leq X < 300$	$X < 20$
Sales Revenue(Y)	*10 000 yuan*	$Y \geq 40\,000$	$2\,000 \leq Y < 40\,000$	$300 \leq Y < 2\,000$	$Y < 300$

Gross Output Value of Industry（current price）

refers to total volume of final industrial products produced and industrial services provided during the reporting period. It consists of 3 components: value of the finished products, income from processing for external parties, and value of change in semi-finished products between the end and the beginning of the reference period.

Total Assets

refer to all resources formed by transaction or other activities, which are owned or controlled by enterprises and expected to bring economic benefits to the enterprises. Classified by the degree of liquidity(the time of assets to be liquidated or consumed), total assets include working capitals and immovable assets. Working capitals can be classified into monetary assets, trading financial assets, notes receivable, accounts receivable, advanced payments, other prepaid money and inventories. Immovable assets can be divided into long-term equity investment, fixed assets, intangible assets and other immovable assets.

Working Capitals the assets should be classified into working capital if meeting one of the following conditions: (1) expected to be liquidated, sold or consumed in one normal operating cycle, mainly including inventory, account receivable, etc.; (2) owned for transaction purpose; (3) expected to be liquidated in one year (including one year) since balance sheet date; (4) cash or cash equivalent without limited ability of exchanging other assets or paying debts in one year from balance sheet date, including monetary funds, note receivable, accounts receivable, inventory and other items.

Fixed Assets refer to the physical assets owned over one accounting year for the purpose of production, providing services, rent or business management, including the use of more than one year of housing, buildings, machines, machinery, transport equipment and other production and business-related equipment, apparatus, tools, etc.

Revenue from Principal Business

refers to revenues accepted by enterprises from the sales of products, labour services provided and etc. in the principal business.

Cost of Principal Business

refers to total costs for enterprises to operate the principal business.

Tax and Extra Charges of Principal Business

refer to the tax and charges including the business tax, consumption tax, city maintenance and construction tax, resources tax, land increasing value tax and extra charges for education and etc. in the operation of principal business.

Total Pre-tax Profits

refer to the business results of enterprises in certain accounting period, that is the profits gained from the revenues after deducting the costs, which means the final achievements in the reference period. To the enterprises implemented the Regulation of Accounting Standards for Business Enterprises in 2006, total pre-tax profits equals to business profit add non-operating revenue and minus non-operating expenditures. To the enterprises not implemented, total pre-tax profits equals to business profit add investment income, subsidies, non-operating revenue and minus non-operating expenditures.

Total Profits and Taxes

refers to the sum of the total profits, tax and extra charges of principal business and the value added tax payable of industrial enterprises.

Total Liabilities

refers to payable liabilities of enterprises that accumulated from previous trades or transactions with expectation of economic profits leaking out .In terms of payment ,it can be divided into liquid liabilities and long-term liabilities .Data on this item is obtained from the year-end figures on total liabilities from the Assets and Liability table of the accounting record of the enterprises.

The enterprises which implement “Enterprise Accounting Standards” of 2006, or “Small Enterprise Accounting Standards” of 2011,*Total Liabilities =Total current liabilities +Total non-current liabilities*; The Liabilities of the enterprises which implement other enterprise accounting system include current liabilities and long-term liabilities.

Value-added Tax Payable

refers to the payable tax of enterprise which engage in selling of goods or providing services that bring added value to the goods ,such as processing,repairing,fitting and other activities should be paid accoeding to tax law ,and the initial undeductibal tax is exclusive. According to the accounting related subjects lender cumulative amount, completing the caculation according to the following formula:

Value-added Tax Payable =Tax on Sales – (Tax on Purchase –Transferred Tax on Purchase)-Exports Deduct Tax Payable on Domestic Sales-Tax Relief + The Export Tax Rebate

Tax on Purchase refers to the value-added tax payable by ent erprises that purchase goods or receiving taxable services during the reference period and this part of the tax is allowed to be ded ucted from the tax on sales.

Tax on Sales refers to the value-added tax chargeable by enterprises that sell goods or provide taxable services during the reference period.

Proportion of Products Sold

reflects the actual sale of industrial products, analyzing the production-selling and supply-demand relations. It is calculated as:

$$Proportion\ of\ Products\ Sold\ (\%) = \frac{Value\ of\ Industrial\ Sales}{Gross\ Industrial\ Output\ Value\ (Current\ Prices)} \times 100\%$$

Ratio of Total Assets to Industrial Output Value

reflects the profit-making capability of all assets of the enterprise and is a key indicator manifesting the performance and management and evaluating the profit-making potential of the enterprise. It is calculated as follows:

$$Ratio\ of\ Total\ Assets\ to\ Industrial\ Output\ Value\ (\%) = \frac{Total\ Pre\text{-}tax\ Profits + Total\ Taxes + (Interest\ Payment\text{-}Interest\ Incone)}{Average\ Assets} \times 100\%$$

In the above formula, total taxes is the sum of tax and extra charges of principal business and value-added tax payable.

Ratio of Debts to Assets

reflects both the operation risk and the capability of the enterprise in making use of the capital from the creditors. It is calculated as follows:

$$Ratio\ of\ Debts\ to\ Assets\ (\%) = \frac{Total\ Debts}{Total\ Assets} \times 100\%$$

Number of Times of Turnover of Working Capitals

refers to the number of times of turnover of working capital in a given period of time, which reflects the speed of the turnover of working capital of industrial enterprises, and is calculated as follows:

$$\frac{Turnover\ of}{Working\ Capital} = \frac{Revenue\ from\ Principal\ Business}{Average\ Balance\ of\ Total\ Working\ Capital}$$

In the above formula, average balance of total working capital refers to the arithmetic mean of the sum of circulating funds at the beginning and at the end of the reference period.

Ratio of Pre-tax Profits to Total Industrial Costs

refers to the ratio of profits realized in a given period to the total costs in the same period, which reflects the economic efficiency of input cost and is calculated as follows:

$$Ratio\ of\ Profits\ to\ Total\ Industrial\ Cost\ (\%) = \frac{Total\ Pre\text{-}tax\ Profits}{Total\ Costs} \times 100\%$$

Total costs in the above formula is the sum of cost of products sold, marketing cost, management cost and financial cost.

Liquidity Ratio

refers to the ratio of current assets and current liabilities, which is used to measure the enterprise's ability to turn the current assets into cash to repay its debts before the short-term debt maturity. It is calculated as follows:

$$The\ Liquidity\ Ratio(\%) = \frac{Current\ Assets}{Current\ Liabilities} \times 100\%$$

Quick Ratio

refers to the ratio of quick assets and current liabilities, which is used to measure the enterprise's ability to turn the current assets into cash immediately to repay its current liabilities. It is calculated as follows:

$$Quick\ Ratio(\%) = \frac{Current\ Assets\text{-}Inventories}{Current\ Liabilities} \times 100\%$$

第十四篇　建筑业

Chapter 14　Construction

14-1 建筑企业基本情况(1996—2015年)
Basic Statistics on Construction Enterprises,1996-2015

年 份 Year	企业个数(个) Number of Enterprises (unit)	从业人员平均人数(万人) Annual Average Employment Personnel (10 000 persons)	建筑业总产值(亿元) Gross Output Value of Construction (100 million yuan)	房屋建筑施工面积(万平方米) Floor Space of Building under Construction (10 000 sq.m)	房屋建筑竣工面积(万平方米) Floor Space of Building Completed (10 000 sq.m)	#住 宅 Residential Buildings
1996	461	29.06	173.57	1579.53	567.98	285.82
1997	477	29.26	191.00	1752.13	727.61	398.82
1998	500	29.34	211.12	2059.23	868.00	527.98
1999	491	28.71	222.74	2087.01	901.88	637.85
2000	456	27.44	238.10	2253.99	1056.40	658.85
2001	420	25.96	288.68	2140.04	924.92	562.40
2002	925	34.56	406.16	2817.84	1332.10	726.87
2003	900	35.55	520.84	3395.94	1465.75	797.72
2004	1155	38.27	655.20	3547.76	1644.90	758.00
2005	1108	39.10	754.37	3940.56	1484.38	728.58
2006	1103	38.57	983.93	4555.08	1735.58	815.52
2007	1113	45.34	1221.94	5447.39	2101.38	1020.12
2008	1362	49.62	1453.79	5947.56	1643.66	687.62
2009	1371	59.31	1911.48	6572.69	2240.10	1010.85
2010	1448	65.47	2424.49	7564.29	2419.16	1168.62
2011	1494	65.38	2986.45	10058.78	2637.65	1352.95
2012	1648	49.75	3258.57	12484.91	2876.70	1526.04
2013	1731	82.01	3694.44	13000.83	3635.57	2196.16
2014	1774	91.20	4123.49	14158.77	3232.02	1864.61
2015	1774	90.64	4488.90	15644.62	3547.24	1981.99

14-2 建筑企业主要经济效益指标和工程质量(1996—2015年)
Main Indicators of Economic Benefit and Engineering Quality of Construction Enterprises,1996-2015

年 份 Year	全员劳动生产率(万元/人) Overall Labour Productivity (10 000yuan/person)	平均每一从业人员竣工面积(平方米) Floor Space of Building Completed per Employment Personnel (sq. m)	产值利润率(%) Ratio of Pre-tax Profit to Gross Output Value (%)	产值利税率(%) Ratio of Profits and Taxes to Gross Output Value (%)	按面积计算竣工率(%) Percentage of Building Completed in Terms of Floor Space(%)
1996	5.97	19.5	1.0	3.6	36.0
1997	6.53	24.9	1.1	3.7	41.5
1998	7.20	29.6	1.4	3.9	42.2
1999	7.76	31.4	1.0	3.6	43.2
2000	8.68	38.5	1.1	4.0	46.9
2001	11.12	35.6	1.3	4.2	43.2
2002	11.75	38.5	1.8	4.7	47.3
2003	14.65	41.2	1.9	4.8	43.2
2004	17.12	43.0	1.9	4.9	46.4
2005	19.29	38.0	2.3	5.3	37.7
2006	25.51	45.0	2.6	5.8	38.1
2007	26.95	46.3	3.1	6.3	38.6
2008	29.30	33.1	3.3	6.5	27.6
2009	32.23	37.8	2.8	6.0	34.1
2010	37.03	36.9	2.7	6.0	32.0
2011	45.68	40.3	2.7	5.8	26.2
2012	65.49	57.8	2.9	6.0	23.0
2013	45.05	44.3	3.9	7.1	28.0
2014	45.22	35.4	3.9	6.9	22.8
2015	49.53	39.1	3.6	6.4	22.7

14-3 建筑企业基本情况(按登记注册类型和经济类型分)

Basic Statistics on Construction Enterprises (Grouped by Status of Registration and Ownership)

项 目 Item	企业个数(个) Number of Enterprises (unit)		从业人员平均人数(万人) Average Employment Personnel (10 000 persons)		建筑业总产值(亿元) Gross Output Value of Construction (100 million yuan)	
	2014	2015	2014	2015	2014	2015
总 计 Total	**1774**	**1774**	**91.20**	**90.64**	**4123.49**	**4488.90**
按登记注册类型分 Grouped by Status of Registration						
内资企业 Domestic-funded Enterprises	1749	1752	90.98	90.42	4112.02	4480.46
国 有 State-owned Enterprises	67	58	5.62	1.95	200.31	125.01
集 体 Collective-owned Enterprises	50	47	4.59	3.38	190.75	160.88
股份合作 Cooperative Enterprises	13	10	0.47	0.34	34.14	21.49
私营企业 Private Enterprises	977	990	14.40	14.06	588.99	824.88
股份有限公司 Share-holding Corporations Ltd.	47	49	3.25	2.82	229.36	255.08
有限责任公司 Limited Liability Corporations	578	590	62.39	67.61	2857.12	3084.26
# 国有独资 Sole State-funded Corporations	21	25	7.05	7.97	371.03	447.38
联营企业 Joint Ownership Enterprises	4	2	0.09	0.05	3.90	2.56
# 集体联营 Collective Joint Ownership Enterprises	2	1	0.08	0.05	2.08	2.56
其 他 Others	13	6	0.17	0.21	7.47	6.30
港、澳、台商投资企业 Enterprises with Investment from Hong Kong, Macao and Taiwan	13	11	0.15	0.15	4.69	1.92
外商投资企业 Foreign Funded Enterprises	12	11	0.07	0.07	6.77	6.52
按经济类型分 Grouped by Ownership						
国有经济 State-owned	89	84	12.66	9.92	571.33	572.40
集体经济 Collective-owned	65	58	5.13	3.77	226.96	184.93
私有经济 Private and Individual	977	990	14.40	14.06	588.99	824.88
港澳台商投资经济 Hong Kong, Macao and Taiwan Funded	13	11	0.15	0.15	4.69	1.92
外商投资经济 Foreign Funded	12	11	0.07	0.07	6.77	6.52
其 他 Others	618	620	58.79	62.67	2724.74	2898.25

14-3续表 *Continued*

项 目 Item	竣工产值(亿元) Gross Output Value Completed (100 million yuan)		房屋建筑施工面积(万平方米) Floor Space of Building under Construction (10 000 sq. m)		房屋建筑竣工面积(万平方米) Floor Space of Building Completed (10 000 sq. m)		#住 宅 Residential Buildings	
	2014	2015	2014	2015	2014	2015	2014	2015
总　计 Total	**2099.95**	**2411.70**	**14158.77**	**15644.62**	**3232.02**	**3547.24**	**1864.61**	**1981.99**
按登记注册类型分 Grouped by Status of Registration								
内资企业 Domestic-funded Enterprises	2094.50	2409.90	14158.77	15644.62	3232.02	3547.24	1864.61	1981.99
国　有 State-owned Enterprises	58.75	85.33	559.68	582.75	80.46	108.75	28.20	79.38
集　体 Collective-owned Enterprises	79.37	112.34	657.95	645.90	216.32	277.37	137.37	175.64
股份合作 Cooperative Enterprises	22.53	21.06	0.26		0.26			
私营企业 Private Enterprises	285.67	575.03	1353.61	1957.95	759.90	955.40	445.49	586.83
股份有限公司 Share-holding Corporations Ltd.	76.98	129.69	345.96	682.32	47.72	185.40	34.41	119.25
有限责任公司 Limited Liability Corporations	1561.03	1477.66	11192.05	11744.63	2059.36	2016.26	1194.30	1019.83
# 国有独资 Sole State-funded Corporations	196.47	116.43	261.91	470.74	82.56	60.76	65.60	42.55
联营企业 Joint Ownership Enterprises	2.99	2.56	0.52	0.56	0.52	0.56		0.56
# 集体联营 Collective Joint Ownership Enterprises	2.08	2.56	0.52	0.56	0.52	0.56		0.56
其　他 Others	7.18	6.23	48.74	30.51	67.48	3.50	24.84	0.50
港、澳、台商投资企业 Enterprises with Investment from Hong Kong, Macao and Taiwan	3.78	0.63						
外商投资企业 Foreign Funded Enterprises	1.67	1.17						
按经济类型分 Grouped by Ownership								
国有经济 State-owned	255.23	201.76	821.59	1053.49	163.03	169.51	93.79	121.93
集体经济 Collective-owned	103.97	135.97	658.73	646.46	217.10	277.93	137.37	176.20
私有经济 Private and Individual	285.67	575.03	1353.61	1957.95	759.90	955.40	445.49	586.83
港澳台商投资经济 Hong Kong, Macao and Taiwan Funded	3.78	0.63						
外商投资经济 Foreign Funded	1.67	1.17						
其　他 Others	1449.63	1497.14	11324.84	11986.72	2091.99	2144.40	1187.96	1097.03

14-4 建筑企业基本情况(按行业和资质等级分)

Basic Statistics on Construction Enterprises (Grouped by Sector and Qualification Grade)

项目 Item	企业个数 (个) Number of Enterprises (unit)		从业人员平均人数 (万人) Average Employment Personnel (10 000 persons)		建筑业总产值 (亿元) Gross Output Value of Construction (100 million yuan)	
	2014	2015	2014	2015	2014	2015
按行业类别分 Grouped by Sector						
房屋建筑业 House Building	297	303	41.64	34.86	1604.71	1756.14
土木工程建筑业 Civil Engineering	398	407	34.23	41.50	1966.87	2101.16
建筑安装业 Building Installation	526	517	8.99	9.10	326.81	366.77
建筑装饰和其他建筑业 Building Decoration and Other Construction	553	547	6.34	5.18	225.10	264.83
按资质等级分 Grouped by Qualification Grade						
施工总承包 General Contractor	511	529	77.42	78.97	3567.89	3969.94
特级 Super Grade	8	9	12.38	20.72	931.17	1113.86
一级 First Grade	119	124	47.00	40.03	1862.76	1811.29
二级 Second Grade	150	167	11.87	13.15	520.45	727.69
三级及以下 Third Grade and Below	234	229	6.18	5.07	253.51	317.10
专业承包 Specialized Contractor	1263	1245	13.77	11.67	555.59	518.96
一级 First Grade	112	125	3.89	4.05	266.96	255.78
二级 Second Grade	279	285	3.60	2.82	108.52	105.65
三级及以下 Third Grade and Below	872	835	6.28	4.80	180.10	157.53

14-4续表 *Continued*

项 目 Item	竣工产值(亿元) Gross Output Value Completed (100 million yuan)		房屋建筑施工面积(万平方米) Floor Space of Building under Construction (10 000 sq. m)		房屋建筑竣工面积(万平方米) Floor Space of Building Completed (10 000 sq. m)		# 住 宅 Residential Buildings	
	2014	2015	2014	2015	2014	2015	2014	2015
按行业类别分								
Grouped by Sector								
房屋建筑业								
House Building	669.82	977.32	10748.49	12078.62	2494.44	2807.55	1573.54	1677.70
土木工程建筑业								
Civil Engineering	1169.81	1069.78	3029.75	3087.48	652.02	639.25	243.69	294.08
建筑安装业								
Building Installation	152.81	213.56	307.49	452.06	36.86	81.46	9.47	1.80
建筑装饰和其他建筑业								
Building Decoration and Other Construction	107.51	151.04	73.04	26.46	48.70	18.98	37.91	8.41
按资质等级分								
Grouped by Qualification Grade								
施工总承包								
General Contractor	1856.47	2100.61	14047.40	15497.90	3152.43	3489.92	1823.53	1970.71
特 级								
Super Grade	655.79	573.78	3623.58	3337.77	519.97	339.50	233.66	134.54
一 级								
First Grade	833.03	881.99	8657.76	9188.12	1727.91	2067.79	1086.95	1215.34
二 级								
Second Grade	203.02	362.27	1303.20	2230.78	549.77	743.67	306.52	454.64
三级及以下								
Third Grade and Below	164.63	282.57	462.86	741.23	354.78	338.96	196.40	166.19
专业承包								
Specialized Contractor	243.48	311.09	111.37	146.72	79.59	57.32	41.08	11.28
一 级								
First Grade	106.67	127.11	9.16	9.18		3.41		
二 级								
Second Grade	47.84	71.12	19.13	94.92	21.68	26.64	1.80	1.81
三级及以下								
Third Grade and Below	88.96	112.86	83.08	42.62	57.91	27.27	39.28	9.47

14-5 建筑企业主要财务指标(2015年)

Main Financial Indicators of Construction Enterprises, 2015

单位：万元(10 000yuan)

指　　标	Item	全市总计 Total	# 国有经济 State-owned	# 集体经济 Collective-owned
期末资产负债	**Assets and Liabilities at Year-end**			
流动资产合计	Total Working Capital	46393804	6175465	1521136
固定资产合计	Total Fixed Assets	5563936	457092	40066
固定资产原价	Original Value of Fixed Assets	7786843	810206	64385
累计折旧	Accumulative Depreciation	3490913	441004	25868
在建工程	Projects under Construction	673643	22108	273
资产总计	Total Assets	58943156	7238758	1699788
流动负债合计	Total Working Liabilities	40113090	5550584	1357655
负债合计	Total Liabilities	45331453	5995326	1367441
所有者权益合计	Total Owner's Equity	13608092	1243433	332347
损益及分配	**Profit, Loss and Distribution**			
主营业务收入	Revenue of Prinicipal Business	43306922	5638723	1706327
主营业务成本	Costs of Prinicipal Business	38480311	5090770	1490148
营业税金及附加	Business Tax and Extra Charges	1204491	157023	58253
# 主营业务税金及附加	Taxes & Extra Charges of Prinicipal Business	1169224	155883	57965
其他业务利润	Other Profits from Business	38980	6973	1520
销售费用	Selling Expenses	93671	5262	1185
管理费用	Management Expenses	1758772	244781	66202
# 税　金	Taxes	40930	4127	707
财务费用	Financial Expenses	342455	26908	1275
利润总额	Total Pre-tax Profits	1605434	134811	93785
应交所得税	Income Taxes Payable	400215	28338	21601
人工成本	**Wage and Welfare Expenses**			
应付职工薪酬	Total Remuneration Payable	3034453	380267	116084

14-5续表 *Continued*

单位：万元(10 000 yuan)

指　　标	Item	#私有经济 Private	#港澳台投资经济 Hong Kong, Macao and Taiwan Funded	#外商投资经济 Foreign Funded
期末资产负债	**Assets and Liabilities at Year-end**			
流动资产合计	Total Working Capital	6842310	52586	79952
固定资产合计	Total Fixed Assets	1228881	1796	12265
固定资产原价	Original Value of Fixed Assets	1188637	7732	19543
累计折旧	Accumulative Depreciation	473776	6271	7278
在建工程	Projects under Construction	480780	157	
资产总计	Total Assets	9529903	55577	97508
流动负债合计	Total Working Liabilities	4394565	25155	41724
负债合计	Total Liabilities	6419312	38353	54166
所有者权益合计	Total Owner's Equity	3106980	17224	43341
损益及分配	**Profit, Loss and Distribution**			
主营业务收入	Revenue of Prinicipal Business	6287703	34251	63999
主营业务成本	Costs of Prinicipal Business	5556294	297257	46299
营业税金及附加	Business Tax and Extra Charges	177601	1073	1165
# 主营业务税金及附加	Taxes & Extra Charges of Prinicipal Business	165344	1073	1165
其他业务利润	Other Profits from Business	5000		1043
销售费用	Selling Expenses	36366	104	3013
管理费用	Management Expenses	277862	2983	7684
# 税　金	Taxes	13779	107	136
财务费用	Financial Expenses	33154	122	-16
利润总额	Total Pre-tax Profits	220314	333	2815
应交所得税	Income Taxes Payable	96813	545	1157
人工成本	**Wage and Welfare Expenses**			
应付职工薪酬	Total Remuneration Payable	518543	4181	7688

14-6 建筑企业技术装备情况(1996—2015年)

Basic Statistics on Machinery and Equipment Owned by Construction Enterprises, 1996-2015

年份 Year	总台数 Sets	年末自有机械设备总功率(万千瓦) Total Capacity of Machinery and Equipment Owned (Year-end) (10 000 kw)	年末自有机械设备净值(亿元) Net Value of Machinery and Equipment Owned (Year-end) (100 million yuan)	全部职工技术装备率(元/人) Value of Machines per Labour (yuan/person)	全部职工动力装备率(千瓦/人) Power of Machines per Labour (kw/person)
1996	53471	137.98	38.47	13237	4.75
1997	62462	151.18	20.76	7094	5.17
1998	67589	173.03	20.60	7022	5.90
1999	68564	185.54	21.41	8774	7.61
2000	75579	157.27	21.77	10714	7.74
2001	71514	168.83	23.15	12881	9.39
2002	107138	221.56	52.98	19423	8.12
2003	105861	227.81	58.20	24203	9.47
2004	99495	258.80	62.28	27354	11.37
2005	100040	246.33	69.50	26064	9.24
2006	97767	297.62	78.28	25420	9.66
2007	92060	293.46	85.48	24470	8.40
2008	101041	316.85	110.40	30390	8.72
2009	116658	440.64	172.22	41336	10.58
2010	128525	418.90	198.05	41373	8.75
2011	118402	391.62	186.48	57483	12.07
2012	110896	502.04	294.22	91016	15.53
2013	114250	438.28	173.41	21146	5.34
2014	115392	442.66	175.14	21356	5.40
2015	142866	478.62	213.54	23559	5.28

14-7 建筑企业经济效益指标(2015年)

Economic Benefit Indicators of Construction Enterprises,2015

指标 Item	全市 Total	# 国有经济 State-owned	# 地方 Local
全员劳动生产率(元/人) Overall Labour Productivity (yuan/person)	49.53	57.72	44.16
房屋竣工率(%) Percentage of Buildings Completed (%)	22.67	16.09	52.91
平均每一从业人员竣工面积(平方米/人) Floor Space of Buildings Completed per Employment Personnel (sq. m/person)	39.14	17.09	16.24
每百元产值实现利税(元) Ratio of Profits and Taxes to per 100 yuan Output Value (yuan)	6.35	5.17	6.52
百元产值占用流动资产(元) Ratio of Working Capital to per 100 yuan Output Value (yuan)	103.35	107.89	149.41
全员资金占有率(元/人) Total Capital Share (yuan/person)	573248.35	668786.53	687764.51

14-8 建筑业企业房屋建筑完成情况

Building Construction of Construction Enterprises

单位：万平方米 (10 000 sq. m)

指　标	Item	2014	2015
房屋建筑施工面积	**Floor Space of Buildings under Construction**	**14158.77**	**15644.62**
# 本年新开工面积	New Floor Space of Buildings in Current Year	5180.00	4628.26
# 实行投标承包面积	Contracted Bidding Floor Space	12584.41	13774.57
房屋建筑竣工面积	**Floor Space of Buildings Completed**	**3232.02**	**3547.24**
住　宅	Residential Buildings	1864.61	1981.99
批发和零售用房	Wholesale and Retail Trade Buildings	140.18	77.41
住宿和餐饮用房	Hotels and Restaurants Buildings	23.34	8.60
居民服务业用房	Residential Service Buildings	74.46	177.34
办公用房	Office Buildings	128.15	128.63
科研用房	Scientific and Research Buildings	16.73	7.75
教育用房	Educational Buildings	54.74	158.71
卫生医疗用房	Health Care and Medical Buildings	27.86	76.10
文化、体育和娱乐用房	Cultural, Sports and Entertainment Buildings	35.71	16.60
厂房、仓库	Factory Buildings and Warehouses	770.57	749.92
其他用房	Other Buildings	95.67	164.18

14-9 劳务分包建筑企业生产经营情况

Main Indicators of Subcontracted Construction Enterprises

单位：万元 (10 000 yuan)

指　标	Item	2014	2015
建筑业总产值	Gross Output Value of Construction	1401035	1414104
# 装饰装修产值	Gross Output Value of Decoration	77747	56705
企业个数(个)	Number of Enterprises (unit)	476	454
年末从业人员(人)	Number of Employment Personnel (person)	161285	147221
# 工程技术人员	Engineering	4165	4052
营业收入合计	Total Operating Revenue	1474593	1444536
# 主营业务收入	Revenue of Project Settlement Accounts	1452538	1421797
税　金	Taxes	54359	52104
利润总额	Total Pre-tax Profits	17706	9991
从业人员劳动报酬	Remuneration of Employment Personnel	564885	597226

主要统计指标解释

建筑业总产值

是以货币表现的建筑业企业在一定时期内生产的建筑业产品和提供的服务的总和。建筑业总产值包括：

1. 建筑工程产值：指列入建筑工程预算内的各种工程价值；

2. 安装工程产值：指设备安装工程价值，不包括被安装设备本身的价值；

3. 其他产值：建筑业总产值中除建筑工程、安装工程以外的产值。包括房屋构筑物修理产值、非标准设备制造产值、总包企业向分包企业收取的管理费以及不能明确划分的施工活动所完成的产值。

劳务分包企业建筑业总产值指劳务分包企业与总承包企业或专业承包企业签订劳务分包合同后，从事建筑安装工程取得的所有劳务收入。

房屋施工面积

指在报告期内施工的全部房屋建筑面积，包括本期新开工的房屋面积、上期跨入本期继续施工的房屋面积、上期停缓建在本期恢复施工的房屋面积、本期竣工的房屋面积及本期施工后又停缓建的房屋面积。

房屋建筑竣工面积

指在报告期内房屋建筑按照设计要求已全部完工，达到了住人和使用条件，经验收鉴定合格或达到竣工验收标准，可正式移交使用的各栋房屋建筑面积的总和。

Explanatory Notes on Main Statistical Indicators

Gross Output Value of Construction

refers to total of construction products and services, expressed in monetary terms, produced or rendered by construction and installation enterprises during a given period of time. It includes:

1. Output value of construction projects, which is the value of projects covered by the project budgets;

2. Output value of installation projects, which is the value of the installation of equipment, excluding the value of the equipment to be installed;

3. Output value of others, which is the output value of construction industry excluding that of construction projects and installation projects. It includes: output value of repair of buildings and structures; output value of non-standard equipment manufacturing; overhead expenses received by contracted enterprises to the sub-contracted enterprises and the completed output value of construction activities that have no clear definition.

Output value of sub-contracted construction enterprises refers to the total labour income of installation projects earned by sub-contracted enterprises after signed sub-contracted labour contracts with general of specialized contractors.

Floor Space of Buildings Under Construction

refers to floor space of buildings under construction during the reference period, including newly started buildings, buildings started earlier and continued during the reference period, and buildings suspended earlier but restarted during the reference period, buildings completed during the reference period, and buildings under construction and then suspended during the reference period.

Floor Space of Buildings Completed

refers to the total floor space of buildings that are completed in the reference period in accordance with the requirements of the design, up to the standard for putting them into use, have been checked and accepted by concerned departments as qualified ones or reached the completed qualification standard, and can be transferred to use formally.

TIANJIN STATISTICAL YEARBOOK

第十五篇 批发和零售业与住宿和餐饮业

Chapter 15
Wholesale and Retail Trade, Accommodation and Catering Services

15-1 社会消费品零售总额(1996—2015年)
Total Retail Sales of Consumer Goods,1996-2015

单位：亿元(100 million yuan)

年份 Year	总计 Total	按行业分 Grouped by Sector # 批发和零售业 Wholesale and Retail Trade	按销售地区分 Grouped by Region 城镇 Urban Areas	# 城区 Districts of City	乡村 Rural Areas	增长速度(%)(比上年) Increase Rate (%) (Over Preceding Year)
1996	470.04	267.14	391.36	30.08	48.60	25.1
1997	535.02	295.26	449.59	37.36	48.07	13.8
1998	587.12	326.07	476.68	42.99	67.45	10.2
1999	657.28	350.59	499.24	52.08	105.96	12.0
2000	736.63	379.19	564.52	58.64	113.47	12.1
2001	832.70	441.79	651.23	62.38	119.09	13.0
2002	941.36	514.67	739.43	71.11	130.82	13.1
2003	922.27	727.10	859.19	35.26	27.82	10.9
2004	1044.78	825.64	975.47	39.05	30.25	14.1
2005	1190.06	1007.34	1112.95	42.19	34.92	13.9
2006	1356.79	1143.04	1275.38	44.27	37.13	14.0
2007	1603.74	1350.56	1505.20	53.59	44.95	18.2
2008	2078.70	1756.72	1955.84	69.63	53.23	24.5
2009	2430.83	2049.84	2280.08	86.75	64.00	16.9
2010	2902.55	2564.09	2749.59	2407.03	152.96	19.4
2011	3395.06	2963.85	3227.09	2837.24	167.97	18.7
2012	3921.43	3453.94	3767.76	3250.80	153.67	15.5
2013	4470.43	3993.76	4308.09	3739.32	162.34	14.0
2014	4738.65	4214.50	4549.53	3859.68	189.12	6.0
2015	5257.28	4668.53	5033.33	4225.61	223.95	10.9

注：1.2003年以后社会消费品零售总额中不包括“制造业”、“农业生产者”的零售额。2.2010年前按销售地区分组中，城镇栏为市，城区栏为县，乡村栏为县以下。

Note: a) After 2003, total retail sales of consumer goods exclude those of manufacturing and agricultural producers. b) In data grouped by region before 2010, urban areas refer to city,districts of city refer to county,and rural areas refer to under county level.

15-2 限额以上批发和零售业商品购进、销售和库存(1998—2015年)
Purchases,Sales and Inventory of Wholesale and Retail Trade above Designated Size,1998-2015

单位：亿元(100 million yuan)

年份 Year	商品购进额 Purchases	# 进口 Imports	商品销售额 Sales	# 批发 Wholesale	年末库存额 Inventory (year-end)
1998	633.69	32.78	695.37	575.34	102.24
1999	660.10	26.24	724.06	600.29	95.24
2000	1011.30	35.75	1059.03	906.70	100.32
2001	1343.64	49.89	1408.13	1167.82	137.96
2002	1356.68	57.27	1438.33	1215.56	105.87
2003	1858.19	92.81	1915.05	1678.86	107.93
2004	3578.89	238.89	3636.22	3199.33	221.68
2005	4192.39	197.44	4316.01	3897.80	204.52
2006	4912.09	267.56	5109.00	4640.25	245.87
2007	6639.77	298.80	6061.70	5518.56	323.18
2008	9183.67	442.79	10216.70	9262.70	453.39
2009	8940.76	343.15	9718.19	8651.55	575.76
2010	12346.01	514.07	13642.49	12392.62	624.38
2011	17760.51	920.11	18618.70	17065.38	888.38
2012	22100.52	1375.40	23284.41	21326.17	1079.16
2013	27095.13	1385.86	28747.85	26306.12	1209.74
2014	30600.76	1781.61	32601.83	29881.67	1524.93
2015	30793.20	1857.95	33156.29	30319.67	1296.67

15-3 限额以上批发和零售业商品购进额

Purchases of Wholesale and Retail Trade above Designated Size

单位：万元(10 000 yuan)

项目 Item	商品购进额 Goods Purchases		# 进口 Imports	
	2014	2015	2014	2015
总计 **Total**	**306007609**	**307932022**	**17816133**	**18579461**
# 国有及国有控股企业 State-owned and State-holding Enterprises	172390785	164517977	11765754	8912547
民营及民营控股企业 Private and Private holding Enterprises	117507785	125346126	2450023	6299526
按登记注册类型分 **Grouped by Registered Status**				
内资企业 Domestic-funded Enterprises	284942343	284111597	13845985	14405098
国有 State-owned Enterprises	15001475	13882982	1526453	666969
集体 Collective-owned Enterprises	828828	713182	39	14331
股份合作 Cooperative Enterprises	211300	134915		
私营企业 Private Enterprises	68621369	73732572	1565730	4133369
股份有限公司 Share-holding Corporations Ltd.	21281194	15471453	1705688	2679514
有限责任公司 Limited Liability Corporations	176704064	177272707	9048075	6910915
# 国有独资公司 Sole State-funded Corporations	69061847	61468765	5466316	2002469
联营企业 Joint Ownership Enterprises	33523	24272		
# 国有联营 State Joint Ownership Enterprises	9945	9405		
集体联营 Collective Joint Ownership Enterprises	580	7648		
其他 Others	2260590	2879513		
港澳台商投资企业 Enterprises with Investment from Hong Kong, Macao and Taiwan	10700819	13483097	939899	1434244
外商投资企业 Foreign Funded Enterprises	10364447	10337328	3030249	2740119
按经济类型分 **Grouped by Ownership**				
国有经济 State-owned	84073267	75361151	6992770	2669438
集体经济 Collective-owned	1040708	855745	39	14331
股份制经济 Share-holding	128923410	131275395	5287446	7587961
私有经济 Private and Individual	70775113	76554445	1565730	4133369
“三资”经济 Hong Kong, Macao, Taiwan and Foreign Funded	21065266	23820425	3970148	4174363
其他 Others	129844	64860		

15-3续表 *Continued*

单位：万元 (10 000 yuan)

项　目 Item	商品购进额 Goods Purchases		# 进　口 Imports	
	2014	2015	2014	2015
按国民经济行业分 **Grouped by Sector**				
批发业 **Wholesale Trade**	**283769406**	**285758258**	**16843334**	**17327994**
农畜产品批发 Farm & Livestock Products	1493650	1702799	81055	102158
食品、饮料及烟草制品批发 Food, Beverage and Tobacco	11297205	11623567	151885	730879
纺织、服装及日用品批发 Textile, Garments and Daily Articles	5109373	6619690	167144	203476
文化、体育用品及器材批发 Cultural and Sports Goods & Equipment	1637490	1777414	22329	36300
医药及医疗器械批发 Medicine and Medical Appliances	4144581	4983843	55391	51244
矿产品、建材及化工产品批发 Mineral Products, Building Material and Chemical Products	217923210	216200597	10861423	9690256
机械设备、五金交电及电子产品批发 Machinery Equipment, Hardware, Transport, Electric and Electronic Product	28013870	28510758	4639088	5799384
贸易经纪与代理 Trade Broker and Agent	3509032	4923023	527434	431939
其他批发 Others	10640995	9416566	337586	282358
零售业 **Retail Trade**	**22238203**	**22173763**	**972799**	**1251468**
综合零售 Comprehensive Retail	2914620	2937279	2214	2727
食品、饮料及烟草制品专门零售 Special Retail of Food, Beverage and Tobacco	670050	761248	2201	2328
纺织、服装及日用品专门零售 Special Retail of Textile, Garments and Daily Articles	725963	948991		4380
文化、体育用品及器材专门零售 Special Retail of Cultural and Sports Goods & Equipment	1143073	1057511	5724	1563
医药及医疗器械专门零售 Special Retail of Medicine and Medical Appliances	617378	737734		1
汽车、摩托车、燃料及零配件专门零售 Special Retail of Automobile, Autobike, Parts, Fittings and Fuel	11902797	10490922	926265	1209838
家用电器及电子产品专门零售 Special Retail of Household Appliances and Electronic Products	1799637	1586862	498	
五金、家具及室内装修材料专门零售 Special Retail of Hardware, Furniture and Decoration Materials for Indoors	447157	658863	6136	2032
无店铺及其他零售 Non-shop and Other Retail	2017529	2994354	29760	28600

15-4 限额以上批发和零售业商品销售和库存额
Sales and Inventory of Wholesale and Retail Trade above Designated Size

单位：亿元(100 million yuan)

项 目 Item	商品销售额 Sales		# 批 发 Wholesale		年末库存额 Inventory(year-end)	
	2014	2015	2014	2015	2014	2015
总 计 Total	**32601.83**	**33156.29**	**29881.67**	**30319.67**	**1524.93**	**1296.67**
# 国有及国有控股企业 State-owned and State-holding Enterprises	17718.05	17104.11	16971.39	16351.76	748.60	709.46
民营及民营控股企业 Private and Private holding Enterprises	12721.50	13858.03	11118.66	12096.44	622.98	449.12
按登记注册类型分 Grouped by Registered Status						
内资企业 Domestic-funded Enterprises	29910.70	30379.78	27657.62	27931.44	1352.59	1125.00
国 有 State-owned Enterprises	1662.99	1441.93	1640.09	1393.67	55.89	43.20
集 体 Collective-owned Enterprises	86.88	75.61	63.94	54.36	2.98	2.49
股份合作 Cooperative Enterprises	24.33	14.28	21.60	11.71	0.88	0.58
私营企业 Private Enterprises	7469.00	8164.77	6705.52	7379.84	385.01	249.09
股份有限公司 Share-holding Corporations Ltd.	2124.00	1648.22	1715.01	1301.04	231.56	176.91
有限责任公司 Limited Liability Corporations	18259.51	18706.23	17327.92	17586.74	669.59	639.59
# 国有独资公司 Sole State-funded Corporations	7001.20	6331.93	6949.95	6287.83	151.25	160.60
联营企业 Joint Ownership Enterprises	3.65	2.76		0.33	0.08	0.29
# 国有联营 State Joint Ownership Enterprises	1.13	1.29		0.33	0.03	0.03
集体联营 Collective Joint Ownership Enterprises	0.06	0.74				0.26
其 他 Others	280.33	325.97	183.54	203.74	6.61	12.85
港澳台商投资企业 Enterprises with Investment from Hong Kong, Macao and Taiwan	1180.91	1450.78	982.41	1276.10	76.28	57.72
外商投资企业 Foreign Funded Enterprises	1510.23	1325.74	1241.65	1112.13	96.06	113.94
按经济类型分 Grouped by Ownership						
国有经济 State-owned	8665.32	7775.15	8590.04	7681.82	207.17	203.83
集体经济 Collective-owned	111.27	90.62	85.54	66.07	3.86	3.32
股份制经济 Share-holding	13382.30	14022.52	12092.98	12599.96	749.90	655.90
私有经济 Private and Individual	7727.95	8480.02	6874.35	7577.90	391.49	261.90
“三资”经济 Hong Kong, Macao, Taiwan and Foreign Funded	2691.13	2776.51	2224.05	2388.23	172.34	171.66
其 他 Others	23.85	11.46	14.71	5.69	0.18	0.05

15-4续表 *Continued*

单位：亿元(100 million yuan)

项 目 Item	商品销售额 Sales		#批 发 Wholesale		年末库存额 Inventory(year-end)	
	2014	2015	2014	2015	2014	2015
按国民经济行业分 **Grouped by Sector**						
批发业 **Wholesale Trade**	**30105.77**	**30510.58**	**29357.21**	**29739.19**	**1338.26**	**1118.90**
农畜产品批发 Farm & Livestock Products	155.29	176.68	148.87	171.85	36.06	51.98
食品、饮料及烟草制品批发 Food, Beverage and Tobacco	1232.21	1324.52	1189.74	1278.32	51.49	46.27
纺织、服装及日用品批发 Textile, Garments and Daily Articles	669.03	777.30	632.10	721.27	37.39	42.95
文化、体育用品及器材批发 Cultural and Sports Goods & Equipment	179.12	188.78	170.82	183.33	23.91	12.74
医药及医疗器械批发 Medicine and Medical Appliances	463.97	530.61	461.02	528.33	26.08	32.35
矿产品、建材及化工产品批发 Mineral Products, Building Material and Chemical Products	22737.07	22770.64	22392.91	22430.69	715.73	543.57
机械设备、五金交电及电子产品批发 Machinery Equipment, Hardware, Transport, Electric and Electronic Product	3067.34	3215.82	2797.91	2939.41	380.15	329.23
贸易经纪与代理 Trade Broker and Agent	499.25	515.54	495.55	513.17	17.18	20.10
其他批发 Others	1102.49	1010.69	1068.31	972.82	50.27	39.72
零售业 **Retail Trade**	**2496.06**	**2645.71**	**524.46**	**580.48**	**186.67**	**177.76**
综合零售 Comprehensive Retail	377.74	430.51	18.44	34.33	35.25	25.78
食品、饮料及烟草制品专门零售 Special Retail of Food, Beverage and Tobacco	78.26	81.57	23.67	9.28	6.24	9.64
纺织、服装及日用品专门零售 Special Retail of Textile, Garments and Daily Articles	110.10	122.03	12.83	14.25	16.92	14.61
文化、体育用品及器材专门零售 Special Retail of Cultural and Sports Goods & Equipment	132.10	129.54	20.74	16.75	13.41	10.94
医药及医疗器械专门零售 Special Retail of Medicine and Medical Appliances	68.93	79.38	42.63	45.75	5.63	5.39
汽车、摩托车、燃料及零配件专门零售 Special Retail of Automobile, Autobike, Parts, Fittings and Fuel	1309.54	1151.59	291.36	258.28	81.86	87.19
家用电器及电子产品专门零售 Special Retail of Household Appliances and Electronic Products	152.81	177.77	43.14	54.15	9.81	11.75
五金、家具及室内装修材料专门零售 Special Retail of Hardware, Furniture and Decoration Materials for Indoors	55.44	81.44	5.90	13.23	4.00	4.93
无店铺及其他零售 Non-shop and Other Retail	211.13	391.87	65.76	134.46	13.53	7.54

15-5 限额以上国有及国有控股批发和零售业主要指标(2015年)

Main Indicators of State-owned & State-holding Wholesale and Retail Trade above Designated Size,2015

单位：亿元(100 million yuan)

项　目 Item	机　构(个) Organizations (unit)	商品购进额 Purchases	商品销售额 Sales
总　计 **Total**	**619**	**16451.80**	**17104.11**
批发业 **Wholesale Trade**	**454**	**15911.06**	**16471.66**
农畜产品批发 Farm & Livestock Products	15	71.68	57.56
食品、饮料及烟草制品批发 Food, Beverage and Tobacco	39	229.17	288.01
纺织、服装及日用品批发 Textile, Garments and Daily Articles	23	293.14	296.97
文化、体育用品及器材批发 Cultural and Sports Goods & Equipment	15	48.37	49.80
医药及医疗器械批发 Medicine and Medical Appliances	29	291.98	303.19
矿产品、建材及化工产品批发 Mineral Products, Building Material and Chemical Products	248	13457.01	13868.16
机械设备、五金交电及电子产品批发 Machinery Equipment, Hardware, Transport, Electric and Electronic Product	49	1047.14	1123.96
贸易经纪与代理 Trade Broker and Agent	17	163.92	175.65
其他批发 Others	19	308.64	308.36
零售业 **Retail Trade**	**165**	**540.74**	**632.45**
综合零售 Comprehensive Retail	12	15.15	25.14
食品、饮料及烟草制品专门零售 Special Retail of Food, Beverage and Tobacco	11	3.29	3.91
纺织、服装及日用品专门零售 Special Retail of Textile, Garments and Daily Articles	3	5.27	6.71
文化、体育用品及器材专门零售 Special Retail of Cultural and Sports Goods & Equipment	29	26.38	44.24
医药及医疗器械专门零售 Special Retail of Medicine and Medical Appliances	9	4.53	5.44
汽车、摩托车、燃料及零配件专门零售 Special Retail of Automobile, Autobike, Parts, Fittings and Fuel	92	482.75	542.86
家用电器及电子产品专门零售 Special Retail of Household Appliances and Electronic Products	2	0.59	0.63
五金、家具及室内装修材料专门零售 Special Retail of Hardware, Furniture and Decoration Materials for Indoors	3	0.49	0.75
无店铺及其他零售 Non-shop and Other Retail	4	2.31	2.78

15-6 按登记注册类型分限额以上批发和零售企业财务状况(2015年)

项　目	Item	主营业务收入 Revenue from Principal Business	主营业务成本 Cost of Principal Business
总　计	**Total**	**285668539**	**272940312**
批发企业	**Wholesale Trade**	**265735192**	**254935916**
# 国有及国有控股企业	State-owned and State-holding Enterprises	143353337	140395021
内资企业	Domestic-funded Enterprises	245090288	236516438
国　有	State-owned Enterprises	12025862	11599670
集　体	Collective-owned Enterprises	464019	447398
股份合作	Cooperative Enterprises	103553	95560
有限责任公司	Limited Liability Corporations	155394835	150835819
股份有限公司	Share-holding Corporations Ltd.	11038185	10598785
私营企业	Private Enterprises	66015714	62899905
其　他	Others	48120	39301
港澳台商投资企业	Enterprises with Investment from Hong Kong, Macao and Taiwan	11781906	11214072
外商投资企业	Foreign Funded Enterprises	8862998	7205406
零售企业	**Retail Trade**	**19933347**	**18004396**
# 国有及国有控股企业	State-owned and State-holding Enterprises	4982172	4534653
内资企业	Domestic-funded Enterprises	16865096	15425067
国　有	State-owned Enterprises	213185	171135
集　体	Collective-owned Enterprises	172277	153309
股份合作	Cooperative Enterprises	20771	17254
联营企业	Joint Ownership Enterprises	25711	21377
有限责任公司	Limited Liability Corporations	7749996	7040159
股份有限公司	Share-holding Corporations Ltd.	3506936	3285479
私营企业	Private Enterprises	5152286	4715528
其　他	Others	23934	20827
港澳台商投资企业	Enterprises with Investment from Hong Kong, Macao and Taiwan	1622400	1414795
外商投资企业	Foreign Funded Enterprises	1445851	1164534

Main Financial Indicators of Enterprises above Designated Size of Wholesale and Retail Trade by Status of Registration,2015

单位：万元(10 000 yuan)

主营业务税金及附加 Taxes and Other Charge on Principal Business	利润总额 Total Pre-tax Profits	资产总计 Total Assets	# 流动资产 Working Capitals	负债合计 Total Debts	所有者权益合计 Total Owners' Equities
1728961	**2773480**	**123382053**	**97666311**	**96924366**	**26435687**
1650434	**2787619**	**111361756**	**90535080**	**88206725**	**23133031**
237188	878794	59250381	45541944	46388220	12862161
1050762	2431013	101784388	82371125	80549738	21212650
125522	171835	3862670	3329299	2716156	1146514
271	2253	199471	149599	138035	61436
153	4433	32282	29581	27946	4335
569244	1338797	69661182	54355332	54818465	14820717
4927	85411	4562006	3695787	3341900	1220106
349219	824569	23465741	20810672	19506293	3959447
1425	3715	1038	855	943	94
23512	201662	5503666	4721336	4497210	1006456
576160	154944	4073702	3442618	3159777	913924
78528	**-14139**	**12020297**	**7131231**	**8717641**	**3302656**
12377	-9816	2699867	1089739	1457486	1242381
55404	-8740	9715279	6189194	7208255	2507024
1477	-21302	229813	164866	182682	47131
203	6323	50542	37201	31483	19059
86	1830	9526	8404	4068	5458
94	2299	10003	9049	2744	7259
21895	80785	4851189	3455499	3926768	924421
4885	-115007	1924550	719303	1119735	804815
26693	35954	2525404	1727679	1889501	635903
72	378	114252	67192	51275	62977
14435	-31920	1154419	501131	684952	469467
8689	26522	1150600	440907	824434	326165

15-7 按国民经济行业分限额以上批发和零售业财务状况(2015年)

项 目	Item	主营业务收入 Revenue from Principal Business	主营业务成本 Cost of Principal Business
总 计	**Total**	**285668539**	**272940312**
批发企业	**Wholesale Trade**	**265735192**	**254935916**
农畜产品批发业	Wholesale of Farm & Livestock Product	1954817	1744327
食品、饮料及烟草制品批发业	Wholesale of Food, Beverage and Tobacco	10600170	9456106
纺织、服装及日用品批发业	Wholesale of Textiles, Garments and Daily Articles	6938164	6034421
文化、体育用品及器材批发业	Wholesale of Culture, Sports Appliances and Equipment	1443308	1339662
医药及医疗器材批发业	Wholesale of Medicines and Medical Appliances	4605182	4175207
矿产品、建材及化工产品批发业	Wholesale of Mineral Products, Building Materialand and Chemical Products	199664255	194688713
机械设备、五金交电及电子产品批发业	Wholesale of Machinery, Hardware, Transport, Electric and Electronic Equipment	28120373	25665482
贸易经济与代理	Trade Broker and Agency	3627987	3408011
其他批发业	Other Wholesales	8780936	8423988
零售企业	**Retail Trade**	**19933347**	**18004396**
综合零售业	Comprehensive Retail	2845090	2516788
食品、饮料及烟草制品专门零售业	Special Retail of Food, Beverage and Tobacco	483071	401176
纺织、服装及日用品专门零售业	Special Retail of Textiles, Garments and Daily Articles	1059660	869789
文化、体育用品及器材专门零售业	Special Retail of Culture, Sports Appliances and Equipment	884513	760897
医药及医疗器材专门零售业	Special Retail of Medicine and Medical Appliances	671475	608116
汽车、摩托车、燃料及零配件零售业	Special Retail of Automobile, Autobike, PartsFittings and Fuel	9811980	9169222
家用电器及电子产品专门零售业	Special Retail of Household Electric Appliances and Electronic Products	1542349	1428444
五金、家具及室内装修材料专门零售业	Special Retail of Hardware, Furniture and Decoration Materials for Indoors	587296	454699
无店铺及其他零售业	Non-shop and Other Retails	2047915	1795267

Main Financial Indicators of Enterprises above Designated Size of Wholesale and Retail Trade by Sector,2015

单位：万元(10 000 yuan)

主营业务税金及附加 Taxes and Other Charge on Principal Business	利润总额 Total Pre-tax Profits	资产总计 Total Assets	#流动资产 Working Capitals	负债合计 Total Debts	所有者权益合计 Total Owners' Equities
1728961	**2773480**	**123382053**	**97666311**	**96924366**	**26435687**
1650434	**2787619**	**111361756**	**90535080**	**88206725**	**23133031**
13981	4131	1056895	912591	853367	203528
273686	332584	3999760	3511716	3396049	603711
11095	468433	3886417	3667059	3261732	624685
4179	36556	2075730	1651314	1551485	524246
9573	95915	2695001	2471330	2010752	684250
532015	1454884	76631171	60637901	59913213	16695958
768932	286382	15786209	13072274	12977619	2808590
3591	-12071	1487670	1295056	1412897	74773
33382	120806	3742903	3315841	2829613	913290
78528	**-14139**	**12020297**	**7131231**	**8717641**	**3302656**
23235	-117738	2770660	1050954	2178258	592402
4650	22370	269970	182929	167256	102714
4699	11012	735288	411287	516844	218444
6777	3342	978479	563244	750207	228272
1342	20278	443144	399811	280900	162244
21899	31133	4750666	2969124	2896860	1853806
2486	-67328	851898	700944	776935	74963
8713	14601	417581	125051	368878	48703
4727	68191	802613	727886	781504	21109

15-8 连锁零售企业基本情况(2015年)

Basic Conditions of Chain Retail Enterprises,2015

项 目 Item	门店总数 (个) Number of Stores (unit)	营业面积 (平方米) Operation Area (sq. m)	从业人数 (人) Employment Personnel (person)	商品销售额 (万元) Sales of Commodities (10 000 yuan)	# 零售额 Retail Sales
总 计					
Total	**2227**	**1976090**	**31096**	**6101390**	**4488123**
按登记注册类型分					
By Status of Registration					
内资企业					
Domestic Funded Enterprises	1849	1504899	20477	4704254	3327346
国 有					
State-owned Enterprises	341	768781	4540	2600019	1612501
私营有限责任公司					
Private Limited Liability Corporations	158	33792	2753	143913	143913
其他有限责任公司					
Other Limited Liability Corporations	1070	594303	10105	1152524	1145576
其 他					
Others	280	108023	3079	807799	425357
港、澳、台商投资企业					
Enterprises with Funds from Hong Kong, Macao and Taiwan	303	329220	7718	659572	423214
外商投资企业					
Foreign Funded Enterprises	75	141971	2901	737563	737563
# 中外合资经营企业					
Joint-venture Enterprises	73	126905	2399	706172	706172
外商独资企业					
Enterprises with Sole Foreign Investment	2	15066	502	31391	31391

15-8续表 *Continued*

项目 Item	门店总数(个) Number of Stores (unit)	营业面积(平方米) Operation Area (sq.m)	从业人数(人) Employment Personnel (person)	商品销售额(万元) Sales of Commodities (10 000 yuan)	# 零售额 Retail Sales
按业态分 **By Business Categories**					
便利店 Convenience Store	206	46082	1494	76672	76401
超　市 Supermarket	862	205634	5266	319719	318645
大型超市 Hypermarket	34	391414	7899	708328	501421
专业店 Specialty Store	322	310725	4281	745493	742284
加油站 Gas Station	620	975565	8744	4046320	2676412
专卖店 Exclusive Store	156	33721	2726	133350	101453
家居建材商店 Building Material Store	7	4029	158	43283	43283
其　他 Others	20	8920	528	28225	28225
按行业分 **By Sector**					
综合零售 Comprehensive Retail	1119	647130	14846	1118832	910580
食品、饮料及烟草制品专门零售 Special Retail of Food, Beverage and Tobacco	138	28317	2699	129422	97524
纺织、服装及日用品专门零售 Special Retail of Textiles, Garments and Daily Articles	42	12575	495	19641	19404
医药及医疗器材专门零售 Special Retail of Medicine and Medical Appliances	224	54447	1842	61470	61379
汽车、摩托车、燃料及零配件专门零售 Special Retail of Automobile, Autobike, Parts, Fittings and Fuel	620	975565	8744	4046320	2676412
家用电器及电子产品专门零售 Special Retail of Household Electric Appliances and Electronic Products	77	254027	2312	682421	679541
五金、家具及室内装修材料专门零售 Special Retail of Hardware, Furniture and Decoration Materials for Indoors	7	4029	158	43283	43283

15-9 亿元以上商品交易市场基本情况(2015年)

Basic Statistics on Commodity Exchange Markets with Transaction Value over 100 Million Yuan,2015

市　　场	Market	市场数量(个) Number of Markets (unit)	摊位数(个) Number of Booths (unit)
总　　计	**Total**	**56**	**38460**
综合市场	**Comprehensive Markets**	**17**	**16029**
工业消费品综合市场	Comprehensive Market of Industrial Consumables	3	4136
农产品综合市场	Comprehensive Market of Agricultural Products	5	3481
其他综合市场	Other Comprehensive Markets	9	8412
专业市场	**Special Markets**	**39**	**22431**
生产资料市场	Market of Capital Goods	11	4755
煤炭市场	Coal Markets	2	2778
建材市场	Building Materials Markets	2	1010
化工材料及制品市场	Chemical Materials and Products Markets	1	302
金属材料市场	Metal Materials Markets	6	665
农产品市场	Agricultural Products Markets	11	7551
粮油市场	Foodstuff and Oil Markets	3	1631
水产品市场	Aquatic Product Markets	1	220
蔬菜市场	Vegetable Markets	5	4186
其他农产品市场	Other Agricultural Product Markets	2	1514
食品、饮料及烟酒市场	Food, Beverage and Tobacco Markets	2	2325
其他食品、饮料及烟酒市场	Other Food, Beverage and Tobacco Markets	2	2325
纺织、服装、鞋帽市场	Textile, Garments, Shoes and Caps Markets	3	3144
服装市场	Garments Markets	2	2802
鞋帽市场	Shoes and Caps Markets	1	342
家具、五金及装饰材料市场	Furniture, Hardware and Decoration Materials Markets	7	2653
家具市场	Furniture Markets	1	377
装饰材料市场	Decoration Materials Markets	2	416
五金材料市场	Hardware Markets	3	924
其他装修市场		1	936
汽车、摩托车及零配件市场	Automobile, Autobike, Parts and Fittings Markets	3	1273
花、鸟、鱼、虫市场	Flowers, Birds, Fish and Insects Markets	1	580
其他专业市场	Other Professional Markets	1	150

15-9续表 *Continued*

市　场	Market	营业面积(万平方米) Operation Area (10 000 sq.m)	成交额(亿元) Transaction Value (100 million yuan)	#批　发 Wholesale
总　计	**Total**	**413.68**	**1598.36**	**1520.01**
综合市场	**Comprehensive Markets**	**133.05**	**505.54**	**463.83**
工业消费品综合市场	Comprehensive Market of Industrial Consumables	10.31	50.62	47.61
农产品综合市场	Comprehensive Market of Agricultural Products	39.50	258.31	246.51
其他综合市场	Other Comprehensive Markets	83.24	196.61	169.71
专业市场	**Special Markets**	**280.63**	**1092.82**	**1056.18**
生产资料市场	Market of Capital Goods	46.54	462.39	462.39
煤炭市场	Coal Markets	0.14	148.47	148.47
建材市场	Building Materials Markets	21.50	15.37	15.37
化工材料及制品市场	Chemical Materials and Products Markets	0.96	32.00	32.00
金属材料市场	Metal Materials Markets	23.93	266.54	266.54
农产品市场	Agricultural Products Markets	92.99	317.54	317.54
粮油市场	Foodstuff and Oil Markets	17.44	67.33	67.33
水产品市场	Aquatic Product Markets	0.80	59.85	59.85
蔬菜市场	Vegetable Markets	44.83	57.83	57.83
其他农产品市场	Other Agricultural Product Markets	29.92	132.54	132.54
食品、饮料及烟酒市场	Food, Beverage and Tobacco Markets	27.28	55.57	54.03
其他食品、饮料及烟酒市场	Other Food, Beverage and Tobacco Markets	27.28	55.57	54.03
纺织、服装、鞋帽市场	Textile, Garments, Shoes and Caps Markets	11.53	23.29	23.29
服装市场	Garments Markets	7.63	19.55	19.55
鞋帽市场	Shoes and Caps Markets	3.90	3.74	3.74
家具、五金及装饰材料市场	Furniture, Hardware and Decoration Materials Markets	75.13	51.67	44.84
家具市场	Furniture Markets	4.77	2.84	
装饰材料市场	Decoration Materials Markets	4.08	4.37	1.50
五金材料市场	Hardware Markets	62.48	43.34	43.34
其他装修市场		3.80	1.12	
汽车、摩托车及零配件市场	Automobile, Autobike, Parts and Fittings Markets	24.26	179.81	152.89
花、鸟、鱼、虫市场	Flowers, Birds, Fish and Insects Markets	2.10	1.35	
其他专业市场	Other Professional Markets	0.80	1.20	1.20

15-10 限额以上住宿业基本情况(2015年)

Basic Statistics on Accommodation Services above Designated Size,2015

项目	Item	单位数(个) Number of Stores (unit)	从业人员(人) Employment Personnel (person)	餐饮营业面积(平方米) Operation Area of Catering Services (sq. m)	床位数(个) Number of Beds (unit)
总计	**Total**	**245**	**21573**	**424177**	**67148**
# 国有及国有控股企业	State-owned and State-holding Enterprises	68	8461	176552	24856
民营及民营控股企业	Private and Private holding Enterprises	170	12520	241679	39648
按登记注册类型分	**Grouped by Status of Registration**				
内资企业	Domestic-funded Enterprises	231	18487	391228	62014
国有	State-owned Enterprises	37	3183	55686	15188
集体	Collective-owned Enterprises	13	816	39755	6623
有限责任公司	Limited Liability Corporations	69	8634	179816	20750
私营企业	Private Enterprises	83	4293	96724	15226
私营独资	Private-funded Enterprises	2	83	2500	195
私营有限责任公司	Private Limited Liability Corporations	78	4140	84647	14670
私营股份有限公司	Private Share-holding Corporations Ltd.	3	70	9577	361
其他	Others	29	2293	19247	4227
港澳台商投资企业	Enterprises with Funds from Hong Kong, Macao and Taiwan	5	421	5190	2071
# 合资经营	Joint-venture Enterprises	1	249	2863	332
外商投资企业	Foreign Funded Enterprises	9	1933	27759	3063
中外合资经营	Joint-venture Enterprises	2	568	4908	789
中外合作经营	Cooperative Enterprises	4	824	13832	1218
外商独资企业	Enterprises with Sole Investment	2	148	1020	566
按行业分	**Grouped by Sector**				
旅游饭店	Tourism Restaurant	112	13916	303703	36295
一般旅馆	Hotel	109	5566	92177	18789
其他住宿服务	Other Accommodation Services	24	2091	28297	12064

15-10续表 *Continued*

单位：万元(10 000 yuan)

项　目	Item	资产总计 Total Assets	负债合计 Total Liabilities	营业收入 Business Revenue	主营业务成　本 Cost of Principal Business
总　计	**Total**	**1344399**	**1199050**	**380808**	**149062**
# 国有及国有控股企业	State-owned and State-holding Enterprises	703255	629118	140737	56691
民营及民营控股企业	Private and Private holding Enterprises	549575	506667	225069	86983
按登记注册类型分	**Grouped by Status of Registration**				
内资企业	Domestic-funded Enterprises	1145329	1030439	328694	128937
国　有	State-owned Enterprises	112475	91621	38869	16453
集　体	Collective-owned Enterprises	55991	45897	21061	9894
有限责任公司	Limited Liability Corporations	707332	646331	161655	66419
私营企业	Private Enterprises	222632	212897	80231	28260
私营独资	Private-funded Enterprises	978	175	913	389
私营有限责任公司	Private Limited Liability Corporations	214228	208018	78663	27582
私营股份有限公司	Private Share-holding Corporations Ltd.	7426	4704	655	289
其　他	Others	46899	33692	26878	7911
港澳台商投资企业	Enterprises with Funds from Hong Kong, Macao and Taiwan	137906	101776	8973	5779
# 合资经营	Joint-venture Enterprises	50401	42500	3981	1692
外商投资企业	Foreign Funded Enterprises	61164	66836	43140	14346
中外合资经营	Joint-venture Enterprises	17371	13289	13472	3568
中外合作经营	Cooperative Enterprises	37244	42198	13591	3525
外商独资企业	Enterprises with Sole Investment	1332	2185	2915	413
按行业分	**Grouped by Sector**				
旅游饭店	Tourism Restaurant	1015425	902725	268650	108389
一般旅馆	Hotel	199383	212742	82097	28829
其他住宿服务	Other Accommodation Services	129591	83583	30060	11844

15-11 旅游星级饭店基本情况

Basic Statistics of Star-rated Tourism Hotels

项　目	Item	2014	2015
饭店个数(个)	Number of Hotels (unit)	103	97
#五　星	Five-star Level	16	15
四　星	Four-star Level	37	36
三　星	Three-star Level	41	37
二　星	Two-star Level	9	9
客房数(间)	Number of Rooms(rooms)	19338	17948
床位数(张)	Number of Beds(beds)	30400	28153
接待住宿人数(万人次)	Tourists Received(10 000 person-time)	334.1	332.7
国内住宿者	Domestic Tourists	291.1	292.3
外国人	Foreigners	40.1	38.0
香港同胞	Compatriots from Hong Kong, China	1.3	1.0
澳门同胞	Compatriots from Macao, China	0.1	
台湾同胞	Compatriots from Taiwan, China	1.5	1.4
接待住宿人天数(万人天)	Persons-day Received(10 000persons-day)	521.2	492.3
国内住宿者	Domestic Tourists	439.9	417.5
外国人	Foreigners	75.8	70.1
香港同胞	Compatriots from Hong Kong, China	2.4	2.0
澳门同胞	Compatriots from Macao, China	0.1	0.1
台湾同胞	Compatriots from Taiwan, China	3.0	2.6
出租率(%)	Rening Rate (%)	50.6	49.9
平均房价(元/间天)	Average Room Prices(yuan/room.day)	383	414
营业收入(万元)	Business Revenues (10 000 yuan)	318578	299948
利润总额(万元)	Total Profits(10 000 yuan)	-15380	-39714
从业人员平均人数(人)	Annual Average Employment Personnel (person)	17496	15142

资料提供：天津市旅游局。表15-12同。
Source:Tianjin Municipal Tourism Bureau.Same as table 15-12.

15-12 各区县星级以上饭店情况(2015年)

Statistics on Three, Four, Five-star Level Hotel by District and County,2015

地区	Region	合计 Total 客房数(间) Number of Guest Rooms (unit)	合计 Total 床位数(个) Number of Beds (unit)	#五星 Five-star Level 客房数(间) Number of Guest Rooms (unit)	#五星 Five-star Level 床位数(个) Number of Beds (unit)	#四星 Four-star Level 客房数(间) Number of Guest Rooms (unit)	#四星 Four-star Level 床位数(个) Number of Beds (unit)	#三星 Three-star Level 客房数(间) Number of Guest Rooms (unit)	#三星 Three-star Level 床位数(个) Number of Beds (unit)
总计	**Total**	**17948**	**28153**	**4531**	**5974**	**7860**	**12197**	**4565**	**8004**
和平区	Heping District	1507	2250	116	132	915	1329	476	789
河东区	Hedong District	767	1262			412	616	132	237
河西区	Hexi District	3231	4113	1302	1737	1462	1536	200	317
南开区	Nankai District	902	1489	50	75	339	536	513	878
河北区	Hebei District	868	1354	416	535	195	344	257	475
红桥区	Hongqiao District								
东丽区	Dongli District	745	1364			179	289	410	827
西青区	Xiqing District	139	272						
津南区	Jinnan District	190	358					190	358
北辰区	Beichen District	668	1089			190	247	478	842
武清区	Wuqing District	1174	2578			1174	2578		
宝坻区	Baodi District	247	482					247	482
滨海新区	Binhai New Area	6387	9332	2526	3257	2524	3870	1337	2205
宁河区	Ninghe District	318	561			138	231	180	330
静海区	Jinghai District	238	564			133	268		
蓟县	Jixian County	567	1085	121	238	199	353	145	264

15-13 限额以上餐饮业基本情况(2015年)

Basic Statistics on Catering Services Enterprises above Designated Size,2015

项 目	Item	单位数(个) Number of Stores (unit)	从业人员(人) Employment Personnel (person)	营业面积(平方米) Operation Area (sq.m)	餐位数(位) Number of Seats (unit)
总 计	**Total**	**712**	**49728**	**1118693**	**292263**
# 国有及国有控股企业	State-owned and State-holding Enterprises	20	2101	62334	13383
民营及民营控股企业	Private and Private holding Enterprises	664	30050	829389	212205
按登记注册类型分	**Grouped by Status of Registration**				
内资企业	Domestic-funded Enterprises	681	25075	890430	224533
国 有	State-owned Enterprises	9	946	17809	5453
集 体	Collective-owned Enterprises	2	145	1820	820
有限责任公司	Limited Liability Corporations	114	10909	259515	52262
国有独资公司	Sole State-funded Corporations	2	178	10100	2850
其他有限责任公司	Other Limited Liability Corporations	112	10731	249415	49412
股份有限公司	Share-holding Corporations Ltd.	6	1238	26470	4128
私营企业	Private Enterprises	199	11457	339949	84749
私营独资	Private-funded Enterprises	22	1103	36113	7187
私营合伙	Private Joint-venture Enterprises	3	46	5495	1050
私营有限责任公司	Private Limited Liability Corporations	169	9901	292082	73139
私营股份有限公司	Private Share-holding Corporations Ltd.	5	407	6259	3373
其 他	Others	351	7382	244867	77121
港澳台商投资企业	Enterprises with Funds from Hong Kong, Macao and Taiwan	9	717	11623	4016
# 合资经营	Joint-venture Enterprises	1	7	390	35
外商投资企业	Foreign Funded Enterprises	22	16934	216640	63714
# 中外合资经营	Joint-venture Enterprises	4	154	5293	1823
外商独资企业	Enterprises with Sole Foreign Investment	17	16736	210116	61771
按业态分	**By Business Categories**				
正 餐	Dinner	644	29608	869534	214230
快 餐	Snack	29	17486	208584	65350
其他餐饮	Others	39	2634	40575	12683

15-13续表 *Continued*

单位：万元 (10 000 yuan)

项　目	Item	资产总计 Total Assets	负债合计 Total Liabilities	营业收入 Business Revenue	主营业务成本 Cost of Principal Business
总　计	**Total**	**888512**	**710113**	**970158**	**465418**
# 国有及国有控股企业	State-owned and State-holding Enterprises	36347	43077	43021	24348
民营及民营控股企业	Private and Private holding Enterprises	657935	518206	499103	254141
按登记注册类型分	**Grouped by Status of Registration**				
内资企业	Domestic-funded Enterprises	691999	559998	537932	275707
国　有	State-owned Enterprises	15060	13696	13788	5097
集　体	Collective-owned Enterprises	367	576	1678	852
有限责任公司	Limited Liability Corporations	249688	242597	233625	109394
国有独资公司	Sole State-funded Corporations	681	2820	2053	1073
其他有限责任公司	Other Limited Liability Corporations	249007	239777	231572	108321
股份有限公司	Share-holding Corporations Ltd.	118036	64908	19997	5863
私营企业	Private Enterprises	298038	229591	259860	149001
私营独资	Private-funded Enterprises	25517	12387	23487	15626
私营合伙	Private Joint-venture Enterprises	14345	13985	1018	540
私营有限责任公司	Private Limited Liability Corporations	247176	198869	228687	128957
私营股份有限公司	Private Share-holding Corporations Ltd.	11000	4351	6667	3878
其　他	Others	10811	8632	8985	5500
港澳台商投资企业	Enterprises with Funds from Hong Kong, Macao and Taiwan	10132	11397	16029	5953
# 合资经营	Joint-venture Enterprises	58	50	311	136
外商投资企业	Foreign Funded Enterprises	186381	138718	416197	183759
# 中外合资经营	Joint-venture Enterprises	6077	5858	5679	3464
外商独资企业	Enterprises with Sole Foreign Investment	179703	131935	409403	179997
按业态分	**By Business Categories**				
正　餐	Dinner	642387	531210	465276	234760
快　餐	Snack	196859	145609	439728	194114
其他餐饮	Others	49265	33294	65154	36544

主要统计指标解释

货（客）运量

指在一定时期内，各种运输工具实际运送的货物(旅客)数量。该指标是反映运输业为国民经济和人民生活服务的数量指标，也是制定和检查运输生产计划、研究运输发展规模和速度的重要指标。货运按吨计算，客运按人计算。货物不论运输距离长短、货物类别，均按实际重量统计。旅客不论行程远近或票价多少，均按一人一次客运量统计；半价票、小孩票也按一人统计。

货物（旅客）周转量

指在一定时期内，由各种运输工具运送的货物(旅客)数量与其相应运输距离的乘积之总和。该指标可以反映运输业生产的总成果，也是编制和检查运输生产计划，计算运输效率、劳动生产率以及核算运输单位成本的主要基础资料。计算货物周转量通常按发出站与到达站之间的最短距离，也就是计费距离计算。计算公式为：

货物（旅客）周转量＝Σ〔货物（旅客）运输量×运输距离〕

港口货物吞吐量（又称港口吞吐量）

指经由水路运进、出港区范围，并经过装卸的货物数量。按货物流向分为进港吞吐量和出港吞吐量；按货物的贸易性质分为内贸和外贸吞吐量；按货物的类别分，可根据现行的交通行业标准《运输货物分类和代码》分类。

集装箱吞吐量

凡经过水运进、出港区范围，并经过装卸的集装箱箱数和重量（含集装箱自重），通常是按进港和出港分别统计。TEU 是“折合 20 英尺标准箱”的英文缩写。它是指各种尺寸的国际标准集装箱的自然箱数，按各自的换算比例，折算为 20 英尺标准箱数。其换算比例为：40 英尺箱 1∶2；35 英尺箱 1∶1.75；20 英尺箱 1∶1；10 英尺箱 1∶0.5。

邮电业务总量

指以价值量形式表现的邮电通信企业为社会提供各类邮电通信服务的总数量。邮电业务量按专业分类包括函件、包件、汇票、报刊发行、邮政快件、特快专递、邮政储蓄、集邮、公众电报、用户电报、传真、长途电话、出租电路、无线寻呼、移动电话、分组交换数据通信、出租代维等。计算方法为各类产品乘以相应的平均单价(不变价)之和，再加上出租电路和设备、代用户维护电话交换机和线路等的服务收入。该指标综合反映了一定时期邮电业务发展的总成果，是研究邮电业务量构成和发展趋势的重要指标。计算公式为：

邮电业务总量＝Σ（各类邮电业务量×不变单价）+出租代维及其他业务收入＝邮政业务总量+电信业务总量

民用汽车拥有量

指报告期末，在公安交通管理部门按照《机动车注册登记工作规范》，已注册登记领有民用车辆牌照的全部汽车数量。汽车拥有量统计的主要分类：根据汽车结构分为载客汽车、载货汽车及其他汽车；根据汽车所有者不同分为个人(私人)汽车、单位汽车；根据汽车的使用性质分为营运汽车、非营运汽车和特种汽车；根据汽车大小规格不同载客汽车分为大型、中型、小型和微型，载货汽车分为重型、中型、轻型和微型。

局用电话交换机容量

指安装在本地电信运营商内用于接续本地固定电话的电话交换机容量，有倍增设备按倍增后的数量计数。包括现用和备用的人工或自动交换机的全部容量。

移动电话交换机容量

指移动电话交换机根据一定话务模型和交换机处理能力计算出来的最大同时服务用户的数量。

Explanatory Notes on Main Statistical Indicators

Freight (Passenger) Traffic

refers to the volume of freight (passenger) transported with various means within a specific period of time. This indicator reflects the service of the transport industry towards the national economy and people's living conditions, as well as an important indicator used in formulating and monitoring transport production plans and research into the scale and pace of transport development. Freight transport is calculated in tons and passenger traffic is calculated in terms of number of persons. Freight transport is calculated in terms of the actual weight of the goods and takes no account of the type of freight and distance of travel. Passenger traffic is calculated by the principle that one person can be counted only once in one trip and takes no account of the travelling distance and ticket price. The passengers who travel with a half price ticket or a child's ticket is also calculated as one person.

Turnover Volume of Freight (Passenger) Traffic

refers to the sum of the product of the volume of transported cargo (passengers) multiplied by the transport distance. It is an important indicator to reflect the achievement of the transportation industry. This is an important indicator to show the total results of the transport industry; to prepare and examine the transport plan; and to serve as the main basic data for calculating the efficiency, labour productivity and unit cost of transport. Normally, the shortest distance between the departure station and the destination station (i.e., the payable distance) is the basis in calculating the freight ton-kilometers. The formula is as followed:

Turnover Volume of Freight (Passenger) Traffic = Σ(Freight (Passenger) Traffic × Distance of Transportation)

Freight Handled in Ports

refers to the volume of cargo passing in and out the harbor area and having been loaded and unloaded. The volume of freight handled may be classified as in-port & out-port. It can also be classified as national trade and international trade by the attribute of trade or be classified by the classification of cargo according to the standard of traffic in use the *Classification and Code of Transported Cargo*.

Container Handled in Ports

refers to number and weight (include tare weight of containers) of containers which are loaded or unloaded within port area via water carriage. It is often calculated by entering and leaving port, respectively. TEU was the abbreviation of twenty foot equivalent unit, which refers to converted number of all kinds of containers. The conversion method is based on respective conversion ratio and the number of all kinds of container is converted to the standard number of 20-foot equivalent unit. The conversion ratio is 40-foot container 1:2, 35-foot container 1:1.75, 20-foot container 1:1, 10-foot container 1:0.5.

Business Value of Post and Telecommunication Services

refers to the total amount of post and telecommunication services, expressed in value terms, provided by the post and telecommunications departments for the society. Post and telecommunication services can be classified as letters, parcels, remittance, issue of newspapers and magazines, fast mail service, express mail service, savings deposits, stamps for collection, public and individual telegraph service, facsimiles, long-distance telephone service, leasing of telephone lines, urban paging service, mobile telephone service, data transfer and transmission, leasing and substitute maintaining, etc. The accounting approach is to multiply the service products of all types with their average unit price (constant price) to get sum of business value, plus income from other services such as leasing of telephone lines and equipment, maintenance of telephone switchboards and lines on behalf of customers. This indicator reflects the overall results of post and telecommunications service during a given period, and is important to study the composition of business service and the development of post and telecommunications service. The formula is as followed:

Business Value of Post and Telecommunication Services = Σ (Transaction of Post and Telecommunication Services × Constant Price) + Income from leasing, Maintenance and Other Services = Business Volume of Post + Business Volume of Telecommunication

Civil Motor Vehicles Owned

refers to the total number of vehicles that are registered and received vehicles license tags according to the *Work Standard for Motor Vehicles Registration* formulated by transport management office under department of public security at the end of reference period. They are divided into following categories according to the structure of motor vehicles: passenger vehicles, trucks and others; and private vehicles and vehicles for units use according to ownerships; working vehicles, non-working vehicles and special motor vehicles according to kind of usage; large passenger vehicles, medium passenger vehicles, small passenger vehicles and mini passenger vehicle, heavy trucks, light-heavy trucks, light trucks and mini trucks according to sizes of vehicles.

Capacity of Office Telephone Exchanges

refers to the capacity of telephone exchanges installed in the local offices of telecommunication service providers for communication between fixed telephones. It is includes the capacity of both manual and automatic exchanges in use and for stand-by purpose and calculated according to the multiplied capacity if equipped with multiplier equipment.

Capacity of Mobile Telephone Exchanges

refers to the capacity of the maximum services provided to subscribers at one time basing on a certain model and transacting capacity of the mobile telephone exchanges.

第十六篇　交通运输和邮电

Chapter 16　Transportation, Post and Telecommunication Services

16-1 社会客、货运输量和周转量(1996—2015年)

Passenger & Freight Traffic and Turnover Volume of Passenger & Freight Traffic,1996-2015

年 份 Year	客运量 (万人) Passenger Traffic (10 000 persons)	# 铁 路 Railways	# 公 路 Highways	# 民 航 Civil Aviation	旅客周转量 (百万人公里) Turnover Volume of Passenger Traffic (million passenger-km)	# 铁 路 Railways	# 公 路 Highways	# 民 航 Civil Aviation
1996	3125	1580	1496		7599	4917	1772	
1997	3136	1449	1640		7921	5050	2017	
1998	3207	1511	1651		7950	5280	1914	
1999	3259	1546	1671		8277	5780	1782	
2000	3474	1594	1820		8845	6022	1864	
2001	3302	1456	1780		9197	5996	2205	
2002	3457	1498	1870		9255	5782	2272	
2003	3507	1281	2109		9274	5526	2158	
2004	4103	1491	2457		11713	7112	2404	
2005	4679	1550	2961		14210	9070	2646	
2006	5670	1632	3807		16341	9651	3564	
2007	7104	1573	5253		18380	10228	4470	
2008	8753	1907	6579		19612	10426	5671	
2009	25299	2384	22566	334	29766	12482	13122	4142
2010	24873	2654	21822	396	32312	14066	13196	5031
2011	25331	2801	22053	475	34214	14838	13391	5967
2012	28462	2970	24483	1009	43249	16399	15043	11807
2013	29518	3352	24980	1186	47289	17836	15442	14011
2014	19599	3686	14530	1382	41971	16412	8847	16712
2015	19775	4054	14218	1503	44562	17047	8583	18932

16-1续表 *Continued*

年 份 Year	货运量(万吨) Freight Traffic (10 000 tons)	# 铁 路 Railways	# 公 路 Highways	# 水 运 Waterways	货物周转量(亿吨公里) Turnover Volume of Freight Traffic (100 million ton-km)	# 铁 路 Railways	# 公 路 Highways	# 水 运 Waterways
1996	24133	2668	19491	1489	1052	224	41	784
1997	25090	2548	20515	1390	1031	219	44	765
1998	24505	2467	18584	2867	3710	198	60	3449
1999	27052	2380	20049	3884	4759	200	60	4497
2000	26400	3079	18764	4165	4674	275	63	4334
2001	28608	3727	19382	5037	5166	230	65	4870
2002	31016	4519	19554	6452	6484	228	66	6188
2003	35252	5662	20072	8944	8169	259	68	7840
2004	37934	6108	19560	11613	11473	286	72	11112
2005	40263	7241	19850	12375	12461	353	74	12031
2006	42863	8409	20290	13313	12184	353	76	11751
2007	51338	11288	23500	15671	15221	355	88	14774
2008	55065	12161	27000	15096	14479	343	103	14029
2009	43554	11284	19800	11656	10102	297	206	9595
2010	41611	7597	20855	11911	9859	298	231	9324
2011	44651	7286	23426	12711	10121	296	267	9553
2012	47698	7909	28228	10332	7635	287	329	7012
2013	51603	8446	31985	9884	5390	273	368	4742
2014	50948	8872	31130	9749	3354	265	349	2734
2015	53179	8377	33724	9910	2320	226	380	1708

注：因交通部方法制度变化，2009年及以后公路和水运数据与2008年及以前数据不可比。

Note: Data of highways and waterways from 2009 are changed according to the statistics measure of Ministry of Transport,which can't be compared with data of 2008 and before.

16-2 社会客、货运输量和周转量(2012—2015年)

Passenger & Freight Traffic and Turnover Volume of Passenger & Freight Traffic,2012-2015

指 标	Item	2012	2013	2014	2015
客 运 量(万人)	**Passenger Traffic (10 000 persons)**	**28462**	**29518**	**19599**	**19775**
铁 路	Railways	2970	3352	3687	4054
公 路	Highways	24483	24980	14530	14218
民 航	Civil Aviation	1009	1186	1383	1503
旅客周转量 (百万人公里)	**Turnover Volume of Passenger Traffic (million passenger-km)**	**43249**	**47289**	**41971**	**44562**
铁 路	Railways	16399	17836	16412	17047
公 路	Highways	15043	15442	8847	8583
民 航	Civil Aviation	11807	14011	16712	18932
货 运 量(万吨)	**Freight Traffic (10 000 tons)**	**47698**	**51603**	**50948**	**53179**
铁 路	Railways	7909	8446	8872	8377
公 路	Highways	28228	31985	31130	33724
水 运	Waterways	10332	9884	9749	9910
民 航	Civil Aviation	6	7	7	8
管道输油气量	Traffic of Petroleum & Gas Pipelines	1222	1280	1189	1160
货物周转量 (亿吨公里)	**Turnover Volume of Freight Traffic (100 million ton-km)**	**7635**	**5390**	**3354**	**2320**
铁 路	Railways	287	273	265	226
公 路	Highways	329	368	349	380
水 运	Waterways	7012	4742	2734	1708
民 航	Civil Aviation	0.9	0.9	1	1
管道输油气量	Traffic of Petroleum & Gas Pipelines	5.6	5.7	5	5

16-3 运输线路长度(2012—2015年)

Length of Transport Routes,2012-2015

单位：公里(km)

指 标	Item	2012	2013	2014	2015
公路通车里程	Length of Highways with Transport Service	15391	15718	16110	16550
# 等级公路	Expressway and Class I to IV Highway	15391	15718	16110	16550
# 高速公路	Expressway	1103	1103	1113	1130
内河航道里程	Length of Navigable Inland Waterways	412	412	412	412
民航航线里程	Length of Civil Aviation Routes	127032	154840	152342	163833
输油气管道里程	Length of Petroleum & Gas Pipelines	532	529	518	521

注：内河航道里程为内河清淤里程。民用航空航线里程为国航天津分公司在天津滨海国际机场起降飞机的里程。

Note: Length of navigable inland waterways refers to length of inland waterways with slit cleaned up. Length of civil aviation refers to the length of Air China Tianjin Company flights at Tianjin Binhai International Airport.

16-4 港口客、货吞吐量(1996—2015年)

Volume of Passenger & Freight Handled in Ports,1996-2015

年份 Year	港口旅客吞吐量(万人次) Volume of Passenger Handled in Ports (10 000 person-time)	港口货物吞吐量(万吨) Volume of Freight Handled in Ports (10 000 tons)	出港 Out-port	比重(%) Proportion (%)	进港 In-port	比重(%) Proportion (%)	集装箱吞吐量(万国际标准箱) Handled Containers (10 000 TEU)
1996	58.7	6188	4839	78.2	1349	21.8	82
1997	52.7	6789	5198	76.6	1591	23.4	94
1998	45.3	6818	5124	75.2	1694	24.8	102
1999	48.7	7298	5280	72.4	2018	27.6	130
2000	40.2	9582	6936	72.4	2646	27.6	171
2001	37.1	11369	8086	71.1	3283	28.9	201
2002	33.0	12906	8802	68.2	4104	31.8	241
2003	22.7	16182	10912	67.4	5270	32.6	302
2004	32.5	20619	13217	64.1	7402	35.9	382
2005	31.6	24069	14700	61.1	9369	38.9	480
2006	34.0	25760	15285	59.3	10475	40.7	595
2007	34.0	30946	19073	61.6	11873	38.4	710
2008	8.7	35593	20462	57.5	15131	42.5	850
2009	15.9	38111	16591	43.5	21520	56.5	870
2010	23.4	41325	20048	48.5	21277	51.5	1008
2011	24.9	45338	22665	50.0	22673	50.0	1159
2012	29.3	47697	22381	46.9	25316	53.1	1230
2013	33.0	50063	23060	46.1	27003	53.9	1301
2014	32.6	54002	26546	49.2	27456	50.8	1406
2015	52.1	54051	28487	52.7	25564	47.3	1411

注：货物吞吐量为包括货主码头的全港数据。
Note: Volume of freight handled in ports refers to the figure of ports, including those of docks.

16-5 港口设施(2013—2015年)

Ports Facilities,2013-2015

指标	Item	2013	2014	2015
码头长度(米)	Length of Quay Line(m)	35756	35954	38729
港口泊位(个)	Number of Berths(unit)	160	162	173
天津港(集团)有限公司	Tianjin Port Group Corporation Ltd.	95	97	96
货主码头	Docks	65	65	77
# 万吨级泊位	Class of 10 000-ton Level	103	106	113
# 天津港(集团)有限公司	Tianjin Port Group Corporation Ltd.	83	85	84
铁路专用线长度(米)	Length of Railways(m)	115249	115371	130172
仓库总面积(平方米)	Area of Store Houses(sq.m)	367626	389167	412758
堆场总面积(万平方米)	Area of Goods Pile(10 000 sq.m)	1081	1152	1167
集装箱堆场堆存能力(TEU)	Capacity of Piling Containers(TEU)	506080	505208	505208
装卸机械台数(台)	Number of Loading & Unloading Machines(unit)	2872	2967	2951

注：本表除港口泊位含货主码头数据外，其余设施均为天津港(集团)有限公司数据。
Note: Number of berths include docks, and other ports facilities refer to those owned by Tianjin Port Group Corporation Ltd.

16-6 港口分货类吞吐量

Volume of Freight Handled in Ports by Category

单位：万吨(10 000 tons)

指标 Item	合计 Total		出港量 Out-port		进港量 In-port	
	2014	2015	2014	2015	2014	2015
港口货物吞吐量 Volume of Freight Handled in Ports	**54002**	**54051**	**26546**	**28487**	**27456**	**25564**
国外 Abroad	29493	29852	9658	9788	19835	20064
国内 Domestic	24509	24199	16888	18698	7621	5501
分品种货物吞吐量 Volume of Freight Handled by Category						
煤炭及制品 Coal and Related Products	10779	12412	10665	12367	114	45
石油、天然气及制品 Petroleum, Natural Gas and Related Products	5256	5448	2961	3105	2295	2343
金属矿石 Metal Ores	11770	12840	30	27	11740	12813
钢铁 Steel and Iron	3758	4341	3505	4087	253	254
矿建材料 Mineral Building Materials	3491	1578	181	153	3310	1425
水泥 Cement	14	16	1	1	13	15
木材 Timber	246	94	32	21	214	73
非金属矿石 Nonmetal Ores	227	197	153	141	74	56
化学肥料及农药 Chemical Fertilizers and Pesticides	43	149	29	144	14	5
盐 Salt	108	26	32	1	76	25
粮食 Grain	894	1100	112	233	783	867
机械、电器、设备 Machine, Electric Machinery, Equipment	5157	4996	2996	2841	2161	2155
化工原料及制品 Chemical Materials and Related Products	2907	2553	1515	1314	1392	1239
有色金属 Nonferrous Metals	573	486	312	182	261	304
轻工、医药产品 Light Industry, Medical and Pharmaceutical Products	4409	4677	2457	2753	1952	1924
农林牧渔产品 Agricultural Products	944	1020	401	401	542	619
其他 Others	3426	2117	1164	718	2262	1399
集装箱吞吐量(万国际标准箱) Handled Containers(10 000 TEU)	**1406**	**1411**	**729**	**712**	**677**	**699**

16-7 公路及民航运输主要技术经济指标(2013—2015年)

Main Technical and Economic Indicators of Highway and Civil Aviation Transport,2013-2015

指 标	Item	2013	2014	2015
公 路	**Highway**			
载货汽车里程利用率(%)	Utilization Rate of Length of Trucks in Operation (%)	57.0	58.0	51.0
载客汽车里程利用率(%)	Utilization Rate of Length of Passenger Vehicles in Operation (%)	93.0	93.0	96.0
载货汽车每百吨公里耗汽油(升)	Gasoline Consumption of Trucks (L/100 ton-km)	10.0	10.3	11.4
载客汽车每百吨公里耗汽油(升)	Gasoline Consumption of Passenger Vehicles (L/100 ton-km)	12.8	12.6	15.5
载货汽车每百吨公里耗柴油(升)	Diesel Oil Consumption of Trucks (L/100 ton-km)	15.5	15.3	17.6
载客汽车每百吨公里耗柴油(升)	Diesel Oil Consumption of Passenger Vehicles (L/100 ton-km)	22.2	21.9	21.9
载货汽车实载率(%)	Utilization Rate of Capacity of Freight Trucks (%)	62.7	62.9	50.5
载客汽车实载率(%)	Utilization Rate of Capacity of Passenger Vehicles (%)	74.2	74.5	71.7
民 航	**Civil Aviation**			
飞行小时(小时)	Flying Time (hour)	81378	82202	92581
平均每可用机飞行时间(小时)	Flying Time per Available Aircraft (hour)	3327	3288	3192
正班飞行距离(万公里)	Distance under Normal Conditions (10 000 km)	4626.1	4670.7	5163.9
平均每可用机日生产飞行时间(小时)	Average Daily Flying Time per Available Aircraft (hour)	9.4	8.9	8.9
正班平均载运率(%)	Average Utilization Rate of Capacity under Normal Conditions (%)	77.3	75.1	72.4

注：本表民航数据为国航天津分公司数据。
Note: In this table, data of civil aviation are provided by Air China Tianjin Company.

16-8 民用航空机场主要指标(2013—2015年)

Main Indicators of Civil Aviation Airport,2013-2015

指 标	Item	2013	2014	2015
旅客吞吐量(万人)	**Passenger Traffic(10 000 persons)**	**1003.6**	**1207.3**	**1431.4**
国内旅客	Domestic Passenger Traffic	902.7	1051.3	1215.6
国际旅客	International Passenger Traffic	76.2	111.9	164.0
港、澳、台地区旅客	Hong Kong, Macao & Taiwan Passenger Traffic	24.7	44.1	51.8
货(邮)吞吐量(万吨)	**Freight Traffic(10 000 tons)**	**21.4**	**23.3**	**21.7**
国内货邮	Domestic Routes	8.9	9.5	9.1
国际货邮	International Routes	11.4	12.9	11.7
港、澳、台地区货邮	Hong Kong, Macao & Taiwan Regional Routes	1.1	0.9	0.9
起、降架次(万架次)	**Times of Ascend and Descend(10 000 sorties)**	**10.1**	**11.5**	**12.6**

16-9 民用车辆拥有量(2015年)

Number of Civil Motor Vehicles Owned,2015

单位：辆(unit)

指 标	Item	合 计 Total	个 人 Private-owned	当年新注册 Registered in Current Year
总 计	**Total**	**2850889**	**2431370**	**234422**
民用汽车	Civil Motor Vehicles	2736844	2347453	226128
1. 载客汽车	Passenger Vehicles	2442186	2142722	181034
# 轿 车	Cars	1835554	1655124	122446
大 型	Large-sized	25391	1055	4009
中 型	Medium-sized	14392	5085	1133
小 型	Small-sized	2355382	2092746	174943
微 型	Minisize	47021	43836	949
2. 载货汽车	Trucks	276254	198776	42938
# 普通载货	Ordinary Trucks	129967	109206	11715
重 型	Heavy Trucks	53262	20539	7200
中 型	Medium-sized Trucks	12476	6573	893
轻 型	Light Trucks	208023	170480	33513
微 型	Minisize Trucks	2493	1184	1332
3. 其他汽车	Other Civil Motor Vehicles	18404	5955	2156
摩托车	Motorcycles	56347	54837	1182
拖拉机	Tractor	20370	20370	1515
挂 车	Trailer	34657	7903	3975
其他类型车	Other Vehicles	2671	807	107

16-10 邮电业基本情况(1996—2015年)

Basic Statistics on Post and Telecommunication Services,1996-2015

年 份 Year	邮电业务总量 (万元) Business Value of Post and Telecommunication Services(10 000 yuan)	邮电局所数 (处) Number of Post and Telecommunication Offices(unit)	局用电话交换机容量 (门) Capacity of Office Telephone Exchanges (line)	电话机(含移动、小灵通)(万部) Telephone (Include Mobile and Handphone) (10 000 sets)	平均每百人拥有电话机数 (含移动)(部/百人) Telephone per 100 persons (Include Mobile) (set/100 persons)
1996	256978	314	1694092	174.65	19.4
1997	342848	328	1945020	207.82	23.1
1998	474067	399	2447630	259.58	28.7
1999	567242	470	2761633	329.30	36.2
2000	753669	563	3182465	431.28	46.6
2001	702206	543	3645600	511.57	56.0
2002	903296	597	3865700	601.45	65.4
2003	1157060	619	4024500	761.91	82.3
2004	1467836	700	4237700	835.01	89.5
2005	1763477	827	6288300	939.82	90.1
2006	2277902	818	6190300	1147.17	106.7
2007	3006714	842	6232700	1238.25	111.1
2008	3517682	1089	5704300	1320.91	112.3
2009	3866682	823	4242600	1377.75	112.2
2010	4351563	833	4253200	1456.39	112.1
2011	1807796	865	2997600	1568.47	115.8
2012	1867423	888	2467000	1657.52	117.3
2013	1960037	850	2010000	1675.95	113.8
2014	2448245	876	1527970	1712.41	112.9
2015	3218095	873	350456	1749.60	113.1

16-11 邮电业务基本情况

Basic Conditions of Postal and Teleccommunication Services

指　标	Item	单　位	Unit	2014	2015	2015比2014年增长(%) Increase Rate in 2015 over 2014(%)
邮电业务总量	**Business Value of Post and Telecommunication Services**	万 元	**10 000 yuan**	**2448245**	**3218094**	**31.4**
邮政业务总量	Business Volume of Post Services	万 元	10 000 yuan	372698	600467	61.1
电信业务总量	Business Volume of Telecommunication Services	万 元	10 000 yuan	2075547	2617627	26.1
邮政业务	**Business Value of Post Services**					
函　件	Letters	万 件	10 000 pcs	20198	31207	54.5
快　递	Pieces of Express Mail Services	万 件	10 000 pcs	12404	25624	106.6
# 同　城	intra-city	万 件	10 000 pcs	3218	12940	302.1
异　地	Different Place	万 件	10 000 pcs	8968	17245	92.3
报刊期发数	Number of Newspapers and Magazines Subscribed	万 份	10 000 pcs	169	97	-42.6
汇　票	Postal Order	万 笔	10 000 pcs	141	82	-41.8
集邮业务	Philately	万 枚	10 000 pcs	3438	3911	13.8
邮电局所数	Number of Post & Telecommunications Offices	处	unit	876	873	-0.3
# 邮政局	Number of Post Offices	处	unit	428	421	-1.6
信筒信箱	Number of Post Boxes	处	unit	3636	3784	4.1
邮路总长度	Length of Post Routes	公 里	km	18767	19736	5.2
# 汽车邮路长度	Length of Post Routes by Highway	公 里	km	16331	17300	5.9
铁路邮路长度	Length of Postal Routes by Railway	公 里	km	2436	2436	
邮政汽车	Automobile for Post Business	辆	unit	1233	1253	1.6
农村投递线路长度	Rural Delivery Routes	公 里	km	19382	20311	4.8
电信业务	**Business Value of Telecommunication Services**					
年末固定电话用户	Number of Fixed Telephone Subscribers	万 户	10 000 subscribers	360.62	343.77	-4.7
# 住宅电话	Number of Residential Telephone Subscribers	万 户	10 000 subscribers	210.59	172.18	-18.2
移动电话用户	Number of Mobile Telephone Subscribers	万 户	10 000 subscribers	1351.79	1405.80	4.0
# 3G移动电话用户	3G Mobile Phone Subscribers	万 户	10 000 subscribers	563.14	349.41	-38.0
移动电话通话时长	Duration of Calls Mobile Telephone	万分钟	10 000 minute	6608765	6372059	-3.6
# 长途电话	Duration of Long-distance Calls Mobile Telephone	万分钟	10 000 minute	805925	683634	-15.2
长途电话通话量	Long Distance Calls	万分钟	10 000 minute	851411	726386	-14.7
国内长途电话	Domestic	万分钟	10 000 minute	847334	723033	-14.7
国际及港澳台电话	International and Hong Kong, Macao & Taiwan	万分钟	10 000 minute	4076	682	-83.3
短信业务发送量	Number of Messages Send Out	万 条	10 000 pcs	612020	474264	-22.5
长途光缆线路长度	Length of Long-distance Optical Cable Lines	公 里	km	3481	3714.24	6.7
长途电话交换机容量	Capacity of Long-distance Telephone Exchanges	2M	2M	137246	117778	-14.2
局用电话交换机容量	Capacity of Office Telephone Exchanges	万 门	10 000 lines	152.8	35.0	-77.1
移动电话交换机容量	Capacity of Mobile Telephone Exchanges	万 户	10 000 subscribers	2355	2435	3.4

16-12 互联网主要指标(2012—2015年)

Main Indicators of Internet,2012-2015

指　　标　Item	2012	2013	2014	2015
互联网宽带接入端口(万个) Broad Band Subscribers Port of Internet(10 000 port)	442.2	354.1	415.0	445.0
国际互联网用户(万户) Number of Subscribers of Internet Services(10 000 subscribers)	916.23	943.30	1014.49	1204.50
# 宽带用户 Number of Broadband of Internet Services	213.51	188.40	208.81	246.40
# 城　市 City		187.90	206.85	244.60
互联网上网人数(万人) Number of Internet Users(10 000 persons)		943.3	1014.3	1204.5
域名数(万个) Number of Domain Names(10 000 units)		11.5	15.4	34.9
网站数(万个) Number of Websites(10 000 units)		2.9	3.4	4.2

16-13 邮政电信服务水平(2012—2015年)

Level of Post and Telecommunication Services,2012-2015

指　　标　Item	2012	2013	2014	2015
平均每一邮电局所服务面积(平方公里) Average Area Served by Every Post & Telecommunications Office(sq.km)	13.2	14.0	13.6	13.6
# 平均每一邮政局所服务面积 Average Area Served by Every Post Office	30.7	30.6	27.8	28.3
平均每一邮电局所服务人口(万人) Average People Served by Every Post & Telecommunications Office (10 000 persons)	1.6	1.7	1.7	1.8
# 平均每一邮政局所服务人口 Average People Served by Every Post Office	3.7	3.8	3.5	3.7
平均每人每年发函件数(件) Annual Average Number of Letters Mailed per Capita(piece)	14.0	11.7	13.3	20.2
平均每百人每年订销报刊期发数(件) Annual Average Number of Newspapers and Magazines Subscribed and Bought per 100 Persons(piece)	22.1	20.0	17.4	6.3
平均每百人拥有电话机(含移动)(部) Telephone Owned per 100 Persons (include mobile telephone)(set)	117.3	113.8	112.9	113.1
平均每百人拥有移动电话(部) Mobile Telephone Owned per 100 Persons(set)	92.2	89.9	89.1	90.9

16-14 邮政、电信局(所、厅)数(2012—2015年)

Number of Post and Telecommunication Offices by Region,2012-2015

单位：处(unit)

地　区	Region	2012	2013	2014	2015
全　市	**Total**	**888**	**850**	**876**	**873**
# 邮政局	Post Offices	383	389	428	421
市辖区	**Districts under City Administration**	**837**	**800**	**814**	**811**
# 市内六区	Six Urban Districts	365	294	295	288
和平区	Heping District	51	37	35	34
河东区	Hedong District	68	60	59	59
河西区	Hexi District	58	50	53	50
南开区	Nankai District	75	66	66	64
河北区	Hebei District	58	42	44	44
红桥区	Hongqiao District	55	39	38	37
东丽区	Dongli District	39	38	38	38
西青区	Xiqing District	44	42	43	43
津南区	Jinnan District	36	35	33	33
北辰区	Beichen District	34	39	40	40
武清区	Wuqing District	61	67	72	70
宝坻区	Baodi District	52	48	55	56
滨海新区	Binhai New Area	167	143	139	142
宁河区	Ninghe District	44	41	47	47
静海区	Jinghai District	47	53	53	54
市辖县	**Counties under City Administration**	**51**	**50**	**62**	**62**
蓟　县	Jixian County	51	50	62	62

主要统计指标解释

社会消费品零售总额

指企业（单位、个体户）通过交易直接售给个人、社会集团非生产、非经营用的实物商品金额，以及提供餐饮服务所取得的收入金额。个人包括城乡居民和入境人员。社会集团包括机关、社会团体、部队、学校、企业事业单位、居委会或村民委员会。

商品购进额

指从本企业以外的单位和个人购进（包括从国外直接进口）作为转卖或加工后转卖的商品金额（含增值税）。本指标反映批发和零售业从国内外市场上购进商品的总价。商品购进包括：（1）从工农业生产者、批发和零售业企业、住宿和餐饮业企业、出版社或报社的出版发行部门和其他服务业企业购进的商品；（2）从机关团体、事业单位购进的商品；（3）从海关、市场管理部门购进的缉私和没收的商品；（4）从居民收购的废旧商品等。商品购进不包括：（1）企业为本单位自身经营用，不是作为转卖而购进的商品；（2）未通过买卖行为而收入的商品；（3）经本单位介绍，由买卖双方直接结算，本单位只收取手续费的业务；（4）销售退回和买方拒付货款的商品；（5）商品溢余。

商品销售额

指对本单位以外的单位和个人出售的商品金额（包括售给本单位消费用的商品，含增值税），在批发和零售业中，本指标反映在国内市场上销售商品以及出口商品的总量。商品销售包括：（1）售给城乡居民和社会集团消费用的商品；（2）售给农业、工业、建筑业、服务业等国民经济各行业用于生产、经营用的商品，包括售予批发和零售业作为转卖或加工后转卖的商品；（3）对国（境）外直接出口的商品。商品销售不包括：（1）未通过买卖行为付出的商品；（2）经本单位介绍，由买卖双方直接结算，本单位只收取手续费的业务；（3）购货退回的商品；（4）商品损耗和损失；（5）出售本单位自用的废旧物资。

商品库存额

对于批发和零售业法人单位和个体经营户，是指报告期末取得所有权的全部商品金额（含增值税）；对于批发和零售业产业活动单位，是指报告期末实际在库且归属法人具有所有权的全部商品金额（含增值税）。这个指标反映批发和零售业的商品库存情况，以及对市场商品供应的保证程度。库存商品包括：（1）存放在本单位（如门市部、批发站、采购站、经营处）的仓库、货场、货柜和货架中的商品；（2）挑选、整理、包装中的商品；（3）已记入购进而尚未运到本单位的商品，即发货单或银行承兑凭证已到而货未到的商品；（4）寄放他处的商品，如因购货方拒绝付款而暂时存在购货方的商品；（5）委托其他单位代销（未作销售或调出）尚未售出的商品；（6）代其他单位购进尚未交付的商品。库存商品不包括：（1）所有权不属于本单位的商品；（2）委托外单位加工的商品（包括本单位所属加工厂和其他生产单位加工生产尚未收回成品的商品）；（3）外贸企业代理其他单位从国外进口，尚未付给订货单位的商品；（4）代国家储备部门保管的商品。

营业收入

指企业经营主要业务和其他业务所确认的收入总额。营业收入合计包括主营业务收入和其他业务收入。

主营业务成本

指企业经营主要业务所发生的成本总额。

住宿和餐饮业营业额

指住宿和餐饮业单位在经营活动中因提供服务或销售商品等取得的全部收入，包括：客房收入、餐费收入、商品销售额（含增值税）和其他收入。不包括法人企业附营的其他行业产业活动单位的餐费收入、商品销售收入等各项收入。

批发和零售业、住宿和餐饮业统计限额标准

行业类别	统计指标名称	限额标准
批发业	年主营业务收入	2000万元
零售业	年主营业务收入	500万元
住宿业	年主营业务收入	200万元
餐饮业	年主营业务收入	200万元

Explanatory Notes on Main Statistical Indicators

Total Retail Sales of Consumer Goods

refers to the sum of retail sales of commodities sold by enterprise (units and individuals) to individuals and social groups for non-production and non-business use, and the income from catering services provided. Among of which, individuals refer to residents of urban and rural households and entering persons; social groups refer to government agencies, social organization, military, schools, institution, enterprises, neighbourhood committees and village committees.

Purchases of Commodities

refer to the total value of purchases of commodities by the enterprises from other establishments or individuals (including direct import from abroad) for the purpose of re-selling, either with or without further processing of the commodities purchased (including value-added taxes). This indicator is used to show the total value of purchases of commodities by wholesale and retail establishments from domestic and overseas markets. The total purchases include: (1) commodities purchased from agricultural and industrial producers, wholesale and retail enterprises, accommodation and catering enterprises, distribution departments of the publishers and other service enterprises; (2) commodities purchased from government agencies and institutions; (3) anti-smuggling and confiscated goods purchased from the customs autho- rities or market management agencies; (4) second-hand goods and wastes purchased from residents. Excluded are (1) commodities purchased by enterprises (establishments) for use in their own business operation, not for re-selling; (2) commodities obtained without buying or selling procedures; (3) commission income from brokerage in transactions whose settlement is directly handled by buyers and sellers; (4) commodities rejected and refused to pay; (5) goods overflow.

Sales of Commodities

refer to value of commodities sold by the establishments to other establishments and individuals (including sales for the self-consumption and its value-added taxes). In the wholesale and retail trade, this indicator is used to show the total value of sales of commodities at domestic markets and export. The commodities include: (1) commodities sold to urban and rural residents and social groups for their consumption; (2) commodities sold to establishments in all the industries, such as agriculture, industry, construction, services, etc., for their production and operation, including commodities sold to wholesale and retail establishments for re-selling, with or without further processing; (3) commodities for direct export to other countries. Excluded are (1) commodities transferred without buying or selling procedures; (2) commission income from brokerage in transactions whose settlement is directly handled by buyers and sellers; (3) rejected commodities in the purchase; (4) loss in commodities; (5) selling of waste packaging materials used by the establishments (units) themselves.

Inventory of Commodities

refers to total commodities (including valuc-added taxes) possessed by wholesale and retail enterprises, private and individuals, and total commodities (including value-added taxes) at storage and possessed by their institutional units for the wholesale and retail units with industrial undertakings. It reflects the commodity stock level of various wholesale and retail enterprises (units) and the potential for market supply. It includes: (1) commodities located in storage, garages, counters, and shelves of operating units (such as sale stores, wholesale centers, procurement stations and operating offices) of wholesale and retail enterprises; (2) commodities in the process of selecting, sorting, and packing; (3) commodities not arrived but recorded as purchase in the account, i.e. commodities not arrived but payment receipts for the commodities from the sellers or the banks arrived; (4) commodities deposited in other places rather than places mentioned above, for instance: commodities in the hold of purchasers temporarily due to the refusal of payment and commodities not taken back after going through the formalities; (5) commodities entrusted to other units to sell but not sold yet; (6) commodities purchased for other units but not delivered yet. Commodities not included as: (1) stock not owned by the enterprises (units); (2) commodities entrusted to other units to process (including entrusted to subsidiary processing plants and other units and not taken back yet); (3) commodities imported from foreign countries agented by foreign trade enterprises and not delivered to the order units; (4) commodities managed on behalf of the state material reserves units.

Business Revenue

refers to the total revenue of enterprises through operating of main business and other businesses. It includes income of principal business and other business income.

Cost of Principal Business

refers to real costs from the operating of main business.

Business Revenue of Accommodation and Catering Services

refers to the total revenue received from providing services or selling commodities by establishments engaged in hotels and catering services, including income from hotels, from catering services, from selling of commodities (including value-added taxes) and from other services. Excluding the income received from catering services, and selling of commodities by other industrial activity units of corporate enterprises.

Statistical Limit Standard of Wholesale, Retail Trade, Accommodation and Catering Services

Industry Category	*Statistical Index Name*	*Limit Standard*
Wholesale Trade	*Annual Revenue from Principal Business*	*20 million yuan*
Retail Trade	*Annual Revenue from Principal Business*	*5 million yuan*
Hotel Services	*Annual Revenue from Principal Business*	*2 million yuan*
Catering Services	*Annual Revenue from Principal Business*	*2 million yuan*

第十七篇　金融业

Chapter 17　Financial Intermediation

17-1 各类金融机构(2000—2015年)

Financial Institutions,2000-2015

单位：个(unit)

年 份 Year	银行类 Banking Institutions			非银行类 Non-banking Institutions		
	合 计 Total	商业银行 Commercial Banks	外资银行 Foreign Funded Banks	合 计 Total	保险公司机构 Insurance Companies	证券经营机构 Securities Business Companies
2000	1744	1718	14	725	102	96
2001	1703	1677	14	1076	105	93
2002	1653	1627	14	1215	311	85
2003	1594	1567	15	1264	369	78
2004	1564	1537	15	1294	386	79
2005	1552	1526	14	1347	371	79
2006	2094	2065	17	922	367	74
2007	2549	2520	17	557	426	71
2008	2599	2568	19	566	491	73
2009	2521	2487	22	588	520	87
2010	2641	2605	22	595	531	98
2011	2691	2654	22	662	577	102
2012	2698	2660	23	676	591	105
2013	2909	2837	57	1603	605	111
2014	3011	2939	57	1867	621	131
2015	3240	3167	57	2318	643	148

注：银行类金融机构自2006年起含农村合作银行；自2007年起含邮政储蓄银行。非银行类金融机构自2013年起含新兴金融机构。

Note: Banking Financial Institutions included Rural Cooperative Bank Since 2006,and Postal Savings Bank Since 2007.Non-banking Institutions included Emerging Financial Institutions since 2013.

17-2 各类金融机构

Financial Institutions

单位：个(unit)

项　　目	Item	2013	2014	2015
总　　计	**Total**	**4511**	**4878**	**5558**
银行类	**Banking Institutions**	**2909**	**3011**	**3240**
中央银行	Central Banks	2	2	3
政策性银行	Policy Banks	13	13	13
商业银行	Commercial Banks	2837	2939	3167
外资银行	Foreign Funded Banks	57	57	57
非银行类	**Non-banking Institutions**	**1602**	**1867**	**2318**
保险公司机构	Insurance Institutions	605	621	643
保险中介机构	Insurance Intermediary Institutions	102	118	123
保险资产管理公司	Insurance Asset Management Companies	1	1	1
证券经营机构	Securities Business Companies	111	131	148
基金管理公司	Fund Management Companies	1	1	1
独立基金销售机构分公司	Independent Fund Sales Institution Branches		2	3
证券投资咨询公司	Security Iinvestment Consulting Companies	1	1	1
证券信用评级公司	Security Credit Rating Companies	1	1	1
期货经营机构	The Futures Management Agencies	31	35	35
信托投资公司	Trust Investment Companies	2	2	2
金融租赁公司	Financial Leasing Companies	5	5	7
汽车金融公司	Auto Financing Companies	1	1	2
财务公司	Financial Companies	4	4	6
货币经纪公司	Currency Brokerage Companies	1	1	1
消费金融公司	Consumer Finance Companies	1	1	1
金融资产管理公司	Financial Assets Supervision Corporations	4	4	4
货币兑换公司	Currency Exchange Companies	3	5	5
第三方支付公司	The Third Party Payment Companies	20	33	32
小额贷款公司	Micro-credit Companies	161	178	180
融资性担保机构	Financing Guarantee Agencies	124	100	55
典当公司	Mortgage Companies	169	176	172
内资融资租赁公司	Domestic Financial Leasing Companies	10	15	18
外资融资租赁公司	Foreign Financial Leasing Companies	191	315	672
保理公司	Factoring Company	53	116	205

17-3 中外资金融机构人民币存贷款余额(1981—2015年)

RMB Deposit and Loan Balance of Chinese & Foreign Financial Institutions,1981-2015

单位：亿元(100 million yuan)

年份 Year	存款合计 Total Deposits	#单位存款 Corporate Deposits	#财政性存款 Treasury Deposits	#住户存款 Household Deposits	#农业存款 Agricultural Deposits	#其他存款 Other Deposits	贷款合计 Total Loans	#中长期贷款 Medium-term & Long-term Loans
1981	53.25	25.08	10.23	9.70	4.70	3.54	107.73	5.64
1982	68.05	32.97	11.73	12.50	6.18	4.67	112.61	8.70
1983	75.83	35.62	11.58	16.67	7.85	4.11	125.38	10.70
1984	95.52	45.76	10.98	22.19	6.87	9.72	138.99	14.21
1985	114.25	58.48	13.82	29.38	4.52	8.05	191.04	19.63
1986	129.14	63.22	11.32	40.52	5.61	8.48	224.49	26.59
1987	156.48	70.41	12.65	54.95	6.77	11.70	260.12	32.35
1988	176.44	72.77	14.35	62.72	9.45	17.16	296.18	35.47
1989	203.44	70.24	16.20	89.71	8.51	18.79	341.60	37.55
1990	263.21	86.66	19.15	126.92	9.42	21.07	415.91	50.00
1991	336.56	106.84	24.73	163.18	13.15	28.67	487.43	73.88
1992	467.81	157.39	23.50	202.66	18.51	65.75	624.82	105.67
1993	586.12	193.71	23.78	269.70	21.75	77.19	768.57	143.93
1994	800.56	301.12	24.26	394.50	18.26	62.43	927.05	210.87
1995	1079.97	385.21	37.59	549.97	22.87	84.33	1113.95	262.01
1996	1399.06	527.68	28.54	724.91	25.82	98.64	1357.38	305.50
1997	1634.95	638.88	26.22	863.36	28.76	77.73	1502.91	298.81
1998	1860.84	655.38	12.53	1020.14	34.28	138.50	1629.12	302.69
1999	2060.02	736.03	45.78	1130.19	37.94	110.08	1825.26	405.04
2000	2281.55	871.31	53.97	1172.40	44.10	139.76	1863.60	431.27
2001	2562.55	946.89	63.82	1284.95	56.32	210.56	2159.86	637.76
2002	3018.26	1115.35	102.30	1486.38	73.86	240.37	2519.04	846.93
2003	4033.51	1542.75	136.89	1825.32	164.72	363.83	3426.02	1468.35
2004	4750.28	1843.25	35.34	2116.97	157.14	450.89	3838.59	1789.90
2005	5716.09	2216.28	43.55	2462.66	163.66	638.74	4457.63	2204.62
2006	6564.47	2693.37	77.88	2811.71	189.50	619.63	5182.76	2758.33
2007	7930.31	3411.50	138.76	3083.79	237.47	810.50	6241.07	3491.79
2008	9606.36	3707.97	74.12	3980.14	288.59	1227.81	7383.29	4255.78
2009	13548.56	6007.93	127.78	4885.86	425.77	1564.18	10645.32	7006.87
2010	16142.69	6887.60	183.26	5558.23	558.47	2065.60	13111.57	8976.72
2011	17197.51	10155.74	305.20	6123.08		480.12	15242.17	9649.42
2012	19675.68	11591.00	271.08	7055.38		567.41	17392.06	10306.11
2013	22684.59	13533.26	395.47	7612.31		518.99	19453.31	11168.25
2014	23959.42	14076.93	566.46	7916.90		806.62	21715.99	12362.90
2015	27145.93		431.59	8743.79			24500.91	13991.90

注：1.中长期贷款1994年以前为固定资产贷款,1998年起中长期贷款中含中期流动资金贷款。2.“单位存款”2011年以前为“企业存款”,统计口径有所调整。3.农业存款1996年以前为农村存款，2011年取消该分类。4.其他存款含临时性存款、委托存款。5.“住户存款”2015年以前为“储蓄存款”。6.表17-4同。

Note: a) Medium-term & long-term loans refer to fixed assets loans before 1994, and include medium-term circulating capital loans since 1998. b) Deposits of enterprises are changed to corporate deposits since 2011, and the coverage is changed accordingly. c) Agricultural deposits refer to rural deposits before 1996.The section was canceled in 2011. d) Others deposits include temporary deposits and entrusted deposits. e)Saving deposits are changed to household deposits since 2015. f) Same as table 17-4.

17-4 中资金融机构人民币存贷款余额(1981—2015年)

RMB Deposit and Loan Balance of Chinese Financial Institutions,1981-2015

单位：亿元(100 million yuan)

年份 Year	存款合计 Total Deposits	#单位存款 Corporate Deposites	#财政性存款 Treasury Deposits	#住户存款 Household Deposits	#农业存款 Agricultural Deposits	#其他存款 Other Deposits	贷款合计 Total Loans	#中长期贷款 Medium-term & Long-term Loans
1981	53.25	25.08	10.23	9.70	4.70	3.54	107.73	5.64
1982	68.05	32.97	11.73	12.50	6.18	4.67	112.61	8.70
1983	75.83	35.62	11.58	16.67	7.85	4.11	125.38	10.70
1984	95.52	45.76	10.98	22.19	6.87	9.72	138.99	14.21
1985	114.25	58.48	13.82	29.38	4.52	8.05	191.04	19.63
1986	129.14	63.22	11.32	40.52	5.61	8.48	224.49	26.59
1987	156.48	70.41	12.65	54.95	6.77	11.70	260.12	32.35
1988	176.44	72.77	14.35	62.72	9.45	17.16	296.18	35.47
1989	203.44	70.24	16.20	89.71	8.51	18.79	341.60	37.55
1990	263.21	86.66	19.15	126.92	9.42	21.07	415.91	50.00
1991	336.56	106.84	24.73	163.18	13.15	28.67	487.43	73.88
1992	467.81	157.39	23.50	202.66	18.51	65.75	624.82	105.67
1993	586.12	193.71	23.78	269.70	21.75	77.19	768.57	143.93
1994	800.56	301.12	24.26	394.50	18.26	62.43	927.05	210.87
1995	1079.97	385.21	37.59	549.97	22.87	84.33	1113.95	262.01
1996	1399.06	527.68	28.54	724.91	25.82	98.64	1357.38	305.50
1997	1634.95	638.88	26.22	863.36	28.76	77.73	1502.91	298.81
1998	1860.84	655.38	12.53	1020.14	34.28	138.50	1629.12	302.69
1999	2060.02	736.03	45.78	1130.19	37.94	110.08	1825.26	405.04
2000	2281.55	871.31	53.97	1172.40	44.10	139.76	1863.60	431.27
2001	2562.55	946.89	63.82	1284.95	56.32	210.56	2159.86	637.76
2002	3018.26	1115.35	102.30	1486.38	73.86	240.37	2519.04	846.93
2003	4033.51	1542.75	136.89	1825.32	164.72	363.83	3426.02	1468.35
2004	4729.61	1823.00	182.03	2116.73	157.14	450.71	3821.38	1789.78
2005	5684.40	2185.23	234.75	2462.41	163.66	638.35	4417.45	2203.93
2006	6531.94	2661.96	250.26	2811.02	189.50	619.20	5106.94	2756.82
2007	7856.65	3344.20	387.05	3078.72	237.47	809.21	6131.63	3473.96
2008	9490.11	3617.14	401.85	3956.86	288.59	1225.67	7277.46	4235.22
2009	13390.21	5879.48	664.82	4860.12	425.77	1560.02	10513.44	6950.44
2010	15912.21	6695.81	1072.78	5525.28	558.47	2059.86	12864.75	8856.51
2011	16910.52	9919.16	305.20	6072.66		480.12	14897.72	9458.86
2012	19356.08	11335.69	271.08	6991.09		567.41	16977.76	10091.39
2013	22268.27	13199.60	395.47	7563.46		509.71	18987.54	10931.13
2014	23484.54	13687.84	566.46	7863.57		794.41	21189.30	12099.47
2015	26754.31		431.59	8721.52			24104.91	13860.53

17-5 中外资金融机构本外币存贷款余额(2010—2015年)

RMB & Foreign Deposit and Loan Balance of Chinese & Foreign Financial Institutions,2010-2015

单位：亿元(100 million yuan)

项　　目 Item	2010	2011	2012	2013	2014	2015
存款余额(折人民币)						
Deposit Balance(as RMB)	**16499.25**	**17586.91**	**20293.79**	**23316.56**	**24777.75**	**28149.37**
中资金融机构						
Chinese Financial Institutions	16179.94	17218.32	19887.26	22825.25	24219.94	27681.73
人民币						
RMB	15912.21	16910.52	19356.08	22268.27	23484.54	26754.31
外　汇(亿美元)						
Foreign Exchange(USD 100 million)	40.43	48.85	84.51	91.35	120.18	142.82
外资金融机构						
Foreign-funded Financial Institutions	319.31	368.59	406.53	491.31	557.81	483.36
外　汇(亿美元)						
Foreign Exchange(USD 100 million)	13.41	12.95	13.83	12.30	13.55	11.71
人民币						
RMB	230.49	286.99	319.60	416.32	474.88	407.34
贷款余额(折人民币)						
Loan Balance(as RMB)	**13774.11**	**15924.71**	**18396.81**	**20857.80**	**23223.42**	**25994.68**
中资金融机构						
Chinese Financial Institutions	13422.51	15470.16	17873.39	20294.04	22551.30	25477.79
人民币						
RMB	12864.75	14897.72	16977.76	18987.54	21189.30	24104.91
外　汇(亿美元)						
Foreign Exchange(USD 100 million)	84.22	90.85	142.49	214.29	222.58	211.42
外资金融机构						
Foreign-funded Financial Institutions	351.60	454.55	523.42	563.75	672.12	543.78
外　汇(亿美元)						
Foreign Exchange(USD 100 million)	15.82	17.47	17.36	16.07	23.77	21.30
人民币						
RMB	246.81	344.45	414.29	465.77	474.88	405.47

17-6 中外资金融机构本外币信贷资金平衡表(2015年)

RMB & Foreign Currency Credit Funds Balance Sheet of Chinese & Foreign Financial Institutions,2015

单位：亿元(100 million yuan)

项目	Item	2015	比年初增减数 Increase or Decrease Compared to the Beginning of the Year 2014	2015	2015比2014年增长(%) Increase Rate in 2015 over 2014(%)
资金来源合计	**All Sources**	**32609.60**	**2668.82**	**4172.17**	**9.6**
各项存款	Total Deposits	28149.37	1416.81	2969.13	11.9
# 住户存款	Household Deposits	8877.24	273.59	404.02	4.0
非金融企业存款	Non-financial Enterprise Deposits	13689.60	376.42	1349.92	10.7
广义政府存款	General Government Deposits	3055.53	438.28	142.62	5.1
非银行业金融机构存款	Non-bank Financial Institution Deposits	2416.97	308.15	1058.77	93.7
金融债券	Financial Bond	267.59	35.07	164.64	159.9
卖出回购资产	Sold for Repurchase Assets	19.26	-17.96	-9.63	-33.3
借款及非银行业金融机构拆入	Borrowing and Non-bank Financial Institution Borrowing	590.45	116.52	87.08	12.8
联行往来(净)	Interbank Transactions (net)		797.58	-904.54	-100.0
应付及暂收款	Accounts Payable and Suspense Credits	982.65	107.21	102.65	11.7
各项准备	All Preparation	646.17	88.84	148.65	30.0
所有者权益	Owner's Equity	1642.62	244.36	210.08	14.4
其　他	Others	311.49	-119.62	1404.11	-129.5
资金运用合计	**All Uses**	**32609.60**	**2668.82**	**4172.17**	**9.6**
各项贷款	Total Loans	25994.68	2358.74	2664.92	11.8
# 住户贷款	Household Loans	3353.05	323.92	512.19	18.3
非金融企业及机关团体贷款	Non-financial Enterprise and Institution Loans	22473.09	1989.20	2108.35	10.9
非银行业金融机构贷款	Non-bank Financial Institution Loans	1.00	32.72	-13.65	-97.7
债券投资	Bond Investment	3547.01	701.80	1179.12	49.8
股权及其他投资	Stocks and Other Investments	1597.95	256.30	433.57	37.2
买入返售资产	Buying Back the Sale of Assets	128.24	2.18	-208.10	-64.1
存放非银行业金融机构款项	Deposits of Non-bank Financial Institution	63.17	9.35	24.17	62.0
联行往来(净)	Interbank Transactions (net)	119.52	-489.36	119.52	
金银占款	Funds Outstanding for Gold and Silver				
外汇买卖	Foreign Exchange Trading				
应收及预付款	Accounts Receivable and Advance Charge	788.21	-179.84	-63.01	-5.5
投资性房地产	Investment Real Estate	2.02	-0.17	0.03	1.4
固定资产	Fixed Assets	368.79	9.81	21.94	6.3

注：表中增长速度按可比口径计算。表17-7、17-8同。
Note: The increase rates are calculated at constant coverage. Same as table 17-7, 17-8.

17-7 中外资金融机构人民币各项存贷款余额(2015年)

RMB Deposit and Loan Balance of Chinese & Foreign Financial Institutions,2015

单位：亿元(100 million yuan)

项目	Item	2015	比年初增减数 Increase or Decrease Compared to the Beginning of the Year		2015比2014年增长(%) Increase Rate in 2015 over 2014(%)
			2014	2015	
各项存款合计	**Total Deposits**	**27145.93**	**1229.42**	**2787.01**	**11.6**
境内存款	Domestic Deposits	27056.39	1207.19	2770.89	11.5
住户存款	Household Deposits	8743.79	264.36	365.54	3.6
活期存款	Demand Deposits	2898.08	1.58	333.62	10.4
定期及其他存款	Time Deposits and Other Deposits	5845.71	262.77	31.93	0.5
非金融企业存款	Non-financial Enterprise Deposits	12888.57	277.39	1160.70	9.7
活期存款	Demand Deposits	5312.41	-247.34	907.70	20.2
定期及其他存款	Time Deposits and Other Deposits	7576.16	524.73	253.00	3.3
广义政府存款	General Government Deposits	3052.92	439.57	141.80	5.1
财政性存款	Treasury Deposits	431.59	170.99	-140.72	-23.8
机关团体存款	Deposits of Non-profit Institutions	2621.33	268.58	282.52	12.1
非银行业金融机构存款	Non-bank Financial Institution Deposits	2371.12	225.87	1102.85	104.8
境外存款	Overseas Deposits	89.53	22.23	16.11	22.4
各项贷款合计	**Total Loans**	**24500.91**	**2255.58**	**2678.91**	**12.7**
境内贷款	Domestic Loans	24491.68	2255.82	2675.06	12.7
住户贷款	Household Loans	3352.50	323.89	512.18	18.3
短期贷款	Short-term Loans	514.94	52.47	10.40	3.3
消费贷款	Consumption Loans	170.78	9.73	41.31	32.0
经营贷款	Business Loans	344.15	42.73	-30.91	-6.8
中长期贷款	Medium-term & Long-term Loans	2837.56	271.43	501.78	21.5
消费贷款	Consumption Loans	2632.40	253.45	471.45	21.8
经营贷款	Business Loans	205.16	17.98	30.33	17.5
非金融企业及机关团体贷款	Non-financial Enterprise and Institution Loans	21138.18	1899.21	2176.52	12.1
短期贷款	Short-term Loans	5645.40	303.94	155.19	4.8
中长期贷款	Medium-term & Long-term Loans	11154.34	925.33	1126.56	11.2
票据融资	Bill Financing	1326.95	213.09	361.01	37.4
融资租赁	Financing Lease	2931.72	429.55	494.00	20.3
各项垫款	Money Advanced	79.76	27.31	39.77	99.5
非银行业金融机构贷款	Non-bank Financial Institution Loans	1.00	32.72	-13.65	-97.7
境外贷款	Overseas Loans	9.23	-0.23	3.86	71.7

17-8 中资金融机构人民币各项存贷款余额(2015年)

RMB Deposit and Loan Balance of Chinese Financial Institutions,2015

单位：亿元(100 million yuan)

项　目	Item	2015	比年初增减数 Increase or Decrease Compared to the Beginning of the Year		2015比2014年增长(%) Increase Rate in 2015 over 2014(%)
			2014	2015	
各项存款合计	**Total Deposits**	**26754.31**	**1172.19**	**2818.15**	**12.2**
境内存款	Domestic Deposits	26678.58	1157.61	2796.26	12.1
住户存款	Household Deposits	8721.52	265.93	372.40	4.1
活期存款	Demand Deposits	2891.76	0.22	333.44	10.4
定期及其他存款	Time Deposits and Other Deposits	5829.75	265.70	38.96	1.2
非金融企业存款	Non-financial Enterprise Deposits	12558.49	228.54	1192.43	10.4
活期存款	Demand Deposits	5246.54	-260.82	905.59	20.6
定期及其他存款	Time Deposits and Other Deposits	7311.95	489.36	286.84	4.0
广义政府存款	General Government Deposits	3051.48	438.87	140.40	5.4
财政性存款	Treasury Deposits	431.59	170.99	-140.72	-23.8
机关团体存款	Deposits of Non-profit Institutions	2619.89	267.88	281.12	12.5
非银行业金融机构存款	Non-bank Financial Institution Deposits	2347.09	224.27	1091.03	104.9
境外存款	Overseas Deposits	75.73	14.58	21.89	41.3
各项贷款合计	**Total Loans**	**24104.91**	**2196.67**	**2653.19**	**13.6**
境内贷款	Domestic Loans	24098.92	2196.78	2652.15	13.6
住户贷款	Household Loans	3348.90	313.69	511.88	22.4
短期贷款	Short-term Loans	514.13	52.50	9.60	3.2
消费贷款	Consumption Loans	170.74	9.77	41.27	32.1
经营贷款	Business Loans	343.39	42.73	-31.67	-7.0
中长期贷款	Medium-term & Long-term Loans	2834.77	261.20	502.28	26.7
消费贷款	Consumption Loans	2630.34	243.09	471.77	27.4
经营贷款	Business Loans	204.43	18.10	30.51	17.7
非金融企业及机关团体贷款	Non-financial Enterprise and Institution Loans	20749.01	1848.37	2153.92	12.6
短期贷款	Short-term Loans	5436.17	282.90	110.59	4.1
中长期贷款	Medium-term & Long-term Loans	11025.76	909.25	1103.57	11.8
票据融资	Bill Financing	1276.24	199.75	406.23	46.7
融资租赁	Financing Lease	2931.72	429.55	494.00	20.3
各项垫款	Money Advanced	79.11	26.92	39.53	99.9
非银行业金融机构贷款	Non-bank Financial Institution Loans	1.00	34.72	-13.65	-97.7
境外贷款	Overseas Loans	5.99	-0.11	1.04	21.0

17-9 金融机构人民币法定存款基准利率(1996-2015年)

Official Benchmark Interest Rates on RMB Deposits of Financial Institutions,1996-2015

单位：年利率%(% p. a.)

调整时间 Adiust Time	活期 Demand Deposits	定期 Time Deposits					
		三个月 3 Months	半年 6 Months	一年 1 Year	二年 2 Years	三年 3 Years	五年 5Years
1996.05.01	2.97	4.86	7.20	9.18	9.90	10.80	12.06
1996.08.23	1.98	3.33	5.40	7.47	7.92	8.28	9.00
1997.10.23	1.71	2.88	4.14	5.67	5.94	6.21	6.66
1998.03.25	1.71	2.88	4.14	5.22	5.58	6.21	6.66
1998.07.01	1.44	2.79	3.96	4.77	4.86	4.95	5.22
1998.12.07	1.44	2.79	3.33	3.78	3.96	4.14	4.50
1999.06.10	0.99	1.98	2.16	2.25	2.43	2.70	2.88
2002.02.21	0.72	1.71	1.89	1.98	2.25	2.52	2.79
2004.10.29	0.72	1.71	2.07	2.25	2.70	3.24	3.60
2006.08.19	0.72	1.80	2.25	2.52	3.06	3.69	4.14
2007.03.18	0.72	1.98	2.43	2.79	3.33	3.96	4.41
2007.05.19	0.72	2.07	2.61	3.06	3.69	4.41	4.95
2007.07.21	0.81	2.34	2.88	3.33	3.96	4.68	5.22
2007.08.22	0.81	2.61	3.15	3.60	4.23	4.95	5.49
2007.09.15	0.81	2.88	3.42	3.87	4.50	5.22	5.76
2007.12.21	0.72	3.33	3.78	4.14	4.68	5.40	5.85
2008.10.09	0.72	3.15	3.51	3.87	4.41	5.13	5.58
2008.10.30	0.72	2.88	3.24	3.60	4.14	4.77	5.13
2008.11.27	0.36	1.98	2.25	2.52	3.06	3.60	3.87
2008.12.23	0.36	1.71	1.98	2.25	2.79	3.33	3.60
2010.10.20	0.36	1.91	2.20	2.50	3.25	3.85	4.20
2010.12.26	0.36	2.25	2.50	2.75	3.55	4.15	4.55
2011.02.09	0.40	2.60	2.80	3.00	3.90	4.50	5.00
2011.04.06	0.50	2.85	3.05	3.25	4.15	4.75	5.25
2011.07.07	0.50	3.10	3.30	3.50	4.40	5.00	5.50
2012.06.08	0.40	2.85	3.05	3.25	4.10	4.65	5.10
2012.07.06	0.35	2.60	2.80	3.00	3.75	4.25	4.75
2014.11.22	0.35	2.35	2.55	2.75	3.35	4.00	
2015.03.01	0.35	2.10	2.30	2.50	3.10	3.75	
2015.05.11	0.35	1.85	2.05	2.25	2.85	3.50	
2015.06.28	0.35	1.60	1.80	2.00	2.60	3.25	
2015.08.26	0.35	1.35	1.55	1.75	2.35	3.00	
2015.10.24	0.35	1.10	1.30	1.50	2.10	2.75	

17-10 金融机构人民币法定贷款基准利率(1996-2015年)

Official Benchmark Interest Rates on RMB Loans of Financial Institutions,1996-2015

单位：年利率%(% p. a.)

调整时间 Adiust Time	6个月 6 Months	1年 1 Year	1-3年 1-3 Years	3-5年 3-5 Years	5年以上 Above 5 Years
1996.05.01	9.72	10.98	13.14	14.94	15.12
1996.08.23	9.18	10.08	10.98	11.70	12.42
1997.10.23	7.65	8.64	9.36	9.90	10.53
1998.03.25	7.02	7.92	9.00	9.72	10.35
1998.07.01	6.57	6.93	7.11	7.65	8.01
1998.12.07	6.12	6.39	6.66	7.20	7.56
1999.06.10	5.58	5.85	5.94	6.03	6.21
2002.02.21	5.04	5.31	5.49	5.58	5.76
2004.10.29	5.22	5.58	5.76	5.85	6.12
2006.04.28	5.40	5.85	6.03	6.12	6.39
2006.08.19	5.58	6.12	6.30	6.48	6.84
2007.03.18	5.67	6.39	6.57	6.75	7.11
2007.05.19	5.85	6.57	6.75	6.93	7.20
2007.07.21	6.03	6.84	7.02	7.20	7.38
2007.08.22	6.21	7.02	7.20	7.38	7.56
2007.09.15	6.48	7.29	7.47	7.65	7.83
2007.12.21	6.57	7.47	7.56	7.74	7.83
2008.09.13	6.21	7.20	7.29	7.56	7.74
2008.10.09	6.12	6.93	7.02	7.29	7.47
2008.10.30	6.03	6.66	6.75	7.02	7.20
2008.11.27	5.04	5.58	5.67	5.94	6.12
2008.12.23	4.86	5.31	5.40	5.76	5.94
2010.10.20	5.10	5.56	5.60	5.96	6.14
2010.12.26	5.35	5.81	5.85	6.22	6.40
2011.02.09	5.60	6.06	6.10	6.45	6.60
2011.04.06	5.85	6.31	6.40	6.65	6.80
2011.07.07	6.10	6.56	6.65	6.90	7.05
2012.06.08	5.85	6.31	6.40	6.65	6.80
2012.07.06	5.60	6.00	6.15	6.40	6.55
2014.11.22	5.60	5.60	6.00	6.00	6.15
2015.03.01	5.35	5.35	5.75	5.75	5.90
2015.05.11	5.10	5.10	5.50	5.50	5.65
2015.06.28	4.85	4.85	5.25	5.25	5.40
2015.08.26	4.60	4.60	5.00	5.00	5.15
2015.10.24	4.35	4.35	4.75	4.75	4.90

17-11 人民币汇率(年平均价)(1981—2015年)

Reference Exchange Rate of RMB(Period Average),1981-2015

单位：人民币元(RMB yuan)

年 份 Year	100美元 100 US Dollars	100日元 100 Japanese Yen	100港元 100 Hong Kong Dollars	100欧元 100 Euros
1981	170.50	0.7735	30.41	
1982	189.25	0.7607	31.15	
1983	197.57	0.8318	27.36	
1984	232.70	0.9780	29.71	
1985	293.66	1.2457	37.57	
1986	345.28	2.0694	44.22	
1987	372.21	2.5799	47.74	
1988	372.21	2.9082	47.70	
1989	376.51	2.7360	48.28	
1990	478.32	3.3233	61.39	
1991	532.33	3.9602	68.45	
1992	551.46	4.3608	71.24	
1993	576.20	5.2020	74.41	
1994	861.87	8.4370	111.53	
1995	835.10	8.9225	107.96	
1996	831.42	7.6352	107.51	
1997	828.98	6.8600	107.09	
1998	827.91	6.3488	106.88	
1999	827.83	7.2932	106.66	
2000	827.84	7.6864	106.18	
2001	827.70	6.8075	106.08	
2002	827.70	6.6237	106.07	800.58
2003	827.70	7.1466	106.24	936.13
2004	827.68	7.6552	106.23	1029.00
2005	819.17	7.4484	105.30	1019.53
2006	797.18	6.8570	102.62	1001.90
2007	760.40	6.4632	97.46	1041.75
2008	694.51	6.7427	89.19	1022.27
2009	683.10	7.2986	88.12	952.70
2010	676.95	7.7279	87.13	897.25
2011	645.88	8.1050	82.97	900.11
2012	631.25	7.9037	81.38	810.67
2013	619.32	6.3323	79.85	822.19
2014	614.28	5.8196	79.22	816.51
2015	622.84	5.1553	80.34	691.41

17-12 个人贷款总额(2011—2015年)

Total Amount of Personal Loans,2011-2015

单位：亿元(100 million yuan)

指 标 Item	2011	2012	2013	2014	2015
个人贷款总额 Total Amount of Personal Loans	**1728.46**	**1988.65**	**2482.74**	**2834.24**	**3353.05**
# 个人消费贷款 Personal Consumption Loans	1454.43	1642.88	1999.57	2290.44	2803.73
# 个人住房贷款 Housing Mortgage Loans	1297.91	1453.98	1735.77	1993.23	2441.60
汽车消费贷款 Car Consumption Loans	8.96	7.57	5.01	5.68	14.72
个人住房贷款占个人消费贷款的比重(%) Percentage of Housing Mortgage Loans in Personal Consumption Loans(%)	**85.7**	**88.5**	**86.8**	**87.0**	**87.1**

17-13 证券市场交易情况(2008—2015)

Trading Statistics on Securities Markets,2008-2015

单位：亿元(100 million yuan)

年 份 Year	证券市场交易量 Trading Volune of Securities Market	股 票 Stock	基 金 Fund	债 券 Securities	权 证 Warrant	其 他 Others	股市开户数(万户) Total Investors (10 000 households)
2008	8016.23	6638.35	107.53	30.75	1182.00	57.60	151.23
2009	14832.34	13608.06	141.62	29.52	878.60	174.55	156.32
2010	15754.45	15100.67	152.07	19.45	247.03	235.23	160.34
2011	12726.07	11068.87	189.77	25.51	61.40	1380.53	167.09
2012	10743.11	7751.70	171.11	90.76		2729.54	196.78
2013	16834.80	10461.89	419.24	464.98		5488.69	201.64
2014	25400.20	15573.26	675.95	299.23		8851.76	209.11
2015	67040.06	51148.59	2764.93	330.52		12796.02	251.83

17-14 上市公司股票发行基本情况(1993—2015年)

Basic Statistics On Listed Companies Issue,1993-2015

年 份 Year	境内上市公司(个) Companies Listed in Mainland(unit)					股票发行总股本(万股) General Capitalization (10 000 shares)	累计股票首发数量(万股) Accumulated Issued Volume (10 000 shares)	累计股票筹资额(万元) Accumulated Capital Raised (10 000 yuan)
	上交所 Shanghai Stock Exchange	深交所 Shenzhen Stock Exchange	发A股公司 A Share Only	发A、B股公司 A&B Share	创业版 GEM			
1993	1	1	2			112399	5950	11957
1994	2	1	3			154026	10000	11957
1995	3	1	4			296749	16898	27957
1996	6	3	7	2		834794	44663	41757
1997	8	5	11	2		1028130	57563	89558
1998	9	5	12	2		1108486	62063	114633
1999	9	7	14	2		1429730	90863	274189
2000	10	8	16	2		1535184	102363	327867
2001	15	8	21	2		1796284	129463	507875
2002	17	8	23	2		2169204	142463	654039
2003	18	8	24	2		2248265	152463	692868
2004	18	8	24	2		2248265	152463	692868
2005	18	8	24	2		2248265	152463	692868
2006	18	8	24	2		2248265	152463	692868
2007	20	10	28	2		3792292	395850	2935590
2008	20	10	28	2		3792292	395850	2935590
2009	20	11	29	2	1	3797327	397109	3007666
2010	20	11	35	2	3	3886688	417069	3616566
2011	20	11	36	2	4	3896688	419569	3716566
2012	20	11	37	2	5	3908288	422469	3765228
2013	20	11	37	2	5	3908288	422469	3765228
2014	22	21	41	2	7	3927970	432289	3867230
2015	22	21	41	2	7	5447961	437289	3936180

注：总股本为截至2015年12月31日的数据。

Note: Data of general capitalization are figures until Dec. 31, 2015.

17-15 保险机构(2013-2015年)

Insurance Institutions,2013-2015

单位：个(unit)

项 目	Item	2013	2014	2015
合 计	**Total**	**708**	**740**	**767**
保险公司机构	**Insurance Companies**	**605**	**621**	**643**
总公司	Parent Companies	5	6	6
# 中外合资、外资公司	Joint-venture and Sole Foreign Investment Companies	2	2	2
分公司	Branches	49	51	55
支公司	Sub-branches	204	221	233
营销服务部	Marketing Departments	343	338	344
专属机构(电销中心)	Specialized Agency (Telephone Direct Sale Center)	4	5	5
专业保险中介机构	**Professional Insurance Intermediary Institutions**	**102**	**118**	**123**
保险代理公司	Insurance Agent Companies	67	80	85
保险公估公司	Insurance Assessment Companies	11	15	15
保险经纪公司	Insurance Broker Companies	24	23	23
资产管理公司	**Assets Management Company**	**1**	**1**	**1**

注：本表中支公司包含中心支公司和营业部。
Note: In this table, sub-branches include sub-branches in center cities and business departments.

17-16 保险业务主要指标(1996-2015年)

Main Indicators of Insurance Business,1996-2015

年 份 Year	保险金额 (亿元) Amount Insured (100 million yuan)	保 费 (万元) Premium (10 000 yuan)	# 人身险 Personal Insurance	# 财产险 Property Insurance	赔款及给付 (万元) Claim and Payment (10 000 yuan)	# 人身险 Personal Insurance	# 财产险 Property Insurance
1996	2488.21	171768	63373	74399	62613	10186	33257
1997	3306.04	243377	125327	112401	83528	18334	61900
1998	3949.15	271654	161097	110557	70075	14206	55869
1999	4848.10	291382	175804	115578	69163	14703	54460
2000	3696.19	314663	191786	122877	71950	7714	64236
2001	5176.91	417049	276050	140999	119062	56364	62698
2002	5632.35	649698	505966	143732	114818	46513	68305
2003	6497.87	753098	597450	155648	173608	72493	101115
2004	9852.79	809874	622284	187590	174178	77905	96273
2005	12141.02	906391	688629	217762	174637	67284	107353
2006	16690.02	1051842	785664	266178	218608	92220	126388
2007	20068.17	1509092	1154858	354234	413417	242197	171221
2008	26065.40	1756212	1338017	418195	510252	300335	209917
2009	29295.34	1512873	1054914	457959	599226	304282	294944
2010	30410.48	2140074	1488739	651335	541885	222606	319278
2011	46937.30	2117433	1366397	751036	661749	306605	355144
2012	51136.36	2381572	1473712	907859	810180	362788	447392
2013	76630.97	2768020	1745237	1022783	1020030	430278	589752
2014	80022.67	3177501	2088796	1088705	1043856	444715	599141
2015	120584.85	3983408	2780605	1202803	1395316	730736	664580

注：2011年起保险业全面执行财政部《企业会计准则2号解释》，各项指标口径按照准则要求相应调整。表17-17同。

Note: Because the insurance industry executed Accounting Standards Interpretation No. 2 issued by Ministry of Finance since 2011, the coverages of indicators in this table have changed accordingly. Same as table 17-17.

17-17 保险业务情况(2013-2015年)

Basic Statistics on Insurance Business,2013-2015

单位：亿元(100 million yuan)

项　目	Item	2013	2014	2015
保险金额	**Amount Insured**	**76630.97**	**80022.67**	**120584.85**
财产保险	Property Insurance	45411.63	57583.21	66642.76
人身保险	Personal Insurance	31219.34	22439.46	53942.09
保　费	**Premium**	**276.80**	**317.75**	**398.34**
财产保险	Property Insurance	102.28	108.87	120.28
# 机动车辆保险	Motor Vehicle Insurance	78.70	83.18	90.31
人寿保险	Life Insurance	148.54	174.51	236.66
人身意外伤害保险	Personal Accident Insurance	5.91	6.58	7.46
健康保险	Health Insurance	20.07	27.79	33.94
赔款及给付额	**Claim and Payment**	**102.00**	**104.39**	**139.53**
财产保险	Property Insurance	58.98	59.91	66.46
# 机动车辆保险	Motor Vehicle Insurance	45.50	48.05	49.08
人寿保险	Life Insurance	33.76	33.19	57.86
人身意外伤害保险	Personal Accident Insurance	1.71	1.67	1.95
健康保险	Health Insurance	7.56	9.61	13.26
保险密度(元)	**Insurance Density (yuan)**	**1880.18**	**2094.86**	**2575.01**
财产保险	Property Insurance	694.73	717.76	777.53
人身保险	Personal Insurance	1185.45	1377.10	1797.48
保险深度(%)	**Insurance Depth (%)**	**1.9**	**2.0**	**2.41**
财产保险	Property Insurance	0.7	0.7	0.73
人身保险	Personal Insurance	1.2	1.3	1.68
赔付率(%)	**Claim and Payment Rate (%)**			
财产保险公司综合赔付率	Property Insurance Comprehensive Claim and Payment Rate	61.8	61.3	73.0
人身保险公司短期险赔付率	Personal Insurance Short-term Claim and Payment Rate	65.5	64.2	65.0

注：人身保险金额为期末有效保险金额

Note: Amount insured of personal insurance is the efficiency amount insured at the end of term.

17-18 租赁业基本情况(2012-2015年)

Basic Statistics on Leasing industry,2012-2015

单位：亿元(100 million yuan)

指　标 Item	2012	2013	2014	2015
企业家数(个)				
Number of Enterprises(unit)	**116**	**206**	**335**	**697**
金融租赁				
Financial leasing	3	5	5	7
内资租赁				
Domestic Leasing	8	10	15	18
外资租赁				
Leasing of Foreign Capital	105	191	315	672
注册资金				
Registered Capital	**574**	**840**	**1353**	**2683**
金融租赁				
Financial leasing	166	241	241	291
内资租赁				
Domestic Leasing	120	131	161	185
外资租赁				
Leasing of Foreign Capital	288	468	951	2207
租赁合同余额				
Balance of Lease Contract	**3700**	**5750**	**10000**	**14100**
金融租赁				
Financial leasing	1900	2550	4500	5850
内资租赁				
Domestic Leasing	1150	1850	2700	3900
外资租赁				
Leasing of Foreign Capital	650	1350	2800	4350

主要统计指标解释

信贷资金

指金融机构以信用方式积聚和分配的货币资金。金融机构信贷资金的来源有各项存款、金融债券、对国际金融机构负债、流通中现金、其他项目等；信贷资金的运用有各项贷款、有价证券及投资、金银占款、外汇占款、财政借款及在国际金融机构中的资产等。

存　款

指企业、机关、团体或居民根据资金必须收回的原则，把货币资金存入金融机构保管并取得一定利息的一种信用活动形式。根据存款对象的不同可划分为企业存款、财政性存款、城乡储蓄存款、农村存款、信托及其他存款等，它是银行信贷资金的主要来源。

贷　款

指金融机构根据资金必须归还的原则，按一定利率，为企业、个人等提供资金的一种信用活动形式。我国银行贷款分为工业贷款、农业贷款、商业贷款、建筑业贷款、私营和个体贷款、乡镇企业贷款、中长期贷款、信托及其他贷款等。

保险公司

指在中国境内的、经过保险监督管理部门批准设立，并依法登记注册的各类商业保险公司。

保险金额

指保险人承担赔偿或者给付保险金责任的最高限额。

保　费

指投保人为取得保险人在约定范围内所承担赔偿责任而支付给保险人的费用。

赔　款

指保险人根据保险合同的规定，向被保险人支付的赔偿保险责任损失的金额。

给　付

包括死伤医疗给付和满期给付。死伤医疗给付是指保险人根据人寿保险及长期健康保险合同的规定，因被保险人在保险期内发生保险责任范围内的保险事故支付给被保险人（或受益人）的金额。满期给付是指被保险人生存期满，保险人按人寿保险合同规定支付给被保险人的满期保险金额。

保险密度

为按常住人口计算的人均保费收入。

保险深度

指保费收入相当于生产总值的比例。

Explanatory Notes on Main Statistical Indicators

Credit Funds

refer to the monetary funds accumulated and distributed in the means of credit by the financial institutions. The sources of credit funds include various deposits, financial bonds, liabilities to international financial institutions, currency in circulation and other items. The uses of credit funds include loans, securities and investment, position for bullion and silver purchase, position for foreign exchange purchase, advances to treasury, and assets with international financial institutions.

Deposits

are the form of credit by which enterprises, institutions, organizations or households can put money into banks and other credit institutions for safekeeping and interest earning under the principle of free withdrawal. According to different depositors, deposits are divided into enterprise deposits, treasury deposits, urban and rural savings deposits, rural deposits, entrust and other deposits. Deposits are major sources of credit funds of banks.

Loans

are the form of credit by which banks and other credit institutions provide funds at certain interest rate to enterprises and individuals in the light of the principle of unconditional repayment. Loans from Chinese banks include industry loans, agriculture loans, commerce loans, construction loans, loans to private and individuals, township enterprises loans, medium & long term loans, entrust and other loans.

Insurance Companies

refer to commercial insurance companies of various forms registered by law and established in China with the approval of insurance regulatory agencies.

Amount Insured

refers to the maximum that the insurer to assume compensation or to pay the insurance.

Premium

is the fee paid by the insurant to the insurer to obtain the obligation of compensation from the insurance within the agreed terms.

Claim

is the compensation paid by the insurer to insurant in accordance with the insurance contract.

Payment

includes payment for death, injury or medical treatment and mature payment. Payment for death, injury or medical treatment refers to the money paid to insurant (or the beneficiary) in accordance with the life or health insurance contract when the insurant encounters accidents within the insured period covered in the contract. Mature payment refers to the mature payment to the insurant in accordance with the life insurance contract at the end of the insured period.

Insurance Density

refers to per capita premiums which is based on permanent resident population.

Insurance Depth

refers to the proportion of premiums to gross domestic product.

第十八篇　教育和科技

Chapter 18　Education, Science and Technology

18-1 各级各类学校基本情况(1996—2015年)

Basic Statistics by Level and Type of School,1996-2015

单位：万人(10 000person)

年 份 Year	学校数(所) Number of Schools (unit)			毕业生数 Graduates			招生数 New Students Enrollment		
	高等学校 Institutions of Higher Education	中等学校 Secondary Schools	小 学 Primary Schools	高等学校 Institutions of Higher Education	中等学校 Secondary Schools	小 学 Primary Schools	高等学校 Institutions of Higher Education	中等学校 Secondary Schools	小 学 Primary Schools
1996	20	1098	3185	1.84	15.69	14.57	2.27	22.79	14.44
1997	20	1108	3030	1.95	19.18	13.36	2.20	23.07	13.30
1998	20	1091	2841	1.83	21.96	16.66	2.37	27.35	11.60
1999	21	1041	2642	1.93	21.70	15.66	3.17	25.40	10.45
2000	21	1006	2323	1.90	22.01	15.53	4.55	25.18	10.05
2001	33	1012	1307	1.91	23.34	14.76	5.61	24.98	9.55
2002	37	978	1208	2.73	23.47	13.33	6.95	24.42	9.30
2003	37	897	1136	4.02	24.44	13.20	8.61	25.92	8.50
2004	40	848	1099	5.17	25.26	11.48	9.62	25.06	8.16
2005	42	803	1062	6.92	24.33	10.64	10.36	23.48	7.84
2006	45	746	1023	8.20	24.74	10.61	10.79	23.02	8.21
2007	45	718	1003	9.23	23.58	10.53	10.95	21.92	8.64
2008	45	707	993	10.17	23.50	8.82	11.85	19.67	8.90
2009	55	690	983	10.14	23.47	9.15	12.52	19.36	8.13
2010	55	659	956	10.54	21.80	8.72	13.31	19.05	8.26
2011	55	625	874	10.87	19.86	8.46	13.31	18.33	10.01
2012	55	616	843	11.30	18.77	8.65	14.19	18.11	10.25
2013	55	611	838	12.10	18.30	8.61	14.37	18.04	10.74
2014	55	597	842	12.35	17.75	8.67	14.54	17.63	11.02
2015	55	599	849	13.21	17.63	8.03	14.50	17.65	11.09

18-1续表 *Continued*

单位：万人(10 000person)

年份 Year	在校学生数 Students Enrollment			教职工数 Teachers, Staff and Workers			专任教师数 Full-time Teachers		
	高等学校 Institutions of Higher Education	中等学校 Secondary Schools	小学 Primary Schools	高等学校 Institutions of Higher Education	中等学校 Secondary Schools	小学 Primary Schools	高等学校 Institutions of Higher Education	中等学校 Secondary Schools	小学 Primary Schools
1996	7.14	66.29	87.98	2.62	7.66	6.22	0.98	4.88	5.12
1997	7.36	69.29	87.76	2.08	7.70	6.21	0.96	5.13	5.10
1998	7.87	73.58	82.67	2.03	7.76	6.05	0.95	5.16	4.94
1999	9.05	76.17	77.31	2.10	7.93	5.90	0.96	5.30	4.83
2000	11.77	78.74	71.71	2.60	8.03	5.69	1.01	5.38	4.67
2001	15.40	78.59	66.55	3.00	7.73	5.53	1.26	5.27	4.57
2002	19.69	79.28	62.72	3.20	7.66	5.42	1.42	5.34	4.49
2003	24.52	80.17	58.54	3.34	7.55	5.26	1.56	5.37	4.38
2004	28.61	77.57	55.48	3.64	7.37	5.10	1.90	5.23	4.21
2005	33.16	75.59	53.30	3.94	7.20	4.96	2.17	5.18	4.11
2006	35.74	71.41	51.68	4.22	7.08	4.79	2.45	5.19	4.00
2007	37.11	71.38	51.43	4.24	6.94	4.63	2.52	5.19	3.87
2008	38.64	67.78	52.10	4.34	6.96	4.59	2.62	5.28	3.85
2009	40.60	63.11	50.74	4.46	6.79	4.50	2.71	5.15	3.79
2010	42.92	59.43	50.59	4.52	6.58	4.40	2.81	5.01	3.73
2011	44.97	57.49	51.85	4.59	6.63	4.18	2.89	4.99	3.75
2012	47.31	55.62	53.23	4.65	6.63	4.16	2.99	5.03	3.78
2013	48.99	54.67	55.21	4.71	6.52	4.19	3.09	4.98	3.83
2014	50.58	54.38	57.32	4.70	6.52	4.23	3.10	5.03	3.90
2015	51.29	54.01	60.21	4.71	6.47	4.31	3.11	5.04	4.02

注：自2009年起高等院校数含独立学院。

Note: Data of Institutions of higher education include independent institutes since 2009.

18-2 各级各类学校数、学生数和教职工数(2015年)

Schools, Students and Teachers by Level and Type of School,2015

单位：人(person)

类　别	Item	学校数(所) Number of Schools (unit)	毕业生数 Graduates	招生数 New Students Enrollment	在校学生数 Students Enrollment	教职工数 Teachers, Staff and Workers	专任教师数 Full-time Teachers
合　计	**Total**	**1503**	**388597**	**432447**	**1655097**	**154950**	**121709**
高等学校	Institutions of Higher Education	55	132072	145024	512854	47077	31128
中等专业学校	Specialized Secondary Schools	39	18111	24436	63683	6031	4197
技工学校	Secondary Technical Schools	29	6871	9208	21374	2698	1726
职业中学	Vocational Secondary Schools	22	9026	10778	28007	2527	1949
普通中学	Regular Secondary Schools	509	142265	132120	427035	53489	42507
高　中	Senior Secondary Schools	180	58350	53822	165561	29323	16162
初　中	Junior Secondary Schools	329	83915	78298	261474	24166	26345
小　学	Primary Schools	849	80252	110881	602144	43128	40202

18-3 民办教育基本情况(2015年)

Statstics of Private Education,2015

单位：人 (person)

项　目	Item	学校数(所) Number of Schools (unit)	在校学生数 Students Enrollment	专任教师数 Full-time Teachers
合　计	**Total**	**107**	**224411**	**12223**
民办高等学校	Private Institutions of Higher Education	11	79361	4151
民办中学	Private Secondary Schools	43	36752	2151
高　中	Senior Secondary Schools		13175	
初　中	Junior Secondary Schools		23577	
民办小学	Private Primary Schools	14	18154	436
民办幼儿园	Private Kindergartens	1002	90144	5485

18-4 平均每万人口各级学校在校学生数(2011—2015年)

Number of Students Enrollment per 10 000 Persons,2011-2015

单位：人(person)

项 目	Item	2011	2012	2013	2014	2015
合 计	**Total**	**1162**	**1128**	**1101**	**1087**	**1081**
高等学校	Institutions of Higher Education	339	342	340	338	335
中等学校	Secondary Schools	432	401	379	365	353
中等专业学校	Specialized Secondary Schools	54	51	48	40	42
技工学校	Secondary Technical Schools	21	15	14	13	14
职业中学	Vocational Secondary Schools	20	19	14	18	18
普通中学	Regular Secondary Schools	337	316	302	293	279
高 中	Senior Secondary Schools	140	131	121	113	108
初 中	Junior Secondary Schools	197	185	181	179	171
小 学	Primary Schools	391	385	383	384	393

18-5 各级普通学校生师比(2011—2015年)

The Ratio of Students to Teachers in ordinary Schools at all Levels,2011-2015

单位：人 (person)

项 目	Item	2011	2012	2013	2014	2015
合 计	**Total**	**13**	**13**	**14**	**14**	**14**
高等学校	Institutions of Higher Education	16	16	16	16	16
中等学校	Secondary Schools	12	11	11	11	11
中等专业学校	Specialized Secondary Schools	15	15	16	14	15
技工学校	Secondary Technical Schools	14	11	12	10	12
职业中学	Vocational Secondary Schools	12	12	9	13	14
普通中学	Regular Secondary Schools	11	11	10	10	10
高 中	Senior Secondary Schools	12	12	11	11	10
初 中	Junior Secondary Schools	10	10	10	10	10
小 学	Primary Schools	14	14	14	15	15

18-6 各级学校学生升、入学率(2011—2015年)

Percentage of Graduate Students and Enrollment in All Schools by Level,2011-2015

单位：%(%)

项 目 Item	2011	2012	2013	2014	2015
初中毕业生升学率 Percentage of Graduates in Junior Secondary Schools Entering Senior Secondary Schools	105.60	95.00	97.00	99.85	98.71
初中学生净入学率 Net Percentage of Graduates in Primary Schools Entering Junior Secondary Schools	99.88	100.00	100.00	100.00	100.00
小学学龄儿童毛入学率 Percentage of School-age Children Enrolled	122.88	105.62	105.68	105.54	103.86

注：2012年起初中毕业生升学率指标计算方法有调整。

Note:The Calculation Method of Percentage of graduates in junior secondary schools entering senior secondary schools adjust since 2012.

18-7 研究生及指导教师人数(2011—2015年)

Number of Postgraduate Students and Instructors,2011-2015

单位：人(person)

指　　标	Item	2011	2012	2013	2014	2015
总　计	**Total**					
在校生数	Students Enrollment	46052	48452	50622	51422	53002
毕业生数	Graduates	10645	14521	14959	15774	16253
招生人数	New Students Enrollment	16085	17065	17117	17552	18047
指导教师	Instructors	6507	7102	7908	8482	9032
攻读博士学位	**Postgraduate for Doctor Degree**					
在校生数	Students Enrollment	7547	7745	8014	8346	8691
毕业生数	Graduates	1773*	1705	1708	1656	1729
招生人数	New Students Enrollment	1992	2022	2036	2121	2170
攻读硕士学位	**Postgraduate for Master Degree**					
在校生数	Students Enrollment	38505	40707	42608	43076	44311
毕业生数	Graduates	8872	12816	13251	14118	14524
招生人数	New Students Enrollment	14093	15043	15081	15431	15877

18-8 分学科研究生在校人数(2013—2015年)

Number of Enrolled Postgraduate Students by Subject,2013-2015

单位：人(person)

学　　科	Item	博士生 Postgraduate for Doctor Degree			硕士生 Postgraduate for Master Degree		
		2013	2014	2015	2013	2014	2015
总　　计	**Total**	**8014**	**8346**	**8691**	**42608**	**43076**	**44311**
按学科分	**By Subject**						
哲　学	Philosophy	123	117	104	159	198	182
经济学	Economics	704	684	629	2603	2543	2578
法　学	Law	418	431	411	1543	1627	1672
教育学	Education	87	107	126	1723	1735	1863
文　学	Literature	305	313	297	2524	2579	2684
历史学	History	316	320	306	454	443	448
理　学	Science	1067	1077	1265	2930	2863	2848
工　学	Engineering	3483	3721	3987	17112	16879	17116
医　学	Medicine	673	719	688	5635	5900	6222
农　学	Agriculture	21	25	24	195	236	295
军事学	Strategics				13	12	13
管理学	Management	816	832	854	6330	6567	6874
艺术学	Art	1			1387	1494	1516
按学位分	**By Degree**						
学术学位	Academic Degree	7863	8172	8528	27189	25349	24760
专业学位	Professional Degree	151	174	163	15419	17727	19551

18-9 各类高等学校基本情况

Basic Statistics on Institutions of Higher Education

单位：人(person)

项　目	Item	学校数(所) Number of Schools(unit)		毕业生数 Graduates		招生数 New Students Enrollment	
		2014	2015	2014	2015	2014	2015
总　计	**Total**	**55**	**55**	**123505**	**132072**	**145424**	**145024**
综合大学	Comprehensive Universities	16	16	33761	37011	38326	38191
理工院校	Science and Engineering	15	15	46644	49101	56839	56051
农林院校	Agriculture and Forestry	1	1	3171	3597	3427	3429
医药院校	Medicine	5	5	7427	8208	8918	8972
师范院校	Teacher Training	2	2	9846	10045	10546	10397
语文院校	Linguistics and Literary	3	3	4293	4236	5062	5371
政法院校	Political Science and Law	1	1	524	665	925	1147
财经院校	Economics and Finance	5	5	13330	14169	15159	15280
体育院校	Physical Education	2	2	1759	2113	2706	2703
艺术院校	Art	5	5	2718	2892	3340	3430

18-9续表 *Continued*

单位：人(person)

项　目	Item	在校学生数 Students Enrollment		教职工数 Teachers, Staff and Workers		专任教师数 Full-time Teachers	
		2014	2015	2014	2015	2014	2015
总　计	**Total**	**505795**	**512854**	**47043**	**47077**	**31008**	**31128**
综合大学	Comprehensive Universities	126108	125592	11715	11539	7564	7441
理工院校	Science and Engineering	194313	198317	17600	17724	11946	12155
农林院校	Agriculture and Forestry	12641	12399	1048	1040	693	692
医药院校	Medicine	32431	32990	4269	4215	2818	2842
师范院校	Teacher Training	42111	42232	3783	3775	2374	2411
语文院校	Linguistics and Literary	18035	19111	1658	1689	1146	1180
政法院校	Political Science and Law	2388	2822	334	457	157	229
财经院校	Economics and Finance	56513	57111	4204	4155	2825	2628
体育院校	Physical Education	9709	10312	1065	1116	684	707
艺术院校	Art	11273	11680	1367	1367	801	843

18-10 高等学校分科学生数

Number of Students Enrollment in Institutions of Higher Education by Subject

单位：人(person)

学 科	Item	毕业生数 Graduates		招生数 New Students Enrollment		在校学生数 Students Enrollment	
		2014	2015	2014	2015	2014	2015
本 科	**Undergraduate**	**73195**	**75586**	**83079**	**83816**	**329233**	**334106**
# 师 范	Teacher Training	5156	3442	5975	3521	25683	17103
哲 学	Philosophy	52	59	56	62	222	225
经济学	Economics	5561	5527	5335	5589	22602	22685
法 学	Law	2078	2189	2248	2377	8953	9083
教育学	Education	1711	2043	1957	1786	8274	8034
文 学	Literature	6756	6845	7100	7153	28709	28662
历史学	History	200	200	269	280	962	1039
理 学	Science	3846	4013	4592	4774	17648	18066
工 学	Engineering	27489	27686	31724	32168	123560	126329
农 学	Agriculture	809	919	882	885	3348	3252
医 学	Medicine	3407	3565	3975	4071	17952	18477
管理学	Management	14376	15259	15710	15805	63184	63394
艺术学	Art	6910	7281	9231	8866	33819	34860
专 科	**Junior College**	**50310**	**56486**	**62345**	**61208**	**176562**	**178748**
# 师 范	Teacher Training	527	435	531	514	1265	1338
农林牧渔	Farming, Forestry, Animal Husbandry and Fishery	234	267	204	213	743	686
交通运输	Communication and Transportation	6197	6947	7625	7937	22486	23072
生化与药品	Biochemical and Pharmaceutical	3001	2915	2854	2725	8348	8105
资源开发与测绘	Resource Development, Surveying and Mapping	1089	1318	1436	1367	4285	4322
材料与能源	Material and Energy	709	669	889	909	2309	2498
土 建	Civil Engineering	5098	5901	6383	5220	18921	17865
水 利	Water Conservancy	49	50	75	82	191	226
制 造	Manufactrue	8104	9745	11402	10956	31237	31999
电子信息	Electronic Information	4988	5412	6234	6590	16961	17831
环保、气象与安全	Environmental Protection, Meteorology and Security	458	424	548	356	1356	1270
轻纺食品	Light Industry, Textile and Food	636	845	891	680	2544	2330
财 经	Economics and Finance	10557	11978	12455	12123	35664	35269
医药卫生	Medicine and Health	2569	2928	3235	3253	9500	9778
旅游大类	Tourism	1314	1763	2006	1903	5300	5509
公共事业	Public Service	522	651	785	1021	2165	2482
文化教育	Culture and Education	1851	1678	1666	1708	4800	4754
艺术设计传媒	Art, Design and Media	2324	2286	2600	2908	7135	7631
公 安	Public Security	217	370	679	910	1499	2012
法 律	Law	393	339	378	347	1118	1109

18-11 高等学校分科专任教师数(按职称分)

Number of Full-time Teachers in Institutions of Higher Education(By Professional Title)

单位：人(person)

学科	Item	合计 Total		正高级 Senior Title		副高级 Asst.Senior Title	
		2014	2015	2014	2015	2014	2015
总计	**Total**	**31008**	**31128**	**4599**	**4762**	**10020**	**10059**
哲学	Philosophy	912	767	118	115	236	229
经济学	Economics	1854	1736	302	305	683	638
法学	Law	1242	1351	130	142	370	396
教育学	Education	1999	2133	164	182	583	610
文学	Literature	4460	4447	410	430	1241	1215
历史学	History	314	372	105	113	104	145
理学	Science	3601	3601	744	785	1249	1263
工学	Engineering	9985	10037	1422	1480	3567	3586
农学	Agriculture	357	358	91	83	130	136
医学	Medicine	2142	2161	575	573	660	642
管理学	Management	2442	2440	334	341	805	802
艺术学	Art	1700	1725	204	213	392	397

18-11续表 *Continued*

单位：人(person)

学科	Item	中级 Middle Title		初级 Junior Title		无职称 No Title	
		2014	2015	2014	2015	2014	2015
总计	**Total**	**12130**	**12067**	**3014**	**2892**	**1245**	**1348**
哲学	Philosophy	362	296	149	95	47	32
经济学	Economics	602	554	199	159	68	80
法学	Law	516	526	184	215	42	72
教育学	Education	870	906	313	350	69	85
文学	Literature	2093	2102	566	539	150	161
历史学	History	86	86	14	18	5	10
理学	Science	1303	1280	192	163	113	110
工学	Engineering	3858	3847	729	697	409	427
农学	Agriculture	120	124	14	14	2	1
医学	Medicine	758	763	90	117	59	66
管理学	Management	962	953	262	255	79	89
艺术学	Art	600	630	302	270	202	215

18-12 中等职业教育基本情况

Basic Statistics on Secondary Vocational Education

单位：人(person)

学　科	Item	毕业生数 Graduates		招生数 New Students Enrollment	
		2014	2015	2014	2015
总　计	**Total**	**33249**	**30618**	**30768**	**37991**
农林牧渔类	Farming,Forestry,Animal Husbandry and Fishery	2588	2060	1903	2094
资源环境类	Resources and Environment	89	60	39	39
能源与新能源类	Energy	31	90	66	152
土木水利类	Civil and Water Conservanay	1083	932	698	918
加工制造类	Processing and Manufacturing	7435	6323	6335	7626
石油化工类	Petroleum and Chemicals	170	143	230	121
轻纺食品类	Light Industry, Textile and Food	119	140	257	296
交通运输类	Communication and Transportation	2094	2241	2520	3086
信息技术类	Information Technology	8018	7857	7923	10445
医药卫生类	Medicine and Health	1467	1332	788	1285
休闲保健类	Relaxation and Health Care	68	84	135	106
财经商贸类	Finance, Economics, Trade and Tourism	6180	5434	5916	6733
旅游服务类	Tourism Service	857	854	1096	1479
文化艺术类	Culture and Art	933	918	726	1127
体育与健身类	Sports and Fitness	192	224	232	308
教育类	Teacher Training	1743	1808	1779	2014
司法服务类	Judicial Service	98	39	22	25
公共管理与服务类	Public Affairs	19	11	62	97
其　他	Others	65	68	41	40

18-12续表 *Continued*

单位：人(person)

学　科	Item	在校学生数 Students Enrollment		专业课教师数 Special Course Teachers	
		2014	2015	2014	2015
总　计	**Total**	**93841**	**97682**	**3290**	**3319**
农林牧渔类	Farming,Forestry,Animal Husbandry and Fishery	4289	4310	102	96
资源环境类	Resources and Environment	119	119	15	15
能源与新能源类	Energy	264	399		
土木水利类	Civil and Water Conservanay	2398	2291	91	96
加工制造类	Processing and Manufacturing	20711	21053	833	835
石油化工类	Petroleum and Chemicals	575	536	36	27
轻纺食品类	Light Industry, Textile and Food	650	807	17	20
交通运输类	Communication and Transportation	7533	8230	208	207
信息技术类	Information Technology	25135	26350	675	676
医药卫生类	Medicine and Health	3179	3111	181	162
休闲保健类	Relaxation and Health Care	341	267	26	6
财经商贸类	Finance, Economics, Trade and Tourism	16526	16957	446	503
旅游服务类	Tourism Service	3061	3615	59	95
文化艺术类	Culture and Art	2675	3056	97	159
体育与健身类	Sports and Fitness	728	779	62	87
教育类	Teacher Training	5356	5464	269	223
司法服务类	Judicial Service	85	73	8	10
公共管理与服务类	Public Affairs	106	184	9	8
其　他	Others	110	81	156	94

注：此表中等职业学校包括普通中专、职业高中、成人中专，不包括技工学校。

Note: Secondary vocational schools in this table refer to regular specialized secondary schools, vocational senior secondary schools and specialized secondary schools for adults,excluding secondary technical schools.

18-13 普通中学基本情况(2015年)

Basic Statistics on Regular Secondary Schools,2015

单位：人(person)

项　目	Item	学校数(所) Number of Schools(unit)	毕业生数 Graduates	招生数 New Students Enrollment	在校学生数 Students Enrollment	专任教师数 Full-time Teachers
总　计	**Total**	**509**	**142265**	**132120**	**427035**	**44485**
按城乡分组	**By Urban and Rural**					
城　区	City	278	90752	84411	269658	28994
镇　区	County	156	41800	38503	125889	11993
乡　村	Rural	75	9713	9206	31488	3498
按部门分组	**By Department**					
教育部门	Education Departments	463	129162	119174	388772	42165
其他部门	Other Departments	1	36	19	81	20
地方企业	Local Enterprises	2	566	430	1430	149
民　办	Private Units	43	12501	12497	36752	2151
按学校性质分组	**By School Type**					
完全中学	Whole Secondary Schools	102	50147	46912	145249	14807
高级中学	Senior Secondary Schools	71	29358	27124	84084	7931
初级中学	Junior Secondary Schools	290	56256	52011	176152	17670
九年一贯制学校	Whole Primary and Junior Secondary Schools	39	3459	3066	12147	2931
十二年一贯制学校	Whole Primary and Secondary Schools	7	2881	3007	9239	1146

注：一贯制学校专任教师含小学教师数。
Note: Full-time teachers in whole primary and secondary schools include teachers of primary schools.

18-14 幼儿园基本情况(2012—2015年)

Basic Statistics on Kindergartens,2012-2014

指　标	Item	2012	2013	2014	2015
幼儿园所数(所)	Number of Kindergartens (unit)	1461	1702	1821	1868
在园(班)儿童数(人)	Children Enrollment (person)	228537	233227	239848	252527
三岁及以上儿童	Children aged 3 and over	223185	228517	235614	248603
三岁以下儿童	Children aged 3 below	5352	4710	4234	3924
教职工数(人)	Teachers, Staff and Workers (person)	18567	20536	21889	24922
# 专任教师	Full-time Teachers	11286	12289	13096	14833

18-15 普通中小学分布情况(2015年)

Distribution of Regular Secondary Schools and Primary Schools,2015

地 区	Region	学校数(所) Number of Schools (unit)		在校学生数(人) Students Enrollment (person)		专任教师(人) Full-time Teachers (person)	
		普通中学 Regular Secondary Schools	小 学 Primary Schools	普通中学 Regular Secondary Schools	小 学 Primary Schools	普通中学 Regular Secondary Schools	小 学 Primary Schools
总 计	**Total**	**509**	**849**	**427035**	**602144**	**42507**	**40202**
市辖区	**Districts under City Administration**						
和平区	Heping District	18	21	20762	27931	2364	2051
河东区	Hedong District	19	23	17552	24425	1945	1770
河西区	Hexi District	19	33	24736	35900	2500	2285
南开区	Nankai District	20	31	24628	34850	2663	2211
河北区	Hebei District	23	26	18004	24007	2039	1808
红桥区	Hongqiao District	15	20	11078	16206	1529	1585
东丽区	Dongli District	16	38	14565	24382	1530	1918
西青区	Xiqing District	15	32	17988	27755	1474	1957
津南区	Jinnan District	17	33	18162	32458	1342	1743
北辰区	Beichen District	19	39	16084	31394	1433	1836
武清区	Wuqing District	54	109	53293	60350	4530	3888
宝坻区	Baodi District	44	80	32559	36924	3554	2773
滨海新区	Binhai New Area	88	92	62453	86442	6376	6237
宁河区	Ninghe District	29	55	17175	27654	2099	1786
静海区	Jinghai District	49	98	35321	59788	2874	3121
天津铁厂	Tianjin Iron Works	2	3	1430	1243	149	154
市辖县	**Counties under City Administration**						
蓟 县	Jixian County	62	116	41245	50435	4106	3079

注：1.专任教师数中不包括民办教师数。2.滨海新区数据不含东丽区无瑕街、津南区葛沽镇数据。

Note: a) Number of full-time teachers excludes citizen-managed teachers. b) Data of Binhai New Area exclude figures of Wuxia Street,Dongli District and Gegu Town,Jinnan District.

18-16 普通中学、小学及幼儿园校舍情况(2015年)

Statistics on Schoolhouses in Regular Secondary Schools, Primary Schools and Kindergartens,2015

地区	Region	占地面积(万平方米) Areas (10 000 sq.m)	校舍建筑面积(万平方米) Floor Space of Schoolhouses (10 000 sq. m)			学生人均建筑面积(平方米) Average Floor Space of Students (sq. m)		
			普通中学 Regular Secondary Schools	小学 Primary Schools	幼儿园 Kindergartens	普通中学 Regular Secondary Schools	小学 Primary Schools	幼儿园 Kindergartens
总计	**Total**	**3257.40**	**713.29**	**436.21**	**176.45**	**16.70**	**7.24**	**6.99**
市辖区	**Districts under City Administration**							
和平区	Heping District	56.42	36.99	19.06	6.35	17.82	6.82	10.11
河东区	Hedong District	82.62	24.39	16.78	7.77	13.89	6.87	7.46
河西区	Hexi District	109.57	46.96	21.91	9.41	18.98	6.10	6.85
南开区	Nankai District	109.69	42.60	19.15	10.37	17.30	5.50	7.30
河北区	Hebei District	87.06	35.75	15.43	7.35	19.86	6.43	7.33
红桥区	Hongqiao District	64.46	28.93	9.81	3.75	26.12	6.05	4.99
东丽区	Dongli District	143.05	33.09	23.36	7.81	22.72	9.58	6.30
西青区	Xiqing District	131.54	28.49	23.60	10.53	15.84	8.50	7.68
津南区	Jinnan District	179.65	37.54	33.08	11.75	20.67	10.19	7.17
北辰区	Beichen District	158.41	30.34	22.75	11.57	18.86	7.25	6.12
武清区	Wuqing District	453.58	81.91	58.36	22.53	15.37	9.67	8.86
宝坻区	Baodi District	298.35	45.93	24.86	8.82	14.11	6.73	8.52
滨海新区	Binhai New Area	502.92	111.69	56.94	24.49	17.88	6.59	8.36
宁河区	Ninghe District	160.82	20.69	19.30	5.91	12.05	6.98	5.60
静海区	Jinghai District	348.70	46.13	34.04	15.59	13.06	5.69	5.59
天津铁厂	Tianjin Iron Works	7.83	1.95	0.88	0.69	13.67	7.11	7.36
市辖县	**Counties under City Administration**							
蓟县	Jixian County	362.73	59.90	36.89	11.76	14.52	7.31	4.81

注：占地面积包括中等师范学校、幼儿园教师进修学校、特殊教育学校及其他。

Note: Areas of schools include middle teacher training, kindergarten teacher training, special education and other schools.

18-17 其他教育基本情况(2012—2015年)

Basic Statistics on Other Education,2012-2015

单位：所、人(unit, person)

指 标	Item	2012	2013	2014	2015
成人教育	**Adult Education**				
成人高等学校	Adult Higher Education Schools				
学校数	Number of Schools	14	14	14	14
在校学生数	Students Enrollment	69007	73572	73279	68946
成人中等学校	Secondary Schools for Adults				
学校数	Number of Schools	22	19	19	18
在校学生数	Students Enrollment	8615	7440	6712	5992
特殊教育	**Specific Education**				
视力听力残疾	Blind and Deaf-Mute Schools				
学校数	Number of Schools	3	2	2	2
在校学生数	Students Enrollment	507	438	444	458
初 中	Junior Secondary Schools	162	137	136	126
小 学	Primary Schools	306	271	277	304
教职工人数	Teachers, Staff and Workers	263	230	228	230
# 专任教师数	Full-time Teachers	191	155	156	159
智力残疾	Schools for Low Intelligent Student				
学校数	Number of Schools	14	15	15	15
在校学生数	Students Enrollment	2251	2310	2289	2517
# 初 中	Junior Secondary Schools	428	472	561	523
小 学	Primary Schools	1687	1632	1492	1707
教职工人数	Teachers, Staff and Workers	379	452	456	464
# 专任教师数	Full-time Teachers	301	359	359	363
工读学校	Reformatory Schools				
学校数	Number of Schools	3	3	3	3
教职工人数	Teachers, Staff and Workers	106	110	98	90
# 专任教师数	Full-time Teachers	35	80	69	79

18-18 网络教育学生情况

Statistics on Network Education Students

单位：人(person)

学科	Item	毕业生数 Graduates		招生数 New Students Enrollment		在校学生数 Students Enrollment	
		2014	2015	2014	2015	2014	2015
本科	**Undergraduate**	**11517**	**12994**	**21405**	**18813**	**42640**	**47694**
#女生	Female	6318	7313	12140	10286	24378	25783
经济学	Economics	538	610	803	733	2197	2242
法学	Law	682	737	1102	1088	2703	3156
文学	Literature	139	233	353	294	905	929
工学	Engineering	2479	2893	5121	3666	8555	7822
管理学	Management	7679	8521	14026	13032	28280	33545
专科	**Junior College**	**11350**	**14266**	**20289**	**21515**	**47314**	**53445**
#女生	Female	6078	7639	9426	10695	23745	30545
土建大类	Civil Engineering	1042	1542	2782	3199	5543	6311
电子信息大类	Electronic Information	776	1753	2643	4279	6697	9718
财经大类	Economics and Finance	6907	8079	11830	11594	26832	30008
旅游大类	Tourism	301	250	272	197	727	645
公共事业大类	Public Service	1984	2280	2322	1819	6395	5642
文化教育大类	Culture and Education	25	86	142	161	297	359
法律大类	Law	315	276	298	266	823	762

18-19 外国留学生情况

Statistics on Foreign Students

单位：人(person)

项目	Item	毕(结)业生数 Graduates(Complete)		招生数 New Students Enrollment		在校学生数 Students Enrollment	
		2014	2015	2014	2015	2014	2015
总计	**Total**	**5115**	**4616**	**4382**	**4534**	**7430**	**7231**
按层次分	**By Degree**						
博士	Doctor	13	23	37	72	130	175
硕士	Master	194	192	351	433	908	1083
本科	Undergraduate	482	539	650	751	3319	3290
专科	Junior College	15	1		17	11	34
培训	Training	4411	3861	3344	3261	3062	2649
按经费来源分	**By Fund Provided**						
自费	Self-supporting	3685	3082	3393	3025	5643	5047
中国政府资助	Chinese Government Sustentation	658	685	683	1001	1422	1759
本国政府资助	Native Government Sustentation	571	554	6	9	27	37
学校间交换	Inter-school Communion	201	295	300	498	338	387
国际组织资助	International Organization Sustentation				1		1

18-20 专业技术人员(2013—2015年)

Special Technical Personnel,2013-2015

单位：人(person)

项　目 Item	全 市 Total			平均每万人口有科技人员 Scientific and Technological Personnel per 10 000 Persons (2015)	平均每万名城镇单位从业人员有科技人员 Scientific and Technological Personnel per 10 000 Employment Personnel in Urban Units(2015)
	2013	2014	2015		
合　计 Total	**432460**	**424271**	**424050**	**274**	**1439**
自然科学专业技术人员 Natural Science	**234532**	**227644**	**228836**	**148**	**776**
工程技术人员 Engineering	126741	119716	119694	77	406
农业技术人员 Agriculture	3124	3199	3031	2	10
科学研究人员 Scientific Research	5069	5132	5276	3	18
卫生技术人员 Health Care	63094	62983	63735	41	216
教学人员 Teaching	36504	36614	37100	24	126
社会科学专业技术人员 Social Science	**197928**	**196627**	**195214**	**126**	**662**
#科学研究人员 Scientific Research	1049	1034	1168	1	4
教学人员 Teaching	92830	94056	94590	61	321
经济人员 Economics	40296	39702	39025	25	132
财会人员 Accountant	30179	29359	28786	19	98
统计人员 Statistician	2280	2093	1909	1	6
翻译人员 Translator	636	650	585		2
图书、档案、资料人员 Librarian and Archivist	4791	4655	4623	3	16
编辑、记者、播音员 Editor, Reporter and Broadcaster	3039	2877	2905	2	10
体育教练人员 Coach	520	546	531		2
工艺美术人员 Art and Craft	258	239	208		1
文艺人员 Literature and Art	2011	1878	1815	1	6

注：专业技术人员统计范围为公有制企事业单位。
Note: The coverage of special technical personnel refers to public-owned units.

18-21 专业技术人员构成(2015年)

Composition of Special Technical Personnel,2015

单位：人(person)

项 目 Item	按性别分 By Sex	按受教育程度分 By Education Status		按职称分 By Title	
	# 女专业技术人员数 Female	# 受过高等专业教育人数 Having Higher Special Education Background	# 受过中等专业教育人数 Having Special Secondary School Background	# 高 级 职称人数 Senior Professional Certification	# 中 级 职称人数 Medium Professional Certification
合 计 Total	**135557**	**284047**	**168981**	**71466**	**146898**
自然科学专业技术人员 Natural Science	**105003**	**203202**	**20901**	**44711**	**77137**
工程技术人员 Engineering	33754	104005	11788	20645	33296
农业技术人员 Agriculture	1195	2428	517	598	972
科学研究人员 Scientific Research	2522	5253	18	1999	2311
卫生技术人员 Health Care	45689	55167	7910	8105	22581
教学人员 Teaching	21843	36349	668	13364	17977
社会科学专业技术人员 Social Science	**30554**	**80845**	**148080**	**26755**	**69761**
#科学研究人员 Scientific Research	233	558	621	118	260
教学人员 Teaching	20399	53312	90981	18901	51823
经济人员 Economics	1558	7450	16190	787	3147
财会人员 Accountant	1171	6013	15707	747	3635
统计人员 Statistician	191	595	1386	138	407
翻译人员 Translator	121	167	431	85	104
图书、档案、资料人员 Librarian and Archivist	820	1992	3818	670	1639
编辑、记者、播音员 Editor, Reporter and Broadcaster	1018	993	2608	912	876
体育教练人员 Coach	178	191	530	178	191
工艺美术人员 Art and Craft	33	53	202	33	52
文艺人员 Literature and Art	773	727	1815	773	727

18-22 自然科学专业技术人员构成(2015年)(按国民经济行业分)

Composition of Special Technical Personnel of Natural Science,2015(Grouped by Sector)

单位：人(person)

行业 Sector	合计 Total	#工程技术人员 Engineering	#卫生技术人员 Health Care	#教学人员 Teaching
总计 Total	**228836**	**119694**	**63735**	**37100**
农、林、牧、渔业 Farming, Forestry, Animal Husbandry and Fishery	3761	1146	23	11
采矿业 Minerals Mining	7373	7269	45	26
制造业 Manufacturing	33431	31970	1316	109
电力、热力、燃气及水生产和供应业 Production and Supply of Electricity, Heat, Gas and Water	7024	6912	78	33
建筑业 Construction	21412	21315	68	27
批发和零售业 Wholesale and Retail Trade	5223	5162	53	4
交通运输、仓储和邮政业 Transportation, Storage and Post Services	2520	2514	2	3
住宿和餐饮业 Accommodation and Catering Services	1931	766	1155	
信息传输、软件和信息技术服务业 Information Transmitting, Software and Information Technology Services	38	29	9	
金融业 Finance Intermediation	1435	1423	5	
房地产业 Real Estate	2293	2267	6	
租赁和商务服务业 Leasing and Business Services	523	517	2	
科学研究和技术服务业 Scientific Research and Technical Services	23483	21472	322	22
水利、环境和公共设施管理业 Management for Water Conservancy, Environment and Public Facilities	8973	8854	24	
居民服务、修理和其他服务业 Resident Services, Repair and Other Services	747	720	6	2
教育 Education	44719	4657	477	36534
卫生和社会工作 Health Care and Social Work	62137	1244	60018	273
文化、体育和娱乐业 Culture, Sports and Recreational Services	707	653	23	13
公共管理、社会保障和社会组织 Public Management, Social Security and Social Organizations	1106	804	103	43

18-23 社会科学专业技术人员构成(2015年)(按国民经济行业分)

Composition of Special Technical Personnel of Social Science, 2015(Grouped by Sector)

单位：人(person)

行业 Sector	合计 Total	#教学人员 Teaching	#经济人员 Economics	#财会人员 Accountant	#图书、档案、资料人员 Librarian and Archivist
总计 Total	**195214**	**94590**	**39025**	**28786**	**4623**
农、林、牧、渔业 Farming, Forestry, Animal Husbandry and Fishery	993	43	276	419	11
采矿业 Minerals Mining	4730	606	1436	1006	177
制造业 Manufacturing	14199	1003	5468	3485	233
电力、热力、燃气及水生产和供应业 Production and Supply of Electricity, Heat, Gas and Water	2844	48	908	901	57
建筑业 Construction	5010	15	1484	2122	82
批发和零售业 Wholesale and Retail Trade	8414	57	5671	1208	45
交通运输、仓储和邮政业 Transportation, Storage and Post Services	767	3	306	154	16
住宿和餐饮业 Accommodation and Catering Services	4707	44	2515	1387	39
信息传输、软件和信息技术服务业 Information Transmitting, Software and Information Technology Services	231	1	60	120	1
金融业 Finance Intermediation	26914	19	15833	9801	60
房地产业 Real Estate	2813	9	1655	752	41
租赁和商务服务业 Leasing and Business Services	1257	6	536	302	17
科学研究和技术服务业 Scientific Research and Technical Services	2701	50	658	970	167
水利、环境和公共设施管理业 Management for Water Conservancy, Environment and Public Facilities	2918	4	492	1018	94
居民服务、修理和其他服务业 Resident Services, Repair and Other Services	1085	105	368	272	22
教育 Education	100522	92073	143	1831	1328
卫生和社会工作 Health Care and Social Work	6023	288	719	2327	298
文化、体育和娱乐业 Culture, Sports and Recreational Services	7679	80	110	403	1811
公共管理、社会保障和社会组织 Public Management, Social Security and Social Organizations	1407	136	387	308	124

18-24 独立科学研究和技术开发机构情况

Basic Statistics on Independent Institutions of Scientific Research and Technological Development

指 标 Indicator	自然科学研究与技术开发机构 Institutions of Natural Scientific Research and Technological Development		社会、人文科研与开发机构 Institutions of Social Science & Humanities of Research and Development		科学技术情报和文献机构 Institutions of Scientific and Technological Information & Documents	
	2014	2015	2014	2015	2014	2015
机 构 数(个) Number of Institutions(unit)	**122**	**75**	**3**	**3**	**10**	**5**
科技活动人员(人) Number of Persons Engaged in Scientific and Technological Activities(person)	**12929**	**9786**	**325**	**330**	**735**	**607**
高级职称 Senior Professional Certification	3894	3329	171	177	247	208
中级职称 Medium Professional Certification	4509	3156	92	95	232	230
初级职称 Junior Professional Certification	2713	1974	10	10	91	69
其 他 Others	1813	1327	52	48	165	100
经费支出总额(万元) Total Expenditures of Operating Expense (10 000 yuan)	**609138**	**454813**	**8226**	**9696**	**25731**	**26576**

18-25 独立自然科学研究机构课题开展和投入(按课题类型分)

Projects and Input of Independent Institutions of Natural Science Research (Grouped by Type of Projects)

项 目 Item	课题数(项) Number of Projects (item)		投入人力(人年) Labour Force Input (person-year)		投入经费(万元) Funds Input (10 000 yuan)	
	2014	2015	2014	2015	2014	2015
合 计 Total	**4162**	**3919**	**15891**	**18372**	**379382**	**452411**
基础研究 Basic Research	176	229	465	361	6100	9700
应用研究 Application Research	526	582	1344	1349	25740	29421
试验发展 Experimental Development	2444	2289	11341	14516	279783	357418
R&D成果应用 R&D Achievements Used	330	235	921	692	24323	17091
科技服务 Services of Science and Technology	686	584	1821	1454	43436	38781

18-26 专利申请受理数和授权数

Patent Applications Examined and Granted

单位：件(item)

项　目	Item	申请受理数 Patent Applications Examined		申请授权数 Patent Applications Granted		年末有效专利数 Year-end Patent in Force	
		2014	2015	2014	2015	2014	2015
合　计	**Total**	**63422**	**79963**	**26351**	**37342**	**83628**	**103775**
按种类分	**Grouped by Type**						
发　明	Inventions	23391	28510	3279	4624	14736	18493
实用新型	Utility Models	35068	46845	20122	28486	58611	73557
外观设计	Designs	4963	4608	2950	4232	10281	11725
按对象分	**Grouped by Applicator**						
职　务	Official	55783	73918	23828	32364	73823	93347
# 工矿企业	Industrial and Mineral Enterprises	47742	65187	20727	27949	63814	80661
大专院校	Universities and Colleges	5887	6639	2140	3206	6382	8387
科研单位	Scientific Research Institutions	1439	1562	667	862	2943	3412
机关团体	Government Agencies and Organizations	715	530	294	347	684	887
非职务	Non-Official	7639	6045	2523	4978	9805	10428

18-27 科学技术成果(2013—2015年)

Achievements in Science and Technology,2013-2015

单位：项(item)

项　目	Item	2013	2014	2015
市级科学技术成果登记数	**Number of City Level Major Achievements in Science and Technology**	**2385**	**2588**	**2610**
国际领先	Leading Level in the World	63	71	77
国际先进	Advanced World Standard	336	367	385
国内领先	Leading Level in China	810	767	530
国内先进	Advanced National Standard	331	471	371
其　他	Others	845	912	1247
获天津市科学技术奖	**Number of Tianjin Scientific and Technological Prizes Awarded**	**198**	**197**	**199**
#自然科学奖	Natural Science Award	8	9	10
技术发明奖	Technological Invention Award	11	7	9
科技进步奖	Prize for Progress in Science and Technology	176	181	179
科技重大成就奖	Major Science and Technology Achievement Award			1
获国家科学技术奖	**Number of National Scientific and Technological Prizes Awarded**	**15**	**17**	**15**
#自然科学奖	Natural Science Award		1	
技术发明奖	Technological Invention Award	4	3	3
科技进步奖	Prize for Progress in Science and Technology	11	13	12

18-28 高等学校科研课题开展与投入(2015年)(理、工、农、医类)

Projects of Development and Input of Scientific Research in Universities and Colleges,2015(Science, Engineering, Agriculture and Medicine)

项　　目	Item	课题数(项) Number of Projects (item)	投入人力(人年) Labour Force Input (person-year)	# 科学家和工程师 Scientists and Engineers	投入经费(万元) Funds Input (10 000 yuan)
总　　计	**Total**	**13007**	**7530**	**6385**	**344563**
按课题活动类型分	**Grouped by Type of Projects**				
基础研究	Basic Research	4348	2893	2419	69810
应用研究	Application Research	6987	3911	3311	219186
试验发展	Experimental Development	1133	527	473	28409
R&D成果应用	R&D Achievement Used	446	172	157	26407
科技服务	Service of Science and Technology	93	28	26	751
按(课题)项目类别分	**Grouped by Project**				
国家“973计划”项目	State "973 Program" Project	186	126	107	16730
国家科技攻关项目	State S&T Strategical Project	91	85	74	6145
国家“863计划”项目	State "863 Program" Project	110	140	124	11823
科技部重大专项	Major Project from Ministry of Science and Technology	50	23	21	7033
国家自然科学基金项目	State Natural Scientific Fund Project	3106	2156	1788	51644
主管部门科技项目	S&T Project from Administrative Department	756	460	367	7598
国家部委其他科技项目	S&T Project from Ministry	1268	697	578	43761
省、市、自治区科技项目	S&T Project from Province, Municipality, Autonomous Region	2105	1448	1215	25335
企事业单位委托科技项目	S&T Project from Enterprise, Institution	4125	1953	1760	165345
国际合作项目	International Cooperate Project	71	33	29	3476
自选项目	Self-choosing Project	1071	341	264	5210
其他项目	Other Project	68	68	59	465

18-29 高等学校科技专著和论文(2012—2015年)(理、工、农、医类)

S&T Works and Papers in Universities and Colleges,2012-2015 (Science, Engineering, Agriculture and Medicine)

项　目	Item	单位 Unit	2012	2013	2014	2015
科技专著	**Scientific and Technological Works**	**部 copy**	**75**	**79**	**73**	**43**
		万　字 10 000 words	**2225**	**1707**	**1769**	**541**
#自然科学	Natural Science	部 copy	17	15	19	7
		万　字 10 000 words	610	840	316	73
工程科学	Engineering	部 copy	34	18	24	13
		万　字 10 000 words	931	391	640	266
医学科学	Medicine	部 copy	23	44	29	23
		万　字 10 000 words	674	449	809	203
农业科学	Agriculture	部 copy	1	2	1	
		万　字 10 000 words	10	27	38	
科学论文	**Scientific Papers**	**篇 piece**	**16922**	**18115**	**19946**	**23122**
# 国外发表	Published Abroad	篇 piece	7043	8079	9224	10543

18-30 特种设备监督监察情况

Supervision of Special Equipment

项　目	Item	单　位	Unit	2014	2015
在用的特种设备	**Special Equipment in Use**				
锅　炉	Boiler	台	set	10489	10596
压力容器	Pressure Vessel	台、套	set, series	52623	55560
压力管道	Pressure Conduit	单　元	unit	21962	21459
电　梯	Elevator	台	set	66959	74790
起重机械	Hoisting Machinery	台	set	46657	36275
厂内机动车辆	Automobiles Used in Factories	辆	set	18079	17258
客运索道	Cableway Transport	条	strip	13	13
大型游乐设施	Large Entertainment Facilities	台、套	set, series	400	393
监督监察情况	**Supervision Condition**				
监督监察特种设备	Supervision of Special Equipment	台、套	set, series	38598	33916
发现隐患	Hidden Danger Found	项	unit	3558	3209
下达安全监察指令书	Safety Supervision Order Issued	份	unit	2814	2537
取得设计、制造、安装、改造、维修许可证	**Design, Manufacture, Installation, Rebuild and Maintenance Licence Acquired**	**个**	**unit**	**811**	**738**

资料来源：天津市市场和质量监督管理委员会，表18-31同。
Source: Tianjin Market and Quality Supervision Administration. Same as table 18-31.

18-31 质量技术监督检验情况(2013—2015年)

Check and Administration on Quality & Technique,2013-2015

类　别	Sort	2013	2014	2015
计量仪器检定(台、件)	**Measuring Implements Tested (set, piece)**			
总　计	**Total**	**2302051**	**1262955**	**1146065**
长　度	Length	50073	14455	17147
温　度	Temperature	254007	138027	85594
力　学	Mechanics	649910	520791	512082
# 衡　器	Weighing Apparatus	29456	19161	20137
电　磁	Electrology	1288057	579632	514964
光　学	Optics	1139	64	70
声　学	Acoustics	1661	122	78
化　学	Chemistry	18428	5376	10480
电离辐射	Ionization Radiation	928	130	32
无线电	Radio	1276	1375	936
时间频率	Time Frequency	2033	239	270
其　他	Others	34539	2744	4412
产品质量检测	**Products Quality Supervision**			
检测实验室(个)	Test Laboratory(Unit)	453	399	427
# 国家中心	The National Center	23	26	26
产品质量监督抽查	**Products Quality Supervision**			
抽查企业(个)	Number of Enterprises Checked (unit)	1999	2292	1301
抽查产品(批)	Variety of Products Checked (batch)	2243	2609	1968
不合格产品(批)	Substandard Products (batch)	51	56	31
食品及相关产品质量监督抽查	**Food and Related Products Quality Supervision**			
监督抽查企业数(个)	Number of Enterprises Checked (unit)	1309	1315	417
食品及相关产品抽查批次(批次)	Checked-times of Food and Related Products (batch-times)	3616	2659	465
合格批次(批次)	Number of Checked-times Qualified (batch-times)	3557	2615	462
批次合格率(%)	Rate of Batch-times Qualified (%)	98.4	98.38	99.35

18-32 科学技术协会和所属学会科技活动(2015年)

Scientific and Technological Activities of Science and Technology Associations and Affiliated Institutions,2015

项　目	Item	合　计 Total	市及区、县科协 Science Association of City,District and County	市级学会 Institution of City Level
机构与人员	**Institutions and Personnel**			
机　构(个)	Institutions(unit)	520	17	503
人　员(人)	Personnel(person)	145903	186	145717
学术交流情况	**Academic Activities of Exchange**			
学术会议(次)	Academic Meetings(time)	870	14	856
国　内	Domestic	768	9	759
国　际	International	102	5	97
参加人数(人次)	Number of Participants(person-time)	119531	1202	118329
国　内	Domestic	113665	906	112759
国　际	International	5866	296	5570
交流论文(篇)	Number of Papers Presented(piece)	15684	764	14920
国　内	Domestic	14957	726	14231
国　际	International	727	38	689
交流人数(人次)	Number of Exchange Persons(person-time)	690	85	605
接　待	Received	349	57	292
外　派	Sent Abroad	341	28	313
科学普及	**Activities for Popular Science**			
科普宣讲活动(次)	Popular Science Propaganda Activities(times)	9438	6332	3106
参加人数(万人次)	Numbers of Participants(10 000person-time)	302.75	232.40	70.34
科技培训	**Science and Technology Training**			
培训班数(个、期)	Number of Training Classes(unit,period)	2519	1930	589
培训人数(人次)	Number of Persons in Training Classes (person-time)	334577	300920	33657
青少年科技活动	**Science and Technology Activities of Teenagers**			
科学营(次)	Science Camp(times)	18	14	4
参加人数(人次)	Number of Participants(person-time)	4927	4627	300
青少年科技竞赛(次)	Number of Teenagers' Science and Technology Competition(time)	144	122	22
参加人数(人次)	Numbers of Participants(person-time)	921915	895265	26650
未成年人参观科技馆人次	Minor Numbers of Visiting the Science Museum (person-time)	326463	326463	
科技出版物	**Science and Technology Publication**			
出版科技期刊(种)	Science and Technology Magazine(kind)	44	2	42
年发行总数(万册)	Volume of Issue(10 000 volumes)	111	1	110
年发表学术论文(篇)	Number of Papers Presented(piece)	6638	141	6497

18-33 科技及研发活动基本情况(2015年)

Basic Statistics on Science and Technology and R&D Activities,2015

项目	Item	合计 Total	# 企业 Enterprise	# 规模以上工业 Industrial Enterprise above Designated Size
调查单位数(个)	Number of Units (unit)	7871	7620	5525
# 有R&D活动单位	With R&D Activities	2434	2266	2084
科技活动人员(人)	Persons Engaged in Scientific and Technological Activities (person)	240637	181034	145837
# 大学本科毕业及以上	Bachelor's Degree or Above	112499	62987	43462
R&D人员(人)	R&D Personnel (person)	177725	137723	117200
# 全时人员	Full-time	110717	89449	78807
R&D人员折合全时当量(人年)	R&D Personnel as Full-time Equivalent (person-year)	124321.0	99497.9	84290.5
基础研究	Basic Research	5885.8	140.4	39.5
应用研究	Application Research	14301.4	4067.9	3365.3
试验发展	Experimental Development	104134.2	95290	80886.2
R&D经费支出(亿元)	**R&D Expenditures(100 million yuan)**	**510.18**	**396.23**	**352.67**
1. 政府资金	Government Funds	104.76	26.05	24.46
企业资金	Enterprise Funds	375.58	352.86	311.13
境外资金	Offshore Funds	15.02	14.55	14.49
其他资金	Other Funds	14.83	2.77	2.59
2. 基础研究	Basic Research	20.77	0.25	0.12
应用研究	Application Research	75.36	23.68	20.87
试验发展	Experimental Development	414.05	372.30	331.68
企业办研发机构数(个)	Research and Development Institutions Set by Enterprise(unit)	1528	1133	1062
研发机构人员数(人)	R&D Personnel in Research and Development Institutions (person)	65253	48076	44220
#博士毕业	Doctor Graduate	5972	955	740
硕士毕业	Master Graduate	10440	5789	4600
研发机构经费支出(亿元)	R&D Expenditure in Research and Development Institutions (100 million yuan)	179.04	128.17	113.89

18-34 规模以上工业企业研发活动基本情况(2015年)

S&T Activities in Industrial Enterprises above Designated Size,2015

项目 Item	合计 Total	# 国有经济 State-owned	# "三资"经济 Hong Kong, Macao,Taiwan and Foreign Funded	# 其他经济 Others
有R&D活动企业数(个) Number of Enterprises with R&D Activities (unit)	2084	69	342	1673
R&D人员合计(人) Total R&D Personnel (person)	117200	13076	23260	80864
参加项目人员 Engaged in Projects	107691	11928	21757	74006
管理和服务人员 Engaged in Management and Service	9509	1148	1503	6858
R&D经费支出(亿元) R&D Expenditures (100 million yuan)	352.67	29.95	77.97	244.75
1. 基础研究支出 Cost of Basic Research	0.12	0.09		0.03
应用研究支出 Cost of Application Research	20.87	2.21	4.16	14.50
试验发展支出 Cost of Experimental Development	331.68	27.65	73.81	230.22
2. 政府资金 Government Funds	24.46	5.33	0.63	18.50
企业资金 Enterprise Funds	311.13	24.50	63.27	223.36
境外资金 Offshore Funds	14.49	0.10	13.34	1.05
其他资金 Other Funds	2.59	0.03	0.72	1.84
全部R&D项目(课题)数(项) Number of R&D Projects (item)	11393	1187	2077	8129
项目经费内部支出(亿元) Internal Project Expenditures (100 million yuan)	327.85	28.56	73.37	225.92
企业办研发机构数(个) Research and Development Institutions Set by Enterprise (unit)	1062	40	170	852
研发机构人员数(人) Persons in Research and Development Institutions (person)	54701	3545	12917	38239
研发机构经费支出(亿元) Expenditures of Research and Development Institutions (100 million yuan)	126.26	4	39.05	83.21
研发机构科研用仪器设备原价(亿元) Original Cost of Scientific Research Equipment in Rcscarch and Development Institutions(100 million yuan)	151.96	12.98	47.95	91.03
新产品产值(亿元) Output Value of New Products (100 million yuan)	5823.48	292.90	2478.24	3052.34
新产品销售收入(亿元) Sales Revenue of New Products (100 million yuan)	5727.77	295.89	2463.76	2968.12
# 出口销售收入 Sales Revenue of Exports	1130.88	16.65	964.24	149.99
专利申请数(件) Number of Patent Applications (item)	16721	1900	1941	12880
# 发明专利 Number of Inventions	6507	803	805	4899
技术改造经费支出(亿元) Expenditures of Technology Innovation (100 million yuan)	31.86	4.96	4.66	22.24
引进境外技术经费支出(亿元) Expenditures of Foreign Technology Introduction (100 million yuan)	8.26	0.91	6.88	0.47

18-35 按行业分规模以上工业企业科学研究与试验发展(R&D)活动情况(2015年)

R&D Activities in Industrial Enterprises above Designated Size by Sector,2015

项　　目	Item	有R&D活动企业数(个) Enterprises with R&D Activities (unit)	R&D人员折合全时当量(人年) R&D Personnel as Full-time Equivalent (person-year)
总　　计	**Total**	**2084**	**84291**
石油和天然气开采业	Extraction of Petroleum and Natural Gas	2	372
黑色金属矿采选业	Mining and Processing of Ferrous Metal Ores		
非金属矿采选业	Mining and Processing of Nonmetal Ores	4	504
开采辅助活动	Mining Assistant Activities	2	35
农副食品加工业	Processing of Food from Agricultural Products	43	925
食品制造业	Manufacture of Food	46	1196
酒、饮料和精制茶制造业	Manufacture of Alcohol, Beverages and Refined Tea	11	231
纺织业	Manufacture of Textile	18	559
纺织服装、服饰业	Manufacture of Textile Wearing and Apparel	72	1322
皮革、毛皮、羽毛(绒)及其制品和制鞋业	Manufacture of Leather,Fur,Feather and Related Products,Footware	14	495
木材加工和木、竹、藤、棕、草制品业	Processing of Timber,Manufacture of Wood,Bamboo, Rattan,Palm and Straw Products	8	134
家具制造业	Manufacture of Furniture	41	1017
造纸及纸制品业	Manufacture of Paper and Paper Products	39	878
印刷和记录媒介复制业	Printing,Reproduction of Recording Media	29	485
文教、工美、体育和娱乐用品制造业	Manufacture of Articles For Culture, Education and Industrial Arts, Sport Activity, Amusement Manufacturing	40	910
石油加工、炼焦及核燃料加工业	Processing of Petroleum,Coking,Processing of Nuclear Fuel	17	824
化学原料及化学制品制造业	Manufacture of Raw Chemical Materials and Chemical Products	160	5036
医药制造业	Manufacture of Medicines	68	5128
化学纤维制造业	Manufacture of Chemical Fibers	4	55
橡胶和塑料制品业	Manufacture of Rubber and Plastic	108	2696
非金属矿物制品业	Manufacture of Non-metallic Mineral Products	98	1676
黑色金属冶炼及压延加工业	Smelting and Pressing of Ferrous Metals	88	10659
有色金属冶炼及压延加工业	Smelting and Pressing of Non-Ferrous Metals	41	929
金属制品业	Manufacture of Metal Products	193	5009
通用设备制造业	Manufacture of General Purpose Machinery	211	4825
专用设备制造业	Manufacture of Special Purpose Machinery	204	7247
汽车制造业	Manufacture of Motorcar	106	4428
铁路、船舶、航空航天和其他运输设备制造业	Railway,Watercraft, Aerospace and Other Transport Equipment	75	9787
电气机械和器材制造业	Manufacture of Electrical Machinery and Equipment	148	4088
计算机、通信和其他电子设备制造业	Manufacture of Computers,Communication and Other Electronic Equipment	104	9014
仪器仪表制造业	Manufacture of Measuring Instruments	48	1877
其他制造业	Other Manufacturing	6	36
废弃资源综合利用业	Comprehensive Recycling of Waste	13	224
金属制品、机械和设备修理业	Metal Products,Machine and Equipment Repair	1	617
电力、热力生产和供应业	Production and Supply of Electric Power and Heat Power	12	896
燃气生产和供应业	Production and Supply of Gas	1	
水的生产和供应业	Production and Supply of Water	9	177

18-35续表 *Continued*

项　　目	Item	R&D经费内部支出总额(亿元) R&D Internal Expenditures (100 million yuan)	R&D项目数(项) R&D Projects (item)
总　　计	**Total**	**352.67**	**11393**
石油和天然气开采业	Extraction of Petroleum and Natural Gas	1.91	76
黑色金属矿采选业	Mining and Processing of Ferrous Metal Ores		
非金属矿采选业	Mining and Processing of Nonmetal Ores	0.67	75
开采辅助活动	Mining Assistant Activities	0.16	14
农副食品加工业	Processing of Food from Agricultural Products	6.89	220
食品制造业	Manufacture of Food	8.28	232
酒、饮料和精制茶制造业	Manufacture of Alcohol, Beverages and Refined Tea	0.72	137
纺织业	Manufacture of Textile	1.93	225
纺织服装、服饰业	Manufacture of Textile Wearing and Apparel	4.83	94
皮革、毛皮、羽毛(绒)及其制品和制鞋业	Manufacture of Leather,Fur,Feather and Related Products,Footware	1.19	23
木材加工和木、竹、藤、棕、草制品业	Processing of Timber,Manufacture of Wood,Bamboo, Rattan,Palm and Straw Products	0.32	8
家具制造业	Manufacture of Furniture	3.01	119
造纸及纸制品业	Manufacture of Paper and Paper Products	3.56	111
印刷和记录媒介复制业	Printing,Reproduction of Recording Media	2.50	91
文教、工美、体育和娱乐用品制造业	Manufacture of Articles For Culture, Education and Industrial Arts, Sport Activity, Amusement Manufacturing	3.94	168
石油加工、炼焦及核燃料加工业	Processing of Petroleum,Coking,Processing of Nuclear Fuel	4.65	99
化学原料及化学制品制造业	Manufacture of Raw Chemical Materials and Chemical Products	24.59	939
医药制造业	Manufacture of Medicines	15.14	736
化学纤维制造业	Manufacture of Chemical Fibers	0.15	11
橡胶和塑料制品业	Manufacture of Rubber and Plastic	13.05	613
非金属矿物制品业	Manufacture of Non-metallic Mineral Products	7.22	290
黑色金属冶炼及压延加工业	Smelting and Pressing of Ferrous Metals	61.59	588
有色金属冶炼及压延加工业	Smelting and Pressing of Non-Ferrous Metals	6.15	158
金属制品业	Manufacture of Metal Products	22.69	664
通用设备制造业	Manufacture of General Purpose Machinery	19.80	872
专用设备制造业	Manufacture of Special Purpose Machinery	31.91	1500
汽车制造业	Manufacture of Motorcar	19.44	580
铁路、船舶、航空航天和其他运输设备制造业	Railway,Watercraft, Aerospace and Other Transport Equipment	27.22	494
电气机械和器材制造业	Manufacture of Electrical Machinery and Equipment	15.58	794
计算机、通信和其他电子设备制造业	Manufacture of Computers,Communication and Other Electronic Equipment	32.25	896
仪器仪表制造业	Manufacture of Measuring Instruments	7.58	345
其他制造业	Other Manufacturing	0.34	11
废弃资源综合利用业	Comprehensive Recycling of Waste	0.91	28
金属制品、机械和设备修理业	Metal Products,Machine and Equipment Repair	0.60	22
电力、热力生产和供应业	Production and Supply of Electric Power and Heat Power	1.63	130
燃气生产和供应业	Production and Supply of Gas	0.01	1
水的生产和供应业	Production and Supply of Water	0.27	29

18-36 按行业分规模以上工业企业研发机构和专利情况(2015年)

R&D Ienstitutions and Patents of Industrial Enterprises above Designated Size by Sector,2015

项　目	Item	研发机构数(个) R&D Institutions (unit)	研发机构经费支出(亿元) Expenditure in R&D Institutions (100 million yuan)
总　计	**Total**	**1062**	**126.26**
石油和天然气开采业	Extraction of Petroleum and Natural Gas	4	4.80
黑色金属矿采选业	Mining and Processing of Ferrous Metal Ores	1	0.02
非金属矿采选业	Mining and Processing of Nonmetal Ores	3	0.29
农副食品加工业	Processing of Food from Agricultural Products	35	4.11
食品制造业	Manufacture of Food	24	1.44
酒、饮料和精制茶制造业	Manufacture of Alcohol, Beverages and Refined Tea	6	0.38
纺织业	Manufacture of Textile	18	0.91
纺织服装、服饰业	Manufacture of Textile Wearing and Apparel	54	1.86
皮革、毛皮、羽毛(绒)及其制品和制鞋业	Manufacture of Leather, Fur, Feather and Related Products, Footware	8	0.58
木材加工和木、竹、藤、棕、草制品业	Processing of Timber, Manufacture of Wood, Bamboo, Rattan, Palm and Straw Products	2	0.01
家具制造业	Manufacture of Furniture	15	1.57
造纸及纸制品业	Manufacture of Paper and Paper Products	19	1.98
印刷和记录媒介复制业	Printing, Reproduction of Recording Media	6	0.51
文教、工美、体育和娱乐用品制造业	Manufacture of Articles For Culture, Educationand Industrial Arts, Sport Activity, Amusement Manufacturing	32	2.61
石油加工、炼焦及核燃料加工业	Processing of Petroleum, Coking, Processing of Nuclear Fuel	9	0.56
化学原料及化学制品制造业	Manufacture of Raw Chemical Materials and Chemical Products	88	9.08
医药制造业	Manufacture of Medicines	48	11.05
化学纤维制造业	Manufacture of Chemical Fibers	1	0.06
橡胶和塑料制品业	Manufacture of Rubber and Plastic	67	5.25
非金属矿物制品业	Manufacture of Non-metallic Mineral Products	43	1.22
黑色金属冶炼及压延加工业	Smelting and Pressing of Ferrous Metals	52	20.93
有色金属冶炼及压延加工业	Smelting and Pressing of Non-Ferrous Metals	19	2.34
金属制品业	Manufacture of Metal Products	81	4.99
通用设备制造业	Manufacture of General Purpose Machinery	96	3.95
专用设备制造业	Manufacture of Special Purpose Machinery	96	10.02
汽车制造业	Manufacture of Motorcar	52	4.20
铁路、船舶、航空航天和其他运输设备制造业	Railway, Watercraft, Aerospace and Other Transport Equipment	35	4.20
电气机械和器材制造业	Manufacture of Electrical Machinery and Equipment	52	5.43
计算机、通信和其他电子设备制造业	Manufacture of Computers, Communication and Other Electronic Equipment	49	18.78
仪器仪表制造业	Manufacture of Measuring Instruments	19	1.44
其他制造业	Other Manufacturing	12	0.05
废弃资源综合利用业	Comprehensive Recycling of Waste	3	0.10
金属制品、机械和设备修理业	Metal Products, Machine and Equipment Repair	1	0.60
电力、热力生产和供应业	Production and Supply of Electric Power and Heat Power	8	0.95
水的生产和供应业	Production and Supply of Water	4	0.01

18-36续表 *Continued*

单位：件(piece)

项　目	Item	专利申请数 Patent Applications	# 发明专利数 Invention Patents
总　计	**Total**	**16721**	**6507**
石油和天然气开采业	Extraction of Petroleum and Natural Gas	142	63
黑色金属矿采选业	Mining and Processing of Ferrous Metal Ores	1	1
非金属矿采选业	Mining and Processing of Nonmetal Ores	29	11
开采辅助活动	Mining Assistant Activities	15	1
农副食品加工业	Processing of Food from Agricultural Products	237	84
食品制造业	Manufacture of Food	199	90
酒、饮料和精制茶制造业	Manufacture of Alcohol,Beverages and Refined Tea	87	17
纺织业	Manufacture of Textile	112	69
纺织服装、服饰业	Manufacture of Textile Wearing and Apparel	90	55
皮革、毛皮、羽毛(绒)及其制品和制鞋业	Manufacture of Leather,Fur,Feather and Related Products,Footware	67	22
木材加工和木、竹、藤、棕、草制品业	Processing of Timber,Manufacture of Wood,Bamboo, Rattan,Palm and Straw Products	9	2
家具制造业	Manufacture of Furniture	158	36
造纸及纸制品业	Manufacture of Paper and Paper Products	204	36
印刷和记录媒介复制业	Printing, Reproduction of Recording Media	178	51
文教、工美、体育和娱乐用品制造业	Manufacture of Articles For Culture,Education and Industrial Arts,Sport Activity,Amusement Manufacturing	432	82
石油加工、炼焦及核燃料加工业	Processing of Petroleum,Coking,Processing of Nuclear Fuel	114	63
化学原料及化学制品制造业	Manufacture of Raw Chemical Materials and Chemical Products	947	436
医药制造业	Manufacture of Medicines	613	459
化学纤维制造业	Manufacture of Chemical Fibers	5	5
橡胶和塑料制品业	Manufacture of Rubber and Plastic	769	318
非金属矿物制品业	Manufacture of Non-metallic Mineral Products	453	165
黑色金属冶炼及压延加工业	Smelting and Pressing of Ferrous Metals	389	155
有色金属冶炼及压延加工业	Smelting and Pressing of Non-Ferrous Metals	152	64
金属制品业	Manufacture of Metal Products	1054	428
通用设备制造业	Manufacture of General Purpose Machinery	1357	555
专用设备制造业	Manufacture of Special Purpose Machinery	3113	701
汽车制造业	Manufacture of Motorcar	695	258
铁路、船舶、航空航天和其他运输设备制造业	Railway, Watercraft, Aerospace and Other Transport Equipment	1484	745
电气机械和器材制造业	Manufacture of Electrical Machinery and Equipment	1214	410
计算机、通信和其他电子设备制造业	Manufacture of Computers,Communication and Other Electronic Equipment	1106	571
仪器仪表制造业	Manufacture of Measuring Instruments	433	129
其他制造业	Other Manufacturing	31	20
废弃资源综合利用业	Comprehensive Recycling of Waste	33	16
金属制品、机械和设备修理业	Metal Products,Machine and Equipment Repair	71	30
电力、热力生产和供应业	Production and Supply of Electric Power and Heat Power	702	349
燃气生产和供应业	Production and Supply of Gas	1	1
水的生产和供应业	Production and Supply of Water	25	9

18-37 技术市场基本情况(2015年)

Basic Statistics on Technology Market,2015

项　　目	Item	签订合同数(项) Number of Contracts Signed (item)	合同金额(亿元) Value of Contracts Signed (100 million yuan)	# 技术交易额 Transaction Value of Technology
合　计	**Total**	**12590**	**539.18**	**418.35**
按技术合同类别分	**Grouped by the Type of Technical Contract**			
技术开发合同	Technology Development Contracts	5964	79.80	53.84
技术转让合同	Technology Transfer Contracts	444	48.00	44.26
技术咨询合同	Technology Consultation Contracts	1577	30.56	28.80
技术服务合同	Technology Services Contracts	4605	380.83	291.45
按合同卖方类别分	**Grouped by the Type of Sellers**			
机关法人	Agencies as Legal Persons	7	0.22	0.22
事业法人	Institutions as Legal Persons	5732	40.35	35.91
社团法人	Social Organizations as Legal Persons	146	0.15	0.15
企业法人	Enterprises as Legal Persons	6701	498.45	382.06
自然人	Persons	4	0.01	0.01
其他组织	Other Organizations			
按合同买方类别分	**Grouped by the Type of Buyers**			
机关法人	Agencies as Legal Persons	2397	158.73	93.40
事业法人	Institutions as Legal Persons	1997	11.65	10.51
社团法人	Social Organizations as Legal Persons	57	0.21	0.20
企业法人	Enterprises as Legal Persons	7992	367.34	313.06
自然人	Persons	73	0.36	0.34
其他组织	Other Organizations	74	0.89	0.84
按社会经济目标分	**Grouped by the Social and Economic Activities**			
环境保护、生态建设及污染防治	Environmental Protection, Ecological Construction and Pollution Control	653	26.93	20.19
能源生产、分配和合理利用	Energy Production, Distribution, and Reasonable Use	714	153.75	130.77
卫生事业发展	Health Development	627	18.77	11.99
教育事业发展	Education Development	640	4.57	3.59
基础设施以及城市和农村规划	Infrastructure,Urban and Rural Planning	1077	29.13	19.27
社会发展和社会服务	Social Development & Social Service	4113	118.59	82.93
地球和大气层的探索与利用	Exploration and Utilization of The Earth and Atmosphere	28	0.38	0.35
民用空间探测及开发	Civilian Space Exploration and Development	51	1.08	0.66
农林牧渔业发展	Development of Farming,Forestry,Animal Husbandry and Fishery	318	5.15	2.81
工商业发展	Development of Industrial and Commercial	1076	95.79	76.44
非定向研究	The Nondirectional Research	623	8.66	6.23
其他民用目标	Other Civilian Targets	2601	75.10	62.10
国　防	National Defense	69	1.28	1.02
按技术流向分	**Grouped by the Buyer's Region**			
天　津	Tianjin	6572	231.39	158.04
外省市	Other Provinces and Cities	5921	296.63	249.66
技术出口	Technology Export	97	11.16	10.65

主要统计指标解释

初中学生净入学率

指初级中学（普通初中和职业初中）在校学龄学生总数占初中学龄人口数的比重。

学龄儿童毛入学率

指调查范围内已入小学学习的在校生数与全部小学学龄儿童人口数之比（包括弱智儿童，不包括盲聋哑儿童）的比重。计算公式为：

$$学龄儿童毛入学率=\frac{小学在校学生数}{小学学龄人口数}\times 100\%$$

网络教育

指经教育部批准的现代远程教育试点学校设立的网络教育，基于互联网招收普通和成人本科、专科学生实施高等学历教育。

专　利

是专利权的简称，是对发明人的发明创造经审查合格后，由专利局依据专利法授予发明人和设计人对该项发明创造享有的专有权。包括发明、实用新型和外观设计。反映拥有自主知识产权的科技和设计成果情况。

研究与试验发展（R＆D）

指在科学技术领域，为增加知识总量以及运用这些知识去创造新的应用进行的系统的创造性的活动，包括基础研究、应用研究、试验发展三类活动。在工业企业开展的科学研究与试验发展（R＆D）活动中，较为普遍的和大量的活动属于试验发展活动。

基础研究　指为了获得关于现象和可观察事实的基本原理的新知识(揭示客观事物的本质、运动规律，获得新发现、新学说)而进行的实验性或理论性研究，它不以任何专门或特定的应用或使用为目的。其成果以科学论文和科学著作为主要形式。用来反映知识的原始创新能力。

应用研究　指为获得新知识而进行的创造性研究，主要针对某一特定的目的或目标。应用研究是为了确定基础研究成果可能的用途，或是为达到预定的目标探索应采取的新方法(原理性)或新途径。其成果形式以科学论文、专著、原理性模型或发明专利为主。用来反映对基础研究成果应用途径的探索。

试验发展　指利用从基础研究、应用研究和实际经验所获得的现有知识，为产生新的产品、材料和装置，建立新的工艺、系统和服务，以及对已产生和建立的上述各项作实质性的改进而进行的系统性工作。其成果形式主要是专利、专有技术、具有新产品基本特征的产品原型或具有新装置基本特征的原始样机等。在社会科学领域，试验发展是指把通过基础研究、应用研究获得的知识转变成可以实施的计划(包括为进行检验和评估实施示范项目)的过程。人文科学领域没有对应的试验发展活动。主要反映将科研成果转化为技术和产品的能力，是科技推动经济社会发展的物化成果。

R&D 人员

指参与研究与试验发展项目研究、管理和辅助工作的人员， 包括项目(课题)组人员，企业科技行政管理人员和直接为项目(课题)活动提供服务的辅助人员。反映投入从事拥有自主知识产权的研究开发活动的人力规模。

R&D 人员全时当量

指全时人员数加非全时人员按工作量折算为全时人员数的总和。例如：有两个全时人员和三个非全时人员(工作时间分别为 20%、30%和 70%)，则全时当量为 2+0.2+0.3+0.7=3.2 人年。为国际上比较科技人力投入而制定的可比指标。

技术市场

从狭义看，是指在一定时间、地点进行技术转让和技术商品交易的场所。目前统计反映的是企业购买技术开发、技术转让、技术咨询、技术服务项目的合同数和成交额。

Explanatory Notes on Main Statistical Indicators

Percentage of Graduates in Primary Schools Entering Junior Secondary Schools

refers to the proportion of school-age students in junior secondary schools (regular junior secondary schools and vocational junior secondary schools) to the total number of junior school-age students.

Percentage of School-age Children Enrolled

refers to the proportion of children enrolled at primary schools to the total number of primary school-age children (including retarded children, but excluding blind, deaf and mute children). The formula is:

Percentage of School-age Children Enrolled=

$$\frac{\textit{Total Primary School-age Children at School}}{\textit{Total Primary School-age Children}} \times 100\%$$

Network Education

refers to the net education implemented by modern distance education selected institute approved by the Ministry of Education, who recruit the regular and adult undergraduate students and junior college students base on Internet to give high level education.

Patent

is an abbreviation for the patent right and refers to the exclusive right of ownership of the inventors or designers for the creation or inventions, given from the patent offices after due process of assessment and approval in accordance with the Patent Law. Patents are granted for inventions, utility models and designs. This indicator reflects the achievements of S&T and design with independent intellectual property.

Research and Experimental Development (R&D)

refers to systematic and creative activities aimed at expanding the overall volume of knowledge and applying the knowledge to invent new uses. It includes basic studies, application research and experimental development. For industrial enterprises, their R&D mainly belongs to experimental development activities.

Basic Research refers to empirical or theoretical research aiming at obtaining new knowledge on the fundamental principles regarding phenomena or observable facts to reveal the intrinsic nature and underlying laws and to acquire new discoveries or new theories. Basic research takes no specific or designated application as the aim of the research. Results of basic research are mainly released or disseminated in the form of scientific papers or monographs. This indicator reflects the innovation capacity for original knowledge.

Applide Research refers to creative research aiming at obtaining new knowledge on a specific objective or target. Purpose of the applied research is to identify the possible uses of results from basic research, or to achieve the desired target explore by adopt new approaches. Results of applied research are expressed in the form of scientific papers, monographs, fundamental models or invention patens. This indicator reflects the exploration of ways to apply the results of basic research.

Experiment and Development refers to systematic activities aiming at using the knowledge from basic and applied researches or from practical experience to develop new products, materials and equipment, to establish new production process, systems and services, or to make substantial improvement on the existing products, process or services. Results of experiment and development activities are embodied in patents, exclusive technology, and monotype of new products or equipment. In social sciences, experiment and development activities refer to the process of converting the knowledge from basic or applied researches into feasible programmes (including conduct of demonstration projects for assessment and evaluation). There are no experiment and development activities in the science of humanities. This indicator reflects the capability of transferring the results of S&T into technique and products, and measures the realization of S&T in spearheading the economic and social development.

R&D Personnel

refer to persons engaged in research, administration and supporting activities of R&D, including persons in the project teams, persons engaged in the management of S&T activities of enterprises and supporting staff providing direct service to the research projects. This indicator reflects the size of personnel engaged in R&D activities with independent intellectual property.

R&D Personnel as Full-time Equivalent

refers to the sum of the full-time persons and the full-time equivalent of part-time persons converted by workload. For instance, if there are 2 full-time persons and 3 part-time workers (20%, 30% and 70% of working hours respectively on R&D activities), the full-time equivalent are 2+0.2+0.3+0.7=3.2 person-years. This is an internationally comparable indicator of S&T manpower input.

Technology Market

can be regarded narrowly as technical-dealings place where technique transfer is made or technology-related good traded at certain time. As shown in statistical datum presently, turnovers are resulting either from purchase or from transfer of techniques, together with numbers related to the inquiry or services involved in technologies.

TIANJIN STATISTICAL YEARBOOK

第十九篇　卫生和社会服务

Chapter 19　Public Health and Social Services

19-1 卫生事业基本情况(1996—2015年)

Statistics on Public Health,1996-2015

年 份 Year	卫生事业机构(个) Number of Health Care Institutions (unit)	# 医院、卫生院 Hospitals and Health Care Centers	卫生机构床位数(张) Beds (unit)	# 医院、卫生院 Hospitals and Health Care Centers	卫生技术人员数(人) Medical Technical Personnel (person)	# 执业(助理)医师 Licensed (Assistant) Doctors	# 注册护士 Registered Nurses
1996	4171	476	39612	38284	71014	32975	23156
1997	3571	483	40758	39467	70431	32475	23045
1998	3190	482	40471	39134	68070	31482	22209
1999	2969	487	39779	38579	65901	30273	21977
2000	2983	488	40039	38842	65145	30031	21667
2001	2665	495	41637	40394	63475	29215	21298
2002	2636	486	40090	38837	56705	23888	19257
2003	2671	485	40194	38074	55629	22780	19173
2004	2577	474	40994	38876	60722	25299	19602
2005	2489	461	41556	39491	61284	25088	19624
2006	2384	401	43643	38893	62258	25358	20030
2007	2352	411	44335	39708	63900	26228	21339
2008	2784	428	46124	41212	65115	25865	21967
2009	2617	437	46353	41921	67560	27261	23081
2010	2687	438	48828	44080	70040	28478	24193
2011	4431	461	49423	44661	73321	29833	25815
2012	4551	465	53509	48896	76922	30710	27637
2013	4696	482	57743	53062	80983	32059	29715
2014	4990	522	60984	56484	84783	33340	31577
2015	5221	546	63693	59689	90701	35871	33804

注：2011年以前卫生机构不含村卫生室。表19-2同。
Note: Number of health care institutions before 2011 excludes village health room. Same as table 19-2.

19-2 卫生事业机构数(2012—2015年)

Number of Health Care Institutions,2012-2015

单位：个(unit)

项 目	Item	2012	2013	2014	2015
总 计	**Total**	**4551**	**4696**	**4990**	**5221**
医 院	Hospitals	304	333	373	401
基层医疗卫生机构	Health Care Institutions at the Basic Level	4095	4217	4419	4617
社区卫生服务中心(站)	Community Health Care Centers	559	570	569	574
卫生院	Health Care Centers	161	149	149	145
村卫生室	Village Health Rooms	2157	2248	2350	2437
门诊部	Outpatient Departments	283	351	410	478
诊所、卫生所、医务室	Clinics	935	899	941	983
专业公共卫生机构	Specialized Public Health Institutions	92	95	145	151
#疾病预防控制中心	Disease Prevention and Control Centers	24	24	24	24
妇幼保健院(所、站)	Maternity and Children Care Centers	23	23	22	21
卫生监督所(中心)	Health Supervision Offices	19	19	19	19
其他卫生事业机构	Other Health Care Institutions	60	51	53	52
平均每个医院负担人口(人)	Average Burden Population of Each Hospital (person)	29761	29931	27257	25608

19-3 卫生事业基本情况(2015年)

Statistics on Public Health,2015

项 目	Item	卫生机构(个) Health Care Institutions (unit)	卫生机构床位(张) Number of Institution Beds (unit)	卫生技术人员(人) Medical Technical Personnel (person)	#执业(助理)医师 Licensed (Assistant) Doctors
总 计	**Total**	**5221**	**63693**	**90701**	**35871**
按地区分	**Grouped by Area**				
市辖区	Districts	3807	58677	83127	32424
市辖县	Counties	1414	5016	7574	3447
按经济类型分	**Grouped by Ownership**				
国有经济	State-owned	1519	51060	73548	27012
集体经济	Collective-owned	1548	1478	1790	1043
联营经济	Joint Ownership	266	40	143	96
私营经济	Private	1358	9076	12420	6488
其 他	Others	530	2039	2800	1232
按设置主办单位分	**Grouped by Management**				
政府办	Run by Government	1498	46146	67923	24573
社会办	Run by Community	2232	10097	11302	5265
其 他	Others	1491	7450	11476	6033

19-3续表 *Continued*

单位：人(person)

项 目	Item	注册护士 Registered Nurses	药 师(士) Pharmacists	技 师(士) Technicians	其他人员 Others
总 计	**Total**	**33804**	**5376**	**4901**	**10749**
按地区分	**Grouped by Area**				
市辖区	Districts	31617	5017	4594	9475
市辖县	Counties	2187	359	307	1274
按经济类型分	**Grouped by Ownership**				
国有经济	State-owned	28728	4166	4046	9596
集体经济	Collective-owned	316	127	59	245
联营经济	Joint Ownership	12	13	2	20
私营经济	Private	3759	915	597	661
其 他	Others	989	155	197	227
按设置主办单位分	**Grouped by Management**				
政府办	Run by Government	26622	3866	3729	9133
社会办	Run by Community	3692	684	636	1025
其 他	Others	3490	826	536	591

19-4 卫生技术人员数(2015年)

Number of Medical Technical Personnel,2015

单位：人(person)

项 目	Item	总 计 Total	# 执 业 (助理)医师 Licensed (Assistant) Doctors	# 注 册 护 士 Registered Nurses	# 药 师 (士) Pharmacists	# 技 师 (士) Technicians
总 计	**Total**	**90701**	**35871**	**33804**	**5376**	**4901**
医 院	Hospitals	67514	24412	28250	3832	3370
#综合类医院	Comprehensive Hospitals	40366	14877	17065	2184	2123
中医类医院	Hospitals Specialized in Traditional Chinese and Chinese Medicine	10564	4059	3425	829	418
中西医结合类医院	Hospitals of Integrated Traditional Western Medicine	1376	464	529	58	62
专科医院	Special Hospitals	15208	5012	7231	761	767
# 妇产(科)类医院	Gynecology Hospitals	2087	703	1034	112	128
儿童类医院	Children Hospitals	1658	473	748	91	97
精神病类医院	Mental Disease Hospitals	1564	428	793	74	50
基层医疗卫生机构	Health Care Institutions at the Basic Level	17885	9375	4526	1387	816
社区卫生服务中心(站)	Community Health Care Centers	6726	2849	1986	674	396
卫生院	Health Care Centers	4323	2280	898	290	209
村卫生室	Village Health Rooms	518	502	16		
门诊部	Outpatient Departments	4286	2394	1119	372	196
诊所、卫生所、医务室	Clinics	2032	1350	507	51	15
专业公共卫生机构	Specialized Public Health Institutions	4474	1803	903	121	562
疾病预防控制中心	Disease Prevention and Control Centers	1282	754	73	14	290
专科疾病防治院(所、站)	Specialized Prevention Centers	845	276	333	57	91
健康教育所(站、中心)	Health Education Institutes (station, center)	15	14			
妇幼保健院(所、站)	Maternity and Children Care Centers	1120	547	310	48	110
急救中心(站)	First-aid Centers	144	61	45	1	1
采供血机构	Blood Collection and Supplying Institutions	261	32	116		64
卫生监督所(中心)	Sanitation Supervision Institutions	651				
计划生育技术服务机构	The Family Planning Technical Service Institutions	156	119	26	1	6
其他卫生机构	Other Health Care Institutions	828	281	125	36	153
每千人口卫生技术人员	Medical Technical Personnel of Per 1000 Population	5.92	2.34	2.21	0.35	0.32

19-5 卫生机构床位数(2012—2015年)

Number of Beds in Health Care Institutions,2012-2015

单位：张(unit)

项　目	Item	2012	2013	2014	2015
总　计	**Total**	**53509**	**57743**	**60984**	**63693**
医　院	Hospitals	44798	49071	52350	55556
社区卫生服务中心	Community Health Care Centers	2915	3141	3006	2806
卫生院	Health Care Centers	4098	3991	4134	4133
门诊部	Outpatient Departments	296	31	86	51
专科疾病防治院	Specialized Prevention Centers	383	648	682	716
妇幼保健院	Maternity and Children Care Centers	618	466	310	130
疗养院	Sanatoriums	401	395	416	301
每千人口医院床位	Hospital Beds per 1000 Population	3.24	3.40	3.50	3.63

19-6 医疗机构诊疗和病床使用情况(2012—2015年)

Diagnosis, Treatment and Used Beds of Medical Institutions,2012-2015

项　目	Item	2012	2013	2014	2015
诊疗情况(万人次)	**Diagnosis and Treatment(10 000 person-times)**				
诊疗人次数	Patients Treated	9700	10546	11544	11881
# 门、急诊人次数	Out-patients and Emergency	9267	10076	11161	11422
住院病人手术人次	Inpatient Operation Times	42.5	48.0	55.6	57.3
入院人数(万人)	In-patients(10 000 persons)	132	136	149	151
医师人均全年担负诊疗(人次)	Visits Per Doctor Annual(person-times)	2990	3131	3312	3173
平均每月门诊诊疗(万人次)	Number of Out-patients per Month(10 000 person-times)	808	879	962	990
平均每月入院诊疗(万人)	Number of In-patients per Month(10 000 persons)	11	11	12	13
病床使用情况	**Sickbeds Used**				
病床周转次数(次)	Turnover of Beds(time)	26	25	26	25
病床使用率(%)	Utilization Rate(%)	80	78	77	76
病床工作日(日)	Working Days of Beds(day)	293	286	283	278
出院者平均住院日数(日)	Average Hospitalization Period(day)	11	11	11	11

19-7 医院、卫生院运营情况

Operation of Hospitals, Health Care Centers

指 标	Item	医 院 Hospitals		卫生院 Health Care Centers	
		2014	2015	2014	2015
机构数(个)	Number of Institutions(unit)	373	401	149	145
总诊疗人次数(万人次)	Patients Treated(10 000 person-times)	7010.5	7146.8	663.1	679.5
# 门、急诊人次数	Out-patients and Emergency	6982.9	7110.1	654.7	673.8
观察室收容人数(万人)	Observation Room(10 000 persons)	109.3	96.8	3.4	3.2
健康检查人数(万人)	Health Check(10 000 persons)	192.3	194.5	37.1	42.0
入院人数(万人)	In-patients(10 000 persons)	137.6	140.2	8.0	8.0
出院人数(万人)	Leaving Hospital(10 000 persons)	137.4	138.9	8.0	7.9
住院病人手术(万人次)	In-patients Surgery Trips(10 000 person-times)	55.6	57.3		
病床工作日(日)	Working Days of Beds(day)	306.1	297.9	152.8	159.2
出院者平均住院日数(日)	Average Hospitalization Period(day)	10.9	11.0	7.1	7.0

19-8 社区卫生服务中心(站)基本情况

Basic Statistics on Community Health Care Centers

项 目	Item	2014	2015
机构数(个)	Number of Institutions(unit)	569	574
总诊疗人次数(万人次)	Patients Treated(10 000 person-times)	1739.8	1548.6
# 门、急诊人次数(万人次)	Out-patients and Emergency(10 000 person-times)	1641.9	1445.4
观察室收容人数(万人)	Observation Room(10 000 persons)	35.0	32.9
健康检查人数(万人)	Health Check(10 000 persons)	48.2	61.6
入院人数(万人)	In-patients(10 000 persons)	1.2	1.2
出院人数(万人)	Leaving Hospital(10 000 persons)	1.2	1.2
病床工作日(日)	Working Days of Beds(day)	74.6	75.3
出院者平均住院日数(日)	Average Hospitalization Period(day)	12.4	13.1

19-9 村卫生室基本情况(2012—2015年)

Basic Statistics on Village Health Room,2012-2015

项 目	Item	2012	2013	2014	2015
机构数(个)	Number of Institutions(unit)	2157	2248	2350	2437
执业(助理)医师(人)	Licensed (Assistant) Doctors(person)	648	422	483	502
乡村医生和卫生员(人)	Rural Doctors & Hygienists(person)	4867	4719	5588	5150
乡村医生	Rural Doctors	4758	4479	5331	4955
卫生员	Hygienists	109	240	257	195
诊疗人次数(万人次)	Number of Patients Treated(10 000 person-times)	979.4	956.7	1068.2	1050

19-10 妇女儿童卫生保健状况(2011—2015年)

Basic Statistics on Maternity and Children Care,2011-2015

指　　标	Item	2011	2012	2013	2014	2015
妇幼保健经费(万元)	Expenses for Maternity and Children Care(10 000 yuan)	28970	28363	41785	44665	43044
计划生育事业费(万元)	Operating Expenses for Children Planning(10 000 yuan)	57195	57624	69169	78985	78003
0-4岁户籍人口(万人)	Registered Population Aged 0-4(10 000 persons)	42.5	44.4	45.7	48.5	48.0
# 女　性	Female	20.1	21.0	21.7	23.1	22.9
0-17岁户籍人口	Registered Population Aged 0-17	140.3	142.4	144.5	149.4	151.4
# 女　性	Female	66.4	67.3	68.4	70.8	61.0
育龄妇女户籍人口(15-49岁)	Women of Child-bearing Age of Registered Population(Age 15-49)	258.4	253.9	246.9	243.9	241.9
婴儿死亡率(‰)	Death Rate of Infants(‰)	5.1	5.0	4.9	4.4	4.8
5岁以下儿童死亡率(‰)	Death Rate of Children at Age 5 and Below(‰)	6.2	5.8	6.0	5.2	6.0
孕产妇死亡率(1/10万)	Death Rate of Pregnant and Lying-in Women(1/100 000)	6.8	9.2	8.8	9.3	8.1
卡介苗接种率(%)	BCG Vaccination Rate(%)	99.9	99.9	98.6	99.8	99.7
脊灰疫苗接种率(%)	Poliovirus Vaccination Rate(%)	99.7	99.8	99.8	99.3	99.9
白百破三联制剂接种率(%)	Pertussis, Diphtheria & Tetanus Vaccination Rate(%)	99.7	99.8	99.6	99.6	99.6
麻疹疫苗接种率(%)	Measles Virus Vaccination Rate(%)	99.7	98.1	98.1	99.3	99.9
乙肝疫苗接种率(%)	Hepatitis B Vaccination Rate(%)	99.8	99.9	99.3	99.7	100.0
5岁以下儿童中、重度营养不良患病率(%)	Incidence Disease Rate from Medium and Serious Malnutrition of Children at Age 5 and Below(%)	0.2	0.2	0.2	0.3	0.3
7岁以下儿童保健管理率(%)	Management Rate of Children Health Care System at Age 7 and Below(%)	93.0	93.2	92.1	91.8	93.3

19-11 全市居民前十位疾病死亡专率及死因构成

Death Rate of Top 10 Diseases and Proportion

序位及死因	Position and Cause of Death	死亡专率(1/100 000) Mortality(1/100 000)		占全部死亡人数的比例 Proportion(%)	
		2014	2015	2014	2015
1. 心脏病	Heart Disease	222.65	207.99	31.49	29.12
2. 恶性肿瘤	Malignant Tumour	167.18	171.79	23.64	24.06
3. 脑血管病	Cerebrovascular Disease	156.73	162.83	22.17	22.81
4. 呼吸系统疾病	Respiratory Disease	58.50	58.48	8.27	8.19
5. 损伤和中毒外部原因	Trauma and Toxicosis	30.69	32.02	4.34	4.48
6. 内分泌、营养和代谢的其他疾病	Internal System, Nutrition, Metabolism and Immunity Disease	20.16	22.13	2.85	3.10
7. 消化系统疾病	Digestive Disease	12.64	13.03	1.79	1.83
8. 神经系统疾病	Neuropathy	9.02	11.22	1.28	1.57
9. 泌尿生殖系统病	Urinary Disease	6.84	6.69	0.97	0.94
10.传染病和寄生虫病	Perinatal Diseases	2.24	2.53	0.32	0.35

19-12 卫生总费用及构成(1996—2015年)

Total Expenditure on Health and Composition,1996-2015

年 份 Year	卫生总费用 (亿元) Total Expenditure on Health (100 million yuan)	人均卫生费用 (元) Per Capita Expenditure on Health (yuan)	卫生总费用占地区生产总值比重(%) Total Expenditure on Health as Percentage of GDP(%)	卫生总费用筹资构成(%) Composition by Source(%)		
				政府卫生支出 Government Health Appropriation	社会卫生支出 Social Health Expenditure	居民个人现金卫生支出 Individual Cash Expenditure on Health
1996	39.71	418.85	3.5	18.5	54.1	27.4
1997	46.40	487.04	3.7	20.4	51.2	28.4
1998	46.65	487.61	3.4	18.9	45.4	35.7
1999	53.27	555.21	3.5	17.2	42.8	40.0
2000	66.75	666.74	3.9	15.1	41.5	43.4
2001	71.21	709.25	3.7	16.6	38.0	45.4
2002	96.97	962.83	4.5	17.0	36.0	47.0
2003	117.60	1162.84	4.6	19.1	39.3	41.5
2004	129.94	1269.38	4.2	18.8	37.1	44.1
2005	152.24	1459.63	4.1	16.9	36.7	46.3
2006	171.73	1597.45	3.9	19.1	36.2	44.8
2007	225.88	2025.80	4.5	19.7	37.4	43.0
2008	264.13	2246.02	4.2	20.3	37.3	42.4
2009	315.45	2568.46	4.2	20.6	41.0	38.3
2010	355.65	2737.28	3.9	23.3	41.0	35.7
2011	411.10	3034.87	3.7	25.4	37.8	36.8
2012	479.75	3394.90	3.7	25.2	38.4	36.4
2013	552.09	3750.10	3.8	26.3	38.5	35.2
2014	650.91	4291.29	4.1	26.3	41.0	32.7
2015	752.79	4866.32	4.6	26.8	42.2	31.0

19-13 主要年份卫生总费用机构流向构成

Composition of Total Expenditure on Health by Flow

单位：%(%)

指 标	Indicators	2000	2005	2010	2015
费 用 总 额	**Total Expenditure**	**100.0**	**100.0**	**100.0**	**100.0**
医 院	Hospitals	67.7	64.3	70.8	68.3
城市医院	City Hospitals	54.2	52.5	56.9	55.9
县医院	County Hospitals	4.3	4.2	5.2	4.5
社区卫生服务中心	Community Health Care Centers		5.1	6.5	5.4
卫生院	Health Care Centers	4.1	2.3	1.9	2.4
其他医院	Other Hospitals	5.1	0.2	0.3	0.1
门诊机构	Ambulatory Health Facilities	6.2	4.8	5.0	6.1
药品零售机构	Retail Sales of Medical Goods	17.0	20.8	10.7	10.6
公共卫生机构	Public Health Facilities	4.9	4.7	6.5	4.8
卫生行政管理	Health Administration	0.2	0.2	1.1	2.2
其他卫生	Others	4.0	5.2	5.9	8.0

19-14 各区县卫生情况(2015年)

Basic Statistics on Public Health Care Institution by District and County,2015

区 县 Region	卫生机构数(个) Health Care Institutions (unit)	# 医院、卫生院 Hospitals and Health Care Centers	# 社区卫生服务中心 Community Health Care Centers	卫生机构床位数(张) Beds (unit)	# 医院、卫生院 Hospitals and Health Care Centers
和平区 Heping District	125	23	6	5200	5060
河东区 Hedong District	212	48	11	3844	2981
河西区 Hexi District	273	47	10	9905	9602
南开区 Nankai District	289	47	13	8826	8314
河北区 Hebei District	197	34	10	4201	3937
红桥区 Hongqiao District	115	18	9	3285	2850
东丽区 Dongli District	192	13	9	1646	1551
西青区 Xiqing District	220	27	8	2542	2347
津南区 Jinnan District	254	33		3230	3230
北辰区 Beichen District	174	8	13	1605	1445
武清区 Wuqing District	678	47		3720	3681
宝坻区 Baodi District	445	41		2668	2508
滨海新区 Binhai New Area	633	71	26	8005	7508
宁河区 Ninghe District	304	22		1230	1210
静海区 Jinghai District	427	32		1831	1610
蓟 县 Jixian County	683	35		1955	1855

注：滨海新区数据不含东丽区无瑕街、津南区葛沽镇数据。
Note: Data of Binhai New Area exclude figures of Wuxia Street, Dongli District and Gegu Town, Jinnan District.

19-15 提供住宿的社会服务机构(2015年)

Social Welfare Institutions with Accommodations,2015

指　标	Item	单位数(个) Institutions (unit)	职工人数(人) Staff and Workers (person)	床位数(张) Number of Beds (unit)	年末在院人数(人) Adopted Personnel at Year-end (person)
总　计	**Total**	**294**	**7072**	**54703**	**28819**
老年人与残疾人服务机构	Institutions for the Aged and Disabled	275	6360	51589	27273
#城市养老服务机构	For the Aged in Urban Areas	213	5427	38705	20674
农村养老服务机构	For the Aged in Rural Areas	37	394	7214	2068
社会福利院	Social Welfare Homes	2	96	440	312
光荣院	Homes for Disabled Veterans	6	135	668	346
智障与精神疾病服务机构	Social Welfare Institutions for Mental Retardation and Mental Diseases	2	349	957	844
# 社会福利医院	Social Welfare Hospitals	1	109	300	216
儿童收养机构	Residential Institutions for children	2	126	668	223
其他提供住宿的社会服务机构	Other Social Welfare Institutions with Accommodations	15	237	1489	479
# 生活无着人员救助管理站	Salvation Stations	14	212	1289	479

资料来源：天津市民政局，表19-16至19-21同。
Source:Tianjin Municipal Civil Affairs Bureau,same as table 19-16 to 19-21.

19-16 不提供住宿的社会服务机构

Social Welfare Institutions without Accommodations

指　标	Item	单位数(个) Institutions(unit)		职工人数(人) Staff and Workers(person)	
		2014	2015	2014	2015
总　计	**Total**	**2138**	**2327**	**26434**	**27836**
老龄服务机构	The Welfare Institutions for the Aged	14	14	59	57
为残疾人提供服务机构	The Welfare Institutions for the Disabled	223	220	15835	16238
社会福利企业	Social Welfare Enterprises	221	219	15828	16233
其　他	Others	2	1	7	5
救灾储备单位	Relief Reserve Units	2	2	27	27
福利彩票发行单位	Welfare Lottery Issuing Institutions	11	10	111	101
烈士纪念建筑物管理单位	Martyr Memorial Building Management Units	9	9	140	131
社区服务机构	The Community Welfare Institutions	1836	2069	9320	11222
其　他	Others	43	3	942	60

19-17 社区服务机构情况(2012-2015年)

Basic Statistics on Community Services Agencies,2012-2015

指　标 Item	2012	2013	2014	2015
社区服务机构(个) Community Service Institutions (unit)	1323	1739	1836	2069
社区指导中心 The Community Guiding Center	10	11	13	13
社区服务中心 The Community Service Center	212	215	273	345
社区服务站 The Community Service Station	775	1282	1263	1307
其他社区服务机构 Others Community Service Institutions	326	231	244	278
便民利民服务网点数(个) Service Points for Citizens (unit)	9624	10501	5683	4491
机构建筑面积(平方米) Floor Square of Institutions(sq.m)	274750	373884	453193	864539
年末职工人数(人) Staff and Workers in The End of The Year (person)	5606	8388	9320	11222
# 女　性 Female	3486	5294	6071	6676
# 社会工作师 Social Worker	37	40	87	116
助理社会工作师 Junior Social Worker	198	236	442	587
社区服务志愿者人次数(人次) Community Service Volunteer (person-time)	125446	99370	59935	48969
日间照料床位数(张) The Beds of Day-care(unit)	1406	2273	4323	6377
# 农　村 Rural		1022	1747	3480

19-18 社会救助人员情况(2012—2015年)

Basic Statistics on Social Relief Personnel,2012-2015

指　标 Item	2012	2013	2014	2015
城乡居民最低生活保障人数(人)				
Rural and Urban Residents Receiving Lowest Cost-of-living(person)	**267909**	**267814**	**237207**	**234406**
城镇居民				
Urban Residents	166440	160370	135760	130705
# 老年人				
Senile	18214	17953	15346	14977
登记失业人员				
Registered Unemployed	46507	46258	38674	38105
未登记失业人员				
Unregistered Unemployed	35477	33438	28508	30337
未成年人				
Minors	44755	42408	36526	32786
农村居民				
Rural Residents	101469	107444	101447	103701
农村五保供养人数(人)				
Number of Persons Receiving Livelihood Guaranteed in Five Aspects in Rural Areas(person)	**12829**	**12642**	**12284**	**12060**
集中供养				
Centralized Livelihood	1497	1399	1241	1166
分散供养				
Decentralized Livelihood	11332	11243	11043	10894
临时救助户次数(户次)				
Total Households Receiving Temporary Almsgiving(household-time)	**47527**	**70382**	**88935**	**83632**
城　镇				
Urban	41307	62219	78790	73549
农　村				
Rural	6220	8163	10145	10083
医疗救助				
Medical Aid				
救助人数(人次)				
Persons Received Medical Aid(person-time)	119196	213733	206819	197481
资助参保医疗人数(人)				
Persons Participating in Medical Insurance with Aid (person)	304095	285401	299699	313973
流浪乞讨人员救助(人次)				
The Aid of Vagrants and beggars(person-time)	**18126**	**13382**	**11714**	**46453**

19-19 社会救助支出情况(2012—2015年)

Basic Statistics on Social Relief Expenditure, 2012-2015

单位：万元(10 000 yuan)

指　　标	Item	2012	2013	2014	2015
社会救助总支出	**Relief Expenditures**	**173894**	**216888**	**216316**	**240289**
# 城镇低保费	Urban Relief Funds	112805	129914	119810	102381
农村低保费	Rural Relief Funds	26296	34582	46365	45147
五保供养	Expenses of Livelihood Guaranteed in Five Aspects	7697	8684	9178	12066
集中供养	Centralized Livelihood	983	1028	1039	1397
分散供养	Decentralized Livelihood	6714	7656	8139	10669
临时救助	Temporary Almsgiving	3277	3309	4380	13076
医疗救助	Medical Aid	19277	34949	32772	42420
流浪乞讨人员救助	The Aid of Vagrants and beggars	4011	4493	3298	3538
自然灾害救济费	**Relief for Natural Disasters**	**1305**	**2100**	**870**	**4098**

19-20 老年事业基本情况(2012—2015年)

Basic Statistics on Senile Citizen Undertakings,2012-2015

指　　标	Item	2012	2013	2014	2015
老年法律援助中心(个)	Senile Legal Aid Center(unit)	114	101	97	44
涉老案件数(件)	Senile Case(case)	6409	4137	3961	4091
维权协调组织数(个)	Safeguard and Mediation Organization(unit)	2297	1964	1847	1258
老年活动站、中心、室(个)	Senile Activity Station, Center, Room(unit)	2918	2180	2239	1869
老年人参与活动人数(万人)	Senile Activity Participant(10 000 persons)	71.5	67.9	57.9	39.7
老年医院(个)	Hospital for Senior(unit)	33	32	32	32
老年医院病床数(张)	Senile Sick Beds in Hospital (bed)	1766	1746	1746	1746
老年人协会个数(个)	Senile Union(unit)	3909	3440	3459	3197
老年基金会个数(个)	Senile Fund(unit)	2	2	2	2
老年事业投入经费(万元)	Expenditures for Senile Undertakings(10 000 yuan)	1860	971	989	
老年学校个数(个)	Senile School(unit)	484	422	484	463
老年学校在校人数(万人)	Students Enrollment in Senile School(10 000 persons)	21.99	21.00	18.41	18.51
享受高龄补贴的老年人数(人)	Citizen with Senile Subsidy(person)	26031	22306	23278	17943

19-21 红十字会基本情况(2013—2015年)

Basic Statistics on Red Cross Society,2013-2015

指 标	Item	2013	2014	2015
组织机构(个)	**Institutions of Red Cross Society(unit)**			
基层组织机构	Basic Institutions of Red Cross Society	2732	2732	2732
冠名医疗机构	Institutions Titled with Red Cross Society	4	4	4
会员情况	**Statistics on Red Cross Member**			
团体会员单位(个)	Team Members(unit)	1908	1908	1908
会员人数(万人)	Number of Members(10 000 persons)	60.0	60	60
# 青少年	Adolescent Members	41.7	41.7	41.7
志愿服务工作	**Voluntary Work**			
志愿者人数(万人)	Volunteers(10 000 persons)	19.9	19.9	19.9
志愿服务队(个)	Voluntary Teams of Red Cross Society(unit)	395	395	395
参加各种宣传活动人次数(万人次)	**Person-time Attended Publicizing Activity (10 000 person-times)**			
参加艾滋病预防宣传救助活动	AIDS Prevention Activities	13.6	2.8	2.2
参加普及宣传无偿献血活动	Publicizing Volunteer Blood Donation Activities	20.6	4.5	3.5
参加卫生救护培训人次数(人次)	**Person-time Attended Sanitation Rescue Training(person-time)**			
参加救护普及培训	Rescue Popularization Training	160000	168763	148839
参加救护员培训	Ambulanceman Training	88531	48140	43589
参加救护师资培训	Rescue Teacher Training	551	337	129
造血干细胞捐献工作(人)	**Contributing Stem Cell(person)**			
入库志愿者人数	Quantity of Subscribers Entered Program in Current Year	6091	5240	5600
供患配型相合人数	Quantity of Matching of Contributing and Transplanting in Current Year	485	449	393
实现捐献人数	Quantity of Transplanting in Current Year	17	18	9
人体器官捐献(人)	**Donation of Human Organ(person)**			
报名登记志愿者人数	Quantity of Registered Subscribers	466	508	934
实现捐献者人数	Quantity of Contributing Human Organ	35	45	76
接受器官人数	Quantity of Human Organ Transplanted	74	80	138
遗体捐献工作(人)	**Contributing Reliquiae(person)**			
捐献遗体登记	Quantity of Contributing Reliquiae	82	218	118
实现生前遗愿人数	Quantity of Realizing Last Wish	61	47	60
社会赈济和社区救助工作	**Working on Social Relieving**			
募捐款数(万元)	Donation(10 000 yuan)	3392	3120	7057.8
救灾款数(万元)	Disaster Relief(10 000 yuan)	1327	523	4684
救助款数(万元)	Salvation Relief(10 000 yuan)	2431	2385	1565
社区公益服务站点(个)	Community Public Service Stations(unit)	1055	1074	819

主要统计指标解释

社区卫生服务中心

指为本社区居民提供预防、医疗、保健、康复、健康教育、计划生育技术服务等的基层卫生机构。

卫生技术人员

指卫生事业机构支付工资的全部固定职工和合同制职工中现任职务为卫生技术工作的人员。包括中医师、西医师、中西医结合高级医师、护师、中药师、西药师、检验师、其他技师、中医士、西医士、护士、助产士、中药剂士、西药剂士、检验士、其他技士、其他中医、护理员、中药剂员、西药剂员、检验员和其他初级卫生技术人员。不包括从事管理工作的卫生技术人员。

执业（助理）医师

指具有《医师执业证》及其“级别”为“执业（助理）医师”且实际从事医疗、预防保健工作的人员，不包括实际从事管理工作的执业（助理）医师。执业（助理）医师类别分为临床、中医、口腔和公共卫生。

卫生总费用

是反映一个国家或地区在一定时期内（通常为1年）用于医疗卫生保健服务所消耗的资金总量。用筹资来源法测算，分为政府卫生支出、社会卫生支出、个人现金卫生支出三部分。

政府卫生支出　指各级政府用于医疗卫生服务、医疗保障补助、卫生和医疗保险行政管理事务、人口与计划生育事务支出等各项事业的经费。

社会卫生支出　指政府支出外的社会各界对卫生事业的资金投入。包括社会医疗保障支出、商业健康保险费、社会办医支出、社会捐赠援助、行政事业性收费收入等。

个人现金卫生支出　指城乡居民在接受各类医疗卫生服务时的现金支付，包括享受多种医疗保险制度的居民就医时自付的费用。

卫生总费用占地区生产总值比重

指某年卫生总费用与同期地区生产总值（GDP）之比。是用来反映一定时期政府对卫生事业的资金投入力度，以及政府和全社会对居民健康的重视程度。

计划生育事业费

包括九个部分，即计划生育手术减免经费、避孕药具经费、基层计划生育专职干部经费、独生子女保健费、宣传经费、服务站经费、流动人口计划生育管理费、干部培训费、其他计划生育事业费。

婴儿死亡率

指一年内未满周岁死亡的婴儿数与当年活产数之比。计算公式为：

$$婴儿死亡率=\frac{一年内未满周岁的婴儿死亡数}{当年活产数}\times 1000\text{‰}$$

孕产妇死亡率

指年内孕产妇死亡人数与活产数之比。孕产妇死亡一般指从妊娠开始至产后42天内死亡者，包括外科原因、计划生育手术、宫外孕、葡萄胎死亡者，但不包括意外原因死亡者。

卡介苗、脊灰疫苗、百白破三联制剂、麻疹、乙肝疫苗接种率

指按照儿童免疫程度进行合格接种的人数占全部应接种人数的百分比。应接种人数包括禁忌症人数和外地寄居3个月及以上的适龄人数，不包括外出3个月及以上的适龄人数。计算公式为：

$$单项疫苗接种率=\frac{合格接种该疫苗人数}{应接种人数}\times 100\%$$

分子：按“合格接种判断”标准，判定当年实际完成合格接种的儿童数。

分母：按免疫程序规定当年应在12月龄内完成该项疫苗接种的儿童数。

城镇居民最低生活保障人数

指在报告期末家庭平均收入在当地规定的最低生活保障线以下的城镇居民数。包括“三无”对象，失业人员和在职、下岗、退休人员等。

农村居民最低生活保障人数

指报告期末在建立农村最低生活保障制度的地区，得到当地政府或集体给予最低生活保障的农业人口家庭人数。

社区服务机构

指报告期末城镇（街道办事处、居委会）设立的以非营利为目的，为本社区居民服务，特别是为老年人、残疾人、儿童服务的社区服务中心、活动站、服务站、养老院、老年公寓（托老所），残疾人工疗站、残疾儿童日托所、家务服务站、婚姻介绍所等福利性机构以及职工社会保险管理服务的机构。几种不同类型的社区服务单位，共用一个场所的，只能统计为一个社区服务机构。成为社区服务机构的条件：（1）是独立核算单位；（2）有固定的从业人员；（3）有一定的服务项目；（4）有一定的服务场所。

Explanatory Notes on Main Statistical Indicators

Community Health Care Centers (Stations)

refer to the primary units that provide the health care for community residents, such as disease prevention and control, medical treatment, health care, rehabilitation, health education, family planning technical services.

Medical Technical Personnel

refer to all medical staff and workers employed by medical institutions, including doctors of Chinese and Western medicine, senior doctors who integrate traditional Chinese therapeutics with Western therapeutics in practice, senior nurses, pharmacists of Chinese and Western medicine, laboratory specialists, other specialists, paramedics of Chinese and Western medicine, nurses, midwives, druggists in Chinese and Western medicine, laboratory technicians, other technicians, other practitioners of Chinese medicine, nursing attendants, pharmacological workers of Chinese and Western medicine, laboratory workers, and other primary medical personnel, excluding management medical personnel.

Licensed (Assistant) Doctors

refer to the medical workers who have obtained the *licenses of qualified doctors* (assistant doctors) and are employed in medical treatment, disease prevention or healthcare institutions, excluding the licensed doctors (assistant doctors) engaged in management job. The classification of licensed doctors (assistant doctors) is clinician, Chinese medicine, dentist and public health.

Total Expenditure on Health

reflects the total expenditure on medical and health care services of a country at certain period (usually in a year). Estimated using funding source method, it includes government health expenditure, social health expenditure and individual cash expenditure on health.

Government Health Appropriation refers to the expenditure of the governments at all levels on medical and health care services, health administration and health insurance management and undertakings of family planning.

Social Health Expenditure refers to all inputs of society except the government in public health including the expenditures on social medical security, and commercial health insurance, private expenditure on operation of medical and health care, social donation and contribution, operating income of administration, etc.

Individual Cash Expenditure on Health refers to expenditure in cash on various health services by rural and urban residents, including self payments of residents within the system of multi-medical insurance.

Total Expenditure on Health as Percentage of GDP

refers to the ratio of total expenditure on public health in a year to GDP, which indicates the capital inputs of the government in the public health in certain period of time, and the attention of the government and society paid on the health of residents.

Operating Expenses for Children Planning

include nine components: namely, expenses for relief or free family planning operation, expenses for birth control medicine & tools, expenses for family planning employee, health care expenses for only son and daughter, expenses for publicity, expenses for service station, expenses for family planning management of fluid population, expenses for personnel training, other operation expenses for family planning.

Death Rate of Infants

refers to the ratio of the number of dead infant below 1 year to the number of living in one year. The following formula is used:

The Death Rate of Infant =

$$\frac{\textit{Number of Dead Infant below 1 Year}}{\textit{Number of Living}} \times 1000\ ‰$$

Death Rate of Pregnant and Lying-in Women

refers to the ratio of the number of dead pregnant women to the living number in one year. The death of pregnant woman usually refers from gestation to die after give birth to child in 42 days, including surgery reason, family planning operation, pregnancy outside the womb, grape embryo dead women, excluding die due to accident trouble.

Bcg Vaccine, Poliovirus, Pertussis, Diphtheria Tetanus, Measles and Hepatitis B Vaccine Inoculation Rate

refers to the ratio of the number of children inoculating vaccine in accordance with the degree of immunity to the children on the age to inoculate vaccine. The children on the age to inoculate vaccine include the children avoiding inoculating vaccine and living in some other places for 3 and more than 3 months, but exclude the children on age going out for 3 months. The following formula is used:

Vaccine Inoculation Rate =

$$\frac{\textit{the Number of Children Inoculating Vaccine}}{\textit{the Children on the Age to Inoculate Vaccine}} \times 100\%$$

The molecule: the actual number of children inoculating vaccine according to the standard of vaccine inoculation.

The denominator: the number of children according to the

process of immunity should inoculate the vaccine in 12 months.

Urban Residents Receiving Lowest Cost-of-living

refer to the number of those whose average family income is below a minimum local standard by the end of the reporting period, including those jobless people without stable residence or valid Ids, both the employed and unemployed, laid off and retired.

Rural Residents Receiving Lowest Cost-of-living

refer to the number of those receiving the minimum living allowances from the local government or community in the rural areas where this allowances system is in place as of the end of the reporting period.

Number of Community Service Organization

refers to the number non-profit welfare set up by urban communities (community offices and residents' committees) to serve the community residents, especially community-based centers that serve senior citizens, the handicapped or children, activity stations, service stations, nursing homes, apartments for the elderly (nursery for the aged), work and treatment stations for the handicapped, day-care centers for handicapped children, domestic help agencies and dating agencies, as well as social insurance management agencies for the employees. Different types of community service providers that share the same premise are regarded as one community service organization. The requirements for a social service organization of communities include: (1) independent accounting; (2) fixed employees; (3) provision of services; (4) provision of service premises.

TIANJIN STATISTICAL YEARBOOK

第二十篇　文化和体育

Chapter 20　Culture and Sports

20-1 文化机构和人员情况(2005—2015年)

Basic Statistics on Cultural Institutions and Personnel,2005-2015

单位：个、人(unit, person)

年 份 Year	艺 术 Art	电 影 Movie	公共图书馆 Public Library	档案机构 Archives Institution	群众文化活动 Mass Culture	文物保护单位 Agency of Historic Relics Preservation	博物馆 Museums
机构数 Institutions							
2005	61	190	32	410	19	8	18
2006	61	190	32	329	19	8	19
2007	61	187	32	341	19	8	18
2008	46	181	32	386	19	8	18
2009	43	172	31	399	19	8	18
2010	44	243	31	361	19	8	18
2011	73	286	31	324	19	8	19
2012	51	295	31	310	19	8	20
2013	50	294	31	291	19	8	20
2014	44	316	31	217	19	8	22
2015	66	262	31	257	19	8	22
人员数 Personnel							
2005	2663	1118	1057	913	710	133	679
2006	2686	842	1086	784	707	132	724
2007	2509	767	1074	553	679	130	728
2008	2276	767	1098	1154	681	137	711
2009	2287	1257	1087	1175	682	123	699
2010	2262	1738	1077	1180	656	119	719
2011	3547	2095	1051	911	643	108	698
2012	2426	2275	1272	911	626	102	717
2013	2511	2270	1248	968	646	112	669
2014	2322	2528	1217	946	612	115	747
2015	2836	2523	1189	887	588	131	783

20-2 报纸期刊出版情况

Newspapers and Magazines Publication

项 目	Item	种 类(种) Number of Publications(kind)		总印数(万份、万册) Total Copies (10 000 volumes, 10 000 copies)		总印张(千印张) Total Printed Sheets (1 000 Sheets)	
		2014	2015	2014	2015	2014	2015
报纸总计	**Total Publication of Newspapers**	**40**	**40**	**76123**	**61893**	**3620912**	**2307150**
综合报	Comprehensive Newspapers	6	5	63135	45309	3327544	1963582
专业报	Professional Newspapers	18	19	12862	16449	292304	342402
高校校报	University Newspapers	16	16	127	135	1064	1166
期刊总计	**Total Publication of Magazines**	**242**	**242**	**3833**	**3143**	**192011**	**166314**
#综 合	Comprehensive	3	3	21	21	1181	1238
哲学、社会科学	Philosophy and Social Sciences	45	45	1025	999	48719	48673
自然科学、技术	Natural Sciences and Technology	139	139	1055	803	53744	45449
文化、教育	Culture and Education	37	35	1033	678	41901	30498
文学、艺术	Literature and Art	18	20	699	642	46467	40457
#少年儿童读物	Juvenile and Children's Book	7	6	304	344	8609	9700

20-3 图书出版情况

Publication of Books by Category

类别 Item	种类(种) Number of Publication (kind)		总印数(万册) Total Printed Copies (10 000 Copies)		总印张(千印张) Total Printed Sheets (1 000 Sheets)	
	2014	2015	2014	2015	2014	2015
总计 Total	**5745**	**6421**	**4560**	**5520**	**428521**	**484826**
使用“中国标准书号”部分合计 The Total Of Using China Standard Book Number	**5744**	**6421**	**4559**	**5520**	**428489**	**484826**
马列主义、毛泽东思想 Marxism-Leninism, Mao Zedong Thought	9	8	10	3	1145	403
哲学 Philosophy	102	124	62	165	9377	20877
社会科学总论 General Social Sciences	47	37	22	25	3259	3803
政治、法律 Politics and Law	247	131	84	28	10738	4797
军事 Military Affairs	3	13	1	5	182	717
经济 Economics	289	275	59	70	10836	11994
文化、科学、教育、体育 Culture, Science, Education and Sports	1271	1890	2221	2612	187589	207611
语言、文字 Languages	247	224	77	79	10203	9777
文学 Literature	1028	1189	1087	1450	93290	112883
艺术 Art	973	910	451	434	29962	33084
历史、地理 History and Geography	187	221	86	94	16008	15499
自然科学总论 General Natural Sciences	21	10	7	4	672	417
数理科学、化学 Mathematics and Chemistry	125	138	83	156	6382	5368
天文学、地球科学 Astronomy and Geology	25	29	7	9	811	783
生物科学 Biology	35	60	30	36	926	3339
医药、卫生 Medicine and Health Care	551	628	119	158	23277	27043
农业科学 Agricultural Science	39	32	5	6	721	803
工业技术 Industrial Technology	456	371	110	117	18767	17791
交通运输 Communication and Transportation	42	27	13	6	2029	801
航空、航天 Aviation and Spaceflight	4	4	1	3	209	800
环境科学 Environmental Science	23	22	15	36	940	1437
综合性图书 Comprehensive Books	20	78	6	25	1167	4797
不使用“中国标准书号”部分合计 The Total Of Nonuse China Standard Book Number	**1**		**1**		**32**	

20-4 少年儿童读物和课本出版情况(2002—2015年)

Number of Books Published For Children and Textbooks,2002-2015

年 份 Year	种 数(种) Number of Publications(kind)		总印数(万册) Total Printed Copies(10 000 Copies)		总印张(千印张) Total Printed Sheets(1 000 Sheets)	
	儿童读物 Books for children	课 本 Textbooks	儿童读物 Books for children	课 本 Textbooks	儿童读物 Books for children	课 本 Textbooks
2002	239	814	250	3933	11376	289589
2003	211	582	197	2351	9149	178873
2004	253	608	334	2317	19792	167558
2005	247	571	350	3366	24208	224128
2006	208	566	252	2133	14366	166393
2007	136	695	155	2066	7688	175036
2008	192	562	235	1732	14773	143138
2009	144	618	255	1535	20499	125343
2010	219	639	462	247	29627	41272
2011	412	418	675	1210	41061	101900
2012	385	645	628	1480	42285	124501
2013	652	667	804	1501	39889	117421
2014	687	944	918	1143	54146	104494
2015	993	763	1263	883	59607	82065

20-5 录像和录音制品出版情况

Publication of Video Products

项 目	Item	种 数(种) Number of Category (kind)		出版数量 (万盒、万张) Amount of Publication (10 000 cassettes, 10 000 pieces)		发行数量 (万盒、万张) Amount of Issuing (10 000 cassettes, 10 000 pieces)	
		2014	2015	2014	2015	2014	2015
录音制品合计	**Total of Audio Products**	**37**	**50**	**9**	**52**	**7**	**38**
#录音带	Audio-tapes	4	30		46		
激光唱盘	CD	22	13	6	4		
高密度激唱盘及其他	DVD-A and Others	11	7	3	2		
录像制品合计	**Total of Video Products**	**2**	**5**		**2**	**1**	**2**
#激光数码视盘	VCD						
高密度激视盘	DVD-V	2	5		2		
电子出版物合计	**Total of Electronic Publications**	**82**	**42**	**26**	**14**	**24**	**12**
#只读光盘	CD-ROM	21	23	8	6		
高密度只读光盘	DVD-ROM	54	10	16	4		
交互式光盘及其他	CD-I	7	9	2	4		

20-6 广播电视事业发展情况(2012—2015年)

Basic Statistics on Radio and Television Industry,2012-2015

指标 Item	单位 Unit	2012	2013	2014	2015
广播 Broadcasting					
节目套数 Number of Programs	套 set	22	22	22	22
全年制作节目时间 Annual Production of Programs	万小时 10 000 hours	7.6	8.1	8.2	8.2
全年播出节目时间 Annual Broadcasting of Programs	万小时 10 000 hours	14.4	15.0	15.0	14.7
平均每日播音时间 Broadcasting Hours per Day	时：分 hour：minute	395:33	410:00	411:21	403:31
广播覆盖率 Listener Rating	% %	100.0	100.0	100.0	100.0
电视 Television					
节目套数 Number of Programs	套 set	37	29	29	29
全年制作节目时间 Annual Production of Programs	万小时 10 000 hours	2.5	2.8	2.9	3.3
全年播出节目时间 Annual Television of Programs	万小时 10 000 hours	17.8	16.9	16.6	16.9
平均每周播出时间 Program Hours per Week	时：分 hour：minute	3415:49	3246:13	3194:42	3235:08
电视覆盖率 Viewer Rating	% %	100.0	100.0	100.0	100.0
有线电视 Cable Television					
有线电视总户数 Subscribers	万户 10 000 households	278	292	313	344
# 数字电视 Digital TV	万户 10 000 households	242	256	284	319
有线电视入户率 Popularity Rate	% %	80.37	83.22	88.95	93.00
有线广播电视传输网络干线总长 Lines Total	公里 kilometer	6731	6861	6474	6693
电影 Film					
电影放映单位 Film Projecting Units	个 unit	254	266	266	281
电影放映队 Projecting Teams	个 unit	192	192	192	192
加入院线影院 Theater Chains	个 unit	42	54	54	69
未加入院线影院 Non-Theater Chains	个 unit	20	20	20	20
拥有坐席数 Seats	个 unit	74131	85908	85908	71950
放映场次 Projecting Performances	场次 time	505699	599009	661150	734465
观众人次 Audience	万人次 10 000 person-time	1716	1450	1451	2107
电影票房 Film Box Office	亿元 100 million yuan	2.62	3.28	4.69	6.80

20-7 艺术事业基本情况(2012—2015年)

Basic Statistics on Art,2012-2015

项　　目	Item	2012	2013	2014	2015
艺术表演团体	**Art Performance Troupes**				
机构数(个)	Institutions (unit)	16	16	16	16
话剧团、儿童剧团	Drama and Children Troupes	2	2	2	2
歌舞剧团	Song and Dance Troupes	1	1	1	1
文工团、文宣队	Cultural and Performance Troupes	1	1	1	1
戏曲剧团	Local Opera Troupes	8	8	8	8
# 京　剧	Local Beijing Opera Troupes	2	2	2	2
曲剧团、杂技团、木偶团	Recitation and Ballad Troupes, Acrobatic and Circus Troupes, Puppet Show Troupes	3	3	3	3
乐团、合唱团	Philharmonic Troupes and Chorus	1	1	1	1
工作人员数(人)	Employment (person)	1914	2000	1976	1962
演出场次(场)	Number of Performances (time)	3069	3180	3397	3818
# 到农村演出	Shows in Rural Areas	465	550	661	672
观众人次(万人次)	Number of Spectators (10 000 person-time)	178	196	233	255
艺术表演场所	**Art Performance Places**				
机构数(个)	Institutions (unit)	35	34	28	50
剧场、影剧院	Theaters and Cinemas	29	28	26	34
书场、曲艺厅	Storytelling Places, Folk Art Forms	1	1	1	2
综合性、其他场所	Comprehensive Places and Others	4	4		13
音乐厅	Concert Hall	1	1	1	1
坐席数(个)	Seats (unit)	26255	26264	15125	23438
工作人员数(人)	Employment (person)	512	511	346	874
演出场次(场)	Number of Performances (time)	16062	14036	15991	24250
观众人次(万人次)	Number of Spectators (10 000 person-time)	148	148	153	290

资料来源：天津市文化广播影视局
Source:Tianjin City Cultural Radio and Television Bureau

20-8 档案机构和人员情况(2013—2015年)

Statistics on Archives Institutions and Personnel,2013-2015

单位：个、人 (unit, person)

项 目	Item	2013	2014	2015
机构数	**Number of Institutions**	**291**	**217**	**257**
档案行政管理部门	Administrate Department of Archives	17	17	17
国家综合档案馆	National Comprehensive Archives	20	20	20
国家专门档案馆	National Special Archives	2	2	2
部门档案馆	Department Archives	6	8	7
文化事业档案馆	Culture Archives Institutions	5	5	5
企业档案馆	Enterprise Archives Institutions	3	4	4
机关事业单位档案室	Achives in Government and Institution	113	101	156
大型企业档案室	Achives in Large-sized Enterprise	125	60	46
专职工作人员	**Full-time Personnel**	**998**	**946**	**887**
档案行政管理部门	Administrate Department of Archives	518	530	507
国家专门档案馆	National Special Archives	61	62	60
部门档案馆	Department Archives	77	95	65
文化事业档案馆	Culture Archives Institutions	43	43	44
企业档案馆	Enterprise Archives Institutions	20	20	17
机关事业单位档案室	Achives in Government and Institution	99	114	80
大型企业档案室	Achives in Large-sized Enterprise	180	82	114
兼职工作人员	**Part-time Personnel**	**1276**	**851**	**1068**
机关事业单位档案室	Achives in Government and Institution	600	600	654
大型企业档案室	Achives in Large-sized Enterprise	676	251	414

20-9 各级各类档案馆基本情况(2013—2015年)

Basic Statistics on Diversiform Archives,2013-2015

项 目	Item	2013	2014	2015
馆藏档案	**Collection of Archives**			
全 宗(个)	Full-records(unit)	3444	3480	3573
案 卷(万卷)	Files(10 000 volumes)	773.68	815.73	797.10
录音、录像、影片(万盘)	Sounds and Movies Files(10 000 cassettes)	8.29	8.27	8.62
照 片(万张)	Photo Files(10 000 sheets)	57.82	57.23	71.19
底 图(万张)	Traced Drawings(10 000 pictures)	29.38	30.04	32.20
微缩微胶片(卷片)(万幅)	Microfilms(Reel)(10 000 pictures)	618	618	616
开放档案(万卷)	**Open Archives(10 000 sheets)**	**199.98**	**234.40**	**219.06**
利用档案资料	**Utilization of Archives**			
利用人次(万人次)	Users(10 000 person-times)	7.52	10.30	8.20
利用档案(万卷(件)次)	Access to Files(10 000 volume-times)	25.34	35.30	33.36
编研档案资料	**Materials and Archives Edited**			
公开出版(种)	Public Publication (kind)	14	8	12
(万字)	(10 000 words)	730	340	1946
内部参考(种)	Internal Reference (kind)	68	31	50
(万字)	(10 000 words)	584	515	367
国家综合档案馆建筑面积(万平方米)	**Floor Space of National Comprehensive Archives(10 000 sq.m)**	**9.38**	**9.13**	**9.73**

20-10 机关事业单位档案室基本情况(2013—2015年)

Basic Statistics on Government and Institution Archives,2013-2015

项　　目	Item	2013	2014	2015
保存档案	**Keeping Archives**			
全　宗(个)	Full-records(unit)	280	262	260
以卷为保管单位档案(万卷)	archives by volumes(10 000 volumes)	98.50	98.95	41.77
以件为保管单位档案(万件)	archives by pieces(10 000 volumes)	167.33	134.25	154.40
底　图(万张)	Traced Drawings(10 000 pictures)	0.79	0.55	2.41
微缩胶片(卷片)(万幅)	Microfilms(Reel)(10 000 pictures)	9.89	9.89	9.89
机读目录	**Machine Readable Catalog**			
案卷级(万条)	Level of Archives(10 000 records)	37.30	29.00	22.80
文件级(万条)	Level of Files(10 000 records)	146.44	167.06	156.26
利用档案	**Utilization of Archives**			
利用人次(万人次)	Users(10 000 person-time)	2.00	1.70	5.50
利用数量(万卷(件)次)	Access to Files(10 000 volumes)	7.35	8.73	9.05
编研档案资料	**Materials and Archives Edited**			
公开出版(种)	Public Publication(kind)	4	5	2
(万字)	(10 000 words)	214	123	118
内部参考(种)	Internal Reference (kind)	398	104	124
(万字)	(10 000 words)	725	553	460

20-11 企业单位档案室基本情况(2013—2015年)

Basic Statistics on Enterprises Archives,2013-2015

项　　目	Item	2013	2014	2015
保存档案	**Keeping Archives**			
全　宗(个)	Full-records(unit)	316	218	103
以卷为保管单位档案(万卷)	archives by volumes(10 000 volumes)	79.80	44.30	70.10
以件为保管单位档案(万件)	archives by pieces(10 000 volumes)	149.29	136.33	193.17
底　图(万张)	Traced Drawings(10 000 pictures)	53.34	27.09	95.05
机读目录	**Machine Readable Catalog**			
案卷级(万条)	Level of Archives(10 000 records)	25.37	38.82	74.84
文件级(万条)	Level of Files(10 000 records)	135.91	158.44	102.70
利用档案	**Utilization of Archives**			
利用人次(万人次)	Users(10 000 person-time)	1.69	0.87	2.25
利用数量(万卷(件)次)	Access to Files(10 000 volumes)	5.77	3.14	7.18
编研档案资料	**Materials and Archives Edited**			
公开出版(种)	Public Publication (kind)			2
(万字)	(10 000 words)			1
内部参考(种)	Internal Reference (kind)	84	84	214
(万字)	(10 000 words)	254	276	314

20-12 公共图书馆情况(2012—2015年)

Basic Statistics on Public Libraries,2012-2015

项　目	Item	单　位	Unit	2012	2013	2014	2015
公共图书馆	Public Libraries	个	unit	31	31	31	31
工作人员	Employment	人	person	1272	1248	1217	1189
藏　书	Collections	万　册	10 000 volumes	1469	1474	1598	1697
书刊文献外借人次	Person-time of Lent-out	万人次	10 000 person-time	228	292	285	306
书刊文献外借册次	Book-time of Lent-out	万册次	10 000 volume-time	562	658	779	859
建筑面积	Floor Space of Buildings	平方米	sq. m	256751	247374	256917	259011
阅览室坐席	Seating Capacity of Reading Room	次	unit	12446	13526	14258	14500

注：2013年藏书量中不包括电子图书。
Note: Collections enclude electronic-books in 2013.

20-13 博物馆和文物保护单位基本情况(2012—2015年)

Basic Statistics on Museums and Cultural Relic Protection Units,2012-2015

项　目	Item	单　位	Unit	2012	2013	2014	2015
博物馆	**Museums**						
单位数	Units	个	unit	20	20	22	22
工作人员数	Employment	人	person	717	669	747	783
文物藏品	Collection	万　件	10 000 pieces	69	69	67	67
举办陈列展览	Displays and Exhibitions	次	time	142	110	150	157
参观人次	Visitors	万人次	10 000 person-time	494	546	926	1003
文物保护单位	**Cultural Relic Protection Units**						
单位数	Units	个	unit	8	8	8	8
工作人员数	Employment	人	person	102	112	115	131
藏　品	Collection	件	piece	3702	3702	2435	2246

20-14 群众文化事业基本情况(2012—2015年)

Basic Statistics on Mass Art,2012-2015

项　目	Item	单　位	Unit	2012	2013	2014	2015
单位数	**Units**	**个**	**unit**	**19**	**19**	**19**	**19**
群众艺术馆	Mass Art Centers	个	unit	1	1	1	1
文化馆	Cultural Centers	个	unit	18	18	18	18
工作人员数	**Employment**	**人**	**person**	**626**	**646**	**612**	**588**
文化活动情况	**Cultural Activities**						
举办展览	Exhibitions	次	time	214	163	215	252
组织文艺活动次数	Art Performances	次	time	1271	1289	1927	1872
举办训练班	Training Courses						
班　次	Classes	次	time	1065	1342	1852	3887
结业人数	Persons Completed Course	人	person	142800	147349	141154	180980

20-15 体育工作基本情况(2012—2015年)

Basic Statistics on Physical Work,2012-2015

单位：人(person)

指　　标	Item	2012	2013	2014	2015
社会体育指导员	Social Physical Instructors	7455	7255	4842	5155
等级教练员	Grade Coaches	426	444	435	442
# 国家级	National Coaches	25	30	27	26
等级裁判员	Grade Referees	392	384	165	754
# 女　性	Female	140	73	37	37
一级及以上	First Grade	155	224	60	606
二　级	Second Grade	237	160	105	148
等级运动员人数	Grade Athletes	1795	1546	1540	740
# 女　性	Female	708	446	592	278
一级及以上	First Grade	368	272	421	231
二　级	Second Grade	1427	828	1119	509
全民健身体育设施(处)	The National Fitness Sports Facilities (place)	1340	1815	1544	568
# 市区健身园	The Urban District Fitness Garden	155	360	395	150
农村健身园	The Rural District Fitness Garden	1121	1401	1149	418
全民健身体育器材(件)	The National Fitness Sports Equipment (piece)	21803	29244	21445	7475
# 市区健身园	The Urban District Fitness Garden	2325	5400	4326	1452
农村健身园	The Rural District Fitness Garden	16815	21015	16919	6023

20-16 国际国内体育比赛获奖牌情况(2015年)

Statistics on Medals Won in International & National Competitions,2015

单位：块(piece)

项　　目	Item	合　计 Total	金　牌 Gold Medal	银　牌 Silver Medal	铜　牌 Bronze Medal
总　　计	**Total**	**82**	**23**	**25**	**34**
国际比赛	**International Competitions**	**10**	**4**	**4**	**2**
世界比赛	World Competitions	5	3	2	
举　重	Trampoline	3	1	2	
排　球	Volleyball	1	1		
国际象棋	Chess	1	1		
亚洲比赛	Asian Competitiongs	5	1	2	2
国内比赛(全国)	**Domestic Competitions (National)**	**72**	**19**	**21**	**32**

主要统计指标解释

电视人口覆盖率

指用普通的电视接收机，室外天线在离地面 4 米高处能在晚上正常收看电视节目的人数与全市总人口数之比。

广播人口覆盖率

指用普通的收音机在中午能正常收听广播节目的人数与全市总人口数之比。

文化事业机构

指从事专业文化工作和为专业文化工作服务的单独核算、独立建制的单位，不包括文化主管部门直属单位举办的其他行业和各部门的业余文化组织。

艺术表演团体

指从事戏曲、音乐、舞蹈、杂技等专业艺术表演，有独立账户、实行单独核算的团体。

电影放映单位

指具有放映机器设备，固定或不固定的放映场所与专职或兼职的放映技术人员，经文化部门登记批准，经常为一定的观众对象映出电影的机构。包括经批准对外开放进行营业并与电影发行放映管理机构分账的专用放映单位或军委系统租片在内。

等级运动员人数

指经考核正式批准授予等级运动员称号的人数。分为国际级运动健将，运动健将，一、二、三级运动员和少年级运动员。

等级裁判员人数

指经考核正式批准授予等级裁判员称号的人数。分为国际裁判、国家级裁判、一级裁判、二级裁判、三级裁判。

Explanatory Notes on Main Statistical Indicators

Viewer Rate

refers to the ratio of the number of watching TV in the evening by using normal television sets with outdoor antenna four meters apart from ground to the total population.

Listener Rate

refers to the ratio of the number of listening radio at noon by using normal radiogram to the total population.

Cultural Institutions

refer to units which have their own organizational system and independent accounting system and specialize in or serve cultural development. They exclude other establishments run by these cultural institutions and amateur cultural groups established by various departments.

Art Performance Troupe

refers to the troupe which is engaged in drama, opera, music, dance, acrobatics or other art performance, opens independent accounts with banks and has self-supporting accounting system.

Film Projecting Units

refer to these units with film projection equipment, permanent or non-permanent places and full or part-time projectionists, approved by related administrative departments to show films regularly for certain groups of audience, including those film projection units which have been approved to open up and run business with independent accounting system as well as those film-renting units of the military system.

Number of Athletes in Grades

refers to the number of athletes who have been given titles through examination. The titles of athletes include international masters of sports, masters of sports, first-grade, second-grade and third-grade sportsmen and young athletes.

Number of Referees in Grades

refers to the number of referees who have been given titles after examination. They are classified as international referees, national referees and referees of the first, second and third grades.

TIANJIN STATISTICAL YEARBOOK

第二十一篇　公共管理及其他

Chapter 21　Public Management and Others

21-1 天津市历届人代会代表人数性别构成及议案、建议意见数

Number and Sex Composition of Delegacy, Proposal and Suggestion by Tianjin Municipal People's Congress

单位：人、件(person, unit)

届 别	Session	起止年月 The Time of Inauguration and Concluding	代表人数 Number of Delegate			议案立案数 Number of Cases Registered of Proposal	建议意见数 Given Proposal and Advice
			总 计 Total	女 性 Female	少数民族 Ethnic minority		
第 一 届	First Congress	1954.08-1956.12	519	109		1614	
第 二 届	Second Congress	1956.12-1958.06	568	122		1201	
第 三 届	Third Congress	1958.06-1961.02	535	110			
第 四 届	Fourth Congress	1961.02-1963.12	845	208		133	
第 五 届	Fifth Congress	1963.12-1965.12	675	169		104	
第 六 届	Sixth Congress	1965.12-1966.05	698	171		27	
第 七 届	Seventh Congress						
第 八 届	Eighth Congress	1977.11-1980.06	959	224			
第 九 届	Ninth Congress	1980.06-1983.04	960	175		1958	
第 十 届	Tenth Congress	1983.04-1988.05	800	179	40	26	5337
第十一届	Eleventh Congress	1988.06-1993.05	719	134	42	65	3762
第十二届	Twelfth Congress	1993.05-1998.05	719	130	35	34	1924
第十三届	Thirteenth Congress	1998.05-2003.01	710	141	37	80	3597
第十四届	Fourteenth Congress	2003.01-2008.01	710	150	39	83	3147
第十五届	Fifteenth Congress	2008.01-2013.01	709	156	32	41	2456
第十六届	Sixteenth Congress	2013.01-2018.01	706	181	35	30	2353

注:1.资料来源:天津市人民代表大会常务委员会。2.天津市第一届至第九届人民代表大会期间代表所提出的议案、建议统称为“提案”。
Note: a) Source: Tianjin Municipal People's Congress(MPC)Standing Committee. b) The Registered Cases and Advice Proposed from Tianjin First Congress until Ninth Congress are calculated to Proposals as total.

21-2 天津市历届政协委员会委员人数及提案立案数

Number of Delegacy, Proposal and Resolution Put on Record by Tianjin Political Consultative Conference

单位：人、件(person, unit)

届 别	Session	起止年月 The Time of Inauguration and Concluding	委员人数 Number of Commissary			提案立案数 Number of Resolution Put on Record
			总 计 Total	女 性 Female	少数民族 Ethnic minority	
第 一 届	First Congress	1955.03-1960.03	188	42		
第 二 届	Second Congress	1960.03-1963.12	498	76		
第 三 届	Third Congress	1963.12-1965.11	432	73		
第 四 届	Fourth Congress	1965.11-1977.11	457	81		
第 五 届	Fifth Congress	1977.11-1980.06	615	132		
第 六 届	Sixth Congress	1980.06-1983.03	723	142		5028
第 七 届	Seventh Congress	1983.03-1988.04	739	162		4410
第 八 届	Eighth Congress	1988.04-1993.05	743	177		4869
第 九 届	Ninth Congress	1993.05-1998.05	757	179		3800
第 十 届	Tenth Congress	1998.05-2003.01	780	185		4563
第十一届	Eleventh Congress	2003.01-2008.01	780	200		5181
第十二届	Twelfth Congress	2008.01-2013.01	783	208		3255
第十三届	Thirteenth Congress	2013.01-2018.01	775	200	54	2154

资料来源：中国人民政治协商会议天津市委员会
Source: Tianjin Municipal Committee of CPPCC

21-3 基层工会组织情况(2012—2015年)

Statistics on Grassroots Unions,2012-2015

项　目	Item	2012	2013	2014	2015
机构数(个)	**Institutions(unit)**	**75925**	**89421**	**94086**	**95744**
#国有企业	State-owned Enterprises	2136	2046	1585	929
集体企业	Collective-owned Enterprises	1178	555	520	494
私营企业	Private Enterprises	51538	64732	69996	71158
港澳台商投资企业	Enterprises with Investment from Hong Kong, Macao and Taiwan	459	287	296	292
外商投资企业	Foreign Funded Enterprises	1971	1807	1515	1626
事　业	Institutions	4056	4440	3994	3587
机　关	Government Agencies	2149	1942	1893	1876
工会会员人数(万人)	**Number of Union Members(10 000 persons)**	**370.75**	**372.54**	**376.40**	**393.75**
#国有企业	State-owned Enterprises	54.49	41.61	41.09	38.49
集体企业	Collective-owned Enterprises	8.10	9.40	11.50	8.06
私营企业	Private Enterprises	134.39	130.74	137.86	130.49
港澳台商投资企业	Enterprises with Investment from Hong Kong, Macao and Taiwan	7.61	8.93	7.38	8.92
外商投资企业	Foreign Funded Enterprises	38.68	37.54	34.59	37.85
事　业	Institutions	34.50	33.68	33.45	34.04
机　关	Government Agencies	14.86	14.34	13.28	14.63

注：2010年及以后数据为全国总工会普查数据，其中“机构数”为“基层工会涵盖单位数”，“机构数”、“工会会员人数”中“企业”指正常生产经营企业。

Note: Data from 2010 are from ACFTU census.“Institutions”refers to number of units contained in grass-root unions, number of enterprises in “Institutions”and“Number of Union Members”refer to enterprises in operation.

21-4 妇联组织情况(2012—2015年)

Statistics on Women's Federation Organizations,2012-2015

项　目	Item	2012	2013	2014	2015
妇联组织机构(个)	**Woman's Federation Organizations(unit)**	**255**	**256**	**259**	**253**
区妇联	District Woman's Federation Organizations	13	13	13	15
县妇联	County Woman's Federation Organizations	3	3	3	1
乡妇联	Township Woman's Federation Organizations	136	127	134	130
街妇联	Street Woman's Federation Organizations	103	113	109	107
妇联干部总数(人)	**Cadres in Woman's Federation Organizations(person)**	**475**	**465**	**480**	**442**
市妇联	Municipal Woman's Federation Organizations	59	59	60	60
区妇联	District Woman's Federation Organizations	121	128	130	135
县妇联	County Woman's Federation Organizations	19	19	20	10
乡镇、街道妇联	Township and Street Woman's Federation Organizations	276	259	270	237

21-5 人民调解工作基本情况

Basic Statistics on People's Mediation

项目	Item	2014	2015
人民调解委员会(个)	People's Mediation Committees(unit)	5977	5780
人民调解员(人)	People's Mediator (person)	29963	27648
调解纠纷(件)	Disputes(case)	90028	66916
# 成功数	Success	88230	65807
# 婚姻家庭纠纷	Marriage and Family	12296	10360
邻里纠纷	Neighbour	18688	16002
合同纠纷	Contract	1609	1080
劳动纠纷	Labour	33835	22426
征地拆迁纠纷	Land Requisition and Demolition	1638	816
房屋宅基地纠纷	House Site	3649	2729
防止民间纠纷转化为刑事案件数(件)	Prevent Criminal Case from Civil Dispute(unit)	38	59
防止民间纠纷转化为刑事案件人数(人)	Prevent Criminal Case from Civil Dispute(person)	115	181
防止民间纠纷引起自杀案件件数(件)	Prevent Suicide of Civil Dispute(unit)	5	7
防止民间纠纷引起自杀案件人数(人)	Prevent Suicide of Civil Dispute(person)	5	15

21-6 律师工作基本情况(2012—2015年)

Basic Statistics on Lawyers,2012-2015

项目 Item	单位 Unit	2012	2013	2014	2015
律师事务所 Law Offices	所 unit	421	471	533	610
执业律师 Certified Lawyers	人 person	4154	4624	5058	5499
# 专职律师 Full-time Lawyers	人 person	3790	4252	4678	5114
兼职律师 Part-time Lawyers	人 person	212	230	228	234
担任常年法律顾问 As Permanent Legal Advisers	家 unit	4769	4577	5066	5313
民商事务 Civil and Economic Cases	件 case	20409	20078	25121	25737
刑事辩护 Criminal Defense Cases	件 case	3539	3186	3268	2500
行政诉讼代理 Agent of Administrative Actions	件 case	191	128	386	1083
非诉讼事务 Off-court Cases	件 case	4374	3478	4008	4664
咨询和代写法律文书	件 case	20488	21872	23093	26901

21-7 公证工作基本情况(2013—2015年)

Basic Statistics on Notarization,2013-2015

项　　目	Item	2013	2014	2015
公证机构(个)	Notary Offices(unit)	21	21	21
公证员(人)	Notarial Personnel(person)	331	358	159
办理公证(件)	Notarized Documents(case)	192127	221519	204196
国内公证	Total Domestic Affairs	120898	142512	132513
涉外公证	Total Concerned Foreign Affairs	70143	77894	70945
涉港澳台公证	Total Concerned Hong Kong, Macao and Taiwan Affairs	1086	1113	738

21-8 法律援助工作情况

Statictics on The Legal Aid Work

项　　目	Item	2014	2015
法律援助中心(个)	Legal Aid Center (Unit)	23	20
妇女法律援助工作站点(个)	Number of Women's Legal Aid Workstations (Unit)	23	17
未成年人法律援助工作站点数(个)	Number of Legal Aid Centers for Minor (Unit)	23	17
注册法律援助律师(人)	Registered Legal Aid Lawyer (person)	52	47
法律援助人数(人)	Number of Persons Received Legal Aid (person)	4114	3591
# 援助残疾人	Assistance to The Disabled	465	500
援助老年人	Assistance to The Aged	187	244
援助未成年人	Assistance to Minor	1046	965
援助妇女	Assistance to Feme	655	776
援助农民工	Assistance to Migrant Workers	1435	724
法律援助案件(件)	Number of Cases Received Legal Aid(case)	4114	3551
刑事案件	Criminal Case	1720	1614
民事案件	Civil Case	2391	1912
行政案件	Administrative Case	3	25
法律咨询(人次)	Leagal Consultation (person-time)	18202	15564

21-9 检察机关立案侦查经济案件情况(2015年)

Economic Cases under Investigation by Procuratorial Organs,2015

项目 Item	侦查经济案件 Economic Cases Investigated	# 贪污 Corruption	# 挪用公款 Misappropriate of Public Funds	# 贿赂案 Bribery	# 受贿 Accepting Bribe
立案(件)					
Cases Registered(case)	**259**	**101**	**40**	**114**	**61**
# 5万元至10万元					
50-100 thousand yuan	43	33		10	9
10万元至50万元					
100-500 thousand yuan	79	33	17	28	12
50万元至100万元					
500-1 000 thousand yuan	25	8	3	13	7
100万元以上					
Over 1 000 thousand yuan	93	16	20	55	26
犯罪嫌疑人(人)					
Criminal in Cases Registered(person)	**337**	**151**	**50**	**129**	**70**
机关工作人员					
Civil Servant	58	12	17	28	27
国有公司企业工作人员					
Personnel of State-owned Enterprises	109	55	11	41	31
国有事业单位工作人员					
Personnel of State-owned Institutions	50	25	14	7	7
委派到非国有单位从事公务人员					
Functionary Appointed to Non-state Units	2	1		1	1
人民团体从事公务人员					
Functionary Appointed to Mass Organizations					
其他依法从事公务人员					
Other Personnel in the Line of Duty	42	35	5	2	2
其他					
Others	76	23	3	50	2
结案					
Cases Settled					
件数(件)					
Number of Cases(case)	222	92	30	89	58
人数(人)					
Number of Persons(person)	296	142	39	98	66
# 移送起诉					
Handover to Suit					
件数(件)					
Number of Cases(case)	216	92	29	85	56
人数(人)					
Number of Persons(person)	288	142	37	94	64
撤销案件					
Cases Withdrawn					
件数(件)					
Number of Cases (case)	1			1	
人数(人)					
Number of Persons(person)	3	1	1	1	
侦结认定金额(万元)					
Value Approved by Procuratorial Organs in Cases Settled(10 000 yuan)	**61149**	**12565**	**5777**	**40861**	**34282**
挽回经济损失(万元)					
Retrieve Pecuniary Losses(10 000 yuan)	**7186**	**4002**	**408**	**2776**	**2776**

21-10 法院民事案件收案和结案情况(2015年)

Civil Cases Accepted & Settled by Courts,2015

单位：件(case)

项　目	Item	收　案 Cases Accepted	结　案 Cases Settled	#调　解 Mediation	#判　决 Judgement
合同纠纷案件	**Contracts Disputes**	**110830**	**107158**	**24137**	**37546**
#买卖合同	Buying and Selling Contracts	13169	12609	3634	4265
房地产合同	Real Estate Contracts	3145	3300	832	1575
借款合同	Debts Contracts	25100	24410	6732	12053
建设工程合同	Construction Project Contracts	2597	2488	664	986
劳动争议案件	Labour Disputes	8917	8303	1993	4051
运输合同	Transportation Contracts	414	429	121	184
婚姻家庭案件	**Marriages and Family Affairs**	**17655**	**17487**	**5999**	**6299**
#离　婚	Divorce	13438	13344	4337	4939
抚　育	Foster	1105	1087	394	399
赡　养	Support	629	628	134	292
继承纠纷案件	**Inheritance Disputes**	**1615**	**1566**	**662**	**513**
继　承	Inheritance	603	642	285	209
遗　嘱	Testament	121	162	54	72
继承权	Inheritance Right	5	4	1	1
抚　养	Bring-up	11	10	3	5
其　他	Others	875	748	319	226

21-11 法院行政案件收案和结案情况(2015年)

Administrative Cases Accepted and Settled by Courts,2015

单位：件(case)

项　目	Item	收　案 Cases Accepted	结　案 Cases Settled	#维　持 Affirmation of Original Judgement	#撤　消 Cancel Settled	#撤　诉 Withdrawn	未　结 Cases Unsettled
合　计	**Total**	**4346**	**3513**	**98**	**193**	**524**	**1070**
公　安	Public Security	516	409	12	5	68	132
资　源	Resources	130	128	2	3	49	9
城　建	City Construction	1513	1232	51	105	118	426
工　商	Industry and Commerce	75	55			34	25
技术监督	Technical Supervision	1					1
计划生育	Birth Control	4	4			1	
卫　生	Health Care	40	15		2	1	26
环　保	Environment Protection	6	7			2	
交　通	Transportation	50	35	3	1	8	16
税　务	Tax	13	11		2	5	5
财　政	Finance	4	2				2
劳动和社会保障	Labour & Social Security	245	187	10	5	44	69
司法行政	Judicature	10	6			2	4
民　政	Civil Affairs	13	12			2	2
教　育	Education	16	15			5	1
乡政府	Township Government	108	90		7	10	18
其　他	Others	1598	1301	20	63	175	334

21-12 社会保障基本情况(2000—2015年)
Basic Statistics on Social Security,2000-2015

单位：万人(10 000 person)

年 份 year	城镇职工基本养老保险参保人数 Urban Staff and Workers Participated in Basic Pension Insurance	城镇职工基本医疗保险参保人数 Urban Staff and Workers Participated in Basic Medical Insurance	城乡居民养老保险参保人数 Urban and Rural Residents Participated in Pension Insurance	城乡居民医疗保险参保人数 Urban and Rural Residents Participated in Medical Insurance	失业保险参保人数 Staff and Workers Participated in Unemployment Insurance	工伤保险参保人数 Staff and Workers Participated in Work Injury Insurance
2000	288.00				225.00	
2001	281.44				214.00	
2002	295.97	193.41			189.55	
2003	283.28	227.58			193.45	
2004	297.08	263.00			195.06	147.23
2005	308.28	299.06			197.51	162.91
2006	328.20	344.20			216.66	209.67
2007	344.76	382.46			221.50	257.17
2008	376.63	399.13			232.50	274.90
2009	401.53	444.06			239.22	292.21
2010	431.45	469.98	92.30	489.00	246.09	304.45
2011	458.70	474.52	97.80	498.27	258.75	320.42
2012	490.26	479.07	102.60	502.23	268.69	330.06
2013	520.67	493.08	106.40	508.44	278.69	335.06
2014	545.44	509.59	111.84	514.03	287.57	345.18
2015	565.18	522.00	121.10	532.11	295.32	385.61

21-12续表 *Continued*

单位：万人、元/月(10 000 person,yuan per month)

年 份 year	生育保险参保人数 Staff and Workers Participated in Maternity Insurance	职工工资最低标准 Minimum Standard of Wages of Staff and Workers	城镇居民生活保障最低标准 Minimum Standard of Urban Residents Living Security	农村居民生活保障最低标准 Minimum Standard of Rural Residents Living Security	城镇居民最低生活保障人数 Urban Residents Receiving Lowest Cost-of-living	农村居民最低生活保障人数 Rural Residents Receiving Lowest Cost-of-living
2000			241		2.85	1.73
2001			241			
2002			241		30.14	2.26
2003		450	241		24.13	2.61
2004		480	265		20.51	2.90
2005	157.42	530	265	127.1	15.08	3.19
2006	180.10	590	265	136.6	15.13	3.73
2007	194.03	670	320	165.6	14.87	4.38
2008	196.49	740	330	200	15.63	5.23
2009	204.61	820	400	230	17.94	7.27
2010	212.02	920	450	250	19.79	8.61
2011	234.60	1160	480	280	17.95	9.76
2012	242.72	1310	520	320	16.64	10.15
2013	249.14	1500	600	400	16.04	10.74
2014	260.73	1680	640	440	13.58	10.14
2015	269.73	1850	705	540	13.07	10.37

资料来源：天津市人力资源和社会保障局、天津市民政局，表21-13同。
Source: Tainjin Municipal Human Resources & Social Security Bureau, Tianjin Municipal Civil Affairs Bureau.Same as table 21-13.
注：2005-2007年农村居民生活保障最低标准为农村居民平均生活保障水平。
Note:The data of minimum standard of rural residents living security are average level from 2005 to 2007.

21-13 社会保障事业发展情况(2013—2015年)
Development Statistics on Social Security,2013-2015

单位：万人、亿元(10 000 person,100 million yuan)

指标	Item	2013	2014	2015
基本养老保险	**Basic Pension Insurance**			
城镇职工参保人数	Urban Staff and Workers Participated	520.67	545.44	565.18
城乡居民参保人数	Urban and Rural Residents Participated	106.41	111.84	121.10
城镇职工实际缴费人数	Urban Staff and Workers Paying	282.05	290.74	295.89
基本养老保险基金收入	Revenue of Basic Pension Insurance Programme	466.00	534.44	594.26
基本养老保险基金支出	Expenditure of Basic Pension Insurance Programme	426.35	491.66	559.51
基本养老保险基金累计结余	Balance of Basic Pension Insurance Programme	318.89	361.67	396.42
基本医疗保险	**Basic Medical Insurance**			
城镇职工参保人数	Urban Staff and Workers Participated	493.08	509.59	522.00
城乡居民参保人数	Urban and Rural Residents Participated	508.44	514.03	532.11
基本医疗保险基金收入	Revenue of Basic Medical Insurance Programme	177.02	204.63	235.24
基本医疗保险基金支出	Expenditure of Basic Medical Insurance Programme	155.94	185.14	203.93
基本医疗保险基金累计结余	Balance of Basic Medical Insurance Programme	75.71	80.28	111.59
失业保险	**Unemployment Insurance**			
参保人数	Staff and Workers Participated in Unemployment Insurance	278.69	287.57	295.32
领取失业保险金期末人数	Final Personnel Drawing Unemployment Insurance Programme	2.00	2.59	7.10
领取保险金累计新增人数	Newly Total Increased in Current Year	2.37	2.91	7.38
保险基金收入	Revenue of Unemployment Insurance Programme	34.12	39.36	30.10
保险基金支出	Expenditure of Unemployment Insurance Programme	13.30	32.92	31.65
保险基金累计结余	Balance of Unemployment Insurance Programme	98.38	104.83	103.28
工伤保险	**Work Injury Insurance**			
参保人数	Staff and Workers Participated in Work Injury Insurance	335.06	345.18	385.61
保险基金收入	Revenue Insurance Programme	9.50	10.86	11.29
保险基金支出	Expenditure Insurance Programme	8.22	8.89	10.56
保险基金累计结余	Balance Insurance Programme	13.77	15.74	16.47
生育保险	**Maternity Insurance**			
参保人数	Staff and Workers Participated in Maternity Insurance	249.14	260.73	269.73
保险基金收入	Revenue Insurance Programme	9.67	10.86	11.11
保险基金支出	Expenditure Insurance Programme	7.49	9.41	10.38
保险基金累计结余	Balance Insurance Programme	17.81	19.26	19.99
社会保障标准(元/月)	**Social Security Standard(yuan per month)**			
最低工资标准	Minimum Standard of Wages of Staff and Workers	1500	1680	1850
城镇居民最低生活保障标准	Minimum Standard of Urban Living Security	600	640	705
农村居民最低生活保障标准	Minimum Standard of Rural Residents	400	440	540

21-14 劳动争议处理情况(2012—2015年)
The Disposal of Labour Disputes,2012-2015

单位：件 (case)

项　目 Item	2012	2013	2014	2015
上期未结案数 Number of Cases Left Over from Last Period	**2909**	**2446**	**1383**	**1598**
案件受理情况 Cases Accepted				
当期案件受理数 Number of Cases	13988	12352	16302	19221
# 集体劳动争议数 Number of Collective Labour Disputes	59	69	133	181
# 劳动者申诉案件数 Number of Cases Appealed by Labourers	13747	12299	16200	18765
按争议原因分 By Cause of Disputes				
确认劳动关系 Confirmation of labor relations	215	280	488	877
解除、终止劳动合同 Relieve the Labour Contract	2171	2525	3366	4470
劳动报酬 Labor remuneration	5476	5701	7908	9485
社会保险 Social Insurance	3422	974	1358	1171
其　他 Others	2704	2872	3182	3207
劳动者当事人数(人) Number of Persons Involved (person)	15857	14432	20746	23463
# 集体争议劳动者当事人数 Number of Persons Involved in Collective Disputes	1082	1705	3487	3923
案件处理情况 Cases Settled				
结案数 Number of Cases Settled	14451	13415	16087	19392
按处理方式分 By Manners of Settlement				
仲裁调解 Mediation	7222	6913	8223	10477
仲裁裁决 Arbitration Lawsuit	6373	6502	7864	8915
其他方式 Others	856			
按处理结果分 By Results of Settlement				
用人单位胜诉 Won by Units	2225	2027	2926	2902
劳动者胜诉 Won by Labours	5406	5012	6352	6738
双方部分胜诉 Partly by Both Parties	6464	6376	6809	9752
其　他 Others	356			
本期未结案数 Number of Cases Unsettled	**2446**	**1383**	**1598**	**1427**

资料来源：天津市人力资源和社会保障局
Source: Tianjin Municipal Human Resources & Social Security Bureau

21-15 残疾人事业基本情况

Basic Statistics on Persons with Disabilities

项　目	Item	单　位	Unit	2014	2015
康　复	**Rehabilitation**				
白内障复明手术	Sight-restoring Cataract Surgeries	例	case	6416	11372
# 贫困白内障患者免费手术	Free Surgeries for Poor Cataract Patients	例	case	773	807
低视力者配用助视器	Vision-aids Provided for Persons of Low-vision	人	person	2081	583
聋儿语训年收训数	Children with Hearing Disability Trained for Hearing and Speech	人	person	51	47
精神病人数	Patients with Psychiatric Diseases	人	person	72529	73455
监护率	Guardianship Rate	%	%	94.41	95.04
显好率	Significant Improvement Rate	%	%	71.95	71.93
社会参与率	Social Involvement Rate	%	%	63.76	63.61
肢体残疾康复训练人数	Rehabilitation of Persons with Physical Disability	人	person	3547	3522
# 肢体残疾儿童机构康复训	Children Rehabilitated at Institutions	人	person	134	135
智力残疾儿童康复训练数	Rehabilitation of Children with Intellectual Disability	人	person	198	339
教　育	**Education**				
在校学生数	Students Enrollment				
# 特教普通高中	Special Education in Regular Senior Secondary Schools	人	person	114	118
中等职业教育	Middle Vocational Educational Institutions	人	person		
高等院校录取残疾人数	Handicapped Students Matriculated by Institutions of Higher Education	人	person	135	109
就　业	**Employment**				
当年安排城镇残疾人就业	Employment of Urban Disabled Persons in Current Year	人	person	4213	4363
# 集中安排就业	Employed at Welfare Enterprises	人	person	573	333
按比例安排就业	Employed by Quota Scheme	人	person	3125	3451
农村残疾人就业人数	Employment of Rural Disabled Persons	人	person	67714	68534
社会保障	**Social Security**				
城镇残疾职工参加养老保险	Disabled Workers in Cities and Towns to Attend Endowment Insurance	人	person	42558	42011
城镇残疾职工参加医疗保险	Disabled Workers in Cities and Towns to Attend Medical Treatment Insurance	人	person	42558	42011
实际参加城乡社会养老保险的残疾居民	Disabled Residents of Urban and Rural Actually Attend Social Endowment Insurance	人	person	58461	61574
享受城乡最低生活保障残疾人数	Disabled Persons Acquiring Subsidies for The Lowest Cost-of-living	人	person	61643	59878
享受生活补贴人数	Number of Persons Acquiring Life Subsidies	人	person	63510	65308
享受护理补贴人数	Number of Persons Acquiring Care Subsidies	人	person	12187	16627
扶　贫	**Poverty Alleviation**				
扶持贫困残疾人	Poverty Alleviation for Disabled Persons	人次	person-time	24798	27504
实用技术培训人次	Training of Practical Technique	人次	person-time	2733	2696
残疾人扶贫基地	Bases of Poverty Alleviation for Disabled Persons	个	unit	176	186
维　权	**Rights Protection**				
残疾人法律救助工作站	Legal Aid (Service) Center for Disabled Persons	个	unit	17	17
残疾人法律救助工作站办理的案件	Cases Transacted by Legal Aid (Service) Center for Disabled Persons	件	unit	289	309
组织建设	**Organization Construction**				
持证残疾人总数	Sum of Disabled Persons with Certificates of Disability	万人	10 000 persons	26	29
各级残联实有人数	Staff and Workers of Disabled Persons' Federations	人	person	962	964

资料来源：天津市残疾人联合会
Source: Tianjin Disabled Persons' Federation

21-16 受理消费者投诉情况(2015年)

Basic Statistics on Accepted Cases of Consumer Institution,2015

单位：件(item)

项　　目	Item	总　计 Total	质　量 Quality	售后服务 After-sale Service	价　格 Price	计　量 Measure
受理投诉件数总计	**Total Number of Accepted Cases**	**2181**	**1140**	**389**	**94**	**41**
家用电子电器类	Household Electric Appliance	510	342	82	9	2
服装鞋帽类	Garments, Shoes and Hats	316	252	17	3	25
食品类	Food	120	69	2	9	5
烟、酒饮料类	Tobacco, Liquor and Drink	26	14	1		
房屋及建材类	House and Decoration Materials	73	54	1		2
日用商品类	Daily Use Household Articles	169	118	16	5	2
首饰及文体用品类	Jewelry, Cultural and Sports Articles	44	27	2	4	1
医药及医疗用品类	Medicine and Medical Treatment Articles	16	9	1		
交通工具类	Transportations	370	99	154	14	
农用生产资料类	Agricultural Production Materials	6	5		1	
生活、社会服务类	Living and Social Services	188	74	24	8	
房屋装修及物业服务类	House Decoration and Property Management	18	8	1		
旅游服务	Tourism Services	4	1			
文化、娱乐、体育服务	Cultural, Recreational and Sports Services	30	3	5	4	
邮政业服务	Post Services	20	4	2	2	
电信服务	Telecommunication Services	21	6	1	4	1
互联网服务	Internet Services	17	8	1	1	1
金融服务	Finance Services	1			1	
保险服务	Insurance Services					
卫生保健服务	Health Care Services	4	1			
教育培训服务	Educational Services	16	5			
公共设施服务	Public Facility Services	147	17	76	26	1
销售服务	Sales Services	13	2	2	1	
其他商品和服务	Other Commodities and Services	52	22	1	2	1
解决件数总计	**Total Cases Solved**	**2024**				

注：本资料为天津市消费者协会系统的统计数据，不含各监测站的统计资料。
Note: Data of this table are provided by Tianjin Municipal Consumer Institution, excluding those data calculated by each monitor station.

21-16续表 *Continued*

单位：件(item)

项　目	Item	合　同 Contract	虚假宣传 False Propaganda	假　冒 Counterfeit	其　他 Others
受理投诉件数总计	**Total Number of Accepted Cases**	**231**	**63**	**24**	**178**
家用电子电器类	Household Electric Appliance	18	22	4	31
服装鞋帽类	Garments, Shoes and Hats	1	6	3	8
食品类	Food	8	4	1	16
烟、酒饮料类	Tobacco, Liquor and Drink	1	4	3	3
房屋及建材类	House and Decoration Materials	11			5
日用商品类	Daily Use Household Articles	9	6	3	10
首饰及文体用品类	Jewelry, Cultural and Sports Articles	3	3	1	1
医药及医疗用品类	Medicine and Medical Treatment Articles		1	3	2
交通工具类	Transportations	79	8		15
农用生产资料类	Agricultural Production Materials				
生活、社会服务类	Living and Social Services	30		6	36
房屋装修及物业服务类	House Decoration and Property Management	7	1		
旅游服务	Tourism Services	2			1
文化、娱乐、体育服务	Cultural, Recreational and Sports Services	12	1		5
邮政业服务	Post Services	11			
电信服务	Telecommunication Services	4			5
互联网服务	Internet Services	3			3
金融服务	Finance Services				
保险服务	Insurance Services				
卫生保健服务	Health Care Services	1			1
教育培训服务	Educational Services	10			1
公共设施服务	Public Facility Services	14	5		7
销售服务	Sales Services	5			3
其他商品和服务	Other Commodities and Services	2	2		22
解决件数总计	**Total Cases Solved**				

21-17 规模以上服务业企业主要指标(2015年)

Main Indicators of Service Sector above Disignated Size,2015

项　目	Item	企业单位数(个) Number of Enterprises (unit)	从业人员年平均人数(人) Annual Average Employment Personnel (person)	资产总计(亿元) Total Assets (100 million yuan)
全市总计	**Total**	**3711**	**559510**	**24949.85**
按行业分	**Grouped by Sector**			
铁路运输业	Railway Transport	5	1514	142.77
道路运输业	Highway Transport	354	60386	3332.07
水上运输业	Waterway Transport	80	19812	2031.90
航空运输业	Air Transport	9	8074	436.90
管道运输业	Pipeline Transport	5	409	34.84
装卸搬运和运输代理业	Load & Unload and Transportation Agent	578	23293	369.42
仓储业	Storage Services	209	20529	827.27
邮政业	Post Services	8	10599	19.49
电信、广播电视和卫星传输服务	Telecommunication, Broadcast Television and Satellite Transmission Services	18	17611	398.25
互联网和相关服务	Internet and Relative Services	51	6594	112.36
软件和信息技术服务业	Software and Information Technology Services	195	18640	387.65
物业管理(中类)	Property Management (middle class)	155	41740	94.40
房地产中介服务(中类)	The Real Estate Intermediary Services (middle class)	29	10404	88.62
租赁业	Leasing Services	96	12016	2821.03
商务服务业	Business Services	835	88988	7404.64
研究和试验发展	R&D	42	3095	93.11
专业技术服务业	Special Technical Services	453	87090	2168.20
科技推广和应用服务业	Science and Technology Generalizing and Application Services	90	4507	406.17
水利管理业	Management for Water Conservancy	14	1238	26.93
生态保护和环境治理业	Ecological Protection and Management for Environment	6	277	7.11
公共设施管理业	Management for Public Facilities	86	10667	2807.44
居民服务业	Resident Services	58	12069	41.83
机动车、电子产品和日用产品修理业	Motor Vehicle, Electronic Products and Household Products Repair Industry	20	2276	3.81
其他服务业	Others	117	78506	624.81
教　育	Education	20	2113	15.88
卫　生	Health Care	61	7332	24.64
新闻和出版业	News Publication	20	3033	37.98
广播、电视、电影和影视录音制作业	Broadcast, TV, Movies, Video and Record Production Industry	40	3037	63.40
文化艺术业	Culture and Art	26	1085	85.79
体　育	Sports	13	1133	20.03
娱乐业	Recreational Services	18	1443	21.09

21-17续表 *Continued*

单位：亿元 (100 million yuan)

项　目	Item	营业收入 Revenue from Business	税收合计 Total Taxes	利润总额 Total Pre-tax Profits
全市总计	**Total**	**4774.38**	**236.15**	**477.14**
按行业分	**Grouped by Sector**			
铁路运输业	Railway Transport	10.17	0.67	1.70
道路运输业	Highway Transport	363.40	12.13	-0.45
水上运输业	Waterway Transport	260.30	12.15	45.35
航空运输业	Air Transport	87.17	6.16	2.55
管道运输业	Pipeline Transport	4.83	0.47	-4.95
装卸搬运和运输代理业	Load & Unload and Transportation Agent	528.50	8.89	16.18
仓储业	Storage Services	580.66	17.60	18.52
邮政业	Post Services	27.28	0.22	-1.19
电信、广播电视和卫星传输服务	Telecommunication, Broadcast Television and Satellite Transmission Services	179.49	12.17	23.33
互联网和相关服务	Internet and Relative Services	81.47	2.64	-2.65
软件和信息技术服务业	Software and Information Technology Services	182.67	16.59	53.67
物业管理(中类)	Property Management (middle class)	45.79	3.49	0.96
房地产中介服务(中类)	The Real Estate Intermediary Services (middle class)	27.45	1.80	0.76
租赁业	Leasing Services	205.82	17.24	42.20
商务服务业	Business Services	710.64	55.48	156.30
研究和试验发展	R&D	55.75	0.85	-3.81
专业技术服务业	Special Technical Services	875.57	42.12	92.94
科技推广和应用服务业	Science and Technology Generalizing and Application Services	199.84	1.76	3.45
水利管理业	Management for Water Conservancy	3.78	0.06	-1.19
生态保护和环境治理业	Ecological Protection and Management for Environment	1.59	0.15	0.28
公共设施管理业	Management for Public Facilities	107.28	8.66	12.58
居民服务业	Resident Services	18.50	0.97	0.32
机动车、电子产品和日用产品修理业	Motor Vehicle, Electronic Products and Household Products Repair Industry	7.73	0.22	0.02
其他服务业	Others	81.40	7.09	12.81
教　育	Education	9.49	0.76	1.61
卫　生	Health Care	24.29	0.44	0.89
新闻和出版业	News Publication	15.86	0.76	-0.61
广播、电视、电影和影视录音制作业	Broadcast, TV, Movies, Video and Record Production Industry	44.35	2.32	4.10
文化艺术业	Culture and Art	25.31	1.66	2.57
体　育	Sports	3.05	0.14	-1.57
娱乐业	Recreational Services	4.94	0.52	0.44

21-18 各区县规模以上服务业企业主要指标(2015年)

Main Indicators of Service Enterprises above Designated Size by District and Country,2015

地　区	Region	企业单位数(个) Number of Enterprises (unit)	从业人员年平均人数(人) Annual Average Employment Personnel (person)	资产总计(亿元) Total Assets (100 million yuan)
和平区	Heping District	202	42653	2433.65
河东区	Hedong District	143	15951	120.92
河西区	Hexi District	296	37703	760.78
南开区	Nankai District	167	62996	1096.17
河北区	Hebei District	114	25315	1216.50
红桥区	Hongqiao District	43	6431	70.85
东丽区	Dongli District	314	45486	1869.77
西青区	Xiqing District	144	17979	473.24
津南区	Jinnan District	185	14610	594.49
北辰区	Beichen District	118	26898	434.13
武清区	Wuqing District	187	13574	345.61
宝坻区	Baodi District	54	6280	132.30
滨海新区	Binhai New Area	1599	229187	14957.92
宁河区	Ninghe District	56	4813	33.20
静海区	Jinghai District	38	3424	27.78
蓟　县	Jixian County	51	6210	382.53

21-18续表 *Continued*

单位：亿元 (100 million yuan)

地　区	Region	营业收入 Revenue from Business	税收合计 Total Taxes	利润总额 Total Pre-tax Profits
和平区	Heping District	287.56	9.61	19.72
河东区	Hedong District	57.13	2.23	1.97
河西区	Hexi District	228.50	8.53	5.88
南开区	Nankai District	156.30	8.59	11.08
河北区	Hebei District	155.07	10.04	26.07
红桥区	Hongqiao District	30.54	2.01	2.06
东丽区	Dongli District	485.03	25.58	94.91
西青区	Xiqing District	82.99	4.62	2.43
津南区	Jinnan District	75.00	4.75	8.84
北辰区	Beichen District	383.54	9.87	18.22
武清区	Wuqing District	130.93	5.73	8.25
宝坻区	Baodi District	27.48	2.27	4.02
滨海新区	Binhai New Area	2587.03	137.97	261.75
宁河区	Ninghe District	39.37	0.67	1.21
静海区	Jinghai District	25.90	1.04	1.89
蓟　县	Jixian County	22.01	2.64	8.84

主要统计指标解释

律　师

指依法取得律师执业证书，担任法律顾问、民事(刑事、行政)案件代理人、刑事案件辩护人，办理非诉讼业务，解答法律询问，代写法律事务文书等，为社会提供法律服务的人员。

公证人员

指在公证处工作的人员总称，包括公证处主任、副主任、公证员、公证员助理(助理公证员)和其他从事辅助性工作的人员。

办理公证文书

指公证处根据当事人申请，依照事实和法律，按照法定程序制作的，具有法律效力的司法证明文书。根据公证书用途和使用地，公证书分为国内公证书、国内经济公证书、涉外民事公证书、涉外经济公证书四类。

调解人员

指在人民调解委员会担负调解民间纠纷工作的人员，包括调解委员会的委员和调解小组的调解员。

调解民间纠纷

指调解委员会按照法律规定，根据自愿原则，用说服教育的方法调解民间发生的有关民事权利和义务争执的件数，包括调解成功数和调解未成功数。

受理劳动争议案件数

指劳动争议仲裁委员会根据国家有关规定，对劳动争议当事人的申请予以审查，符合受理条件而正式立案、准备处理的劳动争议案件数。

基本养老保险

1.（参保）职工人数：指报告期末按照国家法律、法规和有关政策规定参加基本养老保险并在社保经办机构已建立缴费记录档案的职工人数，包括中断缴费但未终止养老保险关系的职工人数，不包括只登记未建立缴费记录档案的人数。

2.（参保）离退休人员人数：指报告期末参加基本养老保险的离休、退休和退职人员的人数。

3. 基本养老保险基金收入：指根据国家有关规定，由纳入基本养老保险范围的缴费单位和个人按国家规定的缴费基数和缴费比例缴纳的养老保险基金，以及通过其他方式取得的形成基金来源的收入。包括单位和职工个人缴纳的基本养老保险费、基本养老保险基金利息收入、上级补助收入、下级上解收入、转移收入、财政补贴和其他收入。

4. 基本养老保险基金支出：指按照国家政策规定的开支范围和开支标准从养老保险基金中支付给参加基本养老保险的个人的养老金、丧葬抚恤补助，以及由于保险关系转移、上下级之间调剂资金等原因而发生的支出。包括离休金、退休金、退职金、各种补贴、医疗费、死亡丧葬补助费、抚恤救济费、社会保险经办机构管理费、补助下级支出、上解上级支出、转移支出、其他支出等。

5. 基本养老保险基金累计结余：指截至报告期末基本养老保险基金收支相抵后的累计余额。

基本医疗保险

1. 参保人数：指报告期末按国家有关规定参加基本医疗保险的人数。包括参加保险的职工人数和退休人员人数。

2. 基金收入：指根据国家有关规定，由纳入基本医疗保险范围的缴费单位和个人，按国家规定的缴费基数和缴费比例缴纳的基金，以及通过其他方式取得的形成基金来源的款项，包括：单位缴纳的社会统筹基金收入、个人缴纳的个人账户基金收入、财政补贴收入、利息收入、其他收入。

3. 基金支出：指按照国家政策规定的开支范围和开支标准从社会统筹基金中支付给参加基本医疗保险的职工和退休人员的医疗保险待遇支出，和从个人账户基金中支付给参加基本医疗保险的职工和退休人员的医疗费用支出，以及其他支出。包括：住院医疗费用支出、门急诊医疗费用支出、个人账户基金支出、其他支出。

4. 基金累计结余：指截至报告期末基本医疗保险的社会统筹和个人账户基金累计结余金额。包括银行存款、财政专户、债券投资和其他。

失业保险

1. 参保人数：指报告期末按照国家法律、法规和有关政策规定参加了失业保险的城镇企业事业单位的职工及地方政府规定参加失业保险的其他人员的人数。

2. 失业保险基金收入：指按照规定从企业、事业及其他单位筹集的失业保险费及其他并入失业保险基金收入的总额。包括单位和个人缴纳的失业保险费、失业保险基金利息收入、上级补助收入、下级上解收入、转移收入、财政补贴和其他收入。

3. 失业保险基金支出：指报告期内为保障失业人员和下岗职工基本生活、促进其再就业等支出的基金总额。包括失业救济金、医疗费、死亡丧葬补助费、抚恤救济费、转业训练费支出、失业保险经办机构管理费、补助下级支出、上解上级支出、转移支出和其他支出。

4. 基金累计结余：指截至报告期末失业保险基金收支相抵后的累计余额。

Explanatory Notes on Main Statistical Indicators

Lawyers

are certified legal workers according to law, and who are employed by legal counseling firms to act as legal advisers, agents in civil (criminal, administrative) cases, or defenders in criminal lawsuits, or to handle non-litigious legal affairs, to advise on matters of law or to write legal papers for others, and provide service to the public.

Notarial Personnel

refers to people working for notary offices including: directors, deputy director, notaries, assistant notaries, and other people providing assistance.

Notarized Documents

refer to the judicatory notary documents drawn up by the request of the party and are in accordance with facts and laws and following certain legal proceedings. According to usage and locality, the notary documents are divided into following 4 types: domestic notary documents, domestic economic notary documents, foreign-related civil notary documents and foreign-related economic notary documents.

Mediators

refer to workers on people mediation committees responsible for mediating in civil disputes and cases of slight infraction of the law. They include members of the mediation committees and mediators of mediation groups.

Mediation of Civil Disputes

refers to number of cases made by mediation committees in mediating in civil disputes concerning civil rights and duties through persuasion and education in accordance with the provisions of law on a voluntary basis, so as to solve disputes by helping the parties involved come to an agreement and understanding, including successful mediation amounts and unsuccessful mediation amounts.

Number of Labour Dispute Cases Accepted

refers to the number of cases of labour dispute submitted that, after being reviewed by the labour dispute arbitration committees in line with the relevant national regulations, are accepted and registered for treatment.

Basic Pension Insurance

1. Number of staff and workers covered refer to staff and workers participating in the basic pension insurance programme according to national laws, regulations and related policies at the end of the reference period, who have already had payment records in social security management agencies, including those who have interrupt payment without terminating the insurance programme. Those who have registered in the programme but with no payment records are not included.

2. Number of retirees participating in the basic pension insurance programme refer to the number of resigned people, retired people and people quitting iobs who participating in basic pension insurance programmes by the end of the reference period.

3. Revenue of the basic pension insurance programme refers to payments made by employers and individuals participating in the pension insurance programme in accordance with the basis and proportion stipulated in State regulations, and income from other sources that become source of pension insurance fund, including the premium paid by employers and staff and workers, interest income, subsidies from higher level agencies, income as transferred from subordinate agencies, transferred income, government financial subsidies and other income.

4. Expenditure of basic pension insurance programme refers to payment made on pensions and funeral subsidies to those retired and resigned people covered in pension insurance programmes according to related national policies on scope and standard of expenditure. Also included are expenditure which arises due to shift of the insurance relationship or adjustment of funds among agencies. More specifically, included are pensions for resigned people, pensions for retired people, pension for people quitting jobs, various subsidies, medical fees, funeral subsidies, compensation payments, management fees for social security agencies, expenses on subsidies to lower subordinates, expenses as transfer to agencies at higher level, transferred expenditure and other expenditure.

5. Balance of basic pension insurance programme refers to the balance of basic pension insurance funds at the end of the reference period after deducting expenses from revenue.

Basic Medical Care Insurance

1. Number of people participating in the insurance programme refers to people participating in the basic medical care insurance programme according to related regulations as at the end of reference period, including number of staff and workers and retirees participating in this insurance programme.

2. Revenue of the insurance programme refers to payments made by employers and individuals participating in the medical care insurance programme in accordance with the basis and proportion stipulated in State regulations, and income from other sources that become source of medical insurance fund, including income of social comprehensive funds paid by employers, income from individual accounts, government financial subsidies, interest income and other income.

3. Expenditure of the insurance programme refers to payment made from social comprehensive funds to those retired and resigned people covered in basic medical care insurance within the scope and standards of expenditure according to related

national policies, and medical care payment made from individual accounts to staff and workers and retirees, and other expenses, including medical expenses of hospital inpatients, medical expenses for outpatients and emergency patients, payment from individual accounts and other expenditure.

4. Balance of the basic medical care insurance programme refer to the balance of medical care insurance of social comprehensive funds and individual accounts at the end of the reference period, including bank savings, special fiscal accounts, investment in bonds and others.

Unemployment Insurance

1. Number of people covered refers to staff and workers in urban enterprises or institutions who have participated in unemployment insurance programme according to nation laws, regulations and related policies, and other people who have participated according to local government regulations, by the end of reference period.

2. Revenue of unemployment insurance refer to payments made from enterprises, institutions and other units to unemployment insurance programme and other income contributed to this programme, including unemployment insurance premium made by employers and individuals, interest income, subsidies from higher level agencies, income as transfer from subordinate agencies, transferred income, government financial subsidies and other income.

3. Expenses of unemployment insurance refer to total expenses during the reference period to guarantee the basic livelihood of unemployed people and laid-off staff and workers and to encourage their re-employment. Included are unemployment relief, medical fees, funeral subsidies, compensation pension, training expenses, management fees for unemployment insurance agencies, subsidies to lower level agencies, expenses as transfer to higher level agencies, transferred expenditure and other expenditure.

4. Balance of unemployment insurance refer to the balance of unemployment revenue deducting unemployment expenses at the end of the reference period.

TIANJIN STATISTICAL YEARBOOK

第二十二篇　区县基本情况

Chapter 22　Basic Statistics on Districts and Counties

22-1 各区县主要经济指标(2015年)

Basic Statistics on Districts and Counties,2015

单位：亿元(100 million yuan)

区　县	Region	区　县 生产总值 Gross Domestic Product of District and County	2015 比2014年 增长(%) Increase Rate in 2015 over 2014 (%)	规模以上 工业总产值 Gross Output Value of Industrial Enterprises above Designated Size	2015 比2014年 增长(%) Increase Rate in 2015 over 2014 (%)
和平区	Heping District	775.77	8.0	17.08	-4.6
河东区	Hedong District	286.05	8.6	24.90	-2.7
河西区	Hexi District	770.07	8.4	161.42	-5.3
南开区	Nankai District	590.93	7.4	208.76	3.2
河北区	Hebei District	412.84	8.2	415.31	-2.5
红桥区	Hongqiao District	192.35	7.6	8.65	-1.3
东丽区	Dongli District	875.00	10.0	1319.28	-4.6
西青区	Xiqing District	1015.06	10.1	2353.00	8.0
津南区	Jinnan District	742.54	12.0	1531.56	14.6
北辰区	Beichen District	955.70	10.6	2390.67	11.7
武清区	Wuqing District	1026.75	11.3	2126.60	14.3
宝坻区	Baodi District	605.04	10.8	913.09	17.4
滨海新区	Binhai New Area	9270.31	12.8	15354.44	-1.5
宁河区	Ninghe District	522.52	11.5	767.25	8.8
静海区	Jinghai District	616.69	12.5	1901.70	10.6
蓟　县	Jixian County	390.54	12.7	262.56	14.9

注：1. 区县生产总值增速按可比价格计算。2. 滨海新区数据中区县生产总值、规模以上工业总产值、全社会固定资产投资、社会消费品零售总额数据为注册口径，其他数据为在地口径。3.除滨海新区外其他区县数据为在地口径数据，后表同。

Note: a) Increase rate of gross domestic product of district and county is calculated at constant prices. b) The following data of Binhai New Area adopt coverage of register units:Gross Domestic Product of District and County,Gross Output Value of Industrial Enterprises above Designated Size,Investment in Fixed Assets,Retail Sales of Consumer Goods,and other data are coverage of location.c)Data of other districts and counties except Binhai New Area adopt coverage of location. Same as following next.

22-1续表1 *Continued*

单位：亿元 (100 million yuan)

区　县	Region	区县级一般公共预算收入 General Public Budget Revenue at District & County Level	2015比2014年增长(%) Increase Rate in 2015 over 2014 (%)	区县级一般公共预算支出 General Public Budget Expenditure at District & County Level	2015比2014年增长(%) Increase Rate in 2015 over 2014 (%)
和平区	Heping District	97.61	26.5	99.53	32.9
河东区	Hedong District	54.57	16.4	70.29	17.4
河西区	Hexi District	85.04	21.4	79.26	22.5
南开区	Nankai District	66.56	12.0	74.20	35.0
河北区	Hebei District	57.13	22.4	73.10	26.7
红桥区	Hongqiao District	27.63	20.1	44.93	18.1
东丽区	Dongli District	101.62	12.2	109.96	17.8
西青区	Xiqing District	106.42	13.1	126.20	34.1
津南区	Jinnan District	85.95	14.0	81.78	12.0
北辰区	Beichen District	81.61	18.1	94.98	56.4
武清区	Wuqing District	115.11	15.0	139.33	12.8
宝坻区	Baodi District	58.01	15.8	88.17	19.6
滨海新区	Binhai New Area	648.09	15.0	761.10	1.9
宁河区	Ninghe District	40.56	20.1	62.50	26.8
静海区	Jinghai District	59.38	15.3	84.22	15.8
蓟　县	Jixian County	38.64	16.2	71.73	17.4

22-1续表2 *Continued*

单位：亿元 (100 million yuan)

区　县	Region	全社会固定资产投资 Total Investment in Fixed Assets	2015比2014年增长(%) Increase Rate in 2015 over 2014 (%)	社会消费品零售总额 Retail Sales of Consumer Goods	2015比2014年增长(%) Increase Rate in 2015 over 2014 (%)
和平区	Heping District	164.05	10.2	458.58	12.6
河东区	Hedong District	150.69	11.2	372.16	11.1
河西区	Hexi District	234.20	33.7	477.74	2.0
南开区	Nankai District	160.54	15.7	572.22	-0.9
河北区	Hebei District	155.33	12.0	240.65	10.0
红桥区	Hongqiao District	177.14	31.0	176.82	8.0
东丽区	Dongli District	916.26	16.5	226.74	19.1
西青区	Xiqing District	1060.48	16.4	212.90	11.1
津南区	Jinnan District	811.89	4.7	281.09	21.5
北辰区	Beichen District	1001.65	21.7	200.48	8.9
武清区	Wuqing District	1157.14	15.4	384.87	44.5
宝坻区	Baodi District	738.42	15.5	189.61	13.1
滨海新区	Binhai New Area	6363.95	10.1	1199.74	4.7
宁河区	Ninghe District	697.09	16.9	111.26	15.6
静海区	Jinghai District	690.43	14.8	133.84	10.0
蓟　县	Jixian County	713.31	12.3	178.58	16.3

22-1续表3 *Continued*

区　　县	Region	外贸出口总额(亿美元) Total Value of Exports in Foreign Trade (USD 100 million)	2015比2014年增长(%) Increase Rate in 2015 over 2014 (%)	实际直接利用外资(万美元) Actual Direct Utilization of Foreign Capital (USD 10 000)	2015比2014年增长(%) Increase Rate in 2015 over 2014 (%)
和平区	Heping District	18.64	-2.1	78327	12.5
河东区	Hedong District	4.49	-3.0	10722	-28.1
河西区	Hexi District	9.83	-16.2	42264	61.4
南开区	Nankai District	7.22	6.4	15763	149.7
河北区	Hebei District	6.99	-5.5	26048	-2.1
红桥区	Hongqiao District	1.13	-1.5	2200	15.8
东丽区	Dongli District	21.89	-18.6	88257	8.3
西青区	Xiqing District	20.97	-13.7	115213	11.8
津南区	Jinnan District	13.35	-2.3	62800	8.9
北辰区	Beichen District	29.39	3.0	113478	11.6
武清区	Wuqing District	27.63	-3.1	77739	5.8
宝坻区	Baodi District	5.11	-0.4	25751	12.5
滨海新区	Binhai New Area	324.25	-1.6	1382349	12.1
宁河区	Ninghe District	3.95	22.2	30650	0.3
静海区	Jinghai District	15.86	11.3	25780	11.0
蓟　县	Jixian County	1.14	9.7	16103	12.4

22-2 和平区基本情况

Basic Statistics on Heping District

指　标	Item	2014	2015
常住人口(万人)	Permanent Population(10 000 persons)	37.81	34.90
户籍户数(万户)	Registered Households(10 000 households)	13.99	14.32
户籍人口(万人)	Registered Population(10 000 persons)	41.08	41.57
男　性	Male	19.76	20.00
女　性	Female	21.32	21.57
年平均人口(万人)	Average Annual Population(10 000 persons)	40.68	41.33
城镇非私营单位从业人员(万人)	Employment Personnel in Urban Non-private Units(10 000 persons)	14.92	14.93
新增就业人员(人)	Newly Increased Employment Personnel(person)	40655	40785
城镇非私营单位从业人员平均工资(元)	Average Remuneration of Employment Personnel in Urban Non-private Units(yuan)	77622	87201
区县生产总值(亿元)	Gross Domestic Product of District and County(100 million yuan)	720.37	775.77
第二产业	Secondary Industry	21.63	24.17
第三产业	Tertiary Industry	698.74	751.60
第三产业比重(%)	The Proportion of Tertiary Industry in GDP(%)	97.00	96.88
区县生产总值增速(%)	Increase Rate of Gross Domestic Product of District and County(%)	9.4	8.0
区级一般公共预算收入(亿元)	General Public Budget Revenue at District Level(100 million yuan)	77.16	97.61
# 税收收入	Revenue from Taxes	57.04	61.14
区级一般公共预算支出(亿元)	General Public Budget Expenditure at District Level(100 million yuan)	74.88	99.53
# 教育经费支出	Operating Expenses for Education	23.08	26.04
社会保障和就业	Social Security and Employment	4.50	8.82
医疗卫生与计划生育	Health Care and Family Planning	4.61	8.15
规模以上工业企业	Industrial Enterprises above Designated Size		
单位数(个)	Number of Units(unit)	7	7
资产总值(亿元)	Total Assets(100 million yuan)	162.18	160.80
主营业务收入(亿元)	Revenue from Principal Business(100 million yuan)	20.13	20.51
利润总额(亿元)	Total Pre-tax Profits(100 million yuan)	-3.43	-3.09
工业总产值(亿元)	Gross Output Value of Industry(100 million yuan)	16.16	17.08

22-2续表 *Continued*

指　标	Item	2014	2015
全社会固定资产投资(亿元)	Total Investment in Fixed Assets(100 million yuan)	148.82	164.05
# 房地产开发	Real Estate Development	88.54	92.02
建筑业总产值(亿元)	Gross Output Value of Construction(100 million yuan)	190.85	195.19
社会消费品零售总额(亿元)	Retail Sales of Consumer Goods(100 million yuan)	408.88	458.58
限额以上批发和零售业商品销售额(亿元)	Total Sales of Wholesale and Retail Trade above Designated Size (100 million yuan)	3495.56	3741.65
外贸进出口总额(亿美元)	Total Value of Imports and Exports in Foreign Trade(USD 100 million)	81.53	57.22
# 出　口	Exports	19.03	18.64
实际直接利用外资(亿美元)	Actual Direct Utilization of Foreign Capital(USD 100 million)	6.97	7.83
实际利用内资(亿元)	Domestic Investment Actually Used(100 million yuan)	120.14	133.64
中资金融机构本外币存款余额(亿元)	RMB and Foreign Currencies Deposits of Chinese Financial Institutions(100 million yuan)	2616.16	2995.56
中资金融机构本外币贷款余额(亿元)	RMB and Foreign Currencies Loans of Chinese Financial Institutions(100 million yuan)	2321.70	2585.51
专利申请授权量(件)	Patent Applications Granted(item)	308	415
小学校数(所)	Number of Primary Schools(unit)	21	21
小学在校学生数(万人)	Students Enrollment of Primary Schools(10 000 persons)	2.61	2.79
普通中学校数(所)	Number of Regular Secondary Schools(unit)	18	18
普通中学在校学生数(万人)	Students Enrollment of Regular Secondary Schools(10 000 persons)	2.19	2.08
幼儿园数(所)	Number of Kindergartens(unit)	21	22
在园儿童数(万人)	Number of Children Enrolled in Kindergartens(10 000 persons)	0.56	0.63
卫生机构数(个)	Health Care Institutions(unit)	124	125
# 医院、卫生院	Hospitals and Health Care Centers	23	23
卫生机构床位数(张)	Beds in Health Care Institutions(unit)	5175	5200
# 医院、卫生院	Hospitals and Health Care Centers	5038	5060
每千人卫生机构床位数(张)	Beds in Health Care Institutions per 1 000 Persons(unit)	13.94	14.30
每千人执业（助理）医师数(人)	Number of Licensed (Assistant) Doctors per 1 000 Persons(person)	7.20	7.50
每千人注册护士数(人)	Number of Registered Nurses per 1 000 Persons(person)	8.43	9.08

22-3 河东区基本情况

Basic Statistics on Hedong District

指　标	Item	2014	2015
常住人口(万人)	Permanent Population(10 000 persons)	98.85	96.69
户籍户数(万户)	Registered Households(10 000 households)	29.23	29.74
户籍人口(万人)	Registered Population(10 000 persons)	74.65	75.08
男　性	Male	37.52	37.71
女　性	Female	37.12	37.37
年平均人口(万人)	Average Annual Population(10 000 persons)	74.31	74.87
城镇非私营单位从业人员(万人)	Employment Personnel in Urban Non-private Units(10 000 persons)	13.33	12.76
新增就业人员(人)	Newly Increased Employment Personnel(person)	40603	40622
城镇非私营单位从业人员平均工资(元)	Average Remuneration of Employment Personnel in Urban Non-private Units(yuan)	64707	72364
区县生产总值(亿元)	Gross Domestic Product of District and County(100 million yuan)	280.10	286.05
第二产业	Secondary Industry	25.11	22.71
第三产业	Tertiary Industry	254.99	263.34
第三产业比重(%)	The Proportion of Tertiary Industry in GDP(%)	91.0	92.1
区县生产总值增速(%)	Increase Rate of Gross Domestic Product of District and County(%)	6.9	8.6
区级一般公共预算收入(亿元)	General Public Budget Revenue at District Level(100 million yuan)	46.88	54.57
# 税收收入	Revenue from Taxes	31.47	28.41
区级一般公共预算支出(亿元)	General Public Budget Expenditure at District Level(100 million yuan)	59.88	70.29
#教育经费支出	Operating Expenses for Education	15.88	16.95
社会保障和就业	Social Security and Employment	6.23	7.11
医疗卫生与计划生育	Health Care and Family Planning	3.70	4.32
规模以上工业企业	Industrial Enterprises above Designated Size		
单位数(个)	Number of Units(unit)	22	20
资产总值(亿元)	Total Assets(100 million yuan)	106.18	110.26
主营业务收入(亿元)	Revenue from Principal Business(100 million yuan)	27.12	27.62
利润总额(亿元)	Total Pre-tax Profits(100 million yuan)	-0.68	-0.36
工业总产值(亿元)	Gross Output Value of Industry(100 million yuan)	24.90	24.90

22-3续表 *Continued*

指　　标	Item	2014	2015
全社会固定资产投资(亿元)	Total Investment in Fixed Assets(100 million yuan)	135.54	150.69
# 房地产开发	Real Estate Development	123.26	127.17
建筑业总产值(亿元)	Gross Output Value of Construction(100 million yuan)	242.04	259.60
社会消费品零售总额(亿元)	Retail Sales of Consumer Goods(100 million yuan)	336.33	372.16
限额以上批发和零售业商品销售额(亿元)	Total Sales of Wholesale and Retail Trade above Designated Size (100 million yuan)	1226.48	1434.03
外贸进出口总额(亿美元)	Total Value of Imports and Exports in Foreign Trade(USD 100 million)	10.65	9.90
# 出　口	Exports	4.64	4.49
实际直接利用外资(亿美元)	Actual Direct Utilization of Foreign Capital(USD 100 million)	1.49	1.07
实际利用内资(亿元)	Domestic Investment Actually Used(100 million yuan)	120.09	132.05
中资金融机构本外币存款余额(亿元)	RMB and Foreign Currencies Deposits of Chinese Financial Institutions(100 million yuan)	971.56	1030.54
中资金融机构本外币贷款余额(亿元)	RMB and Foreign Currencies Loans of Chinese Financial Institutions(100 million yuan)	777.19	737.28
专利申请授权量(件)	Patent Applications Granted(item)	804	1611
小学校数(所)	Number of Primary Schools(unit)	23	23
小学在校学生数(万人)	Students Enrollment of Primary Schools(10 000 persons)	2.27	2.44
普通中学校数(所)	Number of Regular Secondary Schools(unit)	20	19
普通中学在校学生数(万人)	Students Enrollment of Regular Secondary Schools(10 000 persons)	1.88	1.76
幼儿园数(所)	Number of Kindergartens(unit)	34	34
在园儿童数(万人)	Number of Children Enrolled in Kindergartens(10 000 persons)	0.97	1.04
卫生机构数(个)	Health Care Institutions(unit)	214	212
# 医院、卫生院	Hospitals and Health Care Centers	48	48
卫生机构床位数(张)	Beds in Health Care Institutions(unit)	3956	3844
# 医院、卫生院	Hospitals and Health Care Centers	2867	2981
每千人卫生机构床位数(张)	Beds in Health Care Institutions per 1 000 Persons(unit)	4.05	3.93
每千人执业（助理）医师数(人)	Number of Licensed (Assistant) Doctors per 1 000 Persons(person)	2.16	2.24
每千人注册护士数(人)	Number of Registered Nurses per 1 000 Persons(person)	1.83	1.85

22-4 河西区基本情况

Basic Statistics on Hexi District

指　标	Item	2014	2015
常住人口(万人)	Permanent Population(10 000 persons)	101.52	98.30
户籍户数(万户)	Registered Households(10 000 households)	28.98	29.44
户籍人口(万人)	Registered Population(10 000 persons)	81.88	82.14
男　性	Male	40.22	40.35
女　性	Female	41.66	41.79
年平均人口(万人)	Average Annual Population(10 000 persons)	81.41	82.01
城镇非私营单位从业人员(万人)	Employment Personnel in Urban Non-private Units(10 000 persons)	18.99	19.10
新增就业人员(人)	Newly Increased Employment Personnel(person)	40647	40754
城镇非私营单位从业人员平均工资(元)	Average Remuneration of Employment Personnel in Urban Non-private Units(yuan)	87170	95306
区县生产总值(亿元)	Gross Domestic Product of District and County(100 million yuan)	702.82	770.07
第二产业	Secondary Industry	62.67	41.61
第三产业	Tertiary Industry	640.15	728.46
第三产业比重(%)	The Proportion of Tertiary Industry in GDP(%)	91.1	94.6
区县生产总值增速(%)	Increase Rate of Gross Domestic Product of District and County(%)	8.0	8.4
区级一般公共预算收入(亿元)	General Public Budget Revenue at District Level(100 million yuan)	70.04	85.04
# 税收收入	Revenue from Taxes	58.83	67.76
区级一般公共预算支出(亿元)	General Public Budget Expenditure at District Level(100 million yuan)	64.68	79.26
#教育经费支出	Operating Expenses for Education	22.24	21.20
社会保障和就业	Social Security and Employment	5.07	6.95
医疗卫生与计划生育	Health Care and Family Planning	4.18	11.28
规模以上工业企业	Industrial Enterprises above Designated Size		
单位数(个)	Number of Units(unit)	43	42
资产总值(亿元)	Total Assets(100 million yuan)	230.00	545.57
主营业务收入(亿元)	Revenue from Principal Business(100 million yuan)	91.75	170.20
利润总额(亿元)	Total Pre-tax Profits(100 million yuan)	3.18	-2.67
工业总产值(亿元)	Gross Output Value of Industry(100 million yuan)	167.54	161.42

22-4续表 *Continued*

指　　标	Item	2014	2015
全社会固定资产投资(亿元)	Total Investment in Fixed Assets(100 million yuan)	175.12	234.20
# 房地产开发	Real Estate Development	84.59	118.45
建筑业总产值(亿元)	Gross Output Value of Construction(100 million yuan)	153.24	144.43
社会消费品零售总额(亿元)	Retail Sales of Consumer Goods(100 million yuan)	470.11	477.74
限额以上批发和零售业商品销售额(亿元)	Total Sales of Wholesale and Retail Trade above Designated Size (100 million yuan)	2544.72	2224.77
外贸进出口总额(亿美元)	Total Value of Imports and Exports in Foreign Trade(USD 100 million)	19.64	15.37
# 出　口	Exports	11.73	9.83
实际直接利用外资(亿美元)	Actual Direct Utilization of Foreign Capital(USD 100 million)	2.62	4.23
实际利用内资(亿元)	Domestic Investment Actually Used(100 million yuan)	120.27	133.65
中资金融机构本外币存款余额(亿元)	RMB and Foreign Currencies Deposits of Chinese Financial Institutions(100 million yuan)	3914.59	4705.04
中资金融机构本外币贷款余额(亿元)	RMB and Foreign Currencies Loans of Chinese Financial Institutions(100 million yuan)	2760.89	3083.10
专利申请授权量(件)	Patent Applications Granted(item)	825	1568
小学校数(所)	Number of Primary Schools(unit)	32	33
小学在校学生数(万人)	Students Enrollment of Primary Schools(10 000 persons)	3.37	3.59
普通中学校数(所)	Number of Regular Secondary Schools(unit)	18	19
普通中学在校学生数(万人)	Students Enrollment of Regular Secondary Schools(10 000 persons)	2.55	2.47
幼儿园数(所)	Number of Kindergartens(unit)	37	38
在园儿童数(万人)	Number of Children Enrolled in Kindergartens(10 000 persons)	1.31	1.37
卫生机构数(个)	Health Care Institutions(unit)	260	273
# 医院、卫生院	Hospitals and Health Care Centers	45	47
卫生机构床位数(张)	Beds in Health Care Institutions(unit)	9629	9905
# 医院、卫生院	Hospitals and Health Care Centers	9361	9602
每千人卫生机构床位数(张)	Beds in Health Care Institutions per 1 000 Persons(unit)	9.64	9.91
每千人执业（助理）医师数(人)	Number of Licensed (Assistant) Doctors per 1 000 Persons(person)	4.26	4.52
每千人注册护士数(人)	Number of Registered Nurses per 1 000 Persons(person)	5.09	5.67

22-5 南开区基本情况

Basic Statistics on Nankai District

指　　标	Item	2014	2015
常住人口(万人)	Permanent Population(10 000 persons)	116.91	113.57
户籍户数(万户)	Registered Households(10 000 households)	31.36	31.99
户籍人口(万人)	Registered Population(10 000 persons)	86.14	86.23
男　性	Male	42.91	42.88
女　性	Female	43.23	43.35
年平均人口(万人)	Average Annual Population(10 000 persons)	85.75	86.19
城镇非私营单位从业人员(万人)	Employment Personnel in Urban Non-private Units(10 000 persons)	21.95	21.62
新增就业人员(人)	Newly Increased Employment Personnel(person)	40615	40576
城镇非私营单位从业人员平均工资(元)	Average Remuneration of Employment Personnel in Urban Non-private Units(yuan)	63952	72146
区县生产总值(亿元)	Gross Domestic Product of District and County(100 million yuan)	544.22	590.93
第二产业	Secondary Industry	55.92	53.36
第三产业	Tertiary Industry	488.30	537.57
第三产业比重(%)	The Proportion of Tertiary Industry in GDP(%)	89.7	91.0
区县生产总值增速(%)	Increase Rate of Gross Domestic Product of District and County(%)	7.6	7.4
区级一般公共预算收入(亿元)	General Public Budget Revenue at District Level(100 million yuan)	59.41	66.56
# 税收收入	Revenue from Taxes	45.44	42.67
区级一般公共预算支出(亿元)	General Public Budget Expenditure at District Level(100 million yuan)	54.95	74.20
#教育经费支出	Operating Expenses for Education	13.03	16.37
社会保障和就业	Social Security and Employment	6.71	7.85
医疗卫生与计划生育	Health Care and Family Planning	4.70	12.82
规模以上工业企业	Industrial Enterprises above Designated Size		
单位数(个)	Number of Units(unit)	68	68
资产总值(亿元)	Total Assets(100 million yuan)	331.17	346.55
主营业务收入(亿元)	Revenue from Principal Business(100 million yuan)	276.32	272.42
利润总额(亿元)	Total Pre-tax Profits(100 million yuan)	9.90	11.21
工业总产值(亿元)	Gross Output Value of Industry(100 million yuan)	202.34	208.76

22-5续表 *Continued*

指　标	Item	2014	2015
全社会固定资产投资(亿元)	Total Investment in Fixed Assets(100 million yuan)	138.74	160.54
# 房地产开发	Real Estate Development	81.75	159.78
建筑业总产值(亿元)	Gross Output Value of Construction(100 million yuan)	156.98	139.80
社会消费品零售总额(亿元)	Retail Sales of Consumer Goods(100 million yuan)	579.56	572.22
限额以上批发和零售业商品销售额(亿元)	Total Sales of Wholesale and Retail Trade above Designated Size (100 million yuan)	1436.25	1461.44
外贸进出口总额(亿美元)	Total Value of Imports and Exports in Foreign Trade(USD 100 millior	10.59	10.17
# 出　口	Exports	6.79	7.22
实际直接利用外资(亿美元)	Actual Direct Utilization of Foreign Capital(USD 100 million)	0.63	1.58
实际利用内资(亿元)	Domestic Investment Actually Used(100 million yuan)	97.56	131.41
中资金融机构本外币存款余额(亿元)	RMB and Foreign Currencies Deposits of Chinese Financial Institutions(100 million yuan)	2176.07	2192.86
中资金融机构本外币贷款余额(亿元)	RMB and Foreign Currencies Loans of Chinese Financial Institutions(100 million yuan)	1276.14	1368.46
专利申请授权量(件)	Patent Applications Granted(item)	3486	2502
小学校数(所)	Number of Primary Schools(unit)	31	31
小学在校学生数(万人)	Students Enrollment of Primary Schools(10 000 persons)	3.22	3.49
普通中学校数(所)	Number of Regular Secondary Schools(unit)	20	20
普通中学在校学生数(万人)	Students Enrollment of Regular Secondary Schools(10 000 persons)	2.51	2.46
幼儿园数(所)	Number of Kindergartens(unit)	45	55
在园儿童数(万人)	Number of Children Enrolled in Kindergartens(10 000 persons)	1.28	1.42
卫生机构数(个)	Health Care Institutions(unit)	269	289
# 医院、卫生院	Hospitals and Health Care Centers	46	47
卫生机构床位数(张)	Beds in Health Care Institutions(unit)	7772	8826
# 医院、卫生院	Hospitals and Health Care Centers	7163	8314
每千人卫生机构床位数(张)	Beds in Health Care Institutions per 1 000 Persons(unit)	6.73	7.66
每千人执业（助理）医师数(人)	Number of Licensed (Assistant) Doctors per 1 000 Persons(person)	3.56	4.28
每千人注册护士数(人)	Number of Registered Nurses per 1 000 Persons(person)	3.54	4.01

22-6 河北区基本情况

Basic Statistics on Hebei District

指 标	Item	2014	2015
常住人口(万人)	Permanent Population(10 000 persons)	90.84	88.51
户籍户数(万户)	Registered Households(10 000 households)	24.31	24.60
户籍人口(万人)	Registered Population(10 000 persons)	62.65	62.93
男 性	Male	31.49	31.62
女 性	Female	31.16	31.31
年平均人口(万人)	Average Annual Population(10 000 persons)	62.40	62.79
城镇非私营单位从业人员(万人)	Employment Personnel in Urban Non-private Units(10 000 persons)	9.86	9.77
新增就业人员(人)	Newly Increased Employment Personnel(person)	40659	40769
城镇非私营单位从业人员平均工资(元)	Average Remuneration of Employment Personnel in Urban Non-private Units(yuan)	88282	95351
区县生产总值(亿元)	Gross Domestic Product of District and County(100 million yuan)	383.69	412.84
第二产业	Secondary Industry	88.22	82.24
第三产业	Tertiary Industry	295.47	330.60
第三产业比重(%)	The Proportion of Tertiary Industry in GDP(%)	77.0	80.1
区县生产总值增速(%)	Increase Rate of Gross Domestic Product of District and County(%)	9.2	8.2
区级一般公共预算收入(亿元)	General Public Budget Revenue at District Level(100 million yuan)	46.68	57.13
# 税收收入	Revenue from Taxes	27.12	24.04
区级一般公共预算支出(亿元)	General Public Budget Expenditure at District Level(100 million yuan)	57.68	73.10
#教育经费支出	Operating Expenses for Education	17.33	19.31
社会保障和就业	Social Security and Employment	4.52	5.80
医疗卫生与计划生育	Health Care and Family Planning	5.61	10.73
规模以上工业企业	Industrial Enterprises above Designated Size		
单位数(个)	Number of Units(unit)	34	31
资产总值(亿元)	Total Assets(100 million yuan)	690.18	760.06
主营业务收入(亿元)	Revenue from Principal Business(100 million yuan)	433.99	418.31
利润总额(亿元)	Total Pre-tax Profits(100 million yuan)	13.89	10.80
工业总产值(亿元)	Gross Output Value of Industry(100 million yuan)	422.83	415.31

22-6续表 *Continued*

指　标	Item	2014	2015
全社会固定资产投资(亿元)	Total Investment in Fixed Assets(100 million yuan)	138.74	155.33
# 房地产开发	Real Estate Development	81.08	98.36
建筑业总产值(亿元)	Gross Output Value of Construction(100 million yuan)	98.39	102.14
社会消费品零售总额(亿元)	Retail Sales of Consumer Goods(100 million yuan)	219.72	240.65
限额以上批发和零售业商品销售额(亿元)	Total Sales of Wholesale and Retail Trade above Designated Size (100 million yuan)	517.88	567.29
外贸进出口总额(亿美元)	Total Value of Imports and Exports in Foreign Trade(USD 100 million)	13.25	19.22
# 出　口	Exports	7.39	6.99
实际直接利用外资(亿美元)	Actual Direct Utilization of Foreign Capital(USD 100 million)	2.66	2.60
实际利用内资(亿元)	Domestic Investment Actually Used(100 million yuan)	115.11	132.05
中资金融机构本外币存款余额(亿元)	RMB and Foreign Currencies Deposits of Chinese Financial Institutions(100 million yuan)	885.85	935.85
中资金融机构本外币贷款余额(亿元)	RMB and Foreign Currencies Loans of Chinese Financial Institutions(100 million yuan)	599.76	613.72
专利申请授权量(件)	Patent Applications Granted(item)	615	1524
小学校数(所)	Number of Primary Schools(unit)	23	26
小学在校学生数(万人)	Students Enrollment of Primary Schools(10 000 persons)	2.26	2.40
普通中学校数(所)	Number of Regular Secondary Schools(unit)	22	23
普通中学在校学生数(万人)	Students Enrollment of Regular Secondary Schools(10 000 persons)	1.90	1.80
幼儿园数(所)	Number of Kindergartens(unit)	33	35
在园儿童数(万人)	Number of Children Enrolled in Kindergartens(10 000 persons)	0.98	1.00
卫生机构数(个)	Health Care Institutions(unit)	201	197
# 医院、卫生院	Hospitals and Health Care Centers	34	34
卫生机构床位数(张)	Beds in Health Care Institutions(unit)	4386	4201
# 医院、卫生院	Hospitals and Health Care Centers	3954	3937
每千人卫生机构床位数(张)	Beds in Health Care Institutions per 1 000 Persons(unit)	4.91	4.68
每千人执业（助理）医师数(人)	Number of Licensed (Assistant) Doctors per 1 000 Persons(person)	2.69	2.79
每千人注册护士数(人)	Number of Registered Nurses per 1 000 Persons(person)	2.63	2.58

22-7 红桥区基本情况

Basic Statistics on Hongqiao District

指　　标	Item	2014	2015
常住人口(万人)	Permanent Population(10 000 persons)	58.76	56.15
户籍户数(万户)	Registered Households(10 000 households)	20.74	20.86
户籍人口(万人)	Registered Population(10 000 persons)	51.82	51.66
男　性	Male	26.03	25.94
女　性	Female	25.79	25.72
年平均人口(万人)	Average Annual Population(10 000 persons)	51.81	51.74
城镇非私营单位从业人员(万人)	Employment Personnel in Urban Non-private Units(10 000 persons)	3.69	3.59
新增就业人员(人)	Newly Increased Employment Personnel(person)	34526	34466
城镇非私营单位从业人员平均工资(元)	Average Remuneration of Employment Personnel in Urban Non-private Units(yuan)	74000	84046
区县生产总值(亿元)	Gross Domestic Product of District and County(100 million yuan)	174.89	192.35
第二产业	Secondary Industry	14.56	14.60
第三产业	Tertiary Industry	160.33	177.75
第三产业比重(%)	The Proportion of Tertiary Industry in GDP(%)	91.7	92.4
区县生产总值增速(%)	Increase Rate of Gross Domestic Product of District and County(%)	9.8	7.6
区级一般公共预算收入(亿元)	General Public Budget Revenue at District Level(100 million yuan)	23.01	27.63
# 税收收入	Revenue from Taxes	14.95	16.33
区级一般公共预算支出(亿元)	General Public Budget Expenditure at District Level(100 million yuan)	38.04	44.93
#教育经费支出	Operating Expenses for Education	12.21	14.28
社会保障和就业	Social Security and Employment	3.95	4.21
医疗卫生与计划生育	Health Care and Family Planning	3.60	3.91
规模以上工业企业	Industrial Enterprises above Designated Size		
单位数(个)	Number of Units(unit)	13	12
资产总值(亿元)	Total Assets(100 million yuan)	16.35	15.25
主营业务收入(亿元)	Revenue from Principal Business(100 million yuan)	9.00	8.08
利润总额(亿元)	Total Pre-tax Profits(100 million yuan)	-0.08	0.21
工业总产值(亿元)	Gross Output Value of Industry(100 million yuan)	8.87	8.65

22-7续表 *Continued*

指　　标	Item	2014	2015
全社会固定资产投资(亿元)	Total Investment in Fixed Assets(100 million yuan)	135.24	177.14
# 房地产开发	Real Estate Development	96.63	62.88
建筑业总产值(亿元)	Gross Output Value of Construction(100 million yuan)	20.19	22.25
社会消费品零售总额(亿元)	Retail Sales of Consumer Goods(100 million yuan)	164.46	176.82
限额以上批发和零售业商品销售额(亿元)	Total Sales of Wholesale and Retail Trade above Designated Size (100 million yuan)	55.11	58.73
外贸进出口总额(亿美元)	Total Value of Imports and Exports in Foreign Trade(USD 100 million)	1.76	1.78
# 出　口	Exports	1.14	1.13
实际直接利用外资(亿美元)	Actual Direct Utilization of Foreign Capital(USD 100 million)	0.19	0.22
实际利用内资(亿元)	Domestic Investment Actually Used(100 million yuan)	63.44	76.07
中资金融机构本外币存款余额(亿元)	RMB and Foreign Currencies Deposits of Chinese Financial Institutions(100 million yuan)	557.36	494.65
中资金融机构本外币贷款余额(亿元)	RMB and Foreign Currencies Loans of Chinese Financial Institutions(100 million yuan)	617.38	556.82
专利申请授权量(件)	Patent Applications Granted(item)	336	482
小学校数(所)	Number of Primary Schools(unit)	21	20
小学在校学生数(万人)	Students Enrollment of Primary Schools(10 000 persons)	1.52	1.62
普通中学校数(所)	Number of Regular Secondary Schools(unit)	15	15
普通中学在校学生数(万人)	Students Enrollment of Regular Secondary Schools(10 000 persons)	1.15	1.11
幼儿园数(所)	Number of Kindergartens(unit)	19	19
在园儿童数(万人)	Number of Children Enrolled in Kindergartens(10 000 persons)	0.69	0.75
卫生机构数(个)	Health Care Institutions(unit)	119	115
# 医院、卫生院	Hospitals and Health Care Centers	18	18
卫生机构床位数(张)	Beds in Health Care Institutions(unit)	3195	3285
# 医院、卫生院	Hospitals and Health Care Centers	2760	2850
每千人卫生机构床位数(张)	Beds in Health Care Institutions per 1 000 Persons(unit)	5.49	5.72
每千人执业（助理）医师数(人)	Number of Licensed (Assistant) Doctors per 1 000 Persons(person)	3.20	3.28
每千人注册护士数(人)	Number of Registered Nurses per 1 000 Persons(person)	3.16	3.20

22-8 东丽区基本情况

Basic Statistics on Dongli District

指　　标	Item	2014	2015
常住人口(万人)	Permanent Population(10 000 persons)	71.70	75.37
户籍户数(万户)	Registered Households(10 000 households)	13.94	14.37
户籍人口(万人)	Registered Population(10 000 persons)	36.06	36.72
男　性	Male	18.02	18.34
女　性	Female	18.04	18.38
年平均人口(万人)	Average Annual Population(10 000 persons)	35.83	36.39
城镇非私营单位从业人员(万人)	Employment Personnel in Urban Non-private Units(10 000 persons)	27.02	27.12
新增就业人员(人)	Newly Increased Employment Personnel(person)	19339	19382
城镇非私营单位从业人员平均工资(元)	Average Remuneration of Employment Personnel in Urban Non-private Units(yuan)	69993	76966
区县生产总值(亿元)	Gross Domestic Product of District and County(100 million yuan)	851.80	875.00
第一产业	Primary Industry	4.16	4.17
第二产业	Secondary Industry	468.17	462.21
第三产业	Tertiary Industry	379.47	408.62
第三产业比重(%)	The Proportion of Tertiary Industry in GDP(%)	44.5	46.7
区县生产总值增速(%)	Increase Rate of Gross Domestic Product of District and County(%)	11.0	10.0
区级一般公共预算收入(亿元)	General Public Budget Revenue at District Level(100 million yuan)	90.54	101.62
# 税收收入	Revenue from Taxes	47.12	48.52
区级一般公共预算支出(亿元)	General Public Budget Expenditure at District Level(100 million yuan)	93.36	109.96
#教育经费支出	Operating Expenses for Education	15.99	18.54
社会保障和就业	Social Security and Employment	5.85	8.39
医疗卫生与计划生育	Health Care and Family Planning	4.79	5.33
粮食产量(万吨)	Total Yield of Grain(10 000 tons)	1.14	1.26
肉类总产量(万吨)	Output of Meat(10 000 tons)	0.40	0.35
水产品产量(万吨)	Output of Aquatic Products(10 000 tons)	0.65	0.61
蔬菜总产量(万吨)	Total Yield of Vegetables(10 000 tons)	8.84	9.13
农村常住居民人均可支配收入(元)	Per Capita Annual Disposable Income of Rural Permanent Households(yuan)	20747	22552

22-8续表 *Continued*

指　标	Item	2014	2015
规模以上工业企业	Industrial Enterprises above Designated Size		
单位数(个)	Number of Units(unit)	333	316
资产总值(亿元)	Total Assets(100 million yuan)	2035.97	2140.30
主营业务收入(亿元)	Revenue from Principal Business(100 million yuan)	2192.46	1608.93
利润总额(亿元)	Total Pre-tax Profits(100 million yuan)	52.65	46.75
工业总产值(亿元)	Gross Output Value(100 million yuan)	1417.93	1319.28
全社会固定资产投资(亿元)	Total Investment in Fixed Assets(100 million yuan)	786.82	916.26
# 房地产开发	Real Estate Development	154.23	173.54
建筑业总产值(亿元)	Gross Output Value of Construction(100 million yuan)	155.80	195.57
社会消费品零售总额(亿元)	Retail Sales of Consumer Goods(100 million yuan)	191.19	226.74
限额以上批发和零售业商品销售额(亿元)	Total Sales of Wholesale and Retail Trade above Designated Size (100 million yuan)	2091.74	2265.42
外贸进出口总额(亿美元)	Total Value of Imports and Exports in Foreign Trade(USD 100 million)	48.57	35.83
# 出　口	Exports	28.33	21.89
实际直接利用外资(亿美元)	Actual Direct Utilization of Foreign Capital(USD 100 million)	8.15	8.83
实际利用内资(亿元)	Domestic Investment Actually Used(100 million yuan)	263.14	296.27
中资金融机构本外币存款余额(亿元)	RMB and Foreign Currencies Deposits of Chinese Financial Institutions(100 million yuan)	841.24	788.80
中资金融机构本外币贷款余额(亿元)	RMB and Foreign Currencies Loans of Chinese Financial Institutions(100 million yuan)	640.54	504.70
专利申请授权量(件)	Patent Applications Granted(item)	2157	1463
小学校数(所)	Number of Primary Schools(unit)	42	38
小学在校学生数(万人)	Students Enrollment of Primary Schools(10 000 persons)	2.39	2.44
普通中学校数(所)	Number of Regular Secondary Schools(unit)	19	16
普通中学在校学生数(万人)	Students Enrollment of Regular Secondary Schools(10 000 persons)	1.50	1.46
幼儿园数(所)	Number of Kindergartens(unit)	147	141
在园儿童数(万人)	Number of Children Enrolled in Kindergartens(10 000 persons)	1.23	1.24
卫生机构数(个)	Health Care Institutions(unit)	171	192
# 医院、卫生院	Hospitals and Health Care Centers	9	13
卫生机构床位数(张)	Beds in Health Care Institutions(unit)	1299	1646
# 医院、卫生院	Hospitals and Health Care Centers	1204	1551
每千人卫生机构床位数(张)	Beds in Health Care Institutions per 1 000 Persons(unit)	1.85	2.24
每千人执业(助理)医师数(人)	Number of Licensed (Assistant) Doctors per 1 000 Persons(person)	1.07	1.13
每千人注册护士数(人)	Number of Registered Nurses per 1 000 Persons(person)	0.87	0.96

22-9 西青区基本情况

Basic Statistics on Xiqing District

指　标	Item	2014	2015
常住人口(万人)	Permanent Population(10 000 persons)	80.94	84.24
户籍户数(万户)	Registered Households(10 000 households)	13.79	14.26
户籍人口(万人)	Registered Population(10 000 persons)	38.16	38.85
男 性	Male	18.75	19.14
女 性	Female	19.41	19.71
年平均人口(万人)	Average Annual Population(10 000 persons)	37.76	38.51
城镇非私营单位从业人员(万人)	Employment Personnel in Urban Non-private Units(10 000 persons)	32.05	31.43
新增就业人员(人)	Newly Increased Employment Personnel(person)	19310	19367
城镇非私营单位从业人员平均工资(元)	Average Remuneration of Employment Personnel in Urban Non-private Units(yuan)	73104	80521
区县生产总值(亿元)	Gross Domestic Product of District and County(100 million yuan)	964.71	1015.06
第一产业	Primary Industry	12.50	13.13
第二产业	Secondary Industry	551.72	563.93
第三产业	Tertiary Industry	400.49	438.00
第三产业比重(%)	The Proportion of Tertiary Industry in GDP(%)	41.5	43.2
区县生产总值增速(%)	Increase Rate of Gross Domestic Product of District and County(%)	10.5	10.1
区级一般公共预算收入(亿元)	General Public Budget Revenue at District Level(100 million yuan)	94.11	106.42
# 税收收入	Revenue from Taxes	62.57	67.73
区级一般公共预算支出(亿元)	General Public Budget Expenditure at District Level(100 million yuan)	94.09	126.20
#教育经费支出	Operating Expenses for Education	16.02	10.63
社会保障和就业	Social Security and Employment	7.90	5.26
医疗卫生与计划生育	Health Care and Family Planning	9.99	6.15
粮食产量(万吨)	Total Yield of Grain(10 000 tons)	3.00	3.11
肉类总产量(万吨)	Output of Meat(10 000 tons)	1.58	1.45
水产品产量(万吨)	Output of Aquatic Products(10 000 tons)	3.27	2.99
蔬菜总产量(万吨)	Total Yield of Vegetables(10 000 tons)	65.38	65.36
农村常住居民人均可支配收入(元)	Per Capita Annual Disposable Income of Rural Permanent Households(yuan)	21035	22829

22-9续表 *Continued*

指　　标	Item	2014	2015
规模以上工业企业	Industrial Enterprises above Designated Size		
单位数(个)	Number of Units(unit)	612	644
资产总值(亿元)	Total Assets(100 million yuan)	1183.17	1557.51
主营业务收入(亿元)	Revenue from Principal Business(100 million yuan)	2075.92	2325.82
利润总额(亿元)	Total Pre-tax Profits(100 million yuan)	207.89	259.78
工业总产值(亿元)	Gross Output Value(100 million yuan)	2163.97	2353.00
全社会固定资产投资(亿元)	Total Investment in Fixed Assets(100 million yuan)	910.88	1060.48
# 房地产开发	Real Estate Development	96.98	149.68
建筑业总产值(亿元)	Gross Output Value of Construction(100 million yuan)	108.72	113.87
社会消费品零售总额(亿元)	Retail Sales of Consumer Goods(100 million yuan)	192.37	212.90
限额以上批发和零售业商品销售额(亿元)	Total Sales of Wholesale and Retail Trade above Designated Size (100 million yuan)	1185.52	1294.71
外贸进出口总额(亿美元)	Total Value of Imports and Exports in Foreign Trade(USD 100 million)	58.34	51.16
# 出　口	Exports	24.34	20.97
实际直接利用外资(亿美元)	Actual Direct Utilization of Foreign Capital(USD 100 million)	10.30	11.52
实际利用内资(亿元)	Domestic Investment Actually Used(100 million yuan)	266.76	297.66
中资金融机构本外币存款余额(亿元)	RMB and Foreign Currencies Deposits of Chinese Financial Institutions(100 million yuan)	811.88	855.64
中资金融机构本外币贷款余额(亿元)	RMB and Foreign Currencies Loans of Chinese Financial Institutions(100 million yuan)	569.72	614.15
专利申请授权量(件)	Patent Applications Granted(item)	2990	3502
小学校数(所)	Number of Primary Schools(unit)	32	32
小学在校学生数(万人)	Students Enrollment of Primary Schools(10 000 persons)	2.69	2.78
普通中学校数(所)	Number of Regular Secondary Schools(unit)	15	15
普通中学在校学生数(万人)	Students Enrollment of Regular Secondary Schools(10 000 persons)	1.79	1.80
幼儿园数(所)	Number of Kindergartens(unit)	89	93
在园儿童数(万人)	Number of Children Enrolled in Kindergartens(10 000 persons)	1.23	1.37
卫生机构数(个)	Health Care Institutions(unit)	204	220
# 医院、卫生院	Hospitals and Health Care Centers	20	27
卫生机构床位数(张)	Beds in Health Care Institutions(unit)	2420	2542
# 医院、卫生院	Hospitals and Health Care Centers	2225	2347
每千人卫生机构床位数(张)	Beds in Health Care Institutions per 1 000 Persons(unit)	3.04	3.08
每千人执业(助理)医师数(人)	Number of Licensed (Assistant) Doctors per 1 000 Persons(person)	0.93	0.99
每千人注册护士数(人)	Number of Registered Nurses per 1 000 Persons(person)	0.75	0.81

22-10 津南区基本情况

Basic Statistics on Jinnan District

指　标	Item	2014	2015
常住人口(万人)	Permanent Population(10 000 persons)	70.89	88.74
户籍户数(万户)	Registered Households(10 000 households)	15.20	15.62
户籍人口(万人)	Registered Population(10 000 persons)	42.91	43.62
男　性	Male	21.38	21.75
女　性	Female	21.53	21.87
年平均人口(万人)	Average Annual Population(10 000 persons)	42.63	43.27
城镇非私营单位从业人员(万人)	Employment Personnel in Urban Non-private Units(10 000 persons)	11.48	11.53
新增就业人员(人)	Newly Increased Employment Personnel(person)	19334	19371
城镇非私营单位从业人员平均工资(元)	Average Remuneration of Employment Personnel in Urban Non-private Units(yuan)	58628	61495
区县生产总值(亿元)	Gross Domestic Product of District and County(100 million yuan)	710.01	742.54
第一产业	Primary Industry	5.79	5.81
第二产业	Secondary Industry	357.23	363.54
第三产业	Tertiary Industry	346.98	373.19
第三产业比重(%)	The Proportion of Tertiary Industry in GDP(%)	48.9	50.3
区县生产总值增速(%)	Increase Rate of Gross Domestic Product of District and County(%)	14.5	12.0
区级一般公共预算收入(亿元)	General Public Budget Revenue at District Level(100 million yuan)	75.38	85.95
# 税收收入	Revenue from Taxes	45.90	47.50
区级一般公共预算支出(亿元)	General Public Budget Expenditure at District Level(100 million yuan)	72.99	81.78
# 教育经费支出	Operating Expenses for Education	9.58	9.97
社会保障和就业	Social Security and Employment	2.49	4.16
医疗卫生与计划生育	Health Care and Family Planning	4.36	5.42
粮食产量(万吨)	Total Yield of Grain(10 000 tons)	1.35	2.51
肉类总产量(万吨)	Output of Meat(10 000 tons)	1.67	1.53
水产品产量(万吨)	Output of Aquatic Products(10 000 tons)	2.01	2.01
蔬菜总产量(万吨)	Total Yield of Vegetables(10 000 tons)	4.34	4.16
农村常住居民人均可支配收入(元)	Per Capita Annual Disposable Income of Rural Permanent Households(yuan)	19588	21312

22-10续表 *Continued*

指　　标	Item	2014	2015
规模以上工业企业	Industrial Enterprises above Designated Size		
单位数(个)	Number of Units(unit)	537	547
资产总值(亿元)	Total Assets(100 million yuan)	969.13	1167.98
主营业务收入(亿元)	Revenue from Principal Business(100 million yuan)	1124.41	1403.89
利润总额(亿元)	Total Pre-tax Profits(100 million yuan)	66.72	105.89
工业总产值(亿元)	Gross Output Value(100 million yuan)	1328.30	1531.56
全社会固定资产投资(亿元)	Total Investment in Fixed Assets(100 million yuan)	775.68	811.89
# 房地产开发	Real Estate Development	184.52	198.46
建筑业总产值(亿元)	Gross Output Value of Construction(100 million yuan)	699.44	743.46
社会消费品零售总额(亿元)	Retail Sales of Consumer Goods(100 million yuan)	232.30	281.09
限额以上批发和零售业商品销售额(亿元)	Total Sales of Wholesale and Retail Trade above Designated Size (100 million yuan)	1518.94	1868.81
外贸进出口总额(亿美元)	Total Value of Imports and Exports in Foreign Trade(USD 100 million)	30.30	26.49
# 出　口	Exports	13.68	13.35
实际直接利用外资(亿美元)	Actual Direct Utilization of Foreign Capital(USD 100 million)	5.77	6.28
实际利用内资(亿元)	Domestic Investment Actually Used(100 million yuan)	264.07	297.63
中资金融机构本外币存款余额(亿元)	RMB and Foreign Currencies Deposits of Chinese Financial Institutions(100 million yuan)	623.92	662.47
中资金融机构本外币贷款余额(亿元)	RMB and Foreign Currencies Loans of Chinese Financial Institutions(100 million yuan)	380.51	439.46
专利申请授权量(件)	Patent Applications Granted(item)	2177	2468
小学校数(所)	Number of Primary Schools(unit)	33	33
小学在校学生数(万人)	Students Enrollment of Primary Schools(10 000 persons)	3.02	3.25
普通中学校数(所)	Number of Regular Secondary Schools(unit)	16	17
普通中学在校学生数(万人)	Students Enrollment of Regular Secondary Schools(10 000 persons)	1.82	1.82
幼儿园数(所)	Number of Kindergartens(unit)	178	203
在园儿童数(万人)	Number of Children Enrolled in Kindergartens(10 000 persons)	1.40	1.64
卫生机构数(个)	Health Care Institutions(unit)	228	254
# 医院、卫生院	Hospitals and Health Care Centers	31	33
卫生机构床位数(张)	Beds in Health Care Institutions(unit)	2994	3230
# 医院、卫生院	Hospitals and Health Care Centers	2994	3230
每千人卫生机构床位数(张)	Beds in Health Care Institutions per 1 000 Persons(unit)	4.30	4.05
每千人执业(助理)医师数(人)	Number of Licensed (Assistant) Doctors per 1 000 Persons(person)	2.34	2.29
每千人注册护士数(人)	Number of Registered Nurses per 1 000 Persons(person)	2.34	2.23

22-11 北辰区基本情况

Basic Statistics on Beichen District

指 标	Item	2014	2015
常住人口(万人)	Permanent Population(10 000 persons)	80.85	85.21
户籍户数(万户)	Registered Households(10 000 households)	14.99	15.55
户籍人口(万人)	Registered Population(10 000 persons)	38.69	39.37
男 性	Male	19.23	19.57
女 性	Female	19.45	19.80
年平均人口(万人)	Average Annual Population(10 000 persons)	38.31	39.03
城镇非私营单位从业人员(万人)	Employment Personnel in Urban Non-private Units(10 000 persons)	16.11	15.21
新增就业人员(人)	Newly Increased Employment Personnel(person)	18224	18287
城镇非私营单位从业人员平均工资(元)	Average Remuneration of Employment Personnel in Urban Non-private Units(yuan)	63624	70507
区县生产总值(亿元)	Gross Domestic Product of District and County(100 million yuan)	885.68	955.70
第一产业	Primary Industry	10.68	11.25
第二产业	Secondary Industry	552.64	571.75
第三产业	Tertiary Industry	322.36	372.70
第三产业比重(%)	The Proportion of Tertiary Industry in GDP(%)	36.4	39.0
区县生产总值增速(%)	Increase Rate of Gross Domestic Product of District and County(%)	13.3	10.6
区级一般公共预算收入(亿元)	General Public Budget Revenue at District Level(100 million yuan)	69.12	81.61
# 税收收入	Revenue from Taxes	42.61	43.09
区级一般公共预算支出(亿元)	General Public Budget Expenditure at District Level(100 million yuan)	60.73	94.98
#教育经费支出	Operating Expenses for Education	11.26	13.44
社会保障和就业	Social Security and Employment	9.73	19.44
医疗卫生与计划生育	Health Care and Family Planning	6.60	5.80
粮食产量(万吨)	Total Yield of Grain(10 000 tons)	3.96	5.69
肉类总产量(万吨)	Output of Meat(10 000 tons)	2.37	2.17
水产品产量(万吨)	Output of Aquatic Products(10 000 tons)	0.94	0.91
蔬菜总产量(万吨)	Total Yield of Vegetables(10 000 tons)	25.43	25.76
农村常住居民人均可支配收入(元)	Per Capita Annual Disposable Income of Rural Permanent Households(yuan)	19868	21606

22-11续表 *Continued*

指　标	Item	2014	2015
规模以上工业企业	Industrial Enterprises above Designated Size		
单位数(个)	Number of Units(unit)	611	594
资产总值(亿元)	Total Assets(100 million yuan)	1723.42	1753.97
主营业务收入(亿元)	Revenue from Principal Business(100 million yuan)	2378.45	2509.75
利润总额(亿元)	Total Pre-tax Profits(100 million yuan)	238.72	246.10
工业总产值(亿元)	Gross Output Value(100 million yuan)	2119.77	2390.67
全社会固定资产投资(亿元)	Total Investment in Fixed Assets(100 million yuan)	822.74	1001.65
# 房地产开发	Real Estate Development	128.66	98.26
建筑业总产值(亿元)	Gross Output Value of Construction(100 million yuan)	25.58	20.35
社会消费品零售总额(亿元)	Retail Sales of Consumer Goods(100 million yuan)	184.77	200.48
限额以上批发和零售业商品销售额(亿元)	Total Sales of Wholesale and Retail Trade above Designated Size (100 million yuan)	2143.78	2229.88
外贸进出口总额(亿美元)	Total Value of Imports and Exports in Foreign Trade(USD 100 million)	42.09	43.40
# 出　口	Exports	28.52	29.39
实际直接利用外资(亿美元)	Actual Direct Utilization of Foreign Capital(USD 100 million)	10.17	11.35
实际利用内资(亿元)	Domestic Investment Actually Used(100 million yuan)	263.40	296.59
中资金融机构本外币存款余额(亿元)	RMB and Foreign Currencies Deposits of Chinese Financial Institutions(100 million yuan)	699.77	731.28
中资金融机构本外币贷款余额(亿元)	RMB and Foreign Currencies Loans of Chinese Financial Institutions(100 million yuan)	469.18	540.01
专利申请授权量(件)	Patent Applications Granted(item)	2626	2923
小学校数(所)	Number of Primary Schools(unit)	39	39
小学在校学生数(万人)	Students Enrollment of Primary Schools(10 000 persons)	3.04	3.14
普通中学校数(所)	Number of Regular Secondary Schools(unit)	20	19
普通中学在校学生数(万人)	Students Enrollment of Regular Secondary Schools(10 000 persons)	1.59	1.61
幼儿园数(所)	Number of Kindergartens(unit)	117	120
在园儿童数(万人)	Number of Children Enrolled in Kindergartens(10 000 persons)	1.83	1.89
卫生机构数(个)	Health Care Institutions(unit)	174	174
# 医院、卫生院	Hospitals and Health Care Centers	7	8
卫生机构床位数(张)	Beds in Health Care Institutions(unit)	1647	1605
# 医院、卫生院	Hospitals and Health Care Centers	1437	1445
每千人卫生机构床位数(张)	Beds in Health Care Institutions per 1 000 Persons(unit)	2.07	1.93
每千人执业(助理)医师数(人)	Number of Licensed (Assistant) Doctors per 1 000 Persons(person)	1.55	1.55
每千人注册护士数(人)	Number of Registered Nurses per 1 000 Persons(person)	1.09	1.12

22-12 武清区基本情况

Basic Statistics on Wuqing District

指 标	Item	2014	2015
常住人口(万人)	Permanent Population(10 000 persons)	113.43	118.11
户籍户数(万户)	Registered Households(10 000 households)	28.20	28.65
户籍人口(万人)	Registered Population(10 000 persons)	88.70	90.08
男 性	Male	44.12	44.79
女 性	Female	44.59	45.29
年平均人口(万人)	Average Annual Population(10 000 persons)	87.90	89.39
城镇非私营单位从业人员(万人)	Employment Personnel in Urban Non-private Units(10 000 persons)	26.03	25.69
新增就业人员(人)	Newly Increased Employment Personnel(person)	20879	20917
城镇非私营单位从业人员平均工资(元)	Average Remuneration of Employment Personnel in Urban Non-private Units(yuan)	54977	60794
区县生产总值(亿元)	Gross Domestic Product of District and County(100 million yuan)	950.73	1026.75
第一产业	Primary Industry	37.68	39.88
第二产业	Secondary Industry	533.98	562.83
第三产业	Tertiary Industry	379.06	424.04
第三产业比重(%)	The Proportion of Tertiary Industry in GDP(%)	39.9	41.3
区县生产总值增速(%)	Increase Rate of Gross Domestic Product of District and County(%)	14.8	11.3
区级一般公共预算收入(亿元)	General Public Budget Revenue at District Level(100 million yuan)	100.11	115.11
# 税收收入	Revenue from Taxes	77.56	82.62
区级一般公共预算支出(亿元)	General Public Budget Expenditure at District Level(100 million yuan)	123.48	139.33
#教育经费支出	Operating Expenses for Education	34.13	24.35
社会保障和就业	Social Security and Employment	5.24	7.61
医疗卫生与计划生育	Health Care and Family Planning	8.03	8.71
粮食产量(万吨)	Total Yield of Grain(10 000 tons)	48.24	49.22
肉类总产量(万吨)	Output of Meat(10 000 tons)	5.12	4.72
水产品产量(万吨)	Output of Aquatic Products(10 000 tons)	7.23	7.32
蔬菜总产量(万吨)	Total Yield of Vegetables(10 000 tons)	138.71	130.56
农村常住居民人均可支配收入(元)	Per Capita Annual Disposable Income of Rural Permanent Households(yuan)	17140	18699

22-12续表 *Continued*

指　标	Item	2014	2015
规模以上工业企业	Industrial Enterprises above Designated Size		
单位数(个)	Number of Units(unit)	543	570
资产总值(亿元)	Total Assets(100 million yuan)	1173.21	1206.47
主营业务收入(亿元)	Revenue from Principal Business(100 million yuan)	1808.54	2104.35
利润总额(亿元)	Total Pre-tax Profits(100 million yuan)	260.06	284.94
工业总产值(亿元)	Gross Output Value(100 million yuan)	1845.74	2126.60
全社会固定资产投资(亿元)	Total Investment in Fixed Assets(100 million yuan)	1002.94	1157.14
# 房地产开发	Real Estate Development	155.41	152.75
建筑业总产值(亿元)	Gross Output Value of Construction(100 million yuan)	168.82	192.48
社会消费品零售总额(亿元)	Retail Sales of Consumer Goods(100 million yuan)	267.41	384.87
限额以上批发和零售业商品销售额(亿元)	Total Sales of Wholesale and Retail Trade above Designated Size (100 million yuan)	1358.41	1521.85
外贸进出口总额(亿美元)	Total Value of Imports and Exports in Foreign Trade(USD 100 million)	41.35	40.30
# 出　口	Exports	28.52	27.63
实际直接利用外资(亿美元)	Actual Direct Utilization of Foreign Capital(USD 100 million)	7.35	7.77
实际利用内资(亿元)	Domestic Investment Actually Used(100 million yuan)	265.40	298.32
中资金融机构本外币存款余额(亿元)	RMB and Foreign Currencies Deposits of Chinese Financial Institutions(100 million yuan)	758.27	842.05
中资金融机构本外币贷款余额(亿元)	RMB and Foreign Currencies Loans of Chinese Financial Institutions(100 million yuan)	345.17	432.62
专利申请授权量(件)	Patent Applications Granted(item)	2827	4862
小学校数(所)	Number of Primary Schools(unit)	109	109
小学在校学生数(万人)	Students Enrollment of Primary Schools(10 000 persons)	6.04	6.04
普通中学校数(所)	Number of Regular Secondary Schools(unit)	54	54
普通中学在校学生数(万人)	Students Enrollment of Regular Secondary Schools(10 000 persons)	5.32	5.33
幼儿园数(所)	Number of Kindergartens(unit)	272	284
在园儿童数(万人)	Number of Children Enrolled in Kindergartens(10 000 persons)	2.33	2.54
卫生机构数(个)	Health Care Institutions(unit)	667	678
# 医院、卫生院	Hospitals and Health Care Centers	43	47
卫生机构床位数(张)	Beds in Health Care Institutions(unit)	3737	3720
# 医院、卫生院	Hospitals and Health Care Centers	3618	3681
每千人卫生机构床位数(张)	Beds in Health Care Institutions per 1 000 Persons(unit)	3.34	3.21
每千人执业(助理)医师数(人)	Number of Licensed (Assistant) Doctors per 1 000 Persons(person)	1.99	2.01
每千人注册护士数(人)	Number of Registered Nurses per 1 000 Persons(person)	1.48	1.55

22-13 宝坻区基本情况

Basic Statistics on Baodi District

指　标	Item	2014	2015
常住人口(万人)	Permanent Population(10 000 persons)	90.04	91.39
户籍户数(万户)	Registered Households(10 000 households)	22.25	22.47
户籍人口(万人)	Registered Population(10 000 persons)	69.43	70.11
男　性	Male	34.94	35.25
女　性	Female	34.50	34.86
年平均人口(万人)	Average Annual Population(10 000 persons)	69.00	69.77
城镇非私营单位从业人员(万人)	Employment Personnel in Urban Non-private Units(10 000 persons)	7.89	7.38
新增就业人员(人)	Newly Increased Employment Personnel(person)	15753	15801
城镇非私营单位从业人员平均工资(元)	Average Remuneration of Employment Personnel in Urban Non-private Units(yuan)	61147	69598
区县生产总值(亿元)	Gross Domestic Product of District and County(100 million yuan)	564.73	605.04
第一产业	Primary Industry	35.61	37.51
第二产业	Secondary Industry	251.71	268.36
第三产业	Tertiary Industry	277.41	299.18
第三产业比重(%)	The Proportion of Tertiary Industry in GDP(%)	49.1	49.4
区县生产总值增速(%)	Increase Rate of Gross Domestic Product of District and County(%)	13.1	10.8
区级一般公共预算收入(亿元)	General Public Budget Revenue at District Level(100 million yuan)	50.08	58.01
# 税收收入	Revenue from Taxes	34.12	37.18
区级一般公共预算支出(亿元)	General Public Budget Expenditure at District Level(100 million yuan)	73.72	88.17
#教育经费支出	Operating Expenses for Education	26.56	17.52
社会保障和就业	Social Security and Employment	5.07	5.80
医疗卫生与计划生育	Health Care and Family Planning	5.13	5.30
粮食产量(万吨)	Total Yield of Grain(10 000 tons)	44.67	44.56
肉类总产量(万吨)	Output of Meat(10 000 tons)	7.63	7.66
水产品产量(万吨)	Output of Aquatic Products(10 000 tons)	4.29	4.37
蔬菜总产量(万吨)	Total Yield of Vegetables(10 000 tons)	56.65	49.13
农村常住居民人均可支配收入(元)	Per Capita Annual Disposable Income of Rural Permanent Households(yuan)	16171	17565

22-13续表 *Continued*

指　标	Item	2014	2015
规模以上工业企业	Industrial Enterprises above Designated Size		
单位数(个)	Number of Units(unit)	422	433
资产总值(亿元)	Total Assets(100 million yuan)	367.90	489.15
主营业务收入(亿元)	Revenue from Principal Business(100 million yuan)	773.55	895.26
利润总额(亿元)	Total Pre-tax Profits(100 million yuan)	52.80	79.69
工业总产值(亿元)	Gross Output Value(100 million yuan)	778.23	913.09
全社会固定资产投资(亿元)	Total Investment in Fixed Assets(100 million yuan)	639.25	738.42
# 房地产开发	Real Estate Development	38.17	21.69
建筑业总产值(亿元)	Gross Output Value of Construction(100 million yuan)	98.47	129.75
社会消费品零售总额(亿元)	Retail Sales of Consumer Goods(100 million yuan)	168.38	189.61
限额以上批发和零售业商品销售额(亿元)	Total Sales of Wholesale and Retail Trade above Designated Size (100 million yuan)	258.18	327.11
外贸进出口总额(亿美元)	Total Value of Imports and Exports in Foreign Trade(USD 100 million)	6.37	6.45
# 出　口	Exports	5.13	5.11
实际直接利用外资(亿美元)	Actual Direct Utilization of Foreign Capital(USD 100 million)	2.29	2.58
实际利用内资(亿元)	Domestic Investment Actually Used(100 million yuan)	264.10	296.93
中资金融机构本外币存款余额(亿元)	RMB and Foreign Currencies Deposits of Chinese Financial Institutions(100 million yuan)	384.96	431.16
中资金融机构本外币贷款余额(亿元)	RMB and Foreign Currencies Loans of Chinese Financial Institutions(100 million yuan)	148.45	212.36
专利申请授权量(件)	Patent Applications Granted(item)	1013	1812
小学校数(所)	Number of Primary Schools(unit)	80	80
小学在校学生数(万人)	Students Enrollment of Primary Schools(10 000 persons)	3.56	3.69
普通中学校数(所)	Number of Regular Secondary Schools(unit)	43	44
普通中学在校学生数(万人)	Students Enrollment of Regular Secondary Schools(10 000 persons)	3.37	3.26
幼儿园数(所)	Number of Kindergartens(unit)	103	102
在园儿童数(万人)	Number of Children Enrolled in Kindergartens(10 000 persons)	1.02	1.03
卫生机构数(个)	Health Care Institutions(unit)	438	445
# 医院、卫生院	Hospitals and Health Care Centers	38	41
卫生机构床位数(张)	Beds in Health Care Institutions(unit)	2223	2668
# 医院、卫生院	Hospitals and Health Care Centers	2073	2508
每千人卫生机构床位数(张)	Beds in Health Care Institutions per 1 000 Persons(unit)	2.50	2.94
每千人执业(助理)医师数(人)	Number of Licensed (Assistant) Doctors per 1 000 Persons(person)	1.23	1.35
每千人注册护士数(人)	Number of Registered Nurses per 1 000 Persons(person)	0.98	1.08

22-14 滨海新区基本情况

Basic Statistics on Binhai New Area

指 标	Item	2014	2015
常住人口(万人)	Permanent Population(10 000 persons)	289.43	297.01
户籍人口(万人)	Registered Population(10 000 persons)	120.61	123.92
男 性	Male	62.08	63.86
女 性	Female	58.52	60.06
城镇非私营单位从业人员(万人)	Employment Personnel in Urban Non-private Units(10 000 persons)	72.69	74.91
新增就业人员(万人)	Newly Increased Employment Personnel(10 000 person)	10.86	10.90
城镇非私营单位从业人员平均工资(元)	Average Remuneration of Employment Personnel in Urban Non-private Units(yuan)	85251	92125
* 区县生产总值(亿元)	Gross Domestic Product of District and County (100 million yuan)	8760.15	9270.31
* 第一产业	Primary Industry	10.95	11.39
* 第二产业	Secondary Industry	5828.43	5795.34
* 第三产业	Tertiary Industry	2920.77	3463.58
* 第三产业比重(%)	The Proportion of Tertiary Industry in GDP(%)	33.3	37.4
* 区县生产总值增速(%)	Increase Rate of Gross Domestic Product of District and County(%)	15.5	12.8
区级一般公共预算收入(亿元)	General Public Budget Revenue at District Level(100 million yuan)	611.93	648.09
# 增值税收入	Value-added Tax	64.02	68.71
区级一般公共预算支出(亿元)	General Public Budget Expenditure at District Level(100 million yuan)	747.03	761.10
# 教育经费支出	Operating Expenses for Education	83.41	87.10
社会保障和就业	Social Security and Employment	13.70	16.63
医疗卫生与计划生育	Health Care and Family Planning	25.02	28.85
粮食产量(万吨)	Total Yield of Grain(10 000 tons)	4.84	6.95
肉类总产量(万吨)	Output of Meat(10 000 tons)	2.56	2.68
水产品产量(万吨)	Output of Aquatic Products(10 000 tons)	8.16	7.74
蔬菜总产量(万吨)	Total Yield of Vegetables(10 000 tons)	10.85	9.94

注："*"为注册口径数据，其他为在地口径数据。
Note:The data with "*" of this table adopt coverage of register units, and other data are coverage of location.

22-14续表 *Continued*

指 标	Item	2014	2015
规模以上工业企业	Industrial Enterprises above Designated Size		
* 单位数(个)	Number of Units(unit)	1474	1489
* 资产总值(亿元)	Total Assets(100 million yuan)	14461.14	14709.14
* 主营业务收入(亿元)	Revenue from Principal Business(100 million yuan)	16625.51	15036.74
* 利润总额(亿元)	Total Pre-tax Profits(100 million yuan)	1265.76	1098.69
* 工业总产值(亿元)	Gross Output Value(100 million yuan)	16660.57	15354.44
* 全社会固定资产投资(亿元)	Total Investment in Fixed Assets(100 million yuan)	5780.15	6363.95
* 社会消费品零售总额(亿元)	Retail Sales of Consumer Goods(100 million yuan)	1146.36	1199.74
* 限额以上批发和零售业商品销售额(亿元)	Total Sales of Wholesale and Retail Trade above Designated Size (100 million yuan)	16894.26	16984.48
外贸进出口总额(亿美元)	Total Value of Imports and Exports in Foreign Trade(USD 100 million)	938.31	792.23
# 出 口	Exports	328.20	324.25
实际直接利用外资(亿美元)	Actual Direct Utilization of Foreign Capital(USD 100 million)	123.27	138.23
实际利用内资(亿元)	Domestic Investment Actually Used(100 million yuan)	892.45	1000.75
中资金融机构本外币存款余额(亿元)	RMB and Foreign Currencies Deposits of Chinese Financial Institutions(100 million yuan)	4337.19	5227.41
中资金融机构本外币贷款余额(亿元)	RMB and Foreign Currencies Loans of Chinese Financial Institutions(100 million yuan)	6867.35	8411.72
专利申请授权量(件)	Patent Applications Granted(item)	8440	10781
小学校数(所)	Number of Primary Schools(unit)	87	92
小学在校学生数(万人)	Students Enrollment of Primary Schools(person)	8.07	8.64
普通中学校数(所)	Number of Regular Secondary Schools(unit)	86	88
普通中学在校学生数(万人)	Students Enrollment of Regular Secondary Schools(person)	6.33	6.25
幼儿园数(所)	Number of Kindergartens(unit)	133	118
在园儿童数(万人)	Number of Children Enrolled in Kindergartens(10 000 persons)	2.78	2.93
卫生机构数(个)	Health Care Institutions(unit)	622	633
# 医院、卫生院	Hospitals and Health Care Centers	71	71
卫生机构床位数(张)	Beds in Health Care Institutions(unit)	7626	8005
# 医院、卫生院	Hospitals and Health Care Centers	7206	7508
每千人卫生机构床位数(张)	Beds in Health Care Institutions per 1 000 Persons(unit)	6.38	6.55
每千人执业（助理）医师(人)	Number of Certified Doctors per 1 000 Persons(person)	4.06	4.39
每千人注册护士(人)	Number of Registered Nurses per 1 000 Persons(person)	4.15	4.26

22-15 宁河区基本情况

Basic Statistics on Ninghe District

指标	Item	2014	2015
常住人口(万人)	Permanent Population(10 000 persons)	47.46	49.16
户籍户数(万户)	Registered Households(10 000 households)	13.94	14.20
户籍人口(万人)	Registered Population(10 000 persons)	39.51	39.73
男 性	Male	20.01	20.09
女 性	Female	19.51	19.64
年平均人口(万人)	Average Annual Population(10 000 persons)	39.35	39.62
城镇非私营单位从业人员(万人)	Employment Personnel in Urban Non-private Units(10 000 persons)	6.34	6.61
新增就业人员(人)	Newly Increased Employment Personnel(person)	8637	8622
城镇非私营单位从业人员平均工资(元)	Average Remuneration of Employment Personnel in Urban Non-private Units(yuan)	62574	71462
区县生产总值(亿元)	Gross Domestic Product of District and County(100 million yuan)	501.72	522.52
第一产业	Primary Industry	30.76	32.00
第二产业	Secondary Industry	247.80	249.06
第三产业	Tertiary Industry	223.15	241.46
第三产业比重(%)	The Proportion of Tertiary Industry in GDP(%)	44.5	46.2
区县生产总值增速(%)	Increase Rate of Gross Domestic Product of District and County(%)	13.2	11.5
区级一般公共预算收入(亿元)	General Public Budget Revenue at District Level(100 million yuan)	33.76	40.56
# 税收收入	Revenue from Taxes	10.47	11.02
区级一般公共预算支出(亿元)	General Public Budget Expenditure at District Level(100 million yuan)	49.29	62.50
#教育经费支出	Operating Expenses for Education	11.53	8.91
社会保障和就业	Social Security and Employment	2.36	3.55
医疗卫生与计划生育	Health Care and Family Planning	4.12	4.28
粮食产量(万吨)	Total Yield of Grain(10 000 tons)	9.61	11.32
肉类总产量(万吨)	Output of Meat(10 000 tons)	11.06	11.01
水产品产量(万吨)	Output of Aquatic Products(10 000 tons)	2.51	6.86
蔬菜总产量(万吨)	Total Yield of Vegetables(10 000 tons)	55.58	51.42
农村常住居民人均可支配收入(元)	Per Capita Annual Disposable Income of Rural Permanent Households(yuan)	16534	17986

22-15续表 *Continued*

指　　标	Item	2014	2015
规模以上工业企业	Industrial Enterprises above Designated Size		
单位数(个)	Number of Units(unit)	264	240
资产总值(亿元)	Total Assets(100 million yuan)	490.79	563.74
主营业务收入(亿元)	Revenue from Principal Business(100 million yuan)	714.70	793.19
利润总额(亿元)	Total Pre-tax Profits(100 million yuan)	63.33	68.76
工业总产值(亿元)	Gross Output Value(100 million yuan)	700.18	767.25
全社会固定资产投资(亿元)	Total Investment in Fixed Assets(100 million yuan)	596.45	697.09
# 房地产开发	Real Estate Development	13.43	10.69
建筑业总产值(亿元)	Gross Output Value of Construction(100 million yuan)	29.40	18.51
社会消费品零售总额(亿元)	Retail Sales of Consumer Goods(100 million yuan)	96.61	111.26
限额以上批发和零售业商品销售额(亿元)	Total Sales of Wholesale and Retail Trade above Designated Size (100 million yuan)	230.07	284.54
外贸进出口总额(亿美元)	Total Value of Imports and Exports in Foreign Trade(USD 100 million)	5.95	7.03
# 出　口	Exports	3.23	3.95
实际直接利用外资(亿美元)	Actual Direct Utilization of Foreign Capital(USD 100 million)	3.06	3.07
实际利用内资(亿元)	Domestic Investment Actually Used(100 million yuan)	143.95	161.01
中资金融机构本外币存款余额(亿元)	RMB and Foreign Currencies Deposits of Chinese Financial Institutions(100 million yuan)	237.01	258.12
中资金融机构本外币贷款余额(亿元)	RMB and Foreign Currencies Loans of Chinese Financial Institutions(100 million yuan)	97.16	135.56
专利申请授权量(件)	Patent Applications Granted(item)	203	259
小学校数(所)	Number of Primary Schools(unit)	54	55
小学在校学生数(万人)	Students Enrollment of Primary Schools(10 000 persons)	2.67	2.77
普通中学校数(所)	Number of Regular Secondary Schools(unit)	29	29
普通中学在校学生数(万人)	Students Enrollment of Regular Secondary Schools(10 000 persons)	1.79	1.72
幼儿园数(所)	Number of Kindergartens(unit)	97	109
在园儿童数(万人)	Number of Children Enrolled in Kindergartens(10 000 persons)	0.97	1.06
卫生机构数(个)	Health Care Institutions(unit)	209	304
# 医院、卫生院	Hospitals and Health Care Centers	22	22
卫生机构床位数(张)	Beds in Health Care Institutions(unit)	1301	1230
# 医院、卫生院	Hospitals and Health Care Centers	1301	1210
每千人卫生机构床位数(张)	Beds in Health Care Institutions per 1 000 Persons(unit)	2.79	2.55
每千人执业(助理)医师数(人)	Number of Licensed (Assistant) Doctors per 1 000 Persons(person)	1.45	1.34
每千人注册护士数(人)	Number of Registered Nurses per 1 000 Persons(person)	1.09	1.02

22-16 静海区基本情况
Basic Statistics on Jinghai District

指　　标	Item	2014	2015
常住人口(万人)	Permanent Population(10 000 persons)	76.67	78.21
户籍户数(万户)	Registered Households(10 000 households)	20.77	21.23
户籍人口(万人)	Registered Population(10 000 persons)	58.91	59.23
男　性	Male	29.96	30.09
女　性	Female	28.96	29.14
年平均人口(万人)	Average Annual Population(10 000 persons)	58.59	59.07
城镇非私营单位从业人员(万人)	Employment Personnel in Urban Non-private Units(10 000 persons)	6.82	7.00
新增就业人员(人)	Newly Increased Employment Personnel(person)	8605	8632
城镇非私营单位从业人员平均工资(元)	Average Remuneration of Employment Personnel in Urban Non-private Units(yuan)	65994	74438
区县生产总值(亿元)	Gross Domestic Product of District and County(100 million yuan)	583.38	616.69
第一产业	Primary Industry	22.75	24.02
第二产业	Secondary Industry	329.85	340.09
第三产业	Tertiary Industry	230.78	252.58
第三产业比重(%)	The Proportion of Tertiary Industry in GDP(%)	39.6	41.0
区县生产总值增速(%)	Increase Rate of Gross Domestic Product of District and County(%)	14.3	12.5
区级一般公共预算收入(亿元)	General Public Budget Revenue at District Level(100 million yuan)	51.52	59.38
# 税收收入	Revenue from Taxes	29.96	32.42
区级一般公共预算支出(亿元)	General Public Budget Expenditure at District Level(100 million yuan)	72.73	84.22
#教育经费支出	Operating Expenses for Education	17.26	15.21
社会保障和就业	Social Security and Employment	4.70	6.39
医疗卫生与计划生育	Health Care and Family Planning	5.60	6.41
粮食产量(万吨)	Total Yield of Grain(10 000 tons)	22.77	20.16
肉类总产量(万吨)	Output of Meat(10 000 tons)	5.97	5.99
水产品产量(万吨)	Output of Aquatic Products(10 000 tons)	6.34	2.63
蔬菜总产量(万吨)	Total Yield of Vegetables(10 000 tons)	51.49	53.31
农村常住居民人均可支配收入(元)	Per Capita Annual Disposable Income of Rural Permanent Households(yuan)	16714	18141

22-16续表 *Continued*

指　标	Item	2014	2015
规模以上工业企业	Industrial Enterprises above Designated Size		
单位数(个)	Number of Units(unit)	588	567
资产总值(亿元)	Total Assets(100 million yuan)	1107.65	1098.86
主营业务收入(亿元)	Revenue from Principal Business(100 million yuan)	1757.45	1967.95
利润总额(亿元)	Total Pre-tax Profits(100 million yuan)	82.18	96.67
工业总产值(亿元)	Gross Output Value(100 million yuan)	1721.15	1901.70
全社会固定资产投资(亿元)	Total Investment in Fixed Assets(100 million yuan)	601.23	690.43
# 房地产开发	Real Estate Development	46.98	49.68
建筑业总产值(亿元)	Gross Output Value of Construction(100 million yuan)	70.35	71.66
社会消费品零售总额(亿元)	Retail Sales of Consumer Goods(100 million yuan)	122.17	133.84
限额以上批发和零售业商品销售额(亿元)	Total Sales of Wholesale and Retail Trade above Designated Size (100 million yuan)	1114.21	1107.76
外贸进出口总额(亿美元)	Total Value of Imports and Exports in Foreign Trade(USD 100 million)	29.27	25.53
# 出　口	Exports	14.25	15.86
实际直接利用外资(亿美元)	Actual Direct Utilization of Foreign Capital(USD 100 million)	2.32	2.58
实际利用内资(亿元)	Domestic Investment Actually Used(100 million yuan)	120.10	135.13
中资金融机构本外币存款余额(亿元)	RMB and Foreign Currencies Deposits of Chinese Financial Institutions(100 million yuan)	461.18	489.36
中资金融机构本外币贷款余额(亿元)	RMB and Foreign Currencies Loans of Chinese Financial Institutions(100 million yuan)	214.44	268.08
专利申请授权量(件)	Patent Applications Granted(item)	508	863
小学校数(所)	Number of Primary Schools(unit)	98	98
小学在校学生数(万人)	Students Enrollment of Primary Schools(10 000 persons)	5.77	5.98
普通中学校数(所)	Number of Regular Secondary Schools(unit)	48	49
普通中学在校学生数(万人)	Students Enrollment of Regular Secondary Schools(10 000 persons)	3.56	3.53
幼儿园数(所)	Number of Kindergartens(unit)	234	238
在园儿童数(万人)	Number of Children Enrolled in Kindergartens(10 000 persons)	2.83	2.79
卫生机构数(个)	Health Care Institutions(unit)	421	427
# 医院、卫生院	Hospitals and Health Care Centers	30	32
卫生机构床位数(张)	Beds in Health Care Institutions(unit)	1811	1831
# 医院、卫生院	Hospitals and Health Care Centers	1540	1610
每千人卫生机构床位数(张)	Beds in Health Care Institutions per 1 000 Persons(unit)	2.39	2.36
每千人执业(助理)医师数(人)	Number of Licensed (Assistant) Doctors per 1 000 Persons(person)	1.56	1.61
每千人注册护士数(人)	Number of Registered Nurses per 1 000 Persons(person)	0.87	0.99

22-17 蓟县基本情况

Basic Statistics on Jixian County

指 标	Item	2014	2015
常住人口(万人)	Permanent Population(10 000 persons)	90.71	91.39
户籍户数(万户)	Registered Households(10 000 households)	26.91	27.32
户籍人口(万人)	Registered Population(10 000 persons)	85.46	85.66
男 性	Male	43.52	43.60
女 性	Female	41.93	42.06
年平均人口(万人)	Average Annual Population(10 000 persons)	85.14	85.56
城镇非私营单位从业人员(万人)	Employment Personnel in Urban Non-private Units(10 000 persons)	6.34	6.13
新增就业人员(人)	Newly Increased Employment Personnel(person)	11203	11172
城镇非私营单位从业人员平均工资(元)	Average Remuneration of Employment Personnel in Urban Non-private Units(yuan)	61654	68635
区县生产总值(亿元)	Gross Domestic Product of District and County(100 million yuan)	350.91	390.54
第一产业	Primary Industry	30.61	31.14
第二产业	Secondary Industry	115.03	120.39
第三产业	Tertiary Industry	205.27	239.01
第三产业比重(%)	The Proportion of Tertiary Industry in GDP(%)	58.5	61.2
区县生产总值增速(%)	Increase Rate of Gross Domestic Product of District and County(%)	12.8	12.7
县级一般公共预算收入(亿元)	General Public Budget Revenue at County Level(100 million yuan)	33.25	38.64
# 税收收入	Revenue from Taxes	14.32	15.76
县级一般公共预算支出(亿元)	General Public Budget Expenditure at County Level(100 million yuan)	61.08	71.73
#教育经费支出	Operating Expenses for Education	19.83	15.70
社会保障和就业	Social Security and Employment	5.04	6.14
医疗卫生与计划生育	Health Care and Family Planning	5.48	6.82
粮食产量(万吨)	Total Yield of Grain(10 000 tons)	36.36	36.97
肉类总产量(万吨)	Output of Meat(10 000 tons)	8.06	7.97
水产品产量(万吨)	Output of Aquatic Products(10 000 tons)	2.64	1.41
蔬菜总产量(万吨)	Total Yield of Vegetables(10 000 tons)	42.93	42.62
农村常住居民人均可支配收入(元)	Per Capita Annual Disposable Income of Rural Permanent Households(yuan)	16279	17650

22-17续表 *Continued*

指　标	Item	2014	2015
规模以上工业企业	Industrial Enterprises above Designated Size		
单位数(个)	Number of Units(unit)	163	174
资产总值(亿元)	Total Assets(100 million yuan)	155.06	156.66
主营业务收入(亿元)	Revenue from Principal Business(100 million yuan)	230.50	233.99
利润总额(亿元)	Total Pre-tax Profits(100 million yuan)	19.92	18.89
工业总产值(亿元)	Gross Output Value(100 million yuan)	240.73	262.56
全社会固定资产投资(亿元)	Total Investment in Fixed Assets(100 million yuan)	635.22	713.31
# 房地产开发	Real Estate Development	48.64	64.23
建筑业总产值(亿元)	Gross Output Value of Construction(100 million yuan)	65.47	74.05
社会消费品零售总额(亿元)	Retail Sales of Consumer Goods(100 million yuan)	154.23	178.58
限额以上批发和零售业商品销售额(亿元)	Total Sales of Wholesale and Retail Trade above Designated Size (100 million yuan)	105.38	136.20
外贸进出口总额(亿美元)	Total Value of Imports and Exports in Foreign Trade(USD 100 million)	1.15	1.39
# 出　口	Exports	1.04	1.14
实际直接利用外资(亿美元)	Actual Direct Utilization of Foreign Capital(USD 100 million)	1.43	1.61
实际利用内资(亿元)	Domestic Investment Actually Used(100 million yuan)	220.34	230.13
中资金融机构本外币存款余额(亿元)	RMB and Foreign Currencies Deposits of Chinese Financial Institutions(100 million yuan)	418.28	468.00
中资金融机构本外币贷款余额(亿元)	RMB and Foreign Currencies Loans of Chinese Financial Institutions(100 million yuan)	225.38	273.80
专利申请授权量(件)	Patent Applications Granted(item)	291	301
小学校数(所)	Number of Primary Schools(unit)	114	116
小学在校学生数(万人)	Students Enrollment of Primary Schools(10 000 persons)	4.71	5.04
普通中学校数(所)	Number of Regular Secondary Schools(unit)	62	62
普通中学在校学生数(万人)	Students Enrollment of Regular Secondary Schools(10 000 persons)	4.27	4.12
幼儿园数(所)	Number of Kindergartens(unit)	258	253
在园儿童数(万人)	Number of Children Enrolled in Kindergartens(10 000 persons)	2.48	2.45
卫生机构数(个)	Health Care Institutions(unit)	669	683
# 医院、卫生院	Hospitals and Health Care Centers	37	35
卫生机构床位数(张)	Beds in Health Care Institutions(unit)	1813	1955
# 医院、卫生院	Hospitals and Health Care Centers	1743	1855
每千人卫生机构床位数(张)	Beds in Health Care Institutions per 1 000 Persons(unit)	2.01	2.15
每千人执业(助理)医师数(人)	Number of Licensed (Assistant) Doctors per 1 000 Persons(person)	1.72	1.71
每千人注册护士数(人)	Number of Registered Nurses per 1 000 Persons(person)	1.02	1.01

中国统计出版社最新图书简目

（仅供参考，以实际出版为准）

统计资料

中国统计年鉴　中国统计摘要　中国发展报告
中国经济普查年鉴2013　国际统计年鉴　金砖国家联合统计手册
中国-东盟国家统计手册　中国农村统计年鉴　中国县域统计年鉴
中国城市统计年鉴　中国对外直接投资统计公报　中国地区经济监测报告
中国贸易外经统计年鉴　中国零售和餐饮连锁企业统计年鉴　中国商品交易市场统计年鉴
大中型批发零售和住宿餐饮企业统计年鉴　中国农产品价格调查年鉴　中国住户调查年鉴
中国价格统计年鉴　中国能源统计年鉴　全国农产品成本收益资料汇编
中国环境统计年鉴　中国建筑业统计年鉴　国外资源、能源和环境统计资料汇编
中国工业统计年鉴　中国城乡建设统计年鉴　中国房地产统计年鉴
中国城市建设统计年鉴　中国科技统计年鉴　中国第三产业统计年鉴
中国证券期货统计年鉴　中国劳动统计年鉴　中国高技术产业统计年鉴
工业企业科技活动资料　中国社会统计年鉴　中国人口和就业统计年鉴
中国人才资源统计报告　中国教育经费统计年鉴　中国文化及相关产业统计年鉴
文化及相关产业统计概览　中国民政统计年鉴　中国民族统计年鉴
中国残疾人事业统计年鉴　中国妇女儿童状况统计资料（英）　中国乡镇街道行政区域简册
中国基本单位统计年鉴

省级综合统计年鉴系列

北京 天津 河北 山西 内蒙古 辽宁 吉林 黑龙江 上海 江苏 浙江 安徽 福建 江西 山东 河南 湖北 湖南 广东 广西 海南 重庆 四川 贵州 云南 西藏 陕西 甘肃 青海 宁夏 新疆 新疆生产建设兵团

市(县)级综合统计年鉴系列

天津滨海新区 石家庄 唐山 邯郸 保定 沧州 邢台 廊坊 承德 衡水 秦皇岛 张家口 太原 大同 阳泉 长治 晋城 朔州 晋中 运城 忻州 临汾 呼和浩特 呼和浩特新城区 鄂尔多斯 包头 沈阳 大连 长春 延吉 四平 通化 哈尔滨 齐齐哈尔 黑龙江垦区 上海浦东新区 南京 无锡 徐州 常州 苏州 南通 连云港 淮安 盐城 扬州 镇江 泰州 宿迁 江阴 丹阳 杭州 宁波 温州 嘉兴 湖州 绍兴 金华 衢州 舟山 台州 丽水 合肥 安庆 马鞍山 福州 厦门 宁德 漳州 南昌 九江 上饶 新余 抚州 萍乡 赣州 吉安 景德镇 济南 青岛 潍坊 枣庄 日照 滕州 郑州 洛阳 平顶山 三门峡 商丘 信阳 济源 武汉 十堰 荆州 宜昌 荆门 咸宁 长沙 广州 深圳 惠州 东莞 南宁 柳州 桂林 来宾 海口 三亚 成都 贵阳 昆明 西安 安康 兰州 庆阳 银川 乌鲁木齐 兵团一师 兵团十师

调查年鉴系列

天津 山西 内蒙古 辽宁 吉林 上海 福建 江西 河南 湖北 湖南 广西 重庆 四川 云南 甘肃 宁夏 新疆

统计方法应用/实用手册

实用SAS统计分析教程　马克威统计分析与数据挖掘应用案例
乡镇统计人员岗位知识培训系列教材：辅助调查员岗位基础知识　乡镇统计人员岗位基础知识
县级统计人员岗位知识培训系列教材：Excel在统计工作中的应用　简明统计分析
EXCEL在基层统计工作中的应用　统计公文知识问答

统计通俗读物/统计科普图书

漫话诺贝尔经济学大师与数学情缘　魅力统计　漫话信息时代的统计学　统计使人更聪明
漫游数据王国　探访随机世界　新中国统计工作历史流变1949-1999　无处不在的统计

重点图书

新编英汉汉英统计大词典　中华医学统计百科全书
挑大学选专业2016—考研择校指南　挑大学选专业2016—高考志愿填报指南

图书在版编目（CIP）数据

天津统计年鉴. 2016 : 中英对照 / 天津市统计局, 国家统计局天津调查总队编. -- 北京 : 中国统计出版社, 2016.8
ISBN 978-7-5037-7870-4

Ⅰ. ①天… Ⅱ. ①天… ②国… Ⅲ. ①统计资料－天津市－2016－年鉴－汉、英 Ⅳ. ①C832.21-54

中国版本图书馆 CIP 数据核字(2016)第 168112 号

天津统计年鉴-2016

作　　者/ 天津市统计局　国家统计局天津调查总队
责任编辑/ 佘竞雄　熊　威
责任校对/ 戴　华
装帧设计/ 王　芳
出版发行/ 中国统计出版社
地　　址/ 北京市丰台区西三环南路甲 6 号　邮政编码/100073
电　　话/ 邮购（010）63376909　书店（010）68783171
网　　址/ http://www.zgtjcbs.com
印　　刷/ 河北鑫宏源印刷包装有限责任公司
经　　销/ 新华书店
开　　本/ 890mm×1240mm　1/16
字　　数/ 1002 千字
印　　张/ 33.25
版　　别/ 2016 年 9 月第 1 版
版　　次/ 2016 年 9 月第 1 次印刷
定　　价/ 420.00 元（含光盘）

本书附同版本 CD-ROM 一张，光盘内容以书面文字为准。
如有印装差错，由本社发行部调换。